KB119975

2판

성행동 심리학

PSYCHOLOGY OF HUMAN SEXUAL BEHAVIOR

| 채규만 저 |

학지사

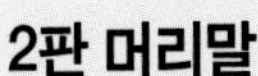

2판 머리말

우리나라는 오랜 기간 동안 성에 대해 논의하는 것을 금기시하거나 회피 또는 억제해 왔다. 이 결과로 성에 관련된 제반 문제들, 즉 성피해, 성기능장애 등을 개인이 혼자서 처리하면서 많은 고통을 받아 왔다. 또한 성에 대해서 무지하고 경험이 없는 여성을 순진하고 착한 여성이라고 높이 평가해 왔다. 그러나 필자의 임상 경험에 의하면, 성에 대해서 전혀 경험이 없고 무지한 부부들은 결혼생활에서 성적인 불만족을 많이 경험하고, 이 때문에 부부 사이에 갈등이 심화되는 상황을 많이 목격할 수 있었다.

또 한편으로는 성에 대한 상업적이고 무차별적인 정보 때문에 성을 왜곡하고, 특히 여성을 단순히 남성의 성적인 욕구 충족의 대상으로 전락시켜 여성들에게 상처를 주는 행위를 하는 무감각한 청소년 및 남성들도 많이 늘고 있다. 성충동을 자극하는 영상물이나 포르노그래피는 여성에 대한 성폭력의 교과서 같은 역할을 하고 있다. 청소년을 포함한 남성들이 성적인 통제력을 기르지 않는다면 여성들에 대한 성피해는 더 늘어나고, 남성 역시 성문제로 많은 어려움을 겪을 것이다.

젊은 여성들 가운데 여성은 광고 모델과 같은 몸매로 가다듬어야 성적인 매력을 가진다는 왜곡된 인식 때문에, 건강한 자신의 신체를 즐기기보다는 자신의 신체와 전쟁을 하고 있는 사람이 많다. 이러한 현상은 21세기 새로운 형태의 여성 학대와 노예화라고 볼 수 있다.

이 책에서는 성에 대한 과학적이고 체계적인 지식에 근거해서 성을 사실 그대로 다루었다. 성이 우리의 주인이 아니고 우리가 성의 주인으로서 성을 인간의 삶의 질과 행복을 위해서 즐길 수 있는 남녀를 포함한 다양한 인간관계의 여러 면에서 접근을 시도했다. 즉, 성에 대한 생물학적 · 심리적 · 사회문화적 · 영적인 접근을 통해서 성을 종합적으로 이해하려고 하였다. 특히, 성의 목적은 두 연인, 배우자, 파트너 사이에 친밀감을 형성하고 자연스럽게 종족의 번식을 유지하는 것이 근본적인 목적이라고 생각한다.

또한 성은 결혼이라는 제도에서 부부들이 자유스럽게 즐길 수 있는 특권이기에, 필자가 부부치료 경험에서 얻은 만족스러운 결혼생활을 유지하면서 관계를 개선할 수 있는 구체적인 방법들을 제시하려고 노력했다. 또한 양성평등의 시대에 데이트를 즐기면서도 상대방의 성적인 자율권을 인정하고 성폭력을 사전에 예방하면서 건강한 남녀 관계를 유지하는 데 필요한 정보도 많이 제공했다.

이제 우리는 성을 바로 알고 성에 대한 다양한 학제적인 접근이 필요하다. 『성행동심리학』 2판에서는 각 주제에 대해 좀 더 현재적인 면에서 업그레이드된 정보를 제공하려고 노력했다. 이러한 면을 추구하는 성연구자들이나 관심 있는 분들에게 이 책이 도움이 되기를 바란다.

2018년 1월

채 규 만

1판 머리말

우리나라는 오랜 기간 동안 성에 대해 논의하는 것을 금기시하거나 회피 또는 억제해 왔다. 이 결과로 성에 관련된 제반 문제들, 즉 성피해, 성기능장애 등을 개인이 혼자서 처리하면서 많은 고통을 받아 왔다. 또한 성에 대해서 무지하고 경험이 없는 여성을 순하고 착한 여성이라고 높이 평가해 왔다. 그러나 필자의 임상 경험에 의하면, 성에 대해서 전혀 경험이 없고 무지한 부부들은 결혼생활에서 성적인 불만족을 많이 경험하고, 이 때문에 부부 사이에 갈등이 심화되는 상황을 많이 목격할 수 있었다.

또 한편으로는 성에 대한 상업적이고 무차별적인 정보 때문에 성을 왜곡하고, 특히 여성을 단순히 남성의 성적인 욕구 충족의 대상으로 전락시켜 여성들에게 상처를 주는 행위를 하는 무감각한 청소년 및 남성들도 많이 늘고 있다. 성충동을 자극하는 영상물이나 포르노는 여성에 대한 성폭력의 교과서 같은 역할을 하고 있다. 청소년을 포함한 남성들이 성적인 통제력을 기르지 않는다면 여성들에 대한 성피해는 더 늘어나고, 남성 역시 성문제로 많은 어려움을 겪을 것이다.

젊은 여성들 가운데 여성은 광고 모델과 같은 몸매로 가다듬어야 성적인 매력을 가진다는 왜곡된 인식 때문에, 건강한 자신의 신체를 즐기기보다는 자신의 신체와 전쟁을 하고 있는 사람이 많다. 이러한 현상은 21세기 새로운 형태의 여성 학대와 노예화라고 볼 수 있다.

이 책에서는 성에 대한 과학적이고 체계적인 지식에 근거해서 성을 사실 그대로 다루었다. 성이 우리의 주인이 아니고 우리가 성의 주인으로서 성을 인간의 삶의 질과 행복을 위해서 즐길 수 있는 여러 면에서 접근을 시도했다. 즉, 성에 대한 생물학적 · 심리적 · 사회문화적인 접근을 통해서 성을 종합적으로 이해하려고 하였다. 특히, 성은 결혼이라는 제도에서 부부들이 즐길 수 있는 특권이기에, 필자가 부부치료 경험에서 얻은 만족스러운 결혼생활을 유지하면서 관계를 개선할 수 있는 구체적인 방법들을 제시하려고 노력했다.

이제 우리는 성을 바로 알고 성에 대한 다양한 학제적인 접근이 필요하다. 이러한 면을 추구하는 성연구자들이나 관심 있는 분들에게 이 책이 도움이 되기를 바란다.

이 책의 발간에 여러 면에서 도움을 주고 협조해 주신 학지사의 김진환 사장님, 정영석 차장님과 사랑하는 제자 윤자원, 배진희에게 심심한 감사를 드린다. 부족한 남편과 아빠를 항상 아낌없이 지원해 준 사랑하는 아내 이명자와 막내 딸 제니에게도 감사의 마음을 전하고 싶다.

2006년 3월

성신여자대학교 수정관에서

채 규 만

차 례

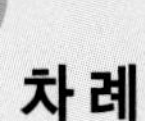

제4부 생명의 탄생과 통제

제5부 인간의 성과 삶의 주기

제7부 성과 사회문화적인 제반 문제

제1부

성의 역사적인 배경과 의미

제1장 … 성이란 무엇인가
제2장 … 성에 대한 연구 방법 및 문제점
제3장 … 성정체성의 형성 과정
제4장 … 남녀의 심리사회적인 이해

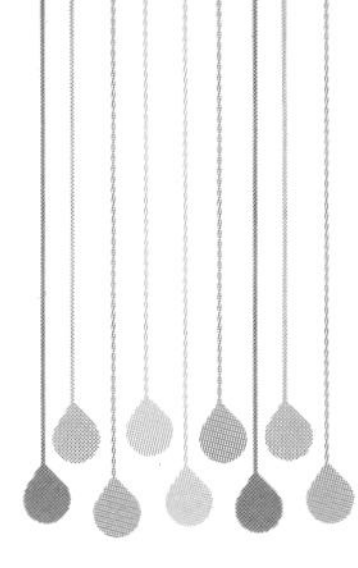

제1장

성이란 무엇인가

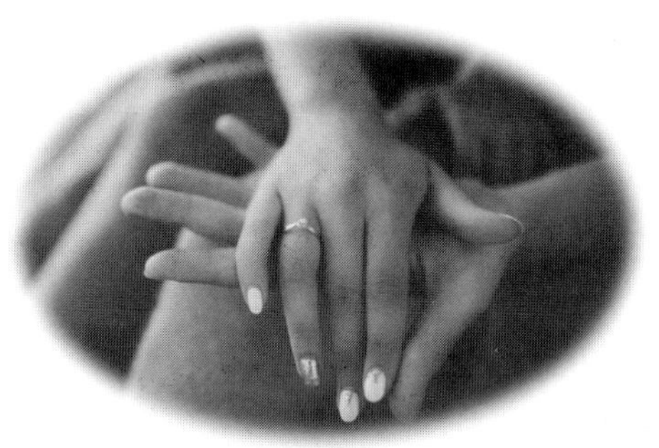

1. 성의 의미

우리나라에서는 1960년대만 해도 성에 대해서 공개적으로 강의하거나 논하는 것이 금기시된 적이 있었다. 그러나 성은 따지고 보면 감추거나 억압할 사항이 아니다. 원래 섹스(sex)란 단어는 라틴어의 '자르다' '나누다'라는 어원에서 유래했다. 즉, 남녀를 구분하는 성(gender)의 의미로 사용했다. 그러나 요즘에는 sex를 성기관이나 성행위에 연관해서 많이 사용하고 있다. 섹스는 자위행위, 포옹, 키스, 성교, 쾌락 등을 의미하는 광범위한 의미를 지니고 있다.

성행동(sexual behaviors)이란 이성 간이나 파트너를 대상으로 하는 키스, 포옹, 애무, 성교, 또는 자위행위와 같이 우리의 신체를 이용해서 성적인 행동을 하는 것을 의미한다. 그러나 성(sexuality)이라 함은 인간이 성적인 존재로서 성을 경험하고 자기 자신을 표현하는 것을 포함한다. 따라서 성은 좀 더 포괄적인 의미를 가지고 있다. 우리가 남성인가 여성인가를 자각하는 것도 성에 포함되어 있다. 동양의 문화권과 우리나라에서는 성(性)을 마음을 나타내는 심(心)과 몸을 나타내는 생(生)의 합성어로도 사용한다. 즉, 성을 몸과 마음을 포함하는 포괄적인 의미로 사용하고 있다. 서양의 성교를 의미하는 말로는 색(色)이란 말로 표현해 왔다. 요즘은 성이라고 하면 서양의 섹스만을 의미하여 제한적으로 사용하는 경향이 있지만 성은 섹스를 포함한 개인, 그리고 그에 관련된 제반 행동을 종합적으로 다루어야 한다.

2. 성에 대한 역사적인 조명

인간의 기록된 역사는 5,000년 이상이지만, 성에 대한 고대의 기록은 B.C. 1,000년경에 근친 간의 성관계를 터부시했던 기록이 남아 있다(Tannahill, 1980). 역사적으로 보면 여성은 남성의 성적인 욕망을 충족시키기 위한 대상이고 자녀 생산을 위한 소유물이었다(Bullough, 1976). 남성은 많은 여성과 성적인 관계를 갖는 것이 허용되었고, 성매매가 성행했다.

1) 원시 시대

인류학자들이나 원시인들의 유적에 의하면, 남성은 주로 사냥하고 여성은 집 근처에서 채소나 과일들을 채취하고 아이들을 돌보는 역할을 했다. 석기 시대에 원시인들이 그린 벽화에는 여성의 큰 가슴, 둥근 엉덩이를 강조하면서 여성이 아이를 생산하는 것에 대해서 경외심을 가졌다(Rathus et al., 2004). 빙하기를 거치면서 농경기 사회에서는 농작물을 경작하는 데 남성의 힘이 많이 필요함을 강조하면서 남성 성기를 숭배하는 사회로 변화했다. 특히, 이집트 등에서는 남성 성기를 상징하는 물건들이 종교 의식에 많이 사용되었다.

인류의 역사를 보면 부모와 자녀 사이의 근친결혼은 금지되었으나 이집트의 왕족 사이에서는 형제자매들 간에 결혼이 허용된 것을 볼 수 있다.

2) 고대 그리스

고대 그리스 시대 중 B.C. 500년에서 300년 사이를 전성기라고 할 수 있는데, 이 시기에 플라톤, 아리스토텔레스 등의 유명한 철학자가 주도하는 헬레니즘이 꽃을 피웠다. 그리스인들은 신들의 신을 제우스로 섬겼고, 예술과 음악의 신인 아폴로를 사랑했고, 육체적인 사랑의 여신을 아프로디테라고 불렀다.

고대 그리스인들의 성행동 중에서 연구 대상은, ① 남성과 남성의 성행위, ② 성인과 소년 사이의 성행위, ③ 성매매이다. 그리스의 영웅인 허큘리스는 하룻밤에 50명의 처녀들과 성관계를 했다고 묘사하고 있는데, 그는 또 남성과도 성관계를 가졌다. 그리스인들은 남성 동성애자들이 가정에 위협이 되지 않으면 허용적인 태도를 보여 주었다. 특히, 청소년들과의 섹스는 금지되었지만 도덕과 지능발달을 지도하는 스승과 제자 사이에서는 청소년이 사춘기를 거치면서 동성애를 많이 즐겼다(Tannahill, 1980). 그러나 남성끼리의 순수한 동성애는 사회적으로 지탄을 받았고, 미소년과의 동성애는 불법으로 간주되었다. 성매매가 성행했고, 첩도 둘 수 있었다.

결혼과 가족을 강조했지만 여성은 교육을 받지 않았고 선거권도 없는 등 차별대우를 받았으며, 그리스인들에게 여성은 단지 아이를 낳는 사람(bearer of children)의 이미지가 강했다(Tannahill, 1980).

3) 고대 로마 시대

로마 시대의 귀족들은 다양한 형태의 성행위를 즐겼다. 특히, 줄리어스 시저는 양성애를 즐겼다. 로마 시대에 동성애가 성행했지만, 동성애는 가족을 유지하는 데 위협이 된다고 해서 금했다. 로마 시대에도 여성은 남성의 소유물로 간주되고 남성의 지위에 따라서 여성의 지위도 같이 결정되었다.

현대 유행하는 성에 관한 언어는 로마에서 유래했다. 예를 들면, 남성의 성기를 빠는 오럴섹스를 의미하는 Fellatio는 'fellare', 즉 '빨다.'라는 의미를 가지고 있다. 또한 여성 성기를 상대로 한 오럴섹스를 의미하는 Cunnilingus는 'cunnus', 즉 여성의 성기를 의미하는 단어에서 유래했다. 로마는 성적으로 문란한 사회였다. 폼페이는 로마의 고대 도시로서 화산 폭발로 멸망한 도시로 유명한데, 이 도시의 유적에는 성매매를 공공연하게 했던 매춘 하우스가 있다. 남녀가 같이 나체로 목욕을 즐기는 혼성목욕탕도 있었다. 로마인들은 성을 즐기는 삶을 살았다고 볼 수 있다.

정조대

4) 중세와 르네상스 시대

중세는 초기 기독교의 성에 대한 금욕적인 태도가 각 생활의 전 분야에 걸쳐 더욱 심화된 시기라고 볼 수 있다. 중세는 신학적인 해석과 논쟁이 마치 법과 같은 기능을 했다. 따라서 성은 단지 인간의 번식을 위해서 존재하는 것으로 해석되었고, 사회적으로 금욕적인 태도가 강요된 시기인 셈이다. 그러나 역설적이게도 종교적인 장소가 오히려 성적인 행동의 온상 역할을 했다.

중세 시대의 또 다른 특징은 소위 상류층의 여성들을 상대로 순수하고 고귀한 사랑과 성생활을 강조한 점이다. 즉, 순수한 사랑은 인간의 육체적인 사랑과는 서로 역행하는 것이라 여기고, 남녀가 같이 동침하면서도 성관계를 갖지 않는 것이 순수한 사랑을 나누는 것이라고 찬양했다. 이러한 분위기에서 아내에게 정조대를 착용하도록 했는데 이는 아내가 남편의 소유이고, 또 강간이나 성적인 유혹을 막기 위해서 여성에게 착용하도록 했다.

16~17세기에는 성에 대해서 덜 엄격해졌고, 마틴 루터와 칼빈의 종교 개혁의 바람과 더불어 성에 대해서도 개혁의 물결이 일어나 성에 대해서 좀 더 긍정적인 태도를 유지하게 되었다. 예를 들면, 루터는 성이란 본래부터 죄악이라는 생각에 찬성하지 않았고, 독신이 결혼보다 더 고귀한 것이라고 여기지 않았다. 그러나 성에 대한 개방적인 태도와 함께 성 전파성 질환이 많이 번져 나가게 되는 사회적인 문제도 동시에 발생했다.

5) 18~19세기

17세기에 영국과 프랑스에서는 성에 대해서 좀 더 관용적인 태도를 보였다는 증거가 있지만(Bullough, 1976), 미국에서는 성에 대해서 청교도적인 엄격한 제도가 팽배했다. 즉, 혼외의 성관계는 사회적으로 처벌을 받았고, 외도를 한 경우에는 매를 맞거나 형틀을 씌우기도 했고, 대중 앞에서 고백하게 했다. 1840년대는 매사추세츠 주에서 351개의 매춘 장소를 발견해서 처벌했다.

한편, 유럽의 1850년대는 빅토리아 시기로서 성에 대해서 억압적인 분위기가 팽배했다. 여성은 자신의 몸을 노출해서는 안 되었고, 심지어는 가정의 피아노도 다리의 노출을 피하기 위해서 덮개를 씌웠다. 도서관의 책도 남녀의 저자가 같은 장소에 진열되는 것을 막았고, 따로 진열했다(Masters, Johnson, & Kolodny, 1995).

미국도 겉으로는 성에 대해 엄격한 것 같았지만, 실제로는 1870년경에 St. Louis 시에서 공창을 허용했다가 논란을 불러일으키는 일도 있었다. 미국 사회의 상류층은 빅토리아 시기의 성에 대한 엄격한 기율을 적용했지만, 중 · 하류층의 사람들은 살기 위해서 성매매에 종사하기도 했고 외도도 했다.

주로 이 시기의 과학이나 의학계에서는 자위행위를 하면 뇌 손상을 가져오기도 하고 정신이상의 원인이 된다고 하면서 자위행위에 대해 부정적인 입장을 취했다. 또한 여성은 오르가슴을 느낄 능력이 없다고 여성의 성을 무시하는 태도도 보였다.

19세기에 성연구에 선구적인 역할을 한 사람은 독일 정신과 의사 크라프트 에빙(Kraft-Ebing)이었다. 그는 그 당시에 비정상적인 성에 관련된 주제들, 즉 동성애, 성에 관련된 살인, 죽은 사람과의 섹스 등을 다루었다. 그는 현대 성(性)에 관한 학문의 아버지라 불리기도 한다.

6) 20세기

20세기에 들어서면서 성에 관해서 좀 더 객관적이고 과학적인 방법으로 성을 다루기 시작했다. 20세기는 성에 관해 여러 명의 학자들이 기여를 많이 했다.

(1) 20세기 초

① 프로이트(Freud, 1856~1939년)

성에 대한 프로이트의 공헌은 성의 본능이 인간 존재의 기본적인 측면이라는 것을 강조한 점이다. 인간은 성적인 즐거움과 생동감을 느끼고 살려는 본능이 있고, 이런 본능이 우리 삶의 동기의 중심에 있다고 주장했다. 성적인 욕구를 대처하는 면에서 문제가 있거나 성적인 욕구를 충족하는데 문제가 있으면 신경증적인 문제를 일으킨다고 보았다. 그는 또한 인간의 성적인 본능은 유아, 청소년, 성인까지 존재한다고 했다.

프로이트

프로이트는 성에 관련해서, 남아는 약 4세경에 엄마에 대해서 성적인 매력을 느끼며 아버지에 대해서는 사랑, 증오, 두려움, 경쟁적인 관계를 가지는 오이디푸스 콤플렉스(Oedipus Complex)가 발달한다고 했다. 한편 여아는 남근을 부러워하면서(Penis Envy) 아빠에 대해서 성적인 매력을 느낀다고 했다. 그러나 현대의 성심리학자들은 프로이트의 이론에 동의하지 않을 뿐만 아니라, 특히 여성주의 학자들은 여성이 남근을 부러워한다고 하는 것은 성차별적인 이론이라고 크게 반발하며 남성은 여성의 유방을 부러워한다는 이론으로 맞서기도 한다.

② 엘리스(Ellis, 1859~1939년)

엘리스는 성심리학에 관한 연구의 여섯 개 시리즈 저서를 발표했는데, 엘리스의 견해는 현대의 성심리학에 매우 가깝다. 즉, 그는 남녀가 자위행위를 한다고 인정하고 인간의 성문제는 신체적인 면보다는 심리적인 문제 때문에 성기능에서 문제가 생긴다고 주장했다.

(2) 1920~1950년

유럽은 1, 2차 세계 대전을 겪으면서 사회적인 면에서 많은 변화를 가져왔다. 특히, 여성의 사회 진출이 높아지면서 여권의 신장을 가져오고, 여성의 성도 빅토리아 시기에 비해서 아주 자유스러워졌다.

1950년대는 미국에서 점차 혼전 성관계가 늘어나기 시작하고 성에 대한 개방적인 풍조가 점차 사회로 파고드는 시기였다. 특히, 여성들은 큰 가슴 등 신체의 여성적인 특징에 관심을 가지게 되어 메릴린 먼로 같은 성적으로 매력 있는 여성들이 관심의 대상으로 여겨지는 시기였다. 이 당시의 잡지에서는 여성들이 자신의 가슴을 크게 보이기 위한 장식품을 사용하더라도 결혼 전에는 남편들에게 말하지 말 것을 권유하기도 했다.

① 캐서린 데이비스(Katherine Davis)

1922년과 1927년 사이에 2,200명의 여성들을 상대로 성에 관한 사회 조사를 실시해서 『이상적인 결혼(Ideal Marriage)』이라는 책을 출간했다. 그녀는 부부 사이에 구강성교를 포함한 여러 가지의 성적인 기법에 관해서 소개했다. 이 책은 그 당시에 베스트셀러가 되었다고 한다.

② 킨제이(Alfred C. Kinsey, 1894~1956년)

킨제이는 원래 인디아나 대학의 동물학자로서 1938년에 정규과목이 아닌 결혼에 관해서 강의를 해 달라는 부탁을 받았으나, 인간의 성에 관한 과학적인 자료가 없는 것을 보고 인간의 성을 과학적인 방법으로 연구하기로 결심했다. 그는 성에 관한 설문지를 만들어서 자신의 수강생들에게 돌렸으나, 개인적인 인터뷰를 통해서 더 풍부한 자료를 얻을 수 있겠다고 결심하고 수많은 남녀에게 성에 관한 인터뷰를 실시했다. 그 결과 약 12,000명의 남녀에게서 인터뷰한 자료를 기초로, 그 당시 성에 관한 일반인들의 경험을 발표해서 세상을 놀라게 했다. 예를 들면, 약 37%의 미국 남성들이 사춘기 이후에 오르가슴을 느낄 정도의 동성애를 일생 동안 적어도 한번은 경험했고, 40%의 남성이 혼외정사를 했으며, 여성들의 62%가 자위행위를 했다고 보고했다. 『남성의 성행동(Sexual Behavior of Human Male)』에 관한 출판물은 순식간에 대중의 관심을 받고 10만 부 이상이 팔리면서 27주간 베스트셀러가 되었다.

킨제이

그러나 킨제이의 저서는 성을 도덕적인 관점 없이 묘사했다는 면에서 많은 비판을 받았고, 인류학자인 마가렛 미드(Margaret Mead)는 '성을 비인격적이고 의미 없는 예술'로 취급했다고 킨제이를 비난했다(Ernst & Loth, 1948). 그럼에도 남성에 관한 책은 일반적으로 긍정적인 평가를 받았다. 그러나 두 번째 저서인 『여성의 성행동(Sexual Behavior in the Human Female)』은 사람들을 불쾌하게 한다는 비난을 받으며 신문에서조차 소개하기를 꺼려했다. 또한 교회 지도자들은 이 책에 대해 비도덕적이고 반가족적이며, 더 나아가서 공산주의적 사상으로 오염되었다고 혹독하게 비난했다.

킨제이는 이러한 비난과 비판 때문에 마음에 상처를 입고 1956년에 사망했지만, 후에 그의 업적은 성을 구체적이고 과학적으로 접근했다는 면에서 인정을 받고 성에 대한 체계적인 연구자라는 입장에서 선구적인 역할을 했다고 평가받고 있다.

(3) 1960~1980년

1960년대는 미국의 성개방 시대로 인식되고 있다. 이러한 사회적인 요인들을 살펴보면 다음과 같다. 첫째, 여성의 피임약 사용으로 여성들이 임신의 공포에서 벗어날 수 있었고, 둘째, 여성주의가 현대주의적인 철학적 배경을 가지고 다시 등장하면서 여성들의 권리를 주장하는 사회적인 분위기가 조성되었다. 셋째, 젊은이들 가운데 사회의 기성 가치관과 고정된 사회의 도덕적인 기준에 반항하는 분위기가 조성되었고, 넷째,

성을 개방하고 성에 대해서 공개적으로 토론하는 분위기가 조성되었다.

이러한 사회적인 성개방 풍조에 대해서 일부 계층은 성에 관한 도덕적인 붕괴 현상이 생긴다면서 우려와 염려를 하고 이러한 운동을 비난하기도 했다. 그러나 사회의 전체적인 분위기는 성에 대해 좀 더 개방적인 분위기에서 공개적으로 문제를 드러내는 방향으로 전개되었다.

1970년대에 미국의 사회적인 분위기는 혼전 동거가 증가하고, 낙태를 대법원에서 합법화했으며, 미국의 정신과 학회에서는 동성애를 이상적인 정신과적인 문제라는 항목에서 배제했다. 또한 여성의 강간과 성폭력으로 인해서 여성들이 겪는 성폭력 후유증에 관해서도 많은 대중들이 인식하기 시작했고, 그 분야에 관한 치료도 활성화되었다.

특히, 1978년에는 약 75,000여 명의 시험관 아기가 출생했다. 사춘기 이후 청소년들의 성경험이 늘어나면서, 특히 1980년대는 성 전파성 질환이 많이 늘어나고, 에이즈, 미혼모의 증가, 낙태의 증가 등의 성에 관련된 새로운 사회적인 문제들이 발생했다. 성의 개방과 함께 성과 관련한 사회적인 문제로 미국은 그에 대한 많은 경제적인 대가를 지불해야 하는 시기였다.

① 마스터스와 존슨(Masters, W. & Johnson, V)

인간의 성기능에 관해 획기적이고 과학적인 연구를 한 사람은 마스터스와 존슨이다. 마스터스와 존슨은 세인트루이스 주에 있는 워싱턴 의과대학에서 성에 관한 연구를 실시했다. 그들은 성에 관한 연구를 하기 위해서는 인간의 심리적 · 사회적인 요인들과 신체적인 반응을 체계적으로 연구해야 한다는 입장을 취했다. 그들은 1965년까지 383명의 여성과 312명의 남성을 통해 연구 대상자들이 실제로 성관계를 맺는 장면을 자신의 실험실에서 시도하여 약 10,000여 가지의 인간 성행동을 관찰하였다. 이를 토대로 1966년에 『인간의 성반응(Human Sexual Response)』이라는 책을 출간했는데, 많은 대중들과 성치료에 종사하는 전문가들의 관심을 얻게 되었다. 그러나 한편으로는 성을 너무 기계적으로 접근하고 도덕성이 결여되었다는 이유로 비판을 받기도 했다.

이후 1970년에 마스터스와 존슨은 『인간의 성기능장애(Human Sexual Inadequacy)』라는 책을 출간했다. 이 책은 성기능장애를 체계적으로 치료할 수 있는 지침서로 유명한데, 약 80%의 성기능 문제 완치율을 보인다. 이 책 출간 후에 많은 성치료 센터들이 미국의 전역에 생겨났고, 헨렌 카플란, 잭 아론 등의 여러 유명한 성치료자들이 등장했다.

(4) 1990년대

1990년대에 미국인들의 성행동에 큰 변화를 준 것은 AIDS 환자의 증가와 이에 대한 공포다. 이로써 여러 사람들과 성관계 갖는 것을 자제하고 대신 가능한 한 자신의 파트너하고만 성관계를 갖든가, 아니면 혼전에 성관계를 자제하는 금욕적인 태도로 변화했다. 또 아직까지도 많은 논란이 있는 동성애를 합법화하는 문제에 대해 사회적인 쟁점이 시작된 시기이다. 따라서 미국의 군 당국은 동성애 성향을 갖는 사병이 자신의 동성애를 공적으로 표현하지 않고 개인적으로 간주하면 군에서 불명예 제대를 당하지 않을 수 있도록 신분을 보장하였다.

7) 21세기

21세기는 20세기를 거쳐 오면서 성해방, 성에 대한 새로운 형태의 경험 등을 시도하면서 개인적 · 사회적인 문제도 경험하고, 이제는 좀 더 성숙하고 다른 방향으로 성을 바라보려는 시도들이 미디어를 통해서 이루어진 시기이다. 예를 들면, 안전한 성을 위해 성관계 시에 콘돔 사용을 강조하고, 인간의 성을 좀 더 인격적인 맥락에서 보려는 시도들이 많이 이루어졌다(Gross, 2001).

(1) TV나 영화 프로그램

아직도 대중에게 인기가 있는 TV 프로그램들은 거의 성적인 주제나 장면을 지나칠 정도로 남용한다는 지적을 받고 있다. 예를 들면, 인기 있는 드라마는 1시간 안에 6~10회 정도로 성에 관련해서 외도, 복수, 성적인 학대 등을 소재로 다룬다고 한다(Greenberg & Busselle, 1996). 우리나라에서도 한때는 드라마에서 키스하는 장면도 성적으로 혐오감을 준다고 해서 금지했지만, 이제는 아주 자연스러운 장면으로 받아들여지고 있다. 또한 영화에서도 성교 장면은 외설이라고 해서 금했지만, 이제는 오히려 성행위 장면을 어느 정도나 다양하게 노출하는가에 따라서 흥행의 성공 여부가 갈리기도 한다.

(2) 사이버 공간

인간은 서로 정보를 주고받는 수단과 내용에 따라서 많은 영향을 받는다. 이제 전 세계적으로 인터넷 가입자들을 50억 명으로 추산을 한다(세계 통신자 협회, 2016). 인터넷은 성에 대한 양질의 정보보다는 상업성을 위한 포르노그래피를 무차별적으로 제공하고 있고, 인터넷을 통해서 사이버 데이트, 동영상 대화, 동영상 성노출의 사이버 섹스가 범람하고 있다.

(3) 성을 이용한 광고와 잡지

청소년, 성인들을 상대로 한 잡지들은 미국이건 한국이건 간에 성에 관한 주제를 빼놓지 않고 다룬다. 특히, 스포츠 신문 등에서는 성인들의 성을 주제로 한 내용들이 만화나 기고 형식의 내용으로 다루어지고 있다. 또 광고는 여성의 신체를 상품화해서 성을 다루고 있다. 그런데 사춘기의 청소년들은 이러한 미디어의 광고 모델 등을 무분별하게 모방하여 자신의 성적인 매력을 향상시키려고 한다.

3. 종교에서 바라본 성

1) 고대 유대교

성에 대해서 억제하고 규제가 이루어진 종교는 유대교인데, 유대교의 10계명은 간음을 금하고 있다(출애굽기 20장 13절). 특별히 동성애를 금기시해서 동성애자를 사형에 처하도록 명하기도 했다(레위기 21장 13절). 그러나 성 자체만은 남녀가 즐길 수 있는 자연스러운 현상으로 받아들였다. 특히, 구약성서 아가서(1장에서 8장)는 남녀가 서로 성을 포함해서 즐기고 사랑을 나누는 장면에 관해서 자세히 기록했다. 구약에서는 초기에 일부다처제를 인정했으나, 후기에는 일부일처제를 강조했다. 그러나 유대교에서도 여성은 남성의 소유물처럼 간주되었고, 아내가 간음하면 돌에 맞아 사형을 당했다. 남성이 결혼한 유부녀에게 성적인 접촉이나 성행위를 하면 타인의 재산에 손해를 입히는 것으로 간주하고 엄격하게 다스렸다.

2) 초기 기독교

기독교는 예수의 가르침에서 시작되었는데, 예수는 성에 대한 구체적인 문제가 될 수 있는 동성애나 혼전 성관계에 대해서 언급하지는 않았지만 성에 대해서는 그 당시 유대교에 비해서 자유로웠다. 즉, 간음, 이혼, 재혼에 대해서는 남녀 동등하게 적용해야 한다는 입장을 주장했다. 예를 들면, 간음하다가 현장에서 붙잡힌 여성을 돌로 치라는 군중들에게 죄 없는 자는 돌로 치라면서 군중을 제압하고, 그 여인에 대해서도 정죄하지 않으니 다시는 죄를 범하지 말라고 하면서 그 여인을 용서해 주었다(Caroll, 2010).

초기 기독교의 성에 대한 가치관은 신약성경의 저자인 사도 바울과 성 어거스틴의 성에 대한 가치관이 주류를 이룬다. 특히, 로마의 상류사회는 성적으로 문란했기에 이 시대에 살았던 바울은 결혼은 남녀에게만 제한하고 외도를 죄로 규정했다. 바울은 결혼보다는 독신으로 지내는 것을 강조했지만, 성적인 유혹을 뿌리치기 어려우면 결혼하라고 했다(고린도전서 7장 1~12절).

초기 기독교는 사랑을 육체적인 사랑을 나타내는 에로스(eros)와 영적이고 육체를 떠난 사랑을 나타내는 아가페(agape)로 구분했다(Gordis, 1977). 역사적으로 볼 때 기독교는 성매춘, 자위행위, 이혼을 죄로 간주했다. 인간의 성을 신학적으로 접근하면서 성을 인간 번영의 수단으로만 강조한 사람은 성 어거스틴이다(353~430 A.D.). 어거스틴에 의하면, 인간은 욕망에 의해서 죄를 짓고 수치심을 느껴 무화과 나뭇잎으로 자신의 몸을 가렸는데, 이러한 원죄가 유전되어서 모든 사람들이 육체적인 욕망의 죄에 빠지게 되었다고 주장한다. 그래서 이런 육체적인 욕망인 원죄에서 조금이라도 벗어나는 방법은 독신으로 하나님을 섬기는 것이라고 주장했다. 인간의 생명을 창조하는 데 관계가 없는 성행동, 즉 부부 사이에서도 성적인 쾌락을 위한 성행위, 자위행위, 게이, 레즈비언 등은 죄로 간주했다. 본래 유대교는 부부 사이의 섹스는 즐겁고 우리가 즐길 수 있는 것이라는 태도였는데, 이와는 다른 입장을 취한 것이다.

3) 이슬람교

이슬람교는 A.D. 570년에 태어난 마호메트에 의해서 창시된 종교이다. 마호메트는 본래 유대교와 기독교의 전통에 기원하면서, 아랍 부족의 믿음을 접목했다고 할 수 있다(Caroll, 2010). 이슬람교는 중동, 페르샤 제국, 동부 중국권, 북구 아프리카, 및 스페인까지 세력을 확장했다.

대부분의 무슬림 국가는 'satr al-'awara', 즉 예의를 중시하는데, 여성은 공공장소에서 사적인 신체 부위를 가려야 한다는 전통을 현재도 유지하고 있다. 이슬람교에서는 혼전 성관계를 금하고, 성관계는 결혼한 부부 사이에서만 법적으로 가능하고, 가정을 중요하게 생각하기에 결혼을 강조하고, 독신 등은 기피의 대상이다. 결혼제도는 이중적인 기준이 적용되어서 남성은 네 명까지 아내를 가질 수 있지만, 여성은 단지 한 명의 남성만 배우자로 섬겨야 한다.

4. 동양에서 바라본 성

성화 사진

1) 중국

중국에는 B.C. 2500년부터 성에 대한 기록물들이 있는데, 특히 도교가 지배하던 고대 중국에서는 성을 긍정적으로 간주했다. 즉, 남성과 여성이 섹스하는 것은 음양(陰陽)이 서로 만나서 조화를 이루는 것으로 자연스러운 현상으로 보았다. 그러나 남성은 성적인 에너지를 오래 간직하기 위해서 사정은 가능한 한 피하도록 했다. 성에 대한 개방적인 태도는 유교가 서기 약 1,000년 전에 전파되면서 성을 억제하는 방향으로 바뀌게 되었다.

중국은 1949년 공산당 혁명 후에 서구적인 개방적 성에 대한 태도를 비판하고, 포르노그래피와 매춘을 금했다. 동성 간의 성관계를 엄격하게 금하지는 않았지만, 남성의 정액은 생명을 상징한다고 할 수 있기에 동성 간의 섹스는 낭비라고 간주했다(Caroll, 2010). 그리고 부부들도 일주일에 한 번 이상 성관계하는 것은 기(氣)를 소비하는 것이라고 가르쳤다. 중국에서는 첩제도를 용인했기에 중상층의 남성은 3~12명의 첩을 두기도 했다. 그러나 중국도 이제는 성적으로 많은 개방이 이루어졌고, 이혼율도 급격하게 증가하고 있다.

카마수트라

2) 인도

인도는 A.D. 500년경에 카마수트라(Kama Sutra)라는 성에 대한 설명서를 제작해서 일반인들에게 가르쳤는데, 성의 즐길 수 있는 낭만적인 면을 강조했다. 그러나 이러한 성에 대한 개방적인 태도는 힌두교와 이슬람교의 등장으로 억압을 받았고 남성 위주의 성으로 변화했다.

3) 우리나라의 성문화

우리나라의 고대는 성에 대해서 개방적인 태도를 유지했다. 고려 시대는 성이 문란할 정도로 개방적이어서, 탑돌이 행사를 하면서 밤에는 남녀가 서로 만나는 기회로 삼아 성관계를 즐기기도 했다. 그러나 조선 시대에 유교가 통치 이념이 되면서 성에 대해서 억제하는 제도를 유지했다. 특히, 유교의 여필종부 사상은 성에 대해서 이중적인 기준을 가지고, 남성은 성적으로 즐겨도 되지만 여성이 성을 즐기면 부정적인 이미지를 부여했다. 특히, 혼전 성관계에 있어서도 남성은 별로 문제 삼지 않았지만, 여성의 혼전 성관계는 기피의 대상이 되었다.

성에 대한 가부장적이고 보수적인 입장에서 개방적인 태도로 바뀌는 속도가 1960년대는 미국보다 약 20년 정도 뒤졌고, 1970년대는 10년 정도, 1980년대는 한 5년 정도로 미국을 따라왔다. 그러나 21세기는 인터넷의 활성화, 무선이동전화기 등의 통신수단의 혁명, 즉 인터넷에 의한 포르노그래피 제공, 휴대폰 등에 의한 남녀 통신수단 등의 발달로 인해서 결혼 외의 성관계, 외도, 성매매가 성행하고 있는 실정이다. 이제는 우리나라에도 누드 열풍이 불면서 성에 대한 개방성은 오히려 서구문화권을 앞서갈지도 모를 상황에까지 왔다. 미국은 이제 성혁명에서 개방의 물결을 경험하고 성을 전인적인 면에서 다시 바라보려는 시도를 하는 방향으로 전환하고 있는 것에 비해서, 우리나라의 성문화는 아직도 성기 중심의 성적인 만족을 지나치게 강조하면서 오히려 성을 왜곡해서 바라보는 면으로 치우친 느낌이 든다. 국제적으로 성에 대한 중요성에 관한 조사를 한 연구를 보면, 우리나라 성인들의 섹스의 중요성에 관한 연구의 응답자 중 84%가 자신의 삶에 중요하다고 응답해서 미국의 76%보다 더 높았다([그림 1-1] 참조). 그러나 우리나라는 성이 개인적으로 중요하다는 것을 강조하지만, 남성의 성적인 만족에 관한 연구와 성의 친밀감을 강조하는 면에서는 아직도 개선해야 할 점이 아주 많다. 건강한 성문화를 정착시켜야 하는 과제는 21세기를 살아가는 우리 모두에게 책임이 있는 것이다.

최근 우리나라는 성에 대해서 개방적인 태도가 이루어지고 있다. 즉, 성적 소수자(레

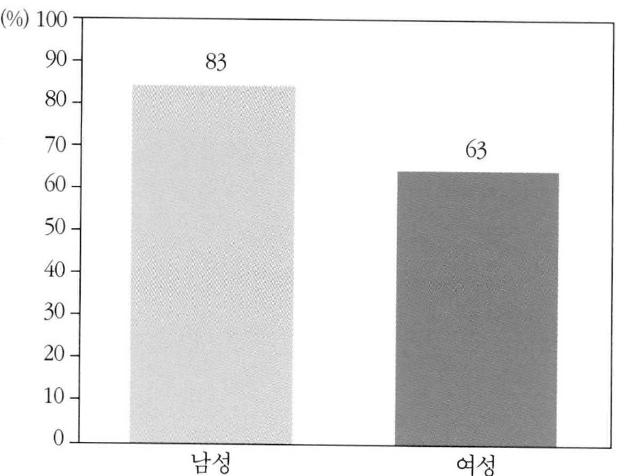

(a) 성별로 성이 삶에서 매우/극단적으로/적당히 중요하다고 대답한 비율

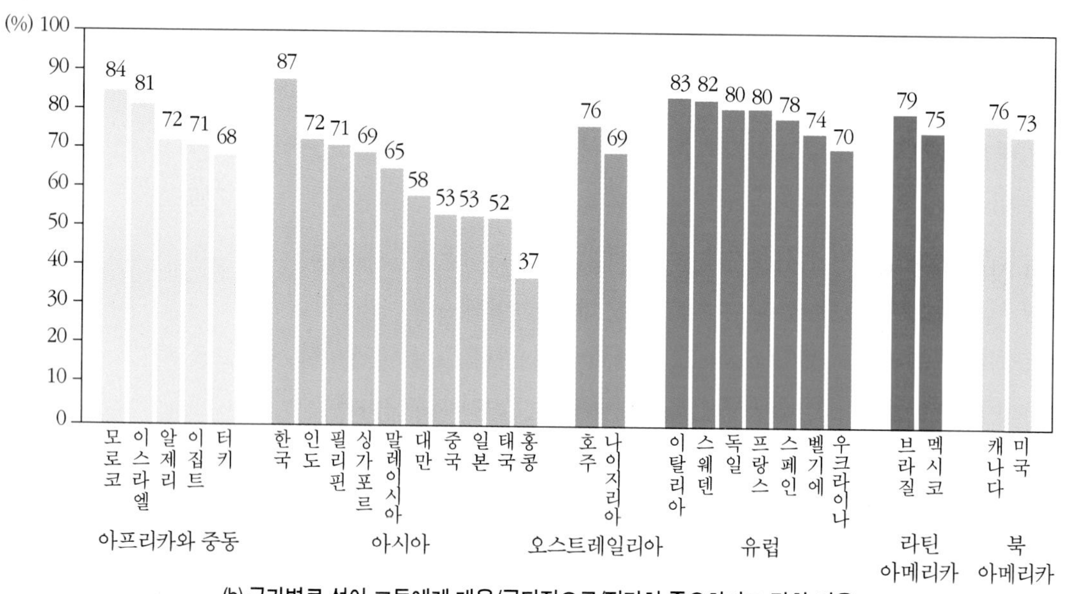

(b) 국가별로 성이 그들에게 매우/극단적으로/적당히 중요하다고 답한 비율

| 그림 1-1 | **파이저(Pfizer)의 성적 태도와 행동에 관한 연구: 총체적인 당신의 삶에서 성이 어떻게 중요한가?**

즈비언, 게이, 양성애자, 성전환자)들에 대한 인권적인 차원에서 사회적인 수용을 강조하는 운동이 일어나지만 보수적인 기독교는 성적인 소수자를 성경적으로 죄로 간주하고 용납하지 않는 태도를 강하게 보이고 있어, 한국 사회는 서구 사회가 성적인 소수자를 사회의 구성원으로 간주하고 용납하는 과정에서 경험했던 사회적 · 종교적인 갈등이 일어나고 있다.

5. 성에 대한 접근 방법

성은 단순히 한 가지 측면만 있는 것이 아니라 여러 가지 측면을 가지고 있다. 따라서 성에 접근하는 방법이나 방향도 다양하다. 성에 접근하는 다양한 방법에 대해 살펴보면 다음과 같다.

1) 생물학적인 측면

성에 대한 생물학적인 접근은 종족 번식을 위한 임신 과정, 출산, 성적인 욕구, 성기능 등의 다양한 면을 포함한다. 성은 우리의 신체를 통해서 구체적으로 표현되는 것이기에 신체적 기능을 포함한다. 성의 생물학적인 측면은 인류의 역사적인 면에서 항상 강조되어 왔고, 특히 중세 시대에는 성의 생물학적인 측면을 강조하면서 성의 친밀한 측면과 즐거운 측면을 억제하는 경향이 있었다.

2) 심리사회적인 측면

성의 심리적인 측면은 성에 관련된 감정, 사고, 성격과 관련이 있다. 성이 단순한 생물학적인 욕구만 포함하는 것이 아니고, 성을 통해서 상대방과 정서적인 교감을 느끼며 연결감을 가지고 친밀해지는 것을 포함한다. 또한 성의 심리사회적인 측면은 성에 관련된 자아정체감 등도 포함되는 개념들이다. 즉, 자신이 남성인가 여성인가에 대한 자신의 자아의식, 성정체감 등을 포함한다.

3) 행동적인 측면

성의 행동적인 측면은 성적인 욕구를 구체적으로 표현하고 느끼는 것과 관련이 있다. 즉, 사춘기에 성적인 욕구를 혼자서 충족시키기 위해서 하는 자위나 성교 등의 행동을 포함한다. 이성 간에 성적인 욕구를 표현하기 위한 키스, 애무, 성관계 등 구체적인 성행위와 성기능장애를 포함한다.

4) 임상적인 측면

성에 대한 임상적인 측면은 성에 대한 부정적인 경험 또는 가치관 때문에 성에 대한 만족을 경험하지 못하고 기능적인 면에서 장애를 경험하는 것을 말한다. 특히, 부부 사이에 성적인 욕구 장애, 조루증, 발기불능, 불감증 등의 성적인 기능장애가 있을 경우에 부부 갈등의 큰 원인이 된다. 이런 경우에는 성치료를 받아야 한다. 또한 여성을 상대로 한 성추행 및 성폭력이 증가하고 있는 추세인데, 성폭력을 경험한 여성들이 치료를 제대로 받지 않은 경우에는 성에 대한 트라우마, 불감증을 포함해서 성에 대한 혐오적인 태도, 인적인 심리건강 문제와 부부 관계에 심각한 문제를 야기한다. 그러므로 성폭력 후유증을 정확히 알고 전문가에게 심리치료를 받는 것이 중요하다.

5) 문화적인 측면

성에 대한 가치관과 행동은 그 시대의 문화적인 가치관을 반영한다. 예를 들면, 우리나라의 경우에도 최근 성에 대해 양성평등의 개방적인 가치관을 남녀가 모두 소유하게 되었는데, 이런 가치관은 성행동에 많은 영향을 준다. 즉, 데이트 중에 키스하기 또는 성관계를 갖는 것도 문화적 · 시대적인 성에 대한 가치관을 반영해 준다.

세계 성학회의 성적인 권리에 관한 선언문
(The World Association for Sexology' s Declaration of Sexual Rights)

세계 성학회는 현재 118개국이 가입되어 있는데, 1999년 홍콩에서 세계 성학회를 개최하고 나서 인간의 성에 관한 권리를 다음과 같이 선언하였다. 물론 이 선언문은 성학회 회원들의 성에 대한 입장을 대변하는 것이기에 게이, 레즈비언 등에 관해서 민감한 사항들은 회원국가의 문화적인 가치관과 충돌할 수 있는 민감한 점들이 있다.

1. 성적인 자유: 인간은 자신의 가능한 성적인 표현의 자유가 있다. 그러나 타인에 대한 강간, 강제적인 성적 표현, 성적인 학대 등은 언제 어디서나 용납할 수 없다.
2. 성적인 자율성, 성적인 일체감, 성적인 신체의 안정성: 인간은 개인적 · 사회적인 윤리에 저촉되지 않는 범위에서 개인의 성적인 삶에 대해 자율적으로 결정할 능력이 있다.
3. 개인적 성적 비밀에 대한 권리: 다른 사람들에게 방해가 되지 않는 범위 내에서 성적인 행

동에 대한 개인의 결정권, 행동을 할 권리가 있다.

4. 성적인 평등에 대한 권리: 인간은 성별, 성에 대한 성향, 나이, 종교, 사회계층, 신체적 · 정서적인 조건에 관계없이 차별을 받지 아니할 권리가 있다.
5. 성적인 즐거움에 대한 권리: 스스로 성적인 만족을 누리는 것을 포함해서 성적인 쾌감은 신체적 · 심리적 · 지적 · 정신적인 웰빙의 근거가 된다.
6. 정서 성적인 표현에 대한 권리: 성적인 표현은 단순히 성적인 쾌감을 누리거나, 성행위만이 아니다. 개인은 대화, 정서적인 표현과 사랑을 통해서 성적인 표현을 할 권리가 있다.
7. 성적 연합의 자유에 대한 권리: 개인은 결혼, 독신, 이혼, 또는 다른 형태의 책임 있는 성적인 연합체를 이룰 권리가 있다.
8. 인간 생산에 대해서 자유롭고 책임 있는 선택을 할 권리: 이 권리는 자녀를 가지고 안 가질 권리, 자녀의 수, 자녀의 터울을 결정할 수 있는 권리와 인간의 생산하는 다른 방법에 접근할 수 있는 권리가 있다.
9. 과학적인 기초에 입각한 성적인 정보를 활용할 권리: 성에 대한 정보는 과학적이면서 윤리적인 기준에 입각해서 얻어져야 하고, 이러한 정보를 그 사회에 적절한 방법으로 공유해야 한다.
10. 종합적인 성교육을 받을 권리: 성교육은 태어나서 일생 동안 이루어져야 하며, 여러 기관들이 참여해야 한다.
11. 성적인 의료도움을 받을 권리: 성적인 관심이나, 문제, 기능장애 등에 관해서 예방과 치료를 받을 권리가 있다.

6) 도덕적 · 종교적인 측면

성에 대해서 가장 많은 영향을 주는 것은 성에 대한 도덕적인 가치관과 종교적인 태도이다. 도덕적으로 보수적인 사회일수록 성을 대체로 부정적으로 바라보고, 성의 표현과 성적인 행위를 억제하는 면을 강조해 왔다. 따라서 도덕적 타락과 해이는 바로 성적인 타락과 동일시되기도 했다. 특히, 종교 단체의 성에 대한 입장은 신도들에게 많은 영향을 주어서 신도들의 성생활에 구체적인 가이드라인을 제시해 주고 있다. 예를 들면, 가톨릭교에서는 아직도 이혼과 피임을 공식적으로 허락하지 않는데, 특히 피임 문제는 신도들이 교단의 가르침과 갈등을 겪고 있다.

성에 대한 태도와 행동은 성에 대한 개인적 · 사회적 · 종교적인 가치관에 의해서 영향을 받는다. 성을 섹스로만 여기고 성에 대한 논의나 생각을 회피, 억압해 온 사람들은 이제 성을 좀 더 개방적인 시각에서 바라볼 수 있는 안목을 가져야 하겠다. 또한 성을 소유한 인간과 성이 인간관계를 위해서 어떻게 소중하게 사용될 수 있는가를 알기 위한 새로운 도전이 시작되어야 할 것이다. 무심코 통속적인 가치관을 가지고 생활한 경우에는 이 책을 읽으면서 자신의 가치관을 다시 한 번 생각해 보고, 성에 대해서 신체적 · 심리적 · 정신적 건강을 유지하는 기회로 삼길 바란다.

토론

1. 역사적 관점에서 비추어 볼 때 자신의 성개념은 어떠한지 생각해 봅시다.
2. 성에 대한 새로운 문화적인 가치관은 무엇이 되어야 할지 서로 토론해 봅시다.
3. 성에 대한 성적 소수자에의 인권, 이들이 미치는 사회적인 영향에 관해서 토론해 봅시다.

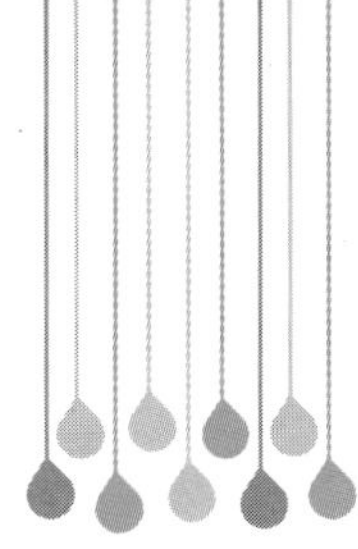

제2장

성에 대한 연구 방법 및 문제점

인간 성행동에 대한 연구(Sexology)는 가설을 세우고 과학적인 방법으로 검증하는 것이다. 그러나 인간의 성행동은 가장 개인적이고 은밀한 것이기에 남에게 공개하기가 어렵고, 자신의 성생활을 남과 나눈다는 자체가 당황스럽고 창피한 것이 될 수 있다. 그럼에도 인간의 성행동에 대한 연구는 꾸준히 진행되고 있다.

성행동의 심리학도 다른 학문의 목적과 같이 인간의 성행동을 이해하고 예언하며 통제하는 것이다. 인간의 성행동에 대한 이해와 이를 예견하는 것은 비교적 쉽겠지만, 통제하는 것은 아주 어렵다. 타인의 성적인 생활을 간섭하고 통제한다는 것은 인권과도 관련성이 있기에 아주 조심스러운 영역이다. 그러나 건전한 의미의 성행동에 대한 통제는 사회의 성적 건강에 중요하다. 예를 들면, 청소년들이 성행위를 할 때 콘돔을 사용하지 않음으로써 미혼모, 성 전파성 질환들이 늘어난다는 미국의 연구 결과는 학교를 중심으로 학생들에게 콘돔 사용에 관한 교육을 시키고 심지어는 학교에서 콘돔을 나누어 주는 정책까지 만들도록 기여한 점이 있다. 우리나라 대학생들도 이 점에서는 예외가 아닌데, 대부분 성관계 시에 콘돔을 사용하지 않기에 우리나라 대학생들에게 적극적인 교육이 필요하다.

문제는 인간의 성행동을 연구할 때 실험적인 접근 방법은 거의 불가능하다는 것이다. 예를 들어, 성기능장애 부부를 대상으로 실험적인 성행동을 한다거나 성범죄자가 갑자기 성기능장애를 호소하면 이 사람을 실험적으로 치료할 것인가는 여러 가지의 요소들을 고려해야 한다.

1. 비실험적인 연구 방법

1) 사례 연구 방법

인간의 성행동을 연구하기 위한 비교적 용이한 방법은 개인의 사례 연구이다. 예를 들어, 포르노그래피가 강간에 미치는 영향을 연구하기 위해서 강간범들이 실제로 포르노그래피를 얼마나 시청했는가를 추적해서 이와의 관련성을 주장할 수 있다. 실제로 강간을 하고 여성을 살인한 남자는 폭력적인 섹스 잡지나 포르노그래피를 많이 모으고 시청했다고 주장한 사례도 있다(Norris, 1998). 그러나 이러한 사례 연구적인 방법은 포르노그래피 잡지와 강간과의 원인 관계를 설명하기에는 부족하다. 폭력적인 포르노그래피 잡지를 많이 본 남자는, 집안에서 부모가 방치해서 문제가 생긴 것인지 아니면 그러한 또래들과 어울려 다니기에 성적인 범죄를 저지를 수도 있는 것인지 명확하지 않다.

사례 연구적 접근의 장점은 자료 수집이 비교적 용이하고 융통성이 있으며 자료를 쉽게 얻을 수 있다는 것이지만, 이 자료를 일반화하기는 어려우며 성에 관련된 어린 시절에 대한 자료는 기억의 정확성이 떨어질 수도 있기에 문제가 될 수 있다.

2) 설문 조사

인간의 성행동에 관한 대부분의 연구는 설문 조사를 통해서 얻은 자료들이다. 설문 조사는 설문지를 발송하거나 집단으로 실시해서 답변을 하게 하는 방법, 전화 인터뷰를 통해서 실시하는 방법, 직접면접을 통해서 실시하는 방법 등 다양하다. 요즘에는 인터넷을 통해서 정보를 많이 수집하는 경향이 있다.

설문 조사의 가장 큰 문제점은 표본이 집단의 대표성을 가지고 있는가에 관한 것이다. 표본이 대표성을 지니기 위해서는 정부의 인구통계를 고려한 각 집단을 대변할 수 있는 사람들을 모으는 무선 표집방법이 있다. 그러나 실제 무선적으로 표집해서 연구하기가 어렵기에 대부분의 성에 관한 연구는 특정한 지역이나 성향을 가진 사람들의 연구 결과를 제한점을 고려해서 제공하는 단계에 있다. 특히, 우리나라는 성에 관해서는 어떤 사람들이건 간에 함구하려는 경향 때문에 연구하기가 어려웠다. 성에 관한 설문서를 배부했을 때 어떤 응답자는 자신의 개인적인 정보를 묻는다고 화를 내기도 하고, 심한 경우에는 노골적으로 거부감을 표현했다.

설문지를 통한 사회 조사 방법은 실시하기가 쉽고 여러 사람들에게서 정보를 얻을 수 있는 장점들이 있지만, 응답자들이 사회적으로 바람직한 방향으로 대답을 하는 경우나 일부러 속인 경우, 특정한 문항에는 답변을 안 하는 경우 등의 제한점들이 있다.

(1) 킨제이 조사

킨제이는 5,300명의 남성과 5,940명의 여성을 상대로 설문 조사를 실시했다. 그러나 킨제이의 연구에 참여한 사람들은 대체로 교육 수준이 높은 기독교 신자들이 더 많이 반영되었고, 농촌 지역의 출신이나 유색인종들은 비교적 반영이 안 되었다는 비판이 있다. 그리고 연구 참가자들은 모두 자원자였기에 인구학적인 통계를 전부 반영하지 못했다는 비판이 있다.

또한 킨제이의 조사 중 성행동은 교육 수준의 영향을 받고 이성애 또는 동성애는 경계가 분명하지 않다는 자료는 아직도 유효하지만, 그의 자료는 약 50년 전에 수집되었으므로 혼전 성관계의 비율 등은 21세기에는 그 자료의 정확도가 떨어진다고 볼 수 있다. 사회 조사는 그 시대를 반영하기에 시간이라는 한계점이 있다(Crooks & Baur, 2011).

(2) 미국의 국민건강과 사회생활 사회 조사(The National Health and Social Life Survey)

1987년에 시카고 대학에 있는 에드워드 로먼(Edward Lauman)과 연구진들이 정부의 지원을 받아 약 20,000명을 상대로 미국 국민들의 성생활에 관한 연구를 실시하려고 시도했다. 그러나 1991년에 보수적인 성향의 국회의원들이 연구 내용이 선정적일 수 있다며 정부 지원을 삭감했다. 그럼에도 불구하고 연구진들은 사설 기관의 연구 기금으로 18~59세의 4,369명의 성인을 대상으로 미국인의 성생활에 관한 연구를 실시했다. 이들의 연구는 킨제이 연구보다 표집과 통계적인 처리 방법에서 우수하다는 평가를 받고 있다. 이들의 연구 결과 중 중요한 부분은 〈표 2-1〉과 같다(Crooks, R. & Baur,

| 표 2-1 | 인종간 성적인 경험

인종	백인		흑인		히스패닉	
남녀	남	여	남	여	남	여
구강성교를 해 준 경험(%)	81.4	75.3	50.5	34.4	70.7	59.7
구강성교를 받은 경험(%)	81.4	78.9	66.3	48.9	73.2	63.7
항문 성교를 한 경험(%)	25.3	23.2	22.4	9.6	34.2	17.2
지난해에 한 번도 자위를 하지 않은 경험(%)	33.4	55.7	60.3	67.3	33.3	65.3
지난해에 적어도 일주일에 한 번은 자위한 경험(%)	28.3	7.3	16.7	10.7	24.7	4.7
남성에게 강제로 성관계를 당한 경험(%)		23.0		19.0		14.0

K., 2004).

이와 같은 결과 외에도 동거하지 않으면서 성관계를 가질 경우 백인과 흑인은 주로 90% 이상이 같은 인종끼리 성관계를 갖지만, 히스페닉계는 약 50% 정도만 동족과 성관계를 갖는다고 보고했다(Laumann et al., 1994).

(3) 2001년 청소년 위험 행동 조사(The Youth Risk Survey: United States, 2001)

미국 내의 질병 통제 및 예방 센터에서 9~12학년 학생들을 상대로 미국 전역에 걸쳐 청소년들의 성행동에 관해서 조사를 실시해 다음과 같은 결과를 얻었다(Centers for Disease Control, 2002).

- 미국 전역에 있는 학생들은 45.6%(남학생 48.5%, 여학생 42%)가 성관계를 한 경험이 있었다.
- 약 6.6%의 학생들(남학생 9.3%, 여학생 4%)이 13세 이전에 성관계 경험이 있었다.
- 14.2%의 학생들(남학생 17.2%, 여학생 11.4%)이 4명 이상의 대상과 성관계 경험이 있었다.
- 약 3분의 1의 학생들이 지난 3개월 안에 성경험을 하고 있는 것으로 보고했다.
- 콘돔은 약 57% 정도만 사용했으며, 4.7%의 학생들이 임신한 경험이 있거나 상대방에게 임신시킨 경험이 있다고 보고했다.
- 1970년대에 2만 명의 중산층 미국인을 상대로 음주가 성적인 즐거움을 증가시키는가에 대한 질문에서 60%가 긍정적으로 답변을 했다. 그러나 이러한 결과를 해석할 때 주의를 요하는데, 이러한 대답이 실제 행동으로 이어질지는 확인할 수 없

기 때문이다(Crooks & Baur, 2011).

최근의 청소년 위험 행동 조사(Youth Risk Behavior Surveillance, 2013)에 의하면, 미국 청소년들의 성행동에서 많은 변화가 나타나고 있다.

- 9~12학년의 53%는 성관계를 하지 않았다고 하지만, 47%의 청소년들은 성관계를 경험했다고 보고했다. 이러한 수치는 1990년에 비해서 성관계 비율이 감소되고 있음을 보여 준다.
- 70%의 여학생들과 56%의 남학생은 자신들이 교제하고 있는 이성 친구들과 처음 성관계를 가지고 지속적으로 이러한 관계를 유지하고 있다고 보고했다.
- 16%의 여학생과 28%의 남학생들은 즉석 만남이나, 사귄 친구들과 성관계를 맺었다는 보고를 했다.
- 여학생들의 성적 대상자들은 동갑내기거나 자신들보다 어린 대상자였고, 83%는 피임방법을 처음 성관계를 할 때 사용했다고 한다.
- 약 열 명 중에 한 명의 청소년들은 성기에 의한 섹스 외에도 오럴섹스 등 다른 방식으로 섹스를 즐겼다고 한다.
- 성관계를 경험한 22%의 청소년들은 성관계를 하기 전 3개월 동안, 또는 섹스를 하기 전에 음주를 한 것으로 나타났다(Hamilton, B. E., Martin, J. A., Osterman, M. J. K., & Curtin, S. C., 2014).

3) 직접적인 관찰 방법

인간의 성행동에 관한 직접적인 관찰을 통해 연구한 사람은 마스터스와 존슨(Masters & Johnson, 1966)이다. 그들은 383명의 남성과 312명의 여성 자원자들이 자신들의 실험실에서 행한 성행위를 10,000번 정도 관찰한 후에 인간의 성반응 주기에 관해 4단계를 보고했다. 마스터스와 존슨은 참여자들의 신체적인 변화까지도 관찰할 수 있었다. 그들의 연구 결과는 성기능장애 치료에 많이 사용되고 있다. 그들이 관찰한 또 다른 흥미 있는 결과는 여성들이 음핵이나 질을 통한 오르가슴을 느꼈을 경우에 여성들의 신체 반응에는 차이가 없다는 것이다. 현대는 fMRI(functional magnetic resonance imaging)를 사용해서 성적인 자극물을 피험자에게 보여 주고 두뇌의 반응을 연구하는 연구 방법도 도입되고 있다. 또한 전자기를 이용해서 남성이나 여성의 성기에 부착하고 신체적인 반응을 구체적으로 관찰하기도 한다.

그러나 직접 연구하기 위해서 상대방의 성행동을 직접 관찰한다는 것은 쉽지 않다. 우리나라에서는 성에 대한 보수적인 태도가 강하고 자신의 성행동을 남에게 공개한다는 것은 수치스러운 행동이라고 간주하기에 자신의 성행동을 타인에게 공개한다는 것은 거의 불가능하다.

2. 실험적인 연구 방법

실험적인 연구 방법은 독립변인과 종속변인을 조작적으로 정의해서 피험자들에게 실험실에서 자극을 보여 주고 그에 따른 반응을 얻어 내는 방법으로 연구하는 것이다. 예를 들면, 271명의 대학생들을 두 집단으로 나누어서 한 집단에게는 폭력이 없는 성에 관한 비디오를 보여 주고, 다른 집단에게는 성폭력에 관한 비디오를 보여 주었다. 그리고 2~3일 후에 이들의 여성에 대한 성적인 태도를 조사한 바에 의하면, 성폭력 비디오를 시청한 집단은 여성에 대한 폭력에 관해 더 수용하는 태도를 보였다(Malamuch & Check, 1981).

이러한 연구 방법은 여러 변인들을 통제하고 조작해서 구체적인 연구 결과를 얻어 낼 수 있지만, 이렇게 실험실에서 얻어진 연구 결과를 실생활에 적용하는 것은 항상 쉽지 않다. 또한 인간의 성행동을 구체적으로 지시하고 조작하는 것은 윤리적인 문제와 연관되기에 이러한 방법 역시 한계가 있다. 또한 이러한 조작적인 실험은 많은 경우에 대학생들을 상대로 실시하는 경우가 많은데, 이들의 결과를 일반인들에게 적용하는 것도 무리가 있다.

3. 인터넷을 통한 성행동 연구

요즘에는 인터넷 사용이 보편화되었기에 인터넷을 통해서 여러 가지 사회 조사들이 이루어지고 있다. 인터넷이 익명성을 좀 더 보장해 줄 수 있기 때문에 인터넷을 통한 성행위 연구는 응답자들이 솔직하게 답변할 수 있는 환경을 조성해 준다. 또한 여러 사람들에게 한꺼번에 설문지를 배포하고 쉽게 수거할 수 있기 때문에 비용도 저렴하다. 실제로 우리나라에서는 인터넷을 이용한 많은 연구가 이루어지고 있다.

그러나 인터넷 사회 조사 방법은 인터넷 사용자들 자체가 대체로 젊은 층이고 컴퓨터를 많이 사용하는 사람들이기에 인구학적으로 대표적인 표집이 될 수 없다. 또한 응답자가 자신의 연령을 속일 경우에 이를 막을 방법이 없다. 또한 인터넷으로 많은 설문지를 배포할 수 있지만 응답률이 현저하게 떨어지는 경향이 있기에 양질의 자료를 얻기가 힘들다. 그러나 우리나라 사람들이 성문제를 공개적으로 답변하지 않는 경향을 감안하면 인터넷을 통해서 성문제를 연구하는 것도 고려할 만하다.

4. 여성주의 이론과 성문제 연구

여성주의란 '남녀가 평등하게 서로 협조하면서 사회에 참여하는 운동' 이라고 정의할 수 있다(McCormick, 1996). 즉 정치적 · 경제적 · 개인적인 차원에서 여성의 권리가 남성과 동등하게 성취되어야 한다는 것을 강조한다.

성학에 관한 여성주의적 입장은 성산업, 미디어의 성에 대한 기술 사항, 포르노 등 사안에 따라 일정한 입장을 유지하지는 않는다. 즉, 1970년대와 1980년대는 포르노에 반대하는 섹스에 대한 전쟁을 선포하고 섹스 산업에 강한 반발을 했지만, 다른 입장은 섹스 산업 역시도 여성들이 성적인 표현의 수단이 될 수 있고 여성이 통제할 수 있는 부분도 있다고 주장한다. 포르노 역시 여성을 착취하고 여성의 성에 대해서 왜곡하는 정보를 제공한다는 측면에서 강하게 반대하지만, 포르노의 종류에 따라서 여성의 성적인 표현의 일부분이라고 포르노에 대해서 덜 비판적인 입장도 있다(Duggan, Lisa; Hunter, Nan D., 1995). 여성주의적인 성연구자들은 지금까지의 성에 관한 연구가 대체로 남성의 시각을 편중적으로 반영했다고 비판한다.

특히, 우리나라의 경우에는 남성 비뇨기과 의사들이 남성의 시각을 가지고 성기능장애를 치료하고 오히려 남성의 편견된 시각을 상업화하는 경향마저 있다. 예를 들면, 남성의 성기확대수술이나 성기능장애수술 등의 의학적인 방법으로 접근하는 것들이다. 여성의 입장에서는 남성의 성기 확대나 정력 강화제보다는 정서적인 측면을 이해한 관계 강조, 성적인 분위기가 더 중요하다. 이러한 여성의 입장을 고려해서 접근할 때 여성들은 오히려 성적인 만족을 더 느낀다.

여성주의적 성연구자들은 기존의 전통적인 연구 결과를 완전히 바꾸는 것을 시도하기보다는 지금까지 간과되었던 여성들의 시각을 좀 더 반영해 인간에게 서로 평등하게 적용되는 성에 관한 연구와 정보를 제공하는 데 초점을 두고 있다.

남성들은 성기의 기능과 성적인 욕구의 충족에 관심을 두고 있는 것에 비해, 특히 여성주의 입장에서는 성의 관계적인 측면과 정서적인 친밀감을 강조한다. 또한 여성주의적 시각에서 여성의 성적 자율권과 결정권을 강조하고 여성으로서 성적인 욕구 충족의 권리와 당위성도 강조한다. 우리나라에서도 여성주의적인 입장에서 성연구가 활성화되기를 기대한다.

5. 성문제 연구의 윤리적인 가이드라인

성문제는 인간의 사적인 영역이기에 피험자에 대한 심리건강, 웰빙, 안정성에 우선 고려하면서 연구를 진행해야 한다. 특히, 강제나 협박을 통해서 성에 대한 진술이나 답변을 요구해서는 안 된다. 피험자가 연구의 목적을 알면 반응하는 과정에서 편견이 있을 수 있을 때는 속임수를 쓸 수 있지만, 실험이 끝나면 반드시 실험과정의 절차를 설명해 주어서 피험자가 속았다는 기분을 느끼지 않도록 해야 한다. 상담이나 면담의 내용을 연구에 사용하기 위해서는 내담자에게 사전에 동의를 얻어야 한다는 점도 중요하다.

토론

1. 성연구에 있어 효과적인 연구 방법은 무엇인지 생각해 봅시다.
2. 자신들이 원하는 성적인 연구의 관심사는 무엇인지 생각해 봅시다.

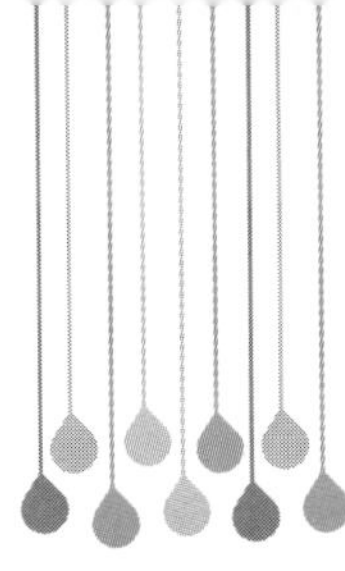

제3장

성정체성의 형성 과정

1. 성정체성에 대한 정의

성에 관한 용어 중에서 Sex와 Gender라는 두 용어가 있는데, 섹스는 신체적인 차이점에 근거해서 남성과 여성을 구별하는 의미를 강조하는 용어이고, 젠더는 남성성 · 여성성 등 성차에 관한 심리적 · 사회적인 역할과 정체성을 강조하는 용어로 사용한다.

우리는 사회적인 장면에서 사람들을 보면 가장 먼저 남성인가 여성인가로 구분하는 경향이 있다. 그리고 여성과 남성에 대한 자신이 가진 선입관을 가지고 그 사람에게 접근하기도 하고 피하기도 한다. 그러나 현대는 성에 대한 개방화와 남성성 · 여성성 등의 고정 관념이 여러 면에서 도전을 받기에, 성별에 관한 선입견이나 기대감이 분명하지 않고 점차 모호해져, 이성과의 인간관계를 시도할 때도 서로 예측하기 어려운 면이 증가하고 있다.

2. 성에 대한 정체성과 성역할

성의 정체성(Gender Identity)은 자신이 남성인가 여성인가에 대하여 주관적인 의미를 부여하는 것을 말한다. 아동의 성에 대한 정체성은 생물학적인 차이에 근거해서 대체로 3~4세까지 발달하고, 많은 경우에는 자신의 신체적인 특징에 근거해서 자신은 '남성이다.' '여성이다.'라는 정체성을 가진다. 그러나 자신의 생물학적인 성과 성정체성이 항상 일치하지는 않는다. 예를 들면, 성전환수술을 고려하는 사람들은 생물학적으로는 남성이지만, 자신은 여성이라고 생각한다.

성역할(gender role)은 자신이 살고 있는 사회와 문화를 고려해서 여성과 남성에 관한 정상적이고 적절한 태도와 행동에 관한 총제적인 면을 반영한다. 즉, 남성성과 여성성의 성정체성에 대해서 구체적인 태도와 행동 양식을 말하는데, 이런 행동은 사회문화적인 영향을 많이 받는다. 예를 들면, 우리나라에서 1950년대에는 남성이 부엌에서 요리하고 아이를 공공장소에서 업고 다니는 행동이 아주 부적절한 것으로 간주되었지만, 이제는 지하철에서도 젊은 아빠들이 아이를 안고 있거나 업고 다니는 것을 흔하게 볼 수 있다. 또 주위에서 전업 남편을 이상하게 보기보다 아내와 서로 역할을 적절하게 조정하는 융통성 있는 남성으로 여기고 긍정적으로 평가한다.

성역할의 구체적인 내용은 그가 처한 시대적인 상황을 반영하지만, 그 형성 과정은 개인과 가정의 영향을 많이 받고 있다. 예를 들면, 아버지가 집안 청소도 하고 설거지 등의 가사를 돕는 역할을 보고 자란 아들은 이러한 성역할을 자신이 결혼해서도 반복할 가능성이 있고, 어머니가 집도 고치고 자동차를 정비소에 가지고 가는 것을 보면서 자란 딸은 자신이 성장해서 적극적인 삶을 살 수도 있다. 성역할은 자신의 타고난 생물학적인 조건과 성장 과정에서 학습에 의해서 많은 영향을 받는다.

3. 성과 성정체성의 생물학적인 형성 과정

1) 태아의 남아, 여아의 형성 과정

수정된 태아는 약 6주 정도가 지나면 남성과 여성의 신체로 각각 다르게 분화하기 시작한다. XX와 XY의 염색체에 의해서 결정된 남성과 여성은 초기에는 〈표 3-1〉과 같이 동일한 신체적인 조직에서 출발했지만 각각의 유전인자에 의해서 다른 방향으로 신체가 발전해 나간다.

| 표 3-1 | 남성과 여성의 생물학적인 특징

특징	여성	남성
염색체	XX	XY
생식선 섹스 (Gonadal Sex)	난소	고환
호르몬 섹스	에스트로겐	안드로겐
내부의 생식기관	나팔관	수정관
	자궁	정낭
	질의 내부 구조	사정관
외부 성기관	음핵	성기
	소음순	고환
	대음순	
뇌의 성 분화	시상하부는 에스트로겐에 민감해서 순환적인 호르몬 분비를 촉진함	에스트로겐에 둔감한 시상하부는 호르몬 생산에 지속적으로 관여함
	시상하부의 두뇌 부위가 남성보다 작음	시상하부의 두뇌 부위가 여성보다 큼
	대뇌의 오른쪽 부분이 남성보다 얇음	대뇌의 오른쪽 부분이 여성보다 두꺼움
	뇌실의 액이 남성보다 진함	뇌실의 액이 여성보다 엷음
	남성의 뇌에 비해서 측면화가 덜 됨	여성의 뇌에 비해서 측면화가 더 일어남

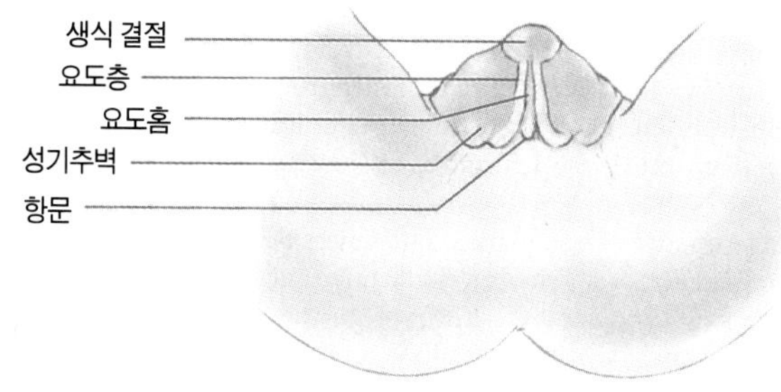

(6주 이전 미분화 상태의 성)

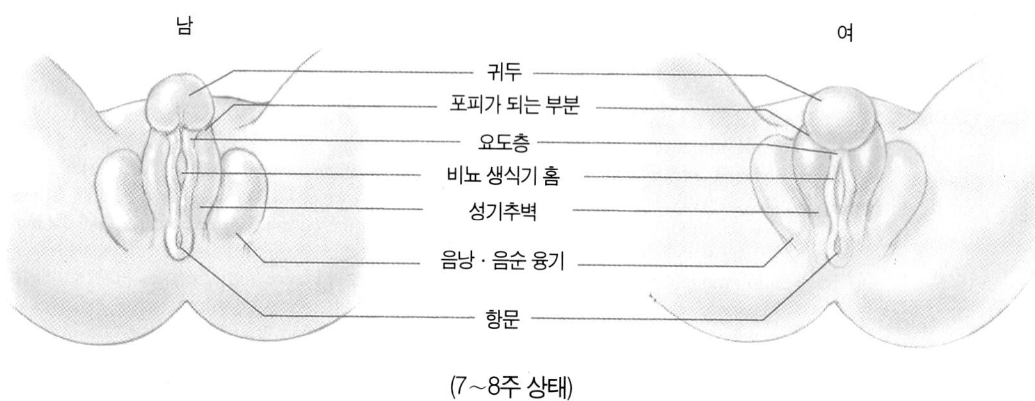

(7～8주 상태)

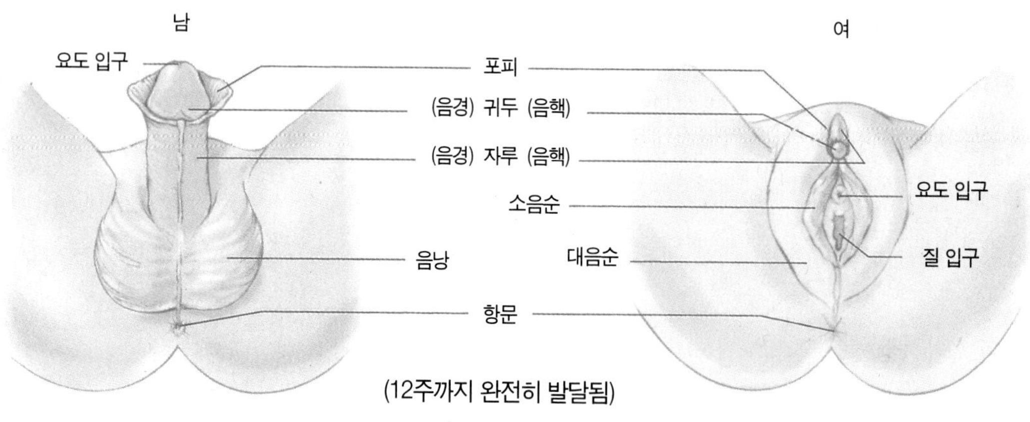

(12주까지 완전히 발달됨)

| 그림 3-1 | **남녀 외부 생식기의 분화**

(1) 생식 섹스(Gonadal Sex)

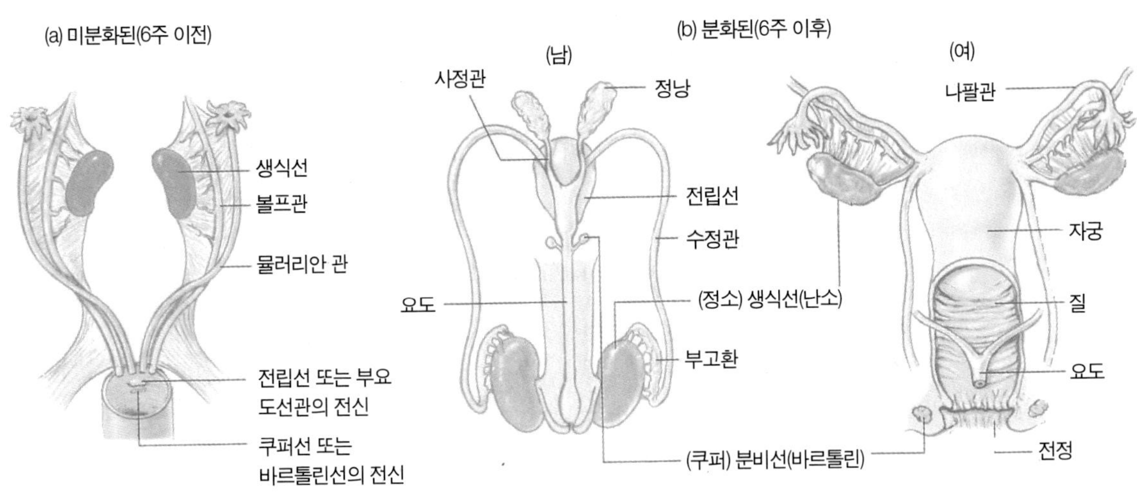

| 그림 3-2 | **남녀 태아의 내부 도관(duct)의 발달**

[그림 3-1]과 [그림 3-2]에서 보는 바와 같이 남성과 여성의 신체적인 성 분화는 임신 6주부터 시작된다. 이 시기에는 난소와 고환의 분화가 이루어지고 이 부위에서 남성과 여성의 호르몬 분비를 준비한다.

(2) 호르몬 섹스(Hormonal Sex)

여성호르몬인 에스트로겐은 여성의 신체 발육을 촉진시키고, 프로게스테론은 여성의 멘스를 통제한다. 남성호르몬인 안드로겐은 남성의 특징을 발달시키고, 이 중에서 테스토스테론은 남성과 여성 모두 분비되는데, 남성에게는 남성의 특징발달에 영향을 주고 여성에게는 성적인 동기를 통제하는 역할을 한다.

(3) 외부 성기관

태아의 난소와 고환에서 분비되는 성호르몬은 외부 성기의 발달에도 영향을 주는데, [그림 3-1]에서 보는 바와 같이 분화되기 전에 여성과 남성의 성기는 기본적으로 동일한 조직에서 발달한 것이다.

(4) 두뇌의 성적인 분화

인간의 두뇌발달은 호르몬의 분비에 의해서 영향을 받는다. 인간의 두뇌가 완전한 발달을 이룬 경우에 남성의 두뇌는 대체로 여성의 두뇌보다 15% 정도가 크다고 한다(Gibbons, 1991). 이러한 이유는 남성의 경우 안드로겐이라는 남성호르몬의 빠른 분비가 뇌의 성장을 촉진시켰을 것이라고 추정한다. 인간의 성차이는 후천적으로 학습된 면도 있지만, 호르몬의 분비에 의해서 남성과 여성의 두뇌가 약간 다르게 발달했기 때문이기도 하다. 예를 들면, 여성의 두뇌는 좌반구와 우반구를 연결해 주는 뇌들보가 남성보다 크고 많은 세포들이 더 분포되어 있는데, 이런 결과로 여성은 양 두뇌가 서로 상호작용하는 것이 남성보다 빨라 기지가 빠르다고 할 수도 있다. 즉, 여성은 언어와 공간지각에 관한 작업을 할 때 양쪽 뇌를 동시에 사용하는 데 비해서 남성은 한 쪽만 사용하는 경향이 있다(Lambe, 1999). 이러한 맥락에서, 여성은 언어 능력이 남성보다 더 뛰어나고 남성은 공간지각 능력이 여성보다 우수하다고 주장하는 등 이 분야에서 열띤 논쟁이 일어나고 있는데, 인간의 성격과 인지적인 능력은 유전적인 원인이기보다는 심리 · 사회 · 문화적인 요인들에 의해서 더 많은 영향을 받는다고 한다. 따라서 남성이 우수한가 여성이 우수한가에 관한 성에 대한 편견을 갖기보다는 남녀가 가진 서로의 장점을 살려서 보완하려는 노력이 필요하다.

특히, 여성주의자들은 신체적인 조건에 따른 남녀 성차를 주장하는 의견이 성차별을 합리화하는 것이라고 강한 반발을 보인다. 그러나 우리가 남녀의 차이를 서로 열등한 관점에서 보는 것이 아니라 차이가 있는 것을 현실로 인정하고 장점을 살려서 보완하려는 노력을 하게 되면 인간의 발달에 도움이 되지 않을까 생각한다.

4. 비정상적인 성 분화

비정상적인 성 분화를 논의할 때 양성체(hermaphrodites)와 유사 양성체(pseudo-hermaphrodites)의 개념이 있다. 즉, 양성체는 자신의 신체에 난소와 고환을 동시에 가지고 있는 사람들이다. 또한 외부로 돌출된 성기관도 여성과 남성의 성기를 모두 가지고 있다. 유사 양성체는 양성체보다 더 많이 발생하고 있는데, 한 사람이 내적 · 외적 성기기관을 가지고 있는 것 같이 보이지만 염색체로 판정해 보면 자신의 가장 특징적인 성과 일치한다.

1) 성호르몬에 관련된 비정상 성 분화

(1) 터너 신드롬(Turner's Syndrome)

터너 신드롬의 증상은 약 2,000명의 여아 중에 한 명꼴로 발생하는 성에 관련된 이상 증세로서 수정된 난자의 염색체가 45개이며 XO라고 부른다. 이런 증상을 가진 여아는 외부의 성기가 정상적인 발달을 보이기에 여아로 분류된다. 그러나 내부의 생식기관은 완전한 발달이 되지 않아서 난소가 없다. 이 증상이 있는 여아는 사춘기에 호르몬 치료를 받지 않으면 가슴이 발달되지 않는다. 또한 성인이 되어서도 멘스를 하지 않고 임신을 할 수 없다.

(2) 클라인펠터 신드롬(Klinefelter's Syndrome)

이 증상은 비교적 발생의 빈도가 높아서 약 500명 중에 한 명꼴로 발생하는데, 염색체가 XXY인 형태이다. 이런 증상을 가진 아이는 Y염색체 때문에 남성의 성기가 발달하기에 남아로 분류가 된다. 그러나 X염색체가 하나 더 많기에 남성적 특징의 신체발달을 억제하고 성기와 고환의 크기가 작으며 성기관발달이 비정상적이다. 이 증상을 가진 남아는 대체로 키는 크지만 신체는 여성의 특징을 보여 가슴이 발달하고 신체의 모양이 여성스럽다. 남성호르몬으로 치료를 받으면 남성의 신체 특징을 보이고 여성에 대한 흥미를 보이기도 한다(Kolodny et al., 1979).

2) 태아의 호르몬 영향에 의한 비정상 성 분화

(1) 안드로겐 무감각 증상(Androgen Insensitivity Syndrome: AIS)

이 증상을 보이는 아동은 염색체에 이상이 생겨서 신체는 남성이지만, 안드로겐 호르몬에 신체가 반응을 안 보이기에 태아는 마치 여아의 성기 모양과 짧은 질을 가지고 태어난다. 이런 AIS 아이는 여아로 착각하기에 여아처럼 양육된다. 그러나 이런 아동은 사춘기가 되어도 멘스를 하지 않기에 신체적인 문제가 있음을 발견하게 된다. 이런 아동은 성인이 되어도 자신이 여성인 것으로 착각하고 완전히 여성처럼 행동하고 여성의 역할을 배운다. 이런 현상을 보고 성역할은 사회적으로 학습된다고 결론을 내리고 싶은 유혹도 있지만, 이런 현상은 안드로겐에 반응을 못 하는 신체적인 조건으로 인해서 여성화된 신체에 따라 심리적으로 적응한 현상이라고 할 수 있다.

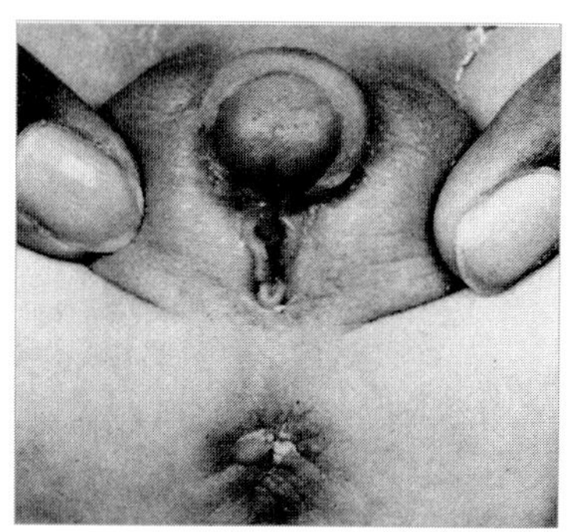

| 그림 3-3 | **안드로겐에 과잉 노출된 여아의 남성화된 외부 생식기**

(2) 안드로겐에 과잉 노출된 여성(Fetally Androgenized Females)

임신 중에 태아가 남성호르몬인 안드로겐에 과잉 노출되면, 염색체는 정상적인 여성이지만 성기는 음핵이 마치 남성의 성기처럼 크게 발달되어 밖으로 돌출된다([그림 3-3] 참조). 이러한 아동은 호르몬 치료를 받고 돌출된 성기를 수술로 축소한 후 여성으로 정상적인 삶을 살 수 있다.

(3) DHT 결핍 남성(Dihydrotestosterone Deficit: DHT Deficit)

유전적으로는 남성이지만 염색체에 이상이 생겨서 테스토스테론 호르몬을 DHT호르몬으로 변형시켜 주지 못하기에 남성 성기의 발달이 정상적으로 이루어지지 못하는 경우다. 즉, 이런 증상을 보이는 아동은 남성의 성기가 외부로 발달되어 나오지 못하고, 남성의 성기 모양이 마치 여성의 성기처럼 보인다. 이런 현상 때문에 이런 남아는 여아로 착각되어 여아처럼 양육되는 경우가 있다. 그러나 사춘기에 남성호르몬 분비가 촉진되면서 고환이 외부로 돌출되어 나오고, 음핵처럼 보이는 성기가 남성 성기 모습을 되찾으면서 정상적인 남성 성기 모습을 갖춘다. 따라서 이런 남아는 성정체감에서 혼란을 가져올 수 있으나, 대체로 자신의 신체적인 조건에 따른 성역할을 배우고 자신에게 부여된 생물학적인 성역할을 수행하며 정상적인 삶을 산다.

5. 사회환경적인 성정체성 결정 요인

1) 학습이론

성역할에 보수적인 성향을 가진 사람들은 남성성과 여성성이 출산 전에 결정되어 타고나기에 남성은 강인하고 적극적이며 여성은 수동적이고 보호적이라 주장한다. 남성이 여성적인 보호 역할을 하거나 여성이 적극적인 남성 역할을 하면 부정적인 시각으로 바라본다. 그러나 이러한 전통적인 성역할에 대한 관점에 대하여 사회학자, 인류학자, 심리학자들은 연구 결과를 토대로 성정체성은 많은 경우에 학습된다고 주장한다. 성정체성에 관해서 가장 많이 인용되는 연구는 마가렛 미드(1963)의 『세 원시 부족 사회들의 성과 특성(Sex and Temperament in Three Primitive Societies)』이다. 마가렛은 뉴기니에서 연구 활동을 했는데, 그녀가 관찰한 Mundugumor 부족은 남성과 여성이 동일하게 공격적이고 적극적이며 서로 간에 비협조적이고 비양육적인 태도를 보였다. 한편 Arapech라는 부족에서는 남녀 모두 전통적인 여성과 같은 행동을 보였다. 즉, 부드럽고 친절하며, 협동적이고 양육적인 동시에 비공격적인 행동양식을 보여 주었다. 이들의 부족은 정상적인 남성과 여성의 유전인자를 소유하고 있지만 그 부족의 문화에 따라서 남녀가 모두 다른 성역할을 보여 준 것이다. 이러한 현상은 성역할이 출생 전에 결정된다는 견해에 많은 도전을 주었다.

성역할이 학습에 의해서 결정된다는 이론의 골자는, 인간은 태어날 때 중성적으로 태어나서 가정에서 부모의 성역할에 대한 관찰, 또래 관계 등에서 학습한 결과라고 주장한다. 그러면 과연 인간은 성정체성이나 성역할이 후천적으로만 결정되는 것일까? 요즘의 많은 연구 결과들에 의하면, 아동이 중성적으로 태어난다는 생각은 정확한 것이 아니고, 자신의 신체적인 구조에 따른 성에 대한 생각과 역할을 익혀 오다가 사춘기가 되어 신체적으로 남성과 여성의 특징이 나타나면 남성과 여성의 전통적인 성역할을 확립한다고 주장한다(Colapinto, 2000).

2) 상호작용이론

성정체성의 발달은 생물학적인 요인들에 의해서 결정된다고 주장하는 이론과 환경과 학습에 의해서 결정된다는 이론이 서로 맞서서 많은 논쟁을 벌여 왔다. 위에서 밝혔듯이 인간의 성에 대한 정체성은 태아의 염색체, 호르몬의 분비, 호르몬에의 노출 등의 생물학적인 요인이 많은 영향을 주지만 인간의 성정체성이 생물학적으로만 결정되어 타고난다고 하기에는 근거가 부족하고, 인간의 성정체성은 가족, 또래 등의 영향에 의해서 많이 결정되는 등의 학습적인 요인들을 무시할 수 없다. 따라서 우리가 안전하게 결론을 내릴 수 있는 것은 인간의 성에 대한 정체성은 유전과 환경의 상호작용에 의해서 결정된다고 보는 것이다.

성역할과 정체성에 관해서 아직도 논의 대상이 많지만, 필자가 보기에는 생물학적인 성이 성역할에 대해서 기반과 근거를 제공하며 사회적인 학습과 관찰이 그러한 경향을 어느 정도는 변화시킬 수 있다고 생각한다. 문제는 성에 대한 너무 경직된 태도나 관념인데, 자신이 처해 있는 환경에서 생존하기 위해서 융통성 있게 변화해 나가는 자세가 중요하다고 하겠다.

6. 성전환

1) 성전환자의 정의

성전환자는 자신의 생물학적인 신체 조건에 반대되는 성에 대한 정체성을 가진 사람들을 말한다. 블랜차드(Blanchard, 1995)에 의하면, 남성이 여성으로 성전환을 시도하는 경우 성전환자들은 두 가지 형태가 있는데, ① 동성애적인 성향이 있어서 남성에게만 성적인 매력을 느끼는 사람이 있어 자신을 여성으로 신체 변화를 시도하는 사람이 있고, ② 자신을 여성이라고 상상만 해도 성적으로 흥분하는 타입이 있다고 주장했다. 성전환자는 자신이 원하지 않는 반대의 성을 가진 신체에 갇혀서 살고 있다고 생각하기에 많은 사람들은 자신의 신체적인 조건을 바꾸기 위해서 성전환(Transsexual)수술을 시도한다. 예를 들면, 호르몬 치료와 수술을 통해서 반대 성의 신체를 소유하려고 하는 것이다.

트랜스베스타이트(transvestites)는 생물학적인 성에 반대되는 성의 의복을 입거나 행동을 보이는 것을 말한다. 예를 들면, 남성 트랜스베스타이트인 경우에는 신체를 바꾸지는 않고 여성의 의복을 입고 언어나 행동에서 여성 행세를 한다. 이들은 다음과 같은 세 종류의 사람들이 있다.

(1) 남성에게 매력을 느끼는 남성(androphilic)

남성에게 매력을 느껴서 여성 복장을 하고 남성을 유혹하거나, 드물게는 여성 흉내를 내 보려고 시도하는 사람들을 말한다.

(2) 여성에게 매력을 느끼는 남성(gynephilic)

여성이 되고 싶은 욕구가 강하지만, 남성으로 살면서 결혼도 하고 여성과 사교적인 관계를 가지고 싶어서 여성 복장을 시도한다.

(3) 여성에게 매력을 느끼는 여성(genephilic)

남성적인 성향이 강하지만, 성전환 수술을 하지 않는 여성(Caroll, 1999)을 말한다.

트랜스 섹스나 트랜스젠더(transgender)의 원인에 관한 연구가 많이 이루어지지는 않았지만, 대체로 이들은 어린 시절부터 자신의 생물학적인 신체 조건에 상반되는 행동이나 의상을 선호한 경험이 있다고 한다. 이러한 생각이나 관심을 오랫동안 가지고 있다가 사춘기나 성인기에 행동에 옮기게 되면, 소위 말하는 트랜스젠더나 트랜스 섹스가 된다고 한다.

2) 원인

트랜스 섹스나 트랜스젠더의 원인에 관한 연구 결과들은 그 원인을 확실하게 밝히지 못하고 있다. 그러나 태아가 자신의 성과 반대 성의 호르몬에 너무 많이 노출되었거나 상대적으로 자신의 성과 일치하는 호르몬의 양이 적게 분비되기 때문에 자신의 성에 관한 적절한 신체적 발달이 이루어지지 않아서 상대방의 성에 대한 정체성을 가지게 된 것이 아닌가라고 추측하기도 한다(Dessens et al., 1999). 헤어(Hare, 2009) 등은 남성에서 여성으로 성전환한 112명의 DNA를 분석한 결과 안드로겐에 더 노출된 태아는 테스토스테론의 분비가 줄어들고, 결과적으로 남성에서 여성으로 성전환하는 데 기여할 것이라고 보고했다(Hare et al., 2009). 또한 인위적으로 성호르몬 양을 조절한 결과 트랜스젠더 성향을 갖게 한 실험을 통해 트랜스젠더는 호르몬의 양에 관련이 있다고 주장하기도 한다.

또한 트랜스젠더가 후천적으로 결정된다고 주장하는 견해는 이들이 성장 과정에서 이성의 부모에 지나치게 가깝고 친밀한 관계를 유지하면서 이성 부모의 성에 관련된 행동을 모방하려고 노력하고, 이성의 부모는 자녀의 이런 행동을 강화하고 보상해 줄 경우에 트랜스젠더나 트랜스 섹스의 형성이 가능하다고 주장한다.

3) 성전환수술

성전환자들이 원하는 것은 자신의 신체적인 조건을 바꾸어서 자신이 원하는 성역할을 하면서 사는 것이다. 이런 경우에는 현대 의학의 발달로 성전환수술을 통해 자신의 성정체성 문제를 근본적으로 해결해 줄 수 있다. 남성의 경우 성전환수술 절차는 고환과 성기를 제거하고, 골반수술을 통해서 질을 만들어 준다. 수술할 때 남성의 성기 표피를 조심스럽게 제거해서 질의 내부에 이식해서 성감을 느끼게 해 준다. 따라서 성전환자들은 질 윤활유를 인위적으로 제공해 주는 젤리를 사용해서 성관계가 가능하다. 남성에서 여성으로 성전환한 많은 사람들은 성관계 시에 오르가슴을 느낀다고 한다(Lief & Hubschman, 1993). 호르몬 치료를 통해 여성의 가슴을 발달시키고, 다른 신체 부위의 조직을 가슴 내부에 이식해서 여성의 가슴 모양을 만든다. 얼굴의 털이나 수염은 호르몬 치료와 전기 치료로 모근을 제거한다. 마지막으로 음성은 변조를 통해서 여성의 음성을 모방한다.

여성들이 남성으로 성전환수술을 하는 경우에는 여성의 가슴, 자궁, 난소를 제거하고 여성의 질은 봉합한다. 남성의 성기는 복부의 피부, 소음순과 대음순의 피부를 이식해서 남성 성기 모양을 만드는데, 이 과정은 여성의 질을 만드는 작업보다 더 복잡하다. 이렇게 만든 남성의 성기는 성적인 자극을 받는다고 해서 발기가 되지 않기에 성기를 통한 성관계는 할 수 없다. 그러나 성기에 인조의 보형물이나 실리콘 등을 삽입해서 딱딱한 성기를 만들어 성교가 가능하게 할 수 있다. 또한 인조 성기를 이용해서 상대방 여성이 오르가슴을 느끼게 할 수도 있다.

4) 성전환수술에 대한 만족도

성전환수술을 한 사람들이 자신의 성을 바꾼 후에 과연 생각만큼 만족한 삶을 살 것인가는 아주 궁금한 사항이다. 성전환수술을 시도한 사람들을 대상으로 삶의 만족도를 조사한 결과에 의하면, 이들은 수술 전에 비해서 아주 만족한 삶을 산다고 보고했다. 초기에는 새롭게 부여된 성역할을 수행하는 데 어려움이 있지만, 시간이 지나면서 자신의 성역할에 잘 적응해 나간다고 한다(Carroll, 1999). 그러나 성전환자들의 증언을 들어 보면, 성전환 전에는 신체의 성을 수술로 바꾸면 행복할 것 같았는데 신체의 성기 모양을 바꾸어도 실제로 자신의 생물학적인 성은 바꿀 수 없기에 실망스럽고, 사회적인 편견이 있어서 사회생활에 어려움을 겪고 있다고 보고 했다. 또한 성전환자들 역시 개인적인 우울, 불안 등을 경험할 수 있기에 어려움이 있을 경우에 사회적인 지지 기반과 종합적인 심리 상담이 필요하다.

7. 성역할 형성의 과정

어린아이들은 3~4세가 될 때까지 자신의 성에 대한 정체성을 확립한다고 한다. 성에 대한 정체성이 확립되면 아동은 자신의 성에 관련된 역할을 배우고 남성으로서 또는 여성으로서의 성역할(Sex Roles)을 확고하게 실행해 나간다. 성에 관련해서 인간이 어떻게 행동할 것이라고 미리 가정하고 기대하는 것을 성에 대한 고정 관념(Sex stereotype)이라고 부른다. 예를 들면, 전통적으로 남성에 대한 고정 관념은 공격적 · 논리적 · 감정 억제 · 독립적 · 지배적 · 경쟁적 · 적극적 · 자신감 등이다. 여기에 반해서 여성에 대한 전통적인 고정 관념은 온순 · 비이성적 · 감정적 · 순종적 · 부드러움 · 양육적 · 의존적 등이다.

이런 성역할에 대한 고정 관념은 과연 옳은 것인가? 남녀의 성역할은 타고난 것인가, 아니면 학습된 것인가? 이에 대한 논쟁 역시 남녀 문제를 연구하는 분야에서는 뜨거운 감자가 되고 있다. 인간은 어떻게 자신의 성에 관련된 역할을 수행하게 되는가? 성역할 형성에 관한 연구들은 인간들이 사회화 과정에서 다양한 경로를 통해서 성역할을 습득하게 된다고 한다.

1) 부모행동의 관찰과 양육방식

아동이 여아인가 남아인가에 따라서 부모의 양육방식은 많은 차이를 보인다. 여아를 보면 주위에서 '예쁘게 생겼다.' 등의 칭찬을 하지만, 남아를 보면 '씩씩하게 생겼다.'고 칭찬을 한다. 또한 여아가 길에 넘어져서 울면 안쓰럽다면서 바로 안아 주며 우는 여자아이의 행동을 강화해 주지만, 남아가 넘어져서 울면 '남자가 시시하게 울긴? 일어나!'라고 하면서 감정 표현을 억제하고 독립성을 보이도록 강요한다. 장난감을 사줄 때도 여아에게는 인형, 동물 인형 등을 사 주지만, 남아에게는 자동차, 조립하는 장난감 등을 사 주어서 놀이 행동에 대해서도 남아와 여아는 서로 다른 행동을 하게 되는 것이다. 따라서 이러한 다른 양육방식이 아동의 성역할에 대해서 많은 영향을 주는 것이다.

아동은 동성 부모의 행동을 관찰하면서 자신의 성역할을 배운다. 예를 들면, 여아는 엄마의 양육적인 행동을 보고, 소꿉장난을 해도 아이를 등에 업고 우유를 주는 장면을 연출하지만, 남아는 행동을 지시하고 물건을 나르는 등의 행동을 한다.

최근에 이런 남녀의 성역할에 대한 차이를 진화론적인 관점에서 접근하기도 하는데, 진화론적 성역할에 관한 이론의 요지는 남성이 육체적으로 힘든 일, 밖에서 일하고 활동하는 일을 하고, 여성이 아이를 돌보고 가사에 종사하는 것은 인간들이 생존하는 데 가장 적합한 자신의 역할을 수행하면서 적응했기 때문이라고 주장한다(Alexander, 2003). 이런 주장에 의하면, 남성이 공격적인 이유는 남성의 신체적인 조건이 사냥도 하고 농사를 짓기 위해서 힘을 사용하는 데 적합하며, 생존을 위한 남성의 공격적이고 활동적인 행동을 장려하고 보상해 주어서 그러한 행동이 내려오는 것이라 한다. 또한 여성은 신체적인 조건이 양육하는 데 적합하고, 아이를 키우기 위해서는 감정이나 아동의 상태 변화에 예민해야 하기에 관계에 민감하게 적응해 왔다고 주장한다. 그러나 이러한 주장은 기존의 성역할이 남성 위주의 지배적인 역할을 강조하고 여성에게 순종적인 역할을 강조해 왔으며 진화론적인 관점은 이러한 남성 지배적인 성역할을 정당화하고 합리화해 준다고 여성주의 심리학자들에 의해 강하게 비판받는다.

2) 또래의 영향

아동들은 유치원이나 학교에 들어가면서 또래의 영향을 받기 시작한다. 아동은 다른 또래 아동들의 남성이나 여성 성역할을 보고 관찰하면서 자신의 성역할을 배운다. 특히, 청소년기에는 동성의 집단에서 소속감을 유지하기 위해서 다른 남성, 여성의 역할을 적절하게 배우고 적응한다. 만일 자신이 소속한 집단에서 남성, 여성에 대해 기대되는 역할을 충족시켜 주지 못하면 배척당한다.

3) 미디어의 영향

영화나 TV를 통해서 비친 남성과 여성의 성역할이 시청자에게 많은 영향을 준다. 특히, 우리나라의 1960 · 1970년대 영화는 남성이 활동적이고 강하고 모험적이고 진취적이며, 여성은 수동적이고 수줍고 연약한 존재로 남의 꼬임에 쉽게 넘어가는 취약한 모습으로 비쳤다. 또 남성은 여성을 보호하고 지켜 주어야 한다는 주제를 많이 담고 있었다. 물론 〈조폭 마누라〉 〈킬 빌〉 등의 영화에서 여성도 폭력적이고 공격적이 될 수 있다는 면을 취급하지만, 아직도 많은 영화에서 여성은 남성의 보호를 받아야 하는 존재이고 남성은 여성을 보호하고 희생하는 모습을 많이 다루고 있다. 그러나 최근 들어 영화나 TV 등에서 여성을 적극적이고 독립적인 역할을 하는 것으로 묘사하고 성에 관한 평등적인 내용을 다루려고 시도하는 것을 볼 수 있다.

4) 종교의 영향

성에 대해 엄격하게 차별된 역할을 강조하고 그 역할을 신과 전통이라는 이름으로 합리화하고 강하게 유지하는 곳이 종교 집단이다. 예를 들면, 우리나라의 교회 신도 중 여성 신도가 차지하는 비율은 약 60~70% 정도가 되지만 얼마 전까지만 해도 여성은 목사 안수를 받아서 종교 지도자가 될 수 없었다. 그러나 현재는 교단에 따라서 여성에게도 목사 안수를 받게 하고 있다. 미국은 1972년부터 여성 목사의 안수를 교단에 따라서 허용하고 있다. 그러나 유대교와 가톨릭교에서는 아직도 여성은 사제가 될 수 없다.

아직도 여성의 목사 안수에 대해서 반대하는 신학자들의 주장은 시대적인 정신이 양성의 평등을 주장하지만, 성경적인 입장에서는 여성에게 목사나 제사장 직을 부여한 역사가 없기에 여성은 안수를 받을 수 없고, 교회 안에서 다른 역할로 교회를 도울 수 있다고 주장한다(서창원, 2004). 그러나 성에 대한 평등 신학을 주장하는 신학자들은 하나님은 남성과 여성을 초월한 존재이기에 하나님을 남성이라고 부르는 호칭부터 수정해야 한다고 주장하고, '하나님 어버이'라는 명칭을 대안으로 제시하기도 했다. 그러나 오랫동안 내려온 호칭을 하루아침에 바꾸기란 쉽지 않다. 다행인 것은 교회나 종교 안에서 이제 남녀 차별을 조금씩 없애려는 움직임이 미약하나마 시도되고 있다는 점이다. 종교의 본질이 인간 존재의 평등을 인정하고 귀하게 여기는 것이 중심 사상에 있는 것을 감안하면, 종교 집단이 그러한 정신을 실제로 실행하는 것이 당연하다 하겠다.

5) 학교 환경의 영향

아동이 성장하는 과정에서 학교 선생님의 개인적인 가치관이나 성향, 성에 관련된 행동을 학생들이 직접 경험하면서 성역할에 관한 영향을 많이 받는다. 미국 학교에서 선생님들이 남녀 학생들을 다르게 대하는 구체적인 내용들은 다음과 같다(Eccles et al., 1999).

- 여학생들보다 남학생들에게 더 기회를 준다.

- 남학생들은 지적받지 않은 질문에 대답을 할 때 꾸지람을 듣지 않아도, 똑같은 상황에서 여학생들은 꾸지람을 받는다.
- 남학생들에게는 과제의 내용에 관해서 칭찬을 하지만, 여학생들에게는 과제를 아주 깔끔하게 정리한 것에 대해서 칭찬한다.
- 초등학교 남학생들이 떠드는 것은 참아 주지만, 여학생들이 떠들면 더 꾸지람을 한다.
- 남학생들이 여학생들에 비해서 더 많은 관심, 보충 교육, 칭찬을 받는다.
- 여학생들은 의존적으로 하는 행동을 했을 때 더 관심을 받고, 남학생들은 독립적인 행동을 했을 경우에 더 관심을 받는다.
- 중학교 여학생들은 수학과 과학에 자신감이 떨어진다.

이러한 리스트를 보면서 교사들은 미국 학교나 우리나라 학교에서 남녀 학생을 대하는 데 있어, 남성에게 더 기회를 주고 좀 더 호감 있게 대하는 면에서 별로 차이가 없다고 생각했다. 성장기에 있는 학생들은 교사의 반응에 아주 민감하다. 따라서 교사들이 가진 남성이나 여성에 대한 성역할이 자신도 알지 못하는 사이에 학생들에게 영향을 주는 것을 알고, 성에 관련된 역할을 이야기할 경우에는 교사 자신의 가치관을 한 번 더 생각할 필요가 있다.

8. 양성 성역할

남성과 여성의 특징을 동시에 가졌다는 양성(androgyny)의 개념은 그리스어로 남성을 의미하는 'andr'와 여성을 의미하는 'gyne'의 합성어이다. 이 용어는 성역할에 대해서 융통성 있게 받아들이고 적용한다는 것이다. 이러한 양성성에 대한 개념은 사회심리학자인 산드라 뱀(Sandra Bem, 1974)에 의해서 개념이 정리되었다. 즉, 그녀에 의하면 남성이나 여성이나 한쪽의 성역할만 할 수 있는 것이 아니고 남성과 여성의 특징을 동시에 소유할 수 있다고 주장했다. 즉, 남성이 외부에서는 적극적이고 활동적이고 공격적일 수도 있지만, 가정에서는 요리도 하고, 아이를 돌보고, 집안일도 할 수 있다는 것이다. 여성도 마찬가지로 가사를 하지만 집안 수리도 하고 경제적인 일에 적극적으로 관여를 할 수도 있다는 것이다. 이런 양성적인 사람들은 전통적인 성역할에 얽매이지 않고, 필요한 상황에 따라서 융통성 있게 성역할을 할 수 있다는 것이다. 양성적인 성향을 가진 사람들이 전통적인 성역할을 강조하는 사람들에 비해서 자존감이 높고 사회적인 상황에서 더 자신감을 보이고 성취도도 높다고 한다(Kirchmeyer, 1996).

양성적인 사람들은 성생활에서도 감정을 더 잘 표현한다고 한다. 특히, 양성적인 여성은 전통적인 여성에 비해서 오르가슴도 많이 느끼고 정서적인 만족도 더 느낀다(Rosenzweig & Daily, 1989). 이러한 현상을 좀 더 분석해 보면 양성적인 성향 중에서 남성성이 자신의 주장을 적극적으로 표현하고 성취력을 높이는 요인이 되고, 여성성이 상대방의 감정에 민감하면서 인간관계를 좀 더 부드럽게 할 수 있는 요인이 되어 원만한 인간관계를 누리면서 자신의 삶에서 더 만족하게 된다.

우리는 정형화된 성에 대한 정체성이나 성역할에 얽매일 필요가 없다. 자신이 처한 상황에서 융통성 있게 적응하고 최선의 상태를 이루려고 노력하는 자세가 중요하다.

토론

1. 자신의 성정체성과 성역할에 대해서 생각해 보고, 개인적인 측면에서 이를 형성하게 된 이유를 이야기해 봅시다.
2. 변화하는 현대 사회에서 효율적인 성역할은 전통적 · 양성적 · 여성주의적인 성역할인지 토론해 봅시다.

제4장

남녀의 심리사회적인 이해

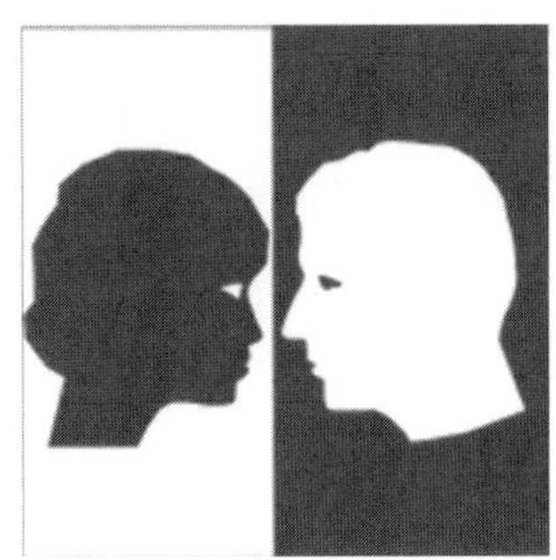

데이트나 결혼을 통해서 남녀가 서로 같이 생활하다 보면, 상대방을 이해하는 것이 힘들고 이해할 수 없다는 생각이 많이 든다. 이런 현상을 극단적으로 표현한 것이, 남성은 본래 화성에서 온 동물이고 여성은 금성에서 온 동물인데 지구에서 같이 살다 보니 너무 차이가 나서 어렵다고 말하는 것이다. 그러나 사실 남녀는 지구에서 태어나 오랜 역사를 같이하면서 진화하고 발전하여 문화를 창조하며, 그 안에서 서로의 가치관과 생존 양식을 발전시켜 왔다. 남녀는 서로 다른 천체에서 온 동물이 절대 아니다. 인간이라는 한 존재 양식 속에서 동고동락하면서 인간의 번영과 후손의 번식이라는 공동의 목적을 가지고 성에 따른 역할을 조화시키며 공존해 온 존재인 것이다.

흔히들 '남성' 하면 성격이 강인하고, 모험적이고, 독립적이고, 경쟁적이고, 진취적이고, 객관적이고, 공격적인 모습이 연상되는 반면, '여성' 하면 직관적이고, 민감하고, 말이 많고, 수다스럽고, 정이 많고, 상냥한 사람이 연상된다. 또한 '여성' 하면 곱고, 예쁘고, 부드러운 사람을 연상한다. 이러한 성에 관한 관습적인 기대를 성에 대한 정형(Stereotype)이라고 부른다. 그러나 이러한 남성 · 여성에 대한 성격이나 행동의 차이가 선천적인가 아니면 후천적인 학습에 의해서 형성되었는가 하는 문제는 쉽지 않다. 이 장에서는 남녀 성차의 특성과 이에 대한 심리학적인 견해에 관해서 다루어 보기로 한다.

1. 남성성과 여성성

여성과 남성에 관한 정형은 오랜 생활과 전통을 통해서 어느 문화권에서나 형성되어 있다. 우리는 많은 경우에 성에 대한 이러한 정형으로 남성과 여성을 평가하려는 시도를 한다. 산드라 뱀(Sandra Bem, 1993)은 성별에 대한 고정 관념을 세 종류, 즉 남성과 여성은 서로 다른 성적 존재라는 양성적인 관점, 남성과 여성은 상반되는 축에 있다는 양극단적인 관점, 남성과 여성은 생물학적인 조건이 다르다는 생물학적인 관점으로 분류했다.

성에 있어서 남성 지배적인 입장은, ① 남성과 여성이 본질적으로 심리적 · 성적으로 다르고, ② 남성은 여성보다 유전적으로 지배적이고 우수하며, ③ 성차에서 남성의 지배적인 면은 자연스럽다고 주장한다. 역사적으로 보면 남성이 경험한 내용을 바탕으로 한 남성 위주의 사고방식이 문화와 모든 것의 중심이 되어 왔다. 따라서 성에 관해서 이야기할 때 항상 이분법적인 관점에서 이러한 문제가 남성적인가 여성적인가를 구분한 후에, 남성적인 것은 여성적인 면에 비해서 우수하고 정당하고 당연시되어 왔었다. 또한 인간의 문제를 생물학적인 차이를 고려해서 남성적인가 여성적인가를 염두에 두고 성역할을 고려하게 되었다. 인간의 문화에 따라서 약간의 차이는 있지만 세계 주류의 문화를 고려할 때 인간의 성문제는 남성적인 것이 기준이 되어 왔다.

오늘날은 이제 이러한 고정적이고 정형적인 남성 · 여성의 개념보다는 한 인간에게 남성성과 여성성이 동시에 존재할 수 있다는 개념으로 바뀌고 있다. 인간의 행동은 인간이 처한 상황에서 남성과 여성이 어떻게 적응하는가에 대한 관심과 성에 대한 의식, 즉 성에 대한 쉐마(Schema)가 어떻게 각 문화에서 형성되었고 그러한 쉐마가 우리에게 어떻게 영향을 주고 있는가에 관심을 갖게 되었다(Bem, 1993). 성역할에 관한 한 뱀은 혁명적인 아이디어를 제공했다고 볼 수 있다. 즉, 남성성과 여성성을 서로 상대적인 대립의 관념으로 보지 않고 공존의 관념으로 보면서 남성과 여성을 폭넓게 이해하도록 공헌했다. 즉, 여성이 적극적이고 독립적으로 된다고 해서 여성성을 잃는 것이 아니며, 동시에 여성 특유의 모성애도 유지할 수 있다고 주장했다.

이러한 성역할에 대한 관심의 전환 속에서도 모든 사람들이 이러한 변화된 상황에 따라서 적응해 가는 것은 아니다. 아직도 각 문화권에서 남성과 여성에게 기대하는 전통적인 행동들이 있는데, 이러한 행동에 대한 가치관이 서로 일치가 되면 서로 간에 신뢰감을 가지고 비교적 정확한 의사소통이 이루어지겠지만, 그렇지 못한 경우에는 혼돈감이 생긴다. 또한 문화적인 성과 일치하지 않는 행동은 이상한 행동이고 비도덕적이라고 낙인이 찍힌다. 예를 들면, 남성이 여성처럼 치마를 입고 다니거나 수다를 떨면 부정적인 평가를 받을 수 있고, 여성이 술자리에서 남성처럼 옷을 벗어 던지고 술을 마시면 또한 행실이 좋지 않은 여자로 낙인이 찍힌다. 즉, 오랜 기간에 걸쳐 우리 문화에서 형성된 남성과 여성에 대한 고정 관념이나 정형은 하루아침에 변하거나 무너지는 것은 아니다.

2. 남녀의 차이

인간은 서로 공통적인 면이 있는가 하면 또 다른 면들도 분명히 존재한다. 남녀 간에 어떤 차이가 있는지 알아보도록 한다.

1) 인지적인 면

남녀의 인지적인 차이에 관한 고전적인 연구에 의하면, 여자가 남자보다 언어적인 면에서는 우수하다(Maccoby & Jacklin, 1974). 그러나 기존의 연구에 의하면, 소년기를 제외하고 성인들은 언어 능력에서 남녀의 차이가 없다고 밝혀졌다(Hyde & Lynn, 1988). 그러나 청소년기에서 소년이 소녀보다는 읽기 문제가 더 많다.

남자들은 여자들보다 공간지각 능력이 우수하다(Voyer et al., 1995). 지도를 보고 모르는 곳을 찾아가는 것이나 물건을 조립하는 등의 공간을 많이 사용하는 면에서는 남성이 여성보다 우수하다.

일반적으로 수학 능력에서도 남성이 여성보다 우수하다고 밝히고 있으나, 그 차이는 아주 작은 것으로 나타났다. 초등학교 시절에는 여자가 남자보다 계산 능력이 빠르지만, 고등학교나 대학교에서 추리형 문제를 풀어 가는 것은 남자가 여자보다 우수하다(Hyde et al., 1990).

그러나 남자와 여자의 차이점에 대한 기존의 연구 결과는 다음과 같다.

① 언어와 수학 능력에서 남녀 차이점이 좁혀지고 있고,

② 남녀 능력의 차이가 있다고 하는 것은 집단의 차이이기 때문에 남녀의 차이점에 편견을 가지고 접근해서는 안 되고,

③ 인지적인 면에서 남녀의 차이점은 문화적인 영향을 받는다. 즉, 남자는 수학을 잘 해야 하고, 여자는 글을 잘 써야 한다는 기대 때문에 글을 잘 쓰려고 하는 경향이 있다(Tobias, 1982).

2) 남녀의 성격 차이

남녀를 상대로 한 성격 차이에 대한 연구에서 여자는 남자보다 대체로 내향적이고, 불안을 더 느끼고, 상대방을 쉽게 신임하고, 남을 배려하는 면에서 더 뛰어나다(Feingold, 1994). 그러나 남자는 여자보다 자기 주장성, 독립성, 자존감이 일반적으로 높다. 이러한 결과는 남녀의 본질적인 차이라기보다는 자라 온 환경에서 남녀 선호의 경향과 여성은 항상 착해야 한다는 것을 문화적으로 강조해 온 결과일 수도 있다.

특히, 우리나라는 여성에게 현모양처가 되라는 어린 시절의 강조 때문에 착한 여자 신드롬이 있다. 항상 남의 눈치를 보아야 하고, 자신의 행동이 남에게 잘못 보이면 어떨까 하는 염려가 많다. 대체로 우리나라 여성들은 남성에 비해서 다른 사람들이 어떻게 생각할 것인가에 아주 민감하고 다른 사람들을 의식하는 데서 오는 사회적인 불안이 높은 것 같다. 그러나 전통적인 남녀의 성격 차이는 영화나 드라마에서 여성의 역할이 좀 더 적극적이고 공격적이고 성취 지향적인 모델을 보여 주고 있고, 남아 선호 사상이 줄어들고 있는 현실에서는 남성이나 여성의 고정 관념에 의한 성역할은 무의미하게 변하고 있다.

3) 대화 방법의 차이

일반적으로 여자는 수다를 많이 떨고, 스트레스를 받으면 누군가와 말을 해야만 풀어진다고 알고 있다. 그러나 남자들도 여자 못지않게 말을 많이 하고 남의 말에 잘 끼어들며, 특히 말하는 도중에 새로운 주제를 제시하기를 좋아한다고 한다(Brooks, 1982).

초등학교 시절에는 여자가 남자보다 말이 많지만, 고등학교 수업 시간에 토론하는 장면에서는 남자가 더 말을 많이 한다(Sadker & Sadker, 1994). 여성은 남성보다 자신의 감정이나 개인적인 경험을 남에게 잘 개방하는 편이고, 남자는 자신이 고민이 있으면

혼자서 해결하다가 해답이 생겼을 때 남에게 개방하는 경향이 있다. 또한 여성들은 대화하면서 사고를 더 하는 경향이 있고, 남성과 대화할 때는 남성에게서 문제해결을 원하기보다는 정서적인 지지를 원하는 것이 특징이다.

4) 공격성의 차이

인류의 역사를 통해서 볼 때, 남성이 여성보다 공격적이다. 각종 전쟁과 살인은 남성에 의해서 저질러졌고, 현재 남성 살인범이 여성 살인범보다 숫자가 훨씬 더 많다. 남성이 여성보다 공격적이라는 것은 범문화적으로 받아들여지고 있다(White, 1983). 그러나 여성도 언어적인 면에서는 남성에 뒤지지 않을 정도로 공격적이다. 그리고 이제는 여성도 적극적으로 사회에 진출하면서 사회에서 학습된 행동에 따라서 남성처럼 공격적이고, 지능적인 범죄도 저지르는 등 남성화가 되어 가고 있는 것이 현실이다.

5) 의료도움 요청 여부의 차이

남성과 여성의 평균 수명의 차이는 대체로 7세 정도이다. 그러나 이러한 차이는 남녀의 신체적인 조건의 차이 때문이라기보다는 여성이 자신의 신체에 이상이 있다고 느껴지면 초기에 의사를 찾고 도움을 받는 데 비해서 남자는 의료적인 문제가 심각해질 때까지 참는 것이 원인이라고 한다(Brody, 1998). 여성들은 자궁암, 유방암, 부인병 등의 각종 병에 관해서 의사의 진단을 받지만, 남자들은 자신들이 항상 건강에는 자신 있다고 느끼고 일 때문에 바빠서 의사를 찾지 못하다가 자신에게 심각한 건강 문제가 느껴지면 병이 심각할까 두려워서 의사를 회피하는 경향이 있다. 또한 남성들은 여성에 비해서 비교적 위험한 일에 많이 종사하기에 남성의 평균 수명이 짧을 수도 있다. 예를 들면, 남성들은 전쟁 수행, 건축현장 공사, 사회적인 조직이나 폭력 집단의 폭력에 노출, 위험성이 있는 육체노동 등에 종사하기에 여성보다는 일찍 사망하기도 한다.

3. 남성과 여성의 성역할

인간은 태아에서부터 남녀의 발달 과정이 생물학적 · 신체적으로 다르다. 이러한 과정에서 성역할이 구체적으로 어떻게 형성되는가는 우리에게 도전을 주는 과제이다.

1) 생물학적인 관점

성역할에 대한 생물학적인 영향은 유전적인 요인이 남성과 여성의 성역할에 어떻게 영향을 주는가에 관한 것이다. 생물학적인 관점은 대체로 호르몬이 태아의 두뇌발달에 어떤 영향을 주는가에 관심이 있다.

(1) 사회생물학적인 측면

사회생물학자들은 인간이 진화하면서 살아남기 위해 인간의 생존과 미래의 보존에 가장 중요한 유전자들이 조상을 통해서 대대로 유전되어 왔다고 가정한다. 그러기에 우리의 유전자들은 조상들이 생존에 필요한 특질들을 우리에게 유전적으로 물려준 것들이다. 이러한 유전적인 유산들이 우리의 사회와 성적인 행동에 영향을 주고 있다고 사회생물학자들은 주장한다(Bjorklund & Kipp, 1996).

사회생물학자들은 남자는 전통적으로 사냥과 전쟁을 해야 했고, 여자는 집에 머무르면서 자녀들을 돌보고 과일과 채소를 채집해야 했다고 한다. 그러기에 남자의 신체는 사냥과 전쟁을 잘 수행하도록 상체가 잘 발달되었고, 여자는 아이를 돌봐야 하기에 아이의 감정과 정서를 잘 이해하고 남을 보살펴 주는 기능을 잘하도록 진화되어 왔다는 것이다. 여자는 자녀를 기르면서 다음 세대에게 삶의 가치관이나 전통을 전수해 주었다고 주장한다.

그러나 이러한 생물학적 및 유전적인 입장에서 남성의 공격성과 여성의 양육성을 전부 설명하는 것은 무리다. 왜냐하면 인간의 행동은 환경에서 영향을 받는 면이 많기 때문이다.

(2) 인간 두뇌의 차이

인간의 두뇌는 좌반구와 우반구로 구성되어 있으며, 일반적으로 좌반구는 언어 능력에, 우반구는 공간지각 능력에 관여하고 있다. 남성에게 많이 분비되는 테스토스테론이라는 호르몬은 남성의 우반구 두뇌발달을 촉진하는 것으로 알려져 있어 남성과 여성의 특질 면에서 차이가 있으리라고 추정한다. 두뇌발달의 차이와 남녀 공격의 차이는 연관성이 있다고 한다(Collaer & Hines, 1995). 그러나 이러한 남녀 두뇌의 차이점을

인정하면서 인간은 사회학습을 통해 성역할을 배운다는 점을 무시해서는 안 된다.

2) 비교문화적인 입장

사회생물학자들은 비교문화에서 발견되는 성역할에 대한 현상을 적절하게 설명하지 못한다. 인류학자 마가렛 미드(Margaret Mead, 1935)는 태평양의 여러 부족들과 생활하면서 남성 · 여성의 역할이 부족에 따라서 다르다는 것을 발견했다. 즉, Mundugumor라는 부족은 남녀가 모두 공격적이었고, Arapesh라는 부족은 남녀가 모두 온순하고 상냥했다. 그리고 남녀 모두 자녀를 돌보면서 양육하고 있었다. 반면에 Tchmabuli라는 부족은 여자가 물고기 사냥을 나가고, 남자는 집에서 아이를 기르며 서로 말로 싸우거나 화장도 하면서 생활하고 있었다. 이러한 비교문화적인 관점에서 보면 생물학적인 요인으로 성차와 성역할을 전부 설명할 수 없음을 알 수 있다.

이렇게 각 부족이 처해 있는 상황에서 살아남기 위해서 적응한 역할이 성역할이라고 볼 수 있다. 즉, 살아남기 위해서 항상 이웃과 전쟁을 치러야 하는 경우에는 남성의 역할이 전사로서 확실히 구분되었다. 반면에 농업을 하면서 일손이 많이 필요한 부족들은 남녀가 서로 비슷한 역할을 하면서 생계를 유지해 왔다.

3) 심리학적인 측면

아이들은 성장하면서 2~3세까지 자신의 성역할에 대한 개념을 형성한다(Etaugh & Rathus, 1995). 2~3세 된 아이들은 서로가 장난하면서 '공격적인 것'은 남성적인 것으로, '우는 것'은 여성적인 것으로 인식한다. 3세 정도 된 아동은 여성이 입는 옷차림과 남성이 입는 옷차림에 대해서도 차이점을 인식한다.

(1) 정신분석적 이론

정신분석학자 프로이트는 아동의 3~5세가 남근기에 속하며, 이 시기의 아동은 이성의 부모에게 근친적인 성적 느낌을 가진다고 주장했다. 예를 들어, 아들이 어머니에게 성적인 느낌을 가지고 접근하면 아버지에게 처벌을 당해 자신의 성기가 거세당할까 봐 두려움에 빠지며, 아들은 어머니를 성적인 대상으로 삼는 대신에 아버지와 동일시하면서 아버지의 역할을 배우는데, 이것이 바로 성역할의 형성이라고 주장한다. 딸도 같은 과정을 거쳐서 어머니의 역할을 배우면서 여성의 역할을 배운다고 한다.

(2) 사회학습이론

사회학습이론에 의하면, 아동들은 사회환경 속에서 부모나 다른 사람들의 행동을 관찰하면서 성역할을 배운다. 예를 들면, 페리와 부시(Perry & Bussey, 1979)는 8~9세의 남자아이들과 여자아이들에게 남녀 성인이 좋아하는 물건을 내보이는 것을 관찰하도록 한 후에 자신들이 좋아하는 물품이 무엇인가를 선택하도록 했다. 이 경우 남녀 성인은 어떤 원칙이 없이 인위적으로 물건을 선택했다. 이 실험의 결과 남아는 성인 남성이 선호하는 16개 중에서 14개를 선호하는 물건으로 선택했고, 여아는 성인 남자가 선호하는 물건은 단지 3개만 선택했다.

학습이론에 의하면, 부모가 남아와 여아에게 성에 맞는 성역할을 강화하고 가르친다고 주장한다. 예를 들면, 남아는 어려서부터 적극적이고 공격적이며 독립적인 행동을 보일 때 강화를 해 주고, 여아는 양육적이고 부드럽고 남을 보살펴 주며 협동적인 행동을 보일 때 강화를 해 주어서 남녀 역할의 성차이가 형성된다는 것이다. 남아와 여아가 받는 선물의 종류도 다르고 옷차림 등 여러 면에서 기존의 성에 일치하는 행동을 남녀가 보일 때 사회적으로 강화되어 자연스럽게 성역할이 구분된다.

남녀의 성역할에 사회학습적으로 영향을 주는 다른 요인은 학교 선생님들의 남녀 성에 대한 고정 관념인데 여학생에게는 읽기나 쓰기에서 높은 점수를 기대하고, 남학생에게서는 수학이나 과학에서 높은 점수를 기대하는 영향도 한몫할 수 있다.

그 밖에 상품의 선전, TV, 미디어 등을 통해서도 남녀의 성역할은 자극을 받고 강화를 받는다.

(3) 인지발달이론

심리학자 콜버그(Kohlberg, 1966)는 인간의 성역할이 사회적으로 영향을 받는 수동적인 입장이 아니라, 자신이 사회를 보는 관점인 쉐마를 형성함으로써 자신의 성역할을 발달시키는 데 적극적인 역할을 한다고 주장했다. 그는 인간이 성역할에 관한 세 가지 개념을 형성한다고 주장했는데, 즉 성역할 정체성(gender identity), 성역할 확고성(gender stability), 성역할 불변성(gender constancy)이다.

콜버그에 의하면, 아동들의 성역할 정체성은 3세까지는 개인적으로 형성된다고 한다. 4~5세까지는 성역할 정체성이 형성되어서 일생 동안 그러한 성역할에 머무른다. 남아들은 이전까지는 자신이 엄마가 될 수 있다고 믿지만, 성정체성이 형성되면 이러한 생각에서 벗어난다. 복잡한 개념인 성역할 불변성은 7~8세까지 형성된다고 한다. 이 나이가 되면 옷을 다르게 입는다고 해서 성이 바뀌지 않는다고 믿게 된다. 여자가 머리를 짧게 잘라도 남자가 되지 않는 것을 확실하게 알고 있다.

인지발달이론에 의하면, 아동들은 자신의 성역할에 대한 개념을 형성한 후에 그러한 역할에 맞는 행동을 하기 위해서 적극적으로 배우고 바꾸어 나간다고 한다(Perry & Bussey, 1973).

성역할에 대한 비교문화의 연구에 의하면, 미국, 사모아, 네팔, 케냐 등에서도 콜버그가 주장한 대로 성역할에 대한 정체성, 확고성, 불변성의 발달이 거의 동일하다.

(4) 성 쉐마 이론: 정보처리이론

이 이론은 아동이 자신의 성에 대한 인지적인 지도, 즉 쉐마를 형성해서 그 인지적인 지도(地圖)에 맞는 성역할을 배우고 강화해 나간다는 것이다. 연구 결과에 의하면, 아동은 자신이 스스로에 대해 갖는 성 쉐마에 따라 정보를 처리한다(Levy & Carter, 1989). 아동이 경험한 것 중에서 자신의 성에 대한 쉐마에 일치하는 경험들이 두뇌 속에 저장된다. 따라서 자신의 성에 대한 역할이 한번 형성되면 쉽게 변하지 않는다. 우리나라 남성들이 애정표현하는 데 어려움을 보이는 것은 남성의 쉐마에 애정표현이라는 개념이 형성되지 않았기 때문이라고 할 수 있다.

4. 전통적인 성역할과 성행동의 오해

성역할에 대한 개념은 남녀가 데이트를 하는 과정에서도 영향을 준다. 남성들은 남자가 여자에게 먼저 데이트를 신청해야 한다고 생각하고, 여성들은 남성이 다가오기를 기다리면서 데이트에 관한 한 문지기 역할을 하며 자신이 원하는 남자만 받아들인다. 데이트나 접촉하는 과정을 보면 대체로 남성은 적극적으로 접근하고 여성은 접근해 오는 남성들을 선택적으로 받아들이려는 경향이 있다. 여자는 이후의 성적인 접촉도 어느 정도 허락할 것인지를 결정한다. 그러나 현대적인 관점에서 보았을 때 정확하지 않은 남녀 차이에 대한 전통적인 성행동 측면은 다음과 같다.

1) 남성은 독립적이고, 여성은 의존적이다

전통적인 성역할에 의하면, 남성은 독립적이고 진취적이어서 사업 등을 통해 경제적인 역할을 수행해야 하고, 여성은 남성에게 경제적으로 의존하면서 자녀 양육과 가사에 종사해야 한다고 해 왔다. 그러나 이러한 가부장적인 성역할은 현대에는 더 이상 바람직하지도 않고 실제로 가능하지도 않다. 현대에는 여성도 다양한 사회 분야에 이미 진출해 있고 여성 사업가, 여성 정치인, 여성 지도자들이 많이 배출되고 있다. 우리나라 남성들은 자신들이 경제적인 활동을 하지 못하면 자존심이 손상당하는 것처럼 여겨 왔지만, 남성 역시 전통적인 성역할을 과감하게 바꾸어서 가사 전업 남편도 생겨나고 있다. 이제는 남성과 여성이 독립적이냐 수동적이냐의 문제를 가지고 성역할을 결정할 문제가 아니고, 자신에게 가장 적합한 성적 역할을 선택하여 개발하고 발전시켜 나가야 한다. 고정적인 성역할에서 탈피하면 남녀 모두에게 새로운 삶의 양식과 직업이 창출될 수 있다.

2) 데이트는 남성이 먼저 신청해야 하고, 마음에 드는 사람이 있어도 여성은 기다려야 한다

데이트는 1997년 순화 대상 용어로 지정되어 순화한 용어인 교제, 만남과 같이 쓸 수 있도록 되었다. 필자가 '남녀 중 누가 먼저 데이트를 신청해야 하는가?'에 관해서 여대생들에게 질문하면 많은 경우 '여자들은 기다려야 한다.'고 답변한다. 여성 입장에서 보면 데이트를 신청했다가 거절당하면 창피할 것이라는 두려움 때문에 망설여지는 것 같은데, 남성 역시 이성으로부터의 거절에 대한 두려움이 많다. 미국의 뉴욕과 뉴저지에서는 이성접촉을 여자가 남자보다 먼저 시도한다는 사회적인 조사가 있다(Anderson & Aymami, 1993). 우리나라도 이제는 남녀 모두가 좋아하는 이성에게 호감을 자유롭게 표현하고 그 결과도 수용하는 분위기로 바뀌고 있는 추세다. 이제 남녀 모두 상대방이 접근해 오기를 기다리는 전략보다는 적극적인 구애작전이 현대를 살아가는 생존전략이 되고 있다.

데이트를 할 때 일반적으로 통용되는 예의 또는 관례가 있다. 대표적이면서 논란이 되는 것이 식사 후 비용을 남자가 부담하는 관례다. 이는 아직까지도 많은 사람들이 자연스럽게 받아들이는 관례지만 대한민국에서는 최근 데이트 비용을 각자 나누어서 내거나, 성별에 관계없이 돈이 있는 사람이 지불하는 방법, 둘이서 데이트 비용을 공동으로 저축하고 공동으로 사용하는 방법 등 다양한 방법들이 사용되고 있다.

3) 남성은 성적인 존재이고, 여성은 성을 초월한 존재이다

남성은 성적으로 강하고 성을 즐기기에 남성이 성관계를 요구하는 것은 당연하게 여겨 왔고, 여성은 성적인 면에서 수동적으로 반응하는 존재이기에 여성이 성적인 욕구를 적극적으로 밝히면 '음녀' 또는 '탕녀'라고 비난하기도 했다. 남성이 성적인 존재라고 하면서 성적인 면만을 강조하는 것은 순수한 인간관계를 추구하는 남성의 의도를 성적으로만 몰고 가는 편견을 가질 수 있고, 여성은 성적으로 수동적이어야 한다는 기대는 여성은 성을 억압하고 무시하도록 강요되어 왔다.

또한 이러한 선입관이나 고정 관념은 남성의 성희롱이나 성폭행을 합리화할 수도 있다. 즉, 남자가 바람을 피우면 성적인 욕구를 참기 어렵기에 한 행동이고, 남자가 바람도 못 피우면 남자인가 하면서 남성의 외도는 눈감아 주었다. 그러나 여성이 바람을 피우면 당장 이혼을 당하는 등 여성에 대해서는 이중적인 가치관을 적용해 왔다. 같은 맥락에서 여성은 성적으로 수동적이어야 한다는 기대 때문에 여성의 자연스러운 성적 반응이나 욕구라도 억제하고 참아야 한다고 가르쳐 왔다. 심지어는 성에 대해서 무지한 여성이 순진하고 청순한 여성이라고 칭송을 받기도 했다. 또한 성행위 도중에 여성들이 자신이 선호하는 성적인 행위나 자극 방법을 남편에게 이야기하면 성을 밝히는 여자로 여겨질까 봐 참고 살다 보니 많은 여성들이 불감증을 포함해서 많은 성기능장애를 경험하고 있다.

심리학적이나 생물학적으로 보면 남성과 여성의 성적인 욕구의 강도나 기대는 동일하다. 다만, 이러한 욕구를 표현하는 방식과 성적인 욕구를 지나치게 표현했을 때 오는 결과가 남녀의 신체 구조에 따라 다르기에 남성은 적극적으로, 여성은 조심스럽게 표현하는 것을 학습한 것에 불과하다. 이제 이러한 부정적인 선입관에서 벗어나서 남녀 모두 자유로운 성을 즐길 수 있어야 한다.

4) 남성은 성적으로 리드해야 하고, 여성은 남성을 따라가면 된다

동서양을 막론하고 전통적으로 보면 남성이 먼저 여성에게 데이트를 신청하고, 데이트 중에도 스케줄을 정하고 여성을 리드하며, 프러포즈도 먼저 하는 것이 관습처럼 되어 왔다. 따라서 여성은 남성이 적극적으로 접근을 시도할 때 남성의 접근을 수동적으로 받아들이면서 어느 정도나 받아들여야 하는지의 수위를 결정해 왔다. 우리나라에서는 부부의 성에 관련된 행동도 남성의 능동성을 강조했기에, 부부간 성행위도 남성들은 남성 상위의 포지션을 많이 선호하고 여성 상위적인 체위는 아주 싫어한다. 부부 중 실제적으로 성행위를 요구하는 것도 남성이 주도권을 가져야 한다고 생각했고, 여성이 성적인 욕구를 표현하면 정숙하지 못한 여자로 취급했다. 현대의 성학은 남녀 성에 대한 욕구도 동일하고 인간으로서 성적인 만족을 누릴 권리가 있다고 보기에, 남성은 자신이 리드해야 된다는 생각을 버리고 여성도 성적인 욕구를 표현하도록 격려해 주어야 한다. 여성 역시 자신의 성생활을 남편의 상황에만 의존하지 말고 자신이 원하는 것을 분명히 밝히면서 서로가 만족할 만한 성생활을 영위하도록 노력해야 한다.

5) 남성은 성전문가여야 한다

특히, 우리나라의 부부들은 부부의 성생활을 남성이 주도해야 한다는 생각을 가지고 있다. 이런 기대감 때문에 남성은 자신의 성적인 능력 향상을 위해서 정력을 강화하는 보약, 음식, 동물의 내장, 음료 등에 집착을 하고 성기확대수술을 통해서 성기능 향상에 많은 투자를 한다. 그러나 성전문가가 되기 위해서는 여성 당사자의 의견을 고려하는 것이 아주 중요하고, 여성의 의견과 입장을 반영해 주어야 부부가 함께 만족스러운 성생활을 누릴 수 있다. 여성도 남성과 같이 동반자로서 성전문가가 되어야 한다. 여성은 남성의 성기 기능 향상보다는 부부 관계 향상을 통해서 정서적인 안정과 사랑을 누리고 싶어 한다. 남성이 성적인 전문가가 되기 위해서는 여성 심리전문가가 먼저 되어야 한다.

6) 여성이 남성의 성욕을 통제해 주어야 한다

여성은 남성이 항상 성적으로 발기할 준비가 되어 있고 성을 밝히는 동물이라는 선입관을 가지고 있다. 또 이런 남성들의 성적인 욕구를 통제해 주고 조정해 주는 것은 여성의 몫이라는 기대감이 있다. 이러한 선입관을 가진 여성들에게 남성이 아무리 순수한 마음으로 접근한다 해도 성적으로 접근하지 않나 하는 경계심을 가지기에 남성의 입장에서는 불편하다. 연구 결과에 의하면, 남성의 성적인 욕구가 높은 것은 테스토스테론이라는 남성호르몬이 여성보다 높기 때문이며, 남성이 성적으로 적극적이고 강하게 표현하는 것도 사실이지만 남성 역시 자신의 성적인 욕구를 통제할 능력이 있고, 또한 스스로 통제해야 할 책임이 있다. 즉, 여성이 먼저 유혹해서 성행위를 했다고 하더라도 성행위에 대한 일정의 책임은 남성 자신에게도 있는 것이지 여성에게만 책임을 전가해서는 안 된다. 또한 여성 역시 자신은 성적으로 수동적인 조정자가 아니고 자신도 원하는 경우에 성행위에 적극적으로 참여해서 성적인 만족을 누릴 권리가 있다는 것을 알아야 한다.

7) 여성이 성을 거부하는 것은 내숭이다

데이트 강간을 한 남성들을 상대로 상담을 하면서 밝혀진 사실은, 자신들이 여성에게 성적으로 접근했을 때 여성이 겉으로는 싫어하지만 속으로는 성관계를 원하는 내숭을 떨고 있다고 판단해서 성관계를 강하게 시도하다 보니 강간으로 오해를 받게 되었다고 항변했다. 그러나 이것은 변명에 지나지 않는 것이다. 남성들이 조금만 조심스럽게 관찰하면 여성이 내숭을 떨고 있는지 여성도 원하는 것인지를 구별할 수 있다. 사려 깊은 남성이라면 여성이 성적인 접촉을 거부하면 일단 멈추고 여성의 진실한 의사를 확인한 후에 성행위를 계속하거나 중단해야 한다. 특히, 우리나라의 남성들은 여성의 성적인 권리를 부부 사이에서도 인정해 주어야 한다.

8) 남성은 감정이 없고 강하며, 여성은 보호적이고 지지적이다

남성과 여성에 관한 성역할 중에서 가장 편견이 많은 부분은 여성은 부드럽고 정서적으로 감정을 잘 표현하며, 양육적인 태도를 가진 것이라고 보고, 남성은 자신의 감정 표현을 억제하고 자신의 약점을 보여서는 안 된다는 선입견이다. 이러한 선입견을 가진 남성은 성관계 도중에 여성에 대한 정서적인 표현, 즉 '당신은 정말 아름다워.' '나는 당신을 사랑해요.' '아직도 당신을 처음 만날 때 기분이야.' 등의 정서적인 표현을 하지 못하고 성적인 동작이나 행동에만 몰두하게 되어 여성들의 성적인 반응을 유도해 내지 못한다. 우리나라의 남성들은 여성의 관계지향적인 심리를 이해하지 못하고 여성을 성적으로만 만족시키려고 노력하다 보니까 스트레스를 받아 조루증이나 발기부전

같은 성기능장애를 겪기도 한다. 남성들은 전통적인 '어깨' 같은 태도를 버리고 여성의 입장을 고려한 성관계를 가지려고 노력해야 한다. 또한 여성 역시 지나치게 보호적인 모성상에 얽매여서 자신의 주장을 하지 못하거나, 남성을 보호한다는 명분하에 남성을 간접적으로 통제하거나 지나치게 간섭하는 행동을 해서는 안 된다.

이제 우리는 전통적이고 고정적인 성관념, 태도들 중에서 우리의 삶을 풍부하게 만들지 못하는 것이 있으면 과감하게 혁신하면서 새로운 가치관을 창출하는 것이 중요하다. 성은 남녀가 있기에 존재하고, 둘이서 같이 심고 물주고 가꾸어야 할 나무와도 같다.

토론

1. 자신이 생각하는 남녀의 차이에는 어떤 것이 있는지 생각해 보고, 그렇게 생각하는 이유를 함께 이야기해 봅시다.
2. 현대 사회에서 바람직한 성역할에 대해서 자신의 입장과 상대방의 입장에서 토론해 봅시다.

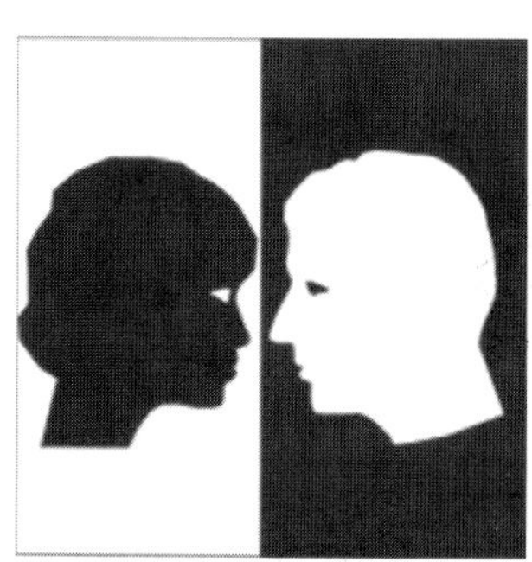

제2부

생물학적인 성

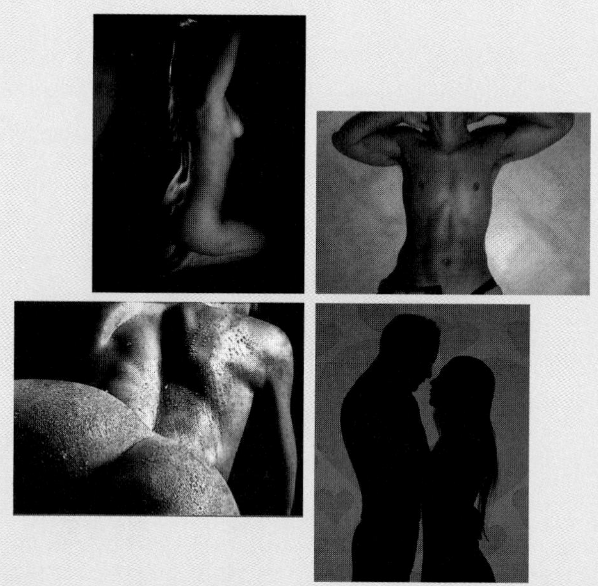

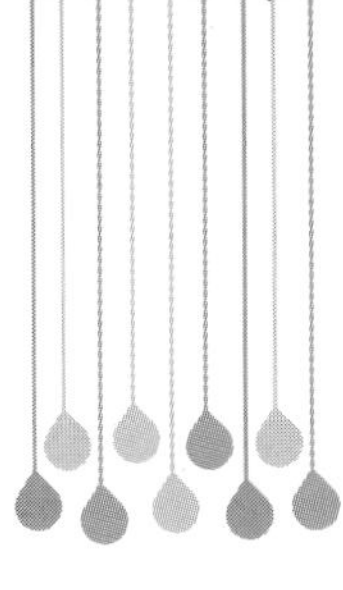

제5장

여성의 성기관

- 스무 살의 여대생이 데이트할 때 남자와의 접촉을 피하였고 주로 혼자만 있어서 이유를 물으니 자신의 유방이 너무 작아서 남성과의 접촉을 피하고 있다고 대답하였다.
- 부부들을 상담하다가 성문제가 있어서 서로 간의 성적인 자극을 하는 방법에 관해서 의논하게 되었다. 여성의 음핵을 지적하라고 했더니 부부들은 엉뚱한 곳을 지적하였다.

많은 사람들은 자신의 성기관에 대한 명칭이나 기능에 대해서 잘 모르는 경우가 많다. 또한 성문제를 전문적으로 취급하면서 도와주는 전문가 그룹들에게 성기관의 명칭을 물어보면 성기관의 이름조차 제대로 대지 못하는 경우가 많았다. 이러한 현상은 엄밀하게 말하면 놀랄 만한 것은 아니다. 왜냐하면 우리는 우리의 신체기관에 대해서 만지지도 못하도록 어려서부터 교육을 받았고, 성기관의 명칭도 제대로 배우지 않았다. 남자의 성기관을 '고추'라고 말하거나, 아니면 '그것'이라고 하는 등의 명칭을 사용하고 있다.

또한 TV나 상업 광고를 보면 여성을 섹스의 대상으로 이용해서 광고 모델로 사용하는 경우가 많다. 그러나 그 광고의 모델과 비교하려는 경향 때문에, 특히 10대의 여성들은 신체에 대한 압박과 자신의 몸을 날씬하게 만들기 위해서 지나친 다이어트를 하는 등, 자신의 몸매 관리에 지나치게 신경을 쓰는 경우가 많다. 우리는 여성을 비하할 때 성적으로 '더러운 여자'라는 말을 모욕적으로 쓰는 경우가 있는데, 그것도 따지고 보면 여성의 성기관은 불결하다고 보는 데서 유래한다고 보아야 한다.

이 책에서는 성기관을 말할 때 성기관의 명칭에 관해서 성을 격하시켜 쓰는 통속어를 사용하지 않고 정식 명칭을 사용하겠다. 여성의 경우는 질, 소음순, 대음순 등의 용어를, 남성의 경우는 남근, 고환 등의 용어를 사용할 것이다. 그러나 참고로 필자가 성에 관한 세미나를 하면서 여성과 남성의 성기관을 말해 보라고 하면 〈표 5-1〉과 같은 응답을 많이 받았다.

인간은 자신의 성기관뿐만 아니라 이성의 성기관에 대해서 민감하고 호기심이 매우

| 표 5-1 | 성기관과 성교에 관한 한국 사람의 별칭

남성의 성기관	고추, 자지, 그것, 물건, 남근, 연장, 음경, 좆, 바나나, 성기, 페니스, 거시기
여성의 성기관	음부, 질, 잠지, 짬지, 보지, 조개, 그것, 거시기
성교에 대한 별칭	잠잔다, 재미 본다, 콩 깐다, 섹스, 씹, 떡방아를 찧는다.

| 표 5-2 | 성기관에 대한 미국인의 별칭

정확한 이름	별 칭
Vulva	Pussy, snatch, crotch
Pubic Hair	Beaver, bush, pubes
Mons veneris	Love mound
clitoris	clit, button, joy button
Labia	......
Hymen	Cherry, maidhead
Urehthral meatus (urinary opening)	Peehole
Vigina	Cunt, box, pussy, hole, snatch, slit, twart, honeypot
Anus	Asshole
Breasts	Boobs, itts, knockers, bazooms
Buttocks	Ass, rear end, bottom, burns,
Pennis	Prick, cock, peter, tool, organ, meat(rod, boner, and hard-on usually refer to erect penis only)
testes	Balls, nuts, jewels

많다. 특히, 청소년 시기에는 신체기관의 변화에 대해서 아주 민감하다. 남성 성기의 크기는 어느 정도가 되어야 정상인지? 한쪽 유방이 더 크면 비정상인지? 큰 유방을 가진 여성은 성욕이 강한지? 고환이 하나가 더 늘어져 있으면 비정상인지? 할례를 하면 성적인 흥분을 감소시켜 주는지? 여성의 음핵은 어디에 있고 무슨 기능이 있는 것인지? 이러한 질문에 대한 답은 성기관의 구조와 기능에 관해서 배우면 알게 된다.

우리나라의 여성은 자신의 신체가 자기 것이 아닌 것처럼 간주하라는 교육을 받아 왔다. 즉, 유방은 남성이 성행위를 할 때 즐겁게 애무하거나 아이가 젖을 빠는 데 사용되는 물건, 또는 의사가 문제가 있나 검사하는 도구라고 가르쳤다. 특히, 질에 대해서는 쳐다보거나 검사해 보면 큰일이 나는 것처럼 여겨 왔다.

그런데 여아들을 자세히 관찰해 보면 자신의 신체기관에 관심을 가지고 만지는 것을 볼 수 있다. 그럴 경우 부모들이 '지지' '더러워.' '넌 나빠.' 등의 말로 나무라면서 즉각적으로 손을 때리며 금지시키는 것을 본다. '여자는 깨끗해야 한다.'라고 하면서 성기관을 깨끗이 씻으라고 하는 것은 상대적으로 여성의 성기관은 더럽다는 메시지를 여아에게 어려서부터 전달해 주는 것이다. 또한 자신의 성기관은 아주 못생겼다는 의미를 주어서 자신의 성기를 부끄러워하도록 교육을 받아 왔다. 또한 여성의 유방을 어린아이들에게는 '찌찌'라고 가르쳐 주는데, 엄마의 젖이 불결하기에 만지지 말라는 의미로 어린 시절부터 여성의 성기관에 대해서 부정적인 이미지를 심어 주고 있다. 특히, 여성의 월경에 대해서는 불결하다는 의미를 많이 주고 있다. 이러한 현상은 세계적이어서 여성은 월경 중에는 부정하고 더럽기 때문에, 음식을 만지거나 사람들과 접촉하는 것을 금하는 경우도 있었다(Delaney, Lupton, & Toth, 1977). 또한 여성이 월경 중에 풍기는 냄새는 불결하기 때문에 향수를 써야 한다며 로션 등을 상업적으로 파는 경우도 있다. 이런 이유로 질에 향수를 뿌려서 오히려 질에 가려움증이 생기거나 건강에 문제가 있는 경우도 있었다.

또한 많은 여성들은 자신의 성기 구조를 직접적으로 본 적이 거의 없어서 자신의 성기의 기관 이름을 제대로 대지 못하는 경우도 많다. 또한 남성도 여성의 요도가 어디에 있는지 음핵이나 처녀막이 어디에 있는지도 잘 모른다.

1. 여성의 외부 성기관

1) 여성의 음부(Vulva)

여성 성기관의 외부를 영어로는 벌바(Vulva)라고 부르는데, 그 의미는 라틴어로 '덮는다'라는 의미를 가졌다고 한다. 음부는 치구(Mons), 음순(Labia), 음핵(clitoris)과 회음부(perineum)로 구성되어 있다. 여성의 질은 외부의 기관처럼 보이는데 실제로는 내부의 기관이다.

(1) 치구(Mons)

The Mons Veneris(라틴어로 사랑의 신인 비너스의 계곡이라는 의미)는 체모와 지방질로 구성된 부분이며 탄력이 있는 부분이다. 이 기관은 여러 가지의 세포가 잘 연결되어 있기에 손으로 접촉하는 등의 압력을 받으면 성적인 자극을 느끼게 된다. 많은 여성들은 이 부위를 이성이 자극해 주면 음핵을 자극하는 것과 같은 성적인 자극을 느낀다고 보고하는 경우도 있다. 대체로 여성들은 사춘기에 이 부분에 체모가 자라기 시작한다. 체모는 성교 도중에 여성의 질에서 분비되는 질액을 흡수해 주는 기능 외에 성교 도중에 상대방과 피부의 심한 마찰을 완화해 준다.

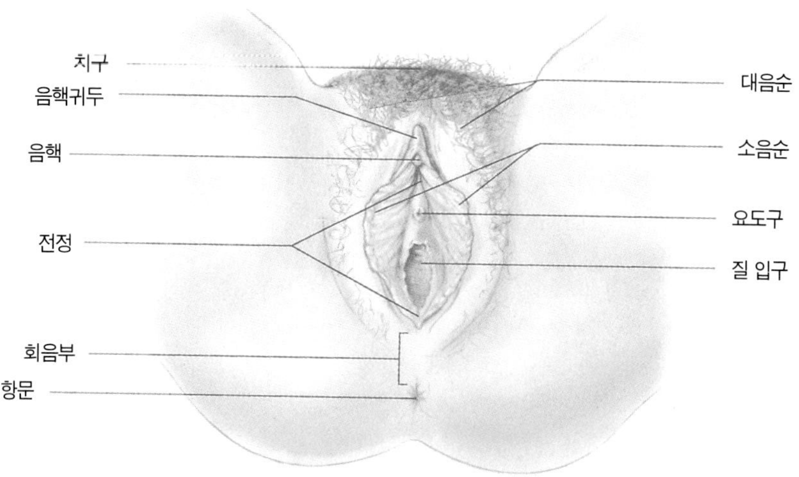

| 그림 5-1 | 음부의 구조와 명칭

(2) 음순(Labia)

음순은 대음순(labia majora)과 소음순(labia minora)으로 구성되어 있다. 대음순은 대부분이 지방 조직이며, 여성 성기의 부드러운 근육을 감싸 주고 덮어 주는 주름 모양의 피부이다. 이 부위에서는 체모가 나고 자라며 땀샘, 기름샘, 여러 신경의 조직과 연결되어 있고 성적으로 흥분하지 않은 상태에서는 주름이 져서 여성의 성기를 보호하는 역할을 한다.

소음순은 체모가 나 있지 않고 해면체의 조직과 가는 실핏줄의 조직 등 많은 신경조직이 연결되어 있는 부위이다. 이 부위는 음핵을 싸고 있는 후드 역할도 한다. 소음순 부위는 여성의 피부라고도 부른다. 음순은 성적인 자극의 중요한 부분이다. 왜냐하면 많은 신경조직들이 이곳에 모여 있고 연결되어 있기 때문이다. 그래서 이곳의 피부에 이상이 있거나 염증이 생기면 성교 시에 아프거나, 가렵거나, 살이 불에 덴 듯한 고통을 느끼게 된다.

여성의 외부 성기 모양은 사람에 따라서 모양이 다를 수 있다. 예를 들면, 대음순의 크기, 모양, 색깔에서 차이가 날 수 있다. 또한 체모가 난 정도, 질 입구의 모양과 위치, 처녀막의 모양에서도 다를 수 있다([그림 5-2] 참조).

남성이나 여성의 성기관은 사람들의 얼굴이 다른 것과 마찬가지로 조금씩 다를 수 있다. 그러나 모양이 다르다고 해서 그 기능도 다른 것은 아니다. 바르톨린(Bartholin) 내분비선이 소음순과 연결되어 있어 이 부분이 성기능에 중요한 분비물을 내보내는 중요한 역할을 하지 않을까 했는데, 실제로 이 부분은 성교 시에 성기의 윤활을 돕는 몇 방울 정도의 분비물을 내보내는 것으로 밝혀졌다.

(3) 음핵(Clitoris)

음핵은 그리스의 어원 'kleitoris'에서 유래했는데, 언덕(hill) 또는 내리막(slope)이라는 의미를 가지고 있다. 여성의 성감대 중에서 가장 민감한 부분으로서 소음순의 위쪽에서 소음순과 만나는 위치에 있다. 직접 눈으로 볼 수 있는 부분은 음핵의 머리 부분이거나 음핵의 내분비선으로서 반짝이는 단추 같은 모양을 하고 있다. 이 부분은 음핵의 후드 부분을 위로 젖혀 올리면 나타나는데, 그 위쪽 부분은 음핵지주(clitoral shaft)라고 부른다. 음핵지주는 약 1인치 정도의 길이와 4분의 1 정도의 넓이를 가지고 있으며 발기할 수 있는 조직으로 형성되어 있다. 성적인 자극을 받으면 혈액이 충혈되어 남성의 발기와 같은 현상이 일어난다.

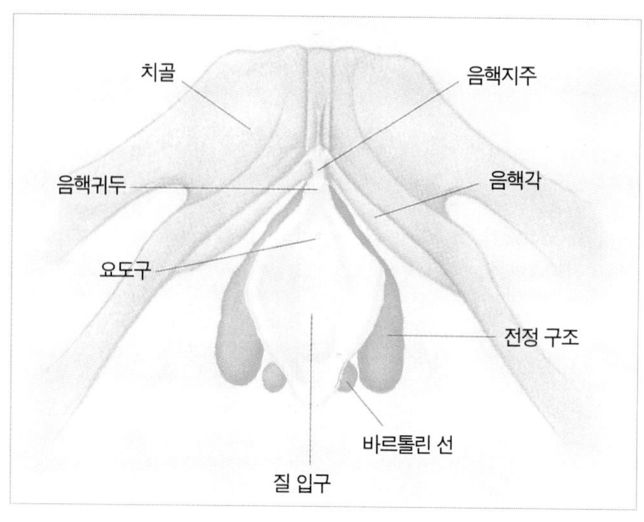

| 그림 5-2 | 음핵

음핵은 성감각을 느끼는 신경세포들이 가장 많이 몰려 있기 때문에 압력, 자극, 온도 등에도 아주 민감하다. 여성의 음핵은 성적인 흥분감을 느끼기 위한 유일한 조직이다(Masters & Johnson, 1970). 음핵은 종종 남성의 남근을 축소한 것이라고 부르기도 하는데 이는 정확한 것은 아니고 음핵과 남근은 태아가 성 분화되기 전에 같은 조직에서 출발했다는 것이 올바른 설명이다. 음핵은 성적으로 가장 민감한 부위로서 성적인 자극과 흥분을 느끼는 것 외에는 아무런 역할을 하지 않는다. 음핵은 여성이 성적으로 흥분하고 성관계를 할 때 충혈이 되기는 하지만 남성의 성기처럼 외부로 드러나지는 않는다. 음핵의 크기나 모양도 여성에 따라 다르나 음핵이 크면 성적으로 더 흥분한다는 연구 보고는 없다. 또한 여성이 자위행위를 했다고 해서 음핵이 커지는 것도 아니다.

여성의 할례는 음핵을 둘러싸고 있는 소음순의 후드를 제거하는 수술을 의미하는데, 그렇게 함으로써 음핵에 직접적인 자극을 가해서 성감을 높이려는 것이다. 그러나 이렇게 하면 지나친 자극을 주어서 성감을 높이기보다는 오히려 고통을 줄 수도 있다.

(4) 회음부(Perineum)

이 부분은 음순과 항문 사이의 체모가 없는 부분을 가리킨다. 이 부분은 대체로 접촉과 압력, 온도에 아주 민감하다. 이 부위를 부드럽게 자극해 주면 성적 흥분을 느낀다.

(5) 요도(Urethral Opening)

여성의 요도는 음핵의 아랫부분이고 질보다는 위쪽에 위치해 있으며 방광과 연결되어 있다. 성교 중에 남성의 성기가 감염되어 있거나 더러운 손으로 이 부분을 만지면 여성의 방광이 오염될 가능성이 많다. 예를 들어, 방광염(Cystitis)이라는 질병은 여러 원인으로 인해서 여성의 방광에 염증이 생긴 증상이며 따가우면서 항상 소변을 누고 싶은 욕구를 느낀다. 여성은 방광 부분이 가렵거나 따가운 통증을 느끼면 즉시 산부인과 의사를 찾아가서 진단을 받고 도움을 요청해야 한다.

여성이 방광을 건강하게 유지하기 위해서는 다음과 같은 조치가 도움이 된다.

- 물을 8컵 이상 매일 많이 마셔서 방광을 자주 씻어 낼 것
- 주스 등을 섭취해서 요도가 산성을 유지하도록 할 것
- 술이나 커피를 너무 마시지 말 것
- 자위를 할 경우에는 필히 손을 씻을 것
- 파트너가 여성의 성기를 만지려고 할 경우 반드시 손을 씻도록 요구할 것
- 항문, 남성의 성기, 손가락 등을 만진 물건은 요도에 닿지 않도록 할 것
- 성교 후에 소변을 보면 박테리아 등을 내보낼 수 있음

(6) 질막(hymen)

질의 입구에 있는 엷은 막을 전통적으로 처녀막이라고 불렀는데, 이러한 용어는 성차별적인 의미를 주기에 질막이라고 부른다. 이 질막의 기능은 알려지지 않고 있는데, 여성이 사춘기에 멘스가 흐르는 구멍을 제공해 주고 있다. 질막은 질 전체를 가리고 있는데, 개인에 따라 모양과 크기와 두께가 다르다고 한다.

전통적으로 보면 파열되지 않은 질막은 결혼 당일 처음 성관계를 가졌다는 표적으로 사용되었다. 그래서 사회의 풍습에 따라서 결혼한 첫날밤에 질막이 파열되지 않으면 신부를 부모에게 되돌려 보내거나, 공공연하게 창피를 주거나, 체벌을 하기도 하고, 심한 경우는 죽이기까지 하였다(Ford & Beach, 1951). 일본, 이탈리아, 한국 등지에서는

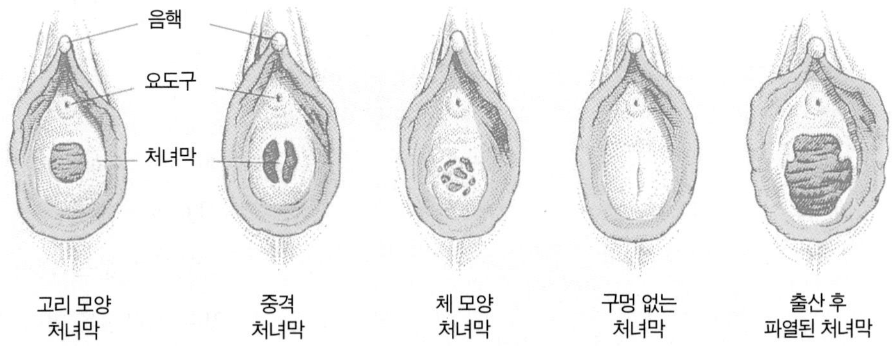

| 그림 5-3 | **여러 가지 형태의 질막과 질 입구**

현대에도 질막재생수술이 성행하고 있다.

그러나 의학적으로는 질막이 있고 없음에 따라서 처녀성을 증명할 수 있는 것은 아니다. 처녀막은 운동을 심하게 하거나, 어릴 때 손을 질 속에 집어넣거나, 물질을 집어넣으면 쉽게 파열된다. 어떤 경우에는 출생 시부터 부분적인 질막을 가지고 태어나는 수도 있고, 또는 아예 처녀막이 없이도 태어나는 경우도 있다. 또한 성교를 했다고 해서 항상 질막이 파열되지는 않고 그냥 질막이 늘어난 상태에서 성관계를 갖는 경우도 있다. 그러므로 질막의 유무로 여성의 순결이나 처녀성을 판단하려는 시도는 위험하다. 그러나 대부분의 경우는, 처음 성관계를 가지면 출혈을 하면서 피를 흘리는 경우가 보통이다. 처음 성교 당시의 고통은 잠시의 순간이고 성관계를 통한 진짜 기쁨이 뒤따른다. 성경험을 갖지 않은 여성들은 처녀막이 파열될 때 통증이 심하지 않을까 걱정하는 경우가 많은데, 그 고통의 강도는 따가움을 강하게 느끼는 정도이며 오래 지속되지는 않고 대체로 일주일 정도면 정상적으로 돌아와 통증을 느끼지 않게 된다. 그러므로 두려워할 필요는 없다.

여성 할례

여성의 할례란 아프리카나 중동의 이슬람 문화권에서 아직도 성행하고 있는 성년 의식으로서 여성의 음핵을 덮고 있는 포피뿐만이 아니고 음핵을 제거하는 수술을 말한다. 이집트에서는 10~19세에 음핵제거수술을 실시한다. 수단에서는 아직도 이 의식을 거행하면서 음핵과 소음부, 대음순까지 제거하고 요도만 남기는 경우도 있다.

음핵은 성관계 시에 성적인 흥분을 주도할 수 있는 기관이고 성생활에 아주 중요한 부분이다. 음핵을 제거당한 여성들은 80%가 월경 불순, 49%가 성교 중에 질 건조증, 45%가 성적 욕구 저하, 61%가 오르가슴을 달성하는 데 어려움을 경험했다고 한다(Defrawi et al., 2001).

여성 할례는 여성에게 건강상 또는 성기능 향상을 위한 목적보다는 다른 이유가 있다. 대체로 일부다처제인 아랍이나 아프리카 문화권에서는 여성의 성적인 욕구를 억제해서 남편에 대한 성적인 불만을 신체적으로 제거함으로써 아내를 자신의 소유물로 유지하려는 의도에서 출발했다고 한다. 따라서 여성의 할례는 남성이 여성을 성적으로 통제하기 위해서 이루어진 것이라고 볼 수 있다.

그러나 이제는 여성 단체들의 영향으로 인해서 여성의 할례는 인간에 대한 야만적인 행위라고 규탄하면서 여성 할례를 금하도록 캠페인을 벌이고 있다. 미국은 1996년에 여성 할례를 금하는 법을 제정하고 아프리카나 중동의 국가들에게 이러한 풍습을 중단할 것을 요구했지만, 해당 국가들은 자신들의 문화적인 전통을 무시하는 처사라고 반발하고 있다.

2. 여성의 내부 성기관

1) 질(Vagina)

여성의 질은 근육질로 된 내적인 기관으로서 여성의 신체를 향해서 약 45도의 각도로 위치해 있다. 성적으로 자극이 되지 않은 상태에서의 여성 질은 공간 없이 아물어진 상태이다. 임신을 하지 않은 여성의 경우 평균 후방 질의 길이는 약 8센티 정도이고, 전방 질의 길이는 6센티 정도이다. 질벽은 세 종류의 층으로 구성되어 있다. 질점막(vaginal mucosa)은 가장 외부에 있는 층이고 입안의 피부와 조직이 비슷하다. 질의 느낌은 살의 감각으로 부드럽고 주름이 져 있다. 질은 여성이 불안하면 건조하고, 성적으로 흥분하면 분비물을 내보내서 촉촉해진다. 질의 중간층은 근육(muscular)으로 구성되어 있고 가장 깊은 층은 섬유질(fibrous)이며 다른 조직들과 연결되어 있다.

질은 혈관이 많이 연결되어 있지만, 성감을 느낄 수 있는 신경조직은 질 입구에서 약 3분의 1 정도의 길이 뿐이다. 그렇기 때문에 남자의 성기가 커야 여자가 성감을 많이 느낄 수 있다는 것은 신체적인 면에서는 근거가 없는 이야기이다. 여성의 질 안쪽은 신경을 못 느끼기에 마취를 하지 않고도 수술을 할 수 있다고 한다.

질벽에서는 정상적인 산성(pH 4.0~5.0) 강도의 분비물을 분비하며, 약간은 짠맛이고, 질의 색깔, 냄새는 여성의 생리기간에 따라서 변한다. 여성의 질에서 나는 냄새는 남성에게 성적인 자극을 일으킬 수 있다. 그러나 여성들이 인공적인 방향제로 냄새를 제거하려고 하는데, 이것은 오히려 건강에 좋지 않다.

질은 풍선처럼 모양을 변화할 수 있는 잠재적인 공간이다. 질을 통해서 아이를 분만할 수도 있고, 남성의 성기의 크기에 따라 적응하는 공간이다. 많은 사람들은 질의 크기와 성감과의 관계에 대해서 의문을 가지고 있다. 그러나 여성의 질은 수축력이 강하기 때문에 남성 성기의 크기에 따라 적응할 수 있어 성감에는 지장을 주지 않는다. 여성이 아이를 분만하면 질의 크기가 늘어나고 수축력이 줄어든다. 그러나 여성이 질운동을 하면 질근육의 탄력을 유지할 수 있다.

질염(Vaginitis)은 질 내부에 따가움을 느끼는 통증으로 감염, 피임약, 무리한 다이어트, 피로 등으로 발생할 수 있다. 여성들은 질 건강을 위해서 다음과 같은 조치를 취하면 좋다.

- 성기 부분을 연한 비누를 이용해서 정기적으로 잘 씻을 것. 특히, 항문을 닦은 후에는 성기를 잘 씻을 것
- 가능하면 면 팬티를 착용할 것. 나일론 팬티는 성기의 습기를 흡수하지 못하고 성기 부분에 온도를 증가시켜서 박테리아의 번식을 도울 수 있다.
- 꽉 조이는 바지는 피할 것
- 파트너에게 필히 성기 부분을 청결하게 씻거나 콘돔을 착용하고 성관계를 하도록 할 것
- 질에 통증을 느끼는 성관계는 피할 것
- 당분을 많이 섭취하면 질의 산성에 영향을 주기에 너무 단 것을 먹지 않도록 할 것

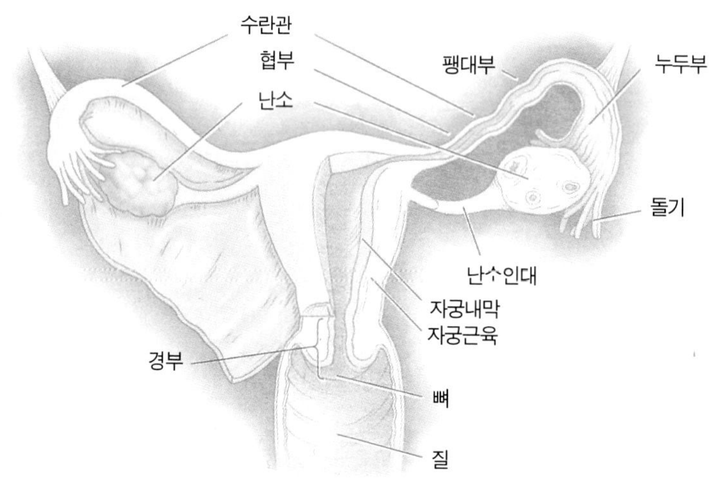

| 그림 5-4 | **여성의 내부 성기관 해부도**

2) 자궁경부(Cervix)

자궁의 입구는 약간 볼록 나와 있는데 이 부분을 경부(cervix)라고 부른다. 임신을 하

지 않은 여자의 경부는 둥글고 조그맣고 부드러운 분홍색의 단추처럼 생겼다. 손을 질 깊숙이 집어넣으면 경부를 느낄 수 있다. 남녀가 성교를 하면 경부를 통해서 정자가 자궁에 들어가기도 하고 멘스가 나오기도 한다. 자궁에서 나오는 여성의 분비물은 여성의 생리기간의 상태에 따라서 색깔이 변한다. 경부는 신경조직이 없기 때문에 성감을 느끼지 못한다.

여성들 중에는 자궁경부암이 흔하지는 않지만 어느 정도 발생할 수 있는데, 자궁경부암은 여성이 여러 명의 남자와 성관계를 많이 한 경우, 성관계를 일찍 시작한 경우, 흡연을 많이 하는 빈곤층에서 많이 발생한다(Duggirala et al., 2003). 경부암은 경부의 조직을 조금 떼어 내서 실시하는 'Pap검사'라는 것을 정기적으로 실시하면 예방할 수 있다. 암에 걸렸다고 해도 수술하면 70% 이상의 여성들이 5년 이상 생존한다. 경부를 수술로 떼어 낸다고 해도 성생활에는 지장이 없다.

3) 자궁(Uterus)

자궁의 크기는 길이와 폭이 7.5센티, 두께는 2.5센티 정도이다. 생리학적으로 보면 자궁은 여러 부분으로 구성되어 있다. 자궁의 안쪽 벽에 수정란이 착상해서 자라는 곳이기도 하고, 이 근육은 출산 시에 분만을 돕는 기능도 한다. 대체로 여성의 자궁의 위치는 질과는 약 90도의 방향으로 자리 잡고 있다. 그러나 자궁의 위치는 성교 시에 성감의 상태에 따라 변해서 질의 입구 방향과 거의 일치되어 정자의 진입을 돕는다. 자궁의 위치가 고정되어 있으면 성교 시에 고통을 느끼기도 한다. 자궁은 임신하면 아이의 발육 상태에 적응해서 늘어날 수 있도록 구성되어 있다.

자궁내막암(endometrial cancer)은 비만한 여성, 멘스가 너무 빠르거나 늦게까지 하는 여성, 배란에 문제가 있는 여성, 에스트로겐 호르몬 치료 등을 한 여성들에게서 발생할 가능성이 많다(Nelson et al., 2002).

자궁절제수술(hysterectomy)은 여성들이 65세까지 3명 중 1명 정도가 실시하는 수술로, 35~45세 사이에 가장 많이 받는다. 이러한 시술은 저소득층, 교육 수준이 낮은, 주로 남쪽 지역의 주에서 많이 실행되고 있는데, 이는 경제적인 수준이 낮은 계층에서는 건강에 대한 평소 돌봄이 부족하기 때문이라고 설명한다(Palmer et al., 1999). 자궁절제수술은 자궁에 근종이 생기거나 자궁경부암, 자궁출혈 등 통증을 가져오는 질병을 치료하기 위해서 수술을 실시하는데, 자궁과 나팔관, 자궁경부 전체를 제거하는 수술과 자궁의 일부만 제거하는 수술로 구분할 수 있다. 자궁의 일부만 들어내는 경우에는 정상적인 배란과 여성호르몬이 생성되기에 여성들의 성생활과 건강에 지장이 없다. 특히, 성감이나 성적인 흥분에 영향을 주지 않는다. 현재 우리나라는 OECD에 등록된 국가 중 자궁적출 시술이 1위라고 주장한다. 이러한 수술을 남용해서는 안 되고 환자는 수술을 결정하기 전에 다른 의사의 의견도 참조해서 신중한 결정을 해야 할 것이다.

4) 나팔관(Fallopian Tubes)

자궁에서부터 시작해서 약 10센티에 이르는 부분인데 난소와 가장 가까운 부분은 협부(isthmus)라고 불리고, 외부에는 손가락 모양을 한 돌기(fimbiae)라는 부분으로 연결되어 있는데 이 부분과 난소는 연결되어 있지 않다. 나팔관의 기능은 난소에서 방출한 알을 보호하고 있다가 정자와 만나 수정할 수 있도록 도와주는 기능을 한다.

자궁외임신(Ectopic pregnancy)은 수정란이 자궁에 정착하지 않고 나팔관 안에서 자라는 경우로, 방치하면 많은 통증을 수반하면서 나팔관의 파열을 가져올 수 있다. 따라서 이 경우에는 태아가 성장하기 전에 수술로 제거해야만 산모가 안전할 수 있다. 자궁외임신인 경우 멘스가 없으면서 통증을 느낀다. 이런 증상이 있으면 산부인과 의사의 도움을 받아야 한다.

5) 난소(Ovaries)

여성의 난소는 양쪽에 하나씩 있다. 크기는 약 3×2×1.5cm 정도의 크기인 조그마한 살구 모양을 하고 있다. 난소는 두 가지의 기능이 있다. ① 여성호르몬인 에스트로겐과 프로게스테론을 생산하고, ② 난자를 생산하고 방출한다. 여아는 난소가 형성되자마자 난자를 생산하기 시작한다고 한다. 그래서 출생 전까지는 약 6~7백만 개의 난자를 생산해 내는데, 그러한 난자들은 거의 출생하기 전에 분해되어 없어지지만 약 40만 개 정도의 미숙한 난자가 출생 시에 존재한다고 한다. 그러나 이후에는 더 이상 미숙한 난자가 생성되지 않는다. 여성이 사춘기에 도달하면 멘스를 하기 시작하는데, 각 주기마다 성숙한 난자를 방출한다. 여성은 생리기간 중에 임신이 가능할 정도로 성숙한 난자를 약 400여 개 방출한다고 한다.

난소에서 난자가 방출되면 난자를 싸고 있는 캡슐의 과립막 세포(granulosa cell)가 자

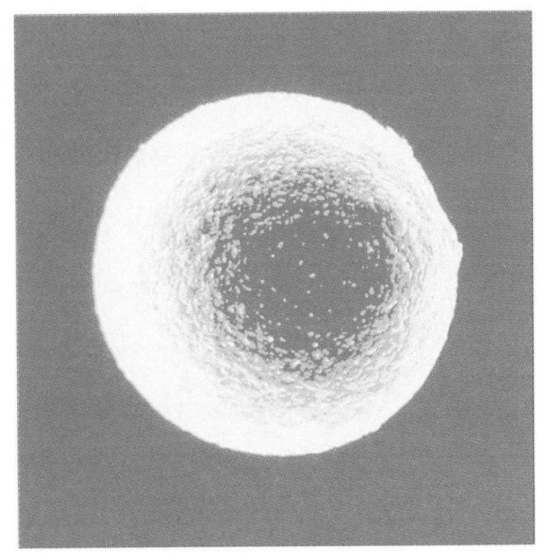
|그림 5-5| **난자의 모습**

라기 시작해서 황체(corpus luteum)를 형성한다. 수정이 된 난자는 계속 자랄 수 있지만 수정이 안 된 난자는 2주 내에 소멸이 되어 멘스로서 방출이 된다. 인간의 난자는 직경이 0.135mm로서 문장을 쓸 때 사용하는 마침표 정도의 크기로 자세히 보지 않으면 육안으로 식별하기 어렵다.

난소암은 여성들이 걸릴 수 있는 암 중에서 치명적인 암이다. 초기에 암을 알아차릴 수 있는 확률이 적다. 난소암 환자 중에 80%는 이미 암이 진행된 후에 발견된다고 한다(Kaelin et al., 2006). 난소암의 증상은 복부의 통증 또는 팽만감, 골반의 통증, 식욕 부진이나 잦은 소변 등이다(American Cancer Society, 2009). 40~70세에 걸릴 수 있으며 여성의 암 중에 네 번째로 빈번한 암이다. 난소암에 걸린 여성들 10명 중에서 8~9명은 가족 중에 난소암에 걸린 병력자가 없다. 난소암에 걸릴 위험이 있는 여성은 임신 경험이 없거나, 유방암에 걸린 병력이 있거나, 지방질을 과다하게 섭취하거나, 흡연을 많이 한 여성이라고 한다(Gnagy et al., 2000). 난소암은 초기에 발견하면 95%의 생존율을 보인다. 치료는 난소를 제거하거나 방사선 치료 등으로 할 수 있다.

3. 여성의 유방

1) 여성의 유방 조직

여성의 유방(Breasts)은 태아의 발육에 직접 관여하지 않는 생식기관이다. 유방은 문화권에 따라서는 단순히 아이를 양육하는 기관으로 간주하기에 유방을 노출해도 별로 신경을 쓰지 않는다. 우리나라에서는 1970년대까지만 해도 공공장소에서 엄마가 젖을 드러내 놓고 수유해도 이상하게 여기지 않았다. 그러나 서양에서는 일찍부터 여성의 유방을 성적인 매력을 유발하는 여성의 상징처럼 여겨 왔다. 여성의 의상 스타일, 남성의 잡지, 광고 등에서 여성의 유방을 항상 강조하여 왔다. 이러한 경향은 우리나라에도 영향을 끼쳐서 여성들이 유방성형수술을 많이 받기도 하고, 젊은 세대는 유방을 통한 성적 매력을 강조하는 경향이 두드러지고 있다.

여성의 유방은 자라나면서 크기나 모양에서 변화를 거친다. 그러나 여성의 유방은 왼쪽의 유방이 오른쪽에 비해서 약간은 큰 것이 정상이다(DeGowin & DeGowin, 1976). 각각의 유방은 15~20개 정도의 마치 포도송이를 한데 모아 놓은 듯한 모유선들로 구성되어 있다. 모유선들은 그 사이 사이에 부드러운 지방질로 채워져 있는데, 이 지방질의 양이 유방의 크기를 결정한다. 유방은 지방질의 파이버 조직으로 싸여 있어서 부드럽고 일정한 모양을 한 모습을 유지할 수 있다.

유두는 젖꼭지라고도 부르는데 유방의 끝에 위치해 있다. 유두는 부드러운 섬유질의 근육으로 구성되어 있고 많은 신경세포가 퍼져 있어서 그 부위에 대한 촉감이나 온도에 민감하다. 거무스름하며 약간의 주름이 진 유두 부분의 면적은 약 1~2cm 정도가 되며 이 부분에도 신경세포가 모여 있어서 촉감에 민감하고 성적으로 흥분하면 유방이 발기하도록 도와준다.

남성들이 여성의 유방에 대해서 환상적인 이미지를 갖고 유방이 큰 여성을 선호하는 경향이 있기에 여성들은 자신의 유방을 크게 하려고 유방확대기 등의 기구를 사용하기도 하지만 대개는 효과가 없다. 또한 액체의 실리콘을 통한 유방확대수술을 받는 경우도 있는데, 실리콘이 새어 나와 유방암을 유발하여 미국의 해당 회사들을 상대로 거대한 손해배상 청구가 현재 진행되어 있는 상태이다.

그런가 하면 어떤 여성은 유방이 너무 커서 허리에 압박을 주거나 거동에 불편을 주는 경우도 있는데, 이러한 상태를 유방의 비정상적인 확장(mammary hyperplasia)이라고 부른다. 이러한 경우는 유방축소수술로 간단하게 처리할 수 있다고 한다.

유방에 관한 또 다른 문제는 유방의 유두가 안쪽으로 향하거나 들어가 있는 경우이다. 이 경우 정도가 심하지 않다면 아이가 모유를 섭취하거나 유두로서의 기능을 하는데 지장이 없는 것으로 알려지고 있다.

문제는 남성이 여성의 유방에 대한 환상적인 이미지와 여성이 자신을 매력적으로 보이려고 유방에 지나치게 관심을 갖는 현실인데, 유방의 크기와 여성이 성감을 느끼는 것과는 아무런 관계가 없다는 것이다. 사람마다 얼굴이 다르고 특징이 있듯이 유방의 모습이나 크기도 다를 수 있고 자연스럽게 다른 형태에서 자연의 미를 즐기는 방향으로 우리의 신체를 가꾸어야 할 것이다.

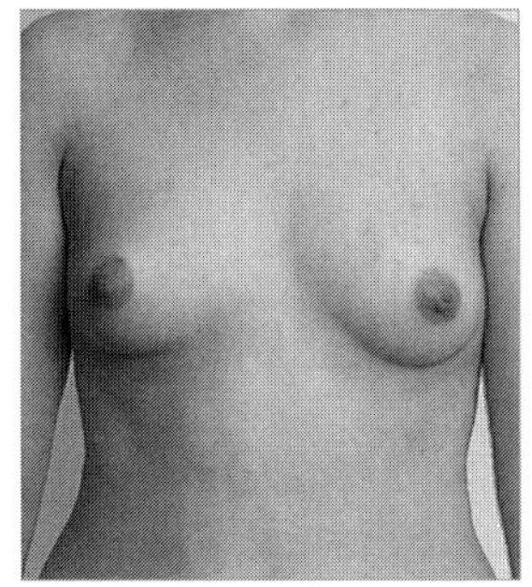
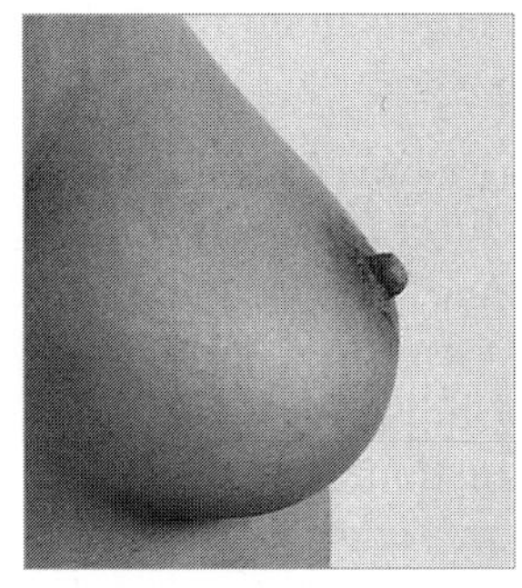
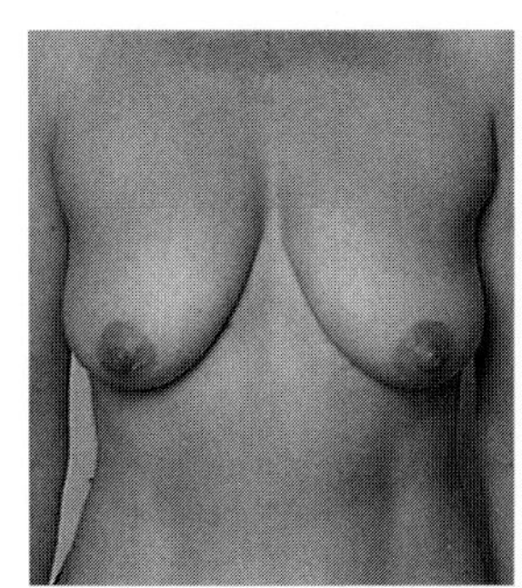

| 그림 5-6 | **유방의 다른 모습**

여성의 유방암 자가진단

여성의 유방암 초기 증상은 유방을 만졌을 경우 약간의 종기나 조그마한 응어리진 덩어리 같은 뭉침을 느끼면 일단 경계심을 가지고 검사를 받아야 한다. 여성에 따라서 응어리가 땅콩 모양, 건포도 또는 포도 모양을 가질 수 있다. 즉, 그 덩어리가 둥글 수도 있고 길쭉할 수도 있다. 유방암은 정기적으로 검진을 받지 않는 한 대체로 우연히 샤워할 때나 파트너에 의해서 발견되기도 한다. 유방암을 혼자서 자가진단하는 방법은 다음과 같다.

1. 샤워를 하면서 젖은 유방을 부드럽게 만져 본다. 오른손으로 왼쪽 유방을 만져 보고 왼손으로는 오른쪽 유방을 검사한다. 조직이 뭉치거나 단단한 부분, 두껍게 느껴지는 부분이 있는지 유심히 검사한다.

2. 벗은 상태로 거울 앞에서 팔을 옆으로 벌린다. 위로 치켜 올리면서 유방에 이상한 돌출 부분이 있는지 유심히 본다. 젖꼭지에 변화가 있는지, 또는 유방이 부은 부분이 있는지 검사한다. 그런 후에 두 손의 손바닥을 각각 젖꼭지에 올려놓고 힘을 주어서 아래로 누른 후에 젖이 다시 원위치로 돌아오는 것을 관찰한다. 만일에 문제가 있으면 양쪽 유방의 모양이 다를 수 있다.

3. 누운 자세로 오른쪽 가슴 밑에 베개를 놓아 유방이 평평하게 되도록 한다. 유방을 젖꼭지에서 가장 많이 떨어진 곳에서 시계 방향으로 손을 천천히 움직이면서 젖꼭지가 있는 방향으로 조금씩 문지르면서 만져 본다. 이렇게 하면서 유방의 어느 부분이 딱딱한지, 뭉친 부분이 있는지, 평상시보다 부은 곳이 있는지 조심스럽게 관찰한다. 이런 방법으로 왼쪽 가슴도 검사한다.

4. 마지막으로 젖꼭지를 손가락 사이에 놓고 꽉 짜 본다. 만일에 피가 나오거나 이상한 분비물이 나오면 즉시 유방암검사를 받아야 한다.

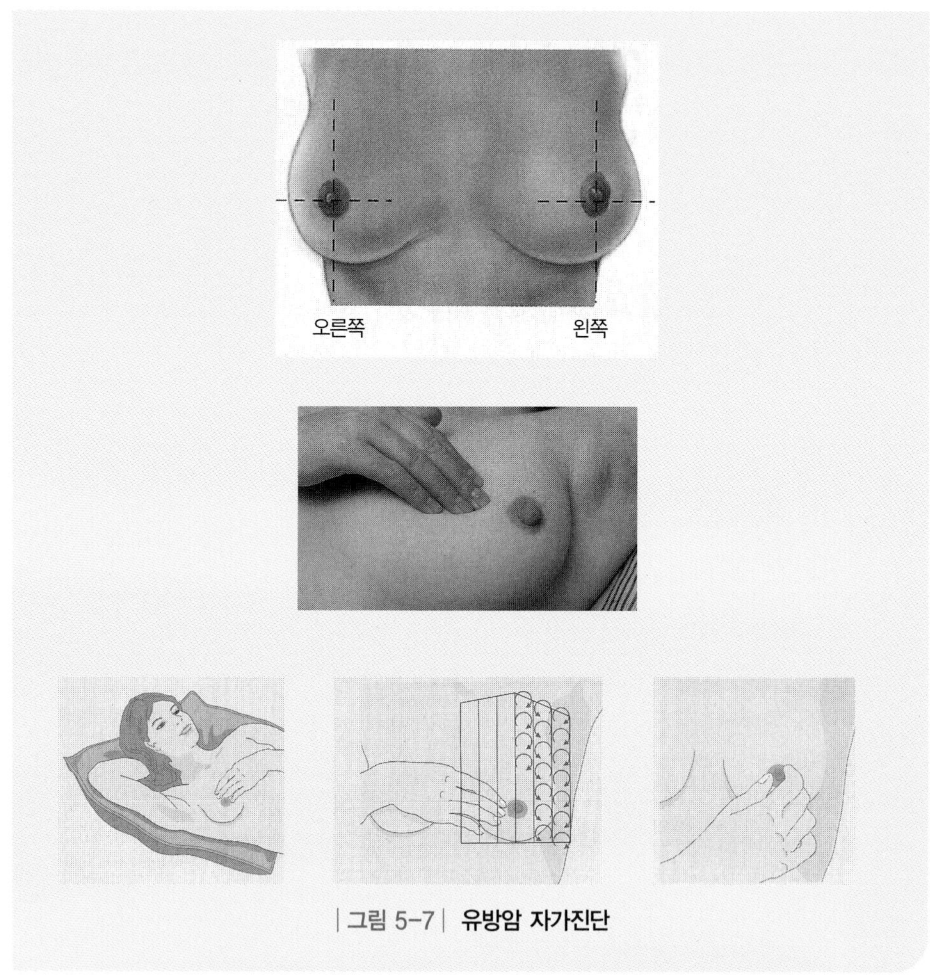

| 그림 5-7 | 유방암 자가진단

2) 여성의 유방암과 대책

여성이 유방암에 걸리면 최악의 경우 여성의 상징이라고 할 수 있는 유방을 제거해야 하기에 많은 갈등과 고민을 겪게 된다. 유방암에 대한 치료방법은 방사선 치료, 호르몬 치료, 면역체 치료, 유방부분제거술(brest conserving-surgery), 유방 전체를 제거하는 수술(mastectomy) 등 다양하다.

개인의 상태에 따라 다르겠지만 대체로 방사선 치료를 먼저 시도하고 상태가 호전이 안 될 경우에는 유방제거수술을 시도하기도 한다. 여성이 유방 둘을 모두 잃게 되면 여성의 상징을 잃어버린다는 상실감 때문에 심리적인 상처를 받는 경우가 많다(Potter & Ship, 2001). 유방제거수술을 한 여성들은 성생활에도 부정적인 영향을 받을 수 있다.

예컨대, 성행위 초기에 가슴을 자극해서 성적으로 흥분을 느낀 여성들이나 또한 가슴을 자극하면서 흥분을 느낀 부부들은 커다란 상실감에 빠질 수도 있다. 또한 방사선 치료의 여파로 여성들은 성적인 욕구를 상실할 수도 있다. 여성이 유방암에 걸려서 수술을 하는 경우에 남성은 여성의 입장에서 여성을 이해하고 도와주어야 한다. 그렇지 못하고 심리적 · 신체적 어려움을 당하는 아내를 원망하면 부부간에 갈등으로 이어진다. 여성의 유방제거는 심리적 · 신체적인 면에서 도전이라는 것을 알아야 한다(Polinsky, 1995).

3) 유방암 여성의 유방이식수술

유방을 제거한 여성들 중에서 유방을 대체하는 물질을 사용해서 유방이식수술을 하는 여성들이 늘어나고 있다. 미국의 경우 2002년도에는 유방제거수술을 받은 후에 약 70,000명의 여성들이 실리콘 주머니나 자신의 피부를 이용해서 유방이식수술을 받았다고 한다(Healy, 2003). 이렇게 하면 여성들은 자신감에 긍정적인 효과가 있었다고 하지만, 수술을 잘못한 경우에는 부작용으로 더 문제가 될 수 있다. 여성의 유방절제에 대한 대책은 남편의 따뜻한 지지와 관심이다. 남편이 여성의 유방만을 사랑하지 않고, 유방과 다른 신체 부분을 소유한 인간 전체를 사랑하는 것이 중요하다.

유방은 여성성을 상징하기에 유방제거수술을 받고 난 후에 비슷한 처지에 있는 여성들이 집단 상담을 하면서 서로 지지하고 격려해 주면 적응을 하는 데 많은 도움을 받았다는 연구 결과를 종합해 볼 때, 인위적인 수술보다는 이들에 대한 수용과 정서적인 지지가 중요하다(Bellizzi & Blank, 2006).

4. 여성의 생리와 폐경

1) 생리

구약에서는 생리(Menstration) 중인 여성에게는 접근하지 말라고 하면서 건강을 강조하였다. 문화인류학적으로 이러한 생리 현상에 대한 금기가 발생한 이유를 보면, 여성이 피를 흘리면서도 죽지 않는다는 것에 대한 신비와 함께 남자는 생리가 나오지 않는다는 점 때문에 여성에 대한 공포를 느끼고 여성으로부터 남성을 안전하게 보호하기 위해서 여성을 격리시켰다. 남성의 정액이 임신에 결정적이란 사실을 알게 되고 성교 후 임신되지 않았다는 사실을 알려 주는 여성의 피는 남성을 화나게 만들었고, 그런 이유에서 여성을 격리시킨 적도 있었다.

정신분석학적으로는 생리 현상에 대한 금기는 '거세 불안'을 반영하는 것이다. 곧, 생리 현상은 생식기의 상해(거세)에 의해 성기로부터 피를 흘리는 것을 상징하기 때문에 그러한 상해를 두려워하는 경향이 있는 남성들의 사회에서는 생리 중인 여성을 다른 공동체의 일원으로부터 격리시켜 버리거나, 기간이 다 지날 때까지 깨끗하지 못하다고 생각하여 그들을 소외시켜 버렸다.

그 외에 멕시코 지방에서는 여성의 생리가 광석의 질을 떨어뜨린다는 이유로 여성을 격리시키기도 했고, 미국의 벽촌 지방에서는 여성이 고기를 상하게 한다고 믿었다. 아직도 많은 여성들에게 생리기간 동안에 '머리를 감지 말라.' '얼음사탕 과자를 먹지 말라.' 등의 조언을 주고 '소금을 조심하라.'라는 경고를 해 왔지만, 이런 미신적 이야기들은 소금을 제외하고는 근거가 없다. 생리 중인 여성에게는 호르몬의 불균형 상태가 나타나므로 신체적으로는 염분의 농도가 약간 높아지는데, 이 때문에 두통이 생긴다. 또한 여성의 생리는 더럽다고 생각하는 사람들이 많이 있는데 어떤 경우 생리기간에 오히려 성관계를 즐기는 여성들이 있다고도 한다. 여성의 생리주기는 약 4주이다.

생리를 즐겁게 맞이하는 요령

1. 생리하는 자신을 탓하지 말라. 한때는 생리가 여성 히스테리의 원인이라는 근거 없는 말로 여성을 비하한 적이 있었다. 그러나 생리는 여성의 호르몬 변화와 생리적인 주기에 따르는 정상적인 반응이다. 여성의 생리 증상을 정상적이고 자연스러운 현상으로 수용하는 태도가 필요하다.
2. 생리주기를 달력에 표기해서 생리가 올 것에 대한 대비를 하는 것이 좋다. 자신의 생리주기를 까마득하게 잊고 있다가 갑자기 경험하면 당황하고 스트레스를 받을 수 있다. 생리를 미리 예상하면 대처하는 데 도움이 된다.
3. 생리 중일 경우에는 생리에만 집착하지 말고 주의를 다른 곳으로 전환하는 것이 중요하다. 여성이 생리에 너무 집착하다 보면 스트레스를 받는다. 생리는 정기적으로 찾아왔다가 곧 떠날 손님이라고 가볍게 생각하고, 독서, 영화 구경, 음악 감상 등의 다른 곳으로 주의를

집중하면서 정상적인 삶을 즐기도록 노력한다.

4. 생리는 여성의 특권이라고 생각하라. 멘스를 '더럽다.' '오염되었다.'와 같이 부정적으로 생각하지 말고 생리는 남성들은 할 수 없는 여성의 특권으로 생각하면서 긍정적인 태도를 유지한다.
5. 식사와 음식물 섭취에 신경을 써라. 생리 중에는 과도한 음주, 과도한 커피, 소금, 지방질 등을 피하고 야채와 저지방질의 식사를 하는 것이 도움이 된다. 식사는 한꺼번에 많이 먹지 말고 조금씩 여러 번 먹는 것이 좋다.
6. 운동을 정기적으로 하라. 생리 중에 조깅, 수영, 자전거 타기 등으로 생리 증상을 대처하려는 여성들도 있는데, 갑작스럽고 과도한 운동보다는 정기적인 운동을 하는 것이 생리의 부작용을 경감하는 데 도움이 된다.
7. 문제가 발견되면 즉시 의사를 찾아라. 생리 중에 또는 후에 생리주기의 변화, 질의 냄새 등에서 문제가 발견되면 즉시 의사의 도움을 받고, 적당한 비타민 섭취를 위한 처방도 받는 것이 좋다.
8. 시간이 지나면 떠날 손님이라고 여유를 가져라. 앞에서도 밝혔지만 생리 전후 후유증은 시간이 지나면 자연스럽게 사라지게 되어 있다. 조금만 참는다는 기분으로 여유를 가지고 생리 증상에 너무 집착하지 않도록 한다.

멘스에 대한 비교문화적인 반응

우리나라에서는 여성의 멘스를 '월경' '달이 떴다.' '매달 찾아오는 손님' 등으로 표현하면서, 부정적인 태도를 보이거나 멘스 중인 여성을 비하하지는 않았다. 반면, 다른 문화권에서는 멘스 중인 여성을 '오염되었기에 다른 사람들을 오염시킬 수 있다.' '신이 내린 저주다.' 등으로 표현했다. 프랑스에서는 여성이 멘스를 하면 '영국 사람들이 온다.'고 하는 표현을 썼는데, 이는 영국에 대한 혐오감을 나타내고 침입을 두려워하는 심리의 표현이었다. 나바호 인디언들은 여성이 멘스를 하면 따로 기거할 수 있는 집을 마련해서 그곳에서 멘스를 하고 있는 기간 동안 지내게 하여 다른 사람에게 피해를 주지 않도록 했다.

현대에 와서 여성의 멘스는 생명을 생산할 수 있는 가능성을 보여 주는 고귀한 생리작용이라는 긍정적인 교육에도 불구하고 아직도 많은 여성들이 멘스를 수치스럽거나 부정적으로 바라보면서 멘스 때면 우울해하고 불안해하며 스트레스를 받는다. 멘스는 삶을 창조할 수 있는 아주 중요한 여성들의 기능이다. 부끄럽게 생각하기보다는 축하해 줄 경사다.

2) 생리 전 증상(premenstrual syndrome: PMS)

여성의 70%가 생리를 시작하기 일주일 전에 정서적 · 신체적 · 행동적인 변화를 호르몬의 영향 때문에 경험한다고 한다. 소수의 여성들은 긍정적인 변화를 느낀다고도 하지만, 생리 전의 여성들에게 나타나는 변화는 대개 부정적인 것들이다. 대개 느끼는 변화로는 젖가슴이 부풀어 올라서 만지면 아프고, 복부의 팽만감, 편두통, 얼굴에 여드름, 달고 짠 음식이 먹고 싶고, 초조와 우울, 피로 등을 느낀다. 이러한 변화는 배란 현상이 시작되는 날부터 점점 증가하기 시작하여 생리가 시작되기 5일 전 최고의 강도에 이르게 된다.

여성의 3~10%는 매월 1~2주 동안 심한 고통을 겪는다. 젖가슴이 너무 아파서 옷을 입는 데도 힘들 수 있다. 하지만 이러한 증상은 30~40대에 심하고 폐경 후에는 사라진다.

이러한 PMS는 프로테스테론(Protesterone)의 결핍 때문에 생긴다. 또한 프로락틴(Prolactin)의 결핍에서 생길 수도 있다.

월경 전 우울증상(Symptoms of Premenstral Dysphoric Disorders: PMDD)

1. 슬프고, 희망이 없고, 가치가 없다는 기분을 느낌
2. 긴장감, 불안감, 안절부절못함을 느낌
3. 자주 우는 등의 감정 기복이 심함
4. 쉽게 화를 내서 인간관계에 갈등을 경험함
5. 인간관계를 기피하는 등의 사회적인 관심에 흥미를 잃음
6. 주의집중의 어려움
7. 피곤하고, 지치고, 기운이 없음
8. 폭식, 특정한 음식에 대한 갈망 등의 식욕의 변화를 느낌
9. 잠을 너무 많이 자거나 불면증을 경험함
10. 통제력의 상실을 느낌
11. 통증, 유방이 붓고, 두통, 관절염, 복부의 팽만감, 체중이 증가함

DSM-IV-R의 진단 기준

3) 폐경(menopose)

45세에서 55세 사이에 성호르몬의 생성이 양적으로 갑자기 중단되는 상태를 경험하는데 이 결과로 생리 현상이 중단된다. 이러한 생리 현상의 중단을 '폐경'이라고 부른다. 그러나 생리 현상과 배란 현상이 꼭 동시에 중단되는 것은 아니기 때문에 생리 현상이 완전히 사라져 약 1년이나 2년이 지날 때까지는 폐경이라고 부르지 않기도 한다. 여성들은 보통 마지막 생리 현상이 나타나기 4년 내지 8년 전부터 불규칙적인 생리 현상과 같은 신체적인 증상을 경험한다.

폐경기에 이른 여성은 두통, 현기증, 심계 항진, 피로, 짜증, 불만, 심한 기분의 변화, 성격의 변화, 자살 충동 등을 경험하게 된다. 갱년기 동안에 노화에 대한 걱정이나 자식을 낳을 수 있는 능력의 상실, 변화된 신체의 모습, 여성성을 상실했다는 감정 등은 그들의 사회적이고 상징적인 존재 의미에 상당한 영향을 준다. 만약 폐경기를 맞아서 느낀 부인의 그러한 감정이나 성격, 기분의 변화를 남편이 받아들인다면, 그에게도 역시 심정의 변화가 생길 수 있다. 이런 호르몬 불균형에 의한 변화가 심하면, 호르몬을 주입시켜 쉽게 치료할 수도 있을 것이다. 그러나 우리는 이러한 증상의 원인이나 치료법에 대해서 아직 확실히 모르고 있다. 폐경이 시작되면 여러 가지 변화들이 나타나는데, 그러한 변화의 원인 중의 하나는 에스트로겐(Estrogen)의 생성이 갑자기 줄어드는 것이다. 하지만 폐경에 다다르면 임신에 대한 걱정이 없어서, 피임에 대한 번거로움 없이 마음 놓고 성관계를 가질 수 있다. 질이 마를 수 있지만 윤활유를 쓰면 괜찮다. 또 매월 주기적으로 PMS와 생리통과 생리 자체의 번거로움도 사라진다. 결국 현대 사회에서는 폐경을 잠재적으로 고통이 없는 여성다움의 시작이라고 표현할 수 있겠다.

5. 여성의 산부인과적 건강

여성의 산부인과적인 건강은 성기 감염, 암, 자궁근종 등 다양하다.

1) 요도 감염

요도 감염은 질, 방광, 콩팥 등 다양한 기관이 관여된다. 요도 감염은 여성들의 15%

가 일생 동안 경험한다고 한다. 요도염은 박테리아가 요도를 침입해서 발생하는데, 성관계를 통해서 감염될 가능성이 높다. 증상은 소변을 볼 때 따가운 통증이 있고, 소변에서 피가 섞여 나오는 경우도 있다. 요도염을 예방하기 위해서는 남녀가 성관계를 시도할 때 손과 성기를 깨끗하게 씻고 시도하고, 성관계 시에 질 내에서 마찰이 심하게 일어나지 않도록 하고, 질이 건조한 경우에는 젤리 등을 사용할 수 있다. 성관계 후에는 소변을 보거나 부위를 깨끗한 물로 씻는 것도 도움이 된다.

2) 질 감염

질 내부의 균형이 무너지거나 불순물에 노출되면 질 부위가 가렵고, 음순 부위의 색이 변하기도 하고, 냉이 흐르고, 냄새가 나기도 한다. 질 감염을 예방하기 위해서는 깨끗한 물로 질을 자주 세척해 주고, 설탕이 적은 식단, 규칙적인 운동, 부드러운 비누로 정기적으로 샤워를 하고, 소변 후에는 질에서 항문 방향으로 성기를 닦아 주고, 질의 온도를 높일 수 있는 너무 밀착된 옷이나 나일론 제품을 피하고, 성관계 시에는 콘돔을 사용해서 감염을 예방하는 것이 좋다.

3) 자궁경부암검사(Pap Smear)

자궁경부암검사는 청소년에서 폐경을 경험한 여성까지 전반에 걸쳐 정기적으로 실시해야 한다. 1941년에 이 검사가 처음 도입된 후에 미국에서는 여성들의 자궁경부암 발생을 75%나 줄일 수 있었다고 한나(Dolgoff, 2008). 개발도상국 역시 여성의 자궁경부암 생존율이 41%이었다. 예를 들면, 태국에서는 자궁경부암 생존율이 58%이지만, 아프리카의 사하란 지역은 생존율이 21%라고 한다(Parry, 2006). 이 검사는 성관계를 시작한 여성이라면 적어도 3년에 한 번은 실시해야 한다. 여성의 상태에 따라서 매년 또는 2년에 한 번 실시하는 것이 좋고, 산부인과 의사를 만나서 자신의 정확한 검사 주기에 대한 조언을 들어야 한다. 자궁경부암의 원인은 너무 어린 나이에 성관계를 시작한다든지 또는 여러 명의 성관계 대상이 있는 경우 등이다. 또 흡연 및 간접흡연, 에이즈 노출 등도 원인이 되고 있다. 요즘은 12세가 되면 이 암에 대한 예방 주사를 맞는 것을 권장하고 있다.

4) 자궁절제수술(hysterectomy)

자궁절제수술은 자궁과 난소 중의 하나 또는 모두를 수술로 제거하는 것을 말한다. 자궁 안에 근종이 발생하거나 자궁경부암이 발생할 경우에 시도되는데, 난소암이 가장 치명적이다. 자궁절제수술의 효과는 여성에 따라 다양한데, 성적인 감각과 기능에 영향을 받지 않는 여성도 있고, 어떤 여성의 경우에는 성관계 시에 통증을 호소하는 경우도 있다. 여성들은 나이가 들면서 정기적인 산부인과검사를 통해서 성기관의 건강을 유지하는 것이 중요하다.

토론

1. 자신만이 알고 있는 자신 또는 여자 친구(배우자)의 생리 전후 증후를 이야기해 보고, 이를 개선시킬 수 있는 방법을 생각해 봅시다.
2. 여성의 성기관에 갖는 편견에 대해 서로 허심탄회하게 토론해 봅시다.

제6장

남성의 성기관

"나의 성기는 너무 왜소해서 어렸을 때 친구들이 보고 번데기라는 별명을 붙여 주었다. 나는 화장실에 갈 때마다 나의 작은 고추를 보이지 않으려고 무척이나 노력했다. 화장실에 사람들이 많이 있으면 그냥 나오고, 아무도 없을 때 화장실에 가곤 했다."

남성의 성기관은 눈에 보이도록 외부에 돌출되어 있다. 여성과 달리 남성은 자신의 성기를 만져야 소변을 눌 수 있기에 자신의 성기를 만지는 것이 어려서부터 습관화되었다. 남성들은 어려서부터 성기를 만지면서 장난치기도 하고 친구들끼리 소변을 멀리 나가게 하는 시합을 하기도 한다. 남성들은 자신의 성기를 만지거나 여성을 보고 발기를 경험하면서 성적인 자극을 느끼기도 한다. 그럼에도, 특히 우리나라의 남성들은 자신의 성기의 구조와 기능에 대해서 잘 알지 못하는 편이다.

1. 남성의 외부 성기관

1) 남근(Penis)

(1) 남근의 구조

남성의 성기는 세 개의 스펀지 조직으로 이루어진 실린더처럼 생긴 조직으로 구성되어 있다. [그림 6-1]에서 보는 바와 같이 남근의 표피 안에 있는 세 개의 실린더를 해면체(spongy body)라고 부르는데, 가운데 실린더에는 요도가 있다. 양쪽 두 개의 실린더는 동굴 같은 원형체(corpora cavernosa)라고도 부른다. 이 세 개의 실린더는 스펀지 같은 조직으로 되어 있어서 성적인 흥분으로 발기하면 여기에 충혈이 되며 피가 나가는 곳을 닫아 버려서 발기된 상태를 유지하게 된다. 남성 성기의 가장 뿌리가 되는 부분은 음핵각(crura)이라고 부르는데, 이 조직은 음부의 뼈들과 연결되어 있다.

남근의 머리 쪽을 귀두부 또는 'glans'라고 부른다. 이 부분은 많은 신경이 연결되어 있어

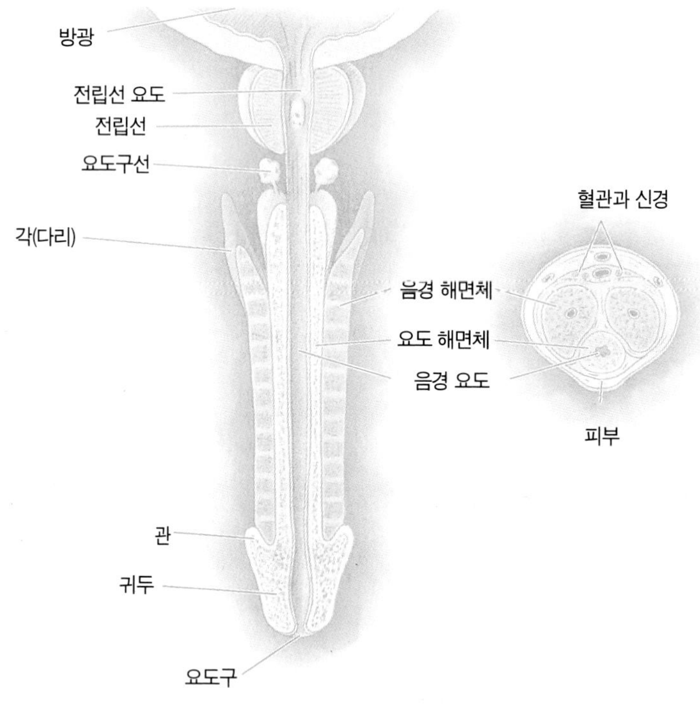

| 그림 6-1 | 남근의 구조

서 성적인 촉각, 압력, 온도에 민감하다. 그러나 많은 남성들은 귀두부를 직접 자극하면 즐거움보다는 아픔을 느끼기에 싫어하고 포피를 통해서 간접적으로 자극하기를 좋아한다.

남근을 싸고 있는 부분을 포피(foreskin)라고 부른다. 이 부분에 감염으로 인한 염증이 생기거나 상처가 나면 성관계 시에 통증을 느낀다. 또 포피는 평소에 잘 씻지 않으면 기름기 같은 분비물, 죽은 세포들, 더러운 이물질, 땀 또는 박테리아 등이 쉽게 쌓일 수 있다. 이 부분의 염증은 대체로 할례를 하지 않은 남성에게서 자주 나타난다. 그렇기에 할례가 건강에 더 좋다고 주장하는 사람들도 있다. 어찌하든 간에 남성들은 이 부위를 정기적으로 자주 씻어 줄 필요가 있다.

(2) 남성의 할례

할례란 근원이 유대교나 이슬람교의 전통에서 나온 것으로 남아가 태어나면 하나님이 선조 아브라함에 다른 민족과 선별한다는 약속의 의미로 행해졌다. 미국이나 우리나라에서는 종교적인 의미 없이 의학적인 의미로 할례를 실행한다.

할례를 하면 성기를 청결하게 보존할 수 있어서 성기 부분의 상처나 염증을 예방할 수 있는 장점이 있고, 할례를 한 부부에게서 성기와 관련된 암의 발생률이 할례를 받지 않은 부부보다 적다고 하지만, 할례가 암과 인과적인 관계에 있는 것은 아니다. 한편, 할례를 반대하는 사람들은 할례를 하면 성기의 귀두부가 옷 등에 직접적으로 접촉을 하기에 귀두부의 성적인 감각이 무디어진다고 주장하기도 한다. 어떤 사람들은 할례가 조루증의 원인이 된다고 주장하기도 한다. 그러나 이러한 주장들은 근거가 미약하다. 할례를 했다고 해서 성기능이 저하되거나 증가되는 것은 아니다.

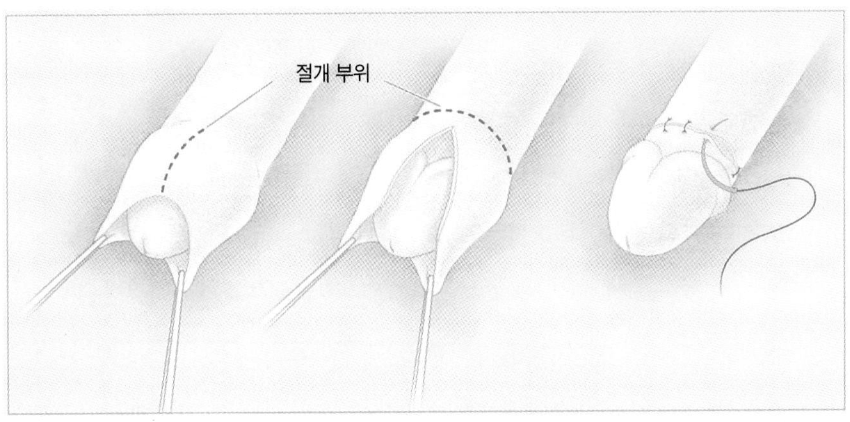

| 그림 6-2 | **남성의 할례**

(3) 성기의 모양과 크기

남성 성기의 모습은 사람들의 얼굴이 제각기 다르듯이 모양이나 크기, 색깔 등에서 다르다. 남성들이 자신의 성기관 중 가장 민감하게 생각하는 것 중의 하나가 자신의 성기 크기이다. 마스터스와 존슨은 남성 312명의 성기를 관찰한 결과, 발기하지 않은 상태의 남성의 성기는 약 8.2센티에서 12센티 정도였다고 한다(Reinisch, 1990). 일반적으로 남성들이 발기를 하지 않은 상태의 평균 크기는 약 9.5cm 정도라고 한다. 그러나 여성의 성기 부분에서 밝혔듯이 여성의 질은 남성의 성기 크기에 적응할 수 있도록 구성되어 있기에 성기의 크기는 문제삼을 것이 못 된다.

남성의 성기 크기에 대해서 관심을 갖는 것은 전 세계적인 남성들의 현상이다. 우리의 의식 중에는 '작은 것보다는 큰 것이 좋다.'라는 생각이 자리 잡고 있어 성기에도 큰 것이 좋다는 것을 적용하려는 경향이 있고, 포르노그래피나 음란물 등은 남성의 큰 성기를 지나칠 정도로 강조하기에 이런 포르노그래피에 접한 남성들은 자신의 성기가 왜소하지 않나 하는 의구심을 가지게 된다. 물론 일부 여성 중에는 큰 성기를 가진 남성을 좋아하는 여성들도 있다. 특히, 우리나라 남성들은 성기의 크기와 자존심을 연결시키는 경향이 있어 음경확대수술을 많이 받고 있다. 그러나 여성의 입장에서 보면 지나치게 큰 남성의 성기는 성교 시에 통증을 느끼기에 두려움의 대상이 된다. 여성은 성기

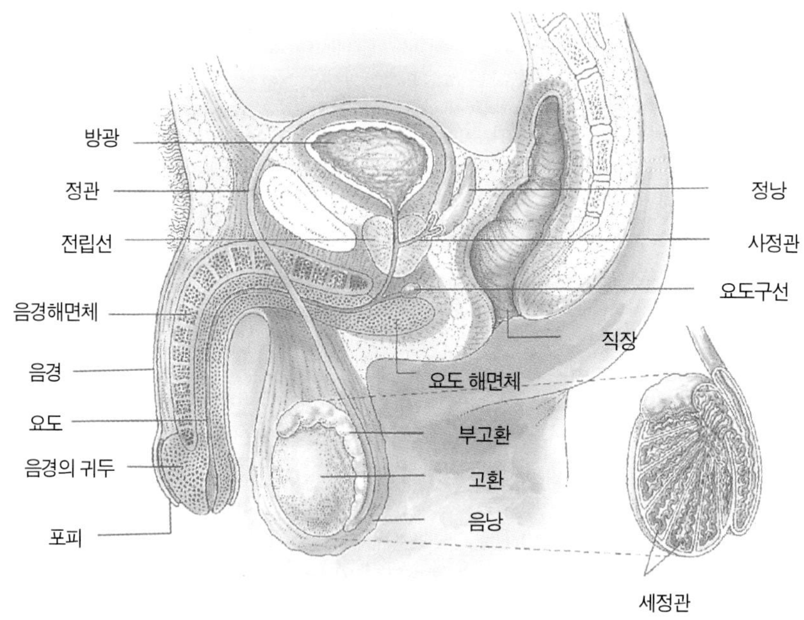

| 그림 6-3 | 남성의 생식기 구조

의 크기보다는 성관계를 가질 당시의 부드러운 분위기 등을 더 좋아한다. 여성에게는 다정스러운 사랑의 대화와 정서적인 무드가 더 성감을 올린다는 사실을 잊어서는 안 된다.

(4) 음경확대수술 방법

성기의 크기에 관심이 많은 경우, 남성들은 음경확대수술을 통해서 자신의 성기를 크게 하려고 시도한다. 영국에서는 남성들이 가장 많이 받는 수술이 음경확대수술이라고 한다(Crooks et al., 2005). 우리나라 남성도 음경확대수술을 많이 받고 있다. 남성의 음경확대수술은 외부로 나와 있는 성기의 길이 늘이기와 성기 굵기를 크게 하는 두 가지 방법이 있다. 음경 길이 늘이기 수술은 남근이 골반에 접근하고 있는 성기의 뿌리가 외부로 돌출되어 나오도록 수술을 해서 약 1~2인치 정도 크게 할 수 있다. 즉, 몸속에 있는 남근을 외부로 나오게 하는 것이다. 또한 성기 굵기를 크게 하기 위해서는 체지방을 채취해서 남근의 표피(피하)에 삽입해서 굵게 보이게 만드는 것이다.

다양한 문화와 예술 형식에서 성기의 크기에 대한 선입관은 명백히 드러난다.

음경확대수술은 기대한 만큼 효과가 없으며, 어떤 경우에는 남근의 감각을 잃어버리거나 무뎌지기도 하고, 발기되었을 경우에 성기의 각도가 삐뚤어지기도 하는 등의 부작용을 보이기도 한다. 또 흉터자리가 보일 수도 있고, 성기에 주입한 지방이 너무 커서 불편하게 보일 수도 있다. 성기확대수술을 한 남성들은 수술 결과에 불만족하는 경향이 많고, 수술 결과에 대해서 창피하게 생각하기도 한다(Crooks et al., 2005).

2) 음낭(Scrotum)

남자의 음낭은 성기의 바로 밑에 위치한 주머니처럼 늘어진 부분이다. 여기에는 체모가 나지 않고 그 안에는 두 개의 고환이 들어 있다. 음낭은 운동을 한다든가 체온 등에 따라서 늘어지기도 하고, 날씨가 추우면 줄어들어 남근 쪽에 달라붙기도 한다. 그 이유는 음낭의 온도가 남자의 체온보다는 약간 낮아야 정자의 생산이 활발하기 때문이다. 고환의 일정한 온도를 유지하기 위해서 기온이 올라가면 몸과 멀리해서 체온을 내리려고 음낭이 늘어진다고 한다. 성교 시에는 남근 쪽으로 달라붙는 듯한 위치에 있는

데, 이것은 성교 중에 다칠 수도 있기에 보호하려는 반사적인 작용이라고 보는 견해도 있고 정자의 방출을 도와주려고 위치가 변한다는 견해도 있다.

코로성기축소반응증상(Koro Genital Reaction Syndrome)

중국에 사는 34세 남성이 영화를 보다가 화장실에 가서 소변을 누었는데 갑자기 성기 근처에 감각을 상실하면서 성기가 몸속으로 들어가는 듯한 느낌을 받았다. 그는 갑자기 공황장애를 보이고 다리근육의 힘을 잃고서 바닥에 주저앉아서 자신의 성기를 움켜잡고서 성기가 몸속으로 들어가는 것을 막으려고 애를 썼다. 공황장애가 끝난 후에 의사를 찾아가서 자신의 성기를 보여 주고 증상을 설명했더니 의사는 검사를 한 후에 성기가 몸 안으로 들어가지 않았다고 설명해 주었고, 그는 그 이후로 이런 증상을 보이지 않았다고 한다.

이 중국인 남자가 겪은 증상을 Koro증상이라고 하는데, 이런 증상은 중국, 말레이시아, 인도네시아 등의 나라에서 남성들이 겪는 증상이라고 한다. 이들은 자신의 성기가 작아져서 몸 안으로 들어간다는 극심한 불안을 느낀다. 의학적으로는 불가능한 사실이지만 이들은 그렇게 믿고 있고, 특히 주로 화장실이나, 불안 상태에서 소변을 누려다가 Koro증상을 느낀다.

이런 증상을 심하게 느끼는 사람들은 자신의 성기를 끈으로 매어 놓기도 하고 작은 추를 매달아 놓아서 성기가 몸 안으로 들어가는 것을 방지하려고 한다. 이들은 권위 있는 의사들의 설명을 통해 도움을 받으며, 항우울제로 도움을 받기도 한다(Nakaya, 2002).

Koro증상은 중국 문화적인 환경에서 남성이 양기를 잃으면 남성성을 상실한다는 두려움이 성기축소로 표현된다는 두려움의 증상이라고 볼 수 있겠다.

2. 남성의 내부 성기관

1) 고환(Testes)

남자의 고환은 'gonads'라고 불리는데, 그리스어로 씨를 의미하는 'gone'이라는 언어에서 유래했다고 한다. 고환은 크기가 동일하며 약 5×2×3cm의 크기를 유지하고 있다. 그러나 대개는 왼쪽의 고환이 오른쪽에 비해서 더 늘어져 있다. 고환은 촉감과 압력에 매우 민감한 부분이다. 남성들은 성관계 시에 이 부분을 부드럽게 만져 주면 자극을 느끼지만, 이 부분이 급소이기에 너무 세게 누르면 심한 고통을 겪게 된다.

고환은 난소와 같이 정자와 호르몬을 생산하는 두 가지의 기능을 가지고 있다. 고환은 남성호르몬인 테스토스테론(Testosterone)을 생산하는데, 이 호르몬은 남성의 성발달과 성의 기능과 성적인 관심을 불러일으키는 데 중요한 역할을 한다. 정자는 고환 안에 있는 정액생성관(seminiferous tubules)이라는 곳에서 생산이 되는데, 이 관은 아주 작은 모세관과 같으며 그 길이는 약 500m 정도나 된다고 한다.

성숙한 정자가 되기 위해서는 약 72일이 걸린다. 정자는 여러 성숙 단계를 거치는데, 초기의 정자는 정모세포(spermatocyte)라고 불리며 남녀 X, Y를 포함한 46개의 염색체를 가지고 있다. 정모세포는 23개의 염색체를 가진 정자세포(spermatid)로 분열된다. 반쪽은 X염색체이고 반쪽은 Y염색체다. 성숙한 것을 정자(spermatoza)라고 부른다. 남성은 여성과는 달리 사춘기가 되어야만 정자를 생산할 수 있다. 남성은 일생 동안 수백억만 마리의 정자를 생산한다고 한다. 성숙한 정자의 크기는 약 0.05mm 크기로 현미경을 통해서만 볼 수 있다. 정자는 머리와 중간의 몸통, 그리고 꼬리 부분의 세 부분으로 구성되어 있다. 정자의 머리 부분은 각종의 유전인자를 포함하고 있다. 몸통은 정자가 헤엄쳐 갈 수 있는 에너지를 포함하고 있고, 꼬리는 수정하기 위해서 헤엄쳐 가는 역할을 한다.

수정 단계에서 남성의 정자에서 생성된 23개의 염색체와 여성의 난소에서 생성된 23개의 염색체가 서로 만나서 수정이 된다. 남성은 X, Y염색체를 가지고 있고 여성은 단지 X염색체만 있다. 고환은 1초에 1,000개 정도의 정자를 생산하고 1년이면 300억개(30billion) 정도의 정자를 생산한다. 수학적으로 계산하면 남성이 10~20번 정도 사정한 정자가 다 수정이 된다면 지구의 인구를 뒤덮을 정도의 인간을 생산할 수 있다.

정자는 냄새를 맡으면서 난자를 찾아간다. 이 냄새 장치를 차단하면 불임이 되며 미래에는 이런 원리를 이용한 피임약도 가능할 수 있다.

2) 정관(Vas Deferens)

정관은 약 40cm 정도의 길이를 가진 관이며 고환에서 생성된 정자를 정낭으로 운반해 주는 통로 역할을 한다. 남성의 정관을 자르면 불임이 되며 우리나라에서 산아제한을 할 때 남성에게 많이 실시한 수술이다. 정관을 자르면 생성된 정자는 방광을 통해서 외부로 배출된다([그림 15-3] 참조).

3) 정낭(Seminal Vesicle)

정낭은 방광 후면에 위치해 있고, 사정할 때 정액과 정자를 혼합해서 사정관을 통해서 외부로 배출한다. 정낭에서 생산하는 과당은 정자에게 영양을 공급하고 정자가 활동하고 움직이도록 도와준다. 정낭은 전립선과 연결되어 있다.

4) 전립선(Prostate Gland)

전립선은 약 밤알 크기의 모양을 하고 있으며 근육과 분비선으로 구성되어 있다. 전립선은 방광의 바로 밑에 위치해 있다. 전립선과 요도는 큰 골무(전립선)와 실(요도)과 같은 관계를 가지고 있다. 전립선은 항문을 통해서 검사할 수 있다. 전립선에서는 남성이 사정할 때 정자와 함께 분비하는 하얀 분비물질인 정액의 약 30%를 생산한다. 나머지 70%는 정낭에서 생산된다고 한다.

남성들이 평균적으로 한 번 사정하면 약 2억~4억 마리의 정자(커피 스푼으로 약 한 스푼 정도)를 방출한다고 한다. 남성의 정자가 적게 분비될 때는 약 4천에서 1억 6천만 마리의 정자가 배출될 수도 있지만, 대략 평균 1억 6천~6억 마리의 정자가 생산되면 정상 범위에 들어간다.

5) 쿠퍼선(Cowper's Gland) 분비선

쿠퍼선은 땅콩 모양의 두 개의 조직인데, 전립선 아래에 위치해 있다. 이 부분에서는 정액이 방출되기 전에 흘려보내는 하얀 물질을 생산한다. 남성들은 때로는 사정하기 전에 물 같은 하얀 물질이 분비되는 것을 알아차리지 못하는 수도 있다. 그러나 이 액체에 정자가 포함될 수도 있기에 사정을 안 해도 임신이 될 수 있으므로 피임하는 경우에는 조심해야 한다.

6) 정액(Semen)

정액은 사정할 때 외부에 방출되는 분비물로 정낭에서 약 70% 정도의 액체를 생성하고 30% 정도는 전립선, 쿠퍼선에서 생산되는 액체이다. 정자의 양은 정액의 약 1%

정도이다. 정액의 색깔은 다양한데, 정상인의 정액은 엷은 회색을 띠고 있으며, 병적으로 혈액이나 농이 혼입하면 황색 또는 적색을 띠기도 한다. 정액은 크림처럼 생겼고 끈적끈적하지만 쉽게 말라 버린다. 정액을 분석하면 물, 점액(mucus), 정자의 에너지를 공급하는 설탕 성분, 남성의 요도와 여성의 질의 성분을 중성화할 수 있는 물질과, 자궁과 나팔관을 약간 직립으로 되게끔 하여 임신을 도와주는 역할을 하는 물질로 구성되어 있다.

3. 남성의 유방

남성의 유방도 유두와 유두륜(areola)으로 구성되어 있는데, 남성의 유방은 여성만큼은 자극이 안 되지만 이 부분을 자극하면 성적인 흥분을 느끼는 남성들도 많다. 남자들은 청소년기에 유방이 축 늘어지는 것과 같은 모습을 하는 수가 있는데, 대체로 청년기에 들어서면 이러한 현상은 없어진다.

4. 비뇨 생식 계통의 건강 문제

남성의 할례를 하지 않은 경우에는 포피 분비선에서 지방을 방출하고, 오줌의 잔유량이 이것과 같이 쌓이면 스메그마라는 구지가 축적되어 가렵거나 감염이 될 수 있다. 남성은 자신의 성기를 거의 매일같이 자신의 성기를 깨끗한 물로 씻어 내야 건강을 유지할 수 있다.

1) 배뇨 통증(Urethritis)

배뇨 통증은 방광과 요도에 통증을 느끼는 것을 말한다. 이런 증상은 소변을 자주 보고 싶거나, 소변을 봐야 하는 압박감, 소변을 볼 때 통증을 경험하고 요도에서 액체가 방출되는 증상을 보인다. 이런 증상은 방광에 염증이 생기거나 방광이 감염되어서 생긴다. 예방하기 위해서는 물을 많이 마셔서 방광을 자주 씻어 내는 것이 좋다.

2) 음경암

흔하지는 않지만 남성은 음경에 암이 발생할 수 있고, 조기 발견해서 치료하면 5년 이상 생존할 확률이 90% 이상이다. 남성의 성기에 염증이 생기거나 아프면 즉시 비뇨기과검사를 받아야 한다. 음경암은 50대 후반의 남성과, 음경의 건강이 좋지 않거나 성 전파성 병, 장기간의 흡연, 포경인 남성에게서 많이 발생한다고 한다(Brossman, 2008).

3) 고환암(Cancer of the Testes)

남성들에게 있어 고환암은 흔한 것은 아니지만, 미국의 경우 연중 7,600명이 고환암의 진단을 받았고 이 중에 약 400명이 목숨을 잃었다고 한다(American Cancer Society, 2003). 고환암의 원인이 과도한 성관계라는 증거는 없다. 그러나 어린 시절에 고환이 정 위치에 내려와 있지 않은 남자나 가족 중 암의 병력이 있는 사람은 위험률이 증가한다.

4) 전립선에 관련된 병

전립선은 작은 밤알 정도의 크기를 가지고 있는데, 여기에서는 정액을 생산한다. 전립선은 남성에게서 병이 자주 발생할 가능성이 있는 기관이다.

(1) 전립선염(Prostatitis)

전립선염은 남성에게서 자주 발생하는 성 전파성 질환인데 원인은 임질균이나 질염균에 의한 감염으로, 감염 시 따가운 통증을 느낀다. 전립선염 증상은 성기의 몸통 쪽, 아랫배, 허리, 고환 등에 통증을 느끼고 소변을 자주 보고 싶은 충동을 느낀다. 남성이 발기하면 통증을 느끼고 성적인 욕구도 감소된다. 전립선염은 의사의 도움을 받아 항생제를 통해서 쉽게 치료가 가능하다.

남성 성기 자가검사

남성들은 자신의 성기를 소변을 볼 때마다 자주 보지만 자신의 성기에 무슨 병이 있는지 잘 모르는 경우가 많다. 남성도 여성과 마찬가지로 자신의 성기를 자주 검사해서 성의 건강을 유지하는 것이 좋다. 남성이 자신의 성기를 검사하기 가장 좋은 때는 샤워를 하고 난 후이다. 이때는 고환근육이 완화되어 있어서 비교적 자세히 관찰할 수 있다.

1. 우선 성기의 귀두부를 손가락 사이에 넣고서 약간의 압력을 가하면서 앞뒤를 자세히 살핀다. 정상적인 성기는 귀두부를 포함한 모든 부분의 피부가 아주 부드럽고 피부가 곱다. 귀두부와 몸통 사이에 이물질이 있나 검사하고, 만일 냄새가 나는 경우에는 깨끗이 씻어주고 평소에도 깨끗하게 유지한다.
2. 고환을 부드럽게 만져 본다. 만지는 부분에 통증이 느껴지면 자세히 관찰하고 피부가 상하거나 진물 또는 염증이 있으면 즉시 비뇨기과 의사를 만나서 성 전파성 질환의 초기인지 확인하고 조치를 취해야 한다.
3. 고환을 만지면서 고환에서 콩알 크기보다 더 큰 부분이 뭉쳐지는 듯한 느낌이 있으면 혹시나 고환암이 아닌가 의심하면서 즉시 의과적인 도움을 받아야 한다.

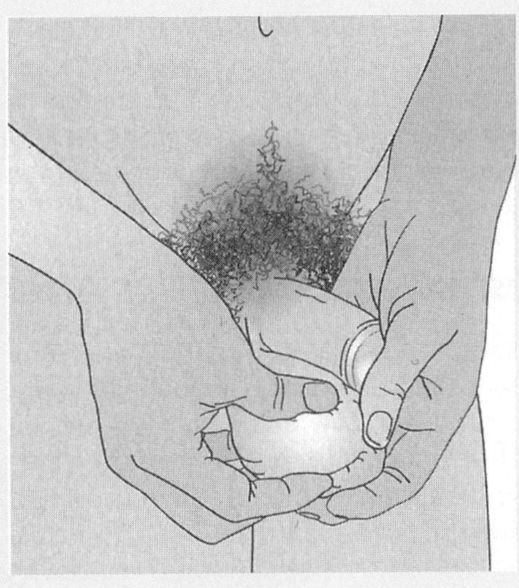

(2) 경미한 전립선 확대증(Benign Prostatic Hyperplasia)

남성은 나이가 들면 전립선이 확대되는 경향이 있는데, 남성이 50~70세 사이인 경우에는 약 50%가, 80세 이상은 약 90%가 전립선이 확대되는 증상을 보인다(Gaynor,

2003). 전립선이 확대되면 요도에 압박감을 주어서 소변이 나오는 듯한 느낌을 준다. 만약에 이 증상이 심하면 수술이나 약물치료를 해야 한다.

(3) 전립선암

남성은 나이가 들면 전립선에 종양이 생길 가능성이 높아지고 암으로 발전되는 경우가 많다. 미국의 경우 남성에게는 피부암의 발생율이 1위이고, 이어서 전립선암의 발생율이 2위이며, 폐암 다음으로 남성 사망률의 2위를 기록하고 있다(Stein, 2008). 한 해에 약 20만 명이 전립선암의 진단을 받고 이 중의 3만 명이 죽는다(Hoffman, 2003). 전립선암은 남성에게서 자주 발생하는 암이다. 암 발생과 관련된 원인들은 나이, 가족의 암 발생력, 성 전파성 질환 경험 등이다.

전립선암의 증상은 앞에서 지적한 전립선염의 증상을 포함해서 골반의 통증, 소변을 자주 보고 싶어 하는 등의 소변에 이상을 경험하는 것이다. 그러나 전립선암의 초기 증상은 본인 스스로가 느끼기 어렵다. 따라서 나이가 들면 혈액검사, 신체검사 등을 정기적으로 해야 한다. 혈액검사를 하면 전립선암을 생성하는 prostate-specific antigen(PSA)라는 물질을 조기에 발견할 수 있다. 그러나 이런 검사가 완벽한 것은 아니기에 다양한 검사를 통해서 확인하는 것도 좋은 방법이다. 전립선암이 발생할 경우에 방사선 치료나 전립선제거수술을 하면 평균 10년은 생존할 수 있다(Cunningham & Newton, 2003). 전립선암은 안드로겐이라는 호르몬이 성장을 촉진하기에 이 호르몬을 억제하는 약이나 호르몬 치료 등의 다양한 방법이 실행되고 있다. 문제는 남성들이 자신의 건강에 관심을 가지고 문제가 있으면 숨기지 말고 초기에 도움을 받도록 노력하는 것이다.

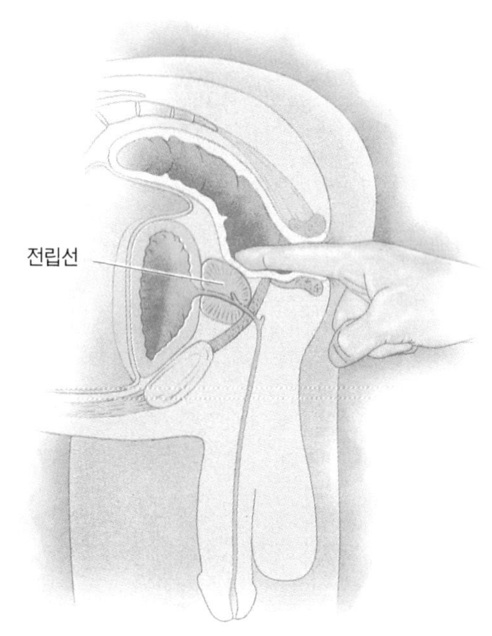

| 그림 6-4 | **손가락을 사용하여 직장 검사를 하면 전립선을 촉진할 수 있다.**

5. 남성의 성기 기능

1) 발기

발기는 남성의 성기에 있는 스펀지 조직이 피를 흡수해서 피가 성기에 갇혀 있는 현상이다. 건강한 남성은 성적으로 흥분하면 10~15초 정도 사이에 성기가 두 배 이상으로 확장되고 단단해져서 여성의 성기에 삽입할 정도의 상태가 된다. 남성은 발기가 되면 방광으로 통하는 요도가 닫혀서 정액이 방광으로 유입되는 것을 막아 준다.

그러나 남성의 성기에서 피가 빠져나가면 성기는 줄어들고 발기 이전의 상태를 유지하게 된다. 발기가 줄어드는 경우는 성적인 자극이 중단되거나, 사정을 해서 회복기에 들어섰을 때이다. 또한 불안하거나 위협을 당하면 발기가 중단된다. 즉, 성관계 도중에 소음이나 이상한 사람이 침입하면 발기가 사라진다. 또한 외부의 위험이 없어도 자신이 여성을 성적으로 만족시켜 주지 못할 것에 대한 염려를 많이 하는 경우에는 발기가 약하거나 사라져서 성관계를 못하게 되는데, 이러한 경우를 수행불안증(performance anxiety)이라고 부른다.

남성의 발기현상은 태아 때부터 가능하다고 한다. 유아 시절에도 발기한다. 건강한 남성은 80~90세에도 발기해서 성관계를 즐길 수 있다. 남성의 발기는 의식 중에만 가능한 것이 아니고, 수면 중에도 90분 정도마다 발기한다. 특히, 새벽녘에 안구가 움직이면서 꿈을 꾸는 REM(Rapid Eye Movement) 수면 중에 발기를 가장 많이 하게 된다. 남성이 새벽에 발기하는 현상은 꿈의 내용이 성적인 것과 무관하게 일어나는 자연적이고 신체적인 현상이다.

2) 척추 반사신경과 성적인 반응

남성은 여성과의 신체적인 접촉, 시각적인 자극, 누드 사진, 포르노그래피 또는 성적인 상상 등에 의해서 성적인 자극을 받고 신체적인 반응을 보이는데, 남성의 성적인 반응, 발기, 사정은 척추의 반사신경에 의해서 통제를 받는다.

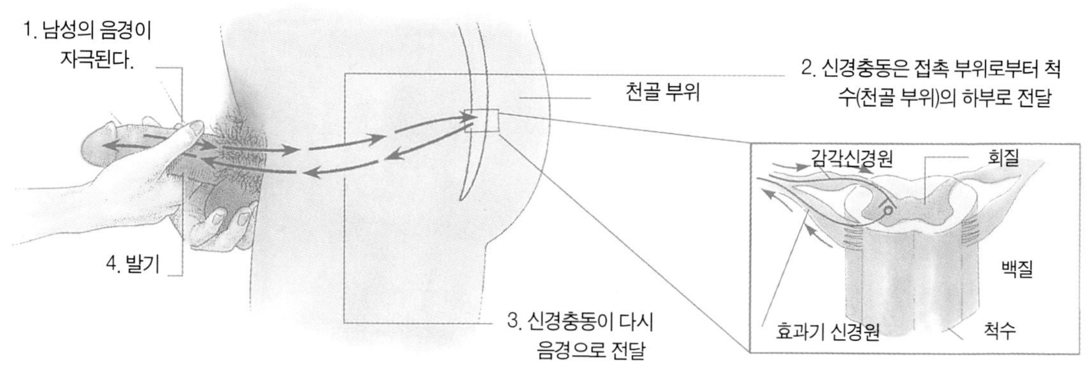

| 그림 6-5 | **반사행동**

(1) 성적인 반사신경

성적인 반사신경은 성적인 자극에 대해서 학습되지 않은 자동적인 반응이다. 여성의 경우에 질에서 분비액이 나오거나 오르가슴을 느끼는 현상과 비슷하다. 일부러 성적으로 흥분할 필요는 없고 성적인 반사신경이 작동하도록 허락해 주면 되는 것이다. 성적인 반사작용에는 두뇌의 개입이 필요하지 않고 척수신경이 관여한다. 성기를 만지거나 성기에 자극을 받으면 신경세포가 천골(sacrum)이라고 부르는 척추 부위에 정보를 전달하고 성적인 반응을 보이게 된다. 천골의 역할 때문에 상위의 척수신경에 손상을 받아도 성적으로는 발기할 수 있다. 척수신경에 손상을 받은 경우 성적인 감각은 없지만, 많은 척추 손상 환자들이 성적으로 자극을 받으면 기분이 좋다고 보고한다.

(2) 성반응과 두뇌의 역할

남성들은 성기에 자극을 받으면 자동적으로 반응하는 현상 때문에 성기가 마음과 따로 노는 것 같이 느끼지만, 성적인 자극은 신경조직을 통해서 두뇌에 전달되어서 두뇌에서 쾌감을 느끼게 되고, 두뇌는 성적인 행동을 하거나 통제하는 역할을 하게 된다. 척추의 요신경(lumbar)은 척추의 상위 부분에 속해 있는데, 이 부분이 두뇌와 성기기관의 스위치 역할을 한다. 두뇌에서 성적인 흥분을 죄로 여기면서 부정적으로 생각하게 되면 성기는 정상적으로 성적인 반사반응을 보일 수 있지만, 두뇌는 발기를 억제할 수 있다.

사춘기에 있는 남성들은 성적인 반사반응이 아주 쉽게 일어나기에 성기가 팬티에 스치기만 해도 발기되어서 당황스럽고 창피함을 느낄 수 있다. 그러나 대체로 남성은 나이가 들면서 성적인 반사반응이 무뎌지기에 많은 성적인 자극이 필요하다. 특히, 결혼한 아내에게서는 성적으로 매력을 잃고 둔감해져서 성적인 자극을 덜 받게 되기도 한다.

(3) 자율신경과 성반응

우리의 신체는 근육을 움직이는 것과 같이 우리가 의식적으로 통제할 수 있는 신경과 심장 박동, 눈동자 동공의 반응, 호흡, 소화기관과 같은 자율신경계 등으로 구성되어 있다. 발기나 오르가슴 같은 것은 자율신경의 통제하에 있다. 또한 자율신경은 교감신경과 부교감신경으로 구성되어 있는데, 교감신경은 우리 신체에 저장된 에너지를 사용해야 하는 상황, 즉 운동, 방어적인 행동, 싸움 등에 반응한다. 부교감신경은 휴식과 소화작용 같은 에너지를 비축하는 과정에 작용한다.

성적인 반응은 두 신경이 모두 작용하는데, 발기현상이나 성적인 흥분에는 부교감신경이 작용하고, 사정하는 데는 교감신경이 작용한다. 따라서 성적으로 흥분하는 상황에서 불안을 느끼면 교감신경이 작용해서 발기가 사라지는 현상이 생기고, 성관계 시에 불안을 느끼면 조루증을 경험하게 된다.

(4) 비정상적인 발기

남성 중에는 발기하면 성기가 곡선을 유지해서 통증을 일으키는 경우가 있는데 이런 증상을 남성병(Peyronie's disease)이라고 부른다. 이런 증상은 섬유질의 세포가 귀두부에 집중적으로 몰려 있는 현상 때문에 생긴다. 발기가 사라지면 정상적으로 돌아오지만 계속해서 통증을 느끼면 의사의 도움을 받아야 한다.

병적인 지속발기(priapism)는 한 번 발기하면 여러 시간 발기가 지속되는 경우를 말한다. 발기가 여섯 시간 이상 지속되면 피에 산소 공급이 부족해서 조직이 썩어 들어갈 수 있다. 이런 증상은 척추장애, 백혈병(leukemia), 경상적혈구빈혈증(sickle cell anenomia) 등의 병 때문에 생길 수 있다. 약물이나 수술 등의 치료를 통해서 문제를 해결할 수 있다.

3) 사정

사정이란 발기와 같이 척수신경의 반사적 반응이다. 성적인 자극이 정점에 도달하면 오르가슴을 느끼면서 근육의 수축작용을 일으켜서, 성적으로 흥분하는 동안에 축적했던 정자를 배출하면서 성적인 쾌감을 느끼는 반응이다. 오르가슴은 성적인 즐거움의 극치감정이며, 사정과 동일하지는 않다. 예를 들면, 척추장애인들 중 사정을 하는 신경조직이 정상인 경우에 사정은 하지만, 성적인 자극이 두뇌에 전달되지 않기에 성감을 느끼지는 못한다.

남성의 사정은 2단계를 거친다. 즉, 1단계는 신체 내 배출 단계로 전립선, 정낭 등의 상위 성기관에서 수축작용이 일어나는 단계이다. 이 단계는 전립선을 통해서 요도라는 통로로 정액을 방출하는 단계이다. 이 상황이 되면 남성은 오르가슴을 참을 수 없다.

두 번째 단계는 외부 사정 단계로 정액을 몸 밖으로 분출시킨다. 근육이 리듬을 따라서 수축하면서 정액이 몸 밖으로 나오며, 이 단계에서 남성은 오르가슴의 극치를 경험한다. 처음에는 수축작용이 0.8초 간격으로 일어나지만, 곧장 수축작용이 약해지고 중단된다. 젊은 청년기에는 사정하면 거의 50센티 정도의 거리까지 방출하지만, 나이가 들면 겨우 성기 밖으로 밀쳐 내는 정도가 되기도 한다. 아주 강한 분출을 하면 그에 따른 강한 오르가슴을 경험한다.

사정은 척수신경의 반사작용이지만 오르가슴을 느끼게 하는 정점을 빨리 감지하는 훈련을 받으면 성적인 자극을 잠시 중단하면서 사정의 기간을 증가시킬 수 있다. 이러한 기법으로 조루증을 치료한다.

4) 역방향 사정

역방향 사정은 정액이 외부로 방출되지 않고 방광으로 사정되는 경우를 말한다. 즉, 사정하기 전에 방광으로 통하는 조직이 닫히지 않아서 정액이 방광으로 들어간다. 이 경우에는 오르가슴을 느껴도 정액이 나오지 않기에 마른 오르가슴(dry orgasm)이라고 부르기도 한다. 이 정액은 나중에 소변을 통해서 외부로 방출되기에 신체에 해롭지는 않으나, 불임의 원인이 된다.

역방향 사정은 전립선수술의 후유증이나 사고, 또는 신경안정제 같은 약물을 잘못 복용하여서 발생할 수도 있다.

남성의 오르가슴도 여성의 오르가슴과 같이 아주 복잡하다. 자율신경과 신체 반응, 심리적인 상태 등의 종합적인 반응이 성적인 극치감을 느끼게 한다. 성은 단순히 신체 반응만으로 설명할 수 없고 항상 여러 가지의 다양한 요소와 변인들을 고려해야 한다.

음경확대수술

요즘 신문광고, 인터넷에 보면 남성의 음경확대수술에 관해서 남성을 유혹하는 광고가 아주 많이 나온다. 영국에서는 이 광고가 이메일 스펨의 대상이 되고 있다고 한다. 음경확대수술이란 10여 년 전에 미국에서 소개되었는데(Crooks & Baur, 2011), 음경이 길게 보이도록 골반뼈와 연결된 성기 아래 부분의 인대를 잘라 내서 외부로 돌출시키고, 성기의 굵기를 크게 하기 위해 신체조직 이식을 시도하는 것을 말한다. 하지만 음경확대수술은 기존의 성기를 더 크게 확장시키는 것이 아니고 외부로 더 길게 돌출시키는 것에 불과하다. 이 수술의 효과에 관한 조직적인 연구가 이루어지지는 않았지만, 보고들에 의하면 음경확대수술을 잘못할 경우 성기의 감각을 잃어버릴 수도 있고, 성기가 아래로 너무 처져 보일 수 있고, 음경의 굵기를 크게 하기 위해 이식한 조직이 균형을 잃어 성기 모양이 변형될 수도 있다. 여성의 질은 입구에서 약 4~5센티만 성감을 느낄 수 있는 성세포가 분포되어 있고, 아무리 성기가 작은 남성이라도 발기를 한 경우 평균 10센티 이상은 되기에 여성을 만족시키는 데 어려움이 없다. 우리말 속담에 작은 고추가 맵다는 속담이 있는데, 성기가 작으면 발기가 더 강할 수 있다. 남성은 자신의 성기 크기 때문에 열등감을 가지지 않았으면 한다.

토론

1. 위의 내용을 학습하고 성기관 및 성행동에 대해 이전과 달리 생각하게 된 부분이 있다면 어떤 부분인지 이야기해 봅시다.
2. 남성 성기관과 여성 성기관의 차이점에 대해서 인지하고 토론을 통해 이성의 성기관에 대해서 지나친 호기심을 가지지 않도록 해 봅시다.

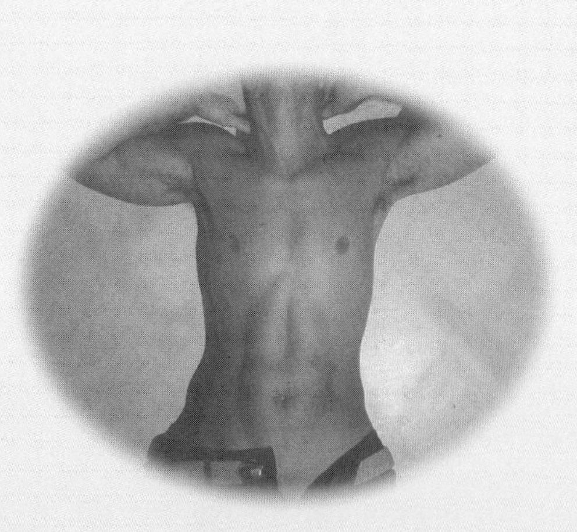

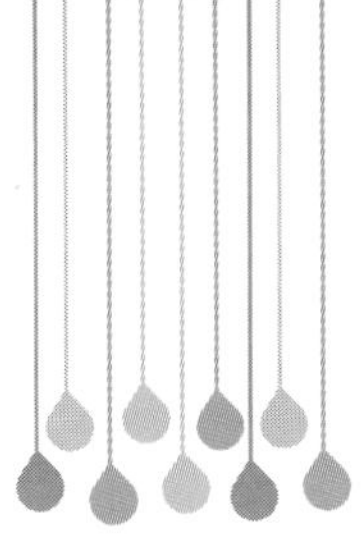

제7장

성호르몬

호르몬(Hormone)의 원어는 그리스어 'horman'에서 유래된 말로서 '흥분시킨다.' '강요한다.' '발기시킨다.' 등의 의미를 가지고 있다. 실제로 성호르몬은 이 원어가 의미하는 일을 함으로써 인간의 성행동을 실현시킨다. 내분비선은 우리 신체의 신경과는 다른 체계로 혈관에 직접 호르몬을 분비함으로써 신체를 통제한다. 여러 종류의 호르몬이 있는데, 인간이 스트레스를 받을 때 뇌하수체, 갑상선 등에서 아드레날린 호르몬이 혈관으로 직접 분비되어 심장의 박동을 올려서 혈압을 올려 주고 호흡을 증가시킨다. 성적으로 흥분하는 것도 비슷하게 작용하는데, 성적으로 흥분하면 내분비선이 작동해서 호르몬이 혈관으로 분비되며 신체의 변화를 가져온다. 안드로겐(그리스어 'andros'는 남성을 의미함) 호르몬은 남성호르몬이고, 에스트로겐(그리스어로 'oistros'는 열광을 의미함)은 여성호르몬이다. 그러나 이 호르몬들은 분비되는 양은 다르지만 남성이나 여성 모두 분비된다.

1. 테스토스테론

테스토스테론(Testosterone)은 남녀의 부신에서 적은 양이 분비된다. 남성의 고환에서는 4~10mg의 양이 분비되나, 여성은 0.2~0.4mg 정도가 분비되어 남성의 약 10분의 1 정도의 테스토스테론을 가지고 있다. 테스토스테론은 여성의 난소와 부신에서 분비된다. 테스토스테론은 여성의 몸에서 성적인 동기와 욕구를 통제하는 여성호르몬인 에스트로겐의 분비를 촉진시킨다. 일반적으로 인간은 일정한 양의 테스토스테론을 지니고 태어나지만, 호르몬의 양은 날마다 상황에 따라서 일정하지 않다. 대체로 오전이 오후보다 양이 더 많고, 그 양에 따라서 그 개인의 사고, 감정, 행동에 변화를 일으킨다([그림 7-1] 참조). 남성은 대체로 20대 이후에는 일정한 양의 테스토스테론이 분비되지만, 80대 이후에는 약 30%가 감소된다. 즉, 남성은 나이가 들면 남성호르몬 양의 감소로 좀 더 온순하고 여성스러워진다.

테스토스테론은 태아의 남녀의 외적 및 내적인 성기관발달에 영향을 주어서 남성과 여성의 신체적인 특징을 발달시켜 주지만, 성격의 발달에까지 영향을 주는지는 알려져 있지 않다. 남성 성인인 경우에 테스토스테론의 균형이 깨지면 신체적인 모양도 바뀔 수 있다. 예를 들어, 남성의 고환암을 치료하기 위해서 고환을 제거하면 남성의 신체 모양이 퇴행현상을 보여서 남성적 특징이 감소한다. 이 경우에 테스토스테론을 주입하

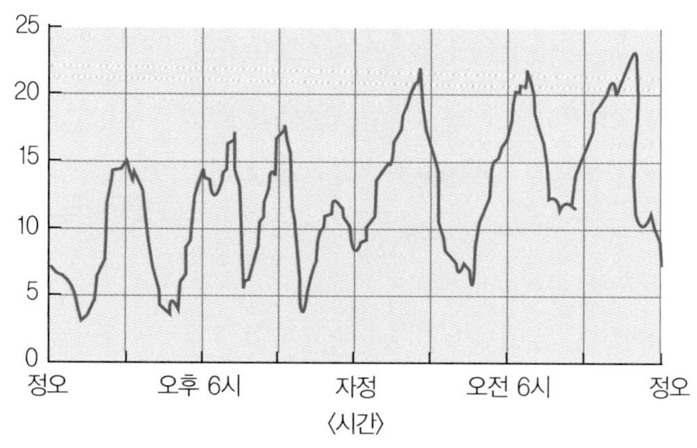

| 그림 7-1 | **테스토스테론 주기**

혈액 내 테스토스테론 수준은 매 2~4시간 사이에 절정을 이룬다. 평균적으로, 오후와 저녁보다는 밤과 아침 동안 그 수준이 더 높다.

면 다시 정상적인 남성의 신체모양을 회복할 수 있다.

대체적으로 남성의 테스토스테론이 감소되면 발기의 약화와 성적인 욕구가 감소되는 경향이 있다. 원숭이를 대상으로 실험한 결과에 따르면 테스토스테론의 수준이 높은 수컷 원숭이는 상대적으로 테스토스테론의 수준이 낮은 원숭이와 싸워서 이길 수 있었지만, 테스토스테론의 수준이 낮은 원숭이도 발정한 암컷을 보면 갑자기 테스토스테론이 정상적인 수준으로 올라가는 현상을 발견했다(Wallen, 1996). 이런 현상을 남성에게 적용해 보면, 신체의 남성호르몬 수준보다는 시각적 · 정서적인 성적 자극이 성적인 욕구에 영향을 많이 준다고 할 수 있다.

테스토스테론의 양이 높으면 남녀 모두 공격적이고 성적인 행동이 증가한다. 이렇게 되면 임신할 가능성이 높다. 그러나 여성의 경우 아이를 낳으면 테스토스테론의 양이 감소하고, 아이를 품에 안으면 30분 이내에 그 양이 많이 줄어든다(Dabbs, 2000). 따라서 테스토스테론의 양은 인간의 행동에 따라서 상호적으로 변화한다고 볼 수 있다.

여성은 테스토스테론의 분비량이 폐경기 후에 줄어들기 시작하는데, 대체로 이 호르몬의 양이 감소하면 성적인 욕구도 감소한다(Gelfand, 2000).

1) 테스토스테론 결핍증의 증상

테스토스테론 호르몬이 부족할 때의 증상은 남녀 모두 비슷한데, 다음과 같다.

- 일상적인 성적 욕구의 감소
- 성기관(유두 등)이 자극에 둔감하게 반응
- 일반적으로 성적인 흥분이 감소: 오르가슴을 느낄 수 있는 능력과 강도가 감소함
- 에너지 수준이 떨어지고 우울한 기분
- 지방질의 감소
- 뼈의 철분 감소로 남녀 모두에게서 골다공증을 유발
- 탈모
- 근육과 기력의 감소

2) 테스토스테론 보충치료

테스토스테론을 보충해 주기 위한 치료는 여성보다는 남성에게 손쉽게 적용될 수 있다. 테스토스테론은 알약, 피부주사 등으로 보충할 수 있다. 여성들에게 테스토스테론 보충치료를 하는 것은 많은 주의를 요하며, 보통은 에스트로겐을 보충하는 것으로 충분하다.

2. 에스트로겐

에스트로겐(Estrogen) 호르몬은 대체로 여성호르몬이라고 부르는데, 이 호르몬은 남성의 고환과 여성의 난소에서 생산된다. 사춘기가 되면 여성의 두뇌에서는 난소를 자극하는 호르몬을 방출하기 시작한다. 난소는 에스트로겐을 방출하고, 이 결과로 여성의 신체적 특징인 가슴 등이 발달하고 멘스가 시작된다. 한때는 난소가 여성에게 문제가 되는 부위라고 생각해서 난소를 들어내기도 했다. 그러나 요즘은 난소에서 생산되는 에스트라디올(estradiol)이라는 여성호르몬이 여성에게 중요하다고 여기고 있다. 또한 난소는 여성호르몬을 생산하는 데 중요한 아로마타제(aromatase)와 테스토스테론을 생산한다.

신체에는 약 60가지 종류의 에스트로겐이 있는데 이 중에서 가장 중요한 호르몬이 에스트라디올(estradiol), 에스트리올(estriol)과 에스트론(estrone)이다. 에스트라디올은 여성의 가임기간에 가장 많이 생산이 되며 주로 난소에서 생산되는데, 약 8세부터 서서히 생산되다가 사춘기에 정점을 이루고 폐경기까지 계속된다. 반면, 남성의 경우 고환에서 생산된다. 이 호르몬은 신체의 면역 체계와 연관이 있고, 심장이 건강하게 작동하는 데 도움이 된다. 에스트리올은 임신 중에 태반에서 생산된다. 에스트론은 여성이 폐경이 되면 생산되는 호르몬이다. 남성의 경우 에스트로겐이 너무 많이 분비되면 발기에 지장을 가져오고, 가슴이 부풀어 오르는 현상이 생기기도 한다.

1) 여성의 성적 욕구와 에스트로겐의 연관성

암컷 쥐는 발정을 하지 않으면 난소에서 에스트로겐이 분비되지 않는다. 그러나 이러한 호르몬 없이는 암컷 쥐가 짝짓기 자세를 취할 수 없기 때문에 수컷과 짝짓기를 할 수 없다. 반면, 여성이나 암컷 원숭이는 원하면 언제든지 성관계를 할 수 있다.

여성의 경우에 배란일 며칠 전에 신체의 체온이 변하면서 평상시보다 성적인 욕구를 더 느끼는 경향이 있는데, 이런 현상은 호르몬의 수준과 성욕과의 관계를 보여 주는 것이라는 주장도 있으나 다른 연구에서는 멘스의 사이클과 성욕에 관한 연관성이 밝혀지지 않았다(Wilcox et al., 1995).

인간의 성행동에는 내분비선 체계가 많은 역할을 하지만, 호르몬과 인간의 행동에 관한 연관성이 명확하게 밝혀지지 않았다. 특히, 여성의 성행동에는 단순히 호르몬의 영향뿐만 아니라 정서적인 면 등의 여러 요소들이 영향을 준다.

3. 프로게스테론

프로게스테론(Progesterone)은 에스트로겐과 조화를 이루면서 여성에게 영향을 준다. 프로게스테론은 남성에게서는 생산이 되지 않는다. 이 호르몬은 여성이 임신하면 태아가 자궁에 착상하도록 도와주고, 산모가 적절히 몸무게를 증가하도록 도와주며, 영양을 축적하고 젖을 생산하도록 도와준다.

4. 옥시토신과 바소프레신

옥시토신(Oxytocin)과 바소프레신(Vasopressin)은 시상하부에서 생산되는데, 남녀의 로맨틱한 사랑과 부모가 자녀를 사랑하는 데 영향을 준다. 옥시토신은 여성에게, 바소프레신은 남성에게 더 많은 영향을 준다. 이 두 호르몬은 두뇌에서 혈관으로 분비되는 펩티드 호르몬이다. 이 두 호르몬에 대한 정확한 기능은 복잡하기 때문에 아직도 잘 알려져 있지 않다.

옥시토신은 여성이 오르가슴을 느끼거나 출산할 때 자궁 수축을 도와주고, 성적으로 수용성을 증가시켜 주며, 성적으로 민감하게 해서 남성의 성기 삽입을 도와준다(LeVay, 2003).

바소프레신은 옥시토신의 자매 호르몬이라고도 부르는데, 두뇌의 뇌하수체의 배후에서 분비되는 호르몬으로 성분은 옥시토신과 비슷하지만 주요 기능은 비성적인 것이다. 즉, 수분과 염분의 증발을 막고 혈관을 수축해서 혈압을 통제하고 있다. 남성의 경우 성적으로 흥분하면 바소프레신 호르몬의 양이 증가한다. 또한 이 호르몬은 사람들의 각성을 높이고 미묘한 성적인 행동에도 반응할 수 있도록 도와준다(LeVay, 2003). 즉, 옥시토신과 바소프레신은 사랑하는 연인들이 사회적으로 친밀감을 느끼는 데 도와주는 역할을 한다.

5. 성선자극호르몬 방출호르몬

성선자극호르몬 방출호르몬(gonardotropin-releasing hormone: GnRH)은 성적인 기능에 아주 중요한 역할을 한다. 이 호르몬은 시상하부에서 생산되는데, 뇌하수체에 도달하면 남성의 고환과 여성의 난소에서 난포자극호르몬(follicle-stimulating hormone: FSH)과 황체형성호르몬(luteinizing hormone: LH)을 방출하도록 자극한다. FSH는 남성의 고환에서는 정자 생산을, 여성의 난소에서는 난자 생산을 자극한다. LH는 남성의 고환에 있는 Leydig 세포를 자극해서 남성호르몬인 테스토스테론을 생산하도록 자극하고, 여성에게는 난소에서 난자를 방출하도록 한다([그림 7-2] 참조).

6. 시상하부

시상하부(Hypothalamus)는 성감을 느끼고 성호르몬 생산을 조절하는 아주 중요한 역할을 한다. 시상하부에서 성호르몬을 통제하는 기능은 마치 온도를 조절하는 기능과 같은 원리로 작용한다. 즉, 예를 들면 혈중에 남성호르몬인 테스토스테론의 양이 너무 많으면 GnRH 생산을 즉시 억제하게 되고, 이렇게 되면 뇌하수체에서는 LH의 양을 줄여서 고환에서 테스토스테론의 생산량을 줄이게 된다. 또한 시상하부는 인간의 최종적인 성감대로서 오르가슴에 도달할 때 이 부위에서 쾌감을 느낀다([그림 7-2] 참조).

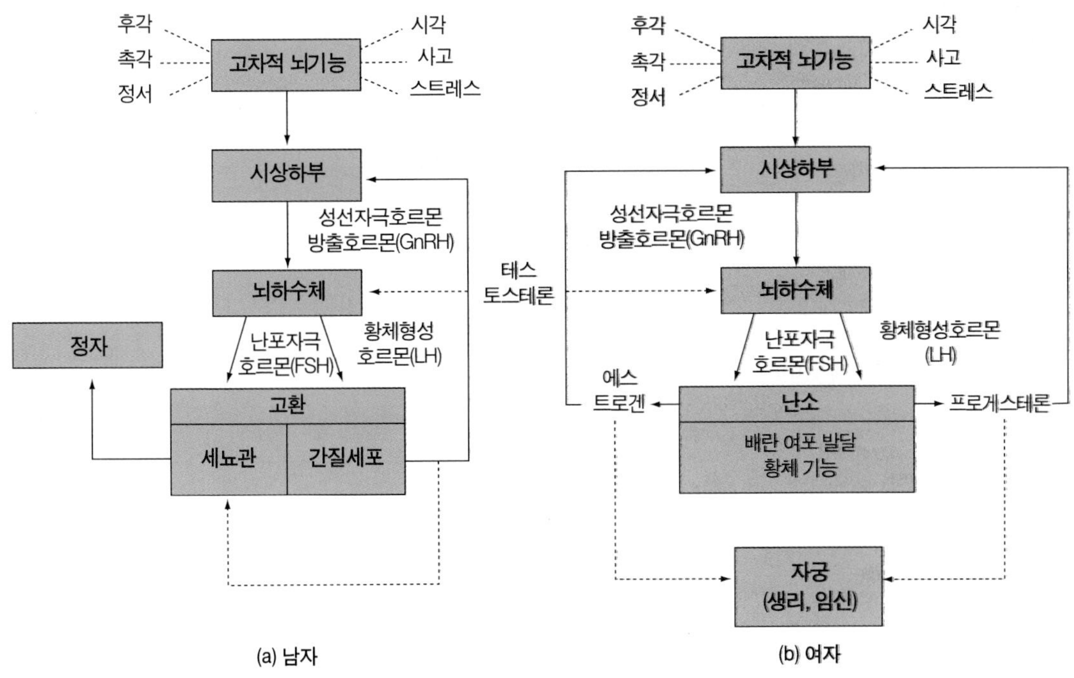

| 그림 7-2 | **성인의 내분비 조절**

7. 성행동과 호르몬

일반적으로 여성에게는 여성호르몬인 에스트로겐이 안정된 기분, 질의 탄력 유지, 성관계 시 질의 분비 등에 관한 역할을 하는 것으로 밝혀졌지만 그 외의 자세한 역할은 연구가 더 필요하다(Redmond et al., 1999). 그러나 과도한 에스트로겐의 주입은 여성의 성욕을 감소시키기도 한다. 여성의 성적인 흥분에 역할을 하는 다른 중요한 호르몬은 테스토스테론이다. 여성은 난소 제거, 부신 제거, 폐경으로 인해 테스토스테론 호르몬 분비가 줄어든다. 여성에게 테스토스테론이 보충되면 성적인 욕구, 에너지와 기분의 상승을 느낀다. 그러나 위에서 밝혔듯이 여성에게 테스토스테론 보충을 시도할 경우에는 의사와 상의가 필요하다.

이러한 결과들을 볼 때 인간의 성행동은 호르몬에 의해서 통제된다는 결론을 내리고 싶은 유혹에 빠지기도 한다. 동물의 경우, 호르몬에 의해 행동이 거의 통제된다고 볼 수 있다. 그러나 인간의 성호르몬과 성행동과의 관계는 그리 간단하지 않다. 남성의 경우 테스토스테론 수준은 정상적이더라도 아내와의 관계가 좋지 않으면 성적인 욕구가 저하된다. 여성의 경우에도 체내 에스트로겐 호르몬의 수준이 높지만 성욕은 증가하지 않는 경우도 허다하다.

토론

1. 성에 있어서 호르몬의 영향에 대해 생각해 봅시다.
2. 인간의 성행동을 단순히 호르몬의 반응으로만 설명할 수 있는지에 관해서도 토론해 봅시다.

제8장

성적인 흥분과 반응

1. 성적인 흥분과 반응

우리의 신체와 성적인 반응과는 어떤 관련성이 있는가? 인간이 성적으로 흥분하면 남성은 발기하고 여성은 질 내부에서 분비물이 나오는 등의 변화가 일어나지만, 우리의 신체에서 이런 현상만 일어나는 것은 아니다.

1) 뇌의 반응

성적인 행동은 우리의 마음이나 심장을 따라서 흥분한다고 생각하지만, 성적인 반응의 시작은 두뇌다. 성에 관한 한 인간도 동물처럼 자동적으로 행동한다고 하겠지만 인간의 성행동은 자동적이라기보다는 성적인 욕구, 의지적인 결정과 연관성이 있는 행동이라고 할 수 있다.

인간의 성반응을 연구하기 위해서 피셔와 바이른(Fisher & Byrne, 1978)은 남녀에게 성적인 영화를 감상하게 했는데, 한 영화는 남녀가 속옷을 입은 상태에서 성관계를 하는 장면이었고 다른 영화는 포르노그래피 영화였다. 이 영화를 본 사람들 모두 성적으

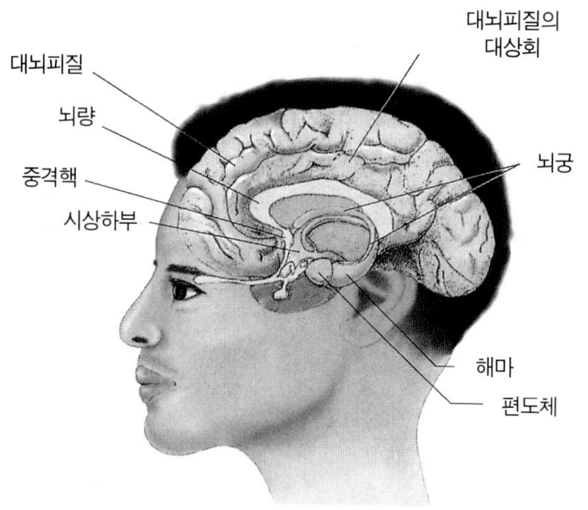

| 그림 8-1 | **뇌의 부위별 명칭**

로 흥분했다고 보고했다. 이번에는 같은 성적인 장면의 영화를 보여 주면서 영화에 나오는 주인공이 신혼부부, 창녀와 손님, 나이트클럽에서 방금 만난 젊은이라고 설명한 후에 자신들이 감상한 영화를 보고 어느 정도 흥분했는가를 평가하도록 요구했다. 응답자들은 나이트클럽에서 방금 만난 조건에서 가장 성적인 흥분을 느꼈다고 보고했다. 이러한 실험은 성적인 행위를 어떤 맥락에서 해석하는가에 따라서 성적인 흥분이 달라지고, 이 과정에서 인간의 뇌가 중요한 역할을 한다는 것을 보여 준다.

인간의 뇌에서 성반응과 성행동에 관여하는 부위는 주로 대뇌피질(cerebral cortex)과 변연계(limbic system)인데, 이 부분은 신체 각 부분에서 전달된 정보를 받는 부분이기도 하다. 대뇌는 사고의 센터이고, 성적인 환상, 욕구, 이미지에 관여한다. 대뇌는 감각정보를 해석하고 척추의 신경을 통해서 정보를 전달한다. 성적인 흥분 상태에 따라서 심장의 박동이 올라가고, 호흡도 빨라진다. 또한 성기 부분에 피의 순환을 증가시켜서 발기할 수 있도록 한다. 대체로 자신의 신체적인 흥분을 어떻게 인식하고 해석하느냐에 따라서 성적인 흥분을 더 증가시킬 수 있고 감소시킬 수도 있다.

변연계는 대뇌피질 아래의 소뇌 안에 있으며, 시상(thalamus)과 시상하부(hypothalamus)

성적인 흥분과 fMRI를 통한 두뇌반응

최첨단 장비로 두뇌기능을 관찰할 수 있는 것이 fMRI인데, 남녀에게 에로틱한 비디오를 보여 주고 MRI로 스캔을 해 보니 남성과 여성의 양 변연계에서 시상하부와 대상회, 편도체 및 해마 부분의 반응을 관찰했다(Whipple & Komisaruk, 2006). 여성의 경우에는 상상만을 통해서 성적으로 흥분한 경우나 실제로 신체를 자극해서 성적으로 흥분한 경우에도 비슷한 뇌의 반응을 보여 주었다(Komisaruk et al., 2006). 이러한 연구들은 인간이 성적으로 반응할 때 뇌에서 일어나는 변화를 관찰할 수 있도록 해 주는 흥미로운 연구이다.

로 구성되어 있고, 성적인 흥분과 관련이 있다. 변연계는 우리 인간의 복잡한 감정과 정서, 동기, 기억, 행동적인 욕구 등을 통제한다. 원숭이의 변연계를 제거하면 원숭이가 온순해지지만, 성적인 행동의 빈도, 강도, 능력 면에서 강한 증가를 보였다.

2) 성과 감각 반응

인간은 다섯 가지 감각, 즉 시각, 청각, 촉각, 미각, 후각을 가지고 있는데 이 오감은 성적 흥분과 연관성이 있다. 그러나 같은 감각이라고 해도 개인에 따라 다른 반응을 일으키기도 한다. 남녀에게 '성적으로 흥분하는 데 오감 중에서 어떤 감각이 중요한가?'를 평가하도록 요구했을 때, 남성은 시각과 후각이 동시에 중요하다고 보고한 반면 여성은 후각이 가장 중요한 감각이라고 보고했다(Masters et al., 1995). 즉, 여성은 남성이 지저분하고 냄새가 나면 성적으로 흥분하기 어렵다. 또한 성적으로 가장 부정적인 영향을 주는 감각에서도 여성은 신체에서 나는 냄새라고 답변했으나, 남성은 냄새에는 중립적인 반응을 보였다.

(1) 촉각

촉각은 우리 신체에서 가장 넓은 영역을 차지하며, 성적으로 가장 민감한 부분은 신체의 부위에 따라 다르다. 촉각에 반응하는 중요한 부위는 성반응을 민감하게 느끼도록 신경들이 많이 밀집되어 있다. 1차적인 성감대는 성기, 엉덩이, 항문 주위, 회음부, 가슴, 허벅지의 안쪽, 겨드랑이, 배꼽, 목 주위, 귓불, 입술, 혀, 입안 부위이다. 2차적인 성감대는 몸 전체 부위라고 할 수 있다. 예컨대, 허리 윗부분도 부드럽게 만져 주면 성적으로 흥분되고 기분이 좋다. 여성은 부드러운 키스나 스킨십을 좋아한다. 남성은 이 점을 중시하고 여성을 성감대와 먼 곳부터 서서히 부드럽게 자극하는 것이 좋다.

(2) 시각

시각은 성적인 흥분과 감정에 가장 중요한 역할을 한다. 특히, 남성들이 시각적으로 흥분하는 점을 감안해서 플레이보이(Playboy), 포르노그래피 등의 각종 에로물들을 상업화했다. 또한 시각적으로 흥분하는 것을 여성들을 대상으로 상업적으로 이용하는 것이 의상, 화장품, 체중조절 프로그램 등이다. 인간뿐만이 아니고 공작 같은 동물은 시각을 통해서 암컷에게 성적인 자극을 준다. 남성과 여성은 시각에 다른 반응을 보이는

데, 54%의 남성과 12%의 여성이 누드를 보고서 발기를 보이는 성적 흥분을 했다고 보고했다(Reinisch, 1990).

여성은 남성보다는 시각적으로 덜 흥분한다고 하는데 과학적인 근거가 있는 것인가? 여성들은 성적인 영화를 보고 나서 흥분되지 않았다고 언어적으로 보고해도 사실 신체적으로는 흥분한다(Laan & Everaerd, 1996). 최근의 연구에 의하면, 여성들은 성적인 영화를 본 후 언어적으로 보고하도록 하면 신체적으로 흥분한 것보다 더 적게 흥분했다고 보고했다(Koukounas & McCabe, 1997). 이러한 결과들은 여성도 시각적으로 흥분하는 점이 있지만, 그러한 반응을 보이면 사회적으로 부정적으로 보일 것에 대한 두려움 때문에 성적인 흥분을 억제하고 실제보다 덜 흥분한다고 보고하는 경향이 있을 수 있다.

(3) 후각

최근 후각과 성적인 흥분에 관련된 연구에 의하면, 후각은 동물에서와 같이 인간의 성적인 활동, 서로 성적으로 어울릴 수 있는가에 관한 상보성, 집단행동 등에 영향을 준다고 한다(Stern & McClintock, 1998). 동물은 페로몬이라는 호르몬을 분비해서 동물 사이에서 성적인 행동에 영향을 주고받는다. 예를 들면, 냄새에 민감한 개는 두 종류의 냄새 맡는 기관이 있어서 한 곳은 일반적인 냄새를 맡고, 다른 곳은 페로몬을 전담해서 암컷의 발정에 아주 민감하게 반응한다.

남성의 페로몬을 제조한 후 남성의 면도 후에 바르는 로션에 배합해서 남성이 이를 사용하고 페팅, 공식적인 데이트, 비공식적인 데이트, 자위행동, 성관계, 로맨틱 파트너와 같이 자는 각각의 경우의 효과를 연구한 결과, 남성 페로몬 로션을 사용한 남성은 공식적인 데이트와 자위행동을 제외하고 모든 면에서 효과가 있었다(Cutler, 1999).

성적인 자극을 일으키는 냄새에 관한 연구의 권위자인 허쉬(Hirsch)에 의하면, 실제로 여러 가지의 냄새를 남녀에게 노출하고 신체적인 성반응을 측정한 결과, 남성은 라벤더 향수, 호박 파이, 도넛 냄새에, 여성은 오이, 바나나, 감초 냄새에 성적으로 흥분하는 반응을 보였다. 반면, 바비큐를 한 소고기, 체리 등은 여성을 성적으로 억제하도록 만들었다(Adamson, 2003). 인간 페로몬에 관한 부분은 더 연구가 필요한 분야이다.

(4) 청각

청각은 성적인 흥분을 일으키고 유지하는 데 많은 영향을 준다. 성적으로 음란한 이야기를 주고받으면 성적으로 흥분할 수 있고, 성행위를 하는 도중에 여성이 내는 신음

소리는 남성에게 큰 성적인 자극이 되고 남성의 성적인 만족을 증가시켜 준다. 데이트를 하는 분위기에도 감미로운 음악, 부드러운 남성의 목소리 등은 여성에게 성적인 자극이 될 수 있다.

대체적으로 청각은 남성보다 여성이 더 민감하다. 여성은 남성보다 고음을 더 잘 들을 수 있고 남성은 저음을 들을 때 더 편안함을 느낀다(Miracle, 2003). 그러나 여성은 소리의 성질보다는 음성으로 표현된 내용에 더 민감하다. 예를 들면, 성행위 도중에 남성이 침묵으로 일관하면 여성의 성적인 흥분은 감소한다. 반대로 성행위 도중에 남성이 '당신을 사랑해요.' 등의 언어적인 자극을 주는 것은 여성의 성감을 자극한다.

(5) 미각

미각과 성감과의 관련성은 많이 연구되지 않았다. 여성의 질에서 나오는 분비물이나 남성의 정액의 맛이 상대방에게 성적으로 흥분을 일으킨다는 주관적인 보고가 있기는 하지만 이 분야에 관한 연구가 더 필요한 실정이다.

성행동에 대한 비교문화적인 현상

인간은 섹스 자체를 통해서 즐거움을 느끼는 것을 공통적으로 원하지만, 섹스에 대한 강조점, 오르가슴에 도달하는 방법 등은 각 문화권마다 다를 수 있다.

예를 들면, 서구권에서는 섹스를 할 때 오르가슴과 성기 중심의 섹스를 한다. 반면 도교, 힌두교, 불교의 문화권에서는 오르가슴보다는 정신적인 교감과 성적으로 흥분된 상태를 오래 지속하는 데 초점을 두었다. 그러나 우리나라의 남성들은 서구권과 같이 오르가슴과 성기 중심의 섹스에 관심을 가지고 있다. 일부의 아프리카 여인들은 오르가슴을 거의 느끼지 못하거나 오르가슴이 없는 섹스를 한다(Ecker, 1993). 그리고 아프리카 여인들이 섹스를 할 때 분비물이 나오면 일부 남성들은 혐오감을 느껴서 남성들은 여성들과 소위 'dry sex'를 즐기기도 한다.

성교 중에 키스는 대부분 어느 문화권에서나 공통적으로 하지만, 에스키모인들은 키스보다는 서로 코를 비빈다. 인도의 힌두교인들은 키스는 성교를 상징적으로 오염시킨다는 믿음 때문에 키스를 회피한다.

오럴섹스는 남태평양과 산업화된 아시아 국가, 서구 문화권에서는 많이 행해지지만, 아프리카에서는 부자연스럽고 아주 역겨운 것이라고 생각하기에 회피한다. 우리나라도 여성들은 오럴섹스를 혐오적인 것으로 간주하고 오랫동안 회피해 왔지만, 서구의 영향으로 이제 젊은 부부들 사이에 조금씩 시도되고 있다.

전위(foreplay)는 서구권에서 많이 시도하지만 우리가 생각하는 만큼 오래 하지는 않고 성교에 초점을 둔다. 한편, 동양에서는 본래 성적인 자극을 오랫동안 즐기기 위해서 전위를 길게 시도했었지만 요즘에는 성기 중심으로 성관계를 가지면서 전위가 아주 짧게 이루어지고 있다. 히말라야의 남성은 여성의 가슴을 간단히 만지고 바로 성교를 시도한다. 여성의 입장에서 보면 충분한 전위가 있어야 신체가 자연스럽게 반응하면서 분비물도 충분히 나와 성을 즐길 수 있다.

여성의 성적인 매력도 문화권에 따라서 다른데 우리나라는 얼굴의 미모에만 관심을 두다가 요즘에는 여성의 가슴을 강조하는 분위기이다. 서구에서는 여성의 풍만한 가슴이 섹스의 심벌이 되어 왔다. 그러나 일부의 섬 주민들은 여성 성기의 부드러움과 성기 모양에서 성적인 매력을 느끼기도 한다.

2. 정력제와 성적인 흥분

80세에 자식을 본 정력가로 알려진 할아버지를 만났다. 그분에게 "장수와 정력의 비결이 무엇입니까?"라고 묻자, "특별한 비결은 없소."라고 대답했다. "매일 즐겨 잡수시는 것은 주로 어떤 것들입니까?"라는 질문에는 "밥, 국, 찌개, 김치, 나물… 뭐 그런 것들이오."라고 말했다. "그러면 절대로 안 잡수시는 게 있습니까?"라고 물었을 때는 "인삼, 녹용, 보약 같은 것은 절대로 먹지 않소."라고 단호하게 대답했다(한겨레신문에서).

뱀장어 꼬리에 대한 잘못된 속설

- 꼬리에 생식기가 있어 정력에 좋다.
- 꼬리를 많이 먹으면 아들을 낳는다.
- 꼬리를 많이 먹으면 귀두와 성기가 커진다.
- 꼬리는 힘이 좋고 특별한 성분이 있어 잘려도 다시 생긴다.

우리나라 남성들은 정력제라고 소문이 나면 수단과 방법을 가리지 않고 구입해 사용하려고 한다. 이들은 인삼, 보약, 보신탕, 사슴 피, 고로쇠, 해구신, 누에고치, 굼벵이 등 일일이 다 열거할 수 없을 정도로 정력제를 선호해서, 이런 정력제를 먹으면 성욕이 높아지고 발기가 잘 될 것으로 기대한다. 이런 남성들의 정력제에 대한 집착은 단지 우리나라만의 현상이 아니고 고대로부터 현대까지 이어지는 전 세계적인 것이라 해야 정확할 것 같다. 외국에서는 정력제를 사랑의 여신 아프로디테(Aphrodite)의 어원에서 나온 'ahprodisiac'이라고 하는데, 성욕을 증진시키는 최음제라는 뜻이다. 서양에서는 인간의 성기 모양을 가진 음식이나 과일이 정력제라고 여긴 적도 있었다(Eskeland et al., 1997). 예를 들면 바나나, 아스파라거스, 오이, 토마토, 생강 등이 성욕을 증진시켜 준다고 믿었다. 이런 맥락에서 귤도 역시 정력제로 여겼다. 아시아에서는 녹용, 해구신, 호랑이 성기, 뱀 등이 정력제라고 여겨서 남성들이 즐겨 사용해 왔다. 그러나 이런 정력제에 대한 과학적인 연구 결과는 거의 없는 실정이다.

1920년대 이후에 지속적으로 정력제와 관련해서 연구된 대상은 원산지가 아프리카인 요힘빈(yohimbine)이라는 식물이다. 스탠퍼드 대학 연구팀이 요힘빈에서 추출된 물질을 쥐에 투여했더니 쥐의 발기와 성기능이 크게 향상되었다(Clark et al., 1984). 최근에 인간을 대상으로 요힘빈을 실험한 결과, 발기부전장애가 있는 사람에게는 긍정적인 효과가 있는 것으로 나타났다(Earnst & Pittler, 1998). 요힘빈은 폐경기의 여성에게 성욕을 증가시켜 주는 것으로 밝혀지기도 했다(Meston & Worcel, 2002).

우리나라에는 왜 그렇게도 많은 정력제가 알려져 있고, 새로운 물질이나 음식을 선전할 때는 왜 정력에 좋다고 하면 잘 팔릴까? 우리나라의 문화적인 환경에서는 어떤 사람이 어떤 식물이나 동물을 통해 정력증대에 효과를 보았다고 하면, 그 증언을 듣는 주위 사람들이 그 말을 믿고 그것들을 시도해서 널리 구전되는 경우가 대부분이다. 우리가 잘 아는 대로 밀가루로 만든 약도 효과가 있다고 믿고 복용하면 6% 정도는 효과가 있다[플라시보(placebo) 효과]. 필자가 보기에 진정한 정력제란, 자신의 신체적인 건강을 유지하고 자신의 배우자를 진심으로 사랑하고 애정을 느끼며 그것을 성적으로 자연스럽게 표현하려고 시도하는 것이고, 이때 성기능이 최고조에 도달한다고 강조하고 싶다. 성치료에서 강조하는 점은 인간의 성기는 몸 끝의 성기 부위에 달려 있는 것이 아니고 심장에 달려 있다고 한다. 상대방에 대한 사랑하는 마음이 진정한 정력제이다.

3. 성욕 통제와 약물과의 관계

우리나라 남성들은 정력제에도 관심이 많지만 술을 마시면 성욕이 증가하고 성기능이 잘될 것이라고 생각해서 성관계를 원하는 경우에 음주를 하고 시작하는 경우가 많다. 그러나 술은 억제된 감정을 이완시켜 주어서 여성에게 대담하게 성적으로 접근하거나 자신의 감정을 적극적으로 표현하는 면에서는 도움이 되겠지만, 실제로는 성적 기능을 떨어뜨리는 효과가 있다. 헤로인, 모르핀을 상습적으로 사용하는 사람도 성적인 욕구가 저하된다. 아편중독자나 약물을 과도하게 사용한 남성은 발기불능과 사정이

| 표 8-1 | 약물과 성적인 흥분과의 관계

약물 이름	일반적인 잘못된 기대	실제 효과
알코올	성적인 흥분 증가, 성적인 행동 자극	성행동에 대한 긴장 완화, 발기 · 흥분 · 오르가슴의 기능 약화
암페타민(스피드)	기분 고양, 성기능 향상	중추신경 자극제, 성적 억제력 감소, 많은 양과 장기간 사용 시 발기장애, 지연 사정, 남녀 모두에게서 오르가슴 장애를 일으키고, 여성에게는 질 건조증을 유발
질산아밀	오르가슴과 흥분을 극대화	두뇌와 성기관 주위의 혈관을 확장, 시간에 대한 감각 상실, 골반 주위의 체온 증가, 성적인 흥분과 오르가슴 감소, 발기 억제와 장애 유발
바비투레이트산	성적인 흥분 증가, 성행동 향상	술과 비슷한 역할, 성적인 흥분 · 발기 · 사정을 감소시킴
코카인	오르가슴의 횟수와 강도를 증가시킴	중추신경 자극제, 긴장을 완화시키고, 기분이 좋은 상태를 유지, 성을 즐길 수 있는 관심 감소, 발기억제, 사정 지연이나 조정 실패
LSD	성적인 반응 증가	성적인 반응 증가에 효과 없음, 성행동에 대한 착각을 일으킴, 성행동에 불만을 일으킴
마리화나	기분 고양, 성적인 흥분 증가, 성행동을 자극함	술과 같이 긴장을 완화시켜 주는 역할, 성행동을 억제하고 성에 관한 지각을 왜곡하게 해서 성행위를 마치 오래 한 듯한 착각을 갖게 함
L-dopa	남성을 회춘하게 만듦	성기능에 대한 실제적인 효과는 알려지지 않음, 사용 후에 통증을 느낌, 원치 않는 발기
요힘빈	성적인 흥분과 기능 향상	쥐에게는 효과 있음, 사람에 따라서 성기능 향상에 도움이 된다는 연구가 있음

억제되는 경우가 있고, 여성의 오르가슴을 방해한다. 약물에 관련된 사실에 관한 내용을 정리하면 〈표 8-1〉과 같다.

〈표 8-1〉의 결과에서 볼 수 있듯이 약물이나 마약을 사용하면 성기능이 향상되고 성적으로 흥분된 기분을 고양시켜 주며 오르가슴의 횟수와 강도를 증가시켜 줄 것이라고 기대하지만, 실제로는 역효과나 부작용이 많이 발생한다. 인위적인 약물을 사용하기보다는 진정으로 상대방을 사랑하고 배려하는 마음이 성기능 향상에 가장 도움이 된다.

4. 성적 흥분의 다양한 경로

남성은 대체로 여성을 보면서 시각적으로 흥분하지만, 여성은 분위기와 상대방에 대한 관계가 성적인 흥분의 요인이 된다고 알려져 있다. 그러나 실제로 성적인 흥분을 하는 것은 다양한 경로를 통해서 이루어진다.

1) 꿈

우리는 수면 중에도 성적인 꿈을 꾸면 성적으로 흥분한다. 특히, 안구운동(REM: Rapid-eye-movement)을 하는 동안에 꿈을 꾼다. 이 시기에는 꿈의 내용이 성적인 것이 아니어도 성적으로 흥분한다. 남성의 약 90%와 여성의 37%는 꿈을 꾸는 중에 오르가슴을 경험했다고 한다(Wells, 1986).

2) 성적인 환상

성행동에 관한 연구에 의하면, 대체로 많은 사람들은 성적인 환상을 하고 있고 남성이 여성보다 성적인 환상을 더 많이 한다. 성적인 환상을 하면서 환상 수준에 머물러 있는 사람들도 있지만, 성적인 환상을 하면서 자위행동을 하기도 한다.

성적인 환상의 내용은 남녀 모두가 상대방의 신체를 서로 애무하면서 성적으로 흥분하는 장면, 오럴섹스 장면, 상대방의 나체, 상대방이 옷을 벗는 모습, 상대방을 유혹하는 장면, 새로운 성적인 자세나 장소에서 섹스를 하는 장면, 손을 잡고 걷는 모습, 상대방에게 유혹당하는 장면 등이다.

남성은 처녀와의 섹스, 파트너가 옷 벗는 장면, 여러 여성과 섹스하거나 새로운 여성과 섹스하는 내용, 유명한 배우와 섹스하는 내용을 많이 환상하는 것에 비해서, 여성의 환상 내용은 자신이 사랑하는 남자와 결혼하는 장면, 애인이나 남편과 섹스하는 내용들이다. 대체로 남성은 보다 새롭고 적극적인 내용이지만, 여성은 익숙한 대상과 섹스하는 장면을 상상한다.

3) 성적 이외의 상황

인간은 두려움이나 약간의 무서움 등을 경험한 후에 성적인 사진이나 비디오를 보면 불안을 덜 느끼는 사람보다 성적으로 더 흥분한다는 연구들이 있다(White et al., 1981). 즉, 감정적으로 고양되어 있는 상황에서 성적인 자극을 받으면 성적으로 더 흥분하는 것이다. 예를 들면, 음악회장과 같은 곳에 대중들과 같이 있으면서 흥분한 경우에 성적으로 더 흥분하여 서로에게 쉽게 성적인 표현을 할 수 있다.

4) 성호르몬

성호르몬은 위에서 이미 논의한 대로 인간의 성적인 흥분과 반응에 많은 영향을 준다. 대체로 남성호르몬인 테스토스테론이 성흥분에 가장 많은 영향을 준다. 그러나 인간은 동물처럼 성호르몬에 전적으로 영향을 받지는 않는다.

5) 사회문화적인 요인

성에 대한 사회문화적인 가치관이 성적인 흥분이나 억제에 많은 영향을 준다. 남성은 대체로 여성의 성기를 보면 성적으로 흥분하는 경향이 아주 강하다. 그러기에 공공장소에서 여성의 가슴이나 성기 노출을 금해 오고 있다. 아프리카의 부족들도 가슴 노출은 허용해도 여성의 성기 노출은 대부분 금한다. 또한 남성의 성기 역시 결혼한 여성들에게는 성적으로 흥분하는 자극을 주기에 어떤 문화권이든 공공장소에서 남성의 성기 노출을 금한다.

5. 성반응의 사이클

1) 카플란의 3단계 모델

카플란(Kaplan)은 여성 성치료 전문가로서, 수년간 경험한 성치료를 통해서 여성의 성적인 반응을 고려한 성반응 주기가 성적인 욕구 단계, 흥분 단계, 오르가슴의 3단계로 이루어진다고 했다. 부부가 성생활을 할 때의 어려움은 각 단계에서 성반응이 정상적으로 이루어지지 않는 경우에 일어난다고 주장했다. 카플란의 성반응 특징은 성행위의 초기 반응이 성관계를 가지고 싶어 하는 욕구라는 것이다. 즉, 인간은 초기에 성적인 욕구가 있어야만 성행위가 시작되는 것이다. 부부의 한쪽 편에서 성적인 욕구가 저하되거나 없으면 성생활에 문제가 있는 것이다.

그러나 성적인 욕구가 초기 단계에서 필수적으로 있어야 하는가에 문제를 제기할 수도 있는데, 예를 들면 여성들 중 30%는 초기에 성적으로 욕구를 못 느꼈지만 남성이 자극하면 서서히 흥분하면서 관계를 가졌다고 한다(Levin, 2002). 대체로 남성들은 성적인 욕구를 느끼는 면에서는 문제를 보이지 않는다. 남녀의 성생활을 주의 깊게 관찰하면 부부 모두가 동시에 성적인 욕구를 느끼지 않아도 한쪽에서 성적인 욕구를 느끼면서 자극하거나 요구하면 성적으로 흥분하면서 정상적인 성관계를 갖는다.

2) 마스터스와 존슨의 4단계 모델

마스터스와 존슨은 약 12년간에 걸쳐서 1만 건의 성적인 반응 사이클을 직접 관찰한 후에 인간의 성반응을 흥분기(excitement), 절정기(plateau), 오르가슴기(orgasm), 회복기(resolution)의 4단계(EPOR)로 제안했다([그림 8-2] 참조).

(1) 흥분기

흥분기는 신체적 · 심리적 자극에 의해서 일어나는데, 성적인 흥분은 인간의 오감과 사고, 정서에 의해서 자극을 받을 수 있다. 즉, 특정한 장소, 텔레비전 장면, 냄새 등의 특정한 자극이 성적인 흥분을 유발한다.

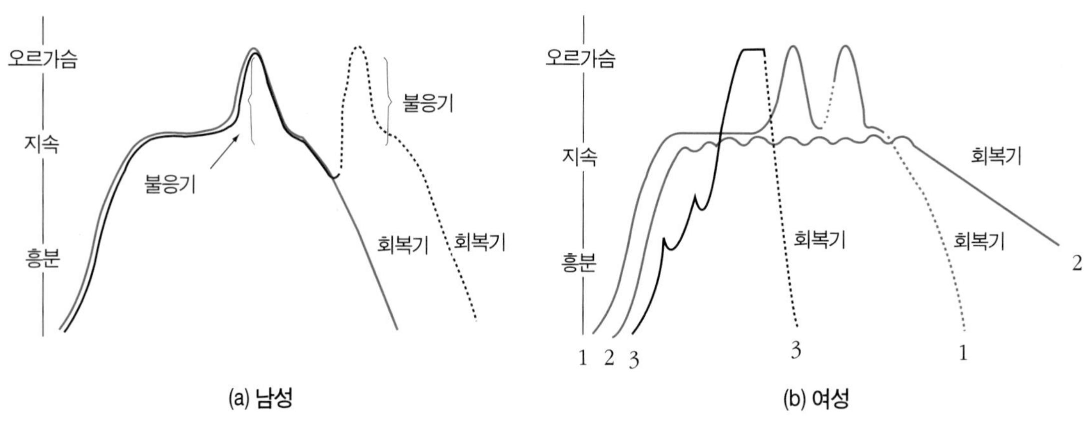

| 그림 8-2 | **남성과 여성의 성반응 주기**

① 여성

여성이 성적으로 흥분하면 질 내부에서 분비물이 나오기 시작한다. 이 분비물은 대체로 성적인 자극을 받으면 10~30초 사이에 분비되고, 질의 내부가 남성의 성기 삽입이 쉬워지도록 촉촉해진다. 그러나 초기에는 이러한 분비물의 양이 적기 때문에 여성 자신이나 남성도 잘 알 수 없다. 여성에 따라서 분비물의 양, 냄새, 분비하는 시간 등이 상이하다. 또한 분비물이 많이 나오는 것이 성적으로 흥분한 정도와 정비례하는 것은 아니다. 여성의 질에서 분비물이 나오는 것이 반드시 심리적으로 성관계할 준비가 되었다는 것을 의미하지는 않는다. 분비물은 단지 남성의 성기 삽입을 쉽게 할 수 있는 조건을 갖추었다는 것을 의미할 따름이다.

흥분기에서 여성은 여성의 질 내부의 3분의 2 정도가 팽창하고, 자궁경부와 자궁이 질 방향으로 옮겨지는 변화가 일어난다([그림 8-3] 참조). 또한 성기의 소음순과 대음순이 충혈되어서 팽창하고 여성의 가슴 젖꼭지도 부풀어 오른다. 흥분기의 후반에는 가슴 전체가 부풀어 오르고 평소보다 커진다.

② 남성

남성 흥분기의 특징은 성기의 발기이다. 남성의 발기는 성기 내부에 있는 해면체에 혈액 공급이 많이 되고, 대신 방출되는 양이 적어서 피가 성기에 갇혀 있는 현상이다. 즉, 혈액이 많아서 압력이 많아지면 발기가 강하게 되어서 단단해지고, 피가 빠져나가면 발기가 약해지거나 사라진다. 남성이 건강하고 성적으로 아무런 이상이 없어도 불

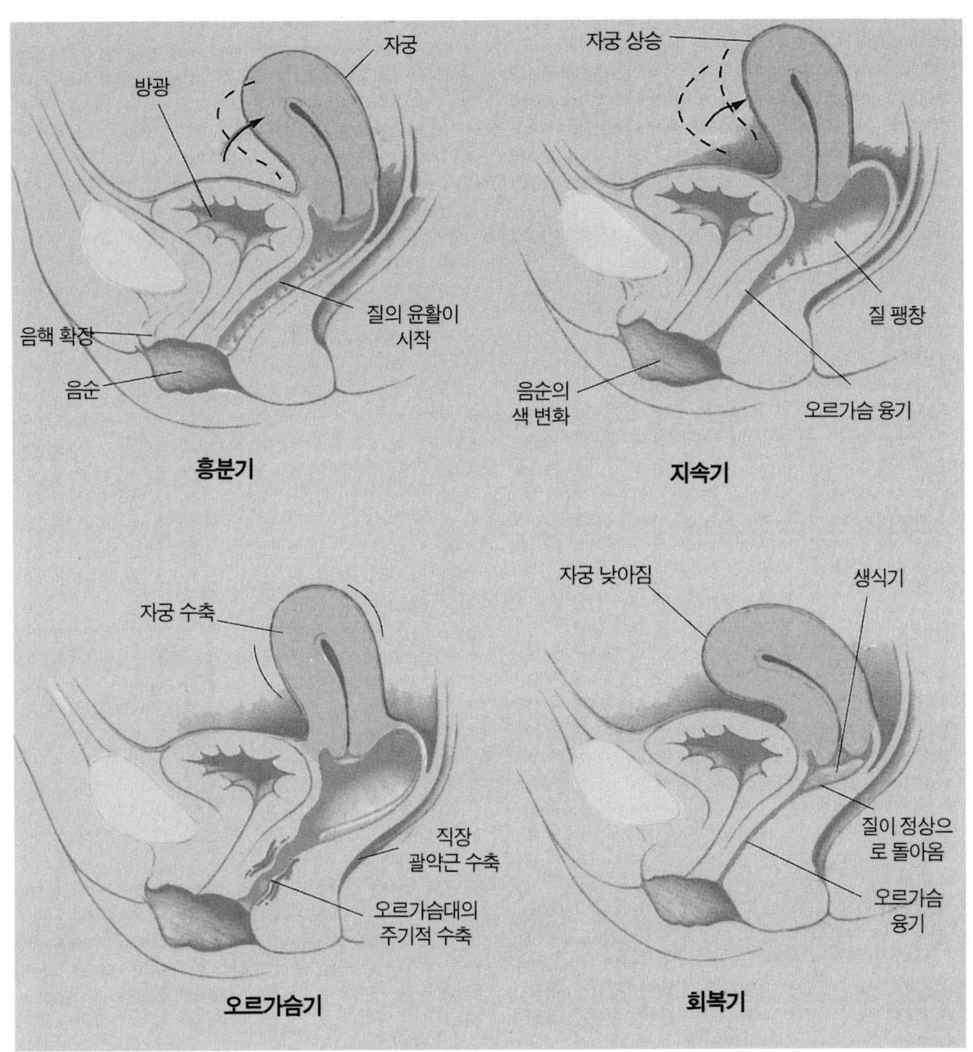

| 그림 8-3 | 여성의 성반응 주기에 따른 내적 변화

안하거나 피곤하면 발기가 강하지 않게 되며, 남성의 성기 내부에 뼈가 있어서 딱딱한 것은 아니다.

고환의 피부는 부드러워지고, 고환이 몸 쪽으로 달라붙는다. 성적인 흥분이 계속되면 고환의 크기는 약간 커진다. 남성의 젖꼭지도 발기된다. 대체로 남성은 항상 발기 준비가 되어 있고, 여성의 젖가슴을 보면 즉각적으로 발기될 것이라고 기대하는 경우가 많은데 개인 차이가 있고, 대부분은 여성의 신체를 봤다고 즉각적으로 발기되지는 않는다. 남성도 여성과 같이 심리적으로 정서적인 무드가 필요하다([그림 8-4] 참조).

③ 흥분기의 여러 상황

남녀가 흥분해서 성관계를 가지려고 시도해도 밖에서 소음이 들리거나 문소리, 아이들의 소리 등이 나면 성적인 흥분은 쉽게 가라앉으며 대신 불안을 경험할 수 있다. 또한 성관계 도중 체위를 변경하기 위해서 남성이 성기를 빼면 발기가 유지되지 않을 수 있다. 이러한 현상은 정상적인 성반응이다. 그러나 성에 대한 지식이 부족한 남성이 자신의 발기에 변화가 있는 것을 비정상적인 현상으로 인식하고 두려워하거나 불안한 감정을 느끼기 시작하면 성기능장애로 발전할 가능성이 있다. 성관계 도중에 남성의 발기상태가 줄어들 때 여성의 격려와 지지는 남성의 기능이 정상적으로 돌아오게 하는 데 도움이 된다.

(2) 절정기

절정기는 오르가슴을 느끼기 위한 일종의 준비 단계이다. 성적인 흥분을 강하게 느끼면 절정기가 대체로 짧다. 남성 중에서 사정을 빨리 하는 사람들은 절정기가 아주 짧은 편이고, 여성 중에서 남성과 친밀감을 느끼면서 성을 즐기고 싶어 하는 여성은 절정기를 오래 가지고 싶어 한다.

① 여성

절정기에 여성은 질의 입구에서 3분의 1에 해당되는 부분이 충혈되어 부풀어 오른다. 이렇게 되면 질은 평소보다 약 3분의 1 정도가 줄어들어 성기를 꼭 조여 준다. 남성의 성기 크기가 별로 문제되지 않는 이유는, 여성은 성적으로 흥분하면 질이 신축성 있게 남성의 성기에 적응하기 때문이다.

절정기 여성의 질은 내부 3분의 2에 해당되는 부분이 더 팽창하고 이 시기에는 흥분기에 비해서 질의 분비액이 적게 나온다. 또한 음핵은 치구 쪽으로 들어간다. 절정기에 여성의 소음순은 혈액으로 인해서 더 부풀어 오르고 색깔은 더 검어진다. 아이를 출산하지 않은 여성은 소음순의 색깔이 분홍색이거나 밝은 붉은색을 띠지만, 출산 경험이 있는 여성은 이 부분에 혈액의 공급이 증가해서 포도주의 색깔처럼 더 검다. 여성은 이와 같은 색깔의 변화가 있어야 오르가슴을 잘 느낄 수 있다고 한다. 즉, 여성은 충분히 흥분해야 오르가슴을 느낀다고 볼 수 있다.

절정기에 여성의 유방은 계속 팽창하는데, 평소 크기의 20~25% 정도 확장된다. 아이를 많이 낳은 여성은 혈액이 유방에서 빨리 빠져나가기 때문에 유방이 많이 부풀지 않을 수도 있다. 그러나 성감이 감소하는 것은 아니다. 여성에 따라서는 충혈로 인해서 신체에 붉은 반점 같은 것이 나타나기도 한다.

② 남성

절정기에 남성은 성적으로 흥분된 감정을 유지하고, 성기는 발기상태를 계속 유지한다. 남성 귀두부의 색은 피가 충혈되어 있기에 약간 검다. 성적인 흥분이 고조되어 오르가슴을 향해 가면 고환은 신체 쪽으로 더 밀착되어 사정을 돕는다. 대체로 남성은

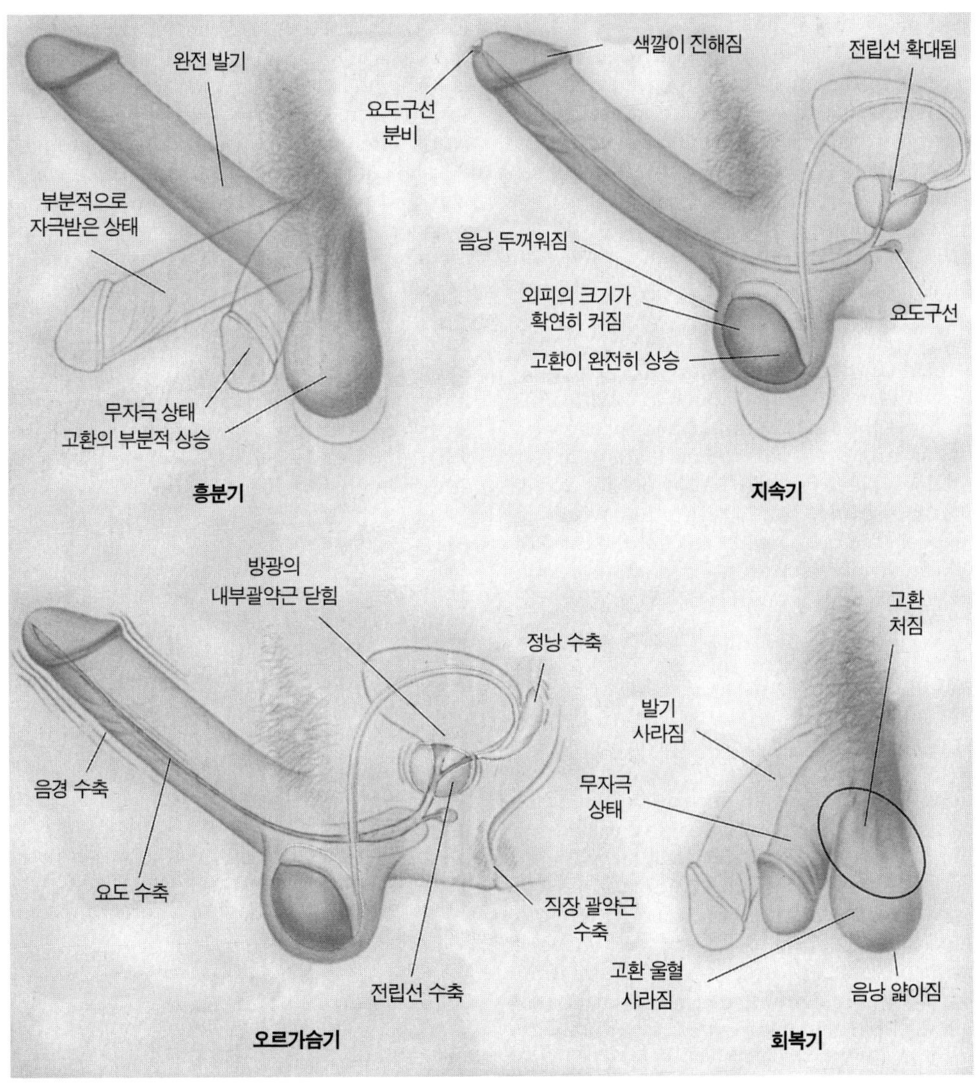

| 그림 8-4 | **남성의 성반응 주기에 따른 내 · 외적 변화**

50대가 넘어가면 고환이 부분적으로만 몸 쪽으로 밀착된다. 절정기에 남성은 사정하기 전에 맑은 액체가 나오는데, 이 액체 안에 때로는 정자가 포함되어 있어서 사정 없이도 여성을 임신시킬 수도 있다. 절정기에 오르면 남성은 내적으로 약간 따뜻한 기분을 느끼면서 사정하고 싶은 압력을 느낀다. 심장 박동이 올라가고 혈압도 약간 올라간다.

(3) 오르가슴기

오르가슴기는 신체적으로는 가장 짧게 몇 초 안에 끝나고 곧 이어서 긴장이 완화되는 기분을 느끼는 시기이다. 오르가슴에 대한 기분은 사람마다 다르다. 어떤 사람은 약간 폭발적이기도 하고 강렬한 감각이 한꺼번에 몰려오는 느낌이기도 하지만, 어떤 사람은 강렬한 감정을 느끼지 않을 수도 있다. 오르가슴은 피곤하거나 우울한 감정이 있으면 강렬하게 느끼지 못하기도 한다. 즉, 오르가슴에 대한 감각은 마치 갈증이 날 때 마신 물의 맛을 표현하는 것이 사람마다 다르듯 상황에 따라서 다르다.

① 여성

1950년대까지만 해도 여성은 오르가슴을 느낄 능력이 없다고 생각했다. 즉, 섹스는 남성이 즐기는 것이고, 여성은 남성을 위해서 의무적으로 보조적인 역할을 한다고 생각했다. 또한 여성이 오르가슴을 느끼면 여성답지 못하다고 생각했기에 설령 여성이 오르가슴을 느낄 능력이 있어도 외부로 표현해서는 안 된다고 했다.

여성이 오르가슴을 느낄 때는 자궁과 질의 입구 약 3분의 1 부분에서 동시에 리듬을 맞추어 수축작용이 일어난다. 수축작용은 초기에는 강렬하지만 시간이 지나면 약해진다. 사람에 따라서 다르지만 오르가슴을 강하게 느끼는 경우 10~15회 정도의 수축작용이 일어나지만, 보통은 약 3~5회 정도의 수축작용이 일어난다.

여성의 오르가슴은 성기관에서만 반응이 일어나는 것이 아니고 전체의 신체에서 일어나는 반응이다. 따라서 신체의 각 부위에서 근육의 수축작용이 일어나고, 온몸이 달아오르는 현상이 생긴다. 여성은 초기에 음핵에서 신체적인 쾌감을 느끼고 급속하게 골반 쪽으로 퍼져 나간다. 마지막으로는 질의 수축을 느끼면서 골반 아래쪽에서 수축감을 느끼면서 쾌감을 만끽한다.

여성의 오르가슴과 관련한 질문 중의 하나는 '여성도 남성처럼 사정을 하는가?'이다. 임상보고나 연구에 의하면, 어떤 여성은 오르가슴을 경험할 때 사정을 하는데 그것은 오줌이 아닌 다른 액체였다고 보고하기도 하고, 어떤 경우 오줌과 비슷했다는 여성도 있었다. 문제는 많은 여성이 사정을 경험하지 않는다는 것이고, 사정을 하지 않아도 정상적인 성반응이라는 것이다.

② 남성

남성의 경우 오르가슴은 2단계로 구분되는데, 첫 단계는 전립선과 정낭이 수축되면서 요도에 정액을 분출시키는 과정이다. 이 상태가 되면 남성은 사정이 불가피한 느낌을 가지며 쾌감을 강하게 느낀다. 실제로 이 단계에서 사정을 중지하기란 어렵다. 제2단계는 요도와 전립선이 같이 수축하면서 정액을 사정하고 남성의 성기를 통해서 방출되는 단계이다. 사정하는 단계에서, 방광으로 연결되는 부분은 닫혀서 정액이 방광으로 사정되는 현상을 막아 준다. 남성도 여성과 같이 수축작용이 0.8초 간격으로 이루어지고 3~4회 정도 수축작용이 일어나며, 이 순간 남성은 오르가슴의 최고 기분을 느낀다.

그러나 남성의 오르가슴과 사정은 서로 다른 과정이다. 오르가슴은 정액이 정낭에서 분출되는 첫 단계에 전립선이 수축작용을 하는 순간 느끼기 시작하고 사정하는 동안에 절정을 이루지만, 사정은 오르가슴 없이도 일어날 수 있다. 즉, 사춘기 이전의 청소년들은 사정 없는 오르가슴을 많이 경험하고, 전립선에 문제 있는 사람도 사정 없는 오르가슴을 경험한다.

남성에게는 역방향 사정이라는 것이 있는데, 사정하는 도중에 방광 쪽의 입구가 닫히지 않아 방광으로 정액을 사정하는 현상이다. 이러한 현상은 전립선수술을 했거나 당뇨병, 동맥경화증 등의 문제가 있는 남성에게서 흔하다. 남성이 역방향으로 사정한다고 해도 소변으로 정액이 분출되기 때문에 남성의 건강에 해로운 것은 없다.

남성이 오르가슴 시에 느끼는 기분은 따뜻한 기분 및 압박감과 항문 쪽으로 연결된 근육과 관련해서 약간 날카롭고 강한 기분으로 좋은 느낌을 가진다.

오르가슴을 느낄 때 남녀 모두 얼굴을 찌푸리거나 인상을 쓰는 듯한 표정을 짓는데, 이러한 현상은 불편하거나 기분이 안 좋아서 보이는 모습이 아니고 정반대로 성적인 기분이 좋은 상태에서 보이는 통제가 잘 안 되는 자연스러운 현상이다. 어떤 경우에는 신체의 부위가 경직되는 현상을 보이기도 한다. 남성은 오르가슴 도중에 여성이 소리를 내고 얼굴로 성적인 표정을 보이면 성적으로 더 흥분하고 오르가슴이 더 강하게 된다. 따라서 여성이 마음 놓고 소리도 낼 수 있는 안정한 분위기가 성적인 만족을 누리는 데 중요하다.

③ 여성의 오르가슴과 관련된 의문점

● 여성이 음핵 자극으로 오르가슴을 느끼는 것도 정상인가?

프로이트는 여성이 음핵 자극으로 오르가슴을 느끼면 미숙한 것이고, 성교에 의한 오르가슴을 느껴야 성숙한 여성이라고 했다. 또 여성은 음핵을 통하지 않고 질 삽입에 의한 성교를 통해서 오르가슴을 느낄 때만 여성답다고 했다(LoPiccolo & Heiman, 1978). 그러나 프로이트의 주장은 근거가 없고, 여성에 따라서 음핵 자극을 선호하는 여성, 성기 삽입에 의한 질 자극을 선호하는 여성 등 성적인 취향이 다양하다는 것이 밝혀졌다. 어떤 여성들은 음핵을 자극해서 성적으로 흥분하는 동시에 질 삽입을 하여 오르가슴의 극치를 누리려는 여성도 있다.

● 건강한 여성은 성관계를 하면 항상 오르가슴을 느끼는가?

이런 질문은 여성뿐만이 아니고 남성도 물어보는 질문이다. 어떤 여성은 성관계를 하면 항상 오르가슴을 느낀다고 믿기 때문에 오르가슴을 못 느끼면 수치심을 느끼기도 한다. 그러나 여성들은 성관계 시 약 3분의 1이 오르가슴을 느끼는데 어려움을 격는다고 한다(Woman's Day, 2017). 따라서 여성들이 항상 오르가슴을 못 느낀다고 실망하거나 문제시할 필요는 없다. 여성들이 오르가슴을 못 느끼게 되는 상황적인 요인들은 불안, 우울감, 스트레스, 부부 갈등, 낮은 자존감 등의 여러 가지가 있다.

● 여성의 괄약근육이 강해야 오르가슴을 느낄 수 있는가?

여성의 괄약근육은 성적으로 흥분하면 남성의 성기를 조여 주는 기능을 하며 이 과정에서 여성도 성적인 흥분을 하므로 성만족에 중요하다. 그러기에 40~50대 주부들은 괄약근육을 좁게 하는 '예쁜이수술'을 하기도 한다. 그러나 연구 결과에 의하면, 괄약근육이 약하다고 해서 여성이 오르가슴을 못 느끼는 것은 아니다(Sultan & Chambles, 1982). 실제로 여성들은 나이가 들면 괄약근이 약해지는데, 이것은 정상적인 신체적 변화이므로 너무 이 점에 집착할 필요가 없다.

● 여성은 성관계를 하면 반드시 오르가슴을 느껴야 성적인 만족을 얻는가?

남성은 성관계 시에 여성에게 오르가슴을 못 느끼게 하면 남성의 구실을 못한다고 믿고 성교 시에 여성의 오르가슴에 대한 부담감, 압박감을 가지고 성관계를 시도하는 경우가 많다. 이런 상태에서는 남성의 불안이 높아져 오히려 조루 등의 문제가 발생해서 여성에게 성적인 불만족을 가져다주게 된다. 그러나 여성들은 신체적인 오르가슴을 못 느껴도 성관계를 맺는 분위기에서 남성의 사랑을 확인하고 신뢰하는 관계를 느끼면 성적으로 만족감을 얻는다. 반대로 신체적인 오르가슴은 느껴도 심리적으로 불만족하면 성관계가 끝나고 난 후에 남성에게 이용당했다는 생각에 오히려 더 불만에 빠지는 경우가 많다. 여성도 남성과 같이 오르가슴을 원하고, 오르가슴을 못 느끼면 성적으로 불만스럽기는 하지만 여성이 느끼는 오르가슴에는 여러 요소들이 있다는 것을 명심해야 할 것이다.

● 여성은 성관계 시에 여러 번 오르가슴을 느낄 수 있는가?

짧은 시간 안에 여러 번의 오르가슴을 느끼는 현상을 다수의 오르가슴(Multiple Orgasm)이라고 부른다. 대체적으로 여성 중에서 14~16%의 여성들이 한 번의 성관계를 통해서 여러 번 오르가슴을 느낀다고 한다. 여성들 중에서 자위행위를 많이 한 경험이 있거나, 다른 여성과의 성경험이 있는 여성들이 다수의 오르가슴을 느낀다는 연구가 있다(Masters & Johnson, 1966). 여성들이 많은 오르가슴을 느껴야 멋있는 성생활을 하는 것은 아니다. 대부분의 여성들은 한 번의 오르가슴으로 만족하고, 오르가슴을 느낀 후에는 더 이상 성관계에 흥미를 보이지 않는 여성들이 많다. 오르가슴 횟수에 지나친 관심을 보일 필요가 없다.

④ 여성의 G-Spot(The Grafenberg Spot)

여성의 질 안쪽을 많이 자극하면 어떤 여성은 오르가슴을 경험할 뿐만 아니라 사정까지 하는 여성들이 있다. 이 부위는 산부인과 의사 어니스트 그라펜버그(Ernest Grafenberg, 1950)가 처음 발견해서 학계의 관심을 가지게 되었고 그녀를 존중하기 위해서 Grafenberg Spot(G-Spot)이라고 불렀다. 의학계에서는 100여 년 전에 이 위치가 존재한다는 것이 알려져 왔으나 그라펜버그 박사가 체계화했다.

G-Spot을 확인하기 위해서는 두 개의 손가락을 여성 질의 경부에서 치구 쪽 방향으로 자극하면 된다. 이 부위를 정확하게 확인해서 부드럽게 자극하면 처음에는 약간 불편스럽고 소변을 누고 싶은 듯한 느낌이 든다. 그러나 계속해서 자극하면 성적으로 흥분하고 성감이 올라가며, 계속해서 자극하면 사정을 하기도 한다.

여성이 성적으로 오르가슴을 느낄 경우에 남성처럼 사정하는가는 많은 연구의 대상이 되어 왔는데, 여성이 오르가슴을 느끼면서 성적인 자극을 받으면 여성의 전립선에

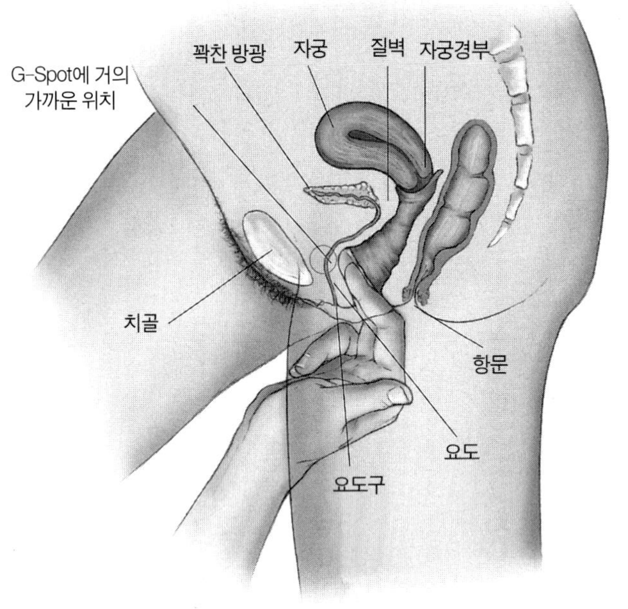

| 그림 8-5 | G-Spot의 위치

있는 액체가 요도를 통해서 분비되는 것으로 밝혀졌다(Zaviacic & Whipple, 1993). 2,350명의 캐나다와 미국의 여성을 상대로 한 연구에 의하면, 응답 여성들의 40%가 오르가슴을 경험할 당시에 소변이 아닌 액체가 분비되는 것을 경험했다고 한다(Darling et al., 1990). 사정을 하는 여성의 일부는 사정하면서 분비하는 분비물이었고(Ladas, Whipple, & Perry, 1982), 어떤 여성은 실제로는 소변을 분출한 것으로 밝혀졌다(Goldberg et al., 1983). 그러나 여성이 사정을 안 한다고 해서 비정상은 아니기 때문에 너무 신경 쓸 필요가 없고, 단지 오르가슴을 느낄 때 자신이 사정하는 현상을 요실금으로 착각한 여성은 여성의 사정 현상이 있다는 것을 알고 과잉 반응을 해서는 안 된다. 소변을 분출하는 여성은 산부인과에 가서 도움을 받아야 한다.

오르가슴의 다양한 반응

〈오르가슴의 느낌〉

'성행동의 절정인 오르가슴을 느끼는 기분이 과연 어떨까?'는 아주 흥미 있는 질문이다. 오르가슴을 느끼는 순간의 기쁨을 만끽하기 위해서 남녀 모두 신체적·심리적·경제적인 투자를 많이 한다. 오르가슴을 느낄 당시 그 기분을 설명한다는 것은 어려우며 개인에 따라서 다른 차이가 있다.

♥ 남성의 오르가슴 느낌의 예

"기분이 아주 좋다는 극치감과 성기 근처에서 폭발하는 것 같은 느낌이었습니다. 이 순간이 끝나고 긴장이 풀어지고 마치 구름 속으로 빠져 드는 듯한 편안함이었습니다."

"여성 성기와 마찰을 할 때마다 즐거운 감정이 고조되고 극치를 이루면서 사정하는 순간 황홀한 느낌… 말로 무어라 표현하기 어렵네요."

"오케스트라에 비유하면 크레센도로 점점 올라가는 성적인 황홀감이 포르테시모로 성기 주위에서 폭발하고 이 감정이 파도처럼 온몸에 퍼져 나가는 것 같았어요."

"황홀감 그 자체이지요. 기분이 정말 째지는 것 같았어요. 그리고 낭떠러지로 떨어졌더니 포근한 솜이불이 나를 포근하게 안아 주었어요."

"에너지가 골반 근처에서 점점 쌓여서 성기를 통해서 에너지가 빠져나가는 순간 큰 황홀감 그 자체를 느꼈지요. 말로 표현한다는 것이 모욕적인 것 같아요."

♥ 여성의 오르가슴 느낌의 예

"나는 얼굴이 화끈거려서 눈을 감고 입은 벌립니다. 음핵에서 전기가 온몸으로 진동하면서 퍼지는 것 같아요."

"마치 기분이 하늘로 계속 올라가는 황홀한 느낌입니다. 심장이 빨라지고 숨이 가빠지고 신체가 짜릿한 느낌입니다."

"마치 산더미 같은 즐거운 기분이 나를 한꺼번에 덮치는 기분입니다. 이 기분 속으로 영원히 빠지고 싶어요."

"몸 전체가 짜릿해지고 마치 차가운 호수로 뛰어드는 짜릿한 감정이 나를 덮쳐 오는 것 같았어요. 그리고 몸 전체에 긴장이 풀어지면서 즐거움 속으로 빠지는 것 같아요."

〈오르가슴의 반응〉

남성은 오르가슴을 느낄 경우에 여성처럼 거의 소리를 내지는 않는다. 그러나 여성들은 오르가슴을 느낄 당시에 여러 가지 다양한 반응을 보인다. 예를 들면, 소리를 지르기, 얼굴을 찌푸리기, 괴성을 내기, 남편을 꼬집기, 손을 꽉 쥐기 등 다양한 반응을 보인다. 개인마다 차이가 있기에 여성들이 자신의 성에 대한 자연스러운 반응을 이상하게 생각할 필요가 없다. 특히, 남성의 입장에서 보면 여성이 오르가슴을 느끼면서 소리를 내는 등의 자연스러운 반응을 보일 때, 성적인 만족이 더 증가한다. 여성이 아무런 반응 없이 오르가슴을 느끼면 남편은 자신의 성기능에 문제가 있는가 하고 의심할 수 있다. 남편을 위해서 억지로 과장할 필요는 없지만, 창피하게 느껴서 억제할 필요도 없다. 또한 여성 당사자도 오르가슴을 느낄 때 성적인 감정에 몰입해서 자신이 하고 싶은 방식으로 오르가슴을 즐기는 것이 성생활을 즐겁게 하는 비결이다.

(4) 해소 단계

해소 단계는 남녀의 차이가 많다. 즉, 남성은 일회성의 오르가슴으로 끝나지만, 여성의 경우에는 한 번의 성관계에서 오르가슴을 반복적으로 경험할 수도 있다. 그러나 이러한 여성들이 많지는 않다. 여성들은 혼자서 하는 자위 시에 여러 번 오르가슴을 경험하는 경우가 많다. 여성의 반복적인 오르가슴의 조건은, ① 편안한 상태에서 성적인 자극이 계속 주어져야 하고, ② 다른 생각은 하지 않고 자신의 성적인 만족에 몰두해야 하고, ③ 자위할 때 자신이 사용하는 성적인 환상 등이 중요한 역할을 한다. 남성은 이와 반대로 회복기를 반드시 거쳐야 다시 발기를 해서 성관계를 가질 수 있다.

해소 단계는 남녀의 신체가 성관계 전의 상태로 복귀하는 것을 말한다. 즉, 성기관에 충혈된 혈액이 빠져나가서 성기의 크기나 모양이 성관계를 갖기 이전의 상태로 돌아간다. 남성 성기가 작아지고, 고환도 신체에서 떨어져 늘어진다. 여성도 가슴의 크기가 원래대로 돌아가고 소음순, 대음순도 작아진다. 여성은 해소기가 남성에 비해서 시간이 좀 걸리지만 남성은 해소기가 갑작스럽게 온다. 남성은 성관계가 끝나면 피곤해져서 바로 곯아떨어져 자고 싶은 충동을 느끼지만, 여성은 해소기에도 남성이 자신을 안아 주기를 원하면서 성적인 여운을 즐기고 싶어 한다. 그러므로 남성은 해소기에 여성의 성적인 욕구를 알고 배려해 주는 관심이 필요하다.

토론

1. 평소에 자신이 가지고 있던 성적 흥분 및 반응에 대한 편견은 무엇이며, 그러한 인식을 가지게 된 이유는 무엇인지 함께 이야기해 봅시다.

제3부 사랑과 성행동

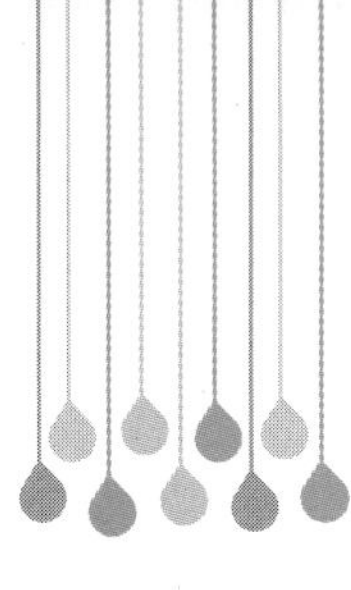

제9장

사랑

- 사랑은 온유하고, 시기하지 아니하며, 사랑은 자랑하지 아니하고(고린도 전서 13장 4-7절)
- 사랑은 결혼이나 이러한 병이 발병한 상황에서 그 환자를 제거함으로써 치유될 수 있는 순간적으로 미친 행동이다(Bierce, 1943, p. 202).
- 사랑은 상대방의 행복이 자신에게 아주 중요한 조건이다(Heinlein, 1961, p. 345).

사랑이란 말은 언제 들어도 아주 좋은 말이다. 특히, 젊은이들은 사랑을 위해서 자신의 인생을 걸 수도 있다. 그러나 우리가 그렇게도 원하는 사랑의 본질은 무엇일까? 사랑하면 달콤하고 즐거우며 신비스러울 줄 알았는데, 주위에서 사랑하는 사람들을 보면 사랑하기에 힘들고, 슬프고, 싸우고, 심지어 살인도 하는 현실이 전개되고 있다. 또, 사랑은 예술과 문학의 가장 중요한 주제이다.

사랑은 특별히 강한 정서와 행동적인 요소를 지닌 태도이다. 사랑은 사람과 문화와 시대에 따라서 다양한 의미를 부여한다.

루빈(Rubin, 1973)은 미시간대학교에 다니면서 데이트하는 수백 명의 커플들에게 사랑의 척도를 실시하여 자신들이 생각하는 로맨틱한 사랑에 관해서 설문을 하였다. 그 결과 사랑은 상대방과 신체적으로 같이 있으면서 정서적인 지지를 하는 애착관계, 상대방의 안녕(wellbeing)에 관심을 가지는 보살핌, 상대방과 가까우면서 비밀스러운 대화를 유지해 줄 수 있는 친밀감의 세 가지 요소가 지적되었다.

1. 사랑의 종류

1) 열정적인 사랑(passionate love)

열정적인 사랑의 특징은 상대방에 대한 강한 열망과 소망으로 가득 차 있는 상태이다. 남녀가 열정적인 사랑에 빠지면 상대방에 대한 강렬한 느낌, 고양된 기분, 불안, 성적인 욕구, 환상을 가진다. 상대방을 생각만 해도 가슴이 뛰고, 땀이 나기도 하며, 얼굴이 붉어지고, 오금이 저리는 듯한 신체적인 반응을 보인다. 열정적인 사랑에 빠져 본 사람들은 "나는 내 생각과 감정을 통제할 수 없었어. 내 마음은 온통 그녀(그)에게 빠져 있었지. 마치 눈에 콩깍지라도 씐 느낌이었어. 나는 항상 그녀(그)와 함께 있고 싶었고, 스킨십을 하고 싶었어. 사랑하는 사람과 같이 있을 수 없을 땐 우울증에 빠졌었지."라고 고백한다.

이렇게 강렬한 사랑은 대체로 사랑을 시작한 초기에 많이 일어난다. 열정적인 사랑의 단계에 빠져 있으면 자신들이 처한 상황을 논리적으로 생각하기 어렵고 상황 판단력도 흐려진다. 즉각적이고 눈앞에 있는 현실에만 초점을 둔다. 흔히 우리가 하는 말로 남녀가 불장난을 하는 것과 같은 상태에 빠진다. 또는 사랑에 눈이 멀었다는 말이 이러한 상태를 잘 표현해 준다. 그러나 이러한 열정적인 사랑의 수명은 길지 않다. 열정적인 사랑은 상대방의 성격을 잘 알지 못한 상태로 진행되기 쉽기 때문에 사귀면서 상대방을 더 알게 되면 서로에게 실망하기도 하고, 이에 적응하려고 노력은 하지만 조정이 잘 이루어지지 못한 경우에는 사랑은 시련을 당하고 오래가지 못한다.

사랑의 경험이 적은 젊은이들은 열정적인 단계에서 결혼을 맹세하고 일생을 같이 살기로 결심하기도 한다. 그러나 시간이 지나면서 열정적인 사랑이 식으면 자신들의 사랑이 허구였다는 것을 깨닫게 된다. 그러나 교제를 통해서 상대방을 서로 잘 알게 되고 서로가 서로의 욕구를 충족해 주려고 노력하면 사랑의 관계가 지속될 수 있다.

열정적인 사랑과 비슷하게 사용되는 낭만(romantic)적인 사랑은 소설이나 문학에 흔히 나타나는데, 이 사랑이 모든 문화에 공통적인지 특정한 문화권의 소산인지는 흥미 있는 주제이다. 인류학자 얀코비약과 피셔(Jankowiak & Fisher, 1992)는 낭만적인 사랑은 "상대방을 강하게 원하고, 상대방을 이상화하면서 미래에도 관계가 계속될 것이라고 생각하면서 느끼는 감정"이라고 정의했다. 이들은 이런 사랑이 문화권에 존재하기 위해서는 다음의 다섯 가지 조건이 필요하다고 규정하고 각 민족에 낭만적인 사랑이 존재하는가를 조사했다.

- 상대방에 대한 열망과 그에 따른 고통의 정도
- 낭만적인 사랑의 동기를 고양시키는 사랑의 노래, 전설
- 서로 눈이 맞아서 도피하는 내용
- 낭만적인 사랑이 존재한다는 원주민들의 보고
- 낭만적인 사랑이 존재한다는 인류학자의 긍정적인 보고

이들의 연구에 의하면, 이들이 조사했던 166개의 문화권 중에서 147개 문화권에 낭만적인 사랑이 존재했다고 결론지었다. 즉, 인간들에게는 어느 사회에서나 낭만적인 사랑이 보편적이라고 할 수 있다.

2) 온정적인 사랑(compassionate love)

온정적인 사랑은 낭만적인 사랑만큼은 강렬하지 않다. 그러나 온정적인 사랑은 친근한 감정이며, 사랑하는 사람을 잘 알고 이해하면서 상대방에 대해 느끼는 깊은 애착의 감정이다. 온정적인 사랑의 특징은 상대방과 인간관계를 형성해 나가는 과정에서 상대방의 단점을 알았다고 해도 상대방을 수용해 주는 태도를 가지는 것이다. 열정적인 사랑이 일시적이라면 온정적인 사랑은 지속적인 것이고, 인내심을 가지고 상대방에게 접근하는 사랑이다.

온정적인 사랑을 하는 커플이 성관계를 할 때는 상대방이 원하는 것을 채워 주면서 상대방과의 관계를 증진시키며 성을 즐기는 것이 특징이다. 서로를 신뢰하고 성관계 이전에 서로가 많은 대화를 하면서 서로의 친밀한 관계를 증진시키는 데 초점을 두고 있다. 성적인 느낌이 열정적인 사랑보다는 강도가 덜할 수 있어도, 온정적인 사랑의 섹

스는 더 의미가 있고 정서적으로 더 깊은 만족을 누린다.

남녀 간의 사랑은 대체로 열정적인 사랑으로 출발해서 온정적인 사랑으로 발전, 지속적인 사랑의 관계를 가지는 경우가 많다. 하지만 간혹 남녀 사이에 친구 관계 또는 동료 관계를 유지하다가 열정적인 사랑의 관계로 발전하기도 한다. 남녀의 사랑이 지속되기 위해서는 상대방을 이해하고 상대방의 욕구를 이해하는 것이 전제가 되어야 한다.

3) 스턴버그의 사랑의 삼각형 이론

심리학자인 로버트 스턴버그(Robert Sternberg, 1986)는 사랑에 대한 열정적 · 온정적인 태도에 관한 연구를 통해서 다음과 같은 사랑의 삼각형 이론을 발전시켰다([그림 9-1] 참조).

(1) 열정(passion)

열정적인 감정, 신체적인 매력, 성적인 욕구를 증진시키는 동기를 포함한다. 열정은 사랑하는 사람과 신체적으로 하나가 되고 싶어 하는 욕망을 갖게 만든다. 상대방에 대한 열정의 감정은 마치 중독과 같아서 상대방이 곁에 없으면 견디지 못하고 상대방을 그리워한다. 사랑하는 사람과 떨어져 있으면 상사병을 얻어 상대방에 대한 강한 갈망을 일으키는 것이 열정이다.

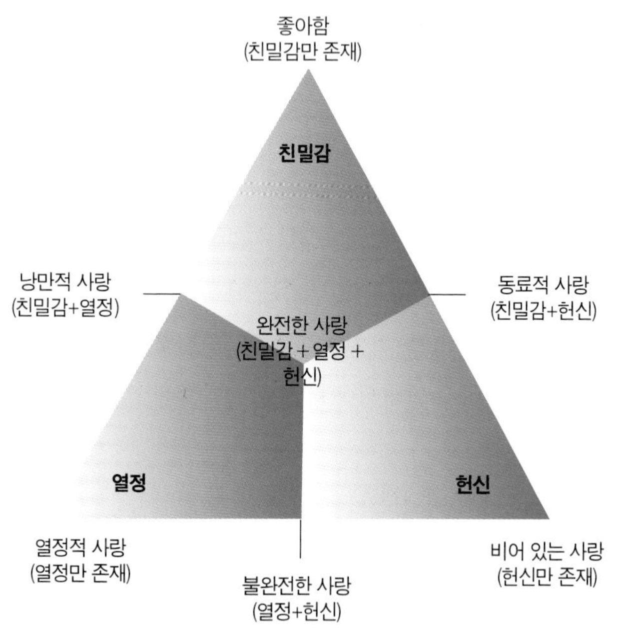

| 그림 9-1 | **스턴버그의 사랑의 삼각형**

(2) 친밀감(intimacy)

상대방과의 정서적인 연결감을 말한다. 즉, 사랑하는 사람에 대한 따뜻한 마음, 삶 나누기, 정서적인 친밀감을 의미한다. 사랑하는 사람과 친밀감이 있으면 자신의 비밀을 상대방과 나눌 수 있을 뿐만 아니라, 서로의 비밀을 지켜 주고 보호해 줄 수 있다.

(3) 헌신적 태도(commitment)

사랑의 사고적이고 인지적인 측면을 말한다. 사랑하는 사람 사이에 어려움이 있더라도 의식적인 결단을 통해서 상대방과의 관계를 유지하려는 결단과 책임감을 말한다.

스턴버그에 의하면, 열정은 사랑하는 관계에서 초기에 발생하지만 시간이 지나면 점점 강도가 줄어든다. 그러나 친밀감과 헌신적인 태도는 시간이 지나면서 서서히 발전한다. 사랑하는 사람 사이에 일어나는 성적이고 열정적인 사랑은 빨리 발전하고 급속도로 정상의 감정에 도달하며 또한 쉽게 식어 간다. 사랑하는 사람 사이에 친밀감과 헌신적인 태도가 발달되지 않으면 그러한 관계는 오래 가지 못하고 시들어 간다.

스턴버그에 의하면, 사랑의 세 가지 요소가 항상 균형을 이루진 않는다고 한다. 따라서 각 요소가 어떻게 강조되는가에 따라서 다음과 같은 여러 가지 사랑의 형태를 이룰 수 있다([그림 9-2] 참조).

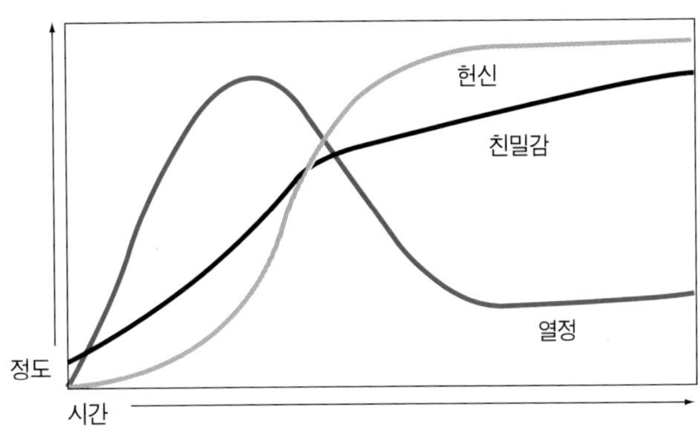

| 그림 9-2 | **스턴버그의 시간의 결과에 따른 사랑 요소 정도의 변화**

2. 사랑의 스타일

존 앨런 리(John Allan Lee, 1974)는 인간들이 친밀한 관계를 형성하는 스타일에 따라서 여섯 가지 형태의 사랑이 있다고 주장했다.

- 낭만적 사랑(Romantic love: eros) 신체적인 미를 강조하고, 상대방과의 스킨십이나 감각적인 쾌감을 강조한다.

- 유희적 사랑(Game-playing love: ludus) 한마디로 플레이보이 같은 바람기 있는 관계를 말한다. 즉, 상대방과의 깊은 관계에는 별로 관심이 없고 가능한 많은 사람과 사귀고 헤어지는 사랑을 말한다. 사랑은 단지 둘이서 즐기고 헤어지는 것이라는 것에 초점을 둔다.

● **소유적인 사랑(Possessive Love: mania)** 상대방을 소유하고 집착하는 사랑의 형태이다. 대체로 질투로 얼룩진 사랑을 한다. 상대방을 소유하려고 하기 때문에 감정의 기복이 심하고 사랑했다가 싸우고 하는 관계가 지속된다.

● **온정적 사랑(Compassionate love: storge)** 상대방에 대한 사랑의 감정이 서서히 발전하지만 지속적이고 안정된 관계를 유지한다. 이러한 사랑은 친구 같은 감정으로 시작해서 서서히 발전해 나가는 형태로, 시간이 지나감에 따라서 애정과 사랑으로 발전해 나간다.

결혼에는 사랑이 반드시 필수 요소인가?

결혼하는 남녀에게 사랑이 필수 요소인가에 대한 대답은 문화에 따라 다르다. 우리나라는 전통적으로 중매에 의해서 결혼이 이루어진 시대가 있었다. 즉, 결혼에 사랑보다는 가문과 부모들의 의견이 더 중요시되었던 것이다. 트리안디스(Triandis)와 그 동료들(1990)의 연구에 의하면, 대체로 집단적인 의견을 중요시하는 문화권, 즉 인도, 파키스탄 등은 사랑보다는 조건을 중요시하고, 개인적인 의견을 중요시하는 문화권, 즉 미국, 영국 등은 대체로 상대방에 대한 감정을 중요시한다고 한다.

| 질문 | 만일 상대방이 당신이 원하는 모든 조건을 다 갖추었다면, 당신은 그 사람을 사랑하지 않아도 결혼하시겠습니까?

국가별	반응(%)		
	예	아니요	모르겠다
인디아	49.0	24.0	26.9
파키스탄	50.4	10.4	39.1
태국	18.8	33.8	47.4
필리핀	11.4	63.6	25.0
미국	3.5	85.9	10.6
오스트리아	4.8	80.0	15.2
영국	7.3	83.6	9.1
브라질	4.3	85.7	10.0
홍콩	5.8	77.6	16.7
멕시코	10.2	80.5	9.3
일본	2.3	62.0	35.7

- **희생적 사랑(Altruistic love: agape)** 상대방에게 기대하는 것 없이 상대방을 위해 자기를 희생하는 사랑이다. 이러한 사랑은 오래 참으면서 질투나 탐내는 것이 없는 사랑이다.

- **실용적 사랑(Pragmatic love: pragma)** 서로가 합리적이고 이성적인 면에 초점을 두면서 하는 사랑이다. 서로가 서로를 만족시켜 주면서 주고받는 것이 균형을 이룬 사랑이다. 서로가 비슷한 관심을 가지면서 서로의 위치를 최대한 활용해서 현실적인 만족을 추구한다.

리(1974)에 의하면, 사랑의 의미가 다양하기 때문에 서로가 사랑을 말하면서 같은 의미로 대화하거나 서로 통하면 그 관계가 지속될 수 있지만, 서로 다른 의미의 사랑을 말하면서 관계를 유지하려고 한다면 그 관계는 오래 지속될 수 없다고 한다. 실제로 사랑하는 사람들이 처음에는 사랑한다고 고백하면서 서로에게 접근하지만, 본인이 원하는 사랑을 상대방이 줄 수 없음을 알고 나서는 실망하고 심지어는 배신감까지 경험하면서 헤어지는 경우가 많다. 이러한 현상은 사랑에 대해서 서로 다른 의미를 부여하여 생긴 결과라 하겠다.

3. 사랑의 과정

1) 왜, 그리고 누구와 인간은 사랑에 빠지는 것일까

우리는 사랑에 빠지면 눈에 콩깍지가 씌었고 눈이 멀었다고 표현한다. 다른 사람들이 보기에는 정말 안 어울릴 것 같은데 서로가 좋아하면서 죽고 못 산다고 하는 커플들을 많이 본다. 인간은 왜 특정한 사람과 사랑에 빠지는 것일까? 이것에 대한 대답은 복잡하다. 사람들은 인간이 외롭고 고독하기 때문에 사랑에 빠진다고 한다. 에리히 프롬(Erich Fromm, 1965)은 다른 인간과의 연합이 인간의 가장 내면적인 욕구라고 주장했다. 현대와 같이 고립된 사회에서는 더욱이 다른 사람과 사랑을 통한 연합이 절실히 필요하다. 인간은 외롭고 고독하기 때문에 사랑을 한다고 하지만 사랑의 요소는 이보다 더 복잡하다.

2) 사랑의 요소

낭만적인 사랑에 빠진 남녀의 경험을 들어보면 초기에는 사랑의 열병에 빠진다고 한다. 즉, 사랑하는 사람만 생각해도 기분이 고양되고 흥분된다고 보고한다. 이러한 현상은 실제로는 뇌의 신경전달 물질의 분비에 의해서 일어나는데, 뇌에서는 노르에피네프린(norepinephrine), 도파민(dopamine)이 분비되어 기분이 고양된다. 특히, 함께 분비되는 페닐에틸아민(phenylethylamine: PEA)은 암페타민과 성분이 비슷해서 고양되고 흥분된 기분을 느끼게 해 준다. 이런 현상은 왜 열정적인 사랑이 쉽게 달아오르고 쉽게 사라지는지를 생리적으로 설명해 준다. 고양된 기분이 가라앉으면 정서적으로는 고통을 느끼게 된다. 사랑하는 사랑과 떨어져 있으면 오히려 우울증이나 불안을 경험할 수도 있다는 것이다.

(1) 근접성

사랑이나 호감의 요소에서 가장 중요한 것은 사람들이 서로 만나야 한다는 것이다. 사회학자들에 의하면, 우리가 음악이나 예술품, 인간의 얼굴 등과 같은 새로운 자극에 반복적으로 노출되면 그 자극에 익숙해지고 그 대상에 대해서 호감도 일어난다고 한다(Bornstein, 1989). 사람들은 만나야 정이 들고 서로 간에 교류가 이루어지는 것이다. 사람들이 만나면 왜 호감이 일어나는 것일까? 서로 만나는 공간에 있다는 것 자체가 비슷한 취향을 가졌거나 유사한 일을 한다는 것일 수도 있다.

대체적으로 보면 학교와 직장이 사람들을 가장 많이 만날 수 있는 공간을 제공한다. 우리가 길거리에서 마음에 드는 사람이 있다고 불쑥 데이트를 하자고 하기는 어렵다. 그러나 학교에서 같은 수업을 듣는다든가 직장에서 같이 일하다 보면, 상대방에 대해서 좀 더 잘 알고 신임할 수 있으며 상대방에 호감을 느끼고 사랑으로 연결될 수도 있다. 서로 만나다 보면 상대방이 어떻게 행동할 것인가에 대해서 예측할 수 있고 편안하게 느낄 수 있다.

(2) 유사성

사랑하는 사람과 가치관, 생활관, 취미 등에서 비슷하다는 것은 서로 좋아하고 사랑을 느끼는 데 아주 중요한 요소이다. 사랑하는 사람들을 상대로 연구해 보면 신앙, 가치관, 태도, 관심, 지적인 능력 면에서 서로 유사한 사람들이 사랑에 빠지는 경향이 있다(Byrne, 1997). 인종별로도 같은 인종에 대해서 대체로 호감을 느끼고 사랑에 빠진다.

왜 우리는 유사한 사람들과 친해지고 사랑에 빠지는 것일까? 유사한 인생관이나 취미가 있으면 취미생활이나 시간을 같이 보낼 가능성이 많아진다. 예를 들면, 종교가 서로 같으면 함께 종교활동을 하면서 삶을 나누어 가질 수 있지만, 종교가 다르면 갈등을 일으킬 소지가 많다.

(3) 상호성

남녀가 사랑에 빠지는 또 다른 중요한 요소는 내가 상대방을 좋아하는 만큼 상대방도 나를 좋아한다는 인식이다. 즉, 내가 상대방에 대해서 긍정적으로 생각하고 좋아하면 상대방도 그만큼 나를 사랑한다는 확신이 있어야 한다. 나 혼자서 좋아하는 짝사랑은 성공할 수 없다.

상호성의 또 다른 측면은 내가 상대방에게 잘해 주고 보살펴 주는 만큼 나도 상대방에게서 받고 있다는 확신이 들어야 한다. 일방적으로 주는 사랑은 오래 가지 못한다. 내가 상대방에게 잘해 주면 상대방도 어느 정도라도 비슷하게 나에게 잘해 주어야 관계가 지속될 수 있다(Byrne & Murnen, 1988).

4. 신체적인 매력

사랑을 하기 위해서는 서로 처음 만날 때 상대방에게 매력이나 호감이 있어야 한다. 그러면 상대방에 대한 매력은 어떻게 시작되는 것일까? 연구에 의하면, 신체적인 호감이 대인 관계의 중요한 요인이 된다고 한다. 실제로 신체적인 매력이 데이트, 성관계, 결혼을 고려하는 데 중요한 요인이 되고 있다(Swami & Furnham, 2008). 주위에서 흔하게 말하기는 여성의 미는 내적인 미이고 외모가 중요하지 않다고 하기도 하는데, 실제로 실험을 통해서 보면 신체적으로 매력적인 상대에게 더 관심을 가지고 호감도도 올라간다고 한다(Baron et al., 2006).

그러나 어떠한 요소가 신체적인 매력을 가져오는가에 관한 기준은 문화적인 영향을 받기 때문에 사회마다 다르다. 우리나라 미의 기준은 서구의 영향을 받아 날씬하고 아랫입

❖ 신체적인 매력 포인트

동양, 서양, 아프리카를 막론하고 아름다운 여성에 대한 특징이 공통적이다. 즉, 눈은 크고 쌍꺼풀지고, 눈과 눈 사이는 넓고, 코는 작으며, 턱은 작고 좁은 형태이고, 아랫입술은 두껍고, 눈썹은 선명해서 잘 보이고, 아주 정숙하게 얼굴 단장을 한 여성을 선호한다.

술이 약간 두꺼운 여성을 매력적이라고 본다. 가슴은 발달되고 허리는 가늘며 엉덩이가 좀 큰 여성이 신체적으로 매력적이라는 것이다.

여성은 남성이 여성의 가슴이 커야 매력적이라고 느낀다고 믿고 가슴을 발달시키거나 유방확대수술에 관심을 많이 가지고 있다. 특히, 미국의 경우에 이러한 현상이 두드러져서 부작용이 많음에도 유방확대수술을 많이 받고 있다. 그러나 남성 입장에서 보면 너무 마른 여성은 병약해 보이고 아이를 생산하는 데 지장이 있을까 봐 어느 정도는 살이 찐 형을 좋아한다.

여성 입장에서는 키 큰 남성을 선호한다. 여성이 하이힐을 신고 남성과 같이 걸어갈 때 적어도 자신과 키가 같거나 자신보다 더 크기를 바란다. 남성과 여성 모두 뚱뚱한 사람은 신체적인 매력이 없다고 생각한다.

5. 성적인 매력

인간의 성적인 매력은 문화에 따라 다르다. 어떤 모습이 가장 이상적인가 하는 문제는 개인이 속해 있는 사회마다 다르며 또한 이는 그들이 어떻게 학습되었느냐와도 관계가 깊다. 일반적으로 거의 모든 문화권에서는 남성의 모습보다도 여성의 모습에 보다 더 관심을 가졌다. 그러나 여성에 대한 미의 기준이나 정의는 항상 변하고 있고, 신체의 어느 부분에서 가장 강한 매력을 느끼는가도 개인마다 서로 다르다. 어떤 사람들은 눈의 형태나 색깔에 매력의 중점을 두고 또 어떤 사람들은 코, 장딴지, 엉덩이, 머리색, 입, 다리, 유방 등에 관심을 가진다. 어떤 문화권에서는 여성의 음순을 늘이는 데서 성적인 매력을 느끼는 곳도 있다.

인간은 성적인 매력을 의복을 통해 나타내려고 노력한다. 남성은 상의 단추를 풀어 가슴의 털을 노출하려 하고, 14~15세기에는 성기의 크기를 노출시키는 옷을 입기도 했다. 또한 여성은 짧은 치마나 몸에 꼭 끼는 바지와 웃옷을 입는다. 이러한 행위는 자신이 스스로 성적인 매력을 가지고 있고, 다른 사람도 그렇게 생각해 주기를 원하는 데에서 오는 것이다.

사회생물학적 관점에서 볼 때 남성과 여성의 차이는 이성으로부터 성적인 매력을 느끼는 점으로 설명한다. 대체로 남성은 여성에 대해서 시각적으로 만족을 추구하는 경향이 있다. 반면 여성은 남성의 경제력, 건장한 체격, 신용, 믿음성 등을 강조한다.

그 이유는 남성들은 그들의 씨앗을 뿌리는 비옥한 근거로 여성의 신체적 매력을 보기 때문이다. 여성은 일생 동안 단지 몇 차례의 번식 기회밖에 갖지 못하기 때문에 태어난 아이의 양육에 관심을 두고, 자신과 성관계를 갖는 남성의 질(質)을 고려하는 것이다.

6. 사랑의 발전 단계

우리는 모두 어떻게 사랑을 시작하고 유지하며 즐길 수 있는가에 대해서 많은 궁금증을 가지고 있다. 그러나 이에 대한 대답은 쉽지 않다. 한 커플에게 효과적인 방법이 다른 사람들에게도 효과적이라고 할 수는 없기 때문이다. 모든 사람은 자신에게 맞는 비법이나 방법을 개발해야 한다. 그러나 사랑하는 관계도 인간관계라는 관점에서 볼 때 두 남녀 사이의 사랑 관계도 발전하는 단계와 순서가 있다(Crooks & Baur, 2002).

1) 자기 사랑의 단계

사랑의 관계를 생각하면 우리는 이성을 생각하기 쉬운데, 실제로는 인간관계의 출발은 자기 사랑에서 출발한다. 우리는 자신을 사랑한다고 하면 이기적이고 미숙하며 자신만 생각한다고 말하지만, 프롬(Fromm, 1965)은 자신에 대한 긍정적인 감정이 만족스러운 인간관계의 출발이 된다고 했다. 정상적인 인간관계란 자신에 대한 긍정적이고 안정적인 관계가 형성된 상태에서 타인과의 관계를 맺는 것이다. 그러나 자신에 대한 불안이나 부정적인 관계가 있는 상태에서 다른 사람을 통해서 자신의 부족한 면을 찾으려고 하면 그러한 관계는 불안한 출발이 되는 것이다.

2) 남녀 사랑의 발전 단계

두 사람 사이에 사랑이 발전되어 가는 단계가 있다. 물론 모든 사람들이 이러한 단계를 거치는 것도 아니고, 두 사람의 관계가 항상 예상대로 진행되는 것은 아니다. 사랑하는 관계란 변화무쌍한 것이고 결과를 예견하기도 어려운 것이 현실이다.

(1) 일상적인 접촉 단계

두 사람 사이의 접촉은 사랑의 시발점이다. 즉, 둘이 정기적 또는 불규칙적으로 서로 접촉하는 것이 사랑의 출발이다. 서로 만나면 즐거워하면서 인사도 하고, 스킨십도 하고, 좀 더 가까워지면 키스를 하기도 한다. 접촉 단계에서 중요한 점은 서로가 어떻게 지내는지에 관해서 정보를 나누어 갖는 것이다. "오늘은 어떻게 지냈어?"라고 서로 묻고 정보를 교환하게 되는 것이 접촉 단계에서 중요하다.

(2) 반응 단계

남녀가 접촉을 시도한 후, 사랑의 관계로 발전하기 위해서는 한쪽에서 반응하면 상대방이 어떻게 반응하느냐가 중요하다. 즉, 시선의 접촉을 시도했지만 상대방이 회피한다든가, 미소를 짓는데 오히려 혐오적인 얼굴을 보이면 관계가 지속되지 못한다. 두 남녀가 사랑으로 발전하기 위한 반응은 상대방의 관점에서 바라볼 수 있어야 하고, 상대방이 접근해 올 때 열의와 성의를 가지고 대하는 것이 중요하다. 이러한 반응이 계속되면 더 깊은 사랑의 단계로 발전해 나간다.

(3) 보살핌의 단계

상대방에 대한 보살핌이란 상대방의 안녕이나 이익에 관해서 진지한 관심을 가지고 표현하는 것을 말한다. 상대방을 위하고 상대방을 즐겁게 해 주는 일을 찾아서 하려고 노력한다. 문제는 이 단계에서 상대방이 잘해 주고 보살펴 줄 때, 이것을 당연히 여기고 그에 상응하는 노력을 하지 않으면 사랑은 식어 간다. 사랑이 발전하기 위해서는 항상 상호작용해야 한다는 것을 잊지 말아야 한다. 즉, 사랑은 호흡과 같아서 상대방을 향해 에너지가 나가면 상대방에게서도 다시 재충전해 주어야 사랑의 관계가 지속되는 것이다.

(4) 서로 신뢰하는 단계

상대방을 서로 믿어 주고 신임하는 것이 사랑의 관계를 위해서 중요하다. 상대방에 대한 믿음은 내가 예상한 대로 상대방이 어느 정도는 행동의 일관성을 보일 때 발달된다. 상대방의 행동을 전혀 예측하지 못하면 상대방을 신임할 수 없다.

(5) 애정의 단계

사랑하는 사람들에게 가장 중요한 감정은 애정이다. 애정이란 상대방에 대한 따뜻한 애착의 감정이다. 애정이 있으면 상대방과 더 신체적으로 접촉하고 싶고, 같이 있고 싶고, 안아 주고 싶으며, 상대방에게 정서적으로 의지하게 된다. 애정 있는 커플들은 눈으로, 신체적인 접촉으로 서로의 가깝고 친근한 감정을 표현한다.

인간의 페로몬은 존재하는가?

동물에게는 페로몬이라는 성적인 호르몬이 있어서 암컷이 이것을 분비하면 수놈은 냄새를 알아차리고 교미를 시도한다. 예를 들면, 동물들이 동물 특유의 페로몬을 방출하면 그 페로몬을 알아차릴 수 있는 코의 특수한 부위에서 냄새를 알아차린다.

그런데 이런 현상이 인간에게도 가능한가? 화장품 회사는 이 문제에 민감하여 여성이 남성의 관심을 끌 수 있는 향기가 나는 화장품을 생산해서 상업화시키려고 시도한다.

예를 들면, 몬티 블로시(Monti-Bloch)와 그 동료들(1998)은 인간의 코는 남녀 각각 땀에서 분비되는 페로몬을 알아차리는 부위가 있다고 주장하고, 인체의 땀에 있는 인간 페로몬을 이용해서 향수를 만들어 상업화했다. 그러나 차후의 연구는 이런 연구가 근거가 없다고 주장해서 인간의 페로몬은 과연 존재하는 것인가는 아직도 연구를 통해서 증명되어야 할 사항이다.

인간은 동물처럼 단순히 페로몬에 의해서 성적으로 흥분하고 발동하기보다는 다양한 생물학적 · 개인심리적 · 사회문화적인 요인 등 종합적인 성적 동기에 의해 흥분한다고 보아야 한다. 인간이 설령 페로몬에 의해서 성적으로 흥분할지라도 상황에 따라서 억제할 수 있는

(6) 서로를 즐기는 단계

서로가 사랑이 깊어지면 이제 서로 놀리고 농담도 하고 장난도 치는 단계에 이른다. 여성은 남성을 꼬집는 등의 공격을 하기도 하고, 남성은 여성의 엉덩이를 살짝 두들기기도 한다. 서로 만나서 웃고 즐기지만 때로는 상대방이 나를 버릴 것에 대한 두려움도 있다. 그러나 대체로 긍정적인 감정이 더 많다.

(7) 성적인 단계

남녀 간의 마지막 단계는 성기 접촉에 의한 성관계이다. 이 단계가 되면 서로가 여러

가지 형태로 성기 접촉과 애무 등을 하면서 친밀감을 나눈다. 이러한 사랑의 단계를 거치면서 성관계를 맺는 경우에 성은 단순히 성적 오르가슴을 느끼는 수단이 아니라 서로 간의 친밀감을 나누고, 사랑을 나누는 것이다. 상대방을 수용하고 인격적인 만남의 관계에서 성을 나누는 것이다.

7. 낭만적인 사랑의 사이클

남녀가 사랑에 빠지는 과정에 대해서 많은 견해들이 있다. 사랑의 사이클(Love Cycle)에 의하면, 사랑하는 남녀는 다음의 과정을 거친다고 한다(Masters, Johnson, & Klodny, 1995).

1) 사랑의 준비 단계(Love Readiness)

주위에 보면 애인이 없다고 이성 친구를 소개해 달라고 말하는 젊은이들이 있다. 그러나 솔직하게 말하면 애인이 없는 사람들은 이성에 관심이 없거나 사랑을 할 준비가 되어 있지 않은 사람들이 많다. 사랑은 아무나 하는 것이 아니고 대체로 다음의 준비 단계에 있는 사람들이 사랑을 한다.

- 사랑을 하려면, 이성에 대해서 시간을 보내고 투자하는 것에 대해 아까워하지 않으며 이성과 사귀는 것이 자신에게 비람직하다고 생각하고 이성을 원하는 마음이 있어야 한다.
- 이성과 관계를 맺고 싶어 하는 소망과 갈망이 있어야 한다. 즉, 이성과의 친밀감을 나누고 한 이성에게 자신을 개방하면서 자신의 외로움에서 벗어나려는 동기가 있어야 한다. 이성 관계는 나를 개방하고 상대방을 알고 수용하는 관계에서 출발하기 때문에 자신을 개방할 수 있는 준비가 중요하다.
- 성적인 욕구를 충족하고자 하는 욕구가 이성 관계를 촉진시킨다(Walster & Walster, 1978). 인간은 남녀 모두 성적인 본능을 충족시키고 싶어 한다. 혼자 살면서 혼자 자위행위를 한다든가, 성매수 등을 통해서 성적인 본능을 충족시킬 수도 있다. 하지만 이러한 성적 행동은 정서적인 안정을 가져올 수 없고 안정적이지 않다. 이렇

듯 성적인 욕구를 충족하고 싶은 동기에서 이성 관계를 추구할 수 있다. 그러나 이성 관계를 성적인 욕구 충족을 위한 목적만 가지고 시작했을 때, 상대방과 성관계를 맺으면 목적을 달성했기에 서로의 관계를 끝내고 새로운 관계를 추구하려 하기에 많은 문제가 발생한다. 안정된 관계가 성립되어야 성적인 욕구 충족도 안전하게 이룰 수 있다.

- 사랑을 하면 상대방도 나를 사랑해 준다는 희망이 있어야 이성 관계를 추구하게 된다. 일방적인 짝사랑은 이루어질 수 없기에 내가 상대방을 사랑하면 상대방도 나를 사랑해 줄 거라는 기대감이 있어야 이성 관계를 추구하게 된다.

이렇게 보면 많은 사람들이 사랑의 준비 단계에 있다는 것을 알 수 있다. 그러나 대부분의 사람들은 사랑의 준비 단계에서 더 이상 추진시키지 못하고 그 상태에 머물러 있는 경우가 많다. 사랑을 하려면 시동을 걸어야 한다. 가만히 앉아서 사랑이 굴러 들어오기를 기다리면 언제 그 사랑이 이루어질지 모른다. 한편 어제는 사랑의 준비가 된 것처럼 느끼다가 오늘은 그러한 욕망이 사라질 수도 있다. 사랑의 감정은 경우에 따라서 이성적이지도 않고, 통제하기도 어렵고, 예상대로 이루어지는 것이 아니다.

2) 사랑에 빠지는 단계(Falling in Love)

두 남녀가 갑자기 뜨거운 사랑에 빠지는 과정은 자세히 설명할 수 없는 신비한 과정이기도 하다. 로맨틱한 사랑은 처음 보는 순간 이루어지는 경우도 있고, 시간이 지나면서 점진적으로 이루어지는 경우도 있다. 그러나 사랑의 준비 단계 없이 갑자기 사랑이 생기는 것은 아니다. 소설이나 영화에서는 사랑을 할 준비가 전혀 되어 있지 않은데도 사랑에 빠지는 것처럼 보여 주기도 한다. 하지만 실제의 삶에서는 서로가 서로를 알아 가는 과정에서 서로의 욕구를 충족시켜 줄 수 있고, 공통적인 관심사가 있는 것 등의 확신이 들어야 사랑의 관계가 이루어지는 것이다. 초기의 친구 관계가 사랑의 관계로 발전할 수도 있다. 어쨌든 두 남녀가 사랑을 하기 위해서는 서로 접촉하고 만나야 한다.

사랑에 빠지면 상대방에 대한 정서적인 친밀감과 성적인 흥분을 포함한 열정을 느낀다(Sternberg & Barnes, 1988). 이러한 두 가지 감정이 서로를 긍정적으로 강화하고 서로를 잊지 못하게 하는 열애 단계로 들어가게 만든다.

3) 사랑 안에 있는 단계(Being in Love)

남녀가 사랑에 빠져서 사랑이 지속되기 위해서는 상호성이 있어야 한다. 즉, 짝사랑이 되어서는 사랑이 유지되지 못한다. 남녀가 사랑하는 관계 안에 있으면 편안함, 만족감, 정서적인 안정감을 누린다. 또한 성적으로도 매력을 느끼고 스킨십 등을 통해서 성적인 감정을 표현하려고 한다. 그러나 사랑한다고 성관계를 통해 성을 즐기는 것은 아니다. 개인의 혼전 성에 관한 태도나 종교적인 가치관에 따라서 성관계까지는 가지 않고 자위를 한다든가, 활동을 같이 하는 등의 다른 행동을 통해서 남녀 간의 직접적인 성관계를 지연하거나 통제할 수 있다. 만일 사랑하는 남성이 성적인 면에만 관심이 있고 여성에 대한 배려나 순수한 관심이 없으면 이러한 사랑은 오래가지 못한다. 열정적인 사랑이 지속되기 위해서는 상대방을 성적인 존재로만 바라보는 것이 아니고, 인격적인 존재로 보면서 상대방을 수용하고 포용해 줄 때 가능한 것이다.

4) 전환기의 사랑(Love in Transition)

전환기의 사랑의 특징은 초기의 낭만적인 감정도 식어지고, 성적인 매력도 떨어지고, 상대방의 약점들이 밖으로 드러나면서 상대방에 대한 실망, 좌절, 불안, 분노 등의 감정을 가지는 것이다. 상대방을 만나도 초기처럼 흥분되는 감정이 없고, 일종의 권태감정이 드는 것이다.

전환기 사랑의 또 다른 특징은 상대방을 자신이 원하는 사람으로 만들려는 시도를 한다는 것이다. 이러한 과정에서 남녀 사이에 서로 권력 투쟁이 일어난다(Coleman, 1977). 상대방에 대한 질투 감정, 분노, 좌절의 감징과 이전의 열정적인 사랑의 감정이 교차하면서 두 사람의 관계는 마치 롤러코스터를 타는 기분이다. 하루는 좋았다가 다음날은 싸우기도 한다.

전환기의 사랑은 두 남녀가 현실을 좀 더 직시하고 사랑을 현실화시킬 가능성에 대해서 타진하고 알아보는 시기이다. 따라서 이 시기를 잘 극복하기 위해서는 무엇보다도 상대방의 관점에서 바라보고 이해하며, 상대방이 원하는 것을 수용하고 받아 주려는 노력과 협동, 융통성이 절대적으로 필요하다. 자신의 욕구를 상대방이 안 들어준다는 자기중심적인 사랑에 빠져 있으면 사랑은 오래 지속되지 못하고 식어 가게 마련이다.

전환기의 위기를 극복하여 서로가 초기의 상대방에 대한 단순한 호기심, 성적인 욕구, 열정에만 매달리지 않는다면 두 사람의 사랑은 성숙한 사랑의 단계를 향해서 다른 차원의 사랑을 할 수 있다. 서로를 신뢰하고 믿어 주는 사랑으로 성숙하지 못하는 사랑은 수명이 짧다.

5) 사랑에서 빠져나오는 단계(Falling out of Love)

사랑에 빠져 있는 연인들은 상대방의 행복과 안녕에 대해서 관심이 많고 자신을 개방하고 상대방과 같이 있어도 행복하지만, 사랑에서 빠져나오는 사람들은 반대로 상대방보다는 자신의 이익에 관심이 많고, 전에 비해서 덜 개방적이고, 자신의 감정을 숨기거나 잘 표현하지 않고, 상대방에 대한 관심이 적고 애정이 식어 가는 것이 특징이다. 대화를 해도 서로가 초점이나 주파수가 맞지 않아서 대화가 이전처럼 잘 되지 않는다. 두 사람 사이에 문제가 발생하면 이전에는 서로가 해결하려고 노력했지만, 사랑에서 빠져나오려는 사람들은 문제를 방치하거나, 이를 이유로 서로가 더 멀어지는 것이 특징이다.

남녀가 사랑을 하다가 서로 헤어질 때는 약 15%만이 서로가 합의하에 헤어진다고 한다(Hill, Rubin, & Peplau, 1976). 나머지는 그래도 사랑하려고 하거나 상처를 받아서 우울증, 심지어는 자살까지 시도하는 경우도 있다. 연인을 그리면서 일생을 혼자 사는 사람도 있다. 사랑이 달콤하다고 시작했지만 이 단계에 있는 사람들은 사랑하기가 왜 이렇게 어려운가를 체험하고 사랑의 쓴맛을 보는 것이다. 자발적으로 헤어지는 사람은 상처를 덜 받겠지만, 버림을 받는 연인은 배신감, 분노, 상처의 감정과 그래도 한때는 즐거웠던 과거를 회상하면서 지옥과 천당을 왔다 갔다 하는 심정으로 살아가기도 한다.

6) 사랑에서 완전히 벗어나는 단계(Being Out of Love)

사랑의 반대는 증오가 아니라 무관심이다. 연인과의 사랑에서 완전히 벗어나면 그 연인과의 심리적인 증오나 사랑의 관심이 무덤덤해진다. 이러한 사람은 다시 사랑의 준비 단계로 들어가서 이전의 경험을 토대로 새로운 연인을 사귀려고 시도할 수도 있다. 실연한 사람이 사랑을 다시 시도하면 종전에 비해서 더 취약할 수도 있고, 더 개방적일 수도 있다. 그러나 실연을 한 사람은 이제는 아예 사랑과 담을 쌓고 이성에 대해서 무관심하거나 증오하거나 하면서 혼자만의 세계로 빠지기도 한다.

8. 사랑과 애착(attachment)과의 관계

애착이란 부모와 자녀, 또는 두 성인들 사이에 발달하는 강렬한 정서적인 연결감을 말한다. 사랑이 없이도 애착을 할 수 있지만, 애착 없이는 다른 사람에 대한 사랑을 경험할 수 없다(Crooks & Baur, 2011).

1) 애착의 스타일

신생아가 애착을 형성하는 스타일은 아동의 생리적 · 심리적인 욕구를 부모가 어떻게 알아차리면서 대처해 주는가에 따라서 안정 애착(secure attachment), 불안-양가적인 애착(anxious-ambivalent attactment), 불안-회피 애착(anxious-avoidant attachment)으로 구분한다(Ainswoth, 1979). 안정 애착은 유아의 욕구를 엄마가 적절하게 알아차리고 대처해 줄 때 발달한다. 이런 유아들은 엄마와 떨어져도 엄마가 돌아와서 자신을 돌볼 것이라는 경험 때문에 부정적인 정서 반응을 보이지 않지만, 불안-양가적인 애착을 경험한 유아는 엄마와 떨어지면 강한 격리 불안을 보인다. 불안-회피 애착을 경험한 아동들은 엄마와 재회했을 때 회피하거나 신체적인 접촉을 꺼리는 경향을 보인다.

2) 애착스타일과 성인 애착 관계

이성 간의 사랑을 애착의 관점에서 보면 서로 상대방과의 정서적인 애착 관계에 해당된다. 아동은 엄마가 애착대상이 되지만, 연구에 의하면 어린 시절의 애착스타일이 성인 애착과 상관관계가 높다는 것이다. 자신의 애인 또는 결혼 대상과 안정된 성인 애착의 특징은 서로 간에 정서적인 친밀감을 느끼고 서로의 접근을 허락하며, 서로 떨어져 있어도 상대방을 신뢰하고, 만나면 친밀감이 쉽게 회복된다. 성인들의 거의 반에 해당하는 경우가 여기에 속한다(Hazan & Shaver, 1987). 그러나 성인 사이에 불안정 애착을 경험하는 커플들은 서로의 친밀감을 형성하는 데 문제를 보이거나, 서로 떨어져 있으면 불안하고 상대방을 의심하거나 화를 내기도 한다.

| 표 9-1 | 성인 정서적인 친밀감과 애착 관계

성인 안정 애착	성인 불안-양가적 애착	성인 불안-회피 애착
사람들과 정서적으로 쉽게 가까워지고 다른 사람이 접근하는 것을 허용함	상대와 접근하려고 하지만, 상대방이 자신과 친밀감을 원치 않는다고 믿음	다른 사람과 정서적으로 가까워지면 불안을 느낌
관계에서 안전감을 느끼고, 상대가 자신을 버릴 것이라고 생각하지 않음	상대가 자신을 정말로 사랑하는지 의심하고 자신을 떠날 것이라고 걱정함	사랑은 일시적이고 언젠가는 상대방이 자신을 떠날 것이라고 믿고 있음
상호 의존적임	상대방과 경계선이 없고, 상대방이 자신을 흡수해 주기를 바람	상대방에게 의존될 것을 걱정하고, 다른 사람에게 의존하는 것을 아주 싫어함
연인과 사랑의 관계에서 행복, 만족, 신뢰, 상호적인 정서적 지지를 함	관계는 감정적으로 기복이 심하고, 강박적인 성관계 및 질투심이 심함	일반적으로 서로 원하는 것보다 소원한 관계, 친밀감에 대한 공포 및 증폭이 심함
평균 10년 정도 안정적인 연애 관계를 유지함	평균 연애 기간이 5년 이하임	평균 연애 기간이 6년 정도임

출처: Shaver et al.(1988)

9. 남녀 사랑 관계에서 파생되는 문제점

1) 사랑하려면 거절을 감수해야 하는가

사랑하기를 주저하는 사람들에게 물어보면 자신이 상대방에게 접근했을 때 상대방에게서 거절당할 것에 대한 두려움 때문에 데이트를 신청하지 못했다고 하는 사람들이 많다. 좋아하는 사람에게 거절당하면 누구나 자존심에 상처를 받는다. 자신이 부족해서 상대방에게 거절당했다는 생각에 실망과 좌절감에 빠져들기도 한다. 그러나 엄밀하게 따져 보면 연애하다가 거절당하는 것은 어느 한쪽이 부족해서라기보다는 서로가 잘 어울리지 않거나, 코드가 맞지 않기 때문에 일어나는 현상이다. 실연당한 사람들에게 자신도 누구를 거절한 경험이 있는가 하고 물어 보면 남들을 거절한 경험이 있다고 답변한다. 인간은 서로 거절하고 거절당하는 셈이다.

문제는 한쪽에서는 사랑 관계를 강하게 거절하는데 계속해서 끈질기게 물고 늘어지는 경우이다. 이런 상황은 잘못하면 스토킹(stalking)으로 발전될 수도 있다. 사랑은 자유스러운 가운데 서로 선택할 수 있어야 안정적으로 지속될 수 있다.

2) 거절하는 사람은 죄책감을 느끼는가

남녀가 데이트를 성사시키는 과정에서 거절하는 사람의 심정은 어떠할 것인가? 대체로 누가 자신을 좋아했는데 싫어서 거절하는 사람의 심리는 처음에는 기분이 좋다고 한다. 즉, 상대가 누구든지 자신을 좋아하는 사람이 있다는 것에 대한 긍정적인 생각에서다. 그러나 그러한 감정은 상황에 따라서 많은 변화가 있다. 즉, 거절당한 사람이 우울증에 빠진다든가 깊은 상처를 입었다는 것을 알면 거절한 사람은 대체로 자신의 거절로 인해서 상대방이 상처를 입었다는 것에 대해서 죄책감을 느낀다.

거절하는 사람은 때로는 상대방을 싫어하면서도 확실한 거절의 태도를 보이지 않고 애매한 상태를 유지해서 상대방에게 더 상처를 주는 경우도 있다. 데이트도 중요한 인간관계이므로 싫으면 싫다는 감정을 정확하게 표현하는 것이 중요하다.

3) 사랑과 섹스는 어떤 관계가 있는 것일까

사랑과 섹스는 서로 깊은 상관관계가 있지만, 항상 그렇지는 않다. 데이트를 하는 젊은이들이나, 결혼한 사람들이나 또는 독신으로 살고 있는 사람들이라도 사랑 없이 섹스를 즐긴다. 섹스가 사랑을 더 깊게 할 것인가? 아니면 오히려 사랑을 망칠 것인가? 사랑 없는 섹스는 적절하지 않은가? 섹스 없는 사랑도 가능할 것인가? 섹스와 사랑의 관계는 생각처럼 단순하지 않다. 섹스를 정의하는 것도 쉽지 않다. 키스는 섹스의 일부분인가? 키스가 섹스가 아니라면 어느 정도의 애무를 섹스라고 할 것인가? 섹스에 대한 의미도 개인마다 다르기에 모든 것이 쉽지는 않다. 사랑하면 섹스를 통해서 표현하고 싶어 한다. 그러나 사랑 없이도 순간적인 성적인 감각을 추구하기 위해서 섹스를 시도하기도 한다. 바람직한 섹스는 서로가 사랑하는 관계에서 깊은 사랑을 표현하기 위한 섹스이다.

4) 남자와 여자는 섹스에 대해서 다른 견해를 가지고 있을까

일반적으로 남자와 여자는 섹스에 대해서 약간 다른 견해를 가지고 있다(Hendricks &

Hendricks, 1995). 즉, 여성은 섹스와 사랑을 연관시킨다. 대체적으로 남성은 여성에 대해서 정서적인 친밀감이나 사랑이 없이도 성관계를 쉽게 갖는 경향이 있다(Buss, 1999). 그러나 이러한 경향은 사랑하는 관계의 초기에는 해당할 수 있겠지만, 두 사람 사이의 관계가 더 깊어지면 남자나 여자 모두 정서적인 지지나 친밀감을 중요시하면서 성관계를 맺는다.

또한 최근에는 남성도 섹스에 사랑을 중요시하는 경향으로 바뀌고 있다. 예를 들어, Parade라는 잡지사에서 남녀에게 '사랑 없는 섹스를 할 수 있는가?'에 대한 질문을 1984년과 1994년에 10년 간격으로 조사한 바에 의하면, 초기에는 남성의 59%, 여성의 86%가 '아니요.'로 답변한 반면, 후에는 남성의 71%와 여성의 86%가 '아니요.'로 답변했다(Clements, 1994). 즉, 남성도 성관계에서 정서적인 친밀감과 사랑을 중요시하는 경향으로 바뀌어 가고 있다는 것이다. 남성도 여성이 자신을 사랑하지 않으면서 성적인 대상이나 경제적인 이용 가치로만 생각하면, 성적인 욕구가 떨어질 수 있다. 진정한 사랑이란 상대방의 성을 포함한 인간 자체를 수용하는 것이다.

5) 이성애자와 동성애자는 사랑과 섹스에 대해서 다른 의미를 가질까

일반인들이 생각하기에는 동성애자들은 양성의 부부들보다는 상대방과의 친밀감에 관심이 덜 있을 것이라고 생각한다. 실제로 게이나 레즈비언 부부들을 상대로 한 연구에 의하면, 게이 부부들은 사랑과 성을 별도로 생각해서 개인적으로 여러 사람과 성관계를 맺지만 사랑은 자신의 파트너와 나누는 경향이 있고, 레즈비언들은 파트너에 대한 애정과 사랑을 중요시해서 다른 여성들과 문란한 성관계를 맺지 않는다고 한다(Kurdek, 1995). 이러한 현상은 성에 대해서 남성과 여성들이 보이는 성적인 차별을 보여 주는 것이라고 할 수 있다. 그러나 동성애자들도 부부 관계를 맺고 사는 사람들은 자신들의 파트너에 충실하고 애정과 친밀감을 중요시하는 경향이 있다고 한다.

6) 성과 사랑의 관계 중 어느 것을 중요시할 것인가

우리가 흔히 성관계라고 하면 섹스를 의미하는 성과 두 사람 사이의 인간관계를 의미하는 관계라는 두 가지 측면이 있다. 성을 중요시하는가, 관계를 중요시하는가는 개인의 가치관에 달려 있다고 할 수 있다. 대체로 서로의 사랑 관계를 유지하기 위해서 성을 사용하면 그 관계는 오래 지속될 수 있지만, 성을 즐기기 위해 관계를 이용하는 경우에는 오래 가지 못한다.

7) 성에 대한 의미는 다양한가

이에 대한 대답은 '예스'이다. 성에 대해서 의미를 부여하는 것은 그 개인의 종교, 가정, 사회의 통념과 가치관 등에 따라서 아주 다양하다. 따라서 자신의 성에 대한 가치관이나 의미를 확인하기 위해서는 다음과 같은 질문을 스스로 해 보기 바란다.

- 지금 일어나고 있는 성에 대한 개방적인 태도를 얼마나 수용할 수 있는가?
- 혼전에 성관계를 하는 것에 어떤 태도를 가지고 있는가?
- 사랑하면 언제라도 성관계가 가능한가?
- 나의 성에 대한 가치관은 누구에게서 많은 영향을 받았는가?
- 나는 성에 대한 우리나라의 전통적인 가치관을 수용하는가, 거부하는가?
- 나는 현재 데이트하는 대상과 성관계를 가졌을 경우 후회하지 않을 것인가?

등의 성에 대한 개인적인 가치관을 검토할 필요가 있다.

8) 이성 사이에 성적인 감정 없이 친구 관계가 가능한가

우리는 흔히 남녀 사이에 성적인 감정 없이 순수한 우정이 가능한가에 대한 질문을 많이 한다. 엄격하게 말하면 남녀 사이에 성적인 감정이 전혀 없는 것은 아니지만, 억압하거나 주의를 다른 곳으로 분산을 하면서 친구 관계를 유지한다고 보는 것이 정확하다. 결혼하는 사람들 중에는 처음에는 친구로 사귀다가 사랑 관계로 빠졌다고 하는 사람들이 많다. 친구 관계와 사랑의 관계는 종이 한 장의 차이일 수 있는데, 서로가 성적인 욕망이나 생각을 억제하고 통제하는가에 따라서 친구로 남는가, 애인으로 발전하는가의 차이가 생긴다.

9) 이성 관계를 섹스 없이 계속해서 지속할 수 있을까

엄밀히 말해서 이성 관계는 서로가 섹스를 하지 않기로 결심했다면 섹스 없이 데이트를 하는 것이 가능하다. 그러나 한쪽에서 성관계를 요구하는 경우라면 성관계 없이 오랫동안 친구 관계로만 유지한다는 것은 아주 어렵다. 대체로 남자는 성적인 접촉과 성관계를 원하는데 여성들은 스킨십 정도는 즐기지만 성관계까지는 원하지 않는 경우가 많다. 남성이 여성에게 성적인 접촉을 전혀 시도하지 않는 경우, 여성의 입장에서는 자신이 성적인 매력이 없나 하면서 상처를 받을 수도 있다. 따라서 이성 관계에서 서로 간에 성에 대한 가치관을 솔직하게 밝혀서 편안한 관계를 유지할 필요가 있다.

10) 상대가 성적인 접근을 할 때 'No' 라고 말해도 괜찮은가

한마디로 말해서 자신이 성관계를 맺을 준비가 안 되었을 때 'No'라고 말하는 것은 건강한 데이트이다. 성관계에 응해 주지 않으면 남자 친구가 기분 나빠 할까 염려해서 또는 자신을 떠나갈까 두려워서 성관계를 맺는 것은 건강하지 못할 뿐더러, 관계도 오래 지속되지 못한다. 또한 남성 역시 여성을 진정으로 사랑한다면 여성이 소중하게 여기는 것을 보호해 주고 상대방이 준비될 때까지 기다려 주는 것이 진정한 사랑이다. 성적인 발달 단계로 볼 때, 상대방을 잘 알지 못하는 상태에서 성관계를 먼저 갖게 되면 성관계 후에 후회하거나 불안한 감정을 느끼게 된다.

 토론

1. 사랑에 있어서 성적인 요소가 반드시 필요하다고 봅니까? 그렇다면(또는 그렇지 않다면) 자신의 입장에서 그 이유에 대해 함께 이야기해 봅시다.

제10장

데이트와 기법

- 사소한 대화를 하면 진정한 관계를 시작하기 어렵다.
- 자신을 빨리, 솔직히 개방하는 것이 애정 관계를 발달시킬 수 있는 좋은 방법이다.
- 다른 사람에게 거절당하는 것에 대한 두려움 때문에 사람들을 사귀지 못한다.
- 성관계 없이는 깊은 애정을 느낄 수 없다.
- 남녀 간의 가장 순수한 사랑은 서로 사랑하는 그것 자체에 있다.
- 상대방이 비난할 때 가장 좋은 방법은 같이 맞대응해 주는 것이다.
- 서로 사랑하면 모든 갈등은 저절로 해결된다.
- 서로 불일치하는 것은 관계를 망치게 하는 것이다.

※ 이 중 한 항목이라도 체크했다면 데이트에 대한 비현실적인 기대를 가지고 있는 경우다.

1. 낭만적인 사랑의 기법

인간은 사회적인 동물이다. 이 말이 함축하는 의미는 우리는 관계 속에서 태어났고, 관계 속에서 살다가 관계 속에서 세상을 떠난다는 말이다. 즉, 관계를 맺지 않고 살아간다고 말하더라도 우리는 어떤 형태로든지 관계를 떠나서는 존재할 수 없다는 것이다. 인간에게 가족과의 관계가 중요하지만 사실은 자신과 일생을 같이 살 수 있는 이성과의 관계가 더 중요하다. 왜냐하면 이성과의 관계를 통해서 가족을 이루어야 인간이 가장 싫어하는 고독을 벗어날 수 있기 때문이다.

조지 레빙거(George Levinger, 1980)는 로맨틱한 관계의 ABCDE 모델을 제시했다. 로맨틱한 관계 역시 시작과 발달과 종결이 있다는 것이다. 즉, ABCDE는 다음을 의미한다.

Attraction, **B**uilding, **C**ontinuation, **D**eterioration, and **E**nding.

이 모델에 근거해서 구체적인 데이트 기법을 소개하면 다음과 같다.

1) 상대방에게 호감이나 매력을 느끼기(Attraction)

남녀는 서로를 만나면서 상대방에게 끌리는 마음이 있을 때 매력을 느낀다. 우리의 삶을 뒤돌아보건데 초등학교 시절에 매력을 느낀 남자나 여자가 있을 수 있고, 꿈 많은 고등학교 시절에 버스 안에서 자주 만난 여학생을 못 잊을 수도 있다. 우리는 상대방과 미팅, 그룹 활동, 직장, 특별활동 등을 통해서 만난다. 데이트는 만남으로부터 시작된다는 것을 알아야 한다.

남녀가 만날 때 부정적인 분위기보다는 긍정적인 분위기에서 상대방에게 매력을 느낀다고 한다. 예를 들면, 남녀 128명에게 행복한 주제를 가진 영화와 슬픈 주제를 가진 영화를 감상하게 하고 상대방에게 느끼는 감정을 측정한 결과, 행복한 주제의 영화를 본 경우에 더 많은 호감을 느꼈다(Forgas et al., 1994). 만남이 분위기가 있거나 멋이 있어야 서로에게 좋은 추억을 남기면서 호감이 생기는 것이다. 연애를 잘하려면 상대방의 마음을 사로잡는 멋있는 분위기를 잘 파악해야 한다.

남녀가 데이트를 거쳐서 결혼에 골인하는 경우를 살펴보면 처음에는 서로 친구 관계로 출발해서 애인으로 발전하여 결혼으로 이어진 경우가 35%로 제일 많았고, 혼자 접근한 경우가 32%, 가족의 소개나 도움이 15%, 직장 또는 이웃에서 만난 경우가 13%였다(Michael et al., 1994). 즉, 처음에는 부담 없는 친구로 사귀다가 서로에게 매력을 느껴서 결혼까지 가게 된다. 이제는 인터넷, 휴대전화 등의 등장으로 남녀가 접근할수 있는 기회와 공간이 많이 확장되었다. 남녀는 접촉할 수 있는 기회나 방법에 있어 창조적인 만남이 필요하다.

2) 연인 관계로 발전하기(Building)

연인 관계로 발전하기 위해서 초기에 중요한 점은 서로가 쉽게 접촉할 수 있는 근접성이다. 즉, 쉽게 만날 수 있어야 서로에 대한 호감이나 애정의 감정이 싹트는 것이다. 사랑하는 사람은 먼 곳에 있는 것이 아니라 아주 가까운 곳에 있다. 가까운 곳에 있는 사람들 사이에서부터 연인을 탐색하는 것이 중요하다.

남녀가 연인 관계로 발전하기 전에 접촉이 이루어지려면 처음 만났을 경우에는 주변 일들에 관한 부담 없는 가벼운 대화가 필요하다. 처음부터 심각한 이야기를 하면 오히려 상대방에게 부담을 줄 수 있다. 대인 관계 기술이 부족한 사람들을 위해서 좀 더 구체적으로 친구 관계 형성을 위한 대화를 소개하면 다음과 같다.

- 간단한 인사　안녕하세요. 오늘은 날씨가 좋아요.
- 상대방에 대한 간단한 확인　오늘은 기분이 어떠세요? 잘 지내시는지요?
- 간단한 칭찬　그 옷이 참 잘 어울리네요. 스카프가 멋있어요.
- 환경에 대한 간단한 언급　요즘 날씨가 정말 더워요.
- 상대방의 행동에 대한 간단한 묘사　혼자 앉아 계시네요. 독서에 열중이네요.
- 자신에 대한 간단한 소개　저는 경영학을 전공하고 있어요. 이름은 홍길동이구요.
- 자신의 취미에 대한 간단한 소개　저는 영화감상을 좋아해요.

호감이 가는 사람이 있으면 길거리나 어디에서든지 만났을 때 서로 눈길을 주면서 간단한 인사를 하는 것도 많은 도움이 된다. 처음부터 심각한 이야기로 상대방의 마음을 빼앗으려는 태도를 버리고, 서로가 부담 없이 사귀는 친구라는 기분으로 상대방에게 접근하는 것이 좋다. 대체로 처음 만나면 이름, 직업, 결혼 상태, 고향 등에 관해서 간단한 정보를 나누는 것이 보통이다.

연인 관계를 형성하는 또 다른 중요한 기술은 자기 자신에 대한 적절한 개방이다. 즉, 자신을 적절하게 개방하는 방법을 아는 것이 연애의 기술인 것이다. 워스먼과 동료들(Worthman et al., 1976)의 연구에 의하면, 연애 초기에 자신에 관한 개방을 너무 하면 상대방에게 오히려 부담감을 주고 관계가 멀어지게 된다고 한다. 그러나 자신을 너무 개방하지 않으면 상대방에게 신뢰감을 주지 못하고 상대방이 자신을 이해하는 데 도움을 주지 못한다. 자신을 개방하는 속도와 내용을 잘 조정하는 것이 중요하다.

교제하고 있는 남녀의 대화를 들어 보면 대체로 여성들이 말을 많이 하고 남성들은 그저 묵묵히 들어 주는 상황이 흔하다. 남녀가 자기를 개방하는 방법과 깊이에 성차가 있을까 하는 것은 흥미 있는 주제인데, 실제로 자신을 개방하는 면에서의 성차는 아주 크지는 않다고 한다(Dindia & Allen, 1992).

남녀가 계속해서 만나고 연인 관계로 발전하기 위해서는 초기에 상대방의 신용을 얻는 행동이 아주 중요하다. 약속 시간을 잘 지키고, 확인하고 서로가 만나서 시간을 보내는 방법 등에 차질이 없어야 한다. 대체로 남성이 이 분야에 신경을 쓰고 데이트 준비에 노력을 해야 한다.

3) 애정 관계 지속하기(Continuation)

두 사람 사이에 애정이 싹트고 연인으로 발전해서 관계가 깊어지게 되면 남녀는 이러한 연인 관계를 지속하고 싶어 한다. 연인 관계를 지속하기 위해서는 상대방에 대한 지속적인 관심, 다양한 형태의 애정과 관심의 표현, 둘 사이에 긍정적인 행동을 시도해야 한다. 즉, 서로가 취미생활, 공통의 관심사 나누기, 문화적인 행사 참여 등을 새롭게 시도하고, 결혼한 부부들은 성적인 생활도 여러 형태의 분위기에서 다양한 체위를 시도하면서 멋있는 부부 관계를 즐겨야 한다. 애정 관계를 잘 유지하기 위해서 남성들은 애정을 적절하게 표현할 줄 알아야 한다. 즉, 생일을 잘 챙겨 주고, 사소한 것이지만 여성을 칭찬하면서 격려해 주는 것 등이 중요하다.

애정을 유지하는 단계에서 가장 중요한 요인은 서로의 욕구를 충족시켜 주는 상호성(mutuality)이다. 즉, 애정 관계에 있는 사람이라면 개인주의가 아니라 서로의 삶을 공유하면서 서로가 서로의 욕구를 알아차리고 충족시켜 주려는 태도와 행동이 절대적으로 필요하다. 그러나 애정이 식고 관계가 나빠지는 과정에 있을 경우, 서로가 재미있는 활동도 하지 않고, 부부들의 경우에는 성적인 매력도 떨어지고 성관계도 의무적인 태도로 임하게 된다. 서로가 부정적인 평가를 하고, 상대방을 비난하고, 책임을 전가하고, 자신의 욕구를 상대방이 채워 주지 않는다고 원망하면 두 사람의 관계는 더 나빠지게 된다.

(1) 질투심이란?

애정 관계에 있으면 남녀가 모두 상대방에 대해서 질투심을 갖게 된다. 질투심이란 애정 관계에 있는 사람이 다른 사람에게 더 관심을 갖거나, 바람을 피우고 외도를 할까 봐 두려워하거나, 실제로 이런 일이 발생한 경우에 파생되는 매우 강한 부정적인 감정이다. 질투를 느끼는 사람은 아주 강한 신체적 · 심리적 고통을 느낀다. 신체적으로는 소화 불량, 가슴의 답답함, 불면증 등의 다양한 증상을 가져오고, 심리적으로는 스트레스를 많이 받고, 분노감, 배신감 등의 부정적인 감정에 사로잡힌다. 남녀 사이에 지나치게 강한 질투심은 관계를 더 강화시키기보다는 악화시키는 요인이 된다.

질투심은 상대방을 소유하고 독점하고 싶은 욕구와도 관련이 있고, 이러한 소유 의식은 두 사람의 관계를 불편하게 만드는 요소가 될 수 있다. 두 사람이 서로 사랑에 빠지면 "나는 당신 것, 당신의 모든 것은 내 것!" 이라고 하면서 사랑을 나누는데, 상대방을 소유해서 내 방식으로 나에게 속박하게 만들고 통제하려고 들면 오히려 상대방은 본능적으로 그러한 굴레와 속박에서 벗어나려고 한다. 아무리 서로 사랑해도 상대방에게 적당한 거리와 공간을 부여해 주어야 애정 관계가 잘 유지된다.

사랑하는 사람 사이에 왜 질투심을 느끼는 것인가? 질투심을 느끼는 상황은 매우 다양하다.

① 사랑하는 상대가 바람을 피우거나 외도를 할 것 같은 의심에서 질투심을 느낀다. 이 경우에 의심했던 바람이나 외도가 사실로 밝혀지면 피해자는 배우자나 애인에게 아주 강한 분노와 배신감을 느낀다.

② 질투는 상대가 자신을 버리고 다른 사람에게 떠나갈 것에 대한 두려움에서 출발하는 감정이다. 대체로 '상대방이 바람을 피우지 않을까?' 하는 근거 없는 질투심을 많이 느끼는 사람들의 특징은 불안하고, 평소에도 거절감을 많이 느끼고, 자존심이 약한 사람들이다. 이러한 사람들은 상대방이 자신을 버리고 떠나면 다시는 파트너를 만날 수 없을 것이라는 두려움을 느낀다.

③ 성적인 질투심은 자신과 라이벌 관계에 있는 사람이 자신이 사랑하는 남자나 여자에게 관심을 보일 때 흔히 발생한다. 특히, 데이트 관계 초기에 있는 연인들이 삼각관계에 있거나, 자신이 친구의 애인을 가로챘는데 또다시 다른 친구가 자신의 애인을 빼앗아 갈까 봐 두려움을 느끼면, 자신의 애인이나 배우자에게 접근하는 모든 여자나 남자에게 강한 질투심을 가지게 된다.

(2) 질투심의 남녀 차이

남성은 자신의 애인이나 아내가 성적으로 바람피우는 것에 대해 아주 강한 질투심과 분노를 느끼지만, 여성은 애인이나 남편이 정서적으로 다른 여성에게 정을 주고 마음을 준 것에 대해서 분노한다(Shackelford et al., 2002). 여성은 사랑하는 애인이 다른 여성을 사랑하고 마음을 주면 자신은 껍데기와 같이 살았다고 하면서 분노감과 절망감을 느끼는 경우가 많다. 진화론적인 관점에서는 이러한 현상에 대처 남성이 배우자의 성관계에 대해서 민감한 것은 자식이 누구의 소유인지에 대한 집착 때문이고, 여성이 배우자가 다른 여자에게 마음을 주는 것에 분노하는 것은 자녀들을 키우는 데 필요한 자원을 남성이 다른 여성과 공유할 것에 대한 두려움 때문이라고 설명한다(Harris, 2003). 즉, 남성은 여성이 다른 남성의 아이를 낳을까에 대한 두려움이고, 여성은 남편에게 거절당할 것에 대한 두려움에서 질투심이 발생한다고 볼 수 있다.

(3) 질투심 게임

많은 연인들은 상대방에게서 질투심을 야기해서 자신에게 더 의존하고 매달리게 하려고 질투심 게임을 하기도 한다. 즉, 연애하는 도중에 다른 여자나 남자에게 관심을 보이는 척한다든가 실제로 관심을 보이면서 상대방에게서 더 많은 관심과 사랑을 받으려고 한다. 그러나 이러한 방식으로 상대방의 관심과 사랑을 얻으려는 것은 상대방에게 고통과 불안을 야기하기 때문에 장기적으로 볼 때는 좋은 방식은 아니다. 서로가 서로를 믿어 주고 신뢰받을 만한 행동을 함으로써 사랑을 확인하고 유지해야 한다.

(4) 질투심의 긍정적 기능

질투심은 어찌 보면 인간의 본능에 가깝다. 아내가 영구 피임이나 또는 일시적인 피임을 해서 다른 남자의 아이를 가질 걱정이 없는 상태에서 아내가 부정을 해도 남편은 아내의 부정을 참지 못한다. 또한 남편이 아내를 떠나지 않는다는 것을 확신하면서도 아내 몰래 살짝 바람을 피우다 아내가 남편의 부정을 발견해도 아내는 깊은 충격을 받는다. 인간은 자신의 배우자에게 충실해야 하고, 결혼한 상태에서 배우자 아닌 다른 사람과 성관계하는 것은 부도덕한 것이라는 것을 학습하지만, 사람들은 다른 사람들과 바람을 피우고 싶어 하는 욕구가 있다. 이런 욕구를 참고 억제하고 사는가 아니면 욕구대로 바람을 피우다가 각종 사회적인 제재와 비난을 경험하는가의 차이는 종이 한 장일 수 있다. 부부들은 질투심이라는 이름으로 배우자가 자신을 버리고 다른 사람에게 떠날 것에 대해서 사전에 경고를 주고 예방하는 기능을 한다. 질투심은 여성만의 전유물이고 나쁜 것이라고 일축하지만, 남성도 여성과 같이 질투심이 있고 여성의 질투심이 두려워서 바람을 못 피우는 남성에게는 질투심이 약이 된다.

4) 관계의 망가짐(Deterioration)

사랑하는 달콤한 관계가 영원히 지속되리라는 것은 환상이다. 어떤 관계든지 초기에는 기대와 호기심과 즐거움이 있지만 시간이 지나면서 성차, 성격 차이, 가치관의 차이, 관심의 차이 등이 표면화되면서 서로의 욕구를 충족시키지 못한 것에 대한 실망 때문에 갈등이 심화되면서 관계는 위기를 경험한다. 이 경우에 적극적으로 노력하면서 갈등을 극복하지 않고 수동적으로 기다린다든가 상대방이 접근해 오기를 기다리면 관계는 더 사양길을 걷게 된다. 특히, 인간의 관계는 화초와 같아서 물을 주고 관심을 주면서 에너지를 투자하며 가꾸어야 한다. 그렇지 않으면 관계는 시들어 가고 죽어 간다.

5) 관계의 청산(Ending)

연인 관계, 부부 관계가 망가지고 힘들어진다고 해도 서로가 끝까지 노력하면 관계는 다시 회복될 수 있다. 그러나 자신들이 유지해 온 관계를 부정하고, 욕하고, 폭력과 상처로 얼룩졌다면 그러한 관계는 유지되기 어렵다. 부부나 연인 사이에 친밀한 관계를 망가뜨리는 것은 대화의 부족과 지나친 질투심이다(Knox et al., 1999). 그러나 서로를 신뢰하고 다시 노력하면서 상대방의 입장에서 헌신적인 태도로 상대방을 대하면 관계를 회복할 수 있다. 특히, 서로에 대한 조그마한 사랑의 불씨라도 남아 있으면 관계는 다시 살아날 수 있지만 불씨마저 다 꺼져 버리면 희망이 없다. 갈등적인 관계를 경험하면 초기에 해결하도록 노력해야 한다.

2. 외로움

인간은 관계 안에 있으면 행복을 느끼지만 관계 밖에서 혼자 있으면 외로움을 느낀다. 외로움과 고독은 동의어는 아니다. 혼자 있으면서 자신을 즐길 수 있는 사람은 고독하지만 외롭지는 않다. 그러나 외로움을 느끼는 사람들은 고통스럽고 고립된 삶을 살고 있다. 외로운 사람은 자신의 삶을 다른 사람들과 나누어 갖지 못한다. 자신을 개방하지 못하고 친밀한 관계를 회피한다.

외로움은 결혼한 부부에게서도 발생한다. 특히, 아내들은 남편과 정서적인 교류와 친밀감을 느끼지 못할 경우에 외로움을 느끼고 우울증에 빠지기도 한다.

1) 외로움의 원인

외로운 사람들은 주위에 사람들이 없어서 외로움을 느끼는 것이 아니라, 주위에 있는 사람들과 서로 친밀한 관계를 맺을 수 있는 사회적인 인간관계 기술이 없거나 발달되지 못했기 때문이다. 외로움을 느끼는 사람들은 대체로 다음과 같은 특징을 가진다.

(1) 이성이나 다른 사람에 대한 관심의 부족

사람들과 인간관계를 추구하는 관심이 부족하기에 인간관계를 추구하지 않는다. 외로움에서 벗어나기 위해서는 주위에 있는 가까운 사람에게 관심을 보이고 관계를 맺는 노력이 필요하다.

(2) 친구를 사귀는 기술의 부족

친구를 사귀려면 친구가 되어 주라는 말이 있다. 외로운 사람들은 다른 사람의 친구가 되어 주는 방법도 잘 모르고, 다른 사람이 친구가 되기 위해서 다가와도 친구로 받아들이는 방법을 잘 모른다. 외로움을 극복하기 위해서는 남이 나에게 다가오기를 기대하기보다는 자신이 남에게 적극적으로 접근할 필요가 있다.

(3) 공감하는 능력의 부족

관계를 맺으면 상대방의 입장에서 감정을 느껴 주고 알아주며 표현할 수 있어야 하는데, 외로운 사람들은 이러한 기본적인 공감 기술이 부족하다.

(4) 거절에 대한 두려움

이성과의 관계를 추구하지 못하는 사람들은 상대방이 거절하는 이유가 자신의 약점이나 부족함 때문일 것이라는 생각과 미래에도 또 거절당할 것이라는 생각 때문에 관

계 맺기를 시도하지 않는다. 인간은 서로 거절하고 거절당하기도 하는 것이 현실이기 때문에 거절을 두려워할 필요는 없다.

(5) 자신을 개방하거나 자신의 삶을 나누는 기술의 부족

친밀한 관계란 자신의 약점이나 내적인 삶을 개방하고, 상대방의 약점이나 어려운 점을 수용해 주는 것이 중요하다. 자신을 개방한다는 것은 자신의 삶에 대한 자기 수용의 태도가 있다는 것이다.

앞의 내용을 종합해 보면 외로움은 주위의 사람들이나 세상이 만들거나 가져오는 것이 아니다. 외로움을 느끼는 사람 자체가 외로움을 만들어 내고 유지해 가는 것이라고 보는 견해가 더 정확하다.

2) 외로움을 극복하는 방법

(1) 완벽주의를 버려라

인간은 아무도 완벽하지 않다. 인간은 거절하기도 하고, 거절당하기도 한다. 한 인간에게 거절당했다고 해서 모든 인간이 거절할 것이라고 생각하는 것은 지나친 일반화이다.

(2) 인간에 대한 부정적인 편견을 버려라

외로움을 느끼는 사람들은 과거에 애인이나 가까운 사람들에게서 상처받은 경험이 있다. 이런 상처를 받고 나면 이 세상 사람들은 아무도 믿을 수 없다는 생각을 하게 되고 다른 사람들과 고립해서 외롭게 지낸다. 인간이란 서로 상처를 주고받는 부족한 존재들이다. 이러한 현실을 인정하고, 상처받은 경험 때문에 다른 사람을 부정적으로 바라보는 시각에서 벗어나야 한다.

(3) 조그만 만남을 시도하라

처음부터 심각하게 사귀려고 하지 말고, 사소한 대화를 하면서 상대방과 조그만 연결을 시도하라. 이러한 만남이 지속되고 잦아지면 더 깊은 관계로 발전할 수 있다.

(4) 적극적인 인간이 되어라

인간은 성격의 특징에 따라서 공격적인 사람, 수동적인 사람, 적극적인 사람이 있다. 공격적인 사람은 남에게 혐오감을 줄 수 있고, 수동적인 사람은 타인에게 이용당하고 조종당할 수 있다. 그러나 적극적인 사람은 자신의 삶에 주인의식을 가지고 자신의 생각이나 감정을 적극적으로 표현하는 사람들이다. 자신의 감정을 수용하고 적극적으로 표현할 때 우리는 외로움을 극복할 수 있다.

(5) 다른 사람의 눈치에서 벗어나라

외로운 사람은 내적으로 다른 사람들이 부정적으로 평가할 것에 대한 불안을 많이 느끼는 사람들이다. 인간의 가치는 다른 사람들이 인정한다고 해서 증가되는 것이 아니다. 스스로 자신을 수용할 때 인간의 존엄성에 대한 자유로운 가치를 누리게 되는 것이다.

(6) 자신을 책임질 수 있는 만큼 개방하라

자신을 초기에 개방하는 것은 오히려 친밀한 관계에 방해가 될 수 있지만, 관계가 지속되는 경우에 자신을 개방하지 못하면 신뢰를 쌓아 가기 어렵다. 신뢰 관계는 상대방에게 자신의 부족한 점을 털어놓을 수 있어야 하고, 상대방도 자신의 약점을 남에게 폭로하지 않고 지켜 줄 수 있을 때 유지할 수 있다. 자신을 개방하는 것은 일종의 모험이다. 그러나 모험이 있을 때 서로를 잘 알게 되는 기회를 가질 수 있다.

3. 애정과 친밀감

우리의 문화권에서는 남녀가 연애하고 친밀하고 깊은 관계를 가졌다고 하면 성적인 관계를 연상한다. 그러나 친밀감과 성관계는 항상 상관관계가 있는 것은 아니다. 친밀감, 애정은 서로가 감정적으로 연결된 느낌을 갖고 정서적으로 가까움을 느끼는 감정이다. 애정과 친밀감은 상대방을 배려하고, 믿고, 수용할 때 성숙되는 감정이다.

남녀가 로맨틱한 사랑을 하면 성적 관계와 친밀한 관계가 서로 혼합된다고 하지만, 우리는 성적인 관계없이도 얼마든지 친밀한 관계를 유지할 수 있다. 예를 들면, 아버지와 딸이 성적인 관계없이 서로가 서로의 삶을 나누면서 친밀한 관계를 유지할 수 있다.

반대로 성적인 관계를 가지면서도 친밀한 관계를 누리지 못하는 부부들도 아주 많다. 또한 결혼생활을 하는 부부들 중에는 자신의 배우자보다 다른 사람들에게 더 정서적인 친밀감을 느끼는 경우도 있다. 사랑하는 사람 사이에서 친밀감을 형성하는 것은 아주 중요하다. 친밀감을 형성하지 못하면 두 사람의 관계는 결국 파국을 경험하게 된다.

4. 사랑하는 관계에서 친밀감과 애정을 형성하는 방법

1) 자신을 알고 사랑하기

인간관계의 시작은 자기 자신과의 관계에서 출발하는 것이다. 자신의 가치관, 내적인 욕구나 욕망, 자신의 장점과 약점을 알아차리고 있는 대로 자신을 수용할 수 있을 때 다른 사람과의 관계를 시작할 수 있다. 자신을 수용하지 못하고 남을 수용하고 배려하기는 어렵다. 사랑은 자신과 자신과의 긍정적인 관계에서 출발하는 것임을 명심해야 한다.

2) 신뢰성과 배려하기

사랑하는 대상이나 배우자와 애정을 키워 가는 가장 중요한 두 가지 요소는 신뢰성과 상대방에 대한 배려이다. 상대방에게 자신을 공개하고 개방했을 때 상대방이 얕잡아 보지 않고, 비난하지 않고, 거절하지 않고 수용해 줄 때 우리는 상대방을 신임하고 신뢰하는 것이다. 신뢰성은 하루아침에 발전하지 않는다. 시간을 두고 서서히 발전해 나간다.

또한 상대방에 대한 신뢰와 믿음은 상대방이 자신에 대해서 진지한 자세를 가지고 어려운 상황에서 책임감을 보여 줄 때 신뢰감을 더 갖게 된다(Wieselquist et al., 1999). 상대방이나 배우자를 위해서 희생하면서도 상대방을 배려하고 도와주면 그 배우자에 대해서 우리는 신뢰감을 갖게 된다. 즉, 인간관계에서 노력이나 희생 없이는 신뢰감을 발전시킬 수 없는 것이다.

3) 정직하기

애인이나 배우자와 애정 관계를 유지하기 위해서는 상대방에게 솔직해야 한다. 상대방을 속이거나 거짓된 관계를 유지하면 진정한 애정 관계를 성숙시켜 나가기 어렵다. 친밀감을 형성하려면 내적인 깊은 삶을 나눌 수 있어야 하는데, 솔직한 대화가 아닌 거짓된 삶을 나누면 친밀하고 애정적인 관계를 형성할 수 없다.

그러나 어떤 경우에는 상대방에게 솔직하려고 시도하면 오히려 관계를 망칠 수도 있다. 예를 들면, 여성이 과거 자신의 남편 외의 성적인 관계를 솔직하게 밝힌다든가, 너무 민감해서 관계에 상처를 줄 수 있는 정보는 관계 유지를 위해서 상대방에게 공개하지 않는 것이 현명하다. 즉, 상대방에게 솔직한 태도는 정보를 공개하는 것과 비공개하는 것과의 균형을 이루어야 한다. 상대방에게 자신의 모든 삶에 관한 정보를 공개하면 관계가 오히려 어려워지거나 파괴되기도 한다(Finkenauer & Hazam, 2000).

4) 상대방을 헌신적으로 책임지기

어떤 인간관계든지 관계를 유지하기 위해서는 에너지와 시간이 필요하다. 또한 서로가 긍정적인 상태뿐만 아니라 부정적인 상태에서도 관계를 유지하겠다는 결단과 행동이 필요하다. 애정 관계가 건강하고 확고하게 발전하기 위해서는 남녀 모두가 상호적으로 노력할 때 가능한 것이다. 갈등이 있을 때 쉽게 포기하는 것이 아니라 어떤 대가를 치르더라도 두 사람이 함께 해결하려는 강한 의지가 있을 때 애정과 친밀감이 성장한다(Drigotas et al., 1999).

5) 연인 또는 부부라는 팀을 유지하기

사랑하는 사람이 결혼을 원하는 것은 둘이서 한 팀이 되어서 서로가 서로를 의지하면서 삶을 같이 헤쳐 나가고 싶어 하는 욕구 때문이다. 부부가 된다는 것은 개인의 개성, 욕망, 관심과 부부로서의 공동적인 삶을 어떻게 조화시키는가에 달려 있다. 전통적인 결혼에서는 아내가 남편의 삶을 위해서 일방적으로 희생하고, 아내는 남편이 사회적으로 성취하면 같이 기뻐하는 삶을 강조했다. 그러나 현대는 여성이나 남성이 자신의 삶의 영역과 개성을 발전시키면서 공동 삶을 유지하는, 조화를 추구하는 방향으로 점차 변화하고 있다.

6) 상대방의 성장과 상대방의 입장에서 관심 갖기

영어의 이해(understand)란 용어는 상대방의 아래에 서 본다는 의미이다. 즉, 상대방의 입장에서 상대방이 원하는 것이 무엇인가를 알아서 배려하는 것이 진정한 관계의 출발이다. 결혼이 상대방을 통해서 자신의 욕구만 충족시키는 제도라고 생각하고 출발하면 불행한 출발이다. 결혼은 두 사람이 만나서 서로의 욕구를 충족해 주고, 자신의 욕구를 충족받는 상호적인 관계가 되어야 한다. 특히, 상대방이 나로 하여금 더 성장하고 성숙해질 수 있는 기회와 상황이 되면, 그 결혼은 아주 건강한 결혼이 된다.

토론

1. 자신이 알고 있는 효과적인 데이트 및 연애 관계 기술이 있습니까? 이에 대해 함께 이야기해 봅시다.
2. 자신이 결혼을 할 경우에 무엇을 중요시하는지 서로 토론해 봅시다.

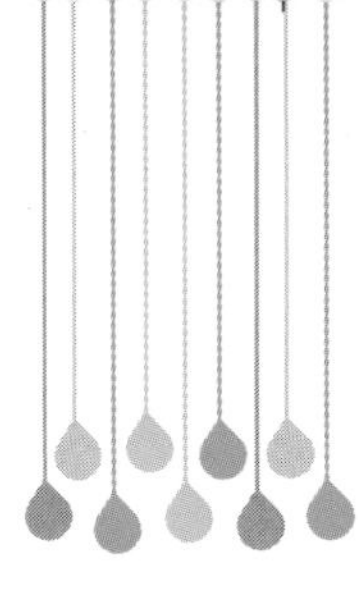

제11장

남녀 대화방식의 성차와 대화기법

대화란 화자가 청자에게 정보를 보내려는 의도를 가지고 있는 경우에 시작된다. 화자는 자신의 의도를 실제의 메시지로 바꿔서 청자가 알아듣게 전달해야만 한다. 또한 청자는 화자가 보낸 메시지를 잘 파악해야 할 뿐만 아니라, 특히 화자가 의도하는 의미를 잘 이해하려는 노력을 해야 좋은 대화가 이루어진다. 이렇게 말로는 쉽게 표현되지만, 실제로 남녀가 심각한 대화를 하는 경우를 보면 너무나 어렵다. 예를 들어, 부부상담을 하다 보면 부부가 20년을 같이 살아도 대화가 안 통한다는 말을 많이 한다. 데이트를 하고 있는 커플도 데이트 초기에는 대화가 잘 되었는데, 사귀는 기간이 길어지면서 더 의사소통이 안 되어 헤어지게 되었다는 말을 많이 한다.

연구에 의하면, 남녀는 대화하는 방식에서 차이가 난다. 아동기의 여아들은 서로 간에 대화를 할 때, "우리 같이 ○○을 해 볼래?" 등의 표현을 하면서 같이한다는 것을 강조한다. 그리고 대화의 내용도 서로가 포함되고 관계에 신경을 쓰는 대화를 한다. 여기에 비해서 남아들은 주로 상대방에게 명령하는 대화를 한다. "너 이것 가지고 놀아." "이것 해 봐." 등과 같이 명령하고, 새로운 것을 실험하는 등의 대화를 많이 한다. 이러한 남녀 대화 스타일의 차이가 남녀 관계를 어렵게 만든다(Gray, 1993).

1. 여성의 대화방식

여성은 대체로 사소한 일이나 관계에 관한 내용으로 대화를 많이 하며 다음과 같은 특징을 가진다.

1) 사소한 대화를 즐긴다

여성은 만나면 수다 떨기를 좋아한다. 사소한 삶의 내용에 관해서 서로의 의견을 나누고 감정을 주고받는다. 이러한 과정을 통해 상호간에 친밀감을 나누고 삶을 주고받는다. 그러나 남성들은 이러한 대화를 쓸데없는 소리를 많이 한다고 무시하거나, 말이 많다고 싫어할 수도 있다.

2) 여성들은 문제해결보다는 과정을 중시한다

여성들은 대화할 때 자신의 문제를 말하고 그에 따르는 결론이나 문제해결을 중시하는 편이 아니다. 대화를 나누는 과정에서 상대방으로부터 지지와 관심을 받는 것을 즐긴다. 이러한 대화방식이 남성들에게는 지루하고 답답하게 보일 수 있다. 예를 들면, 필자의 아내는 직장에서 일어난 이야기를 할 때, 직장 동료 사이에서 일어난 일들을 일일이 말하는 경향이 있었다. 그럴 경우 결혼 초기에는 어떻게 해야 내가 그 문제를 해결해 줄 수 있을지 몰라 난감해한 적이 많았다. 또한 이야기의 결론을 알아야 빨리 해답을 주겠는데, 결론을 말하지 않고 주변 이야기만 빙빙 돌리는 대화방식에 아주 힘들어한 경험이 있다. 여성들은 대화의 결론이나 해결책보다는 그 과정에 관한 감정을 묘사하기를 원하고, 잘 들어주기를 바란다.

3) 대화를 통해서 공감과 정서적인 지지를 원한다

여성들은 남성이나 애인과 어려운 문제나 스트레스에 관련된 대화를 할 때 상대방이 해결책을 처방해 주거나 문제를 해결해 주는 것을 우선적으로 원하지 않는다. 여성들은 흔히 하는 말로 상대방이 자신의 말을 듣고 맞장구쳐 주기를 원하고 이러한 과정에서 정서적인 지지를 원한다. 예를 들면, 데이트 중에 여자 친구가 “나 오늘 시험 망친 것 같아.”라고 남자 친구에게 말하면 대체로 남성들은, “너무 염려하지 마. 다음에 잘 보면 되잖아.” “너 평소에 시험 준비 안 했잖아.” 하는 식의 반응을 보인다. 이런 대화를 여성들은 아주 싫어한다. 여성이 원하는 대화는 “아주 속이 많이 상하겠다. 좀 더 자세히 말해 볼래?” 등의 반응을 보이면서 여성에게 공감적 반응을 보이기를 원한다. 남성들의 문제해결식의 접근 방법은 여성들에게 상처를 주거나, 또는 남편이나 애인이 자신을 이해하지 못한다고 실망하게 된다. 남성들이 여성의 감정을 읽어 줄 수 있는 감정적인 단어가 생각이 나지 않을 때, “속상하겠네.” 정도의 반응을 보이는 것은 많은 경우에 다 통하는 만능 공감적인 언어라 할 수 있다.

4) 여성끼리는 서로 상대방의 이야기를 잘 요약해 준다

여성들은 절친한 친구와 이야기를 하면 하루 종일 시간 가는 줄 모르고 이야기할 수도 있다. 그러나 이런 방식의 이야기는 남성과는 잘 통하지 않을 수 있다. 남성들에게 여성들이 하는 이야기 방식으로 오래 이야기하면 곧장 흥미를 잃게 된다. 예를 들면, 남성의 이야기를 듣고 나서, “그러니까 당신 이야기는 나와 그 점에 대해서는 동의를 안 한다는 거야?”라는 식의 반응보다는 “그래 알았어.”라는 반응을 남성들은 원한다.

5) 대체로 여성들은 부드러운 억양으로 대화하기를 원한다

여성들은 대화를 통해서 다정다감한 정을 느끼고 싶어 하기 때문에 남성의 소리가 너무 크면 거부 반응을 보인다. 여성의 마음을 사로잡기 위해서는 좀 더 부드러운 억양의 대화가 효과적이다.

6) 여성은 남성의 목소리에 민감하다

여성은 남성의 전화 목소리, 대화 음성이 부드러우면 남성에게 호감을 더 느끼는 경향이 있다. 동일한 강의를 해도 중저음의 부드러운 목소리의 강사가 더 환영받는 것은 이 때문이다.

7) 여성은 남성과 대화할 때 대체로 수동적이고, 주저하는 경향이 있다

여성 자체가 수동적으로 태어난 것은 아니지만, 사회화 과정에서 대체로 여성들은 남성이 먼저 다가와서 적극적으로 대화해 주기를 기다리는 편이다. 여성이 먼저 나서서 말을 걸거나 시작하면 그러한 여성을 좀 이상한 시선으로 바라보는 경향이 있다.

이러한 경향은 많이 변화하고 있어서 여성도 사회적인 장면에서 남성에게 적극적으로 자신을 표현하고 있다. 특히, 우리나라의 신세대 여성들은 기성세대의 여성에 비해서 더 적극적으로 자신을 표현한다.

8) 여성들은 친밀감을 추구하고 외로움을 회피하기 위한 대화를 원한다

여성들은 대화를 할 때, 자신에 관한 이야기를 하면 남성들이 이야기를 잘 안 들어주고 자기를 몰라준다는 말을 아주 많이 한다. 그러나 실제로 여성의 이야기를 잘 듣고 반복하라고 하면 그 내용을 잘 반복하는 남성도 많다. 문제는 위에서도 밝혔듯이 남성이 여성의 감정을 이해해 주고 감정을 나누는 과정에서 서로 가까운 감정을 느끼려고 하는 여성의 대화 목적에 남성이 주파수를 잘 맞추지 못하기 때문에 여성의 입장에서는 대화의 장벽을 느끼게 된다.

9) 여성의 대화는 A에서 Z로의 순차적이고 논리적이기보다는 전체적인 관점을 반영하는 경우가 많다

대체적으로 남성은 자신의 논리에 충실하여 자신의 주관적인 생각에 빠지는 경우가 많은데 여성들은 전체적인 관점과 여러 가지 가능성을 한꺼번에 고려해서 생각하는 경향이 많다. 예를 들면, 사업을 할 경우에 남편은 자신의 계획대로만 되면 큰돈을 벌 수 있다고 추진하는 경우가 많은데, 여성은 만일에 계획대로 안 될 경우와 혹시라도 실패했을 경우를 고려해서 남편에게 조언하는 경우가 많다. 이런 경우 남편은 여성이 부정적인 사람이라고 화를 낼 수 있고, 여성은 남편이 눈에 깍지가 끼어서 자기가 보고자 하는 것만을 본다고 염려한다. 서로가 다른 관점을 볼 수 있는 장점이 있으므로 서로의 의견을 보완하는 것이 좋다.

2. 남성의 대화방식

1) 남성은 정치적인 문제나 스포츠 등에 관한 대화를 좋아한다

남성은 대화를 하다 보면 정치적인 관심사 등이 필수 메뉴로 오르게 된다. 자신의 개인적인 삶이나 사소한 내용의 주제는 되도록이면 회피하려고 한다. 정치적인 문제가 나오면 남성의 술자리가 달아오르기 시작하고, 서로 반대되는 의견일 경우에는 친한 친구라도 싸우기까지 한다. 여성들은 이러한 남성들의 대화에 싫증을 내거나 또는 준비가 안 되어서 남성들과 어울리지 못하는 경우가 많다. 여성들이 남성과 사귀려면 스포츠에 관한 많은 정보를 가지고 남성에게 접근하는 것이 좋다. 특히, 우리나라의 남성은 축구에 관심이 많기에 좋아하는 축구 선수, 세계적인 축구 스타, 우리나라의 축구대표팀 구성 등에 관한 최근의 정보를 수집하면 남성과의 자연스러운 대화에 많은 도움이 된다. 최근에는 야구 열기가 확산되는 분위기이기에 야구에 관한 스포츠의 관심을 갖거나, 같이 야구장에 가서 데이트하고 즐기는 것도 많이 도움이 된다.

2) 남성은 문제해결 중심의 대화에 관심을 갖는다

대체로 남성들은 사랑하는 여성의 이야기를 들으면 여성을 보호하려는 본능이 발동하면서 문제를 해결해 주고 상황을 처리해 주려는 시도를 한다. 그러나 여성들은 문제해결보다는 정서적인 지지를 더 원하기에 이러한 남성들의 대화방식에 기분이 상하거나, 남성이 자신을 몰라준다고 실망하는 경우가 많다. 예를 들면, 여성이 집에 돌아온 남성에게 "오늘 세탁기가 고장이 나서 여러 군데 전화를 해서 사람을 시켜서 고쳤어요."라고 보고를 하면, 남성들은 대체로 "돈이 얼마나 들었는데?" "누가 와서 고쳤는데?" 하면서 과제 중심, 결론 중심의 반응을 보인다. 이 경우에 여성이 원하는 것은 "당신 수고가 많았네."라는 말이다. 하지만 남성이 여성의 감정을 알아주는 표현을 안 한다고 해서 여성의 감정을 몰라주거나 여성을 지지해 주고 싶은 생각이 없어서 그렇게 답변을 하는 것이 아니라는 것을 이해할 필요가 있다. 단지 남성은 여성을 정서적으로 배려하는 훈련을 받지 못했기 때문에 남성 스타일의 대화로 여성에게 접근하는 것이다. 남녀가 서로 상대방의 입장에서 이해하는 태도가 필요하다.

3) 남성은 설교식 대화를 좋아한다

남성은 대화를 하다 보면 원칙에 근거해서 논리를 전개하는 방식으로 대화를 하기 때문에 논리적인 대응 방법이 잘 훈련이 안 된 여성들은 남성에게 쉽게 설득당할 수가 있고, 시간이 지나면 남성의 논리가 자신의 행동과 다르다는 것을 경험하고 실망하기도 한다. 남성들은 평소에 대화를 적게 하거나 안 하다가도 한번 대화를 하면 장황하게 설교식으로 하는 경우가 많다. 설교식 대화의 가장 큰 피해자는 여성과 자녀들이다. 남성들은 일방적으로 장황한 대화를 하지 말고, 서로 이해하고 주고받으며 상대방의 의견을 물어 주는 대화를 하도록 개선하는 것이 중요하다.

4) 남성은 대화 도중 자존심을 상하지 않을까 민감한 반응을 보인다

필자가 가정 폭력 남성들에게 아내에게 화가 나서 폭력을 쓰게 된 경위를 물어보았더니, 대부분 아내가 자기를 무시했다고 생각해서 도저히 참을 수 없었다고 고백했다. 이 경우에 여성들에게 남성을 무시하는 대화를 시도했냐고 물어보면, 여성들은 펄펄 뛰면서 자신의 의견을 제시했지 남성을 무시할 의사는 전혀 없었다고 말한다. 대화란 상대방이 의도하는 것을 파악하는 것이 중요한데, 자신의 의도로 상대방의 의도를 왜곡하는 경우가 많다. 남성들은 여성에게서 인정받고 체면을 유지하려는 욕구가 강하기 때문에 여성이 남성의 의견에 대해서 반박하면 자신의 존재를 무시하는 것으로 받아들이는 경향이 강하다.

5) 남성의 대화는 선형적 · 직선적 방식이다

남성들은 어떤 문제에 부딪히면 논리적으로 사건의 순차적인 발생의 관점에서 분석하고, 핵심적인 것을 파악하려는 시도를 한다. 남성의 대화가 논리적이고 분석적인 것과 달리 여성은 원형적이어서 요점을 직선적으로 표현하기보다는 남성이 알아들을 수 있는 여러 가지 간접적인 신호를 보낸다. 예를 들어, 남성은 여성이 준비한 식단이 맘에 안 들면 "오늘 저녁 음식이 왜 이 모양이야!" 하면서 직설적인 표현을 하는 반면에, 여성은 남성에 대한 불만이 있으면 "나 요즘에 당신 때문에 골치가 아파요."라고 문제를 직설적으로 지적하기보다는 우회적으로 지적하는 경향이 많다. 남성이 여성과 대화를 하려면 부드럽게 문제를 지적해 줄 수 있는 여성적인 대화기술이 필요하겠고, 여성 역시 남성에게는 좀 더 명확하고 자신의 욕구를 분명히 표현할 수 있는 대화가 필요하다.

6) 남성은 여성이 사생활을 다른 사람에게 공개하는 것을 싫어한다

동창회 모임이나 교회 등의 모임에 가면 여성들은 남성에 관한 갖가지 정보를 다른 친구들과 같이 나누면서 스트레스를 푼다. 남성 입장에서는 여성들이 자신에 관한 사적인 이야기를 다른 친구들과 이야기하는 것을 남성의 흉을 보거나 심지어 배신하는 행위로 간주하고 기분이 상하거나 상처받기도 한다. 남성은 여성이 자기에 관한 사적인 이야기를 남들에게 하는 것을 아주 싫어하는데, 이는 자신들의 체면을 지키고 싶어 하는 마음이 강하기 때문이다. 그러나 여성들이 자신들의 친구와 가까워지고 친밀감을 느끼기 위해 남성이나 시어머니에 관한 수다를 떨며 스트레스도 풀고 친밀감을 나누고 싶어 하는 욕구가 강하다는 것을 남성은 이해해야 한다.

7) 남성들은 대화 도중에 상대방에게 도전하고 대화에 끼어드는 경향이 있다

남성들은 대화를 통해서 자신의 위치를 과시하거나 확인하고 남을 통제하려는 경향이 있기 때문에 남들이 보기에 공격적이다. 그러나 한편으로는 공격적인 형태로 서로 간에 친근감을 표현하고 가까워진다. 남성들 사이에서 서로에게 예의를 지키고 존댓말을 한다면 오히려 서로 가깝지 않다는 표시이다. 이러한 대화 습관은 여성들이 볼 때는 자신을 공격하거나 무시한다고 오해할 수도 있고, 남자들이 적극적으로 표현하는 것을 자신을 좋아해서 그렇다고 오해할 수도 있다. 이런 현상은 여성들이 남성에 관한 사생활을 공개하면서 수다 떠는 것에 대해 남성들이 자신을 공격하고 배신한다고 오해하는 것과 같다.

8) 남성들은 여성들이 불평을 많이 하거나 요구 사항이 많으면 철회하는 경향이 있다

남성들은 자신의 애인이나 여성과 대화를 할 때 여성이 자신을 존경하는가 또는 공격하는가를 보면서 여성의 대화의도를 파악하려는 경향이 있다. 즉, 여성이 말이 많고 남성에게 요구 사항이 많으면 남성은 이런 상황을 여성이 자신을 싫어하거나 존경하지 않아서 요구 사항이 많다고 오해하면서 자존심이 상하거나 상처를 받고, 동시에 방어적인 태도로 나오면서 여성을 공격하는 경우가 많다. 또한 여성의 불평에 대해서 마이동풍식의 벽 쌓기로 대응한다. 남성은 자신이 처리할 수 있는 용량 이상의 자극이 들어오면 컴퓨터가 오버로드된 것과 같은 현상을 보인다. 여성이 불평을 할 때는 외형적인 문제에 있는 것보다는 자신과 남성과의 관계가 불편하다든가 불안한 경우를 반영하는데, 남성은 불평하는 내용에 초점을 두고 있지 그 이면에 여성이 남성과 친밀한 관계를 추구한다는 것을 간과하는 경향이 있다. 남성은 여성이 관계를 추구하는 심리를 이해해야 하고, 여성은 남성이 자존심과 체면에 민감한 점을 고려해야 한다.

3. 남녀 간 대화를 향상하기 위한 방법

좋은 대화란 말하는 사람이 자신이 원하는 의도와 내용을 듣는 사람에게 정확하게 전달하는 것이다. 대화란 상호적이기에 화자는 적절한 용어와 표현을 사용해서 자신이 원하는 내용을 청자에게 전달하도록 해야 하고, 청자는 자신의 문제나 왜곡된 감정 때문에 화자의 말을 왜곡해서 받아들이지 않도록 노력해야 한다.

다음의 간단한 대화를 살펴보자.

> 남성: 난 저녁 생각이 없어.
>
> 여성: 그럼 나가서 외식할까?
>
> 남성: 난 지금 식욕이 전혀 없다고…….
>
> 여성: 난 당신이 집에서 식사할 생각이 없는 줄 알고 외식이라도 하자고 한 거지!

위의 예에서 볼 수 있듯이 남성은 식사할 의사가 전혀 없는데, 여성은 자신이 요리한 음식을 남성이 싫어할까 봐 외식을 제안하면서 서로 간에 의사소통이 잘 안 되는 경우가 발생한다.

1) 명확한 대화를 하지 못하는 이유

연속극을 시청하다 보면, 특히 여성들이 자신의 의사를 분명히 못 밝히고 벙어리 냉가슴 앓는 것을 많이 본다. 물론 이런 현상은 작가가 그렇게 구성했겠지만, 보는 사람의 입장에서는 답답하기 짝이 없다. 문제는 연속극에서뿐만 아니라 일상생활에서도 자신의 의사를 분명하게 전달하지 못해서 힘들어하는 경우를 많이 본다. 자신의 의사를 분명하게 전달하지 못하는 사람들은 대체로 다음과 같은 특징이 있다.

(1) 사안에 대해서 자신의 의견이 분명하지 않은 경우

어떤 문제에 대해서 자신의 의견이나 입장이 정리가 안 된 경우에는 자신의 의견을 분명히 밝힐 수 없다. 말을 잘 못한다고 주저하기 전에 자신의 의견을 정리하는 것이 중요하다.

(2) 다른 사람의 기분을 상하지 않게 하려는 경우

자신의 의사를 분명하게 표현하지 못하는 경우는 자신이 표현한 것 때문에 상대방이 상처를 받을까 봐 두려워서 안 하거나 못 하는 경우가 아주 많다. 특히, 상대방을 배려해서 참고 상대방이 원하는 대로 따라가면 내적인 불만이 쌓이게 된다. 이러한 불만이 참을 수 없는 수준에까지 도달하면 감정이 폭발해서 오히려 상대방에게 상처를 주고 자신도 곤경에 처하는 경우가 많다. 남을 배려하거나 봐준다고 참지 말고 자신의 의사를 초기부터 분명히 하는 것이 중요하다.

(3) 이중적인 메시지를 보내는 경우

대화를 하면서 가장 어려운 점의 하나는 말과 행동이 다른 경우이다. 상대방이 한 말이 행동으로 뒷받침이 되지 않으면 우리는 혼돈하게 되고, 결국은 상대방을 불신하게 된다. 예를 들어, "저는 이 점에 대해서는 아무 문제가 없어요."라고 말하면서도 얼굴의 표정은 약간 찡그리는 표정을 보인다면 상대방은 어떤 것을 믿어야 할지 당황스럽게 된다. 말과 행동이 다른 애매한 메시지는 상황을 모면하려는 일시적인 방편에 지나지 않는다. 신뢰할 수 있는 인간관계를 가지기 위해서는 말과 행동이 일치되어야 한다.

(4) 구체적이지 않은 대화의 경우

부부 사이나 남녀 사이에 대화가 모호해서 서로 오해를 하는 경우가 많다. 예를 들어, 남성이 여성에게 "난 요즘에 당신한테 불만이 많아!"라는 말을 한 경우에 음식에 대한 불만인지, 집안 청소에 대한 불만인지, 또는 성생활에 대한 불만인지 남성이 무엇을 의미하는지 정확하게 알 수 없다. 이 경우에 여성이 "알았어요."라고 답변을 한 경우 여성의 의도가 남성의 의견에 동의를 한다는 것인지, 무시하는 것인지, 포기하는 것인지 정확하게 알 길이 없다. 대화를 향상하려면 좀 더 구체적으로 대화를 해야 한다.

2) 명확한 대화를 위한 제안

(1) 말하기 전에 사안에 관해서 자신의 입장을 구체적으로 정리하라

자신을 표현하려면 내적으로 자신의 생각이 정리가 되어야 한다. "나는 말을 잘 못해서 탈이야!"라고 말하는 것은 자신의 의견을 명확하게 정리하지 않은 경우가 많다. 자신의 삶에 대한 주인의식을 가지고 자신이 표현하고 싶어 하는 것이나 상대방에게 원하는 것이 무엇인지 분명히 자신의 입장을 정리하는 것이 필요하다.

(2) 상대방에게 요구를 할 때는 한꺼번에 요구하지 말고 중요한 것 하나부터 시작하라

우리나라 부부들이나 부모들은 상대방 또는 자녀들에게 원하는 것이 있어도 참고 있다가 몰아서 이야기를 하는 경향이 많다. 우리는 한 번에 많은 요구 사항을 접하게 되면 당황하거나 힘들어하는 경우가 많다. 상대방에게 요구를 하거나 대화를 할 때 가장 중요한 것부터 우선순위를 정하여 하면 도움이 많이 된다.

(3) 자신의 요구 사항을 구체적이고 간결하게 표현하라

부부들이 싸우게 되는 상황 가운데 하나는 상대방에게 요구할 때 배경 설명을 장황하게 한다든가 과거의 일을 들춰 가면서 말을 할 때이다. 가능하면 현재에 초점을 두면서 간결하고 명확하게 상대방에게 원하는 것을 요구하는 것이 좋다.

(4) 상대방에게 명령식으로 말하지 말라

부부 사이가 아무리 가깝다고 해도 남성이 여성에게 명령을 한다든가 여성이 남성에게 명령을 하면 인간은 본능적으로 거부하고 자신의 독립성을 유지하려는 경향이 있

다. 일방적으로 이야기하지 말고 상대방도 그 사안에 관해서 자신의 의견을 제시할 수 있도록 기회를 주면서 대화를 이끌어 나가는 것이 좋다.

(5) 상대방을 비난하거나 비판하는 말투로 시작하지 말라

인간은 누구나 상대방에게서 비난이나 비판을 받는다고 생각하면 자신을 방어하기 위해서 오히려 공격적으로 되는 경우가 많다. 가급적이면 상대방의 좋은 점을 지적하고서 상대방에게 원하는 것을 구체적으로 지적하는 것이 좋다.

예를 들면, "요즘에 당신이 일찍 들어와서 집에서 쉬니까 내가 안심이 돼요. 그런데 집에서 좀 쉬고 나서 아이들의 숙제를 좀 도와주었으면 해요."라고 부드럽게 말하면서도 자신이 하고 싶은 이야기는 다 할 수 있다.

(6) 상대방의 의견을 자주 물어 주라

대화란 서로 의견을 주고받는 상호작용의 과정이다. 일방적인 대화는 항상 지루하고 재미가 없다. 자신의 이야기를 한 후에 상대방은 어떻게 생각하는지를 물어 주고, 그에 대해서 답변할 기회를 주면 대화는 좀 더 활성화된다.

(7) 말로 하기 힘들면 편지를 써라

어떤 사람은 말로 표현을 잘 못하지만 글로 쓰면 자신의 의견을 잘 표현하는 사람들이 있다. 필자는 여성에게 애정표현을 잘 못하는 남성들에게 여성에게 보내는 편지를 쓰게 한 경험이 있었다. 평소에는 표현력이 그리 좋지 않던 남성들이 글로 쓴 내용은 아주 감동적이어서 여성에게서 많은 긍정적인 효과를 얻은 경험이 있었다. 편지 쓰기는 자신이 상대방에게 원하는 사항을 구체적으로 쓰면서 자신의 감정을 표현하는 데도 도움이 된다.

토론

1. 일상생활에서 이성 간의 대화 중 어려움을 겪은 경험이 있습니까? 만약 있다면 구체적인 예를 들어 보고, 그 이유가 무엇인지에 대해 함께 생각해 봅시다.
2. 자신의 주된 대화 스타일은 무엇인지 생각해 보고, 어떤 점에서 개선해야 하는지 서로 토론해 봅시다.

제12장

남녀 간의 애정과 친밀감을 쌓기 위한 기법

1. 애정표현의 중요성

우리가 서로 사랑한다면 서로가 알 수 있는 방식으로 사랑을 주고받아야 한다. 사랑을 상대방이 느낄 수 있도록 표현하게 되면 상대방에 대한 애착의 감정이 더 발달되고 성숙하게 된다. 또한 애정표현은 상대방을 즐겁게 하기도 하지만, 애정은 상대방에게서 받고 싶어 하는 자신의 욕구를 표현하는 것이기도 하다. 즉, 남자들은 자기가 받고 싶은 것을 여자들에게 주는 것이 보통이고, 여자도 마찬가지다. 우리는 상대방이 나와 똑같은 욕구와 소망을 갖고 있다고 착각하고 행동할 수 있으며, 만일 같은 소망을 가지고 있지 않다면 두 사람 모두 상대로부터 만족을 얻지 못하고 원망하는 일이 생기게 된다.

1) 남자는 신뢰하고 인정받는 사랑을 원한다

여성에게서 받는 신뢰와 인정이야말로 남성이 변화하고 성장하기 위해 꼭 필요한 일이다. 남자는 여자가 자신을 꼭 필요로 한다는 느낌을 가질 때 힘을 얻게 된다. 남자는 사랑하는 사람을 위해서 최고가 되기를 원하고 그 사람에게서 인정받고 신뢰를 받았을 때, 자신의 잠재능력을 실현시키고 자신의 뛰어난 모습을 맘껏 보여 줄 수 있다.

❖ 여성들이 이해하고 받아들여야 할 부분

남자는 여자가 자신을 변화시키려 하기보다는 있는 그대로의 자신을 받아들일 때 인정받고 있다는 느낌을 가질 수 있다. 남자를 진심으로 이해하는 것은 그의 모든 점이 다 완벽하다고 생각하는 것이 아니라 그가 성공하리라는 사실을 믿어 주고 그것을 전달하는 것이다. 남자는 인정을 받고 있다고 느낄 때 상대방의 이야기에 관심을 갖고 그녀를 이해하고 공감할 수 있다.

◆ 남성을 칭찬하기

여자는 남자가 자기를 위해 해 주는 사소한 일들을 감지하고 그 호의에 대해 고마움을 표현하는 것에 인색하지 말아야 한다. 남자에게는 여자로부터 받는 격려와 칭찬이 무엇보다 소중하며, 자신의 노력이 무의미하다고 느낄 때는 노력하기를 포기한다. 큰일에 자신의 모든 정력을 기울이고 작은 일을 대수롭지 않게 여기는 남자의 본능적 습성을 어느 정도는 이해할 필요가 있다. 남자가 작은 일을 소홀히 여기는 것은 그녀를 사랑하지 않는 것이 아니라 관심의 초점이 자기도 모르는 사이에 자꾸 큰 쪽으로 옮겨가기 때문이다. 그렇다고 그를 원망하거나 싸우기보다는 그에게 구체적으로 바라는 것을 알려 주고 도움을 요청하면서, 사소한 행동이라도 인정해 주고 격려해 주어야 한다. 그러면 점차 작은 일에도 가치를 두는 지혜가 생길 것이다.

2) 여자는 관심과 이해를 통한 사랑을 원한다

여자는 관심을 기울여 주고 감정을 이해해 주며 존중해 주는 사랑을 원한다. 여자는 남성에게서 자신이 관심을 받고 또한 이해와 지지를 받는다고 느끼면 삶의 의욕이 커진다. 여성이 남성에게서 원하는 애정의 본질은 남성이 자신에게 관심을 가지고 있고 절대로 자신을 떠나지 않으며 아껴 주고 보호해 주고, 자신과 삶을 공유해 주기를 바라면서 그러한 상태를 계속 확인받는 것이다. 그러므로 여성들에게는 남성이 큰맘 먹고 한번 크게 표현해 주는 것도 중요하겠지만, 지속적으로 사소한 일에 관해서 관심을 표현하면서 여성이 남성에게 중요한 존재라는 것을 확인시켜 주는 것이 중요하다.

◆ 여성에게 애정표현하기

남자는 배우자를 위해 가정의 경제를 책임지는 것과 같은 커다란 일에만 에너지를 쏟고, 여자가 관계 속에서 만족을 느끼는 데 필요한 작은 일들은 소홀히 생각하는 경향이 있다. 표현되지 않은 애정은 머리로도, 마음으로도 느껴지지 않는다. 반면에 여자는 생활 속에서 많은 사랑의 표현을 원한다. 한두 번의 진한 애정표현보다는 오히려 사소하지만 잦은 표현이 더욱 효과적이다.

작은 일로 애정표현을 하는 것은 남자에게도 도움이 된다. 왜냐하면 그것은 여자의 불만을 줄일 뿐만 아니라, 여자가 원하는 것을 채워 주고 있다면 그 역시 자신감과 긍지를 갖게 되기 때문이다.

❖ 남성들이 이해하고 받아들여야 할 부분

여자의 근본적인 사랑의 욕구를 충족시킬 수 있는 최고의 방법은 사소한 삶에서 여성에게 갖는 관심의 표현과 대화이다. 이야기를 들어 주고 이해하면서 감정에 관심을 가져 주는 것만큼 여자를 기쁘게 할 수 있는 일은 없으며, 이를 위해 듣는 기술을 익히는 것이 반드시 필요하다.

2. 애정표현의 방법

1) 애정은 표현해야 상대방에게 전달된다

이 말을 바꾸면, 표현되지 않는 애정은 상대방에게 전달되지 않는다는 말이다. 흔히 우리나라의 남성들은 아내에게 애정을 표현하는 것을 가벼운 남자, 팔불출, 닭살 돋는 행동, 변덕스러운 남자의 가벼운 행동 등이라고 규정하고 부정적으로 대해 온 것이 사실이다. 그러나 남녀나 부부 사이의 애정표현은 절대적으로 중요하고, 상대방이 이해할 수 있게 하는 것이 중요하다. 표현되지 않은 애정은 머리로 짐작할 수는 있지만 마음속으로 느껴지지는 않는다.

우리는 흔히 사랑이란 감정은 이심전심으로 알기에 구태여 표현할 필요가 없다고 하지만, 필자가 부부상담을 한 경험에 의하면 남편들이 아내에게 애정을 표현하지 않아 아내들은 답답해하고 힘들어하며 심지어는 남편이 무심하다고 하면서 남편에 대해 분노의 감정까지 가지고 있는 경우도 있었다. 부부 사이, 사랑하는 사람 사이에 애정표현의 중요성을 다른 각도에서 살펴보면 부모와 자식 간의 사랑을 예로 들 수 있다. 부모들이 자식을 사랑하는 것은 전 세계 인류의 공통적인 현상이다. 그러나 자녀들이 부모에게 사랑을 느끼는 것은 공통적인 현상이 아니고, 선별적인 현상이다. 특히, 자녀들은 부모에게 실망감 심지어는 복수심까지 느끼고 사는 것이 현실인데, 그 이면을 보면 부모가 자녀들이 이해하고 원하는 방식으로 애정을 표현해 주지 못해서 이러한 현상이 생기게 되는 것이다. 애정을 표현하지 않아도 속으로 간직하고 있으면 괜찮다는 것은 옛날 도인들에게나 통하는 이야기이고, 바쁘게 살아가는 현대인들에게는 어울리지 않는 말이다. 조상에게 제사를 지낼 때, 마음속으로만 지내는 것이 아니라 제사상을 차리고 음식을 놓는 것도 부모님에 대해서 구체적으로 표현하는 방식의 하나이다.

2) 남녀 간의 애정은 화초와 같아서 물을 주고 가꾸어야 한다

연애의 과정을 살펴보면 초기에는 남녀 모두가 상대방의 관심을 끌기 위해서 많은 투자를 한다. 그러나 결혼하면 상대방에게 표현했던 애정과 사랑의 행동이 일시에 중단되는 것을 많이 경험한다. 신혼부부들과 상담을 해 보면, 연애할 때는 남편이 손도 잡고 다니고 팔짱도 끼고 다녔는데 결혼한 후 남편들이 손잡고 다니는 것을 꺼려 한다고 아내들이 많은 불평을 한다. 애정을 화초에 비하면, 물을 주듯이 매일 조금씩이라도 표현을 해야 한다. 그렇다고 너무 많이 주면 뿌리가 썩듯이 부작용이 있을 수 있다. 적당한 정도의 애정은 부부의 사랑을 지탱해 주는 필수적인 요소이다. 결혼해서 사니까 부부의 사랑이 지속되는 것은 당연한 현상일 것이라고 해서 애정표현을 등한시해서는 안 된다. 부부의 사랑에 시간과 에너지를 투자해야만 한다.

3) 애정은 여성만 원하는 것이 아니고 남성도 아주 많이 원한다

애정이란 말을 쓰면 이것이 마치 여성이나 아내들의 전유물인 것처럼 여기는 경우가 많다. 그러나 남편들도 아내에게서 애정표현을 원한다. 단지 남편이 아내에게서 바라는 애정표현은 그 방식이 서로 다른 것에 불과할 따름이다. 예를 들면, 남편은 아내가 자신들의 친구나 다른 사람 앞에서 남편 자랑을 해 주면 기분이 좋아진다. 또한 남편을 인정해 주고 칭찬해 주면 마치 어린 시절에 자신의 임마한대서 칭찬을 받은 것과 같은 뿌듯함을 느낀다. 남편도 아내 못지않게 아내가 애정을 표현해 주기를 바라고 있음을 알아야 한다.

4) 상대방에게 애정표현을 요구하는 것도 중요하지만, 상대방이 애정을 표현했을 때 그것을 잘 받아 주는 것도 중요하다

필자가 아내에게 큰마음을 먹고 꽃을 사다 준 적이 있었다. 그 당시는 남성이 꽃을 사서 가지고 다닌다는 것 자체가 왠지 쑥스럽고 부끄러웠고, 필자도 이런 방식으로 애정을 표현하는 것에 익숙하지 않은 때였다. 그래도 아내의 기뻐하는 모습을 보기 위해서 꽃을 사다가 아내에게 주었을 때, 아내의 첫 반응은 "이런 걸 뭐 하려고 사 와, 돈이 있으면 반찬 한 가지나 사 오지!" 였다. 이런 아내의 표현을 들었을 때 당황이 되고 속으로는 화까지 나서 '다시는 이런 짓 하지 말자.' 고 속으로 다짐한 적이 있었다. 우리나라 여성들은 남성이 애정을 표현해 주기를 바라면서도 막상 남성이 애정표현을 하면 속으로는 기뻐하면서도 겉으로는 쑥스러워하고 좋다는 표현을 잘 하지 못한다. 필자가 남성들에게 강연할 기회가 있을 때마다 애정표현의 중요성을 강조하면, 어떤 남성들은 애정표현을 해 봤자 별로 효과가 없거나 오히려 역효과가 나서, 잘해 주면 더 잘해 달라고 하기 때문에 차라리 못해 주고 욕 한번 먹는 것이 낫다고 화를 내는 경우가 많았다. 남성이 표현하는 작은 애정이라도 그 마음을 받아 주고 격려해 주면 남성은 더 큰 것으로 애정을 표현해 주고 싶어 한다. 남성의 작은 긍정적인 행동을 인정하고 칭찬해 주면 남성은 신이 나서 그런 행동을 반복하고 싶어진다. 특히, 우리나라 부인들은 남편의 애정을 받아들이고 표현하는 면에서 적극성을 보일 필요가 있다.

5) 애정표현은 남녀가 서로 창조적으로 실행해 나갈 수 있다

같은 방식으로만 애정표현을 하면 받는 사람의 입장에서는 지루해지고 그 효과도 급격히 떨어진다. 가능한 한 다양한 방법으로 애정을 표현하는 것이 좋고, 즉흥적인 애정표현보다는 좀 더 계획적으로 신경을 써서 애정을 표현하는 것이 중요하다. 창조적인 방법으로 애정을 표현하고 즐기면 멋있는 부부생활을 영위할 수 있다.

3. 자기가 원하는 것을 요청하기의 중요성

여자들은 대체로 애정을 남성에게 베풀고 난 후에는 남자가 자신의 마음을 읽고 자신이 바라는 것을 해 줄 것으로 믿고 기다린다. 그러나 남자는 여성이 계속해서 베푸는 것을, 자신이 충분히 그녀에게 잘해 주고 있고 여자가 만족해 있기 때문이라고 생각하고 만다. 여자는 보통 사랑하는 이로부터 더 많은 도움을 받고 싶어 할 뿐만 아니라 자기가 말하지 않아도 알아서 도와주기를 바라는 경향이 있다. 이런 기대가 안 이루어지면 나중에는 마지못해 도움을 요청할지 모르지만, 그때는 이미 감정이 상해 있을 때이고, 대부분의 여자들은 구차하게 부탁하게 만들었다는 이유만으로도 남자를 원망할 수 있다. 엎드려 절 받는 꼴이 되고 만 셈이다.

이 정도 되면 요청은 강요가 되고 요구와 원망을 곱게 받아들이지 못하는 남자들은 오히려 더 인색하게 굴기도 한다. 따라서 남자도 여자도 자기가 원하고 필요로 하는 것을 받지 못할 때에는 자기감정을 솔직히 이야기해 주고 상대방의 기분이 상하지 않게 요청할 수 있어야 한다. 이렇게 하면 상대방이 미처 생각지 못했던 것을 깨닫게 해 주고 더 큰 갈등으로 확산되는 것을 막을 수 있다. 그러나 이것이 충고와 비난이 되면 오히려 역효과가 일어날 수 있으므로 주의해야 한다.

여성들은 자신이 원하는 것이 있으면 결혼 초기부터 남편에게 적극적으로 표현해야 한다. 어떤 여성들은 남편이 자신의 마음을 미리 눈치채고 자신이 원하는 것을 해 주길 바라면서 10년, 20년을 기다린다. 그러다가 결국에는 지쳐서 포기하거나 이것이 화근이 되어 더 큰 갈등으로 번져 이혼까지 하게 되는 경우도 종종 있다.

4. 남성이 원하는 애정표현 방법

필자가 20년 넘게 부부상담을 하면서 발견한 것은 부부들이 10년 또는 20년 넘게 같이 살았어도 서로가 원하는 것을 정확히 모르고 있다는 것이다. 이 때문에 어떻게 해야 상대방을 기쁘게 할 수 있는가를 잘 모르는 것에 대한 좌절감과 상대방이 자신의 욕구를 들어주지 못한다는 것에 대한 서운함, 실망감이 만연되어 있는 경우가 많았다. 다음에 필자가 부부상담을 하면서 발견한 남편들이 아내에게 바라는 중요한 내용을 간결하게 정리해 보겠다. 아내들이 다음의 사항을 실천에 옮겼는데도 남편들이 오히려 화를 내거나 부정적인 반응을 보이면 필자에게 항의해 주길 바란다.

1) 존중해 주고 자존심을 북돋아 주어라

남편들이 가장 견디기 어려운 것이 아내들에게 무시당한다는 느낌이다. 남편은 아내가 자신을 다른 집의 남편과 비교하면서 남편의 문제를 지적하는 것을 아주 싫어한다. 예를 들어, 부부 모임에서 다른 집의 남편이 선물을 사 주었다고 자랑할 때, 우리 남편은 그런 것도 못 하고 매력도 없다고 비교하면 남편은 자존심이 상한다. 여성들이 자신의 남편과 비교하는 단골 메뉴는 남편의 월급봉투, 선물, 휴가, 처가에 잘하는 것, 집안일을 도와주는 것 등인데 다른 집의 남편과 비교해서 남편의 행동을 수정하려고 시도하지 말고, 남편의 현 행동에 초점을 두어서 남편의 잘하는 행동을 지적하고 원하는 행동을 요청하길 바란다.

2) 인정해 주고 칭찬해 주어라

아내의 입장에서 보면 남성이 강해 보이고 권위가 있어 보이기에 남성은 여성의 인정이나 칭찬 따위는 별로 중요하지 않게 생각할 것이라고 알기 쉬운데, 실제로는 여성의 인정과 칭찬에 굶주려 있다. 남성은 여성에게서 자신의 엄마와 같은 모성애를 요구하는 경향이 있어서 아내가 인정해 주면 좋아하지만, 불평과 잔소리를 들으면 어머니한테서 야단맞았던 과거를 연상하면서 아내에게 크게 반발하는 특성을 가지고 있다. 여성의 칭찬과 격려는 남성에게 가장 필요한 보약이다.

3) 명령식의 대화보다 제안하는 식의 대화를 시도하라

남성들은 속성상 남에게 지배받고 통제당하는 것에 대한 본능적인 거부감이 강하다. 여성이 남성에게 '이 물건 좀 들어요!'라고 말하면 즉각적인 거부감을 느끼지만, '자기야, 내가 힘든데 이 물건 좀 들어 줄 수 있어요?'라고 남성의 보호본능을 자극하면서 요청하면 남성은 여성의 요구를 들어줄 가능성이 많다. 이것은 여성들이 조금만 자신들의 말투에 신경을 쓰면 된다.

4) 과거의 잘못을 반복해서 들추어 내지 말고 현재의 문제에 초점을 맞추어라

남성들의 화를 돋우고 혈압을 올리게 하려면 데이트 시절부터 시작해서 임신 기간의 서운한 점, 처가에 잘못한 점, 시집에 대한 서운한 점들의 목록을 조목조목 열거하면 된다. 물론 여성들은 남성의 문제가 시정이 안 되고 과거의 서운한 점이 한으로 쌓여 있으니까 남성의 잘못을 반복하겠지만, 남성은 그러한 반복적인 불평을 듣는 순간 심리적인 귀를 틀어막는다. 과거에 집착하지 말고 현재의 행동에 초점을 두어 남편의 행동을 구체적으로 지적하고 시정을 요구하여야 한다. 과거에 집착하지 말고 현재에 초점을 두는 현재의 삶을 살아야 한다.

5) 자신이 원하는 것을 솔직하게 말해 주어라

여성들은 남성이 자신의 마음을 알아서 챙겨 주는 것이 자신에 대한 관심과 배려라고 생각하고 그 가치를 높게 두려고 한다. 반면에 남성이 자신이 원하는 것을 알아서 해 주지 않으면 남성에 대한 불만이 가슴에 쌓이고 한이 맺히게 된다. '열 길 물속은 알 수 있어도 한 길 사람 마음은 알 수 없다.'라는 속담처럼 남편의 입장에서 아내의 마음을 정확히 알기는 정말 어렵다. 아내는 남편이 알아서 해 주었으면 하는 내용들이 있다면 목록을 만들어 남성의 기분이 차분할 때 알려 주기 바란다.

6) 수년간 노력해도 안 되는 사소한 단점들은 덮어 주어라

여성들이 자주 불평하는 남성들의 사소한 단점은 양발을 앉은자리에서 벗기, 세면대를 더럽게 사용하기, 옷을 제자리에 걸지 않기, 집을 어질러 놓기, 목욕 자주 하지 않기 등이다. 이런 점들은 결혼 초부터 수정하려고 시도해도 안 되는 것들이 많다. 수년간 노력해도 안 되는 것을 수정하려고 하다가 스트레스 받기보다는, 인정하고 자신이 조금 더 신경을 쓰거나 다른 면에서 남성에게 보상을 받고 그냥 묵인하고 살아 주는 것이 남성과 여성에게 편하다.

7) 성을 무기로 사용하지 말라

여성들은 부부싸움을 하거나 피곤하면 성적인 욕구가 감퇴되거나 거부하는 경향이 있다. 그러나 남성은 피곤하거나 부부싸움을 해도 성관계를 원한다. 특히, 부부싸움 후에는 남성은 화해하는 제스처로 성관계를 요구하는 경향이 있다. 이 경우 여성이 거부하면 남성의 입장에서는 여성이 성을 무기로 사용한다고 상처를 받고 심한 경우에는 바람을 피우기도 한다. 남성은 여성의 정서적인 특성을 이해하고 부부싸움 후에 무리하게 성관계를 요구해서는 안 된다. 또한 여성은 부부 관계가 불만인 경우 성적인 거부로 표시하면 부부 관계는 더 악화된다는 것을 알아야 한다. 성관계는 남성뿐만 아니라 여성도 만족감을 느낄 자유와 권리가 있다. 서운한 점이 있으면 빨리 풀고 정상적인 성생활을 해야 한다.

5. 여성이 원하는 애정표현 방법

1) 감정적인 지지와 이해에 힘써 주어라

여성이 남성에게 간절히 바라는 것은 정서적인 이해와 지지이다. 여성들은 가정생활을 할 때 고려해야 할 사항들이 너무나 많아서 심신이 지친다. 그러나 남성이 이러한 자신을 알아주고 고마워하면 고통도 한순간에 잊을 수 있으나, 오히려 이런 여성을 탓하고 구박하면 여성들은 차라리 결혼생활을 청산하고 싶은 마음을 느낄 수 있다. 예를 들면, 아내가 시어머니에 관해서 힘든 이야기를 할 때 남편이 아내를 나무라기보다는 '당신이 어머니를 보살피느라 많이 힘들어하는군.'이라고 하면서 아내의 마음을 어루만져 주면 아내는 힘을 얻는다. 또한 시집 식구 또는 자녀들을 다루느라 힘들어하면 '남들이 뭐라고 하든 난 당신을 믿고 사랑해요.' 라고 하면서 아내에 대한 신뢰와 사랑을 표현하면 아내는 힘을 낼 수 있다.

2) 여성의 이야기를 듣고 기분을 이해해 주어라

남성들은 사랑하는 여성의 어려운 이야기를 들으면 문제를 처방하고 해결해 주려는 본능이 발동한다. 필자가 경험한 예를 들면, 아주 더운 날씨에 딸이 에어컨이 나오지 않는 차를 운전하여 밖에 나간 적이 있었다. 아내는 딸이 운전하면서 더위 때문에 고생하겠다는 말을 필자에게 해 주었다. 이때 필자는 "그러니까 내가 당신에게 새 차를 사서 주자고 했잖아! 지금 와서 그런 소리 해 봤자 소용이 없어."라고 화를 냈다. 물론 이 경우에 아내나 필자 모두 자녀가 뜨거운 여름 더위를 겪는 것을 연상하면서 괴로워하고 힘들어하고 있었다. 필자의 부정적이고 문제 처방적인 반응에 아내가 발끈하면서, "당신은 꼭 문제가 있으면 항상 내 과거의 잘못을 들추면서 나를 나무라는데, 당신은 자녀들을 위해서 뭘 잘한 것이 있다고 그래요!"라고 하면서 응수해 왔다. 이다음 우리 부부 사이에 어떤 일이 벌어졌는지는 여러분들이 쉽게 상상할 수 있을 것이다. 이 경우에 아내가 내게 원했던 것은 "그래요, 애들이 더위에 고생해서 나도 마음이 아픈데 당신도 힘들군요." 정도의 반응으로, 이 상황을 쉽게 넘길 수 있었는데 사소한 한 마디가 부부싸움으로 번져서 며칠간 서로 말을 안 하는 냉전 상태로 빠졌다. 여성들은 남성들이 여성의 기분이나 감정을 알아주기를 원한다.

3) 칭찬을 통해서 관심을 보여 주어라

여성은 가능하다면 남성의 시선을 자신에게 고정시키고, 관심을 받고 싶어 하며, 남성과의 친밀감을 추구하고 싶어 한다. 그러기에 여성은 남성이 자신에게 관심을 표명하고 칭찬해 주기를 소망하고 있다. 그러나 우리나라의 남성은 여성 칭찬에 너무도 인색하다. 부부상담을 하다 보면 결혼생활을 하면서 남성에게서 한 번도 칭찬하는 소리를 들어 본 적이 없다고 울분에 차서 고백하는 여성들을 보게 된다. 남성들에게 여성을 칭찬하라고 주문하면 남성들은 한결같이 "칭찬해 줄 만한 것이 있어야지요!"라고 하면서 냉소적인 반응을 보인다. 그러나 여성은 일상생활 속에서 사소한 것에 대한 남성의 칭찬과 자상한 관심을 원한다.

예를 들면, 다음과 같다.

"당신 그렇게 입으니까 아주 멋진데!"

"야, 오늘 저녁 김치찌개 맛이 그만이네."

"당신 미용실에 다녀왔군. 역시 당신은 미인이야."

4) 성관계가 목적이 아닌 스킨십을 많이 해 주어라

남성은 여성에게 성적인 욕구가 있을 경우 신체적인 접촉을 시도하는 경우가 많다. 이 경우에 여성의 입장에서는 자신을 성적인 대상으로만 여기고 하나의 순수한 인간으로 자신을 사랑하지 않는다는 느낌을 가지기 쉽다. 그러나 여성은 한 인간으로서 순수하게 사랑해 주기를 바란다. 이런 심정을 남성에 비유하면, 남성이 월급을 가져다 줄 때만 여성이 기뻐하고 남성을 칭찬하면 월급을 갖다 주는 날은 남성의 기분이 으쓱하겠지만, 평소에는 여성으로부터 소외감을 느끼고 자신이 여성에게 경제적으로 이용당한다는 느낌을 가질 것이다. 성에 관련해서 여성의 입장도 이와 비슷하다. 여성은 성적인 목적이 아닌 신체접촉과 스킨십을 원한다. 여성들이 결혼하기 전에 또래끼리 팔짱을 끼고 걷는 것은 성적인 목적이 아니고 스킨십에서 느끼는 친밀감을 즐기기 위한 행동이다. 여성은 이러한 친밀감을 느끼는 스킨십을 원한다.

예를 들면, 다음과 같은 스킨십을 시도해 보라.

- 출퇴근하기 전후에 포옹하거나 키스해 주기
- 동네 주위를 손잡고 같이 걷기
- 손잡고 함께 TV 보기
- 신체 부위나 전신 마사지해 주기
- 등을 긁어 주기 등

5) 여성을 존중해 주고, 예의를 지키며, 명령하지 말라

여성들이 가장 싫어하는 것 중의 하나는 남성이 함부로 대하는 것이다. 남성의 예의 없는 행동이 지나치면 언어폭력, 신체폭력까지 가해질 수 있다. 사랑한다고 해서 두 사람 사이에 함부로 대하고 상대방을 비하하는 것은 용납될 수 없다. 이것은 상대방을 학대하고 무시하는 행위이다. 가까운 사이일수록 기본적인 예의나 신체적 · 심리적인 경계선을 지켜 주어야 한다. 부부 사이가 아무리 친밀하고 특별한 관계라고 하더라도 상대방에게 함부로 말하고 무례하게 행동하는 것은 삼가야 한다.

6) 다른 여자에게 잘하는 것의 반만큼이라도 애인에게 해 주어라

여성이 남성에게 서운하게 생각하는 것은 모임에 나가면 다른 여성에게는 예의를 지키며 상대방의 호감을 사기 위해서 '혜순 씨, 요즘 너무 예뻐지셨네요. 항상 젊은 것 같아요.' 라는 말을 하는 것이다. 이를 여성의 입장에서 보면 속이 뒤틀린다. 여성 입장에선 자신에게는 감정 표현을 못하는 남성이 다른 여성에게는 감정 표현도 잘하고 칭찬도 잘하고 관심도 많이 보이는 것이 싫기 때문이다. 그렇기에 여성들은 다른 여성에게 잘하는 것의 반만이라도 자신에게 해 달라는 목멘 소리를 하는 것이다. 여성이 남일 때는 여성의 호감을 사기 위해서 감정도 표현하고 선물도 하고 별 행동을 다 했지만, 이제 여성이 내 소유물이 되었으니 더 이상 여성에게 애정을 표현할 필요가 없다고 생각한다면 연애 시절에 잘한 행동은 단지 상대방의 환심을 사기 위한 너무나 속 보이는 행동인 것이다. 사랑할 수 있는 대상이 자신의 곁에 있을 때 최선을 다해서 원 없이 사랑하며 인생을 보냈다는, 후회 없는 고백을 하면서 사는 것이 얼마나 멋진 삶인가?

7) 가족 및 아내와 함께 시간을 보내라

아내는 남편이 출근하면 돌아오기를 기다린다. 남편 입장에서 보면 이런 아내가 좋기도 하지만 자신에게 일찍 들어와야 한다는 부담을 줄 수 있기 때문에 싫을 수도 있다. 남편은 야근을 하거나 늦게까지 사업하고 가게 문을 열면서 가족을 위해서 돈을 벌려고 늦게 귀가할 수도 있고, 이런 귀가는 아내가 당연히 이해해 주어야 한다고 생각한다. 그러나 남편의 늦은 귀가는 경제적인 논리로만 해결될 일이 아니다. 예를 들면, 미국에 이민 온 1세 부모들은 경제적으로 자립하고 안정된 삶을 살기 위해서 늦게까지 가게를 열고 시간을 초과해서 일을 하면서 자녀들에게 "우리가 다 너희들을 위해서 이렇게 늦게 일하니 이해해라."라고 주문했다. 그러나 자녀들은 그러한 부모에게 고마워하기보다는 "우리를 위해서 일을 한다면, 차라리 좀 일찍 들어와서 우리들과 놀아 주세요."라고 부모에게 화를 내는 경우가 허다했다.

여성이나 자녀의 입장에서는 좋은 남편, 좋은 아빠란 집에서 가족과 시간을 보내 주고 놀아 주는 남편과 아빠다. 이런 면에서 보면 남편은 직장과 가정에서 쉴 만한 시간과 여유가 없다고 불평할 수도 있다. 하지만 가족과 식구들을 위한다면 가족들이 시간

❖ 신여성들이 원하는 애정표현 방법

다음은 필자가 부부상담을 하면서 발견한 여성들이 원하는 애정표현 방법이다.

1. 사회적 장면에서: 다른 사람 앞에서 여성을 자랑하기, 손잡고 같이 걷기, 안아 주기, 여성을 위해서 차문 열어 주기, 여성 외투 받아 주기 등등
2. 언어적으로: 칭찬거리를 찾아서 하루에 열 번 이상은 칭찬해 줄 것.
   예) '요리가 맛있는데' '당신 옷이 멋져' '헤어스타일이 좋은데' 등
3. 행동적으로: 집안일 도와주기. 예) 집안 청소, 그릇 씻어 주기 등
4. 신체적으로: 하루에 10분~20분 정도 신체 마사지 해 주기. 여성은 성관계를 의식하지 않고 신체를 만져 줄 때 만족을 느낀다.
5. 계절적으로: 생일축하, 결혼기념일, 첫 데이트, 부부만의 휴일
6. 예상외로 놀라게: 선물해 주기(꽃, 속옷), 출장 시에 사랑의 메시지 등

을 같이 보내고 싶어 하는 기본적인 욕구를 무시해서는 안 된다. 밖에서 돈을 벌기에 가족이 당연히 남편의 입장을 이해해야 한다고 주장하는 것은 무책임한 소리이다. 남성은 직장과 가정에서 조화 있게 시간을 보내야 한다. 직장이냐, 가정이냐 양자 중 하나를 선택하는 것이 아니고, 둘 다 필요하고 둘 다 선택해야 하는데 어떻게 조화를 이루느냐가 관건인 것이다.

8) 화나는 감정을 폭력적으로 표현하지 말라

여성이 부부 관계에서 두려워하는 것은 자신이 심리적 · 신체적 위협을 느끼는 경우이다. 예를 들어, 남성이 화를 내면서 언어폭력과 신체폭력을 사용하면 여성 입장에서는 안전에 심한 위협을 느낀다. 따라서 여성의 입장에서는 남성이 자신의 화나는 감정을 조절하지 못하고 파괴적으로 표현하는 것을 아주 싫어한다. 남성은 자신의 분노나 부정적인 감정을 상대방을 위협하지 않으며 문화인답게 표현하는 방법을 터득해야 한다. 남성의 권위는 큰소리치고 물건을 부수며 구타하는 위협적인 분위기에서 생기는 것이 아니고, 자신이 상대방을 위해서 배려하고 사랑해 주는 대가로 주어지는 것이다. 즉, 남성이기 때문에 여성이나 자녀가 자신을 존경하고 받들어야 한다는 생각은 아주 잘못된 것이다.

9) 집안일을 자신의 일로 여기면서 분담해 주어라

남성이 아내에게 언어로 칭찬하는 것도 물론 중요하지만, 여성을 구체적으로 돕고 집안일을 분담하는 자세가 필요하다. 남성이 집안 청소를 하거나 설거지를 도와주면 마치 아내를 위해서 큰일을 해 준 것처럼 아내에게 인정받기를 원하는 경우가 많은데, 여성의 입장에서는 가정이란 부부가 공동생활을 하는 공간이기에 가사에 대해서 책임의식을 가지고 접근해 주길 기대한다. 부부가 서로 대화를 통해서 남편과 아내가 서로의 가사 역할에 대해서 분명히 하고 자신의 일을 잘 수행하는 것이 중요하다. 여성이 남성에게 기대하는 집안일이란 집안 청소, 설거지, 가구 옮기기, 자녀들의 숙제 관리 등이다.

6. 친밀감을 높여 주는 성적인 행동

우리는 '섹스' 하면 성기관의 접촉이라고 축소해서 생각하기가 쉽다. 그러나 성기관이 아니라도 몸 전체를 마사지한다든가, 성적인 목적이 아닌 접촉을 하면 서로 간에 친밀감을 높여 준다.

남녀 간에 키스는 서로 간의 친밀함을 나타내는 상징으로 행해지고 있다. 소위 말하는 'French kissing' 또는 'Soul kissing'은 서로 상대방의 입안에 혀를 넣고 자극하는 형태의 키스로서 가까움을 나타내는 사람들에게서 사랑의 표시로 행해진다.

문화에 따라서 조금씩은 차이가 있지만 엉덩이도 성적인 자극 기관으로 간주된다. 엉덩이는 지방질과 근육질로 구성되어 있다. 그러나, 특히 여성은 이 부분도 자신의 성기관으로 간주하므로 남성은 이 점을 명심해야 한다. 여성의 허락을 받지 않고 만졌다가는 성희롱 죄로 고소당할 수도 있다.

여성의 머리카락도 가볍게 쓰다듬어 주면 여성에게는 긴장을 풀어 주는 동시에 상대방으로부터의 친밀감을 불러일으킬 수 있다. 또한 여성 중에 남성의 가슴에 난 까만 털에도 성적인 감흥을 느끼는 사람도 있다. 귀를 살며시 애무하는 것도 성적인 자극이다. 이렇게 보면, 특히 여성은 몸의 모든 부분이 성적인 자극을 주고받는 기관이라고 해도 과언이 아니다.

중요한 것은 성기관이라고 할 때 성기 부분에만 초점을 두고서 논하는 것은 극히 제한된 생각이라는 것을 알아야 하고, 섹스를 성기의 접촉이라고만 생각하는 것도 단견이다. 성기관의 주인은 나 자신이고 성도 나 자신을 위해서 존재하는 것이다. 섹스가 우리의 주인이 되는 것이 아니라, 우리가 섹스의 주인이 되어서 친밀한 인간관계를 형성하는 데 도움이 되도록 해야 한다.

토론

1. 친밀감을 증진시키기 위한 자신만의 애정표현 방법이 있습니까? 있다면 함께 나누어 봅시다.
2. 상대방이 원하는 애정표현 방법은 무엇인지 서로 토론해 봅시다.

제13장

결혼

"우리는 10년을 연애해서 결혼에 성공했지요. 결혼하면 드디어 우리의 꿈을 이루면서 아들딸 낳고 잘살 수 있으리라 생각했어요. 그러나 우리는 신혼여행에서 돌아오자마자 싸우기 시작했습니다. 처음에는 사소한 일로 싸웠는데 나중에는 큰일로 싸우면서 우리 둘 사이는 점점 멀어져 갔습니다."

"남편과 저는 나이 차이가 있었습니다. 그러나 사랑하면 극복하리라고 믿었지만 남편이 나를 동반자로 대해 주기보다는 마치 어린 동생처럼 대해 주는 것이 못마땅했습니다. 그러나 그것보다도 어려운 것은 남편이 목석처럼 감정 표현이 없는 것이었습니다."

1. 결혼의 의미

결혼이란 모든 문명권이나 사회에서 공통적으로 존재하는 사회적인 제도다. 결혼을 통해서 가족을 형성하고, 가족은 그 사회의 가치관, 문화 등을 전수하는 현장이다. 즉, 결혼이란 자녀를 양육하고 문화적 · 경제적인 유산을 물려주면서 한 세대가 다른 세대로 이어지게 하는 과정인 것이다. 일반적으로 결혼을 하면, 이혼하거나 배우자가 사별한 경우보다 더 행복하고 더 장수하는 것으로 나타났다(Dush & Amato, 2005). 미국의 젊은이들은 이전에 비해서 더 늦은 나이에 결혼을 하고, 한 번 이상 결혼하는 것으로 나타났다(U.S. Census Bureau, 2007). 그러나 현대는 독신자들이 늘어나면서 전통적인 결혼의 형태나 가족구조가 위협당하고 있는 것이 현실이다. 예를 들면, 미국의 경우 2000년도에는 52%의 가족만이 양쪽 부모가 있는 가정으로 구성되어 있었고, 이 수치는 1990년도의 55%에서 줄어든 수치이다(Armas, 2000). 뉴욕타임스의 여론 조사에서 "당신은 결혼을 하면 일생 동안 결혼생활을 유지하겠는가?"라는 질문을 했을 때 86%가 그렇다고 응답했고, 11%가 아니라고 답변했다(Eggers, 2000). 최근 결혼 정보회사의 보고에 의하면, 2015년 기준 인구 1,000명당 결혼 비율은 6.74명인데 2008년은 7.09명이었다고 한다. 그리고 이러한 추세는 앞으로 지속될 것이라고 한다(Deseret NewsEntertainment, 2017). 표면적으로는 결혼생활을 유지하겠다고 하지만 실제로는 이혼이나 독신의 삶을 선택하면서 전통적인 결혼제도가 위협받고 있는 것이 현실이다.

| 표 13-1 | **전통적인 결혼과 현대 결혼의 비교**

전통적인 결혼	현대의 결혼
의식과 전통을 강조함	친구 관계나 동료적인 관계를 강조함
결혼 전에는 동거 불가	결혼 전에 동거하고, 동거가 문제 안 됨
자녀, 아내는 남편의 성을 따름(미국, 유럽)	아내는 자신의 성을 유지할 수 있음
남편은 가부장이고 지도적 역할, 여성은 순종적	배우자는 평등한 관계, 협조 관계 유지
남녀가 성역할이 분명하고 경직됨	남녀의 성역할이 융통적임
소득의 수입원은 주로 남편	남녀가 같이 일하고 협조해서 소득을 사용
남편이 성적인 요구를 먼저 하고 여성은 따르는 형태	남녀 누구나 성적인 요구를 할 수 있음
아내는 주로 아이들을 양육함	배우자 모두가 같이 자녀 양육
교육은 남자나 아들에게 중요함	교육은 남녀 모두에게 중요함
남편의 직장에 따라서 주거지 변경	배우자의 직장에 따라서 서로 협상
여성이 주로 요리하고 집안 청소를 함	남녀가 서로 요리하고 가사 분담
남성이 집안 수리 등의 일을 담당	남성은 여성과 함께 집안일을 같이 함
중요한 결정과 돈의 지불은 남성이 결정	중요한 결정과 지출은 서로 상의하에 실시함

2. 서구 사회의 결혼에 관한 역사적 관점

결혼은 어느 사회를 막론하고 항상 존재해 왔던 제도이다. 현재까지 알려진 바에 의하면, 인간들은 누구나 일생에 한 번은 결혼을 시도하는 문화권에서 살아 왔다(Rathus et al., 2005). 결혼은 또한 우리 인간의 가장 흔한 삶의 스타일이 되었다. 예를 들어, 힌두권의 여인들은 99%가 결혼하는 것으로 알려져 있다. 그러나 미국은 결혼하지 않고 혼자 사는 경우가 4명 중 1명이라고 한다(Steinhauer, 1995). 한편 미국에서 결혼은 하지 않지만 동거하는 비율이 급격히 증가하고 있는 추세인데 래리 범파스(Larry Bumpass)가 1980년대 후반부터 10,000명을 상대로 조사한 바에 의하면, 1980년대 후반에는 35~39세의 약 34%가 동거생활을 하고 있었으나 1995년도에는 49%가 동거를 하고 있었다. 미국의 연방정부 인구 조사국이 밝힌 바에 의하면, 성인의 65%만이 배우자와 결혼해서 동거하고 있는 것으로 밝혀졌다. 미국에서도 남녀가 자신의 교육이나 직업을 개발하기 위해서 결혼을 미루는 경향이 있어 평균 결혼 연령도 남성은 26.5세이고 여성은 24.4세이다. 수치는 1975년에 비하면 약 3년 정도 늦어진 것이다(Rathus et al., 2005).

역사적으로 보면 서양에서도 남성 위주의 가족제도를 유지하고 있었다. 남성은 아내를 선택할 수 있고 원하면 첩도 둘 수 있었으며, 여성은 남성의 소유물로 간주되어 왔다. 여성은 자녀의 생산이 목적이었고, 여성이 자녀를 낳지 못하면 이혼의 사유가 되었다. 이러한 풍습은 유대정교, 그리스 등에서 행해지던 풍습이었으며, 특히 고대 그리스에서는 남성이 성적인 목적을 위해서 자신의 아내보다는 고급 창녀들에게 가서 성관계를 갖는 것이 허용되었다(Rathus, Nevid, & Fichner-Rathus, 2000).

고대 로마도 강력한 남성 위주의 가부장적인 제도를 유지하고 있었다. 예를 들어, 장남이 가족 식구를 통제하고 지시할 수 있었고, 원하면 자신의 자녀를 노예로 팔 수도 있었다. 결혼은 중매를 통해서 이루어지고 남성이 원하면 이혼을 강요할 수도 있었다. 이 당시에는 결혼을 정치적인 이유나 경제적인 목적으로 이용하기도 하였다.

기독교의 초기 전통은 가부장적이었음을 부정할 수 없다. 즉, 남자가 여자의 머리이니 아내는 남자에게 주께 복종하듯 하라고 했다(에베소서 5:23-24). 여성에게는 교회에서 봉사직만이 강요되고 남성만 목사 안수를 받아서 설교를 하고 목회를 할 수 있었다. 그러나 이제 여성들도 목사 안수를 받고 목회를 하는 방향으로 개선이 되고 있다.

19세기에는 서양의 가부장적인 결혼제도는 서서히 그 위력을 잃고, 배우자가 서로 동반자라는 개념으로 서서히 발전되어 왔다. 남성도 가정에서 책임감을 가지고 가사도 돕고 자녀 양육에 관심을 가지는 등 부부 관계도 평등한 관계로 발전되어 왔다. 그러나 성적인 면에서는 19세기까지만 해도 여성은 남성이 성적으로 즐기기 위해서 남성의 욕구에 순응해야 한다는 태도가 오랫동안 유지되어 왔다. 즉, 가족제도의 근대화 속도가 여성을 성적 속박에서 벗어나게 해 주었지만 가족 근대화 속도가 여성의 성적인 지위 향상보다는 더 빠르게 전개되었다.

그러나 21세기에는 양성평등운동과 함께 여성의 위치가 많이 향상되었다. 결혼은 결혼이라는 제도를 유지하기보다는 부부들이 서로 만족하면서 즐길 수 있는 방향으로 변화가 일어나고 있다.

3. 우리나라의 전통적 가족구조의 변화

우리나라도 서구 사회와 같이 가부장적인 결혼구조를 유지해 왔었다. 여성을 남성의 소유물처럼 여기고, 여성이 자녀를 낳지 못하면 이혼 사유가 되며 남성이 첩을 둘 수 있는 기회로 삼기도 했다. 우리나라의 전통적인 결혼은 대가족제도를 유지하면서 여성이 자신의 가정을 떠나서 남성의 가족문화에 동화되는 것을 강조했기에 여성은 어떤 어려움이 있어도 가정을 유지하기 위해 남편 집의 귀신이 되라고 할 정도로 여성의 희생을 강요해 왔다.

그러나 최근 우리나라의 모든 환경적인 변화와 아울러 우리의 가족과 결혼 관계도 급변하고 있다. 예를 들면, 가족 규모의 축소가 이루어지고 있다. 평균 가구원 수가 1966년도에 5.5명이었던 것이 1990년에는 3.8명으로 줄었다. 자녀의 출산 수도 한 가족당 1966년에 4.8명이었는데 1990년에는 1.6명으로 줄었고 이제는 한 가족에 아이를 하나만 두는 가족도 많이 늘었다. 2004년도에는 1.3명으로 이제 우리나라도 저출산에 대한 우려가 높아 정부에서는 출산을 장려하고 있다.

가족 세대의 단순화가 급속도로 이루어지고 있다. 예를 들면, 확대가족의 비율이 1960년도에는 28.5%이었는데 1985년도에는 14.8%로 줄었고, 현재는 이보다 더 줄어들었다. 친족 관계에도 변화가 와서 옛날처럼 친족들끼리 모여서 시간을 보내고 상부상조하던 풍습이 많이 사라지고, 친척보다는 부부를 중심으로 직계가족들과 시간을 더 보내려는 변화를 일으키고 있다.

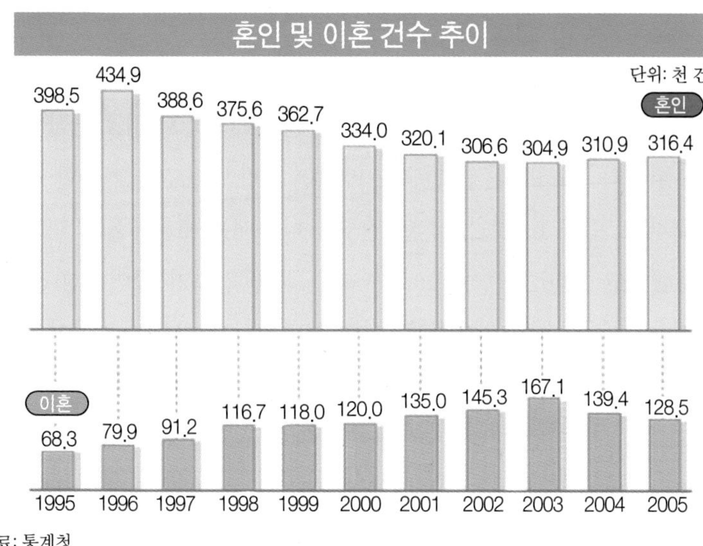

자료: 통계청

| 그림 13-1 | **연도별 결혼과 이혼 추세**

여성의 출산기간도 단축되는 현상이 일어나서, 그 결과 자녀의 양육기간이 단축되어 여성들이 시간적 여유가 생기고 출산 후 사회 진출의 기회가 증대되고 있다. 여성들도 결혼의 연령을 늦추면서 결혼 전에 사회 진출을 적극적으로 검토하고 있는 실정이다.

부부 사이의 성생활에도 변화가 일어나고 있어 출산을 위한 성적인 기능이 약화되고, 부부간의 만족스러운 성생활에 대한 관심이 증가되고 있다. 부부의 성역할도 고정적이고 전통적인 관념에서 벗어나서 신세대(20~30대) 부부들의 가사 분담이 늘어나고 있다. 과거에는 남편과 아내의 역할이 구분되었지만 역할 구분이 점차 감소되어 아내가 직업을 가지면 편리성에 따라서 남편도 자녀들을 양육하고 요리와 설거지까지 다양하게 적극적으로 가사에 참여하고 있다.

자녀의 양육문제도 적은 수의 자녀에게 많은 관심을 쏟다 보니 과보호 현상이 일어나서 마마보이나 공주병 현상 같은 부작용도 있기는 하지만, 적은 수의 자녀를 잘 기르기 위해서 많이 노력하고 있다. 그러나 아직도 우리나라 가정에서는 입시 위주의 교육으로 자녀들의 인격 및 책임감이 결여되는 현상이 일어나고 있다. 가족의 정서적 기능면에서는 여가 선용을 중시하고 가족 개인 단위의 활동이 증가하고 있기에 가정에서 가족 구성원들의 상호간에 갈등이 증가할 수 있는 소지도 늘어나고 있다.

1) 최근 초혼 연령 및 결혼 추이

통계청의 자료에 의하면, 2016년 혼인 건수가 전년보다 7.0% 감소한 28만 1600건으로 집계됐다고 밝혔다. 이러한 혼인 건수는 1974년 25만 9100건을 기록한 이후 가장 낮은 수치를 기록했고, 인구 1000명당 혼인 건수를 나타내는 조혼인율은 5.5건으로 역대 최저치를 기록했다고 한다(조선일보, 2017. 3. 22.). 혼인 건수가 줄어든 가장 큰 이유는 결혼을 주로 하는 20~30대 남녀 인구 중 20대 초반부터 30대 초반까지의 인구가 전년 대비 남녀 각각 약 2.1%, 2.7% 줄면서 결혼을 할 수 있는 인구 자체가 줄어든 것이 원인이 되기도 하고, 전월세 부담 등의 경제적 여건 악화도 혼인 건수 감소에 영향을 미쳤다고 볼 수 있다. 또한 최근에는 20~30대 실업률도 증가하면서 결혼을 할 경우에 파생되는 경제적 안정에 대한 부담이 늘어난 것이 혼인 감소에 영향을 미쳤다고 볼 수 있고, 미혼 남자 중 결혼을 반드시 해야 한다고 생각하는 사람이 2000년 이전에는 10명 중 7명은 됐지만, 2016년에는 10명 중 4명으로 줄어들어 결혼에 대한 사회적 인식이 약해진 점도 혼인 건수 감소에 영향을 미쳤다 볼 수 있다(조선일보, 2017. 3. 22.). 이렇게 볼 때, 우리나라의 젊은이들에게는 결혼에 대한 경제적인 독립성과 결혼 자체에 대한 인식 변화가 결혼을 늦추거나 결혼을 포기하는 경향이라고 볼 수 있다. 2016년도를 기준으로 할 때, 남자의 경우 전체 혼인 중 초혼이 84.5%, 재혼은 15.4%의 비중을 차지했고, 여자는 초혼이 82.5%, 재혼이 17.4%였다. 남녀 모두가 초혼인 경우는 78.5%였고, 모두 재혼인 경우는 11.4%로 나타났다. 재혼의 경우 여성의 비율이 남성보다 높은데 이는

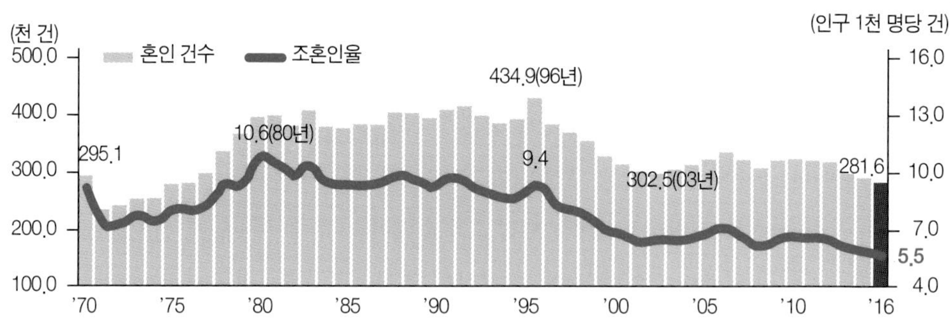

| 그림 13-2 | 1970~2016년 혼인 건수 및 조혼인율 추이

자료: 통계청 제공.

남성이 이혼한 여성에 대해서 편견이 줄어들고, 이혼 여성 역시 좀 더 적극적으로 자신의 삶을 소유하려는 의식의 변화로 추정해 볼 수 있을 것 같다.

평균 초혼 연령은 남자와 여자가 모두 각각 0.2세, 0.1세 높아졌다. 남자의 초혼 연령은 32.8세, 여자는 30.1세다. 여자의 평균 초혼 연령은 2016년에 처음으로 30대로 올라선 데 이어 계속해서 오르면서 여성들이 결혼을 점차 늦게 하는 것으로 나타났다. 10년 전과 비교하면 남자는 1.8세, 여자는 2.3세 상승했다. 남녀 간 평균 초혼 연령 차이는 2.7세로 2006년 3.2세를 정점으로 줄어드는 추세다(조선일보, 2017. 3. 22.). 결혼을 늦추는 경우는 우리나라뿐만이 아니고 세계적인 추세인 것 같다. 즉, 요즘 젊은이들에게서는 결혼보다는 자신의 직업과 개인 삶의 만족도를 중시하는 경향이 보이는데, 이것이 결혼을 늦추는 원인이 될 것으로 추정된다. 초혼부부 중 여자가 연상인 부부는 전체 혼인의 16.3%로 2015년과 유사했고, 남자가 연상인 부부의 비중은 67.7%를 기록했다. 연령차별 혼인 비중은 남자가 3~5세 많은 경우가 27.0%로 가장 많았다. 이어 남자 1~2세 연상(25.5%), 동갑(15.9%), 여자 1~2세 연상(11.4%) 순이었다(조선일보, 2017. 3. 22.). 필자의 임상 경험에 의하면, 남성 입장에서는 여성이 연상인 경우 여성의 경제적인 능력이 남성보다 안정되고 여성에게서 정서적인 지지를 더 받고 싶은 심정이 작동할 수 있고, 여성은 연하 남성에게 모성애적인 느낌을 느껴서 하는 경우가 많았는데, 막상 결혼을 하면 남성은 아내가 자신을 남편으로 존경을 안 해 준다고 느끼거나, 여성은 남편이 자신에게 정서적으로 지지를 해 주지 않는다고 하는 경우에 부부갈등이 심한 경우를 보았다. 결혼을 하면 나이에 상관 없이 남녀 모두 서로가 서로를 배려하는 태도가 중요하다.

2) 최근 우리나라의 이혼율

2016년을 기준으로 조이혼율은 2.1건으로 1997년(2.0건) 이후 최저치를 기록했고, 이혼은 10만 7300건으로 전년보다 1.7% 줄었다. 유배우 인구 1,000명당 이혼 건수인 유배우 이혼율은 4.3건으로 2015년보다 0.1건 감소하였으며 2000년 이래 최저치다. 유배우 이혼율은 2003년 7.2건을 기록한 이후 감소 추세다. 평균 이혼 연령은 갈수록 높아지고 있다. 남자는 47.2세로 전년보다 0.3세 높아졌고, 여자는 43.6세로 전년보다 0.3세 상승했다. 10년 전과 비교하면 남녀 모두 4.6세 높아졌다(조선일보, 2017. 3. 22.).

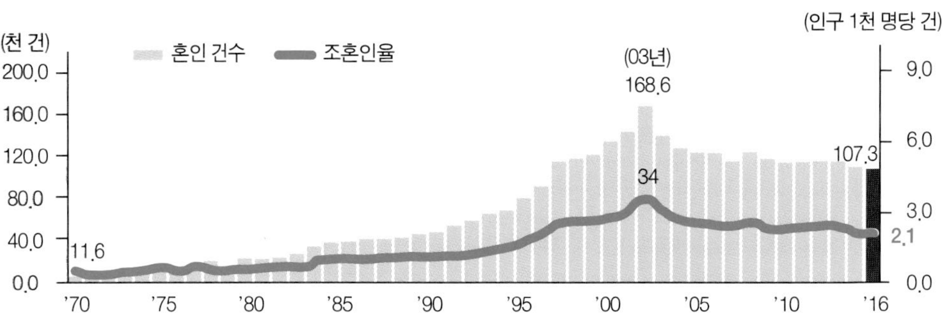

| 그림 13-3 | **1970~2016년 이혼 건수 및 조이혼율 추이**

자료: 통계청 제공.

우리나라에서는 황혼 이혼이 늘면서 평균 이혼 연령도 높아지고 있다. 필자의 상담 경험에 의하면, 부부가 갈등을 경험해도 자녀들의 결혼을 위해서 참고 살지만 자녀들이 독립하면서 혼인을 유지하는 요인이 사라지게 되면 이혼으로 이어진다. 대체로 황혼 이혼을 하는 부부들은 가정 폭력, 외도, 남편의 독재적인 가부장적인 태도가 원인인 경우가 많다. 남자의 이혼율은 40대 후반이 1000명당 8.9건으로 가장 높았다. 이어 40대 초반(8.3건), 50대 초반(7.8건), 30대 후반(7.3건)의 이혼율이 높았다. 여자는 40대 초반이 9.2건으로 가장 높았고, 30대 후반과 40대 후반이 각각 8.6건, 30대 초반이 7.7건 순으로 나타났다. 이혼 부부의 평균 혼인지속기간은 14.7년으로 전년 대비 0.1년, 10년 전보다는 2.7년이 늘었다. 이혼한 부부의 혼인지속기간을 구간별로 나눠 보면 20년 이상이 30.4%로 가장 많았다. 이어 4년 이하인 경우가 22.9%를 차지했다. 통계청의 자료에 의하면, 20년 전에는 혼인지속기간이 길수록 이혼이 감소하는 것으로 나타났지만 최근에는 혼인지속기간 20년 이상과 4년 이하가 전체 이혼의 53.3%를 차지하고 있다. 혼인지속기간이 30년 이상인 부부가 이혼한 건수도 작년 10.8건을 기록하며 10년 전보다 2.1배로 늘었다. 혼인지속기간이 5~9년인 경우는 19.2%, 10~14년인 경우는 13.7%였으며, 15~19년은 13.9%였다. 미성년 자녀가 있는 부부의 이혼 비중은 47.5%로 감소 추세를 보였다. 협의에 의한 이혼은 전체 이혼 중 78.3%를 차지하며 전년보다 0.7%포인트 증가했다. 외국인과의 이혼 건수는 전년보다 6.9% 감소한 7,700건으로 5년 연속 감소 추세를 이어 갔다. 이혼한 외국인의 아내와 남편 국적은 모두 중국이 가장 많았다(조선일보, 2017. 3. 22.).

4. 인간과 결혼제도

1) 인간은 왜 결혼하는가

결혼은 인간의 군집하며 살려는 사회적인 욕구, 종족 유지의 본능, 개인적인 외로움을 극복하고 친밀감의 욕구 충족들을 한꺼번에 해결해 주는 기능을 가지고 있다. 결혼은 특정한 사람과의 책임 있는 관계를 공식적으로 선포하고 인정해 주면서, 가정을 이루어 자녀들을 양육하고, 사회적인 전통과 규범을 이어 가는 역할을 하도록 해 준다. 결혼은 성관계를 한 남자와 한 여자에게 제한하고, 남편의 입장에서 보면 아내가 출산한 자녀가 자신의 자녀임을 확인할 수 있고, 아내의 입장에서는 본인을 포함한 자녀가 남편의 보호 안에서 안전하게 살고 싶은 욕구를 충족해 주는 것이다. 가족의 부나 재산은 결혼을 통해서 혈통으로 이어져 다음 세대에게 전달이 된다.

결혼생활은 부부가 인간의 성적인 본능을 안전하게 충족시킬 수 있는 제도적 장치가 된다는 점에서 중요하다. 물론 결혼을 통해서 아이를 생산하는 것도 중요하지만, 부부간에 친밀감을 형성하고 서로 상호 의존적인 애착 관계를 형성하는 것이 중요하다. 그런데 여성은 결혼생활에서 부부 사이의 애정과 친밀한 관계에 비중을 많이 두는 것에 비해서 남성은 성적인 만족에 비중을 많이 두고 있다.

현대에는 서구에서나 우리나라에서나 혼전성교가 가능한 상황이기에 결혼의 목적이 성적인 욕구를 해소하기 위해서라는 것은 설득력을 잃고 있고, 오히려 결혼을 해서 심리적으로 서로 간에 정서적인 지지와 동반자적인 친구 관계, 안정된 삶을 추구하는 것으로 그 목적이 변해 가고 있다고 보아야 한다. 17~23세의 젊은이들은 결혼을 하면 일생 동안 서로가 서로에게 성적으로도 충실하며 일생을 같이 살아야 한다는 생각에 강하게 동의하고 있다(Moore & Stief, 1992).

2) 결혼의 형태

결혼의 형태는 아주 다양하지만 가장 흔한 형태는 우리 사회에서 통용되는 것과 같이 한 남자와 한 여자의 결혼만을 인정하는 일부일처제(monogamy)이다. 한 사람이 여러 이성과 결혼하는 형태(polygamy)는 일부다처제(polygyny)와 일처다부제(polyandry)가 있는데 역사적으로 보면 일부다처제가 많이 유행했고 이슬람교는 일부다처제를 종교적으로도 인정하고 있다.

전통적인 결혼에서 벗어난 새로운 형태는 게이나 레즈비언들 사이의 결혼이다. 2003년에 네덜란드, 벨기에, 캐나다는 동성 간의 결혼을 공식적으로 인정했고, 매사추세츠 주는 50% 대 44%의 주민 투표로 동성 결혼을 인정하는 주법을 통과했다(Phillips, 2003). 미국에서는 동성 간의 결혼을 인정해야 하는가 아닌가가 정치적인 주요 쟁점이 되고 있다. 기독교를 중심으로 하는 종교 집단에서는 동성 간의 결혼이 신의 창조 원리에 어긋난다고 강력하게 반대하고 있으나 젊은 층과 동성애자들은 동성 간의 결혼을 법적으로 인정해 달라고 강력히 요구하고 있다. 동성 간의 결혼을 공식적으로 인정은 안 하지만, 동성 파트너의 보험을 상대 파트너에게 인정해 주는 등의 실질적인 면에서의 수용은 미국의 전역에서 행해지고 있다.

이 외에도 성적으로 개방하는 결혼(open marriage), 집단 결혼(group marriage) 등이 있지만 제도적으로 행해지는 것은 아니고 일부 소집단 내에서 몰래 행해지기도 한다.

오늘날의 이혼율이 높은 것을 보면 어떤 결혼제도가 만족스러운지는 개인에 따라 다르다고 볼 수 있다. 영국 수상이었던 윈스턴 처칠은 "결혼은 오류가 있는 제도이고 문제가 있으며 좌절하기도 한다. 그러나 다른 대안이 있는가?"라는 말을 남겼는데 우리가 한번 깊게 새겨야 할 말인 것 같다.

3) 결혼 상대의 선정

인간은 역사적으로 근친 간의 결혼을 금해 왔다. 17~18세기 서구에서는 모든 결혼이 부모들의 중매에 의해서 결정되었다. 결혼에 사랑이라는 개념이 도입된 것은 19세기경이었다. 그 전에는 사랑 때문에 결혼한다면 사람들의 웃음거리가 된 적도 있었다. 서구에서는 동양권보다는 이른 시기에 자녀들이 결혼 상대를 연애라는 과정을 통해서 스스로 결정해 왔다. 요즘은 우리나라에서도 남녀가 연애를 통해서 결혼을 시도하는 경향이 아주 많아졌지만, 부모나 주위 선배들의 중매, 결혼정보회사의 소개로 남녀가 서로 만나 교제를 통해서 연애로 이어지다가 서로 사랑해서 결혼하는 경우가 가장 흔한 형태의 결혼이 되고 있다. 미국의 경우 결혼을 결정할 때 부모의 의견보다는 당사자들이 서로 느끼는 사랑을 중요시해서 결혼하기로 결정하는 경우가 많은데, 이들의 이혼율이 50% 정도에 해당하는 것을 보면 당사자들이라고 해서 자신에게 어울리는 결혼 상대를 정확히 선택하는 것은 아닌 것 같다. 결혼 상대를 결정할 때 부모나 친구 또는 주위 사람들의 의견을 고려하는 것이 현실적으로 결혼 상대를 선택하는 데 도움이 될 수 있다.

결혼 상대자 간에 교육, 경제, 인종, 종교 등의 조건이 비슷할 경우에 안정된 결혼생활을 한다. 미국에서 다른 인종과의 국제결혼을 하는 경우가 100쌍 중에 한 쌍 정도라고 한다(미국 1998 인구센서스). 남녀의 결혼 연령도 서로 비슷한 추세이지만 대체로 남자가 여자보다는 2~3세 정도 많다.

결혼 상대를 선택할 남녀의 관점이 어떻게 다른가는 아주 중요한 사안이다. 우리나라 대학생들을 상대로 한 조사에 의하면, 남녀 모두 자신의 배우자를 선택할 때 서로 사랑함, 서로 좋아함, 대화가 잘 통함, 상대의 부모에게 잘 대함에는 남녀가 비슷한 반응을 보였지만, 여자들은 남자들에 비해서 결혼 상대의 경제적인 능력(예: 장래성 있음, 직업 있음, 경제적 능력 있음)을 중시했다. 이와는 달리 남성은 여성의 외모와 성격적인 면(친절하고, 이해성 있고, 상대방을 배려하는 면)을 중시하는 경향이 있었다(홍대식, 2002). 최근 우리나라에는 약 16%의 부부가 연상의 여인과 결혼하는 등(2016년도 기준) 연상의 여성과 결혼이 사회적인 관심거리가 되고 있는데, 아직도 남성과 여성의 나이 차이는 전 세계적인 추세로 보면 남자가 여자보다 평균적으로 2~5세 정도 많다. 우리나라는 한때 남자가 여성보다 서너 살 정도 많은 나이를 선호했었다.

결혼 상대를 선정하는 또 다른 중요한 요인은 서로의 취향인데, 서로 사귀면서 취향이 비슷한 사람과 결혼하는 경우가 많다. 결혼은 하늘에서 신이 결정하는 것이 아니고 동네에서 만나거나, 학교, 직장에서 또는 소개로 만난 사람들 가운데서 결혼 상대자가 결정된다. 결혼하기 위해서는 서로 만나야 한다.

4) 타 인종 간의 결혼

타 인종과의 결혼을 금하고 같은 민족이나 인종끼리 결혼하는 것을 'homogamy'라고 부른다. 미국에서는 40년 전까지만 해도 백인들의 59%가 유색인종과의 결혼은 불법이라고 믿고 있었으며, 실제로 약 42개 주는 법적으로 타 인종 간의 결혼을 금한 적이 있었다(Kristof, 2002). 미국에서는 1967년도에 대법원에서 이 법을 폐지해서 백인과 유색인과의 결혼이 합법화되었다. 현재는 약 40%의 아시아 계통의 인종과 6%의 아프리카 계통의 인종들이 백인들과 결혼한다(Kennedy, 2003). 특히, 미국에 사는 우리나라 여성은 한인 남성보다는 타 인종의 남성을 선호하는 경향이 아주 두드러지게 나타나고 있다. 그 이유는 한국 남성들의 가부장적인 태도, 또 다른 인종의 남성들에 비해 여성에게 정서적인 친밀감을 표현하는 것이 부족하기에 한국계 여성들이 타 인종의 남성을 선호하는 것 같다. 또한 타 인종의 남성은 한국 여성에 대해서 좋은 이미지를 가지고 있어서 그런 경향이 두드러지는 것으로 분석된다.

특히, 우리나라에서는 한민족의 순수한 혈통을 강조하다 보니 타 인종과의 결혼을 아주 꺼려 왔다. 그러나 우리나라에서도 타 인종, 즉 베트남 여성이나 필리핀 여성 등과의 국제결혼이 점차 증가하는 추세에 있지만 최근에 외국인과의 혼인은 남자와 여자 모두 갈수록 줄고 있다. 2016년을 기준으로 외국인과 혼인한 건수는 전년 대비 12.6% 감소한 2만 600건이었다. 전체 혼인 중 외국인과의 혼인 비중은 전년보다 0.3%포인트 늘어난 7.3%였다. 외국인 아내의 국적은 베트남(36.3%), 중국(28.3%), 필리핀(5.8%) 순으로 많았고, 외국인 남편의 국적은 중국(25.4%), 미국(23.9%), 베트남(9.8%) 순이었다. 시도별로 조혼인율을 보면 세종특별자치시가 7.1건으로 가장 많았고, 이어 울산광역시 6.0건, 서울특별시와 제주시가 각각 5.9건 순으로 높았다. 전라남도와 전라북도는 각각 4.5건으로 가장 낮았고, 강원도와 부산도 각각 4.9건으로 낮은 수치를 보였다. 서울은 평균 초혼 연령이 남자 33.2세, 여자 31.0세로 가장 높게 나타났다. 월별 혼인신고 건수를 보면 12월과 5월, 11월 순으로 많았다(조선일보, 2017. 3. 22.). 외국인과의 결혼은 대체로 결혼 적령기를 놓인 우리나라의 남성들이 동남아에서 젊은 여성과 결혼하는 경우가 대부분이었다. 이제 우리나라도 다민족 사회로 이미 접어들고 있다. 외국인들과 결혼할 경우에 외국인 배우자들의 한국 문화 적응과 언어 습득, 이들에 대한 우리나라 사람들의 수용, 외국인과의 2세에 대한 포용성 등의 새로운 국가 정책이나 문화 운동이 절실히 필요한 시기이다.

5. 우리나라 가정의 결혼에 대한 변화

최근 우리나라 부부들의 이혼율이 급격히 증가하는 것을 보면, 결혼만족도에 대한 가치관이 어떤 상황에서도 가족이라는 제도를 유지하겠다는 전통적인 가치관에서 부부간의 결혼만족도가 더 중요하다는 가치관으로의 변화를 시사해 준다. 이혼율이 적다고 결혼 당사자들이 행복한 삶을 영위한다는 생각은 정확하지 않다. 필자가 지난 30여

년간 부부상담을 하면서 현장에서 경험한 바에 의하면, 우리나라 부부들 사이에서 다음과 같은 결혼에 대한 가치관의 변화가 일어나고 있다.

1) 가정을 위해 참고 살기보다는 불만스러우면 이혼하고 새로운 기회를 찾는다

전통적으로 우리나라 가정에서는 어떠한 상황에서도 가족을 유지하기 위한 안정성만을 강조해 왔지만 이제는 부부가 상호간의 만족을 추구하는 쪽으로 선회하고 있다. 젊은 부부들은 자신들의 부모에게서 만족한 부부들의 성역할, 대화 방법, 문제해결 방법에 대한 좋은 모델을 보고 배운 경험이 상대적으로 적기에 의욕은 있지만 부부들이 서로 만족한 관계를 유지할 수 있는 기술이 많이 부족하다. 따라서 부부들이나 또는 예비부부들은 부부간의 만족을 증가시키는 교육과 훈련을 받아야 한다.

2) 상대방에게 일생 동안 맹세하고 헌신하던 관계에서 계약 관계로 변하고 있다

서구 사회에서는 결혼도 하나의 남녀 사이의 상호 계약 관계로 여기면서 서로가 기대했던 계약을 실행하지 않으면 이혼하고 재혼하는 삶을 살아왔다. 이제는 우리나라에서도 결혼은 계약 관계라는 생각으로 변해 가고 있다. 결혼했고 자녀까지 낳았다고 해서 마음 놓고 상대방에게 등한시하거나 실망할 행동을 하면, 상대방이 같이 참고 살아준다는 보장은 없다. 따라서 결혼은 시작보다는 결혼생활을 유지하기 위해서 자신의 역할과 책임을 다하는 것이 중요하다.

3) 대가족제도에서 소가족제도로 변하고 있다

현재 우리나라의 가족제도는 전통적인 대가족제도에서 핵가족화의 가정으로 많이 변화되어 부모에게서 독립적으로 살고 있다. 그러나 서구에서 보듯이 부모에게서 경제적으로도 독립을 강조하는 것과 같은 소가족제도는 아직도 실현하지 못하고 있다. 요즘의 자녀들은 결혼할 때 부모가 결혼비용과 전셋집을 마련해 주는 등의 경제적인 도움은 대가족제도에서처럼 받고 싶어 하면서도, 대가족제도에서 관행으로 되어 있는 것처럼 부모가 결혼한 자녀의 생활에 간섭하려고 하면 강하게 반발하고 간섭받기를 싫어한다. 즉, 경제적인 도움은 대가족제도처럼 받고 간섭은 소가족제도처럼 받으려는 것이 요즘 젊은이들이다. 젊은 세대들은 이기적인 의식과 자신만 편리하려고 하는 사고방식에서 벗어나 부모 세대를 고려하는 자세를 가져야 한다.

4) 부모-자녀 관계 중심에서 부부 관계 중심으로 변해야 한다

기성 부모 세대는 자신의 부모를 공경하고 자녀를 양육하는 데 자원을 다 사용해 왔기에 자신들의 노후 대책이 미비하다. 현재의 추세라면 자녀들이 노부모들을 경제적으로 보살펴 주기를 기대하는 것은 무리일 것 같다. 자녀들의 교육에 대한 투자도 중요하지만 부부 자신들의 노후 대책에 자원을 써야 한다. 젊은 시절부터 자신의 노후를 위한 재정의 관리에 신경을 써야 한다.

6. 결혼에 대한 이해

1) 결혼은 이민자들이 만나서 상호 적응하는 과정과도 같다

남녀가 결혼하면 남성의 기존 생활방식이나 여성의 생활방식에 집착하지 말고, 부부의 새로운 생활방식을 창출해야 한다. 결혼이란 단순히 남녀가 신체적으로만 합하는 것이 아니고 서로 다른 두 가족문화가 만나서 상호 적응하는 과정이라는 것을 이해해야 한다. 그러기에 그곳에는 충돌이 있다. 두 문화가 만나서 적응하는 과정은 한쪽의 우세한 문화에 흡수되는 형태와 서로의 문화를 간직하면서 거리를 두고 서로 고립하는 형태, 서로의 장점을 살려 나가는 절충형이 있을 수 있는데, 부부간의 가장 바람직한 것은 서로의 장점을 살려 나가는 절충형이라고 본다.

2) 부부간의 갈등은 피할 수 없다

신혼부부들은 허니문 기간에 서로에 대한 유아적인 기대감을 가지고 있기에 결혼 상대자가 자신의 말하지 않은 욕구까지도 들어줄 것이라는 환상을 가지고 있다. 그러나 막상 결혼 기대 상자 뚜껑을 열고 보면 상대방이 자신의 욕구를 들어주기는커녕 자신이 상대방의 욕구를 들어주어야 하는 입장에 계속 밀릴 수도 있기에 실망하게 된다. 그럴 때 실망과 갈등을 풀어낼 수 있는 사람은 결혼생활을 잘 영위해 나갈 수 있지만 그렇지 못할 경우에는 결혼생활이 순탄치 않다. 부부들은 갈등이 있다는 것을 처음부터 예견하고 갈등을 지혜롭게 해결하는 사회 기술이 필요하다.

3) 부부간의 애정 관계가 중요하다

결혼이라는 말을 들으면 흔히 우리는 한 집에서 남녀가 같이 살고, 아이 낳고, 같이 잠자리에 들고, 성생활을 공유하고, 취미생활을 같이 하는 것 등의 결혼에 대한 이미지를 연상한다. 그러나 이러한 면은 남녀가 생존을 위해서 삶을 공유하는 면만 강조했지 결혼생활의 친밀감과 애정을 강조하는 면은 덜 강조되거나 생략되었다. 우리나라의 남성들은 결혼에 대한 자신의 이미지 속에 경제적인 역할만 충실히 하면 되지 아내의 감정을 이해해 주고 아내가 남편으로부터 애정을 느끼도록 해 주어야 한다는 것에 대한 생각을 하지 않는다. 아내는 남편으로부터의 따뜻한 애정과 배려를 받을 때 결혼생활에 만족한다. 부부 사이의 애정적인 관계가 아주 중요하다.

4) 결혼생활의 지속 요인은 대화 및 문제해결 기술이다

부부의 결혼만족도에 관한 연구를 보면, 결혼 초기에 가졌던 부부간의 애정 강도보다는 부부가 생활하면서 파생하는 문제나 갈등을 어떻게 해결해 나가느냐가 결혼의 만족도에 많은 기여를 했다는 보고가 있다. 따라서 부부가 서로 행복한 결혼을 원한다면 자신의 의사와 감정을 효과적으로 표현할 수 있는 대화 훈련과 문제 및 갈등 해결 훈련이 필요하다.

5) 결혼에도 자격증이 필요하다

우리가 자동차를 운전하려면 소정의 교육과 훈련을 마치고 자격증을 받고서 운전면허증을 받아야 한다. 그러나 자동차 운전보다 훨씬 더 조정과 통제가 어려운 결혼을 면허증도 없이 감행하는 것이 현실이다. 미국의 부모들은 자녀의 결혼 선물로 예비 부부

교육을 받는 비용을 부담해 주고 있다고 한다. 이제 우리나라의 부모들도 자녀가 행복하게 잘 살게 하기 위해서 결혼 전에 예비 부부교육을 받도록 하고 결혼에 임하도록 해야 하겠다. 결혼 준비 전 살림 장만뿐만 아니라 결혼에 대한 기대, 대화, 성생활 등의 모든 면에서 교육이 필수적이다.

6) 건전한 부부 관계는 상호 의존적인 관계이다

건전한 결혼생활은 상대방에게 모든 것을 의존하거나, 서로가 연결되는 밀착된 감정이 없는 독립적이고 배타적인 관계가 아니다. 건전한 관계는 서로가 상호 의존적이면서 서로의 독립적인 부분과 영역이 있어야 한다. 즉, 부부도 각자 자신의 고유한 삶의 영역이 절실히 필요하다. 결혼하면 흔히 남성은 자신의 직업이나 삶을 위해서 여성이 뒷바라지해 주기를 기대한다. 또한 자신의 삶을 남편이나 자식을 위해서 전적으로 희생하는 것을 목표로 여기는 여성들도 있다. 이렇게 자신의 삶을 가족을 위해서 희생하는 여성들은 대체로 50대 초반이나 중반부터 자녀가 결혼해서 부모를 떠나가면 삶이 허무해지고 마치 빈 둥지와 같은 느낌을 갖게 된다. 남녀 모두가 자신의 고유한 삶의 영역이 있으면서 부부가 서로 공유할 수 있는 것이 건강한 결혼이다. 특히, 여성들은 결혼의 초기부터 자신의 전공이나 취미를 포기하지 말고 계속 개발시켜 나가는 자세가 중요하다.

7) 부부들은 사랑에 대해서 서로 다른 의미를 부여한다

부부상담을 하면서 자주 경험하는 문제는 부부들이 상대방의 욕구나 상대방의 사정을 무시한 채 자신의 방식으로 상대방을 사랑하는 것이었다. 어떤 부부들은 사랑이라는 이름으로 남을 통제하려고 하는 경우가 있다. 이러한 사랑은 자신의 이기심의 표현이지 진정한 사랑이 아니다. 예컨대, 부모가 자식을 사랑한다고 하면서 부모가 갖지 못했던 직업을 자식이 가져 주기를 바란다든가, 자식을 통해서 부모의 뜻을 이루려고 하는 것이 그 예이다. 부부간의 대화도 없이 사랑한다는 명분만 가지고 독단적으로 일을 처리하는 경우도 있다. 진정한 사랑이란 상대방이 원하는 것을 알고 상대방이 그것을 성취하도록 도와주기 위한 노력을 하는 것이다. 상대방이 싫어하고, 문제가 있다고 하는데도 그것을 주장하는 것은 근본적으로 상대방을 사랑하지 않는 것이다.

8) 부부 사이에 중립적인 관계는 없다

필자의 상담 경험에 의하면, 부부가 사이가 좋을 때는 하늘을 날듯이 좋아하고 만사가 장미꽃같이 아름답다고 한다. 그러나 부부 관계가 악화되면 서로 갑자기 원수가 되고 상대방을 괴롭히는 경우가 있다. 부부 사이에 중립적인 관계는 없다. 서로가 좋아하면서 긍정적인 관계에서 살든지, 아니면 서로 싸우면서 부정적인 관계에서 사는 것이 부부 관계다. 결혼을 했으면 행복하게 살아야 하고 행복한 결혼을 이루기 위한 구체적인 인간관계의 기술 습득을 위한 투자가 절실히 필요하다.

9) 부부는 어린 시절의 미완성된 욕구 때문에 갈등을 겪는다

결혼은 상대방을 통해서 비친 자신의 모습을 보고서 자신을 성찰할 수 있는 기회를 제공해 준다. 대체로 남성은 어머니에 대한 부정적인 이미지를 많이 가지고 있으며, 자신의 아내가 어머니와 비슷한 부정적인 행동을 보일 때 과잉 반응을 하는 수가 있다. 예를 들면, 자신의 어머니로부터 잔소리를 많이 듣고 자란 남편에게 부인이 잔소리를 한다면 자신의 어머니에게 반항했던 것과 같이 자신의 아내에게 강한 저항을 하게 되는 것이다. 여성은 자신의 아버지한테서 충분한 사랑을 받지 못했을 경우 남편에게서 그 사랑을 추구하거나, 자신의 아버지가 자상한 아버지였을 경우 남편이 자신의 아버지처럼 대해 주기를 기대하고 그렇지 못하면 남편은 정이 없다고 하면서 불평을 한다. 원만한 결혼생활을 유지하기 위해서는 꼭 자신의 어린 시절의 미완성된 욕구를 인식하고 스스로 노력하거나 상담을 통해서 해결할 필요가 있다.

10) 부부는 누구나 성적인 만족을 누릴 특권이 있다

부부상담을 하다 보면 갈등이 심한 부부들은 성적인 만족을 누리지 못하고 있다. 부부가 갈등을 겪으면 만족스러운 성생활을 하기 어렵고, 부부의 성문제가 있으면 또한 갈등을 경험하게 된다. 결혼생활에서 부부간의 성생활의 만족은 부부의 상태를 반영해 주는 아주 좋은 지표가 된다. 우리나라 부부들은 성생활에 대해서는 무지하거나 잘못 이해하고 있는 부분이 많다. 특히, 우리나라 남성들은 여성의 정서적인 면을 고려하지 않고 자신의 성적인 욕구 충족만 고집하거나, 여성이 성생활에 대한 불만을 표현하거나 성적 욕구를 표현하면 성을 밝히는 여자라고 매도하는 경향이 있는데, 인간에게는 동등한 성적 욕구가 있다는 것을 인정하고 부부가 서로 노력하여 만족스러운 성생활을 영위하도록 노력해야 한다.

11) 행복한 부부들은 서로 칭찬을 많이 한다

행복한 부부에 관한 연구 결과를 보면 행복한 부부는 칭찬 대 불평의 비율이 5:1인 반면에 불행한 부부는 그 반대이다(0.8:1). 불행한 부부와 행복한 부부에게 과제를 주고 그들의 대화 내용을 녹화해서 분석한 결과, 불행하게 사는 부부는 대화 도중에 서로가 상대를 비난하고 있었지만 행복한 부부는 서로가 칭찬하고 격려해 주고 있었다. 우리나라 부부들은 부부간에 칭찬을 주고받는 습관이 안 되어 있고 칭찬에 아주 인색하다. 부부생활하는 큰 이유 중의 하나는 서로 정서적인 지지를 받고 칭찬을 받기 위한 데 있다. 부부 사이에서도 상대방이 잘한 것은 자주 칭찬해 주고 격려해 주는 것이 중요하다.

12) 결혼생활의 만족한 영역과 불만족한 영역은 서로 독립적이다

갈등이 있는 부부들의 이야기를 들어 보면 부부간의 불만스러운 사항들을 늘어놓는 경우가 많다. 예를 들면, '남편이 늦게 들어온다, 아내와 보내는 시간이 적다, 음식 맛이 없다, 돈을 많이 쓴다, 자녀에게 관심이 적다.' 등의 온갖 불만 사항들을 쏟아 놓는다. 그러나 그러한 불만 사항들이 해결되면 부부간에 있어서 만족도가 자동적으로 올라가느냐 하면 항상 그렇지는 않다. 부부 관계에 관한 연구들에 의하면, 불만스러운 사항을 줄이면서 동시에 부부간의 만족감을 일으키는 데도 신경을 써야 한다고 보고 있다. 즉, 부부간에 만족을 일으키는 애정표현과 부부간의 만족한 성생활 등의 향상에도 신경을 써야 한다. 특히, 남편들은 이러한 점을 꼭 알아야 한다. 남편은 아내에게 '불만스럽게 여기는 부분을 다 해 주었는데 무엇이 불만이야.' 하면서 좌절감을 토로하는 경우가 많다. 그러나 불만을 일으키는 요인들을 제거함과 동시에 만족을 증가시킬 수 있는 영역에도 동시에 신경을 써야 한다.

13) 감정적 이혼이 외도의 원인이 된다

필자의 결혼상담 경험에 의하면, 부부들이 법적으로 이혼하기 전에 먼저 감정적인 이혼이 앞서는 것을 많이 목격하였다. 즉, 부부간에 정서적인 친밀감이 이미 멀어져 있고 또한 단절 내지는 적대 관계에 있을 때, 법적인 이혼으로 종결을 맺게 되는 것이다. 우리나라의 가정을 보면 부부 사이에 법적으로는 결혼 상태를 유지하면서 살지만 정서적 면과 부부 사이의 친밀감 면에서는 이혼 상태에 있는 사람들이 아주 많다고 본다. 우리가 삶의 질을 높이려고 한다면 부부간의 애정 관계를 강화하고 따뜻한 관계를 누리도록 노력해야 하겠다.

우리는 모든 것이 급격히 변화하는 시대의 환경 속에서 살고 있다. 결혼생활에 대해 행복한 꿈이나 기대만 가지고 행복한 결혼생활을 영유할 수 없다. 결혼생활의 만족을 올려 주는 필수적인 요소인 부부 사이의 의사소통, 갈등의 해결 방책, 애정표현, 자녀 양육 등의 문제들을 효과적으로 해결해 가는 구체적인 방법을 배우고 습득하는 데 시간과 에너지를 투자해야 하겠다.

7. 행복한 결혼생활의 요인

1) 결혼의 만족 요인

결혼생활을 유지하는 데 가장 중요한 것은 부부간의 결혼만족도이다. 사랑하는 연인으로서 데이트 중 또는 결혼 초기에 즐겼던 열정적인 사랑과 성적인 매력은 쉽게 무뎌지거나 사라진다. 이러한 현상을 예상하지 못했던 부부들은 결혼생활이 길어지면서 쉽게 갈등을 겪게 된다. 미국에서는 결혼 후에 발생하는 부부 갈등을 해소하는 방법의 하나로, 결혼하기 전에 미리 살아보면서 개인들이 성격적 · 성적 · 사회적으로 서로 어울릴 수 있는가를 체험해 보려고 시도했다. 미국에서 1980년대에 대학생들의 약 25%가 혼전 동거를 했다고 한다(Macklin, 1987). 그러나 혼전 동거한 부부들을 상대로 한 연구에 의하면, 혼전 동거의 경험을 한 부부들은 그렇지 않은 부부들에 비해서 더 이혼할 가능성이 높다고 한다(Amato et al., 2003). 이러한 현상이 혼전 동거를 하는 사람들의 성격 때문인지 아니면 혼전 동거 때문에 이혼을 더하는지는 알려지지 않았지만, 혼전 동

거 부부들은 약 50%가 이혼할 가능성이 있는 것으로 밝혀졌다(Crooks & Baur, 2011).

결혼만족을 가져다주는 요인들은 다양하지만 기본적으로는 상대방에 대한 자신의 기대가 충족될 때 만족한 결혼생활을 누릴 수 있고(Murstein, 1976), 자신이 상대방을 위해서 투자한 만큼 상대방도 결혼에 투자하여 서로가 결혼생활에 공평하게 기여한다고 느낄 때 부부들은 결혼생활에 만족을 느낀다고 한다.

결혼에 관한 연구에 의하면, 결혼생활이 오래될수록 결혼에 대한 불만이 증가한다고 한다(Gottman, 1999). 결혼생활을 만족하게 하기 위해서는 부부들이 심리적 · 정서적인 에너지를 투자해야만 한다. 부부간에 원만한 의사소통을 하고, 신체적 · 정서적 친밀감을 유지하며, 서로 책임을 공유하는 부부들은 사랑을 유지하면서 만족한 결혼생활을 유지한다고 한다.

2) 행복한 결혼의 조건

행복한 결혼생활은 외부에서 굴러 들어오거나 궁합처럼 운명이 지배하는 것도 아니다. 행복한 결혼생활은 둘이서 집을 짓는 것과 같이 창조하고 만들어 가는 것이다.

행복한 결혼을 하기 위해서는 다음과 같은 노력이 필요하다.

- 자신의 원가족과 정서적인 면에서 분리할 수 있으면서 결혼한 가족과 새로운 관계를 형성할 수 있어야 한다. 자신의 원가족과 덜 분리되거나 안 된 상태면 부부들의 중요한 의사 결정, 자녀 양육 등의 면에서 원가족 부모들의 간섭을 자초하기에 한 가정으로서의 독립권을 유지하기 어렵다. 특히, 남편들은 효도라는 이름으로 부모의 간섭을 정당화하는 경우가 많은데 이 경우 아내와 심한 갈등을 겪게 된다.
- 부부 사이에 정서적으로 친밀감과 애착 관계를 형성하면서도 서로의 독립성과 혼자만의 공간이 필요하다. 부부 관계가 좋다는 것은 둘이서 항상 같이 행동하고 한 몸처럼 행동하는 것이 아니다. 부부가 서로 행동하고 결정하는 정보를 공유하면서도 혼자만의 공간도 필요하다. 또한 자신의 삶의 보람을 느끼기 위한 직업 또는 취미생활 등의 영역도 필요하다.

- 자녀와 배우자와의 관계를 유지하는 데 조화로운 균형을 이루어야 한다. 즉, 엄마가 자녀에게 지나치게 매달리거나 의존하면 남편에게 소홀하여 항상 부부 관계에 갈등이 있다. 대체적으로 우리나라 부부들은 부부 관계보다 자녀 관계에 더 신경을 쓰는 경향이 있는데 가정은 부부가 중심이 되어야 한다. 부부 관계가 좋아야 자녀들은 심리적으로 안정감을 얻어서 자신의 능력을 잘 발휘할 수 있게 된다.
- 재난, 병, 사망, 직장에서의 해고 등 예상치 못한 문제에 대처하는 능력을 길러야 한다. 우리는 생활하다 보면 예상치 못한 질병, 사고 등의 재난이 닥칠 수 있다. 모든 일이 예상대로 잘되어 갈 때보다는 잘 안될 경우를 대비한 방책을 마련해 두어야 한다.
- 성적으로 만족스러운 생활을 영위해야 한다. 부부 성생활의 만족은 부부만족도를 나타내 주는 아주 중요한 지표가 된다. 부부들은 만족스러운 성생활을 영위하기 위해서 서로 노력해야 한다.
- 농담이나 유머가 있는 여유로운 삶이 필요하다. 행복한 부부일수록 평상시에 부부 사이에 농담도 하는 여유를 즐기면서 산다. 서로가 서로를 즐기면서 긴장을 풀 수 있는 일이나 사건들을 만드는 것도 중요하다.
- 인격적인 성장을 할 수 있도록 서로 격려하고 도와주어야 한다. 부부가 결혼하는 목적은 단순히 자녀를 기르고 경제적인 안정을 누리면서 생활하는 것만이 아니다. 부부가 서로의 인격이 성장하고 성숙할 수 있도록 격려하는 삶이 아주 중요하다.

8. 거트만의 행복하고 건강한 결혼의 집

거트만(Gottman) 교수는 워싱턴 주립 대학의 심리학과 교수로서 현재는 은퇴하고 자신의 결혼치료센터를 운영하고 있는데, 그는 3,000쌍의 부부를 상대로 행복한 결혼에 관해서 연구한 후에 다음과 같은 행복하고 건강한 결혼의 집 모델을 제시했다(Gottman, 1999).

1) 사랑의 지도(Love Maps)를 업그레이드하기

사랑의 지도는 상대방에 대해서 알고 있는 정보의 영역이다. 즉, 배우자가 좋아하는 친구, 배우자의 스트레스, 배우자의 꿈, 인생철학, 좋아하는 음악, 배우자가 원하는 사항 등에 관해서 정확하게 알고 있는 지식을 말한다. 대체로 연애하는 기간에는 상대방을 기쁘게 하기 위해서 상대방이 좋아하는 음식, 음악, 꽃 등을 사 주고 상대방을 알기 위해서 노력하지만, 일단 결혼하고 나면 상대방에 대한 지식을 업그레이드시키지 않고 살아가는 경우가 많다. 건강한 부부일수록 상대방에 관해서 최신 정보를 유지한다. 특히, 현재 배우자가 겪고 있는 스트레스, 고민하는 문제 등을 알아차리고 배려해 주는 자세가 필요하다.

2) 상대방에 대한 호감과 존경심(Fondness and Admiration) 갖기

건강한 부부의 집을 짓기 위한 두 번째 단계는 서로 존경하고 호감을 느끼는 감정이다. 불행한 부부일수록 배우자에 대해서 호감 대신에 혐오감을 가지고 있고, 존경하는 마음 대신에 멸시하는 마음을 가지고 있다. 배우자에게 호감을 느끼는 부부들은 서로 떨어져 있어도 상대방을 생각하고, 서로를 존경하고, 성적인 면에서도 매력을 느끼고, 만약 다시 결혼한다고 해도 현 배우자와 결혼해서 다시 살고 싶을 정도로 서로에게 호감을 느끼고 사는 부부들이다. 행복한 결혼생활을 유지하기 위해서는 상대방을 존경하고 좋아하는 감정이 있어야 한다.

(1) 정서적 은행 잔고 쌓기

부부나 인간관계에서 상대방에게 유익이 된다고 생각하는 일이나 상대방이 원하는 일을 하면 상대방에 대한 정서적인 은행 잔고에 적립하는 셈이 된다. 예를 들어, 배우자에게 안부 전화하기, 설거지하기, 집안 청소하기, 마사지해 주기 등 상대방이 원하는 행동이나 말을 해 주면 상대방에 대한 정서적인 은행 잔고가 많아진다. 그러나 상대방에게 부탁을 한다든가 또는 싫은 소리를 하면 정서적인 은행 잔고에서 인출하는 셈이 된다. 건강하고 행복한 부부일수록 상대방에 대한 정서적인 은행 잔고가 많이 쌓여 있는 것에 반해, 불행하거나 이혼 직전에 있는 부부들은 정서적인 은행 잔고가 마이너스이거나 부도가 나 있는 상태이다. 부부 사이에 존경하고 호감 있는 관계를 유지하기 위해서는 매일같이 은행 잔고를 쌓아 가는 것이 필요하다.

3) 서로에게 다가가거나, 또는 멀리하기(Turning toward versus turning away)

행복하게 사는 부부들은 기회가 있을 때마다 서로에게 가까이 다가가는 경우가 많다. 반면에 불행한 부부일수록 서로가 멀리하거나, 또는 한 배우자가 다가가면 다른 배우자는 회피하거나 멀리한다. 특히, 부부가 서로 싸우고 난 후에도 불행한 부부들은 서로가 회피하면서 냉전 상태에 빠지는 반면에 행복한 부부들은 다시 대화를 하고, 상대방을 인정해 주고, 외식도 하면서 서로에게 다가간다. 서로 가까이 다가가는 부부들은 같이 대화를 즐기고, 한 배우자가 어떤 주제에 관해서 언급하면 곧장 관심을 보이면서 연결된 감정을 느낀다. 부부들은 사소한 일이나 문제에 관해서 서로 다가가는 자세가 필요하다.

4) 상대방에 대해서 부정적인 감정보다 긍정적인 감정을 더 많이 갖기 (The positive perspective)

불행하거나 이혼 직전에 있는 부부들은 서로에게 긍정적인 감정을 느끼기보다는 부정적이고 상처 감정을 많이 느낀다. 이런 부부들은 서로가 이해받지 못한다는 생각 때문에 상대방에게 분노하고, 좌절감을 많이 느낀다. 그러나 긍정적인 관계에 있는 부부들은 배우자가 지지해 준다는 느낌과 정서적으로 도움을 받는다는 느낌 때문에 서로에게 애정과 친밀감을 느끼고 있다. 상대방에게 긍정적인 감정을 갖기 위해서는 상대방의 장점을 격려해 주고 긍정적인 감정을 표현해 주는 것이 아주 중요하다.

5) 해결되기 어려운 문제에 대한 대화(Dialogue with perpetual problems)

부부가 같이 살다 보면 부부 사이에 해결될 수 없는 영구적인 문제를 가지고 살아가는 부부들이 많다. 부부에 관한 연구에 의하면, 부부 문제 중 69%가 서로 변할 수 없는 문제라고 한다. 성격차, 성차, 가치관의 차이에서 오는 현상 때문에 부부들은 서로가 자신의 입장을 절대로 굽히지 않고 자신의 방식대로 살아가려고 한다. 이러한 문제가 있을 때 건강한 부부들은 문제를 해결하기 전에 자신들의 고질적인 문제에 관해서 상대방을 자극하지 않고 대화하는 기술이 있다. 그러나 불행한 부부들은 상대방을 원망하거나 상처를 주면서 상대방에게 원망이나 한을 가지고 살아간다.

행복한 부부들의 특징은 서로가 문제를 의논하는 과정에서 상대방의 의견을 수용하는 경향이 많고, 서로의 입장이 다른 경우에는 서로 양보하고 협상해서 서로 잘되는 방법을 추구한다. 그러나 불행한 부부들은 문제를 해결하는 과정에서 권력을 행사하려고 하기에 절대로 양보하려고 하지 않거나, 서로 의논해서 결정한 사항이라도 실천하지 않고 뒤돌아서서 훼방하고 비난한다. 특히, 남편이 아내의 의견을 존중하지 않거나 무시하는 가정일수록 부부의 만족도가 많이 떨어졌다. 우리나라 가정에서는 남편이 아내의 의견에 따르면 공처가라고 부르며 부정적인 눈길을 보낸다. 그러나 남편들이 자신의 입지나 체면을 살리고, 아내를 통제하는 데서 희열을 맛보는 식의 부부 관계는 종식되어야 한다. 서로가 서로를 존경하고 의견을 수용해 주는 태도가 절실히 필요하다.

6) 상대방의 꿈을 실현해 주기(Relationship seen as helping make dreams and aspirations come true)

부부들은 누구나 자신의 인생에 대한 꿈을 가지고 살아간다. 부부로서 자녀를 기르고 자녀들이 성공적으로 살아갈 수 있도록 도와주는 것 외에 자신들의 개인적인 꿈이 있다. 즉, 남편은 열심히 일해 번 돈으로 남들을 도와주기 위해서 선교 사업이나 자원봉사의 삶을 살 수도 있고, 아내는 자신의 개발하지 못한 미술적인 소질을 살려서 늦게나마 그림을 배우려는 꿈이 있을 수 있다. 부부가 서로 상대방의 꿈을 이룰 수 있도록 도와주고 격려해 주는 부부들은 행복한 부부들이다. 반면에 상대방의 꿈이나 소망을 멸시하고 경멸하는 태도를 가지고 생활하는 부부들은 불행하다. 상대방을 사랑한다면 상대방의 꿈을 알아차리고 실현할 수 있도록 도와주어야 한다.

7) 공동의 삶을 창조하고 서로가 연결되는 일상생활 의식을 갖기(Creating shared meaning and rituals of connections)

건강하고 행복한 부부일수록 과거의 삶에만 매이지 않고, 현재와 미래에 같이 성취할 수 있는 의미를 창조해 나간다. 특히, 행복한 부부들은 서로가 정서적 · 신체적으로 연결되고 하나됨을 느끼기 위해서 창조적으로 자신들의 삶을 가꾸어 나간다. 즉, 아침에 일어나서 커피를 마시면서 일상대화 나누기, 생일에 같이 모이기, 게임하기, 산책하기, 취미생활 즐기기 등을 의식처럼 즐긴다. 불행한 부부일수록 서로가 삶을 나누고 즐기는 만남의 의식이 거의 없다. 한 지붕 밑에서 살지만 각자의 삶을 외롭게 사는 것이다. 부부는 서로의 삶을 존경하고 수용해 주며 서로 간의 연결된 감정을 가지고 사는 것이 아주 중요하다.

9. 부부가 서로 바라는 사항

미혼인 사람들은 다음의 내용이 실감이 나지 않고 나와는 무관하다고 느낄지 모른다. 그러나 언젠가는 결혼을 할 가능성이 많고, 설령 결혼은 하지 않더라도 사랑하는 사람과 애인 관계를 유지하는 경우는 있으리라고 본다. 다음에 제시하는 사항은 여러분이 친밀한 관계를 유지하는 여성과 남성에게 관계를 잘 유지하기 위해서 해 주었으면 하는 사항을 중심으로 정리한 것이니 도움이 되었으면 한다.

1) 남편이 아내에게 바라는 사항

(1) 자신의 남편을 친구 남편과 비교하지 말라

남편을 다른 집의 남편과 비교해서 "당신은 쥐꼬리만 한 월급을 받고 있다." "앞집의 남편은 아내에게 보석 반지를 해 주었는데 당신은 무엇을 하는 거야."라는 식으로 비교하며 이야기하게 되면 남편의 자존심을 깎아내리는 것이 된다. 남편에게 불만스러운 사항이 있으면 그 점에 관해서 남편하고 직접 이야기를 해야 한다. 남편을 다른 남편과 비교할 때 남편이 느끼는 모멸감은, 남편이 부인에게 핀잔을 주기 위해서 "옆집의 부인은 예쁜데 당신 얼굴은 왜 그 모양이야!"라고 할 때 부인이 느끼는 그것과 비슷하다는 것을 여성들은 알아야 할 것이다.

(2) 여러 사람 앞에서 남편의 단점을 자주 이야기하지 말라

우리나라의 남자들은 남들 앞에서 가정의 문제를 노출시키는 것을 수치스럽게 생각하는 경향이 강하다. 특히, 아내가 남편의 약점을 들어서 남들 앞에서 공개적으로 비난하면 쉽게 상처를 받는 경향이 있다. 결혼한 부부들은 친구들끼리 모여서 친교를 하는 경향이 있는데, 이때 남편의 친구들 앞에서 남편의 단점들을 너무 많이 말하지 않도록 하는 것이 좋다. 물론 농담 삼아서 상대방의 단점을 이야기하는 것은 생활의 활력소가 될 수는 있으나 남편의 약점을 소재로 삼아서 농담을 하고 남들 앞에서 공개해서는 안 된다. 남편과의 갈등은 둘이서 알아서 해결하도록 해야 한다.

(3) 인정하고 칭찬을 자주 해 주어라

흔히들 아내는 남편을 가정의 '큰아들'이라고 농담을 한다. 이런 말이 내포하는 의미는 남편이 때로는 아내를 심리적인 어머니처럼 생각하면서 인정받고 칭찬받기를 원한다는 내용이 들어 있다. 남편들이 밖에 나가서 아무리 인정을 받고 있다고 하더라도, 집안에서 아내에게 인정을 받지 못하면 스트레스를 많이 받는다. 남편 입장에서 보면 가정에서 힘을 얻고 재충전해야, 내일 또 밖에 나가 가정을 위해 돈을 벌 수 있다. 그런데 집에 들어오자마자 아내가 짜증을 부리고 소위 말하는 바가지를 긁으면 남편의 마음에는 집에 가서 시달리느니 차라리 시달리는 시간을 줄이기 위해서 친구들과 술을 마시고 가는 편이 낫다고 생각하면서 일부러 늦게 귀가하게 된다. 남편에게 아내의 칭찬과 인정은 보약보다 더 소중하다.

(4) 남편이 애정을 표현할 때 고맙다고 해 주어라

여성이 남성에게 바라는 것 중의 중요한 것은 애정표현이다. 그러나 필자의 상담 경험에 의하면, 남편들이 아내에게 꽃이나 다른 선물 또는 신체적인 접촉을 통해서 애정을 표현하면 여성들이 그것을 고맙게 받아들이기보다는 쑥스러워한다고 불평을 많이 한다. 예를 들면, 남편이 아내에게 꽃을 사다 주니까 '왜 이런 것을 쓸데없이 사 와, 반찬거리나 더 사 오지!'라고 응답하였다. 물론 아내가 절약하면서 알뜰하게 생활하려는 심정이야 이해는 하지만 부인에게 애정을 표현하여 기쁘게 해 주려는 남편의 시도는 좌절되었다. 이런 면에서 보면 우리나라의 여성은 남편의 애정을 적극적으로 받아들이는 서구적인 여성에 비해서 매력이 적다. 아내가 바라는 행동을 남편이 하면 즉각적으로 칭찬하고 고마워해 주면서 강화를 해 주어야 다음에도 긍정적인 행동을 지속할 수 있다.

(5) 수십 년간 고치려고 많이 노력했는데도 고쳐지지 않는 단점들은 인정하고 같이 살아라

부부생활을 하다 보면 남편의 잘못된 생활습관 때문에 아내들의 마음에 한이 맺히는 경우가 있다. 또한 남편이 아내에게 상처를 준 말이나 행동을 아내들이 마음속에 품고 있다가 기회만 있으면 반복해서 불평을 털어놓는 경우가 많다. 남편은 이럴 경우

'아내가 깨진 전축판을 돌린다.' 고 하면서 무시하려 들거나 화를 내는 수가 많다. 아내의 입장에서 보면 아내가 지적한 행동을 남편이 오랫동안 고치지 않고 그에 관한 서운한 감정이 풀리지 아니하니까 반복적으로 지적하게 된다. 또한 남편 입장에서 보면 아내가 잔소리하니까 고치고 싶어도 반감이 들어 고치지 않게 되어 서로가 악순환에 빠지게 된다. 물론 남편도 아내의 요구 사항을 들어주려고 노력해야 한다. 그러나 남편이 노력하려고 해도 고쳐지지 않는 습관은 차라리 그것을 인정해 주고 결점을 지닌 남편을 그대로 받아 주었으면 하는 것이 남편들이 아내에게 바라고 싶은 소망이다.

(6) 남편에게 충고해 주려고 시도하지 말고 좋은 결정을 내릴 수 있도록 도와주어라

남편은 아내가 간섭한다는 인상을 받으면 즉시 반감을 느끼고 오히려 반대로 하려는 경향이 있다. 남편에게 간섭을 안 하는 인상을 주면서 조언이나 도움을 주고 싶으면, 남편에게 먼저 물어보고 조언을 주고 도와주려고 해야 한다. 많은 경우에 여성은 남편을 보호하고 도와주려는 의도에서 남편이 원하지 않는 조언과 충고를 주려고 시도한다. 이럴 경우 남편들은 이것을 쓸데없는 간섭이라고 일축해 버린다. 그러나 시간이 지나고 나면 아내가 한 말이 옳았지만 돌이킬 수 없기에 후회하는 경우가 많다. 남편에게는 조언을 주려고 시도하지 말고, 남편이 하고 있는 일이나 프로젝트에 대해서 우선 인정해 주고 아내가 보는 관점에서의 문제점을 지적해 주며 그에 대한 대책을 지적해 준다면, 남편은 자신이 미처 생각하지 못한 부분을 지적해 주기에 잘 받아들이는 경향이 있다.

(7) 남편의 자존심에 상처를 주지 않으면서 자신의 의견을 이야기하라

남자와 여자의 성차이 중의 하나는 남자는 성취를 중요시하고, 여성은 관계를 중요시한다는 점이다. 그러기에 남성은 자신이 성취한 부분이 남에 비해서 형편없다고 생각하면 열등감을 느낀다. 특히, 남편으로서 돈을 못 벌어 집을 부양할 수 없는 처지라는 생각이 들면 죽고 싶을 정도로 힘들어한다. 이러한 남편을 옆에서 지켜보고 있는 아내가 격려해 주기는커녕, '돈도 못 버는 주제에.' '당신은 남자 구실도 못해.' 등의 핀잔을 주면 남자는 견디기 어려운 모욕감을 느낀다. 성질이 급한 남편은 자신의 분노 감정을 참다못해 폭력을 쓰기도 한다. 현명한 여성은 남편의 자존심을 긁지 않으면서도 남편에게 자신의 의견을 제시할 수 있는 여성이다.

(8) 시집에 잘해 주어라

우리나라의 가정에서는 전통적으로 시어머니와 며느리 관계가 좋지 않다. 옛날에는 시어머니에 의한 며느리 학대가 심하였지만 요즘에는 반대로 며느리에 의한 시어머니의 학대가 사회문제가 되고 있다. 남편의 한결같은 소원은 시어머니와 아내가 사이좋게 지내기를 바라는 것이다. 둘 사이가 좋으면 남편은 가정에서 평안을 얻을 수 있다. 남편이 아내에게 일일이 시집에 대해서 어떻게 할까 요구하지 않아도 아내가 알아서 시부모에게 전화도 걸고, 용돈도 드리고 잘 대해 주면 남편은 아내에게 더 이상 바랄 것이 없다.

(9) 성을 무기로 사용하지 말라

여성들은 자신의 감정 변화에 따라서 성에 대한 태도가 달라진다. 그렇기 때문에 남편과 싸우고 나면 성관계를 기피하는 경향이 있다. 이럴 경우에 남편은 아내가 성을 무기로 삼는다고 자존심이 상하여서 이에 대응적인 행동으로 성을 기피하는 경향이 있게 된다. 그렇게 되면 서로가 작은 갈등에서 시작해서 점점 더 큰 갈등으로 번져 나가는 것을 볼 수 있다. 그러기에 부부 자신들의 갈등이나 상한 감정은 대화를 통해서 풀도록 하고, 부부간의 성생활은 서로가 즐길 수 있는 부분이기에 계속해 나가는 것이 좋다. 비록 부부가 싸운 경우에도 서로 화해하고 성관계를 갖고 나면 사이가 더 좋아지는 경우가 많다. 성관계를 피하면 오히려 사소한 부부싸움이나 문제가 더 심각해지는 경우가 많음을 알아야 한다.

(10) 명령식으로 이야기하지 말고 제안하는 식으로 물어 주어라

남편들이 가장 싫어하는 대화법의 하나가 부인이 자신에게 명령식으로 이야기하는 것이다. 물론 부인 역시 남편이 명령식으로 이야기하는 것을 좋아할 리가 없다. 특히, 부인에게 간섭받고 있다는 생각이 들면 남자는 일부러 해야 할 일을 안 하는 경향이 있다. 남편에게 '방 좀 치워요!'라고 말하는 대신에 '방 좀 청소해 주시겠어요?'라고 하며 제안하는 식으로 전달을 해 주어라.

2) 아내가 남편에게 바라는 사항

(1) 감정적인 지지와 이해에 힘써 주어라

아내가 남편에게 가장 바라는 것은 애정이라고 한다. 애정이 무엇이냐고 물어보면 남편의 따뜻한 마음이라고 하는데, 아내가 남편에게서 따뜻함을 느끼는 것은 남편이 감정적인 지지와 이해를 해 주는 것이다. 즉, 아내가 힘들어할 때 '당신 정말 수고했어.' '당신이 정말 힘들었겠다.' 또는 '당신 화가 많이 났지?' 등으로 상대방의 기분을 알아줄 때 아내는 남편의 따뜻한 마음을 느끼게 된다.

(2) 아내의 이야기를 듣고 기분을 이해해 주어라

위의 내용과 비슷한 내용이 되겠는데, 아내가 남편에게 집안일을 보고하거나 시집 식구 일로 불평을 하면 그 상황에서 남편에게 원하는 것은 남편으로부터의 문제해결에 관한 것이 아니고, 그 당시의 아내의 감정과 기분을 알아주면서 약간 맞장구를 치는 식으로의 응답을 바란다. 남편은 흔히 해결책에 관심을 가지기 때문에 아내에게 참으라는 식으로 해결책을 제시하려고 하면, 아내는 이것이 자신이 바라는 것이 아니기에 실망한 표정이나 태도를 보인다. 그렇게 되면 남편도 아내를 어떻게 도와줄지 모르니까 화를 내면서 집어치우라는 식으로 대하게 된다. 여성들이 남성에 대해서 원하는 것은 감정적인 지지이다. 이러한 욕구가 충족될 때 문제의 해결에 관심을 돌리는 것이다.

(3) 사소한 것에 칭찬을 많이 해 주어라

아내는 남편으로부터 관심 받기를 원한다. 즉, 음식 솜씨, 헤어스타일, 방을 치운 것 등 사소한 일에 관해서 자상하게 감정을 표현해 주기를 원한다. 남편이 아내에게 관심을 표현하는 방법은 아내의 일상생활에 관한 것을 구체적으로 표현해 주는 것이다. 예를 들면, "당신 오늘 옷차림이 잘 어울리는데." "당신의 헤어스타일이 멋있어요!" 등으로 표현하면 아내는 남편이 자신에 대해서 관심과 애정을 가지고 있다고 느낀다.

(4) 성관계가 목적이 아닌 신체접촉을 많이 해 주어라

남편들은 아내에게 신체적인 접촉을 하면서 성을 의식하는 경우가 많다. 그러기에 결혼생활을 하다가 성적인 욕구가 일어나면 신체적인 접촉을 하려고 시도한다. 그렇지 않은 경우에는 부인을 등한시하기도 한다. 그러나 아내의 입장에서는 자신을 성적 욕구 충족의 대상이 아니라 하나의 인격체로서 받아 주고 사랑해 주길 바라는 마음이 강하다. 이러한 기분은 남편이 돈을 잘 못 벌어도 아내가 격려해 주면서 지지해 주기를 바라는 심경과도 같다. 평소에 포옹, 손잡고 걷기, 마사지, 등 긁어 주기 등의 신체적 접촉을 통해서 애정을 표현해 주면 아내는 남편에게 고마움과 애정을 더 느낀다.

(5) 아내를 존중하고 아내에게 예의를 지켜 주어라

결혼하기 전에는 남성들이 자신의 애인에게 예의도 갖추고 여성을 존중하는 태도를 보여 주는 것이 흔하지만, 일단 결혼해서 같이 살게 되면 남녀 간에 지켜야 할 최소한의 매너도 없고 아내를 심부름꾼으로 취급하는 사람도 있다. 물론 남편의 입장에서는 가까운 사이이니까 함부로 하는 것이 더 친근함을 나타낸다고 하는 경우도 있지만, 아내를 함부로 다루는 것과 친근함을 표시하는 것과는 서로 다르다. 가까운 사람일수록 예의를 지켜 주어야 긍정적인 부부 관계가 오래 지속될 수 있다. 아내에게 최소한의 예의를 지켜 주어라. 외출하면 나간다고 하고 언제 귀가할 것인지 사전에 알려 주고, 제시간에 돌아오지 못하면 미리 전화를 걸어서 양해를 구하고 변경된 귀가 시간을 알려 주어야 한다. 부부 사이에 약속을 했으면 지켜 주고, 지키지 못할 사정이 있으면 그 이유를 설명해 주는 등의 최소한의 예의를 지켜 주어야 한다. 아내에게 명령하고 지시하는 태도는 버려야 한다.

(6) 남의 아내에게 잘하는 것 반만큼이라도 자기 아내에게 해 주어라

우리말에 '빛 좋은 개살구'라는 속담이 있다. 다시 말하면 겉모습은 좋은데 실속은 없다는 것이다. 빛 좋은 개살구와 같은 남편은 남의 부인에게는 잘하면서도 자신의 아내는 등한시하거나 학대하는 남편이다. 친구의 아내를 외부에서 만나면 "요즘 더 예뻐지십니다. 좋은 일이 있습니까?" "와, 아주 미인이십니다." 등의 칭찬을 아끼지 않지만, 자신의 아내에게는 아무런 칭찬도 안 해 주는 남편이 많다. 남의 아내를 칭찬해 봤자 아무 실속 없는 것이 우리 삶의 현실이다. 자신의 아내를 칭찬해 주고 아껴 주는 자만이 진실로 남의 아내도 칭찬할 자격이 있다는 사실을 알아야 한다.

(7) 가족 및 아내와 함께 시간을 보내라

아내가 남편에게 가장 원하는 것 중의 하나가 시간을 같이 보내는 것이다. 남편이 '가정적이다.'라는 말은 시간을 보내는 우선순위를 가정에 둔다는 것이다. 그렇다고

남편이 집에서 시간을 많이 보내면서 컴퓨터나 TV 앞에서 시간을 보내는 것이 가족과 질적으로 좋은 시간을 보내는 것은 아니다. 집에 있으면서 시간을 공유하고 취미생활도 가급적이면 같이 즐기도록 해야 한다. 아내와 남편이 같이 시간을 보낼 수 있는 일이나 계기를 마련하는 것이 중요하다.

(8) 자녀의 진로에 관심을 갖고 시간도 같이 보내며 칭찬해 주어라

우리나라의 남편들은 직장 일에 너무 많은 관심을 가지고 활동하다 보니 자녀들의 진로에 관심을 갖지 못하고 같이 시간을 보내지 못하는 경우가 많다. 대부분의 경우 엄마가 자녀의 교육을 전담하면서 자녀에게 잔소리를 하다 보니 엄마와 자녀 사이가 나빠지는 것을 많이 목격한다. 사실 가정에서 아내의 역할은 너무나 다양하다. 아내, 엄마, 요리사, 과외교사, 집안 청소부, 재정부장, 가족의 영양사, 간호사 등의 많은 역할을 하는데, 여기에 남편의 내조가 절대적으로 필요함을 남자들이 뼈저리게 느껴야 한다. 여성이 가정에서 집안일을 하는 것이 중노동임을 남편들은 이해하고 수시로 도와주고 자녀에게도 관심을 가져야 한다. 특히, 아들은 아버지가 특별한 관심을 가지고 대화를 많이 하도록 해야 한다.

(9) 화나는 감정을 폭력적으로 표현하지 말라

여성은 남성이 화를 내면 폭력으로 이어질까 봐 두려워하는 경향이 있다. 남편이 화가 난다고 해서 물건을 부수거나 신체폭력 또는 언어폭력 등 파괴적인 방법으로 표현하면 아내는 남편에게서 애정을 못 느끼고 마음이 멀어져 간다. 남편은 자신의 부정적인 감정을 좀 더 성숙하고 문화인답게 표현할 줄 알아야 한다. 자신의 화난 감정을 말로 설명하면서 표현하면 부부 사이에 대화가 이루어지지만, 자신의 감정을 신체폭력으로 표현하면 부부 관계가 깨진다는 것을 명심해야 한다.

(10) 처가에 알아서 잘해 주어라

우리나라에서는 아직도 시집에는 돈도 부치고 정기적으로 방문하며 돌보기도 하지만 처갓집에는 동등하게 배려를 하지 않는 관습이 있다. 이제는 양성평등시대로 들어가기 때문에 결혼한 자녀들이 자신의 부모를 섬기고 공경하는 문화를 정착해야 한다. 그래야만 남아 선호 사상이 없어지고 인구의 통제에도 도움을 주리라 생각된다. 아내가 시집에 잘하기를 바란다면 남편도 그만큼 처가에 잘해야 한다. 최근에 필자가 신혼

부부들을 상담한 경험에 의하면, 젊은 부부들은 부모님에게 용돈을 드리는 것을 포함해서 명절에 시집 또는 친청을 방문하는 방법이 평등하게 이루어지고 있음을 느낄 수 있었다.

(11) 바람피우지 말라

여성이 가장 상처받는 경우가 남편의 바람피우는 행동이다. 남자는 객기에서 자신의 성적 욕구를 발산한다는 생각으로 바람을 피울 수 있는데, 여성들은 남편이 자신 아닌 다른 여성과 성관계를 가질 때 강한 배신감을 느낀다. 본래 사랑이라는 개념이 상대방이 원하는 것을 해 주는 것이라고 한다면 아내가 원하는 것을 지켜 주는 것이 최소한의 예의이고 사랑인 것이다.

사랑의 관계를 지속하기 위한 비결

연애 관계든 결혼 관계든 지속적인 사랑의 관계를 유지하지 위한 비결이 무엇일까에 대한 관심이 많다. 필자의 상담 경험에 의하면, 남녀 사이에 건강한 관계를 유지하기 위해서는 자신과 타인에 대해 장점과 약점을 포함한 있는 그대로의 수용, 상대방을 수단적으로 바라보지 않기, 인격적으로 대하기, 효과적인 대화와 갈등 해결 기술, 상대방에 대한 현실적인 기대, 상대방에 대한 신뢰와 솔직한 대화, 자신의 부정적인 감정을 효과적으로 처리할 수 있는 능력 등이 그 비결이었다.

카니와 브래드버리(Karney & Bradbury, 1995)에 의하면, 만족한 결혼생활을 하는 부부들은 다음과 같은 특징을 가졌다.

- 양가의 부모가 행복한 결혼생활을 영위했다.
- 부부들은 서로 비슷한 가치관, 성적 스타일을 공유했다.
- 성관계에 솔직히 대화하고 만족한 성생활을 했다.
- 부부들은 적절한 수입을 유지하고 있었다.
- 부부가 결혼할 경우 혼전임신을 하지 않았다.

대체로 결혼에 관한 많은 연구들에 의하면, 지지적이고 협동적인 대화기술, 삶과 경험을 공감하면서 대화하는 친밀감, 솔직한 성적인 표현과 성적인 만족, 어린 시절 부모와 건강한 관계 등이 중요했다.

10. 부부간의 애정표현 방법

1) 사랑하는 남녀나 부부간에 애정표현은 절대적으로 중요하다. 애정표현은 상대방이 이해할 수 있게 표현하는 것이 중요하다. 표현되지 않은 애정은 머리로 짐작할 수는 있지만 마음속으로 느껴지지는 않는다. 사랑하는 사이라면 어떤 형태로든지 애정을 표현해야 한다.

2) 남녀나 부부간의 애정은 화초와 같아서 물을 주고 가꾸어야지 그렇지 않으면 시들어 간다. 부부의 애정을 키우기 위해서는 부부를 위한 시간, 돈, 에너지의 투자가 필요하다.

3) 애정은 아내만 원하는 것이 아니고 남편도 아내가 애정을 표현해 주기를 원한다. 남편도 아내가 사랑하는 눈빛, 애교스러운 목소리 등으로 애정을 표현할 때 감동을 받는다.

4) 애정표현을 상대방에게 요구하는 것도 중요하지만 상대방이 애정을 표현했을 때, 그것을 잘 받아들이는 것도 중요하다. 우리나라 여성들은 남성이 애정을 표현했을 때 별로 반가운 기색을 보이지 않아서 남성들이 당황하는 경우가 많다. 애정을 요구하는 것도 중요하지만 상대방이 애정을 표현할 때 기쁘게 받아 주는 예의가 중요하다.

5) 애정표현은 부부나 사랑하는 남녀가 서로 창조적으로 실행해 나갈 수 있다. 구체적인 방안들을 제시하면 다음과 같다.

① 사회적 장면에서　다른 사람 앞에서 배우자 자랑하기, 손잡고 같이 걷기, 안아 주기, 부인을 위해서 차문 열어 주기, 부인 외투 받아 주기 등등

② 언어적으로　'요리가 맛있는데.' '당신 옷이 멋져.' '헤어스타일이 좋은데.' '당신은 가정적이어서 좋아요.' '당신은 매력이 있어요.' '당신은 잘할 수 있어요.' '힘내세요.' 등 하루에 열 번 이상은 칭찬거리를 찾아서 칭찬해 준다.

③ 행동적으로　집안일 도와주기, 집안 청소, 그릇 씻어 주기 등등

④ 신체적으로 등을 긁어 주기, 어깨 주물러 주기 등 하루에 10~20분 정도 마사지를 해 준다. 여성은 성관계를 의식하지 않고 신체를 만져 줄 때 만족을 느낀다.

⑤ 계절적으로 생일축하, 결혼기념일, 첫 데이트, 부부만의 휴일

⑥ 예상외로 놀라게 하기 꽃 사 주기, 선물해 주기(예, 속옷 등), 출장 시에 사랑의 메시지 보내기, 외식 등등

토론

1. 자신이 미혼이고 결혼한다고 할 때 이상적인 남편이나 부인의 역할은 무엇이라고 생각하는지 기술해 봅시다.
2. 본 강의를 듣고 자신의 배우자를 어떻게 보살펴 줄 것인지에 관해서 견해를 밝혀 봅시다.

생명의 탄생과 통제

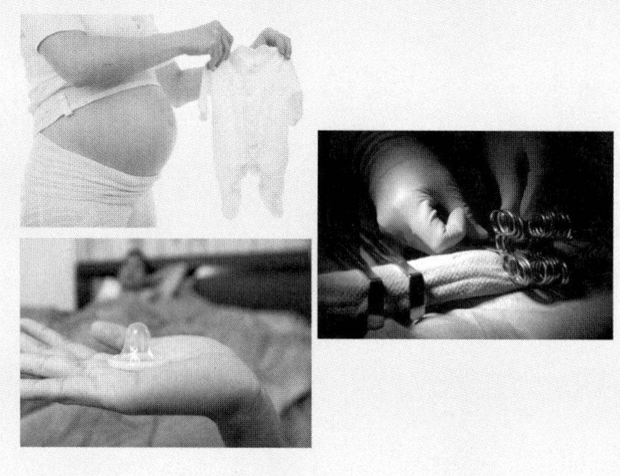

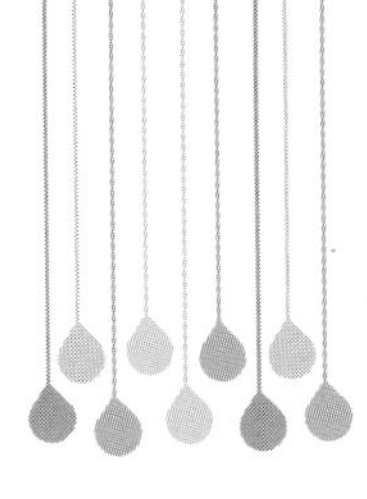

제14장

임신과 출산

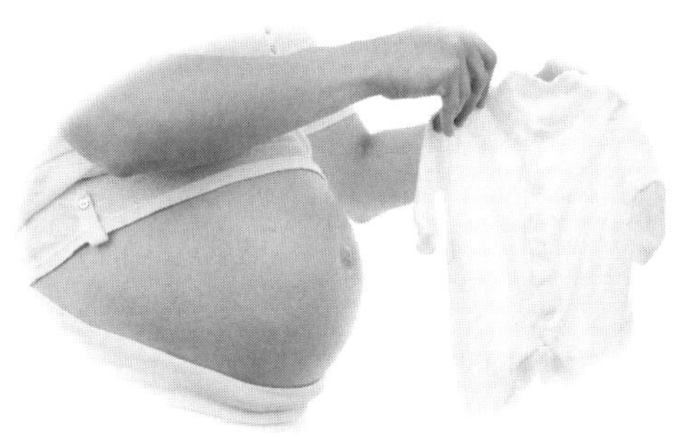

"남자 친구와 손을 잡고 잠을 잤는데 혹시 임신된 것은 아닐까요?"

"남자와 성관계를 갖고 바로 샤워를 해서 질을 씻어 냈는데 그래도 임신이 될까요?"

"남자 친구의 강요로 성관계를 했는데 멘스가 한 달째 나오지 않아요. 혹시나 임신한 것은 아닐까요?"

"여자가 풀밭이나 갈대밭에서 소변을 보면 임신이 되나요?"

1. 임신

임신은 여성의 특권이면서 기쁨과 두려움의 대상이다. 임신하면 아이를 생산하는 여성의 기능을 수행할 수 있고, 남편과 주위 사람들의 관심을 받을 수 있어서 좋은 소식도 되지만 또한 아이를 낳는 과정에서의 산모가 겪는 고통과 위험, 아이를 기르는 면에서의 불안과 어려움이 뒤따르기도 한다.

임신이 가능하기 위해서는 생체 내의 호르몬 및 자궁의 환경이 배아가 착상되기 알맞은 상태가 되어야 한다. 여성의 생리주기는 일반적으로 28일이며, 생리주기가 긴 경

| 표 14-1 | 생리주기

1	2	3	4	5	6	7	8	9	10	11	12	13	배란	15	16	17	18	19	20	21	22	23	24	25	26	27	28	1	2	3	4	5	
O	O	O	o	o	.	.	.	임신 가능시기........									.	.	.	O	O	O	o	o									28일

1	2	3	4	5	6	7	8	9	10	11	12	13	14	15	16	17	18	배란	20	21	22	23	24	25	26	27	28	29	30	31	32	
													임신이 가능한 시기																			32일

우는 32일이다. 여성의 생리주기가 28일인 경우는 생리기간이 약 6일이고, 32일 생리주기인 경우는 약 7일 정도이다. 성관계 시 임신이 가능한 기간은 28일 생리주기인 경우 생리를 시작한 날부터 9일에서 17일 사이이며, 32일 생리주기인 경우는 생리를 시작한 날부터 14일에서 22일 사이가 가임기간이다.

임신은 정자와 난자가 만나는 순간 이루어지는데, 난자가 배출될 때를 맞춰 정자가 시기적절하게 만나야 한다. 정자는 여성의 질 안에서 24~48시간 생존이 가능하다. 그러나 어떤 경우에는 배란 일주일 전에 성관계를 가져도 임신이 되는 경우가 있다.

우리 주위에서 미혼모들이 늘어나고 청소년들의 임신과 낙태가 늘어나는 것을 보면서 임신이 쉽게 되는 것처럼 느낀다. 그러나 실제로 임신은 쉬운 것이 아니라는 것을 알아야 한다. 예를 들면, 부부가 피임 없이 자녀를 가지려고 할 경우 임신하기 위해서는 평균 5.3개월이 걸린다고 한다. 결혼한 부부가 피임 기구 없이 성관계를 가질 경우에 임신할 가능성은 다음과 같다고 한다.

- 25%의 여성이 한 달 안에 임신함
- 63%의 여성이 6개월 내에 임신함
- 1년 안에 80%의 여성이 임신함

이와 같이 정자세포와 난자세포가 성공적으로 결합했다고 하여도 모든 결합들이 복잡한 과정을 거쳐 생명으로 발달하지는 않는다. 성공된 결합에 의해 형성된 태아의 거의 반 이상이 여러 가지 원인에 의하여 결함을 지니고 있기 때문에 모체에서 거부당하는 것이다. 이러한 유산 현상은 수태 이후 거의 일주일 이내에 발생하므로 여성들은 이를 알지 못하고 지나친다.

임신은 난자와 정자가 만나는 나팔관 안에서 이루어진다. 남자가 여성의 질에 사정

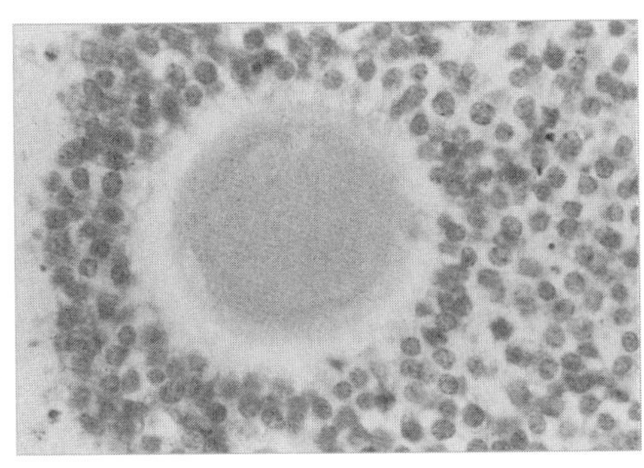

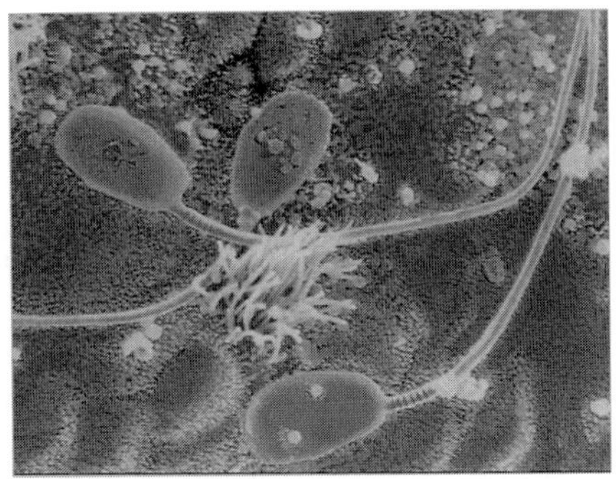

| 그림 14-1 | **인간의 난자(왼쪽)와 정자(오른쪽)**

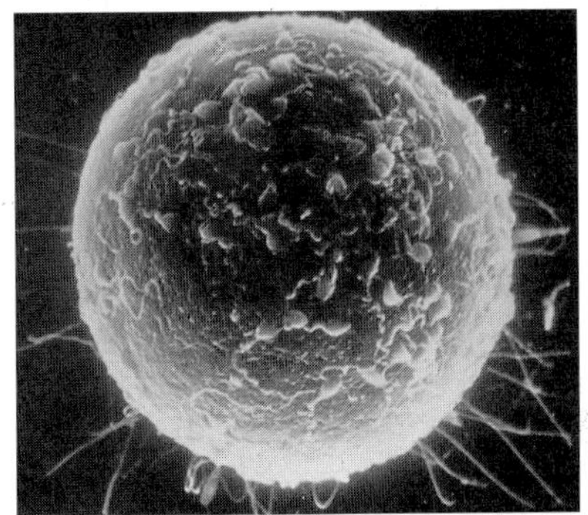

(a) 많은 수의 정자가 난자에 들어가려는 모습

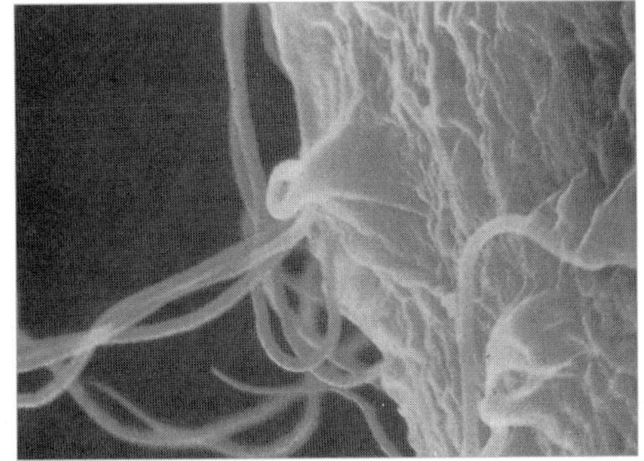

(b) 막 수정된 모습. 들어가지 못한 다른 정자의 꼬리 부분이 보이지만 이미 차단되었다.

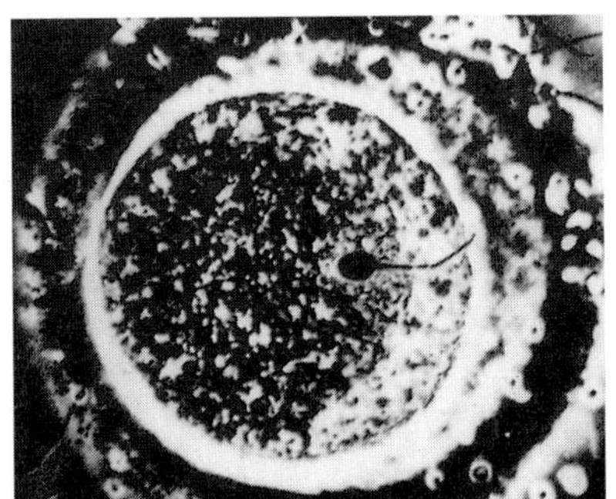

(c) 난자와 정자의 클로즈업. 가운데의 정자 하나가 들어간 상태

| 그림 14-2 | **수정**

을 하면 약 2억 마리의 정자가 방출된다고 한다. 이들의 정자들은 약 90초에 걸쳐서 경부에 도달한다. 그런 후에는 경부를 통해서 자궁 안으로 헤엄쳐 나간다. 이 중에서 자궁의 위쪽에 도달하는 정자는 약 4만 마리 정도이고 이 중의 약 4,000마리만이 난자에

도달한다. 나팔관에서 회전을 잘못해서 난자가 없는 나팔관으로 가는 수도 있다고 한다. 또 정자는 산성에 약하기에 질 내부가 산성이면 정자를 죽이는 역할을 한다.

일단 정자가 난자에 도달하면 정자는 화학물질을 방출해서 난자를 싸고 있는 'zona pellucida'라는 막을 분해한다. 난자는 정자가 하나만 들어가도록 장치가 되어 있어 정자가 난자에 진입하자마자 입구를 닫아 버린다.

일란성 쌍둥이는 한 세포가 분열이 되어 각각 성장하여 개체로 발달한 것이고, 이란성 쌍둥이는 양쪽의 나팔관에서 난세포 두 개가 배출되어 동시에 수정이 된 것이다. 단세포였던 생물체가 분만 시에는 2조 정도의 세포로 분열된다.

여성이 임신한 사실을 알고 나면 행복하고 기쁠 수도 있고, 자랑스러울 수도 있고, 양가감정을 가질 수도 있으며, 걱정되고 두려울 수도 있고, 화가 날 수도, 우울증에 빠질 수도 있다. 이 모든 것은 산모 당사자의 결혼 상태의 여부, 경제적인 상태, 자녀에 대한 선호도에 따라서 다르다. 가장 중요한 것은 본인이 아이를 가질 준비가 되어 있느냐이다. 만일 본인이 준비가 되지 않은 상태에서 임신을 하면 초기부터 태아에 부정적인 영향을 주게 된다.

임신을 가장 쉽게 알 수 있는 방법은 멘스가 중단되는 현상이다. 그러나 여성들에 따라서 멘스가 불규칙하기 때문에 멘스 중단만으로 임신을 확신할 수는 없다. 임신한 여성들은 멘스 중단 외에도 가슴 부위에 통증을 느끼고 피곤하며 구역질 등의 다른 현상이 수반된다. 물론 가장 손쉬운 방법은 산부인과에 가서 검사를 받는 것이다. 요즘에는 손쉽게 임신을 확인할 수 있는 방법이 많이 개발되어 있다.

특히, 미혼모인 경우에 임신은 아주 복잡하고 착잡한 감정을 자아낸다. 현재 상대하고 있는 남자가 적절한 사람인지 아니면 헤어져야 할 사람인지 또는 이 기회에 결혼을 해야 할 것인지 등의 여러 가지의 감정이 일어난다. 또한 원치 않는 임신일 경우 낙태를 해야 할지 또는 입양 기관에 보내야 할지 등의 많은 문제가 생긴다. 여성으로서 성관계를 가질 때에는 임신에 대한 가능성을 항상 고려해서 행동해야 한다. 임신에 대한 추가적인 내용을 간략히 정리하면 다음과 같다.

- 임신은 배란기부터 시작된다. 난자와 정자가 수정이 되면 나팔관을 따라 내려와 약 9일 동안 자궁 속에서 유영하다가 내벽에 착상한다.
- 첫 주에는 태반이 발달한다. 태반은 양분의 공급, 배설물의 제거, 유해 물질로부터 보호하는 역할을 하지만 약과 술, 담배 등은 통과된다. 특히, 술이 태아에 끼치

는 부정적인 영향은 지대하다. 임신하고 싶거나 임신할 가능성이 있을 때는 술과 담배를 삼가는 것이 좋다.

- 대체로 임신 기간은 평균 약 266일이 된다. 임신은 대체로 3개월 단위로 총 3주기로 나누어진다.

2. 임신 중 산모 관리하기

산모가 임신 중에 신체적 · 심리적으로 건강해야만 건강한 아이를 낳을 수 있다. 대체로 산모는 자신이 너무 체중이 불어나는 것에 겁을 내서 적절한 영양 섭취를 거부하거나, 아이를 생각해서 너무 많이 먹어 임신 중에 과체중이 되는 경우도 있다. 산모는 임신 기간 동안에 약 13kg의 체중이 증가한다. 산모와 주위 사람들은 산모의 영양 관리에 신경을 써 주어야 한다.

특히, 우리나라 남성들은 임산부를 어떻게 보호해 주는지에 대해서 둔감하거나 무지한 경우가 있다. 여성이 임신하면 남편에게 심리적으로 더 의지하게 되고, 자신의 신체 변화에 따른 정서 변화에 대해 남편이 수용해 주기를 바란다. 예를 들어, 겨울 밤중에 산모가 수박을 먹고 싶다고 하면 산모에게 짜증내기보다는 일단 수박을 구하는 노력을 보이고 그 결과를 아내에게 알려 주는 것이 산모에게 도움이 된다. 남편들이 주의할 점을 열거하면 다음과 같다.

- 산모가 잠을 많이 자고 쉽게 피곤해지니 산모가 충분한 휴식을 취할 수 있도록 해 주어라.
- 산모도 적당한 양의 운동이 필요하므로 운동할 수 있는 기회를 제공해 주고 격려해 주어라.
- 임신에 대해서 기뻐해 주고 정서적인 안정을 취하도록 해 주어야 한다. 이 시기에 여성은 남성에게 많은 의존성을 보인다. 평소보다 두 배 이상의 관심을 보여 주어야 한다.
- 산모의 정서적인 변화가 심하다는 것을 알고 대비해야 한다. 그렇지 않으면 산모의 감정 변화가 심할 때 남편에 대한 불만이라고 생각하여 남편도 화가 나서 화를 산모에게 푸는 수가 있다. 산모의 불규칙한 감정 변화는 신체적인 변화에서 오는

자연스러운 현상이라고 이해해야 한다.

3. 임신 제1기

1) 태아의 모습

임신 초기에 태아의 크기는 0.04인치 정도이다. 그러나 첫 3개월 후에는 크기가 약 9cm 정도가 된다. 3개월이 지나면 태아는 원시적인 심장을 갖고 소화기관이 생겨나며 뇌의 발달이 시작된다. 척추의 발달과 신경 계통의 발달이 이루어진다.

임신 5주 정도가 되면 손, 발의 튀어나온 모양이 선명해지고 턱이 발달하기 시작한다. 태아의 기능이 활발해지고 분명히 드러나 보인다. 임신 6주 정도가 되면 손발이 다 생기고 혈관도 뚜렷해진다. 임신 1주기가 지나면 아이는 약 15g 정도의 무게가 나간다.

임신 3개월째에 도달하면 손톱, 머리털에 관계되는 모낭이 생겨난다. 남자와 여자의 신체적 구조의 특징도 나타나서 여아인지 남아인지를 구별할 수 있다. 임신 1주기인 12주가 되면 인간의 주요 기관들은 다 형성된다고 보아야 한다.

2) 산모의 특징

임신하면 산모에 따라 다른 경험을 한다. 어떤 산모들은 힘이 더 생기고 기분이 좋아지는 경우도 있는가 하면, 다른 경우에는 피로하고 지치며 식욕을 잃고 감정 기복이 심해진다. 보통은 산모들의 감정 기복이 심한 경우가 허다하다. 임신 1개월부터는 속이 메슥거리는 현상이 나타나기 시작한다. 유방이 부풀어 오르고 부드러워지며 질에서는 분비물이 증가한다. 많은 여성들은 자신의 신체 중 자궁 안에 변화가 있는 듯한 느낌은 가지지 못한다고 한다.

그 외 신체적 변화로는 젖꼭지가 민감해지고, 소변이 자주 마렵다. 피로가 증가하고 입덧, 구토와 현기증을 느낀다. 유아에게 가장 위험한 시기로, 낙태가 빈번해서 임신 5회에 1회 정도의 낙태 현상이 있다. 낙태는 첫 3개월 이내에 하는 것이 낫다.

이 시기에 산모의 심리는 어머니의 역할에 대한 기대로 우월감과 기쁨을 느끼며, 신체적인 성적 매력에 대해서 걱정하기도 한다. 어머니로서의 자아정체감이 형성되는 시기이다.

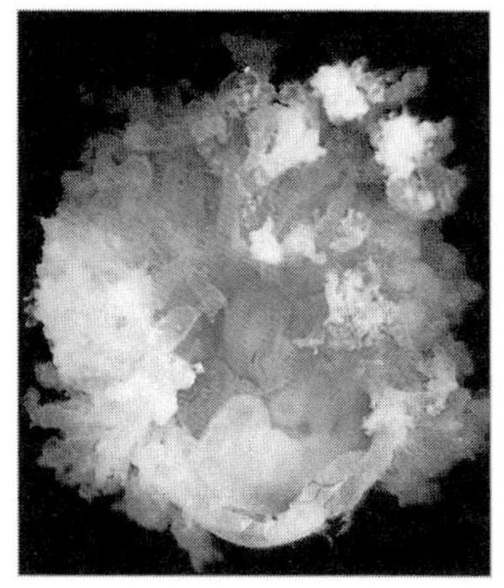

(a) 4~5주의 인간 태아

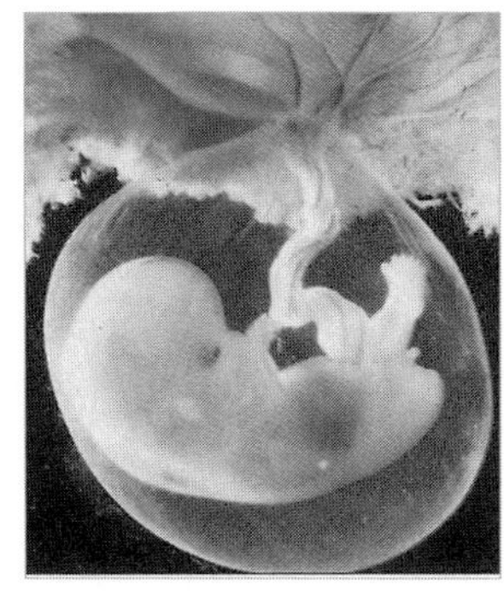
(b) 6주 된 태아

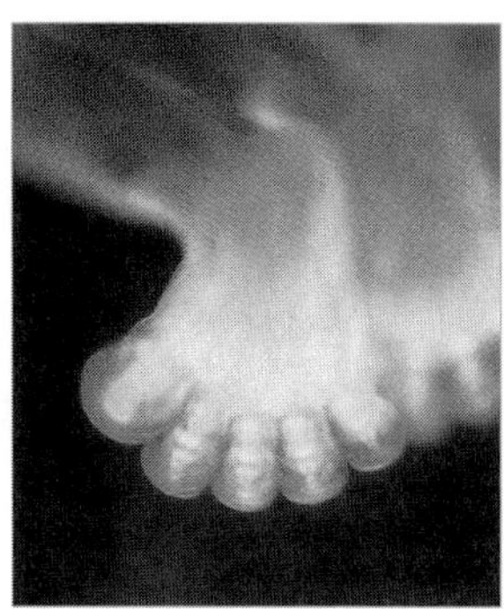
(c) 8주 된 태아의 발

| 그림 14-3 | **임신 제1기 태아의 모습**

3) 아버지(남편)의 임신에 대한 반응

대체로 남자들의 임신에 대한 반응은 즐거움, 기쁨, 놀람, 불확실, 걱정 등으로 다양하다. 남자들은 산모의 건강과 아이에 대한 염려를 하기 시작한다. 그러나 남자로서 가장 큰 염려는 책임감과 경제적인 여건이다. 자신이 경제적으로 보살펴 줄 능력이 있으면 다행이겠지만, 그렇지 않은 경우에는 염려와 걱정에 싸이게 된다. 어떤 남편들은 자신의 아내와 함께 속이 메슥거리고 구토하는 증상까지 보이는 경우도 있는데, 이러한 현상은 아버지로서의 책임감에 대한 염려를 반영한다고 보아야 한다.

또한 남편들 역시 당황하고 힘들어한다. 부인의 입덧 때문에 어떻게 도와주어야 할지 힘들어하며, 아이 때문에 자신이 부인의 관심에서 밀려날지 모른다는 불안이 있다.

4) 임신 중에 피해야 할 사항

(1) 알코올 섭취

산모가 임신 중에 음주를 하면 태아 알코올 증후군(fetal alcohol syndrome) 아동을 출산할 가능성이 아주 높다. 이 증상을 보이는 아동들의 특징은 얼굴의 미간이 정상아동에 비해서 넓고, 얼굴이 약간 이상하게 보이고, 지능은 낮으며, 주의집중과 과잉 행동장애를 경험한다. 행동 면에서도 학교나 또래와의 적응에 어려움을 보인다. 또한 임신 중에 과음을 하면 다운증후군 아동을 출산할 가능성이 높다. 어떤 산모는 하루에 한두 잔 정도의 맥주는 태아에게 피해가 없을 것이라고 주장하지만, 태아의 안전을 위해서는 완전하게 금주하는 것이 상책이다.

(2) 흡연

흡연 피해도 태아에게 아주 심각하다. 흡연은 유산, 조산아, 저체중 아동, 호흡기 계통의 장애를 일으킨다. 산모가 계속적으로 흡연할 경우에 태아가 사망할 확률이 높다. 문제는 담배에 중독된 산모가 흡연이 태아에게 나쁘다는 것을 알면서도 약 20%만 금연을 한다는 것이다. 태아를 위해서 산모는 절대로 흡연을 해서는 안 된다.

(3) X-레이 노출

태아가 X-레이에 노출되면 암에 걸릴 확률이 높다. 가능한 한 X-레이에 노출되는 것은 피해야 한다. 또한 임신 중에 비행기로 여행을 자주 하면 자연 X-레이에 노출되어 태아에게 해롭다. 임신 중에는 비행기 여행을 가능한 한 삼가는 것이 좋다.

(4) 마약 노출

산모가 코카인이나 헤로인 등의 마약에 노출되면 태아도 마약에 중독된 증세를 보이고 조산아나 미숙아를 낳을 가능성이 높다.

이외에도 고열 등에 노출되면 문제 아동을 낳을 가능성이 많다. 산모와 남편은 태아의 건강관리에 신경을 많이 써야 한다.

4. 임신 제2기

임신 제2기는 13주째부터 시작되는데, 산모들에 의하면 이 기간은 임신에 대해서 어느 정도 적응이 되면서 감정적으로도 안정되고 편안한 시기라고 한다. 입덧도 이 기간에 사라진다. 임신 4개월부터는 태아의 입술, 지문이 발달하고 머리에는 머리카락이 생겨난다. 태아는 입을 빠는 동작을 해 보이기도 하고 자궁 속에 있는 적은 양의 액체를 마시기도 한다. 이때부터 태아는 활발하게 움직이기 시작한다. 임신 5개월부터는 태아의 심장 박동을 들을 수 있다. 태아는 가느다란 털로 싸이게 된다. 임신 6개월이 되면 태아는 눈을 뜰 수도 있고, 머리에 있는 털도 길게 자란다. 제2기가 끝날 때까지 태아는 약 30cm 정도의 크기이고 무게는 약 600~700g 정도이다.

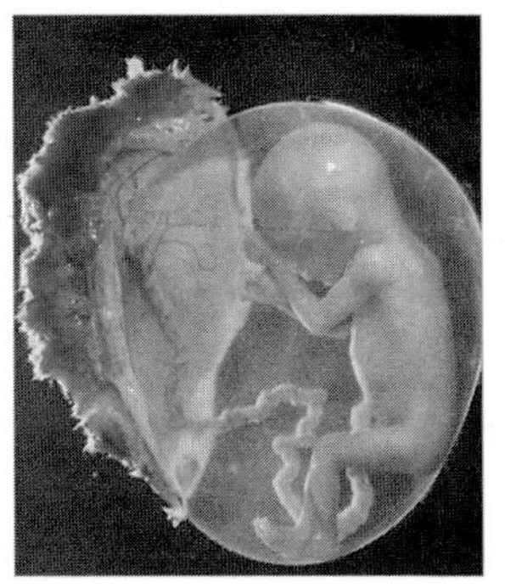
(a) 14주 된 태아

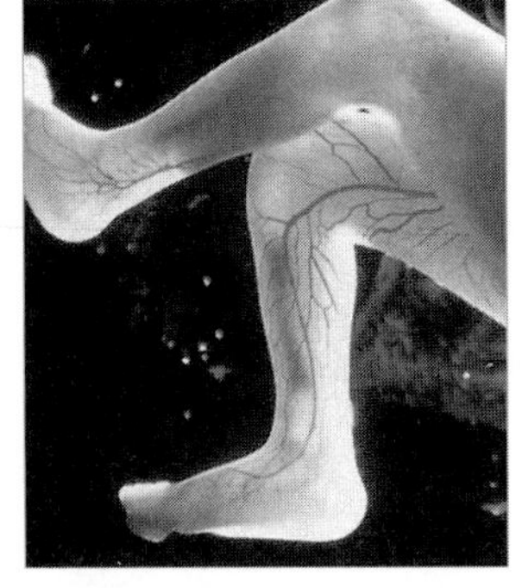
(b) 16주 된 태아의 다리

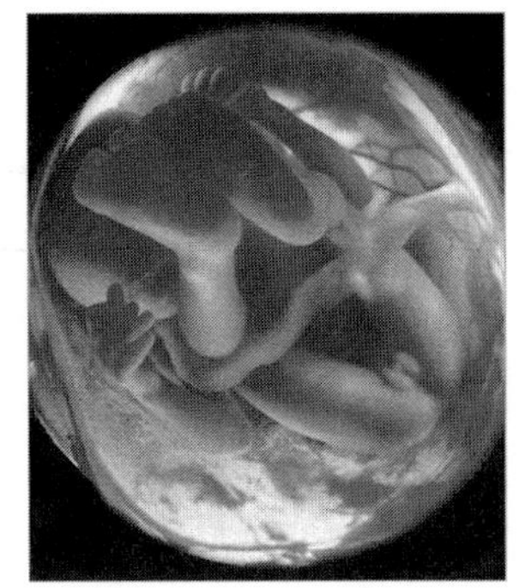
(c) 5개월 된 태아(여아)

| 그림 14-4 | **임신 제2기 태아의 모습**

1) 산모의 반응

임신 제2기는 산모에게 신체적으로 많은 변화를 가져온다. 허리가 굵어지고 눈에 띄게 배가 나온다. 또 태아가 성장하면서 산모의 방광을 압박하기에 소변을 자주 보게 된다. 산모의 가슴 크기도 확장되기 때문에 평상시에 입던 옷은 입을 수 없다. 이때 여성은 자신의 신체 변화에 부끄러움을 느낄 수도 있고, 또는 오히려 자신이 임신한 사실을 공개적으로 알리고 싶어서 자랑스럽게 여기는 산모도 있다. 복부의 크기가 증가하고 태아의 운동을 느끼며, 입덧이 사라지고 질에서 분비물이 많기에 기분이 좋고 성욕도 증가하게 된다.

이 시기에는 특별히 태아가 다운증후군 등의 병이 있는가를 검사받을 수 있다. 이 시기는 아이가 움직이는 것을 감지할 수 있다. 또 산모와 태아가 애착 관계를 매우 확고하게 하는 시기이다. 이때 산모의 심리는 남편이 같이 있어 주기를 바라고 자신의 아이를 반겨 주기를 바란다. 성적인 매력을 잃지 않을까 하는 두려움이 있으면서 성적인 욕구의 증가를 느낄 수 있다. 남편의 도움이 많이 필요한 시기이다.

2) 남편의 반응

아이의 성장을 보면서 기뻐하고 보호하려는 경향을 강하게 보인다. 이 시기에 남편의 중요한 관심은 성관계를 가져도 안전한가에 관한 의문이다. 이 시기에 성관계를 가져도 태아는 자동적으로 보호된다. 단, 남편이 조심할 것은 성 전파성 질환을 산모에게 옮기지 않는 것이다.

3) 임신 중 성관계

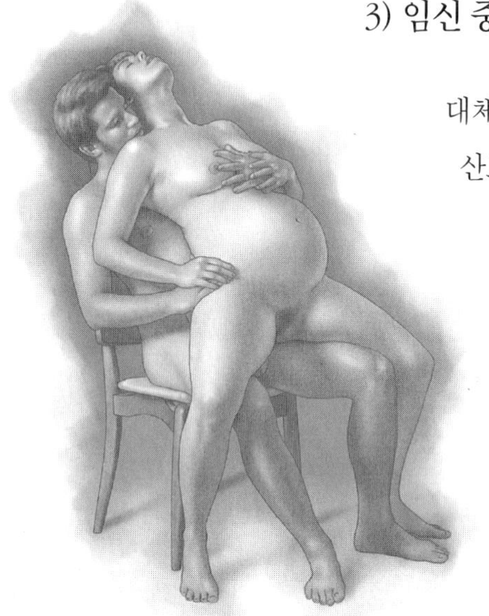

| 그림 14-5 | 임신 후기의 성관계

대체로 임신 중의 성관계는 임신 전에 비해서 횟수가 줄어든다. 산모의 성교 자세는 대체로 남성 상위보다는 측면이나 후면 자세가 태아에게 안전하다.

4) 임신 중의 운동

임신 중에도 걷기 등의 간단한 운동은 산모와 태아의 건강에 도움이 된다. 그러나 체온이 올라가게 하는 심한 운동, 땀이 많이 나는 운동 등은 피하는 것이 좋다. 임신 중에 산모가 가슴이 답답하거나 방광이 지나치게 수축하는 느낌, 질의 분비물 증가, 출혈 등의 증상을 경험하면 즉시 운동을 중단하고 의사의 도움을 받아야 한다.

❖ 태아 성감별을 어떻게 볼 것인가?

남아를 선호하는 것은 전 세계적인 현상이다. 태아의 성을 알 수 있는 기술의 발달로 부모는 원하면 태아의 성을 미리 알고 아들이나 딸을 선택해서 낳을 수 있다. 아이를 하나만 가져야 할 경우에 남성이나 여성 중에서 어느 성을 선택할 것인가를 질문하면 대체로 태국, 프랑스, 인디아, 미국 순으로 남아를 더 선호하고, 아일랜드나 싱가포르는 별로 남녀에 대해서 차별을 두지 않는다고 한다. 태아의 성별을 부모가 선택해서 아들이나 딸의 균형을 인위적으로 조정하려고 하는 경우는 우리나라에도 많아서, 성비를 보면 남아가 여아보다 더 많은 실정이다. 성비는 인위적인 선택보다는 자연적인 현상이나 조정에 맡기는 것이 인류의 균형 있는 번영에 좋을 것이다.

5. 임신 제3기

7개월이 지나면 태아의 크기는 약 35cm이고 몸무게는 1~1.2kg 정도에 이르며 신경계, 혈관계 등이 모두 발달되어 거의 신생아의 모습에 가까우나 외부의 감염에 대한 저항력이 아주 약하다. 마지막 두 달 반 동안에는 태아의 발생과 성장이 급속히 진행되어 체중이 두배 이상으로 늘어나 출산 시는 체중이 2.8~3.7kg에 이르며 신장은 약 50cm 정도가 된다.

1) 산모의 반응

신체적으로 다시 불편함을 느끼는 기간으로 임산부는 불면증이나 소화 불량을 겪기도 한다. 임신 후반기에 나타나는 위험 증세로 부종(edema)이 있는데 이는 수종이라고도 하며 신체 부위, 특히 손발에 수분이 많이 남아 있는 현상으로 적절한 운동을 하거나 염분과 당류가 많은 음식물을 피함으로써 수분의 함량을 조절하기도 한다. 체중이 급격히 늘어나고 거동이 불편하게 되므로 가급적 행동을 조심하고 안정을 취하는 것이 산모와 아기를 위해서 안전하다. 또한 체중이 10~15kg 증가하고, 태아의 무게가 아래로 쏠리며, 약간의 통증을 경험한다. 태아의 활동 증가로 산모는 수면 방해를 받는다.

이 시기의 산모는 출산을 준비하는 단계로 임신 초기에는 50% 이상의 여성이 임신을 원하지 않는다고 하지만 말기에 그러한 사람은 없다. 산모는 남편에게 심리적으로 의존하는 경향이 더 많아지기에 남편의 세심한 배려가 아주 중요한 시기이다. 출산일이 다가올수록 남편은 아내와 항상 접촉을 가지면서 비상시를 대비해야 한다. 무엇보다 남편은 산모가 정서적으로 안정할 수 있도록 최선을 다해야 할 것이다.

2) 남편의 반응

태어날 아이에 대한 기대와 함께 아이와 경쟁적인 상태에 대한 불안이 있을 수 있다. 임신 말기가 되면 부부의 성생활은 산모에게 불편함을 줄 수 있고 태아에게도 안전하지 못하기에 남편은 아내의 고통에 동참하는 정신으로 성적인 욕구를 절제하는 것이 중요하다. 이 시기에 남편이 성적인 욕구를 참지 못해서 바람을 피우면 아내에게 깊은 상처를 준다. 부부가 서로 간의 사랑을 나누면서 위로하는 깊은 대화가 필요하다.

3) 출산을 위한 준비 교육

출산 시에 산모의 통증을 경감시켜 주고, 산모가 안정된 분위기에서 출산할 수 있도록 출산 전에 교육을 받는 것이 도움이 된다. 산모가 안정하게 출산하는 교육은 다음과 같은 것이 있다.

(1) 라마즈(Lamaze) 방법

이 방법은 출산 중에 긴장을 완화할 수 있도록 도와준다. 즉, 복부근육과 회음부근육을 완화시키고 출산 중에 느끼는 고통을 완화하기 위해서 주의를 다른 곳으로 돌릴 수 있는 방법을 가르쳐 준다. 출산 중에 배를 부드럽게 마사지해 주면서 느끼는 편안한 느낌에 신경을 집중하면 자궁을 중심으로 느끼는 고통스러운 감각을 감소할 수 있다. 또한 고통을 느낄 당시에 자신의 즐겁고 행복한 시절에 관한 내용을 마치 그림을 보듯이 상상하면 고통이 감소된다. 남편이 옆에서 안정된 목소리를 들려주어도 고통이 감소된다. 라마즈 방법을 사용해도 산모가 원하면 마취제를 사용할 수 있다.

(2) 브래들리(Bradley) 방법

브래들리 방법은 자연 출산법을 강조하기에 진통제 사용을 금지한다. 대신 남편이 출산 중에 코치 역할을 하도록 남편을 훈련시킨다. 라마즈 방법에서처럼 산모가 복부근육, 회음부근육을 완화하고, 산모가 안심하면서 출산할 수 있도록 남편은 적극적으로 도와준다.

모든 병원은 산모가 위의 두 가지 방법 중의 하나를 엄격하게 따르도록 하지 않는다. 상황이나 산모의 조건에 따라 가장 적절한 방법을 융통성 있게 적용하고 있다. 변화하는 출산 문화에 남편이 적극적으로 적응하고 참여하는 정신이 아주 중요하다.

6. 출산

우리나라의 여성은 평균 나이로 32세에 첫 아이를 출산한다고 한다. 신생아의 평균 몸무게는 3.32kg이고 남아가 3.36kg, 여아가 3.26kg 정도이다. 평균 임신 기간은 280일로 출산은 임신 만기일로부터 평균 10일 이내에 하게 된다. 출산은 산모에게는 일종의 목숨을 거는 행동이나 마찬가지다. 대체로 인구 10만 명당 산모가 사망할 확률이 일본의 18명, 미국의 12명에 비해서 우리나라는 20명으로 높은 편이다. 우리나라의 신생아는 약 98%가 병원에서 출산한다. 출산은 자궁이 수축하면서 시작한다. 분만은 자궁의 수축과 경부가 열리는 단계, 분만의 시작과 분만의 완성의 3단계로 이루어진다.

1) 분만 제1기

분만 제1기는 자궁경부의 확장을 유도하는 최초의 수축으로부터 자궁경부가 열릴 때까지로, 자궁경부가 완전히 열리면 그 직경이 약 10cm 정도 된다. 분만 제1기는 총 분만 기간 중 제일 긴 시기로 초산부는 평균 8시간, 경산부는 평균 5시간 정도 걸린다. 그러나 개인마다 현저한 차이가 있을 수 있으며, 초산일 경우 12시간 이상을 끌기도 하고 초산이 아니더라도 8시간 이상이 되기도 한다. 분만이 계속 진행되고 있다는 징후

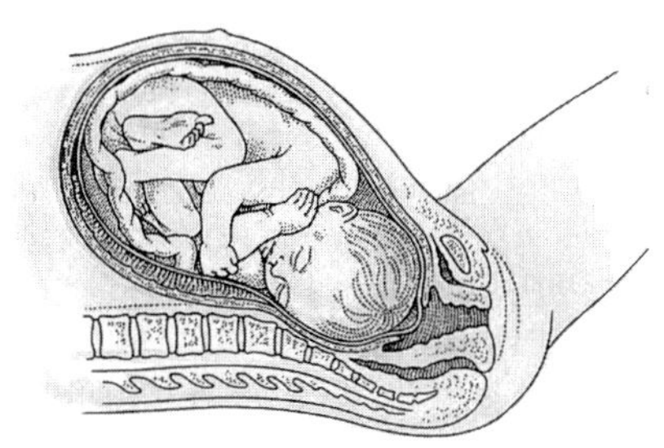

1. 분만 두 번째 단계 시작

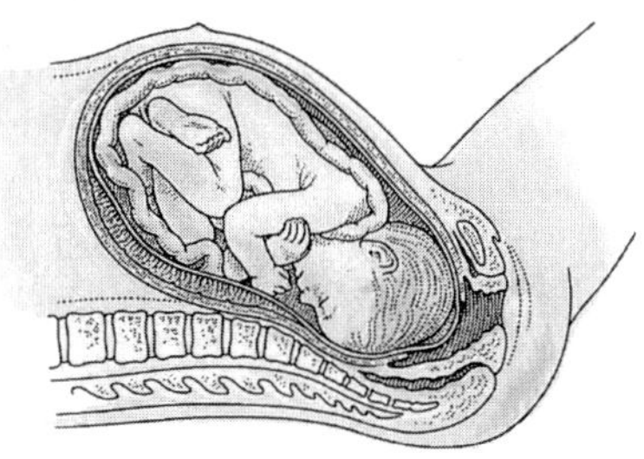

2. 아이가 아랫쪽으로 더 내려오고 방향이 돌려짐

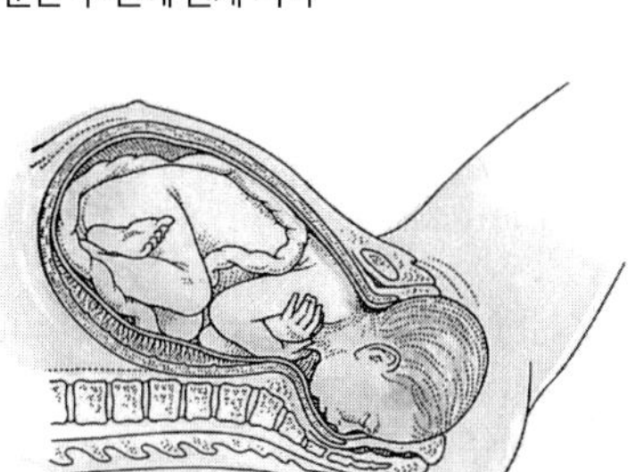

3. 머리가 나옴

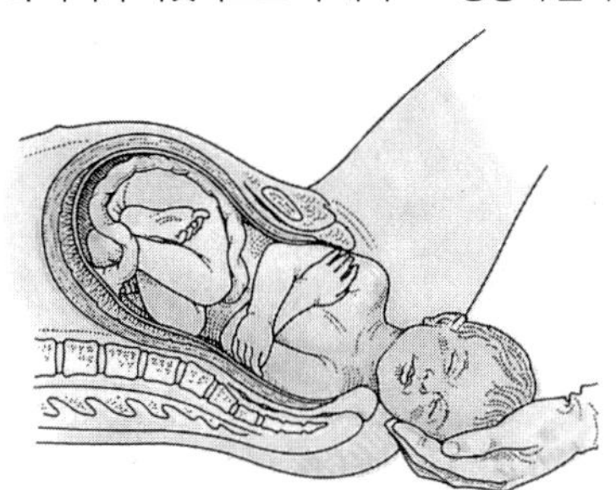

4. 어깨의 일부가 나옴

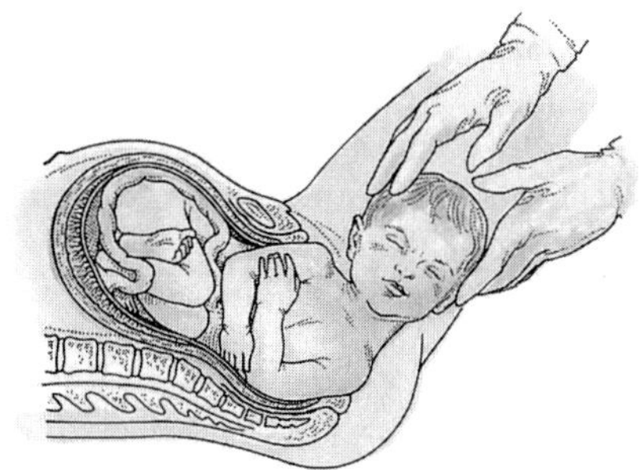

5. 양쪽 어깨가 모두 나옴

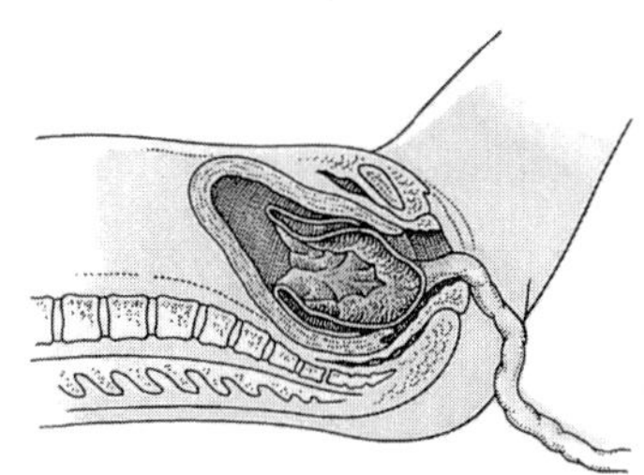

6. 자궁벽에서 태반이 분리되면서 분만의 세 번째 단계 시작

| 그림 14-6 | **분만 단계**

첫 단계에서는 자궁근육의 수축이 없어지고 경부가 팽창되어 아이가 지나갈 수 있을 정도가 된다.

로 자궁 수축이 15~20분 간격으로 규칙적으로 일어나며, 점액전이라는 혈액이 섞인 점액성 분비물이 나오는데 이것을 징후 또는 전 징후라 부른다. 전 징후가 있은 다음에 양막이 파열되면서 양수가 나오는 파수현상이 일어난다.

2) 분만 제2기

자궁경부가 완전히 확장되어 열리는 순간으로부터 태아가 모체로부터 완전히 빠져나오는 시기를 말한다. 이 기간 동안에 태아의 머리가 산도를 통해 빠져나오기 시작하는데 머리와 어깨가 한꺼번에 빠져나오는 순간에 질이 엄청나게 확대된다. 그리고 산모는 진통의 주기에 맞추어 요령 있게 복압을 가하여야 분만을 수월하게 진행할 수 있게 된다. 이때 회음부에 상처를 덜 주기 위하여 질구 아래쪽을 절개하는데 이 시술을 회음절개라 하며, 분만 후에 다시 꿰매어서 원상태로 되돌린다.

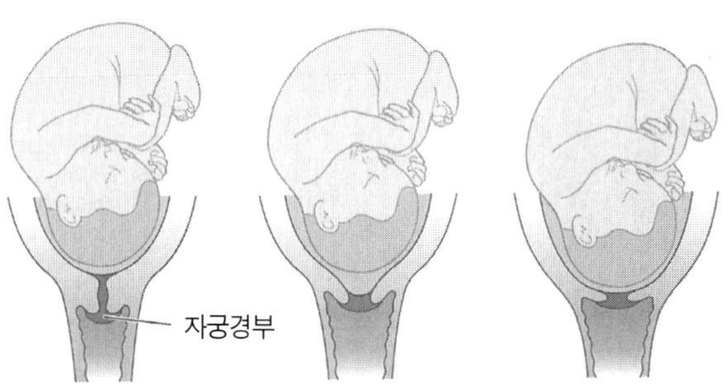

(a) 이페이스(effacement): 자궁경부가 얇아짐

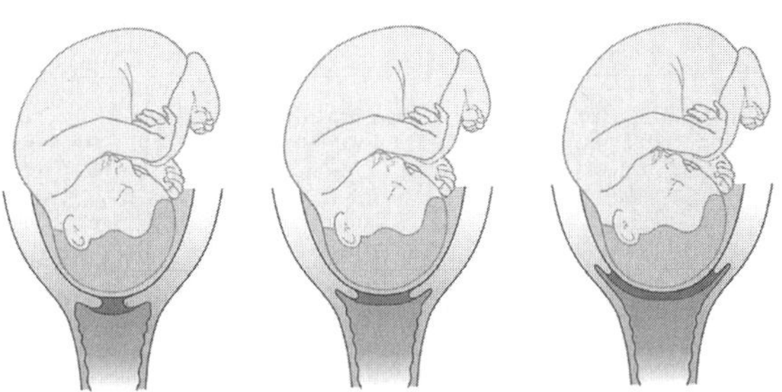

(b) 자궁개대(dilatation): 10cm 정도로 닫혀 있던 경부가 열림

| 그림 14-7 | **분만하는 동안 자궁경부의 변화**

3) 분만 제3기

태아의 만출 직후부터 태반, 양막, 탯줄 등이 배출될 때까지의 기간을 말한다. 태반과 태아막은 태아가 나온 후에 자궁에서 밀려나오므로 태 또는 후산이라고도 한다. 아이가 출산 동안에는 산모를 통해서 호흡을 하지만 출산 후에는 스스로 호흡을 해야 한다. 스스로 호흡하는 신호가 아이의 울음이다. 아이가 울어야 주위 사람들은 비로소 안심한다.

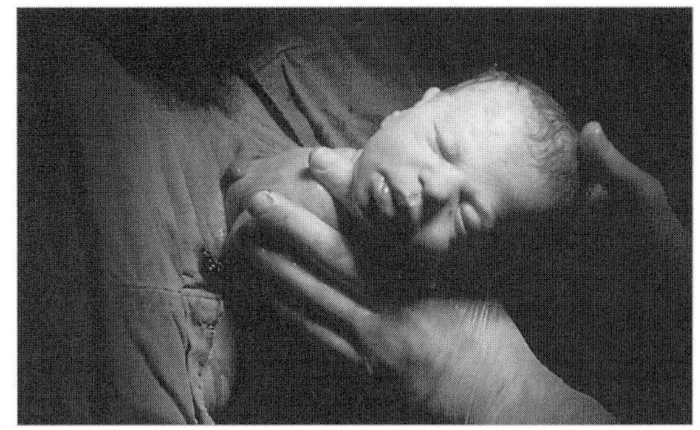

| 그림 14-8 | **자연분만의 사진**

4) 제왕절개수술

분만은 자연분만 외에도 제왕절개수술(ceasarean section: C-section)에 의해서도 이루어진다. 이 수술은 산모나 태아가 너무 지쳐 있거나 위험할 경우, 아이의 머리가 경부 쪽으로 내려와 있지 않은 경우, 출산 중에 감염의 위험이 있는 경우, 또는 임신 중에 문제가 있을 경우에 시도한다. 이 수술의 장점은 태아에게 출산의 고통을 줄이고 안전하게 아이를 분만시킬 수 있다는 장점이 있지만, 자궁에 손상을 주거나 차후에 임신할 수 있는 아이의 제한성 등에 문제가 있을 수 있다. 우리나라는 3명 중 1명의 아이가 제왕절개수술로 태어나고 있다. 이러한 현상을 의학계에서는 과도한 수술이라고 문제점을 제시하기도 한다. 가능하면 자연분만을 하는 것이 산모와 아이의 건강에도 좋다.

5) 출산 후 산모 및 남편의 반응

(1) 산모의 반응

산모는 출산 전에 미숙한 아이를 출산할까 하는 두려움이 있을 수 있다. 그러나 자신의 아이가 정상이라는 것을 알면 출산 중에 경험했던 고통이 한순간에 사라지고 새로운 생명에 대한 감격으로 즐거움을 경험한다. 또한 아이에 대한 애착 관계가 바로 형성되어서 아이를 보호하게 된다. 그러나 아이를 양육해야 하는 부담감과 허전한 감정 때문에 불안하고 산후 우울증을 경험할 수도 있기에 주위 사람들의 관심과 보호가 더욱 더 필요하다. 여성 역시 산후의 심리적인 불안이나 문제점을 남편이 알아서 해결해 주기를 바라지 말고, 남편이나 주위 사람들과 허심탄회하게 대화를 통해서 해결하도록 해야 한다.

(2) 남편의 반응

아버지는 아이 출산에 대한 안심과 아버지가 되었다는 사실에 대한 즐거움, 흥분을 느낀다. 그러나 남편과 아버지로서의 역할에 대한 두려움과 책임감도 느낀다. 출산 전에 교육을 받지 아니한 남편들은 아내를 어떻게 위로해야 하고 돌봐야 할지 몰라서 당황하고 안타까워한다. 부부들은 서로 친근한 대화를 나누는 것이 필요하다. 적어도 3~6개월 동안 정상적인 성생활이 이루어지지 않아 서로 갈등을 느낄 수도 있다. 남편은 아내와 아이를 돌보는 데 더 많은 신경을 써야 하고, 자신의 성적인 욕구를 억제하든지 아니면 자위를 해서 해소하는 것이 좋다.

7. 산후 여성의 신체 변화

산모가 출산한 후에 성기 및 전신의 변화가 임신 전의 상태로 회복되는 기간은 개인차는 있지만 대략 1개월 반에서 2개월 정도 소요된다. 이 시기를 산욕기라 하는데 산욕기의 산모는 체력이 허약하고 저항력이 약해져 있어 적절한 보호를 받지 않으면 합병증이 발생하거나 다른 병에 취약하다. 산모는 몸, 마음, 성생활과 음식 등에 특별히 조심해서 산후조리를 잘해야 한다.

1) 성기의 원상회복

분만 직후에는 자궁의 끝 부분이 배꼽 부위까지 올라와 있으나 제2일에는 배꼽 밑으로 내려가고 점차 줄어들어서 산후 약 10~14일쯤 되면 외부에서 만져도 알 수 없고 산후 약 6주가 되면 원상태 크기로 회복된다. 태반이 떨어져서 생긴 자궁 내의 상처도 산후 약 6~8일부터 새살이 나기 시작해서 3~4주 후에는 자궁점막이 거의 재생되지만 완전한 회복은 역시 산후 6주경이 된다. 자궁경부 역시 산후 약 4주 정도 되면 좁아지지만 태아가 통과할 때 생긴 자국이 옆으로 주름처럼 남아서 마치 입술 같은 모양이 된다. 질과 소음순, 대음순도 산후 약 4주면 거의 회복된다. 그러나 질은 내부가 넓어지고 질벽은 다소 밖으로 밀려나며 대퇴부에는 임신 시에 피하조직이 찢어졌던 자국이 백색으로 남는데, 이것을 임신선이라 한다.

2) 오로의 유출

오로는 태반이 떨어져 나오면서 생긴 상처에서 나오는 혈액 성분과 태반 및 자궁점막의 조직편과 경관 질 등의 분비물이 합쳐진 것이다. 분만 후 3~4일까지는 상처에서 혈액이 흘러나와 완전한 혈액 성분의 오로가 나오는데 이것을 적색오로라고 한다. 산후 5~6일이 되면 자궁 내의 상처가 점차 치유되어 혈액 성분이 감소되고 백혈구가 증가하여 분비물은 점차 갈색을 띤 갈색오로가 분비된다. 산모의 상처가 치유되고 적혈구 성분 분비가 줄어들며 백혈구의 비율이 늘어 황색오로가 분비되고, 이 황색오로도 점차 색깔이 엷어지고 양이 줄어들어 4~6주가 되면 완전히 없어진다. 때로는 혈성오로가 다시 분비되기도 하는데, 이런 현상은 산후 심한 운동 등 부주의로 치유되던 상처 부위가 터져서 출혈을 하기 때문이다. 분만 후 멘스는 개인차가 있으나 유아에게 젖을 먹이지 않으면 대략 6주 후부터 정상으로 나온다. 질에서 분비되는 오로는 세균이 번식하기에 아주 좋은 조건을 가지고 있으므로 세균에 감염되지 않도록 연한 비누로 청결하게 자주 씻고 특별한 주의를 하여야 한다.

3) 유방의 팽창

유방은 임신 중에 커지기 시작해서 출산 후에는 팽팽하게 커지고 유선이 만져지며 찌르는 듯한 통증과 약간의 열이 나는 것을 느끼고 혹 벌겋게 되는 경우도 있으나, 이는 젖이 생산되는 자연스러운 변화이다. 초산부는 산후 3~4일이 지나야 유즙이 분비되지만, 출산 경험이 있는 산모는 산후 12시간 내에 유즙이 분비되기도 한다. 유즙은 초유와 성유로 분리되는데 분만 후 5~6일경까지의 초기에 나오는 젖을 초유라 하고 그 후에 나오는 것을 성유라고 부른다. 초유에는 초생아의 소화 흡수에 적합한 종류의 단백질과 모체로부터 물려받은 면역항체가 다량 함유되어 있어서 유아의 질병에 대한 면역과 태변의 배출을 촉진하는 역할을 한다.

4) 신체의 다른 변화

출산 후 1~3일 사이에는 자궁 수축으로 인해서 하복부에 통증이 규칙적으로 발생하는데, 이것을 후진통 또는 아침통이라고 부른다. 이런 통증은 경미하지만 통증이 심하거나 장기간 지속되면 다른 문제가 있는지 즉각 검사를 받아야 한다. 체온의 상승, 맥박의 불안정, 혈압상승 등은 특별한 원인이 없는 한 12~24시간 이내에 정상으로 회복된다. 분만 후 12시간 이내에는 심한 소변 축적으로 소변불통이 발생할 수 있으나 곧 정상으로 회복되고, 산후 제1일에는 소변의 양이 1,500~2,000cc 정도이고 제2일에는 1,010~1,025cc로 감소된다.

8. 산후조리법

1) 산후의 신체적인 회복 요령

필자가 관찰한 미국의 산모들은 출산 후 즉시 목욕도 하고 돌아다니는 것을 볼 수 있었다. 그러나 우리나라에서는 산후조리를 중시하고 신체적인 회복과 심리적인 안정을 위해서 주위에서 많이 신경을 쓴다. 신체 회복을 위해서 누워서 편하게 쉬는 것이 좋으나 너무 오래 누워 있으면 자궁골반복직근의 수축을 지연시키고 오로의 배출을 연장하며 기력의 회복을 지연시킬 수도 있다. 우리나라에서 많이 실행되고 있는 산후조리법은 다음과 같다.

- 분만 당일과 산후 제1일은 누운 채 손발만을 움직이는 정도의 절대안정을 취하고, 몸은 따뜻하게 유지하지만 무리하게 땀을 낼 필요는 없다.
- 산후 제2~3일은 누운 채 몸을 자유로이 움직여도 되며 식사 시와 젖 먹일 때는 일어나 앉아도 무방하다. 단, 젖을 짜거나 일어날 때 손가락이나 손목에 무리한 힘을 가하는 것은 삼간다.
- 산후 제4~6일에는 실내를 가볍게 걸어도 되나 관절근육 등에 무리가 가지 않도록 한다. 장시간 대화하거나 소음, 찬 음식, 딱딱한 음식을 먹는 것 등은 피한다.
- 산후 제7일 이후에는 자리를 떠서 변소나 세면소까지 가는 것은 무방하나 찬 바람

을 쏘이거나 찬물로 세수하는 것은 피하고, 여름철에는 선풍기나 에어컨에 직접적인 노출을 피한다.

- 산후 제10~14일 이후에는 집안 내에서 움직이고 돌아다녀도 좋지만, 무리한 운동, 걷기, 무거운 물건 들기 등은 피한다.

2) 심리적 · 정서적 지지

남편과 주위 사람들의 격려와 지지가 아주 중요하다. 특히, 산모가 심리적으로 편안할 수 있도록 본인이 좋아하는 음악 등을 들어도 좋다. 산모에 대한 정서적인 지지, 신체적으로 회복될 수 있다는 희망, 남편의 산모에 대한 감사와 관심과 애정표현이 중요하다.

출산 후 남편들이 필히 해 주어야 할 사항들은 다음과 같다.

- 아내가 피곤하지 않도록 자주 물어 주고 신체적으로 마사지도 해 줄 것
- 가능한 한 일찍 퇴근해서 유아의 수유 및 목욕하는 것을 적극적으로 도와줄 것
- 가사 분담을 서로 상의하게 재조정하고 집안일을 잘 도와줄 것
- 남편이 성적인 욕구를 충족하려고 일방적으로 요구하거나 좌절감에 회피하지 말고, 서로 솔직한 감정을 나누어 갖고 서서히 성관계를 회복하도록 할 것

3) 산모의 식사

분만 당일과 산후 1~2일은 소화되기 쉬운 반유동식을 섭취하고, 그 후에는 소화가 용이하고 영양가가 높은 것을 섭취한다. 전통적인 산후식인 미역국은 피를 맑게 하고 젖을 잘 나오게 하며, 부기를 가라앉히고 몸을 가볍게 하는 효능이 있다. 산모의 신체 내에서 나쁜 피가 다 제거되기 전에 고깃국을 먹는 것은 어혈을 형성할 우려가 있으므로 산후 2주 이내에는 육식을 많이 하지 않는 것이 좋다. 그러나 딱딱한 음식, 찬 음식, 매운 음식, 기름기 많은 음식이 아니라면 음식을 까다롭게 가릴 필요는 없다.

4) 침상에서의 자세

분만 직후는 오로의 유출을 용이하게 하기 위하여 엎드리거나 옆으로 눕고 가끔씩 좌우로 자세를 바꾸는 것이 좋다.

5) 목욕

오로의 유출이 멎으면 산후 2주 후부터는 목욕을 해도 무방하다. 그 이전은 따뜻한 물수건으로 몸을 가볍게 닦아 내는 것으로 만족할 수밖에 없다. 머리는 산후 3주 이상 지나서 감는 것이 좋으며 처음에는 피로하지 않도록 시간을 짧게 해야 한다.

6) 복대

복대의 사용은 임신으로 이완되고 늘어진 복벽의 원상복구에 도움이 되나 효력을 보려면 산후 6주 이상은 사용하여야 한다.

9. 출산 후 우울증

많은 산모들이 출산 후에 슬퍼하고 우는 등의 산후 우울증(Postpartum Depression)을 경험하고 있다. 필자가 상담한 경우는 출산 후에 우울증이 심해진 산모가 자살해서 신생아와 가족에게 너무나 많은 충격을 준 사례도 있었다. 산후 우울증에 대한 연구가 활발하게 이루어지고 있는데, 산후 우울증은 개인적 요인 및 환경적인 요인과 관련이 있다. 환경적인 요인으로는 사회적인 지원체계가 부족해서 산후에 가족의 관심 부족, 아이의 양육에 대한 자원의 부족, 출산할 당시 악조건에서의 어려운 출산 등이 있다. 산모의 개인 생물학적인 요인으로는 출산 후에 여성호르몬인 에스트로겐의 급격한 감소와 변화가 우울증과 관계있다. 또한 출산 전에도 정신병력이 있다든가 개인적인 취약성이 있으면 산후 우울증을 경험할 가능성이 많다(Crooks, 2005). 남성이나 여성이나 산후 우울증을 단순하게 여겨서는 안 된다. 산후 우울증에 대한 대처 방법까지도 출산계획에 세워 놓고 만일의 경우를 대비해야 한다.

10. 출산 후 부부 성생활과 결혼의 만족도

대체로 출산 후 6주 후에 성관계를 가지면 신체적으로는 문제가 없지만, 산모는 출산 후에 성적인 욕구가 줄어들거나 성관계를 거부하는 경우가 허다하다. 산모의 성적인 욕구가 줄어드는 이유는 신생아를 돌보는 데 에너지를 소진하고, 임신될 것에 대한 두려움, 산후 신체적인 변화 때문에 성적인 매력이 적을 것이라는 수치심 등이다. 이런 여러 가지 요인들로 인해서 부부들은 결혼 후 첫 아이를 가진 후에는 부부만족도가 떨어지고 갈등을 많이 경험하는 것이 특징이다. 아주 작은 생명이지만, 새 식구의 출현은 부부들에게 성생활, 부부 관계, 자녀 양육방식 등에서 갈등을 드러내게 만든다. 부부들은 이 점을 미리 예상하고 서로 상대방의 관점에서 생각하며 서로를 도와주기 위해 노력을 해야 한다.

11. 수유

여성의 95%가 모유 생성이 가능하다. 그러나 많은 여성이 모유를 먹이지 않고 있다. 그 이유는 우선 상업용의 우유가 많이 있고, 의료진이 모유를 적극적으로 권하지 않는 분위기이며, 수유(brest feeding)를 공공적인 장소에서 실행하는 것에 대한 거부감을 들 수 있다. 현재 우리나라의 모유 수유율은 14.3% 정도로 낮은 편이다. 그러나 요즘의 젊은 주부들은 최소한 어느 정도 기간은 모유를 주고 우유를 먹이려는 사람들이 많이 늘어나고 있는 추세이다. 모유를 먹이면 우유를 먹이는 것과 비교하여 다음과 같은 장점들이 있다.

1) 모유의 장점

- 유아가 젖을 빨 때의 자극이 옥시토신(Oxytocin)의 분비를 촉진하여 산모의 자궁 수축을 돕고, 자궁이 원상태로 돌아가게 하는 데 도움을 준다.
- 수유는 프로락틴(Prolactin)의 분비를 촉진시켜서 자궁 수축을 도와주며, 신체가 임신 전의 상태로 회복되는 것을 돕고, 또한 모유 생산을 돕는다.

- 아기가 젖을 빨면 생리의 재개가 연기되어 임신 가능성을 지연시켜 준다.
- 유아와의 촉각적인 접촉으로 산모와 유아의 정서적인 애착 관계를 도와주고, 아이들의 정서발달에 많은 도움을 준다.
- 모유에 저항력이 많이 들어 있다. 제3세계에 대한 연구 결과, 우유로 키운 나라에서는 모유를 주로 먹이는 나라보다 유아의 사망률이 3배 높았다.
- 비타민 D가 모유에 소량 함유되어 있으나 산모가 일광욕이나 식사를 통해 섭취하면, 모유의 비타민 D 함량이 증가한다.

그러나 모유 수유를 할 경우에는 피임약이나 정신과적인 약물을 사용하지 않도록 해야 한다. 또한 모유 수유에 대해서 정서적으로 미숙한 남편은 아이에 대한 질투의 감정, 즉 엄마 젖에 대한 남자들의 유방 선망(Breast envy)이 일어날 수 있으나, 이런 심리적인 요구보다는 아내가 유아에게 너무 집착하면 아내의 관심을 받지 못한다는 좌절감에서 자신의 아이에게 부정적인 감정을 가질 수도 있다. 여기에 대한 해결책은 부부가 서로 유아 양육에 협동적으로 참여하여 산모가 긴장을 풀고 자신의 삶을 즐길 수 있도록 해서 부부만의 시간을 갖도록 노력하면 된다.

에스트로겐의 분비가 모유를 주는 동안에 줄어들기에 질의 윤활 작용이 적어 성적으로 불만이 있을 수 있는데, 이 경우 질에 윤활유를 바르면 된다.

12. 조산아

임신 후 37주 이내에 출산하거나, 출산 당시 영아의 몸무게가 2.5kg 미만이면 조산아라고 한다. 조산의 원인은 태아가 여럿일 경우, 산모의 영양실조, 흡연이나 약물복용, 콩팥의 질병, 여러 가지 병이나 심한 심리적 · 물리적인 충격 등으로 양수가 파열되는 경우 등이 있다. 전 세계적으로 조산율은 전체 출산의 약 10% 정도로 이루어지는데, 조산된 아이는 조산될 당시의 임신 기간, 조산의 원인에 따라서 문제점의 심각성에 영향을 주겠지만, 정상아에 비해서 대체로 신체장애, 심리적 · 행동적인 문제를 경험할 확률이 높다(Lopez & TambyRaja, 2000). 그러나 조산된 아이라고 해도 적절한 건강관리와 양육을 하면 80%는 정상적인 삶을 살아간다.

13. 30대 후반의 임신

요즘은 여성의 결혼 연령이 높아 가고 여성들이 직장에 많이 진출하는 추세 때문에 늦은 나이에 아이를 갖게 되는 경우가 많아지고 있다. 늦은 나이에 임신하면 산모의 생명에 대한 위험도가 증가하고, 다운증후군, 조산아, 제왕절개수술 가능성 등의 위험성이 있다. 또한 산모가 당뇨병, 고혈압 등의 문제가 있으면 분만 과정에 문제를 경험할 가능성이 있으나 이러한 문제들은 건강한 산모에게는 별로 영향을 주지 않는다고 한다(Baird et al., 1991). 그러나 다운증후군은 결혼이 늦어질수록 발병률이 높다. 예를 들어, 산모가 40~54세 사이에 임신을 하면 30대 전에 임신한 산모에 비해 다운증후군 아이를 출산할 가능성이 14배나 높다고 한다(Martin, J. et al., 2009).

또한 남성은 여성보다는 임신시킬 가능성의 기간이 길지만, 남성 역시 45세 이후에 임신을 시도하면 출산의 문제, 자폐아 또는 조현병의 증가에도 연관이 있다는 연구들이 있다(Rabin, 2007). 아이를 가지려고 부부가 결심했다면 가능한 결혼 초에 가질 것을 권하고 싶다. 산모가 가장 건강한 시기에 아이를 갖는 것이 유아에게도 좋고, 부부가 아이를 중심으로 같이 노력하면서 부부애를 쌓아 갈 수 있다. 그리고 너무 늦게 아이를 가지면 부모와 자녀들 간에 나이 차이가 많이 나서 양육에 문제가 있을 수 있다.

14. 불임

우리나라의 불임에 대한 연구를 보면 대체로 40%는 남성, 40%는 여성, 20%는 남녀의 서로 복잡한 관계에 그 원인이 있다고 한다. 임신을 하고 싶은 상태에서 성관계를 가질 경우, 부인들은 월경이 그치지 않으면 심한 불안을 겪게 된다. 그러나 임신을 목적으로 성관계를 갖더라도 바로 임신이 되는 것은 아니다. 부부가 아이를 갖고 싶은데 임신이 되지 않으면 초조해지지만, 당황하지 말고 원인을 잘 살펴보아야 한다.

1) 여성 불임의 원인

여성 불임의 약 20%는 여성의 아이 생산 기관에 문제가 있는 경우이다. 예를 들면,

다음과 같다.

- 배란 현상이 가끔 생기거나 전혀 생기지 않을 경우
- 난세포를 형성시켜도 양질이 아닌 경우
- 나팔관에 이상이 있는 경우

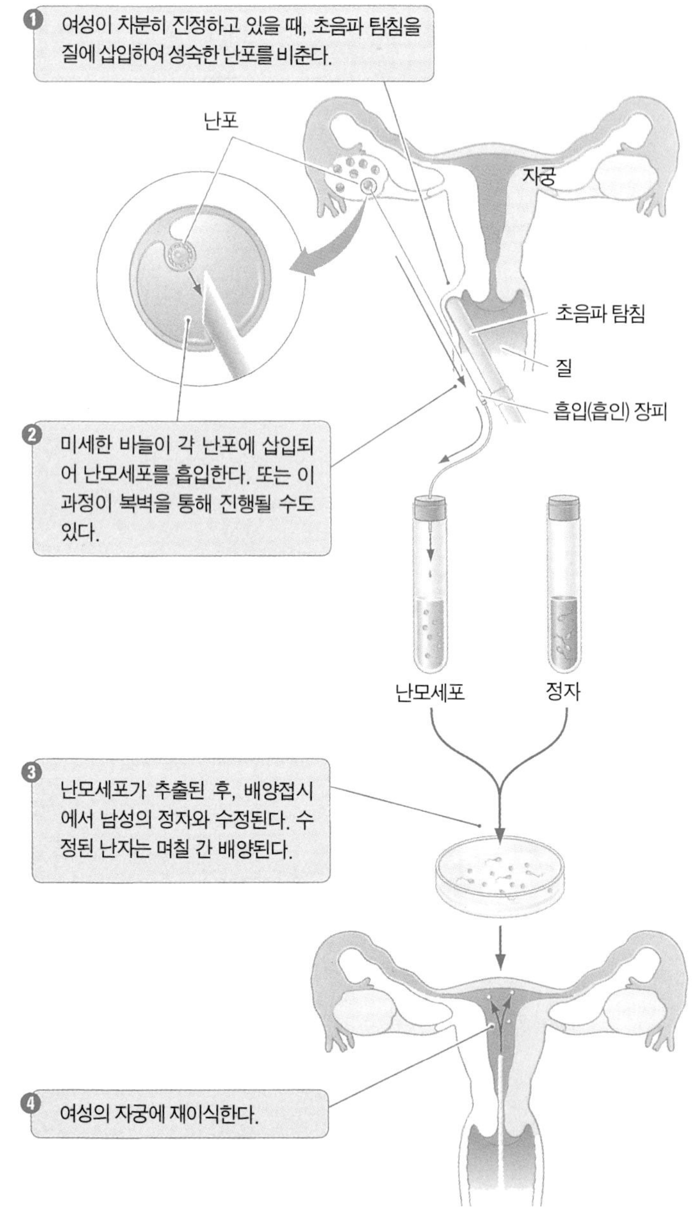

| 그림 14-9 | **체외수정 과정**

- 임질이나 깨끗하지 못한 낙태수술에 의하여 골반에 염증이 생긴 경우
- 여성의 식이요법에 옥소(iodine)나 엽산(folic acid)이 결핍된 경우
- 이전에 사용하였던 피임법의 영향으로 인한 경우

여성의 불임이 되는 가장 흔한 이유는 나팔관이 폐쇄되는 경우이다. 이때는 나팔관을 뚫어 주는 수술을 하면 된다. 또한 나팔관 안에서 정자를 난자까지 이동시켜 주는 해초처럼 생긴 섬모에 문제가 있는지도 살펴보아야 한다. 섬모에 이상이 있으면 수술을 하여도 임신이 불가능하다. 이 경우는 시험관아이를 시도해 보는 것도 한 가지 방법이다.

2) 남성 불임의 원인

남성의 정액 1밀리리터에 정자의 수가 2천만 마리 이하이면 불임이 될 가능성이 많다. 부부가 불임일 경우에 약 25%는 남성 정자의 수 부족이 원인이다. 또한 정자 수가 많더라도 결함이 있는 정자 역시 불임의 원인이 된다. 성인기에서 이하선염, 심한 감염, 열병, 성 전파성 질환, 전립선염, 약물, 과음, 영양 부족 등이 정자 수 부족이나 부실한 정자의 원인이 된다. 가장 흔한 남성들의 불임 요인은 음낭에서 정맥들이 확장되어 복부의 혈류가 음낭에 모여들어서 정자세포들을 생성하는 부위의 온도가 너무 높게 유지되는 정맥 혈류 현상이다. 또한 고환에 상처를 입은 경우, 뇌하수체의 불균형, 갑상선 문제, 성 전파성 병 등이 정자 생산에 부정적인 영향을 준다.

초기의 불임이라고 생각하는 부부들의 50~70%가 결국은 임신을 성공한다.

여성의 질 내부가 산성이면 정자가 살기 힘들어 불임일 가능성이 있고, 남성의 체질도 산성이 많으면 정자의 활동이 저하되기 때문에, 우리의 체질을 알칼리성으로 유지하는 것이 좋다.

남성의 정자 수는 줄어들고 있는가?

남성 정자 1밀리리터(ml)당 정자 수가 1940년에는 1억 1천6백만 마리였던 것이 1990년에는 절반 정도인 6천6백만 마리로 줄어들었다는 연구가 있다(Carlson et al., 1992). 이러한 연구가 발표된 후에 일부에서는 표집의 오류에서 온 것이라는 비판도 있었지만, 현대 남

성의 정자 수가 감소하는 것은 분명한 사실이다. 이런 추세가 계속되면 남성에 의한 불임이 높아지리라는 전망이다.

정자 수가 줄어드는 요인으로는 남성이 꽉 쪼이는 팬티 착용으로 고환의 온도가 높아져서 정자의 생산에 지장을 주는 것도 원인이 된다. 정자의 생산을 원활히 하기 위해서는 꽉 쪼이는 팬티보다는 바람이 통할 수 있는 내복이 더 좋다.

남성 정자 감소의 다른 원인으로는 환경오염과 농산물 재배에 사용하는 농약 등의 영향을 생각해 볼 수 있다고 한다. 건강한 정자 생산을 위해서는 무공해 식품 섭취와 자연환경의 향상이 필요하다.

15. 불임에 대한 대책

1) 인공수정

인공수정은 앞의 [그림 14-9]에서 보는 대로 여성에게 호르몬을 주사해서 일시적으로 난관에서 열 개 정도의 난자가 생산될 수 있도록 한 후, 이 난자를 주사 바늘로 채취해서 배양기 접시에 넣은 후에 남성에게서 채취한 정자를 넣어서 수정한다. 이 경우에 많은 정자가 필요하지는 않다. 인공수정된 수정란이 세포분열을 시작하면 한두 세포를 채취해서 여성의 자궁에 이식해서 성공하면 인공수정이 완성되는 것이다.

이러한 시도를 한다고 해서 수정이 쉽게 성공되는 것은 아니다. 40세 이상의 여성이 이러한 시술을 시도한 경우에 약 8% 정도만이 성공을 거둘 수 있다고 한다. 또한 미국에서 인공수정은 1차 시도할 때마다 약 5천 불의 비용이 들기에 경제적으로 여유가 없는 경우에는 인공수정도 어렵다.

2) 정자의 기증

남성이 완전 불임인 경우에는 다른 남성에게서 정자를 기증받아야 한다. 남성들이 자발적으로 정자를 기증하면 정자은행에 냉동 보관되었다가 필요한 경우에 여성에게 제공한다. 정자를 제공할 경우에는 건강 상태를 점검하고 양질의 정자를 채취해야 한다. 젊은 대학생들이 가장 많은 정자 기증자가 된다.

3) 대리모

여성의 자궁에 문제가 있거나 수술로 자궁을 들어낸 경우에는 대리모를 선정해서 남성의 정자를 인공수정해 대리모의 자궁에 착상해서 아이를 생산하는 방법이 있다. 미국에서는 대리모에게 지불하는 총비용이 약 6만 불가량 들어간다고 한다. 그러나 이 방법은 윤리적으로 문제가 있을 수 있고, 또한 대리모가 아이를 낳은 후에 마음을 바꾸어서 자신의 아이를 계약자에게 돌려주지 않는 경우도 있어 문제가 법적으로 비화되기도 한다.

4) 입양

불임 부부들이 아이를 기르고 싶은 다른 방법은 남의 아이를 데려다 기르는 입양이다. 미국에서는 2014년 기준 약 5만 명의 입양이 이루어지고 있는데 입양 가능한 아이들보다는 입양을 원하는 부모들이 많아서 해외 입양이 많이 실현되고 있다. 우리나라에서는 약 5~6천 명의 아동들이 해외 입양되고 있는 실정이다. 우리나라에서 입양이 활성화되지 않고 있는데, 가장 큰 이유가 혈통주의를 강조하기에 자신의 피가 섞이지 않으면 후손으로 간주하려고 하지 않는 경향 때문이다. 우리나라에서 입양을 꺼리는 다른 이유는 아이가 성장해서 자신이 입양된 사실을 알면 친부모를 찾으려고 노력하게 되고 이렇게 되면 입양된 아이를 잃게 될 것이라는 두려움 때문이다. 입양을 많이 하는 미국에서는 입양된 아이가 6~7세 정도가 되면 아이가 입양되었다는 사실을 말해 주면서 자신의 정체성을 수용하고 입양 부모에게 애착을 느끼게 도와준다. 그리고 아이가 만 18세 이상이 되면 자신의 친부모를 찾을 수 있는 권리를 인정해 준다. 입양된 자녀는 자신의 친부모를 찾으면 반가워하겠지만, 낳은 부모보다는 길러 준 양부모에게 더 애착을 갖게 되어 있다. 우리나라도 미혼모 아동에 대한 국내 입양이 활성화되어야 하겠다.

토론

1. 임신 시 산모가 담배나 술을 먹어 이상아를 분만하였을 경우 산모를 처벌하여야 하는지 생각해 봅시다.
2. 결혼 후 아이는 얼마 후에 가질 계획인지 생각해 보고 그 이유를 말해 봅시다.

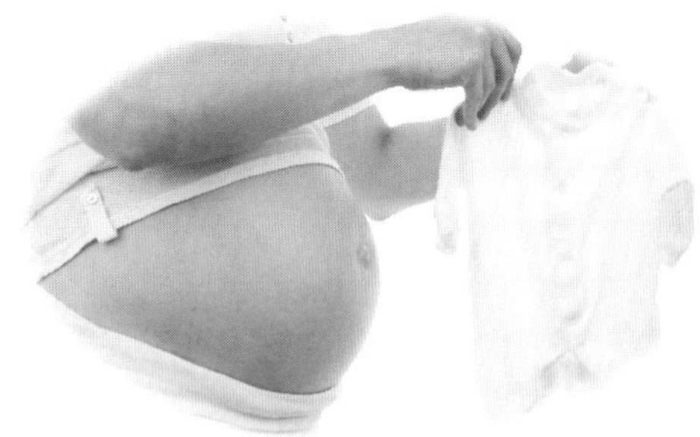

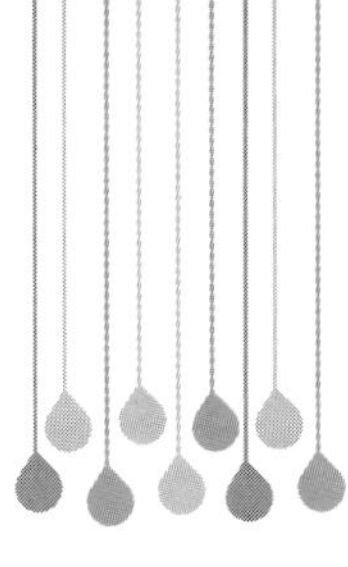

제15장

피임

피임에 대한 역사는 고대로 거슬러 올라간다. 예를 들면, 고대 이집트에서는 여성의 경부에 악어의 마른 똥을 넣었다는 기록이 있고, 6세기 그리스에서는 노새의 자궁이나 고환을 먹었다는 기록이 있다. 17세기 유럽에서는 동물의 양피질을 이용한 콘돔을 사용하거나 성교 도중에 질외 사정하는 것을 피임의 방법으로 권장하기도 했다(McLaren, 1990).

1. 피임에 대한 태도

역사적으로는 피임을 부정적으로 보았다. 왜냐하면 성관계는 아이 생산을 위해서 부부가 행하는 성행위라고 규정하여 피임은 인간의 번식 행위를 거부하는 것이기에, 피임하는 방법이나 피임에 관한 법률 등 피임을 제한하는 면을 강조해 왔다. 예를 들면, 미국에서는 1870년대에 앤서니 콤스톡(Anthony Comstock)이 여성에게 피임하는 방법을 우편물 등을 통해서 다른 사람에게 알려 주는 것을 금했고, 피임방법을 가르쳐 주는 사람을 처벌하려고 시도한 적도 있었다(Kreinen, 2002). 이 당시에 피임을 하려면 차라리 금욕할 것을 강조했다.

미국에 피임약이 도입된 것은 1960년대였다. 미국의 법원에서는 피임을 부부 사이의 사적인 것으로 간주하고 공권력이 개입하는 것을 반대했다. 이후 피임의 방법은 많은 시도를 거쳐서 발전해 왔다. 1965년에 미국에서는 결혼한 부부 사이에서 피임하는 것을 금할 수 없다고 결정했다.

2. 피임의 필요성

피임은 아이를 원치 않는 부부들에게는 낙태를 예방할 수 있어서 필요한 방법이다. 실제로 여성의 약 93%가 피임을 했다고 한다(P. Murphy, 2003). 피임은 단지 아이를 원치 않는 부부뿐만 아니라 결혼은 했지만 경제적인 이유 등으로 아이 갖기를 미루는 사람들에게도 아주 편리한 방법이다. 임신이 부부에게 축복이 될 수 있지만, 산모를 위험하게 하는 상황에서 임신은 위험한 사건일 수도 있기에 피임이 필요하다. 또한 피임은 전 세계의 인구증가를 통제하는 면에서도 필요한데 1950년대에 23억 명이었던 인구가 2017년 기준으로 75억 명이고, 이런 추세로 나간다면 2050년도에는 약 89억 명이 될 것이라고 추산하고 있다. 특히, 경제적으로 어려운 제3국에서는 인구통제와 가난을 극복하는 방법으로 피임의 중요성이 증가하고 있다.

3. 성역할과 피임

피임은 문화적인 특징과 상관이 있는데 가부장적인 문화권에서 여성은 남편이 반대하면 피임하기 어렵다. 예를 들면, 일본에서는 여성에게는 피임약을 1999년까지 사용할 수 없었다. 즉, 다른 선진국에 비해서 40여 년이나 늦게 여성에게 피임약 사용이 허가되었는데, 그 이유는 여성이 피임을 하게 되면 출산을 통제할 수 있어서 여성의 지위가 상대적으로 높아질 것을 두려워했기 때문이다. 이러한 예를 프랑스에서도 찾아볼 수 있는데, 예를 들면 프랑스 남자들은 피임의 수단으로 남성들의 1% 미만이 정관수술을 한다. 그러나 이 수치는 영국의 16%, 네덜란드 11%, 벨기에 8%의 남성들이 정관수술을 하는 것에 비해서 아주 적은 수치이다. 즉, 프랑스 남성들은 피임의 책임을 여성에게 미루는 것이다(Contemporary Sexuality, 2000).

또한 피임은 종교적인 영향을 받는데 가톨릭은 공식적으로는 여성의 피임을 금하고 있고, 보수적인 기독교 집단에서도 피임을 금하고 있다. 그럼에도 불구하고 70%의 가톨릭 신자들은 피임을 하고 있다고 한다(Fehring & Schmidt, 2001). 이러한 어려움과 여성에 대한 차별적인 태도에도 불구하고 현재는 전 세계의 약 60% 여성이 피임을 정기적으로 하고 있다.

4. 피임에 대한 책임

우리나라의 남성들은 여성이 알아서 피임을 해야 한다는 생각을 많이 가지고 있다. 심지어는 성관계 시에 콘돔 등을 사용해서 피임하려고 해도 성감이 좋지 않다고 하면서 여성이 피임하는 것을 반대하는 남성들도 있다. 원치 않는 임신으로 인해서 낙태를 해야 하는 상황은 산모와 남성에게 더 심각한 문제를 초래하기 때문에 피임은 성관계를 갖는 초기에 남녀가 같이 실시하기로 결정한 후 성관계를 갖는 것이 중요하다. 특히, 우리나라의 남녀는 성관계에 관해서 자신들의 솔직한 의견을 표현하는 문화가 아니기에 피임에 관해서도 여성이 자신의 의견을 분명히 표현하지 않는다. 그렇기에 임신에 무방비한 상태에서 위험한 성관계를 하는 젊은이들이 많다. 피임은 여성뿐만이 아니고 남성의 공동 책임이라는 인식을 분명히 할 필요가 있다.

5. 피임의 방법

1) 먹는 피임약

피임약은 기본적으로 약에 포함된 호르몬의 종류와 양에 따라 다른데, 혼합 피임약과 미니 피임약의 두 가지가 있다.

(1) 혼합 피임약

에스트로겐과 프로게스테론을 여러 가지 형태로 혼합한 약이다. 피임약이 여성의 몸에서 어떻게 작용하는가를 아는 것이 중요한데, 즉 임신한 동안에는 다시 임신을 할 수 없듯이 피임약은 두뇌에 몸이 임신했다고 속이는 역할을 해서 난소가 난자를 생산하지 못하도록 한다. 정상적인 멘스의 사이클은 여성의 몸에 에스트로겐의 수준이 낮으면 부신이 FSH를 방출하도록 하고, 이 호르몬은 난소에서 난자가 성숙하도록 한다. 에스트로겐이 포함된 피임약은 FSH호르몬 생산을 억제하고, 프로게스테론은 부신에서 LH호르몬의 생산을 억제해서 난자 방출을 방해한다. 여성은 멘스를 정기적으로 하지만, 그 안에 난자는 없다.

(2) 미니필 피임약

프로게스테론 호르몬을 포함하지만, 에스트로겐은 포함되어 있지 않다. 미니필은 매일같이 복용하고, 멘스를 하는 동안에도 복용한다. 이 피임약은 경부의 점액을 부풀어 오르게 하고 산성을 증가시켜 정자가 자궁으로 통과하는 것을 방해한다. 또한 수정된 난자가 자궁 안에 착상하는 것을 방해한다. 따라서 임신이 되었다고 해도 수정란이 착상이 안 되기에 피임된다.

● 효과성

피임약의 실패율은 종류에 따라 다르겠지만 약 0.5% 정도로 추정한다. 피임이 실패하는 경우는 피임약을 실수로 이틀 이상 복용하지 않고 적절한 조치를 취하지 않은 경우에 생긴다.

● 장점과 단점

장점은 규칙적으로 복용하면 피임을 거의 완벽하게 할 수 있다. 또한 피임약은 성생활이나 성적인 욕구 등에 부정적인 영향이 없다. 피임약은 또한 멘스의 사이클을 규칙적으로 할 수 있도록 도와주기에 여성들이 멘스 시에 보일 수 있는 통증과 멘스 전에 보이는 증상 등을 경감시켜 준다. 또한 피임약은 철분이 부족한 여성들이나 여드름과 자궁암의 발생을 경감시켜 준다(Gnagy et al., 2000).

피임약의 부작용은 첫째로 성 전파성 질환에 대한 예방은 안 된다는 것이다. 오히려 성 전파성 질환을 치료하기 위한 항생제의 효능을 감소시킬 수 있다. 또한 피임약을 사용하기 위해서는 산부인과 의사의 정기적인 검진이 필요하다. 또한 피임약에 대한 다른 부작용은 여성이 평소에 가지고 있는 증상들—당뇨, 고혈압, 편두통, 유선증, 자궁의 유성유종, 콜레스테롤 수치 등—을 악화시킬 수도 있다. 혼합 피임약은 구토, 체중 증가, 질의 분비물 증가, 두통, 유방의 통증, 현기증 등을 야기할 수도 있다.

여성으로서 피임약을 사용하고 싶은 경우에는 반드시 의사와 피임약의 장점과 부작용에 관한 정보를 상의한 후에 사용하는 것이 안전하다. 특히, 혈액 순환 계통에 문제가 있는 여성들은 피임약을 사용하는 것이 좋지 않다. 피임약은 우울증과 민감한 감정 등을 유발할 수도 있다. 피임약은 여성의 신체에 호르몬 변화를 가져오며 호르몬 변화에 민감한 유방암과도 연관성이 있기에 조심해야 한다(Hatcher, 2001).

성교 후 피임약(morning after pill)은 많은 양의 에스트로겐과 프로게스틴이라는 호르몬으로 구성되어 있다. 이 피임약은 난자의 생산을 방해하는 것이 아니고 수정된 난자가 자궁에 착상하는 것을 방해하는 역할을 한다. 엄밀한 의미에서는 낙태시키는 역할을 하지만, 65%의 여성들은 성교 후 피임약을 피임약으로 간주하고, 약 20%의 여성들은 낙태로 여기는 경향이 있다(Goldberg & Elder, 1998). 또한 이 약은 속이 메스꺼움을 일으키는 부작용이 있다. 이 약을 규칙적으로 복용하는 피임약으로 사용하는 것은 바람직하지 않고, 강간을 당했다든지 아주 위급한 상황에서만 복용하는 것이 좋다. 이 약을 복용했다고 해서 100% 피임되는 것이 아니기에 실패한 경우에는 태아에 손상을 주어서 신체적인 문제가 있는 아동을 만들어 낼 수도 있다.

2) 노어플랜트(Norplant)

노어플랜트란 6개의 성냥개비만 한 실리콘튜브 안에 프로게스틴이라는 호르몬을 주입한 것으로 여성의 위쪽 팔에 삽입을 한다. 미국에서는 약 1백만 명의 여성들이 이 피임 기구를 사용하고 있다. 이 기구는 미국의 식약청에서 허가를 받았지만, 2002년을 기해 시판이 금지되었다. 그 이유는 예측할 수 없는 출혈 문제와 기타의 부작용 때문이다(Berger, 2002). 노어플랜트는 미량의 호르몬을 방출해서 여성의 난소 공급을 방해한다. 한 번 시술해서 팔에 삽입하면 5년간 피임이 가능하기에 장기간 동안에 피임하면서 성생활을 걱정할 필요가 없어 여성들에게 편리하다.

3) 자궁 내 장치: IUD(Intrauterine Devices)

IUD란 여러 가지 모양으로 자궁 내에 삽입하는 장치이다. 자궁 내 장치는 그리스 시대 이후로 많이 사용되어 왔다. 자궁 내 장치는 의사가 여성의 자궁 안에 플라스틱 모양의 줄을 실로 연결하여 설치해서 사용하는 여성이 장치가 제대로 위치에 있는지를 확인할 수 있도록 해 준다. 자궁 내 장치는 미국에서는 약 2백만 명, 전 세계적으로는 1억 명의 여성들이 사용하고 있다(Hatchter, 2001). 자궁 내 장치를 가장 많이 사용하는 국민들은 중국 여성들로서 기혼자 중의 약 3분의 1이 사용하고 있다. 자궁 내 장치는 한때 여성들에게 아주 인기가 있었지만, 자궁 내 장치가 자궁 안에서 염증을 일으킨다는 정보 때문에 급격히 감소하고 있다.

IUD의 모양은 여러 종류인데 Progestasert T자 모양과 구리로 된 T자 모양이 있다([그림 15-1] 참조). IUD를 자궁 안에 설치하면 자궁은 이물질이 자궁 안에 들어오기에 항생물질을 생성하게 되는데, 이 물질은 정자를 죽이고 수정된 난자가 자궁에 착상하는 것을 방해한다.

● 효과성

Progestasert T를 사용했을 경우에 실패할 확률은 약 2%이며 가장 실패가 많을 수 있는 기간은 설치 후 3개월 이내에 발생한다. IUD는 생리하는 동안에 외부로 방출될 수 있기에 조심스럽게 살펴야 한다.

● 장점과 단점

IUD의 장점은 성적인 욕구나 성감에 전혀 지장을 주지 않고, 한 번 설치하면 오랫동안 신경을 쓸 필요가 없다. 그리고 피임 효과도 아주 높은 편이다. 또한 IUD는 여성의

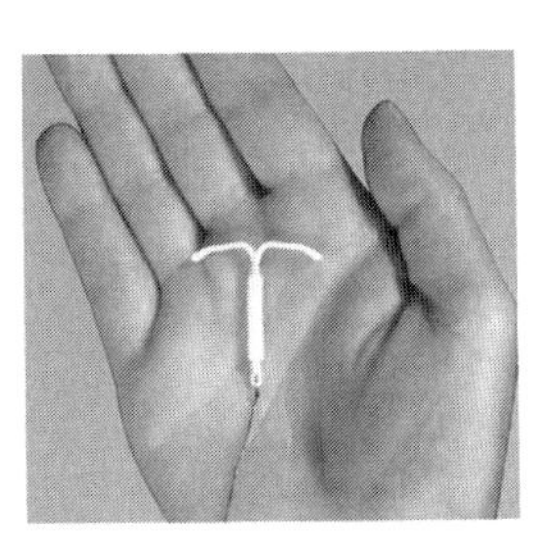

(a) Progestasert IUD

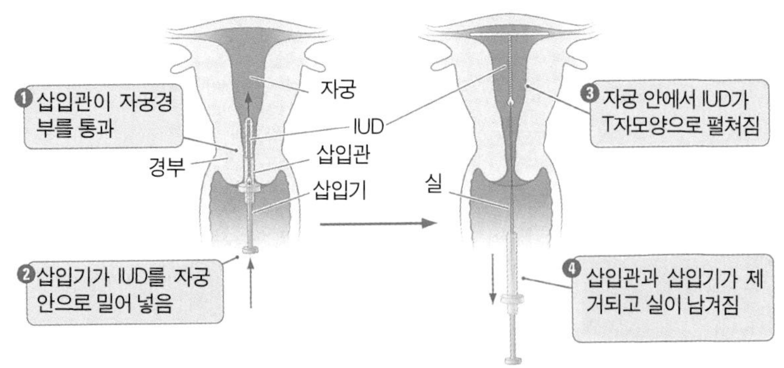

(b) 구리로 된 IUD의 삽입. Progestasert도 유사

| 그림 15-1 | IUD 삽입

호르몬 생산에 아무런 방해를 하지 않는다.

IUD의 단점은 설치할 때 아프고, 불규칙한 출혈과 질 경련 등을 유발할 수 있다. 그러나 더 중요한 단점은 IUD가 여성에게 암을 일으킨다는 증거는 없더라도, 생명에 위협을 줄 수도 있는 골반의 염증을 유발할 수 있다는 점이다. 또한 IUD의 설치 비용이 비싸다는 점도 단점으로 지적할 수 있다.

4) 다이아프램(Diaphram)

다이아프램은 1882년에 미국에서 개발되었으며 그 당시에는 피임의 획기적인 발명품으로 인정을 받았다. 그러나 1960년대 이후에 급격하게 사용이 감소되었고, 지금은 피임하는 사람들의 5% 미만이 사용하는 것으로 추정하고 있다. 다이아프램은 컵 모양의 고무로 만들어졌다. 가장자리는 구부릴 수 있는 얇은 철 위에 고무로 싸여 있다([그림 15-2] 참조). 다이아프램은 여성이 자신의 경부에 설치하고 제거할 수 있다. 다이아프램의 효과를 높이기 위해서 제품에 살정제를 발라서 사용하며, 사정된 정자가 자궁에 접근을 못하도록 한다. 다이아프램은 질 내에 설치하고 나서 적어도 살정제가 효과적으로 작용할 수 있는 시간 내에 성관계를 가져야 안전하다. 이것을 사용하기 위해서는 한 손으로는 자신의 질을 벌리고 다른 손으로는 다이아프램을 자궁경부까지 깊이 넣으면 된다.

● 효과성

사용 방법을 잘 익혀서 사용하면 실패할 확률이 6% 정도에 도달하지만, 대체로 정확하게 사용하지 못하기에 실패율이 18%까지 도달한다.

● 장점과 단점

장점은 정확하게만 사용하면 안전한 피임이 된다. 피임약처럼 매일같이 복용할 필요도 없고, IUD처럼 삽입하는 데 많은 비용도 안 들고 통증도 예방할 수 있다. 그러나 단점은 살정제와 같이 사용해도 실패율이 약 18%나 되는 점이다. 또한 경부를 압박해서 설치하면 요도를 자극해서 요도에 염증을 가져올 수도 있다. 어떤 여성은 고무 제품에 대해서 알레르기 반응을 보여서 부작용을 초래할 수도 있다.

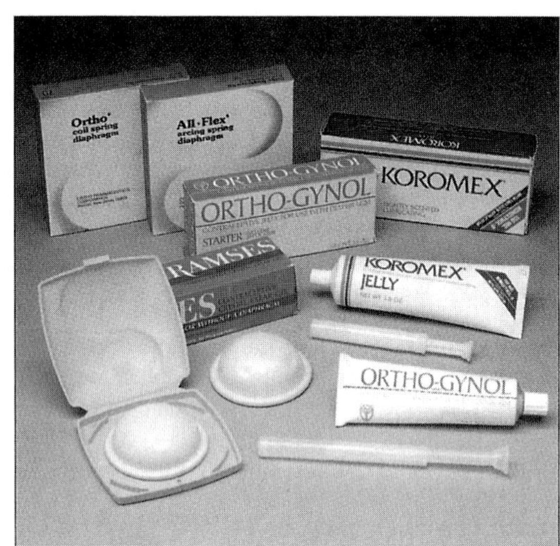

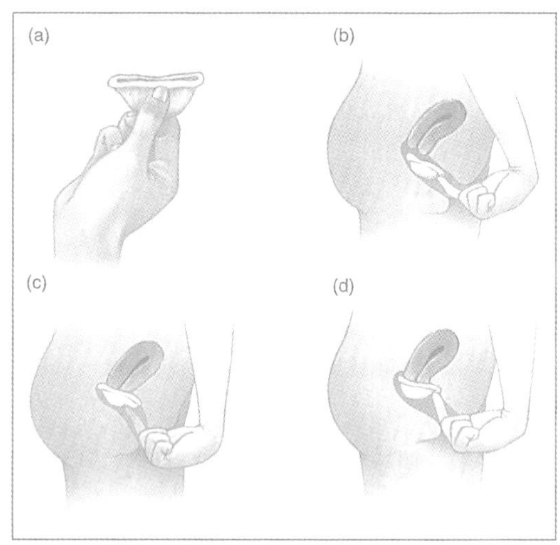

| 그림 15-2 | **다이아프램과 사용법**

(a) 살정제를 넣은 후 엄지와 검지 손가락으로 테두리를 잡는다. (b) 접힌 다이아프램을 질 안으로 부드럽게 집어넣고 최대한 뒤로 또 아래쪽으로 가게 한다. (c) 정확한 위치를 확인하기 위해 경부를 완전히 덮은 다이아프램의 고무돔을 감지한다. (d) 제거하기 위해서 앞쪽 테두리 아랫부분을 손가락으로 끌어당긴다.

5) 살정제(Spermicides)

살정제는 정자를 죽이는 화학물질로서 거품, 젤리, 크림, 좌약 등 여러 형태가 있다. 살정제는 성교 전에 경부 근처에 주사기 등을 통해서 주입한다. 그러나 좌약은 질 속에서 녹는 시간이 필요하기에 성교 전 10분~15분 전에는 주입을 해야 한다. 이 제품 중에 5센티 크기의 필름 모양 살정제가 있는데, 이 제품도 몸에서 녹는 시간이 필요하기에 성교하기 약 5분 전에는 삽입을 해야 한다.

● 효과성

처음 사용하게 되면 약 20% 정도의 실패율이 있다. 그러나 정확하게 사용하고 성교 전에 정기적으로 사용하면 실패율이 많이 줄어든다. 살정제는 콘돔과 같이 사용하면 아주 효과적이다.

● 장점과 단점

살정제의 가장 큰 장점은 여성의 자연스러운 몸이나 생리적인 주기에 아무런 영향을 주지 않는다는 점을 꼽을 수 있다. 살정제는 필요한 경우에 의사의 처방 없이도 수시로 구입해서 사용할 수 있다는 점도 장점이고, 정확하게 사용하거나 콘돔과 같이 병행해서 사용하면 아주 효과적인 피임을 할 수 있다. 그러나 살정제는 질이나 남성의 성기에 가려움증을 일으킬 수 있다. 살정제는 또한 임신한 경우에 사용하면 태아에게 상처를 줄 수도 있기에 자신이 임신했다는 확신이나 의심이 되면 살정제를 사용해서는 안 된다.

6) 피임용 스펀지

피임용 스펀지는 그 자체에 살정제가 포함되어 있다. 이 스펀지를 질에 삽입하여 경부 근처로 밀어 넣고 성교를 하면 이 제품이 정자가 자궁으로 진입하는 것을 차단하고, 또한 스펀지에 저장되어 있는 살정제가 정자를 죽이는 역할을 하게 된다. 그러나 이 제품은 미국에서는 식약청의 반대로 1995년부터 생산이 금지되어 있다. 요즘에는 인터넷에서 거래가 되고 있는데, 이 제품을 사용하기 위해서는 우선 산부인과 의사의 조언이 필요하다.

● 효과성

스펀지가 부드럽기 때문에 사용하기가 수월하고, 잘 사용하면 피임 성공률이 높지만 실패할 확률도 높다.

● 장점과 단점

장점은 사용하기 쉽다는 것인데, 단점은 스펀지와 살정제가 가려움증을 일으킬 수도 있고 질 내부를 불편하게 할 수 있다는 것이다. 대체적으로 20명 중의 한 명은 사용 후에 가려움증을 경험했다고 한다.

7) 콘돔

콘돔은 흔히 '고무장갑' 등으로 불리기도 한다. 콘돔이 한때 아주 인기가 있었지만 피임약이나 IUD 등의 출현으로 그 인기를 잃기도 했다. 그러나 에이즈와 성 전파성 질환 등의 심각성, 먹는 피임약의 부작용이 문제가 되면서 다시 사람들의 관심을 받게 되었다. 콘돔은 대체로 고무 제품이지만 요즘은 라텍스로도 만들어서 이들 제품은 더 얇고 수축성이 높으며 질기다. 그러나 라텍스 제품은 사용 시에 성감은 향상될 수 있어도 성 전파성 질환이나 에이즈를 완벽하게 차단할 수는 없다.

콘돔을 사용하기 위해서는 남성의 성기가 여성의 성기에 접촉하기 전에 착용을 해야 한다. 콘돔을 늦게 착용하면 남성이 사정하기 전에 쿠퍼선에서 분비하는 액체에 정자가 섞일 가능성이 있어 여성을 임신시킬 수도 있다. 또한 성교 중에 콘돔이 찢어질 가능성이 1~2% 정도 있어서 피임에 실패할 수도 있다.

(1) 성교 시에 콘돔을 안전하고 정확하게 사용하기 위한 방법

① 성관계를 가질 때마다 필히 사전에 사용할 것
② 처음 사용하거나 사용한 경험이 없는 사람들은 미리 연습을 해서 정확하게 사용하는 방법을 습득할 것
③ 콘돔은 손톱, 날카로운 물건에 쉽게 상처 나고 찢어지기 때문에 조심스럽게 다룰 것
④ 콘돔은 발기된 상태에서 남성의 성기에 씌울 것
⑤ 포경인 남성은 귀두부의 포피를 뒤로 벗긴 후에 콘돔을 씌울 것
⑥ 콘돔을 사용하기 전에는 콘돔을 말아서 그 안에 있는 공기를 다 뺄 것
⑦ 살정제를 사용하는 경우에는 약간의 살정제를 콘돔의 끝 부분에 넣을 것
⑧ 콘돔을 성기에 너무 꽉 끼게 하지 말 것(끝 부분에는 정자가 배출되는 공간이 필요함)
⑨ 콘돔을 성기에 씌울 때는 콘돔 전체가 다 풀어져서 남성의 몸에 닿을 때까지 내릴 것
⑩ 여성의 성기에 삽입하기 전에 여성의 성기에 충분한 분비물이 나온 후에 사용하고, 분비물이 충분하지 않은 경우에는 젤리를 사용해서 삽입 시에 여성의 성기와 마찰이 많이 생기지 않도록 할 것
⑪ 성교 중에 콘돔이 찢어지면 성관계를 중단하고 새 콘돔과 살정제를 사용해서 성교를 할 것
⑫ 사정한 후에는 발기가 된 상태에서 콘돔의 고무링을 손으로 잡고 남성의 성기를 조심스럽게 질에서 뺄 것
⑬ 성교 후에는 콘돔 안에 있는 정액이 밖으로 새어 나가지 않도록 조심스럽게 제거하고 휴지에 싸서 버릴 것
⑭ 사용한 콘돔에 상처나 정액이 샌 흔적이 있으면 즉시 살정제를 사용할 것

(2) 콘돔을 안전하게 관리하는 방법

콘돔을 조심스럽게 사용하면 거의 완벽한 피임이 가능하며, 성 전파성 질환을 간단하게 예방할 수 있다. 다음은 콘돔을 다룰 때 조심해야 하는 사항이다.

① 콘돔 박스를 뜯거나 열 때에 가위나 바늘 등의 날카로운 기구는 사용하지 말 것
② 콘돔을 고무풍선처럼 불거나 잡아 늘린 후에 사용하지 말 것
③ 유효기간이 지난 제품은 절대 사용하지 말 것
④ 콘돔 포장이 파손된 제품이면 사용하지 말 것
⑤ 콘돔을 사용하기 전에는 열지 말 것
⑥ 콘돔을 절대로 두 번 이상 사용하지 말 것
⑦ 콘돔을 휴대하고 다닐 경우에는 약간의 공간적인 여유가 있는 곳에 보관할 것
⑧ 가능한 한 자판기의 콘돔은 사용하지 말 것(열에 노출되어서 손상을 입을 가능성이 많기에 약국에서 구입하는 것이 좋음)

● 효과성

콘돔을 처음 사용한 여성들은 100명 중에서 약 12명이 임신을 했다고 한다. 그러나 위에서 제시한 방법에 따라서 조심스럽게 사용하면 실패율이 급격히 감소한다. 특히, 살정제와 같이 사용하면 거의 완벽하게 피임이 가능하다(Warner & Hatcher, 1998).

● 장점과 단점

장점으로는 콘돔의 구입과 사용의 편리성을 들 수 있다. 콘돔은 사용 후에도 쉽게 처리할 수 있다. 또한 콘돔은 여성이나 남성의 신체적인 호르몬이나 리듬에 아무런 영향을 주지 않고, 성 전파성 질환과 임신을 예방할 수 있다.

단점은, 특히 남성들의 경우 콘돔이 성감각을 줄이고 자연스럽지 않다는 이유로 자발적으로 사용하지 않으려는 경향이 있다. 그리고 콘돔을 남성의 성기에 끼울 때는 성관계를 하는 도중 발기된 상태에서 사용해야 하기에 성관계의 리듬에 영향을 줄 수도 있다. 또한 가장 큰 단점은 사용 도중에 콘돔이 쉽게 찢어질 수 있거나, 정액이 흘러나올 가능성이 많다는 점이다. 콘돔 사용이 성감을 낮춘다고 하는 남성들의 주장은 별로 근거가 없다. 남성은 성적 자극을 받으면 사정하는 순간에 오르가슴을 느끼기에 아무런 문제가 없는데, 자신의 성기가 여성의 질에 직접 닿지 않는다는 심리적인 이유 때문

에 성감을 적게 느낀다고 생각하는 경우가 많다. 설령 개인에 따라서 성감이 약간 떨어진다고 해도, 안전하지 못한 성관계를 해서 원하지 않는 임신, 성 전파성 질환을 얻는 것에 비하면 이런 점은 참아 줄 수 있는 것이다.

여성이 임신을 원하지 않는 경우에는 남성에게 콘돔 사용을 강하게 요구할 권리가 있다. 우리나라 여성은 이 점을 강조하는 데 취약하다. 여성은 자신의 몸을 성 전파성 질환으로부터 보호하고 임신을 방지하기 위해서 자신의 권리를 주장하는 적극성이 있어야 한다. 남성은 여성이 콘돔 사용을 원하면 의견을 존중하고 자신이 약간 불편해도 사랑하는 여성을 위해서 콘돔을 사용해야 한다.

8) 질 세척

질 세척 방법은 성교 후에 주입기로 물이나 살정제를 질에 넣어 내부를 세척하는 방법이다. 물을 사용하는 것은 정자를 씻어 내기 위하는 것이고, 살정제는 정자를 죽이기 위한 것이다. 그러나 피임방법으로 질 세척 방법은 효과가 없다. 왜냐하면 사정된 정자는 자궁이나 질 내부로 이동하기 때문에 질 세척으로 정자를 모두 제거할 수 없기 때문이다. 그리고 질을 세척하기 위해서 물을 주입하면 오히려 자궁 내로 정자를 흘려보내는 결과를 초래할 수도 있다. 질 세척은 약 40%의 실패율이 있다고 한다. 질 세척을 정기적으로 하면 질 내부의 조건을 변형시켜서 오히려 감염될 가능성이 높다. 질 세척 방법은 믿을 만한 피임방법은 아니다. 강간이나 예기치 않은 성관계를 가졌을 경우에 응급으로 조치할 수 있는 방법은 되지만, 피임하기 위해서 정기적인 방법으로 사용해서는 안 된다.

9) 질외 사정

질외 사정이란 남성이 사정하기 직전에 자신의 성기를 여성의 질에서 빼내서 여성의 체외에 사정하는 방법이다. 질외 사정법은 실패율이 약 20%에 달한다. 실패율이 높은 이유는 남성이 성기를 빼내는 타이밍을 맞추기 어렵고 정액이 질 입구에 묻을 수도 있기 때문이다. 따라서 안전한 피임방법이 못 된다.

10) 멘스 주기법

여성의 멘스 주기가 28일이면 멘스가 시작하기 전 14일부터 배란기에 속한다. 이론상으로는 여성의 배란기에 성교를 피하면 임신이 되지 않는다. 예를 들면, 정자가 여성의 몸속에서 72시간 동안 살아 있을 수 있기 때문에 배란기 3일 전에는 성교를 금하고, 배란이 끝나도 미수정된 난자는 약 48시간 이상은 여성의 체내에 있을 수 있기에 배란 후 48시간 내에 성교를 금하면 임신이 안 된다. 그러니까 15일째를 기준으로 2일간은 성교를 해서는 안 된다. 여성의 멘스 주기가 일정하다고 볼 때 새로운 주기가 시작되어서 10~17일 사이에 금욕을 하면 된다. 문제는 여성들의 멘스가 항상 일정하지 않기에 이 방법을 이용한 피임은 실패할 확률이 아주 높다.

11) 기초 체온 이용법(Basal Body Temperature: BBT)

여성은 배란기 전에 정상적인 체온이 약간 떨어지는 현상이 있다. 그러다가 배란기 직전이나 배란기와 멘스하기 전까지 프로게스테론이라는 호르몬의 생산이 증가하면서 화씨로 0.4~0.8도 정도 체온이 상승한다. 이 기간에 성관계를 하지 않으면 피임을 할 수 있다. 체온을 이용한 피임법은 여성이 자신의 체온에 민감해야 하기에 체온을 측정하기 위해서는 미세한 체온의 변화를 감지할 수 있는 전자 체온기를 사용하는 것이 좋다.

그러나 여성 체온은 감염, 감기 등의 여러 요인으로 변화할 수 있기 때문에 BBT에 의한 피임방법은 실패할 확률이 높다. 따라서 이 방법은 주기법이나 다른 피임법과 함께 보조적인 수단으로 사용하면 좋다.

12) 경부 점액분비 감지법(The Cervical Mucous Method)

여성은 멘스가 끝나고 나면 질 내부가 건조하고 질의 분비물이 거의 나오지 않는 상태가 한동안 지속된다. 이 상태에서는 임신될 가능성이 적다. 여성의 분비물이 진하거나 끈적끈적한 경우에는 성교를 피하는 것이 좋다. 특히, 분비물이 아주 끈적끈적하고 냄새가 나는 기간은 배란기의 최고조에 달하기에 이 기간의 성교를 아주 조심해야 한다. 그러나 이 피임방법도 질의 분비물 변화를 감지하기가 쉽지 않기에 다른 피임방법의 보조 방법으로 사용할 때만 효과적이다.

13) 불임수술 방법(Sterilization)

(1) 남성의 정관절제수술 방법

남성의 정관절제수술은 국부마취를 한 후에 약 15분~20분 정도 수술을 하면 간단히 될 수 있는 피임방법이다. 즉, 수술을 통해서 남성의 정자를 정낭으로 연결해 주는 수정관을 절단하고 묶어 주는 방법이다. 이렇게 되면 사정할 경우 남성의 정자가 배출되지 못한다([그림 15-3] 참조).

우리나라 남성들은 정관수술을 하면 정력이 줄고, 오르가슴의 질이 떨어지며, 또 전립선 암 발생률이 높다는 염려를 많이 하면서 정관수술을 거부하는 경향이 많다. 그러나 정관수술을 한 남성들을 대상으로 행해진 연구에 의하면, 정관수술이 성감, 성적인 욕구, 사정능력과 사정 시에 느끼는 오르가슴의 느낌에 전혀 변화를 주지 않았다(Rathus et al., 2005). 정관수술을 하면 고환에서 정자 생산은 계속되지만, 성교 시에 외부로 방출이 되지 않을 뿐이다. 남성이 사정하는 정액 중에 약 1%가 정자로 구성되었기에 남성이 사정에 느끼는 성감은 변화가 없다. 생산된 정자는 평소에 소변으로 방출된다.

정관수술의 부작용에 관한 연구들이 정관수술을 받은 남성 73,000명을 대상으로 진행되었다. 이 연구에서는 정관수술을 20여 년 전에 한 남성은 전립선암에 대한 위험성이 약간 증가했다고 보고되었는데(Altman, 1993), 정관수술을 한 900명과 약 1,100명의 비교 집단을 설정해서 연구한 결과, 암이나 다른 질병의 발생률에서 아무런 차이를 보이지 않았다(Cox et al., 2002). 지금까지 정관수술의 부작용에 대한 연구는 부정적인 영

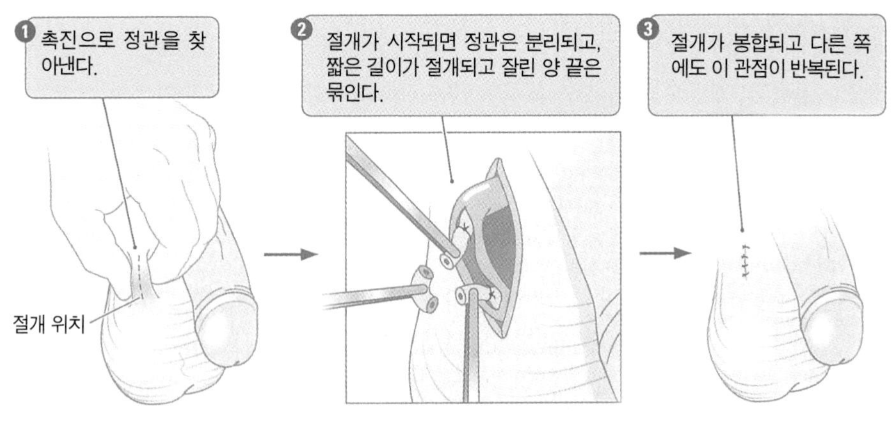

| 그림 15-3 | 정관절제술

향이 거의 없다고 결론을 내렸다.

정관수술을 한 남성 중에는 수술 후에 여러 가지 이유로 인해서 정관을 다시 복원해서 임신을 시킬 가능이 있는가에 관한 관심이 많다. 이론적으로 정관을 다시 연결하는 것은 가능하지만 실제로 정관 복원수술은 거의 불가능하다. 그럼에도 불구하고 약 16~79%의 남성들이 정관 복원에 성공했다고 보고하지만(Hatcher, 2001), 복원하는 과정에서 사용하는 항생제 등의 문제점 때문에 정자가 손상되는 부작용이 많다. 그러기에 정관수술을 할 때는 정관 복원에 대한 생각은 기대를 안 하는 편이 낫다.

(2) 여성의 불임수술

자신이 원하는 아이를 이미 낳은 주부들 중에서 불임수술을 하는 경우가 약 40%나 된다고 한다. 여성이 하는 불임수술은 나팔관을 절단하거나 그 부위를 묶는 수술이다. 이렇게 하면 난자나 정자가 나팔관을 통과해서 수정되는 것을 막아 주어 불임이 되는 것이다.

이러한 형태의 불임수술은 여성 신체의 호르몬 변화나, 성욕, 성감 등에 아무런 영향을 주지 않고 거의 100% 피임이 가능하다. 불임수술을 한 여성들 중에는 첫 해에 200명 중 하나 정도 임신한 사례가 있다. 그러나 여성들 중에는 감염이나 출혈 등의 부작용을 호소하는 사람도 있기에 만일에 어떤 이상이 생기면 반드시 산부인과 의사의 조언을 받아야 한다.

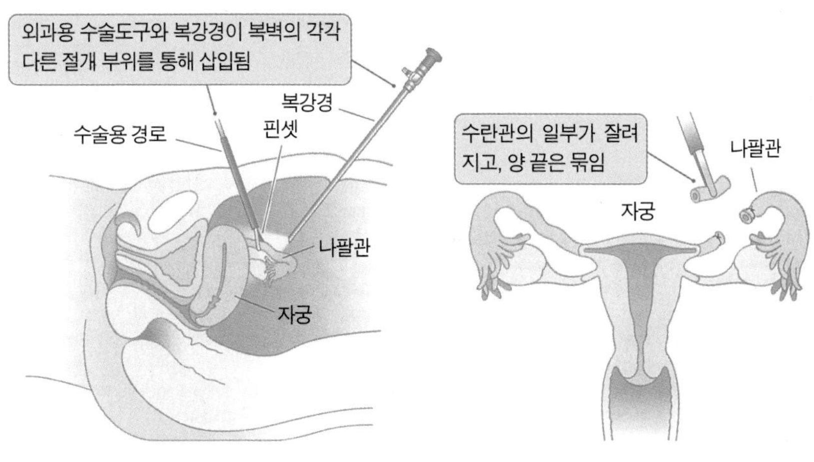

| 그림 15-4 | **나팔관 불임수술**

● 장점과 단점

불임수술의 장점은 거의 100% 피임이 가능하다는 것이다. 그러기에 부부가 임신에 대한 걱정이 없이 성생활을 마음 놓고 즐길 수 있다. 그러나 불임수술은 영구 피임되는 점이 단점일 수 있다. 예를 들어, 자녀를 계획하는 대로 낳았지만 자녀에게 사고가 생긴 경우나, 재혼을 해서 더 자녀를 갖고 싶어도 자녀를 다시 가질 수 없다. 불임수술은 대체로 남성보다는 여성에게 신체적인 부작용이 많기에 남성이 하는 것이 좋다. 또 다른 단점은 불임수술을 한다고 해서 임신 걱정 없이 무분별한 성관계를 가지면 성 전파성 질환으로부터 보호받을 수 없다. 예를 들어, 콘돔을 사용하지 않고 성관계를 한 경우에 임신 걱정은 없겠지만, 성 전파성 질환에 대한 감염으로부터 해방되지는 않는다. 따라서 성 전파성 질환에 대한 예방조치를 하면서 성관계를 갖는 것이 안전하다.

남녀가 한순간의 성적인 욕망 때문에 피임 없이 성관계를 가지면 원하지 않는 임신과 성 전파성 질환을 얻을 가능성이 많다. 데이트를 하면서 사랑하는 사이에서 성관계를 가질 가능성이 있으면 사전에 피임의 조치를 취해야 한다.

토론

1. 당신의 연인(남자 친구)은 성감이 떨어진다는 이유로 콘돔 사용을 거부합니다. 어떻게 설득할 수 있겠습니까?
2. 성관계에서 보다 완전한 피임을 위해서 어떤 방법이 있겠습니까?

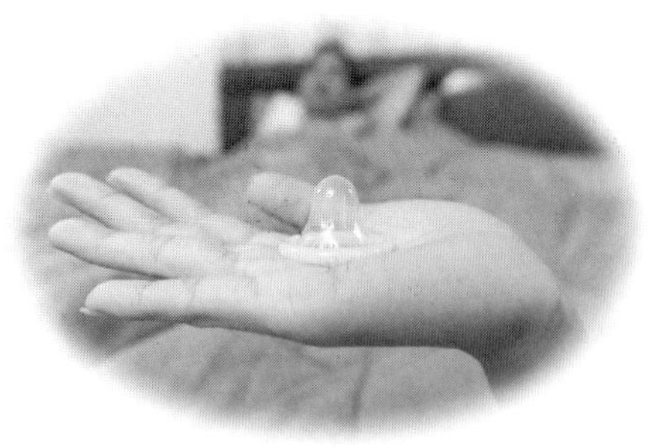

제16장

낙태

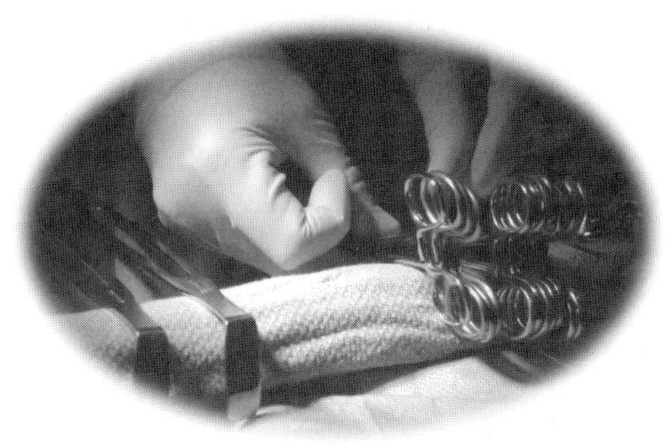

1. 낙태에 대한 역사적인 관점

역사적으로 보면 낙태에 관한 태도는 다양하다. 예를 들면, 그리스나 로마 시대에는 낙태가 허용되었지만, 아시리아에서는 여성이 낙태를 시도하면 막대기로 찌르는 형에 처하기도 했다(Rathus, 2005). 중국이나 유럽에서 낙태는 법적으로 허용되어 왔었다.

성경에서 낙태를 구체적으로 금하는 구절은 없지만 생명은 하나님만이 주관할 수 있기에 인간들이 생명을 죽이는 낙태는 죄라고 규정하고 있다. 이런 맥락에서 토마스 아퀴나스는 수정된 난자는 남아의 경우는 태아가 약 40일, 여아는 90일이 지나면 각각 영혼이 깃들어 생명이 시작된다고 주장하면서 낙태를 금했다. 1860년대에 교황 파이우스 4세(Pius IX)는 인간의 생명은 수정되는 순간 시작되기에 어느 시점에서도 낙태하는 것은 죄라고 선언했다. 같은 기독교이지만 가톨릭교는 신교보다 더 엄격하게 낙태를 금지하는 전통을 갖고 있다. 서거한 교황 요한 바오로 2세는 낙태는 살인이라고 선언하면서 낙태에 관해서 아주 보수적인 입장을 밝혔다(Jones & Crocklin, 2000). 이슬람교에서도 태아에 영혼이 존재하기에 낙태는 영혼을 죽이는 것이라고 하면서 부정적인 입장을 취하고 있다.

미국에서는 1607년에서 1828년까지는 산모가 아이의 움직임을 느낄 수 있는 정도가 될 때까지는 낙태가 합법적이었다. 그러나 인구증가를 원하는 국가적인 정책 때문에 각 주에서 낙태를 제한하는 법적인 조치를 마련했다. 이러한 낙태에 대한 제한적인 조치의 법이 도전을 받게 된 것은 1960년대이다. 여성의 낙태를 제한하는 전통에 대해서 강하게 반발하는 단체는 여성운동가들이었다. 이들은 여성이 자신의 신체에서 진행되고 있는 임신한 태아에 대한 출산을 결정할 수 있는 권리를 가지고 있다고 주장하며 낙태를 자유화할 것을 주장했는데(Pro-choice), 이러한 과정에서 여성의 낙태 자유에 대한 'Roe vs Wade'라는 법안의 소송이 제기되었다. 낙태를 자유화하는 이 소송에 대해 사회적인 관심과 찬반 논의를 하는 등 오랜 시간과 진통 끝에 1973년에 미국의 대법원은 여성이 임신 1주기 내에는 낙태를 자유롭게 할 수 있고, 임신 2주기 내에는 산모의 생명에 위험이 있을 경우 산모를 보호하기 위해서 낙태를 제한적으로 할 수 있다고 판결을 내렸다. 그러나 임신 3주기에는 산모를 보호하는 극단적인 경우를 제외하고는 낙태를 금지했다. 이러한 법원의 판결은 여성 단체와 자신의 신체에 대한 권리를 주장하는 사람들에게는 중요한 승리를 안겨 주게 되었다.

그러나 이러한 판결에도 불구하고 기독교 등의 종교 단체나 생명을 존중하는 단체(Pro-life)들은 낙태를 생명을 살상하는 살인 행위라고 규정하고 과격할 정도로 낙태 반대운동을 전개했다. 예를 들면, 낙태하는 의사를 위협하고 심지어는 총격을 가해서 살인하고, 낙태를 실시하는 클리닉에 방화를 하기도 했다. 1988년에 미주리 같은 주는 대법원의 판결에 위배하는 판결을 하기도 했다. 예를 들면, ① 낙태는 산모의 건강을 해치는 경우를 제외하고는 전면으로 금지했고, ② 정부 지원을 받는 공공건물 내에서는 낙태를 금지하고, ③ 태아가 적어도 20주 정도 된 경우에는 태아에 문제가 없는지 검사를 해야 한다.

2. 우리나라의 낙태 현황

1) 낙태 건수

1980년대는 매년 약 1백만에서 1백5십만 건의 낙태가 행해졌으리라 추정하고 지금은 줄어드는 현상이라고 추정한다. 그러나 최근 보건복지부의 지원을 받고 전국 200개의 병원과 산부인과를 중심으로 낙태에 대한 연구를 한 결과에 의하면, 한 해에 35만 건의 낙태가 있었고 이 중의 약 3분의 1이 미혼모에 의해서 이루어졌다고 한다(중앙일보, 2005. 9. 13.). 그러나 2016년 기준 한 해에 출생하는 신생아가 약 43만 명 정도인데, 한국 미혼모 네트워크의 보고에 의하면 낙태로 인해서 죽어 가는 태아는 17만 명이고 이 중에 미혼모 낙태는 7~8만으로 추정된다고 보고했다(동아일보, 2016. 11. 8.). 낙태에 대한 정확한 통계를 알기는 어렵다. 왜냐하면, ① 많은 낙태가 아직도 불법으로 행해지고, ② 산부인과 의사 역시 낙태에 관한 정확한 정보를 보고하는 체계가 갖추어지지 않았고, ③ 낙태 시술을 받은 사람 역시 자신의 낙태 사실을 숨기려고 하며, ④ 낙태 시술은 보험에 의해서 보장이 안 되기에 낙태를 정확히 추적할 수 있는 통계적인 방법이 없기 때문이다.

2) 낙태 이유

우리나라 산모가 낙태하는 가장 큰 이유는 자녀를 더 이상 원하지 않기 때문이다(54.2%). 그다음이 미혼(16%), 기타 경제적인 사정이나 산모의 건강이 주 이유이다. 자녀를 임신했지만 자녀를 원하지 않는 이유는, ① 많은 경우에 남아 선호 사상 때문에 태아가 여아인 경우, ② 피임을 정확하게 하지 않고 성관계를 한 경우, ③ 경제적인 문제나 자녀를 많이 두면 주위에서 부정적인 인상을 받을 것이 두려워서 등으로 추정해 볼 수 있다. 낙태를 하는 산모들이 평균 3회 정도까지 반복하는 경향이 있는 것을 보면, 우리나라의 주부들은 피임을 적극적으로 하지 않아서 원하지 않는 임신으로 이어지고 결국은 낙태를 하게 된다고 봐야 한다.

또한 우리나라는 아직도 해당 연도의 띠, 즉 '범띠, 말띠, 용띠에 여아가 태어나면 팔자가 사납다.'고 믿는 미신적인 풍습이 있다. 이러한 연도에는 여아에 대한 낙태가 더 많이 이루어지고 있다.

그리고 우리나라는 그동안 인구조절 정책을 실시해서 불임수술과 낙태를 묵인했으며 음성적으로 장려한 정부의 정책 때문에 낙태를 하는 부부들이 아무런 죄책감을 느끼지 못한다. 또한 종교인들이나 일반인들의 낙태 경험 비율에 차이가 거의 없는 것을 보면, 종교 집단에서도 낙태를 죄로 강조하는 서방국가와는 대조적인 현상을 보여 준다. 낙태를 하는 산모들은 '아이를 지워 버린다.'는 표현을 하는데, 태아에 대한 생명의식의 결여와 사회적인 묵인 때문에 낙태가 성행하고 있다고 본다.

신생아의 성비가 1990년대에는 여아 100명당 남아는 116명에서 2004년에는 여아 100명당 108명으로 차이가 많이 좁혀지고 있지만, 영남권에서는 남아 선호 사상 때문에 성비의 차이가 아직도 높다. 그러나 신생아 성비는 많이 개선되고 있는데, 2013년 기준으로 여아 100명당 남아는 105.3명으로 나타났다. 적절한 성비는 여아 100명당 남아가 103~107명이기에 이제 우리나라는 더 이상 남아 선호 사상이 성비를 결정하지 않는다고 볼 수 있다. 과거에는 남아 선호 사상도 낙태에 영향을 주었지만 이제는 남아 선호 사상보다는 원하지 않는 임신이 낙태의 주 원인으로 추정할 수 있다.

3. 낙태 반대운동

미국에서는 1993년 이후 낙태에 반대하는 극단주의자들이 태아의 삶에 대한 권리(Pro-life)를 보장하기 위해서 극단적인 행동을 주저하지 않아 낙태를 시술한 의사를 살해하는 일까지 발생하게 되었다. 예를 들면, 다음과 같다(Henshow & Finer, 2003).

- David Gunn이라는 의사는 낙태 시술을 했다는 이유로 1993년 3월에 세 발의 총을 맞고 살해되었다.
- 플로리다 주 의사 John Britton과 경호원은 1994년 7월에 낙태 반대주의자들에게 살해되었다.
- 1998년 1월에 사제 폭탄이 앨라배마 주 버밍험 도시의 낙태 클리닉에서 폭발해서 경호원을 죽이고 간호사에게 심한 중상을 입혔다.

이 외에도 열거할 수 없는 폭력이 낙태를 실시하는 의사들이나 병원들에 가해졌다. 그러나 이러한 극한적인 낙태 반대운동에도 불구하고 약 55~65%의 미국인들은 여성들이 낙태를 합법적으로 할 수 있어야 한다고 믿고 있다(Cooper, 2000).

서방의 기독교 국가들에서 낙태를 반대하는 집단들은 목소리를 크게 내고 있다. 선거철이 되면 정치인들에게 낙태에 관한 입장을 밝히라고 요구하고, 낙태를 찬성하는 정치인들에게는 후원금을 내지 않거나 낙선 운동을 한다. 그러나 우리나라에서는 낙태에 관한 정치인들의 입장을 묻고 그에 따라서 정치인을 지지하거나 반대하는 움직임은 아직까지 보이지 않고 있다. 또한 낙태를 시술하는 의사들에게도 어떤 압력을 넣지 않고 있다. 어떤 의미로는 아직까지 우리나라는 낙태를 원하는 사람들에게는 천국이나 마찬가지다.

4. 낙태와 관련된 논쟁점

1) 생명이 언제 시작되는가

낙태 반대주의자들과 보수적인 기독교인들은 인간의 생명은 수정되는 순간에 시작된다고 주장한다. 그러나 태아를 과학적으로 연구해서 인간의 생명을 규명하려는 움직임도 있었는데, 이들은 인간으로서 기능을 발휘하기 위한 두뇌의 기능이 중요함을 강조한다. 태아를 상대로 연구한 결과에 의하면, 두뇌가 사고할 때 발생하는 뇌파는 임신 30주 전까지는 발산되지 못한다고 보고했다(Sagan & Dryan, 1990). 이들의 주장에 따르면 태아는 임신 30주 전에 두뇌가 인간처럼 사고할 만한 구조적인 조건을 갖추지 못했기에 인간의 생명이라고 보는 것은 그 이후에 가능하다고 한다. 다른 연구들에 의하면, 수정된 난자는 인간이 되기 위한 모든 조건을 갖추었고 사고를 할 수 있는 기본적인 유전인자들이 갖추어져 있다고도 볼 수 있기에 인간의 생명 시작에 대한 정의는 과학적인 입장으로만 결정될 수 있는 문제가 아니라는 것이다. 인간의 생명 시작을 정의하는 문제는 아주 복잡하고 끊임없는 논쟁의 대상이기에 그 시대의 가치관과 여러 가지 사회문화적인 입장, 자신이 속한 종교 단체와 교리 등을 고려해서 정의되어야 할 문제이다.

2) 태아의 생명 결정권은 누가 가지고 있는가

대체로 낙태를 찬성하는 집단은 여성이 자신의 신체에서 발생하는 태아에 대한 생명의 결정권을 가지고 있기 때문에 태아에 대한 낙태를 최종적으로 결정할 권리는 산모인 여성에 있다고 주장한다. 대체로 이들은 여성 운동권 집단과 취약한 사람들의 인권을 지지하는 집단에 속한 단체나 사람들이다. 그러나 낙태를 반대하는 집단은 인간의 생명은 신만이 주관하고 인간은 생명을 통제할 수 없기에 산모는 태아의 생명을 없애는 결정권을 가지고 있지 않다고 주장한다. 이런 주장을 펼치는 사람들은 가톨릭 교단과 신자, 보수 경향의 신교 교단이나 신도들이다. 그렇다고 해서 모든 가톨릭 신자가 낙태를 반대하는 것은 아니다. 낙태를 반대하는 신도들의 특징은 대가족 출신이거나 경제적인 수준이 낮고 교회 지도자들에 순종하는 타입의 사람들이다. 한편 낙태를 선호하는 사람들은 학력과 수입이 높고 적은 수의 자녀를 둔 사람들이다(Rathus, 2005). 낙태를 종교적 · 개인적으로 반대하는 사람들 중 어떤 이들은 인간을 잉태하는 과정에 남녀가 같이 관여했기에 여성이 낙태를 하려면 남성이나 남편의 승인을 받아야 한다고 주장하기도 한다. 태아에 대한 생명의 소유권이 산모인가, 신인가, 아니면 남녀 공동의 소유인가는 자신들이 처한 종교, 사회, 경제적인 지위와 아주 밀접한 관계가 있는 민감한 사안이다.

3) 낙태를 허용하는 경우에 어떤 조건하에서 가능한가

낙태를 반대하는 사람들 중에는 타인의 낙태는 반대하지만, 만일에 본인이 당사자로서 강간을 당해서, 중고등학생 신분으로 임신했을 경우나 태아가 비정상적이라는 정보를 알았다면 어떻게 하겠는가라는 질문을 받으면 망설이다가 어쩔 수 없이 낙태를 고려한다고 하는 사람들을 볼 수 있었다. 개인적 차원에서 낙태를 결정하는 최종 순간에 작용하는 요인은 낙태에 관한 종교적 · 정치적인 이유보다는 대부분이 구체적이고 실질적인 사안들이다. 예를 들면, 태아의 건강, 키울 수 있는 능력, 미혼모에 대한 사회적 비판의 자세 등 여러 요인들이 작용해서 낙태를 결정하게 된다. 많은 사람들이 낙태는 종교적 · 도덕적으로 옳지 않다고 하면서도 필요악처럼 생각하면서 낙태를 실시한다.

5. 낙태의 방법

주위에서 보면 낙태를 생리작용처럼 간단히 생각하는 여성들이나 남성들이 있다. 그러나 어떤 주장을 하든지 태아는 한 생명체이다. 생명체를 인간으로 보는가는 논쟁의 여지가 있지만, 낙태는 이런 생명체를 죽이는 행위이다. 낙태를 고려하기 전에 생명의 소중함을 다시 한 번 생각해야 할 것이다. 낙태의 방법에는 여러 가지가 있다.

1) 흡입기(Vaccum aspiration)

낙태에 대한 시술로서 가장 많이 사용되고 있는 안전한 방법이다. 이 방법은 비교적 산모에 고통이 없고 수술비가 저렴하다. 이 방법은 임신 초기에 실시하기 좋은 방법이고, 국부마취를 한 상태에서 수술을 실시한다. 임신 기간이 길어진 상태에서 이 방법을 실시하면 자궁의 벽에 상처를 주어서 출혈할 수도 있기에 다른 방법을 선택해야 한다. 수술 방법은 경부를 [그림 16-1]과 같이 열고 흡입기를 자궁에 삽입해서 태아를 흡입기를 통해서 빨아들인다. 수술이 잘되면 문제가 없겠지만, 부작용으로 자궁 내부에 상처를 입을 수 있고, 감염, 경부의 손상 등이 있을 수 있는데, 실제로 이러한 부작용은 흔하지 않다.

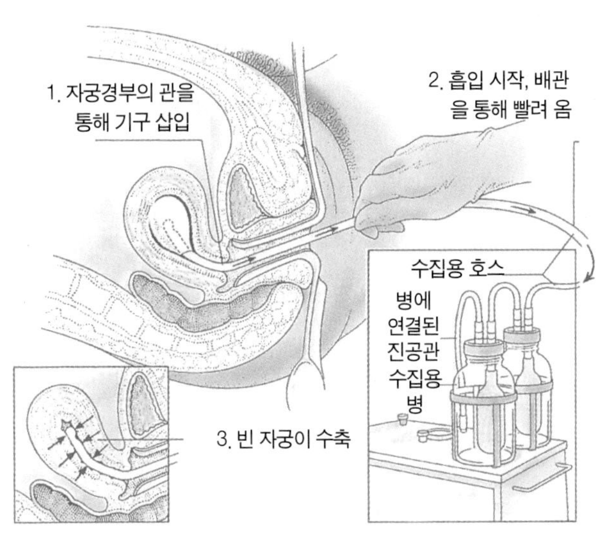

| 그림 16-1 | **흡입기**

2) 소파수술(Dilation and Curettage)

일명 'D&C'라고 불리는 이 낙태 방법은 이제는 많이 시술되고 있지 않다. 그러나 낙태 기술이 발달되기 전에 우리나라 여성들에게 많이 실시되었던 방법이다. 이 방법은 임신 8주에서 20주 사이에 실시되며, 기구를 통해서 자궁경부를 연 다음 기구를 자궁에 넣어서 자궁벽에 착상되어 있는 태아를 기구로 긁어서 밖으로 나오게 하는 방법이다. 소파수술은 마취 상태에서 실시되며, 자궁의 감염, 상처 등의 부작용을 일으킬 가능성이 많다. 이 방법은 산모에 끼칠 수 있는 위험성 때문에 흡입기를 통한 방법으로 대치되었다.

3) 확장과 흡입방법(Dilation and Evacuation)

이 방법은 임신 제2기에 가장 많이 사용되는 방법이며, 흡입방법을 사용할 경우 산모에 위험을 줄 수 있는 가능성이 있으면 실시하는 방법이다. 즉, 자궁경부를 기구를 통해서 확장해서 흡입된 태아가 밖으로 쉽게 나오게 도와준다. 이 수술은 대체로 큰 병원에서 전신마취 상태에서 실시한다. 이 수술을 받은 여성들은 쉽게 마취에서 회복되고 고통을 못 느낀다. 그러나 소수의 여성들은 과도한 출혈, 감염, 자궁벽의 손상 등의 부작용을 호소하기도 한다.

4) 유산 유도(Inducing labor by intra-amniotic infusion)

임신 2주기가 넘어서 낙태를 하는 경우에는 인공적으로 유산을 유도하는 방법이 있다. 즉, 양막에 약을 투여해서 자궁의 수축을 일으켜서 24~48시간 안에 태아를 분만하게 하는 방법이다. 이 방법은 태아가 너무 성장해서 흡입방법이나 소파수술이 불가능한 경우에 실시한다. 수술 부작용과 산모에 끼치는 영향이 가장 크다. 즉, 자궁경부에 손상을 줄 수 있고, 과도한 출혈 등의 많은 문제를 야기할 수 있다. 또한 유산을 유도하는 약이 혈관으로 들어가면 산모가 쇼크로 사망할 수도 있다. 이 방법으로 낙태하는 것은 태아를 살인한다는 비난을 면치 못한다. 그래서 이 방법은 산모가 위험하거나 태아에 아주 극단적인 이상이 있을 경우에만 제한해서 실시한다.

5) 제왕절개수술(Hysterotomy)

산모의 배와 자궁을 가르는 수술을 해서 태아와 태반을 들어내는 수술을 말한다. 이 방법도 임신 3기에 산모의 생명을 살리기 위해서 필요한 경우에 실시한다. 이 방법은 아주 큰 수술에 해당하기에 큰 병원에서 경험이 많은 산부인과 의사에 의해서 실시해야 한다.

6) 낙태 약: RU-486

이 약을 여성이 복용하면 수정된 난자가 자궁벽에 착상하는 데 필요한 프로게스테론 호르몬의 활동을 억제함으로써 임신을 막아 수정된 난자를 밖으로 배출하게 하는 방법이다. 이 약은 여성이 마지막 생리를 한 후 49시간 이내에 사용해야만 효과가 있다. RU-486은 수정란의 유산을 가져오게 하는 약이다. 이 약 사용을 지지하는 사람들은 이 약이 안전하고 여성의 몸에 상처를 주지 않으며 비용도 저렴하다고 주장한다(Christin-Maitre et al., 2000). 그러나 이 약을 사용하면서 합병증으로 사망한 여성들도 있어 100% 안전한 약은 아니다.

6. 낙태의 심리적 후유증

여성은 원하지 않는 임신을 한 경우 아주 부정적인 감정을 경험한다. 대부분의 여성은 낙태를 찬성하거나 반대하는 입장을 낙태를 실시하기 전에는 정리하지 못하는 경우가 많다. 그러나 일단 낙태를 하고 나면 자신의 몸에 생명이 생겼는데 그 태아가 작든 성장한 태아이든 낙태를 해서 생명을 없앤 것에 대한 부정적인 정서를 많이 경험한다. 심한 경우에는 낙태를 한 후에 우울증에 빠지기도 한다. 여성들이 낙태 후에 경험하는 심리적인 증상은 생명을 지웠다는 생각에 죄책감, 수치심 등과 신체적인 부작용이 있을 것에 대한 두려움도 경험한다. 또한 미혼모인 경우에는 차후에 남성 배우자가 자신의 낙태 사실을 알 것에 대한 두려움도 경험한다. 그러나 이 중에서 가장 큰 어려움은 생명을 없앤 것에 대한 죄책감이다. 어떤 여성은 죄책감에서 오는 우울증이 심해서 오랫동안 우울을 경험하기도 한다. 그러나 한편으로는 만일에 아이를 양육할 형편이 안 되는 상황에서 출산했다고 가정하고 그에 대한 고통을 생각하면서 낙태를 필요악으로 받아들이고 스스로 위로하기도 한다.

미국에서 낙태를 경험한 약 882명을 상대로 조사한 바에 의하면, 72%는 낙태에 대한 자신의 결정에 만족했고, 출산과 낙태의 손익을 계산해서 낙태가 유리했다고 응답했으며, 약 80%는 우울증을 경험하지 않았지만 20% 정도는 우울증을 경험했다(Major et al., 2000). 그러나 이 조사 대상자들은 비교적 낙태에 잘 적응한 사람들이라는 문제점이 있다. 다른 연구들에 의하면, 낙태한 것에 후회하는 여성들도 많았다.

7. 낙태에 대한 대학생들의 입장

필자의 성행동심리학을 수강하는 학생들을 상대로 낙태에 대한 찬반 토론을 실시한 결과를 요약하면 다음과 같다.

● 낙태를 찬성하는 이유

- 강간이나 학생의 신분 때문에 원하지 않는 임신을 한 경우
- 아이를 기를 능력이 없는데 출산하는 것은 무책임한 행동이기 때문에
- 태아로 인해서 산모의 생명이 위협을 받는 경우
- 미혼모에 대한 사회의 부정적인 인상이 강하기 때문에
- 낙태 외에 입양 기관 등의 적절한 기관이 부재
- 산모 자신의 신체에 대한 권리를 보장하고 인정하기 위해서
- 부모로서 책임을 감당할 수 없기 때문에

등을 들어 낙태를 제한적으로 허용해야 한다고 주장하였다.

● 낙태를 반대하는 이유

- 생명은 잉태하는 순간 시작되며 낙태는 살인이기 때문에
- 태아의 살 권리를 보장해 주어야 하기 때문에
- 낙태로 인해서 여성의 몸에 상처를 받을 수 있기에
- 낙태의 심리적인 후유증이 심하기 때문에
- 인간 생명의 존엄성을 강조하기 위해
- 낙태는 무분별한 성개방을 조장할 수 있기 때문에
- 낙태는 인구증가에도 역행하기에

등을 들어 낙태를 반대하였다.

낙태를 반대하거나 찬성하는 사람들 중에 낙태를 가볍고 쉽게 생각한 토론자는 전혀 없었다. 토론자들은 우리나라에서 연간 약 120만 건의 낙태가 이루어지고 있는 점

에 대해서 경각심을 가지고 성관계의 책임성과 피임의 중요성을 인식하게 되었다.

8. 낙태에 대한 대안

1) 입양

원하지 않은 임신을 하고 키울 능력이 없는 경우에 입양을 고려할 수 있다. 국내 입양과 해외 입양의 두 가지 방법이 있다. 입양을 하기 위해서는 자신의 피가 섞이지 않으면 진정한 가족으로 인정하지 않으려는 우리나라의 혈통주의를 극복해야 하는 의식 전환이 필요하다. 우리 주위에서 많이 논란이 되고 있는 '낳은 정이 중요한가, 키운 정이 중요한가.'에 관한 논란에서 벗어나 한 생명에게 기회를 주고 그 생명이 성장해서 자신의 삶을 펼치는 것을 보고 즐거워하는 큰마음이 필요하다. 미국의 경우 대체로 입양을 하면 18세 전까지는 양육 부모가 전적으로 양육권을 가지고 있지만 입양한 자녀가 성인이 되어 자신의 친부모를 찾고 싶으면 찾을 수 있도록 도와주어서 자녀들의 뜻대로 살도록 실행하고 있다.

2) 미혼모

우리나라에서 미혼모에 대한 시선이 곱지 않은 것이 사실이지만, 그럼에도 아이를 낳아서 키우는 사람들이 늘고 있다. 한 생명을 소중히 여기고 보호하기 위한 인간성 및 모정의 실현이다. 주위에 보면 미혼모에게서 태어났지만 어려움을 극복하고 성공한 사례들이 많이 있다. 미국의 경우 학생 신분으로 아이를 가졌다면 학교 시설에 탁아소를 만들어 주고, 정부에서 재정적인 지원을 하고, 보호 시설에서 생활할 수 있는 사회적 복지 시설이 잘되어 있기에 우리나라보다는 미혼모로서 자립하기가 비교적 쉽다. 우리나라도 이제 미혼모에 대한 재정 지원과 복지 시설을 강화해야 할 것이다.

토론

1. (결혼 전) 연인과의 관계에서 원치 않는 아이가 생겼다면 어떻게 하겠습니까? 그렇게 결정한 이유는 무엇인지 함께 나누어 봅시다.
2. 낙태에 대한 찬성과 반대 의사를 밝히고, 그렇게 생각하는 이유를 나누어 봅시다.

인간의 성과 삶의 주기

제17장

아동기와 청소년기의 성

우리는 사춘기부터 성에 관한 관심을 갖기 시작하나, 성은 성인들의 주요 관심사라고만 생각하는 경향이 있다. 그러나 성에 관한 연구 결과들은 인간이 뱃속에 있는 동안에도 성적인 반응을 보인다고 한다. 이 장에서는 성장 시기에 따른 인간의 성반응의 형태 등에 대해 알아보고자 한다.

1. 영유아기

1) 태아와 영아의 성적인 반응

태중에 있는 남아는 발기를 할 뿐만 아니라 태어나고 나서 1~2주에도 발기반응을 보인다. 여아의 경우는 질에서 분비와 같은 반응은 쉽게 관찰되지 않지만, 성기 근처가 부풀어 오르는 현상이 영아에게서도 관찰된다(Martinson, 1976). 그러나 이러한 성적인 반응을 성인의 관점에서 해석해서는 안 되고 하나의 정상적인 성발달의 과정이라고 보는 것이 정확하다.

이 시기에 있는 영아는 골반 부위를 문지르면서 성적인 쾌감을 느낀다. 특히, 8~10개월 된 영아는 부모에게 신체적으로 의존하면 부모에게 매달리며 골반 부위를 자극하려고 시도할 수도 있다.

킨제이의 보고에 의하면, 5개월 된 남자 영아는 성인 남성이 오르가슴을 보이는 것과 비슷한 행동을 보였다고 한다(Kinsey et al., 1953). 성인과의 차이점은 사정을 못 하는 것이다. 사정은 청소년기 이후에 가능하다. 영아는 대체로 6~12개월 내에 자위행동을 시작한다. 영아들은 자신의 성기를 부드러운 물체, 즉 담요나 장난감 등에 문지른다. 자위를 해서 오르가슴까지 도달하게 되는 것은 2세 이후에 가능하다. 영아는 나이가 들면서 성에 관심을 보이는 행동을 한다. 그러나 영아는 자신이 하고 있는, 신체를 자극해서 즐거움을 느끼는 감각적인 행동과 성적인 행위와의 차이를 구별하지 못한다.

이 시기에 처한 영아들은 부모가 아이를 안아 주고, 키스하고 얼굴을 부비면서 스킨십을 할 때 정서적인 안정감을 느낀다. 반면에 이 시기의 아이에게 신체적 학대 등을 가하면 성적인 면에서도 불안해지고 정상적인 성격발달에도 지장을 준다. 아동들에게는 어린 시절에 부모들이 안정된 스킨십을 충분하게 해 주어야 한다.

우리나라에서는 아직까지도 게이나 레즈비언의 부모가 아동을 기르는 문제가 사회적으로 거론이 안 되는 실정이지만 외국에서는 동성애자인 부모가 아동을 기를 경우, 아동의 성적인 취향에 발달 및 심리적인 면으로 어떤 영향을 줄 것인가에 대한 관심이 높다. 스칸디나비아반도에서 동성애자 부모에게서 양육된 616명의 아동을 상대로 성적인 취향, 심리적인 발달에 관한 연구를 실시한 결과를 보면 이성애자 부모에게서 자란 아동과 차이가 없었다고 한다(Anderssen et al., 2002). 이러한 자료는 동성애 부모가 자녀를 양육하는 것에 대한 편견을 어느 정도 해소시킬 수 있다.

2. 초기 아동기(3~8세)

1) 아동의 자위행위

이 시기의 성적인 행동이란 자위행위이다. 자위행위는 아동기에서 가장 정상적이고 흔한 행동이다. 어머니를 상대로 한 연구에 의하면, 2~5세의 아동 중 16%가 자위행동을 했다고 보고했다(Friedrich et al., 1998). 여러 연구 결과들을 보면 여아들의 약 3분의

1, 남아들의 3분의 2 정도가 자위행위를 한다고 한다.

이 3~4세의 아동들은 이성의 아동에게 키스를 하면서 애정을 표현할 수 있고, 자신의 성기뿐만 아니라 이성의 성기에도 호기심이 있다. 소꿉장난이나 의사놀이를 하면서 성기나 신체를 탐색하는 놀이를 한다. 나이가 좀 더 들어 초등학교에 다니는 아동들은 동성까지 어울려 놀면서 남아들은 성기를 검사하기도 하고, 성기의 크기를 서로 비교하기도 하고, 오줌을 멀리 보내기 게임을 하기도 한다. 이 시기에 성적인 호기심을 억제하거나 비정상적인 것으로 간주하면 아동들의 성적인 발달에 지장을 줄 수도 있다. 아이들의 성적인 관심에 적절하게 반응해 주는 것이 필요하다. 아동들이 자위행위를 하는 것은 자연스러운 현상이지만, 자위행위를 너무 많이 한다든가 남들이 보는 앞에서도 자위행위를 하는 경우에는 부모로서 자녀들에게 적절한 교육을 시켜 주어야 한다. 그리고 자위행위에 빠지는 어린 아동일수록 부모의 애정표현이 결핍된 아동일 경우가 많다. 이런 점들을 잘 파악해서 부모들이 아동들의 정서관리에 신경을 써야 한다.

❖ 아동에게 어떻게 성교육을 할 것인가?

부모들은 "엄마, 동생은 어디에서 나왔어?"라는 질문을 들으면, '배꼽으로 나왔다, 다리에서 주워 왔다, 삼신할머니가 가져왔다.' 등으로 얼버무린다. 그러나 아동에게 어려서부터 정확하게 성교육을 시켜 주는 것이 바람직하다. 필자가 대학에서 성에 관한 교육을 하면서 수강생들에게 어린 시절 부모로부터 성교육을 받은 경험이 있는가에 관해서 질문을 하면, 거의 대부분이 가정에서 성교육을 받지 못했다고 응답했다.

성인들이 아동들에게 성적인 문제를 다루어 줄때는 다음과 같은 점들을 고려하면 좋다.

1. 아동이 성에 관한 질문을 하면 경청하고 진지하게 답변해 주어라.

"넌 아직 어려서 그런 것 물어 보면 안 돼!" "너 그런 질문하는 것 보니까 아주 발랑 까졌네?" 등의 표현으로 아동을 무시해서는 안 된다. 아동의 나이에 맞는 표현으로 적절하게 답변을 해 주는 자세를 가지고, 아동의 성적인 질문에 답변할 자신이 없으면 다른 사람에게 의뢰할 수도 있고, 나중에 가르쳐 준다고 하여 그동안 시간을 내서 아동에게 어떻게 가르쳐 줄 것인가를 연구할 수도 있다.

2. 성기관을 말할 때는 아동의 나이에 맞는 적절한 용어를 사용하라.

우리나라의 엄마는 남자의 성기는 '고추'라고 하고 여성의 유방을 '찌찌'라고 한다. 특히, 여성의 성기관을 찌찌라고 하여 더럽다는 인상을 어려서부터 심어 주는 것은 건강한 성교육이 아니다. 차라리 가슴이라고 가르쳐 주는 것이 좋다. 여성의 성기 역시 나이 든 아이에게는 정확한 이름을 가르쳐 주는 것이 좋다. 사실에 관한 정보를 주고, 빗대어 말하거나 간접적으로 말하지 말라. 아동들은 피상적인 성교육을 싫어한다.

3. 성에 대한 성인의 가치관을 가르쳐 주어라.

청소년들과 성에 관해서 이야기를 하려고 하면 청소년들은 부모나 성인들의 잔소리가 싫기에 처음부터 거부하는 경향이 많다. 성에 관한 부모들의 가치관을 심어 주는 것이 중요하다. 학교나 외부에서의 성교육은 성에 대한 개인적인 가치관, 즉 순결, 낙태 등에 관한 자신의 가치관에 관해서 교육을 시켜 주지 않는다. 또한 성인들이 일방적으로 가치관에 관한 교육을 시키기 전에 청소년들의 성에 관한 가치관을 표현하게 해 주고 그에 대한 문제점들을 지적해 주는 접근 방법도 효과적이다.

4. 성교육은 조금씩 지속적으로 해 주어라.

성교육은 나이에 맞게 지속적으로 이루어져야 한다. 성교육을 어린 시절에 한 번 했으니 끝났다고 하지 말고, 기회가 있으면 성에 관해서 자녀들이 개방적으로 질문할 수 있는 분위기를 조성해 주고 솔직한 정보를 주어라.

5. 자녀들이 성에 관해서 이야기할 수 있는 분위기를 조성해 주어라.

우리나라의 부모들은 자녀들이 성문제를 꺼내면 회피하거나 나무라는 경우가 많다. 현대는 인터넷 등에서 성에 관한 오염된 정보들이 너무나 많이 퍼져 있기에 부모가 건전한 교육을 자녀에게 시키지 않으면 다른 사람들이 자녀에게 성교육을 시키는 것이 현실이다. 자녀들에게 성교육을 시키기 위해서는 자녀들과 좋은 관계를 유지하는 것이 중요하다.

6. 자녀들의 성에 관한 영역을 인정해 주어라.

부모들이 자녀들의 성에 지나친 관심을 가지는 경우가 있다. 자녀들이 자위하지 않는지, 어떤 이성과 친구로 지내는지 등을 감시하는 부모들이 있다. 인간은 누구나 자신의 개인적인 공간을 유지하고 싶은 본능이 있다. 자녀들의 성에 관한 사생활을 인정하고 보장해 주는 것이 중요하다.

7. 성인들의 성에 대한 가치관 정립이 우선이다.

아동이나 자녀들에게 성교육을 하기 위해서는 본인 자신의 성에 대한 가치관이나 태도가 분명해야 한다. 즉, 성에 대한 긍정적인 가치관이라든가 성은 인간이 즐길 수 있는 중요한 것이지만 한계 내에서 즐기는 것이라는 등의 성에 대한 성인들의 가치관을 정립할 필요가 있다.

2) 아동의 성놀이(Sex Play)

아동들은 대체로 4~7세 사이에 가장 많은 성적인 놀이를 한다고 한다. 아동들은 유치원에 다닐 나이가 되면 동성끼리 혹은 이성끼리 상대방의 옷을 벗기기, 서로 입 맞추기, 성기를 만지기, 상대방의 성기를 쳐다보기, 서로의 성기를 부비기 등의 성에 관한 의사놀이를 빙자해서 자연스럽게 성놀이를 한다. 그러나 아동들이 초등학교에 들어가면 이러한 성놀이 등은 같은 동성끼리만 하는 경향이 있다. 이러한 성놀이를 부모가 보면 놀라게 되고 심하게 야단을 칠 수도 있는데, 아동이 자기 신체를 탐색하고 호기심을 해소하기 위해서 하는 시도라고 보아야 한다. 그러나 아동들의 성놀이가 성기에 집착하고 자위를 많이 하며 성행동을 구체적으로 흉내 내면 아동이 부모의 성행동을 목격한 것인지, 또는 성적으로 학대나 폭행을 당한 경우인지를 조심스럽게 의심하고 필요한 경우에 전문가의 도움을 받아야 한다.

3. 사춘기 전기 아동(9~13세)

이 시기의 아동들은 동성 간에 친한 친구를 사귀어서 자신의 비밀을 털어놓으면서 가까운 친구 관계를 유지하는 시기이다. 이 시기는 자신의 신체에 서서히 관심을 가지면서 신체적인 특징에도 민감하게 반응한다. 어려서부터 성적인 충동을 느끼지만 표현은 사춘기에 한다. 그러나 요즘은 인터넷 등에서 부적절한 성관계에 노출된 남아들이 또래 여아들에게 성폭행을 하는 사건들이 발생하고 있는 실정이다. 이들을 위해서라도 적절한 성교육이 필요하다고 하겠다.

이 시기에 남아들은 성적인 관심이 증대되면서 자위행위의 빈도도 높아진다. 중학교 남학생들의 거의 절반가량이 자위행위를 경험한다. 이 시기는 집단으로 몰려다니면서 이성과의 접촉에 관심을 보이는 시기이다. 이 시기에는 성적인 호기심이 발동하면서 잡지, 인터넷, 음란물을 접촉하여 성을 배우는 시기이다. 따라서 정확한 성교육이 이루어지지 않으면 성에 대한 왜곡된 태도를 배우게 될 수 있다.

4. 사춘기

사춘기(puberty)라는 말은 라틴어로 'pubescere'인데 '털로 덮는다.'라는 뜻이다. 즉, 사춘기는 신체에 급격한 변화가 일어나는 시기라는 것을 강조하는 말이다. 사춘기에 신체 변화를 일으키는 주요 기관은 시상하부이다.

1) 여성의 신체 변화

사춘기 여성의 신체 변화의 가장 큰 특징은 멘스의 시작이다. 여성의 경우에는 8~

14세 사이에 뇌하수체에서 FSH호르몬을 방출하며, 이것은 난소가 여성호르몬인 에스트로겐을 방출하도록 하고 에스트로겐은 여성의 가슴을 형성하는 조직을 발달시켜서 가슴이 발달하게 된다. 젖꼭지의 크기는 8~9세 사이에 커지고, 가슴은 대체로 10세부터 커지기 시작한다.

에스트로겐은 또한 여성의 자궁과 질 내부의 발달을 촉진시킨다. 에스트로겐은 여성의 엉덩이에 지방질을 축적시켜서 엉덩이 모양이 둥글게 되어 아이를 임신하는 조건을 갖추게 된다. 여성에 따라서는 가슴이 큰 여성이 있을 수 있고 엉덩이가 클 수도 있다.

여성의 나이가 약 11세 정도 되면 에스트로겐과 신장에서 생성된 적은 양의 안드로겐은 여성의 음부와 겨드랑이의 체모가 자라도록 한다. 안드로겐이 너무 많이 분비되면 피부를 검게 하고 여성의 얼굴에도 털이 나게 된다.

에스트로겐은 또한 사춘기 동안에 여성의 소음순, 대음순이 발달하는 것을 촉진시키고, 안드로겐은 여성의 음핵발달을 촉진시킨다. 여성이 사춘기 후반에 에스트로겐 호르몬이 부족하면 키가 클 수 있다. 그렇다고 키 큰 여성이 모두 에스트로겐 결핍이 있는 것은 아니다. 에스트로겐은 여성의 생리주기를 통제해서 규칙적인 생리가 이루어지도록 한다.

여성의 경우 생리가 있다고 해서 당장 임신할 수 있는 것이 아니고 난소에서 난자를 생성해야 임신이 가능하다. 어떤 여성은 생리가 시작된 2년 후 정도까지 난자 생산이 지연될 수 있다. 생리주기와 난소 생산은 개인차가 있다. 즉, 어떤 여성은 생리를 시작하자마자 임신이 가능한 여성이 있을 수 있고, 어떤 여성은 초경 후 어느 정도 시간이 지나야 임신이 가능하기도 하다.

여성의 나이에 따른 신체발달 단계

- 8~11세
  - 부신은 난소가 에스트로겐을 생산하도록 자극함
  - 내부 생식기관의 발달이 시작됨

- 9~15세 초기 또는 그 사이
  - 젖꼭지 주위의 색깔이 검게 변하고 가슴의 크기가 증가하며 가슴이 둥글게 변하기

시작함
- 음부에 체모가 자라기 시작하고 키의 성장이 계속됨
- 신체의 지방질이 축적되면서 엉덩이가 커짐
- 질에서 정상적인 분비물질이 방출되기 시작함
- 땀샘의 활동이 증가하고 여드름이 나타나기 시작함
- 질의 크기가 증가하고 여성의 소음순과 대음순도 밖으로 돌출될 정도로 발달함

• 10~16세 초기 또는 그 사이
- 젖꼭지와 그 주위가 더 검게 변하고 가슴의 2차 발달이 진행되면서 가슴이 둥근 모양으로 커지고 외부에 많이 돌출됨
- 음부에는 체모가 삼각형 모양으로 자라고 음부의 전체를 덮음
- 겨드랑이의 체모가 더 자람
- 생리의 시작
- 신체 내부의 생식기관이 지속적으로 발달함
- 난소에는 임신 가능한 난자 생성
- 키의 성장은 둔화됨

• 12~19세 초기 또는 그 사이
- 가슴은 성인 크기 정도로 성장
- 음부의 체모는 좀 더 많은 부위까지 덮음
- 음성이 약간은 더 깊은 음성으로 변함
- 생리가 점차 정기적으로 됨
- 좀 더 여성스러운 모습으로 변함

2) 남성의 신체 변화

사춘기 남성의 경우는 시상하부가 부신에 신호를 보내 FSH와 LH를 방출하도록 자극하면서 신체 변화가 시작된다. 남성의 경우는 고환, 성기가 성장한다. 테스토스테론이라는 남성호르몬은 남자의 2차적인 특징이 발달하도록 자극을 주는데, 이 결과 남성의 음성이 저음으로 변하고 체모의 발달이 촉진되며 얼굴 크기와 신체도 몰라보게 성장한다. 고환의 크기가 증가하면 남성호르몬의 생성이 촉진되어 성기관의 발달을 촉진시킨다. 이 결과 남성의 성기가 커지고, 음낭의 색깔도 검어지고 주름이 지며 주위에

체모도 더 발달된다.

남성은 13~14세 정도가 되면 자주 발기한다. 중학생들은 수업 시간에도 원치 않는 발기를 느껴서 당황하게 되는 경우도 있다. 남성은 대체로 13~14세 정도가 되면 자위나 몽정을 통해서 사정을 경험한다. 남성의 첫 사정의 시기는 개인차가 있는데, 빠른 사람은 8세에 처음 경험하기도 하고, 늦은 사람은 20세가 되어서 경험하는 사람도 있다(Reinisch, 1990). 사춘기에 남성이 사정을 한다고 해서 여성을 임신시킬 수 있는 것은 아니고, 14세 이후가 되어야 성숙한 정자를 배출할 수 있다.

남성의 음성 변조는 14~15세 정도에 일어나는데 이는 후두가 성장하고 성대가 늘어나서 발생하는 현상이다. 남성도 사춘기에 키가 아주 많이 성장한다. 어깨가 벌어지고, 몸무게도 늘어난다.

남성의 나이에 따른 신체발달 단계

- 9~15세 초기 또는 그 사이
  - 고환의 성장
  - 음낭의 색깔이 변하고 주름이 발달
  - 성기 근처에 체모가 발달
  - 근육이 발달하고 키가 커짐
  - 젖꼭지와 근처가 검게 변하기 시작함

- 11~16세 초기 또는 그 사이
  - 성기의 크기가 커짐
  - 고환과 음낭이 지속적으로 커짐
  - 음부의 체모가 곱슬이 되고 다리 사이까지 번짐
  - 체중이 증가함
  - 어깨가 벌어짐
  - 성대가 커지고 음성의 변조가 일어남
  - 겨드랑이에 체모가 생김

- 11~17세 초기 또는 그 사이
  - 성기의 길이와 굵기의 지속적 발달(그러나 성기 크기의 성장은 둔화됨)
  - 고환의 크기 증가

- 체모가 성인과 비슷
- 처음 사정 경험
- 남성의 가슴이 처지는 현상이 발생하지만 1~2년 내에 정상적 위치로 변함
- 피부 지방이 증가하고 여드름 발생

• 14~18세 초기 또는 그 사이
- 키는 성인 수준으로 성장
- 성기도 성인 크기로 성장
- 가슴에 털이 날 수도 있음
- 얼굴에 수염이 나기도 하고 면도를 할 수도 있음
- 사람에 따라서는 20세까지 키가 지속적으로 성장할 수도 있음

3) 사춘기의 자위행위

자위행위란 사춘기의 청소년들이 성적인 충동을 분출하고 성적인 욕구를 가장 많이 충족시키는 수단이다. 자위행위는 대체로 여성보다는 남성이 많이 하고, 외국의 통계에 의하면 청소년의 46%, 청소녀의 24% 정도가 자위행위를 경험했다고 한다(Larsson & Svedin, 2002). 우리나라 청소년의 경우도 남성은 외국의 경우와 대체적으로 비슷하지만, 아직도 여성은 외국의 경우보다 적게 경험할 것으로 추정된다. 예를 들면, 대학생을 대상으로 성행동에 대한 연구에서 청소년기의 자위행위 경험은 1997년 연구에서 여자 14.2%, 남자 89.9%가 경험이 있다고 하여 남자의 자위행위 빈도가 더 높고 그 가운데 20%가 자위행위 죄책감을 느낀다고 답하였다(문인옥, 1997). 2003년 연구에서는 남자의 자위행위의 빈도가 더 높고, 죄책감은 여자들이 더 많이 느낀다는 결과가 나왔다(안현진, 2003). 즉, 여성들은 자신의 성적인 행위에 부정적으로 반응하는 경향이 있다.

자위행위 횟수도 남성은 일주일에 2~3회 정도 하지만, 여성은 한 달에 한 번 정도 한다(Hass, 1979). 자위행위에 있어서 남성이 여성보다 많이 하는 이유는 남성은 사춘기를 지나면서 정자 생산이 왕성하기에 성적인 욕구를 많이 느끼기 때문이다. 그러나 성교를 통해서 성적인 욕구를 발산할 여건이 되어 있지 않기에 자위행위를 통해서 성적인 욕구를 충족한다고 할 수 있다.

임상 장면에서 보면 일부 청소년들 중 자위 중독에 빠진 청소년들을 목격하는데, 이들은 하루에도 3~4번 자위를 하거나, 거의 매일 자위를 한다. 어떤 경우에는 잠자기 전에 필히 자위를 해야 잠을 잘 수 있는 청소년들도 있다. 이러한 청소년들은 대체로 성장 과정에서 부모에게 스킨십을 통한 충분한 애정을 경험하지 못한 청소년들이다. 때문에 스스로 자신의 성적인 기관을 자극해서 스스로 자신을 위로하는 행동을 한다. 자신이 자위에 지나치게 집착하는 경우에는 심리 상담을 통해서 자신의 부모와의 건강한 애착 관계를 점검해 보아야 한다.

4) 사춘기의 성적이지 않은 신체접촉

사춘기의 남녀나 남녀 대학생 간에 데이트를 하게 되면 친밀감을 나타내는 표시로 신체적인 접촉을 시도하게 된다. 그리고 신체를 접촉하는 강도도 깊어진다. 예를 들면 손잡기, 키스하기, 서로 신체를 만지기, 손으로 성기관 자극하기, 입으로 성기관 자극하기 등으로 발전한다. 현대는 성 전파성 질환, 에이즈 등의 공포로 인해서 데이트를 즐기는 젊은이들 사이에 성기관에 의한 성교보다는 신체적인 접촉을 통해서 제한된 범위에서 성적인 접촉을 즐기려는 젊은이들이 늘고 있는 실정이다. 특히, 여성은 상대방을 사랑하면 신체적인 접촉을 허용하는 경향이 있는데, 남성은 역으로 여성을 사랑한다고 말하면서 성적인 접촉을 시도하고 성적인 접촉이 끝나면 그 여성을 떠나 버리는 경우가 많다.

성기의 삽입이 아니면 성교가 아니라고 규정하고 순결을 잃지 않았다고 할 수 있을까? 우리나라와 같이 순결을 강조하는 문명권에서는 복잡한 문제가 발생한다. 즉, 순결은 남녀의 성기를 통한 성관계를 통해서만 상실한다고 좁게 정의하면 오럴섹스는 순결과 무관하고, 특히 게이나 레즈비언들은 평생 같이 살면서 섹스를 해도 처녀성을 유지하는 상황이 된다.

따라서 젊은이들 사이에 성관계를 가졌는가 아닌가는 성관계를 어떻게 정의하느냐에 달려 있다. 요즘은 성관계를 단지 성기의 접촉에만 국한하는 것이 아니고, 좀 더 포괄적으로 간주하기에 오럴섹스나 항문섹스 등을 성교라고 간주하는 경향이 있다.

5) 사춘기의 성관계

우리나라도 이제 대체로 중학교에서 남녀 교제를 많이 시작하기에 남녀 사이에 성적인 접촉이 많아지면서 성관계도 많이 증가하는 추세이다. 데이트를 일찍 시작하면 성관계도 대체로 빠르다. 그리고 일찍 성관계를 시도하는 청소년일수록 피임 등을 제대로 하지 않아서 원하지 않는 임신을 하는 경우가 많다.

혼전 성관계는 전통적인 우리 사회에서는 여성에게 금지되어 왔기에 아주 민감한 사항이었다. 그러나 혼전 성관계에 관해 1993~1996년에 실시한 연구에서는 보수적인 경향이 나타났다고 보고되었지만(공미혜, 1993; 김경희, 1994; 성한기, 1996; 송정아, 1993), 2001년에는 조사 대상의 대학생 31.4%가 긍정적으로 응답하고 30.4%가 부정적으로 응답하여 혼전 성관계에 대한 대학생의 입장이 이전의 연구보다는 더 개방적으로 되어 가고 있으며(이정연, 2001), 2002년 연구에서 대학생들은 혼전 성관계에 대해 찬성 50.6%, 반대 27.9%의 입장을 가지고 남자가 여자보다 더 허용적인 태도를 가지고 있는 것으로 응답하여 대학생의 혼전 성관계에 대한 태도가 많이 변하였음을 알 수 있다(박선영, 2002).

시장조사전문기업 마크로밀 엠브레인의 트렌드모니터가 전국 만 13~59세 남녀 2500명을 대상으로 '가족 및 결혼 · 성 · 인생관'에 대한 설문 조사(2001년 vs. 2016년)를 실시한 결과, 전통적인 가족 관계는 해체되고 가족간 결속력은 크게 약화된 것으로 집계되었다. 성에 대한 개방적인 태도가 강해진 것도 주목할 만한 변화였다. 전체 58.9%가 사랑하는 사이라면 결혼 전 성관계를 갖는 것이 무방하다고 바라봤는데, 이는 2001년 조사에 비해 크게 증가한 결과이다. 다른 연령에 비해 20대와 30대의 성에 대한 개방적인 태도가 매우 강했으나, 2001년과 비교해보면 40~50대도 결혼 전 성관계에 대해 훨씬 관대해졌다는 사실도 확인할 수 있었다(세계일보, 2016. 9. 21.). 요즘은 결혼 전 순결을 강조하는 태도도 이제는 찾아보기가 힘들어졌다. 여자는 결혼할 때까지 순결을 지켜야 하고, 남자도 결혼할 때까지 순결을 지켜야 한다는 인식이 모두 매우 크게 줄어든 것이다. 혼전 성관계의 문제에 대한 해답은 본인이 책임 질 수 있는 한계 내에서 행동을 해야 하는 것이다.

5. 청소년들이 성관계를 시도하는 이유

청소년들이 성관계를 시도하는 요인들은 다양하다. 즉, 생물학적인 입장에서는 청소년 시기에 테스토스테론이란 호르몬이 남녀 모두에게서 분비되는데, 이 호르몬이 성적인 흥분을 자극해서 성행동을 촉진시키는 역할을 한다. 청소년 성행동에 대한 심리적인 요인은 신체 변화와 이에 따른 성적 호기심을 충족시키려는 시도와 성에 대한 탐색이다. 또한 성에 대한 사회적인 요인은 또래의 압력, 즉 청소년들이 자신이 속한 집단에서 성관계를 통해 충성심과 단결을 표현하는 방법으로 성관계를 시도할 수도 있다.

청소년 성행동에 관한 연구 결과에 의하면, 많은 청소년들은 성을 사랑의 자연스러운 표현이라고 생각하고 있으며, 서로 간에 애정을 확인하기 위해서 성관계를 갖기도 하고, 데이트를 하고 있는 남성 파트너의 강요 등으로 성관계를 갖게 된다고 한다 (Lammers et al., 2000).

필자가 청소년들을 상대로 상담한 경험에 의하면, 역기능적인 가족에서 성장해서 여학생의 자존심이 낮은 경우 남자 친구에게서 애정을 확인하기 위해서 성관계를 허용하고, 남자 친구에게 버림을 받으면 또다시 다른 남자 친구에게서 애정을 구하려는 시도로 문란한 성관계를 갖는 경우도 있었다.

| 표 17-1 | **청소년 시기에 성관계를 갖게 되는 요인들**

성관계 요인	원하는 첫 성관계		원치 않는 첫 성관계	
	남성(%) (n=1,199명)	여성(%) (n=1,147)	남성(%) (n=91)	여성(%) (n=374)
상대방에 대한 애정 때문에	24.9	47.5	9.9	38.5
또래 압력 때문에	4.2	3.3	28.6	24.6
호기심/ 성관계를 할 만큼 성숙	50.6	24.3	50.5	24.9
임신하기 위해서	0.5	0.6	0.0	0.0
신체적인 즐거움	12.2	2.8	6.6	2.1
술이나 마약에 취한 상태	0.7	0.3	3.3	7.2
결혼 첫날 밤	6.9	21.1	1.1	2.7

6. 성관계를 갖는 청소년들의 특징

우리나라에서도 이제 초·중·고등학교에서 청소년들의 임신을 방지하기 위해서 성교육에 관한 책자를 출판하여 성교육을 적극적으로 실시하고 있다. 그렇다면 그러한 교육이 청소년들의 성관계를 늦추거나, 하지 않은 것에 효과가 있을 것인가에 관한 의문을 가질 수 있다.

성관계를 일찍 갖는 청소년들은 역기능적인 가정 출신, 가난한 집안 출신, 가출 청소년, 가족 갈등 및 부모의 결혼 갈등이 있는 경우, 편모나 편부의 가정, 재혼한 가정, 부모의 성교육 부족, 부모가 자녀들을 방임하는 경우, 술 문제가 있는 가정, 청소년들의 낮은 자존심, 미래에 대한 절망감 등이 원인이 된다고 한다(Hingson et al., 2003; McBride et al., 2003).

성관계를 늦게 갖거나 절제하는 청소년들은 종교 단체에 속해서 종교적인 영향을 많이 받은 청소년, 친구들을 사귀는 이유로 정서적인 친밀감을 즐기는 청소년이다. 또한 청소년 성관계에 대해 충분한 교육을 하며 자녀들이 충분한 사랑을 느끼도록 표현하는 가정 출신의 청소년들은 성에 대해서 지나치게 집착을 하지 않는다. 학교의 성적이 좋고 청소년 또래 관계가 원만한 경우에도 성관계를 늦게 갖게 하는 데 도움이 된다.

우리나라 부모들은 청소년들의 성관계에 엄격하지만 청소년들에게 충분한 애정을 표현하지 못하고 시간을 충분히 함께 보내지 못한다. 미디어와 인터넷 포르노그래피의 범람에 청소년들이 무방비로 노출되어 있어서 청소년 성범죄가 증가되고 있다. 우리나라 청소년들은 원하지 않는 성관계 장면에 너무 많이 노출되어 있다. 청소년들의 건강한 성을 보호하기 위한 대책이 시급하다.

7. 청소년기와 동성애

청소년들을 상대로 한 동성애 관련 연구를 보면 청소년들의 11~14%, 청소녀들의 6~11%가 청소년기에 동성과 성적인 접촉을 한 경험이 있다고 보고했다(Haffner, 1993). 이러한 성적인 접촉은 또래들과 이루어졌고, 주로 호기심에서 시도해 봤고 일시적인 현상이 많았다. 따라서 청소년기에 동성과 성적인 접촉을 했다고 해서 자신이 동성애자라고 결론짓는 것은 성급한 결론이다. 동성애의 발생 비율에 관한 여러 연구들이 있지만 대체로 이 분야의 연구자들은 남성의 3~4%, 여성은 1.5~2%가 동성애를 선호하고, 2~5%는 양성애를 선호한다고 한다(Mackay, 2000).

게이나 레즈비언들은 대체로 청소년기에 자신이 동성애자라고 외부에 밝히면 따돌림을 받을 수 있고, 부모들이 가정에서 부정적인 반응을 보이기에 자신의 성적인 정체성을 외부에는 비밀로 유지하는 경우가 많다. 동성애자들은 대체로 사춘기나 청소년기에 이성에 대해서 관심을 보이기보다는 동성에 대해서 관심을 많이 가지면서 다른 사람들이 부정적인 반응을 보일 것에 대한 두려움 때문에 우울증이나 불안을 경험한다.

우리나라에서는 가출 소녀들 사이에 동성애적인 성행위가 많이 발생하고 있다. 이들과 상담한 경험에 의하면, 가출 소녀들이 초기에는 이성과 성관계를 가졌다가 위험하고 힘든 경험을 한 후에 동성과 성관계를 가지면 서로 위로가 되고 임신에 대한 걱정이 없어서 편안한 마음으로 동성애를 즐긴다고 한다. 이런 현상은 엄격하게 말하면 양성애라고 할 수 있지만, 이런 상황에서 가출 소녀들이 느끼는 동성애는 자신의 처해진 상황에서 일시적으로 보이는 동성애 반응일 가능성이 많다. 좀 더 기다려 보고 환경이 개선되었는데, 그래도 이성에 관심이 없으면 동성애 여부에 대한 탐색을 해야 할 것이다.

8. 성 전파성 질환, 에이즈와 청소년 성행동

청소년들의 성관계 횟수나 기회가 늘어나면서 성 전파성 질환이나 에이즈 문제가 아주 심각한 상황에 이르고 있다. 질병 관리 본부의 자료에 의하면, 2014년 기준 우리나라의 에이즈 환자는 9,615명으로 2000년도에 비해서는 463%가 증가했다고 한다. 아직까지도 다른 선진국에 비해서는 상대적으로 많이 번지지 않았지만, 우리나라의 청소년들 역시 에이즈에서 완전히 안전하지는 않다. 특히, 에이즈 환자가 많은 미국에서는 청소년들이 에이즈에 감염될 수 있는 취약한 상태에 있다. 문제는 청소년들도 에이즈에 대한 교육을 통해서 에이즈 감염 경로나 위험성을 알고 있으면서 실제로는 콘돔을 사용한 안전한 섹스를 실행하지 않고 있다는 것이다. 최근 미국에서는 에이즈나 성 전파성 질환에 대한 교육을 통해서 청소년들 사이에 금욕하면서 성관계를 절제하는 분위기가 발전하고 있다. 이에 반해 우리나라는 오히려 청소년들 사이에 성 전파성 질환이나 에이즈에 대한 보호가 잘 이루어지지 않고 있는 상태에서 청소년들의 성행위가 증

가하는 추세에 있다. 그러므로 우리나라 청소년 사이에 에이즈가 감염되기 시작하면 급속히 번질 가능성이 아주 많다. 청소년들의 성적인 건강을 위해서 안전하게 성관계를 가질 수 있는 실질적인 성교육이 필요하다.

9. 10대의 임신

최근 미국에서는 10대들의 임신이 줄어드는 경향이어서 1970년에 최고조를 이루던 것이 2000년에는 10대 여성 1,000명당 약 45.9명이 임신을 했다(Crooks, 2005). 임신은 백인 소녀들보다는 흑인이나 라틴 계통의 10대들 사이에 더 많다. 10대가 임신하면 약 50%는 출산을 하고 30%는 낙태하며 약 20%는 자연 낙태나 사산을 한다고 한다.

최근 미국의 10대 임신에 관한 연구 결과는 다음과 같다.

- 10명 중 3명은 전에 적어도 한번은 임신을 하는데, 이 숫자는 매년 750,000명에 해당한다.
- 청소년들이 임신을 하면 약 50% 정도는 자녀 양육 때문에 고등학교를 졸업하지 못한다.
- 임신을 한 미혼모의 25%는 첫 아이를 임신한 후 24개월 내에 또 임신을 한다.
- 임신한 10대 여성들 중에서 2%보다 적은 여성이 30세가 되어서야 대학을 졸업한다.
- 미국은 서구권에서 10대 임신율이 가장 높은 나라이다.
- 2011년도는 10대 임신이 가장 낮은 연도였다.
- 2008년도에 미국의 흑인과 라틴 계통의 10대는 백인보다 약 2.5배 정도 많은 임신을 했다.
- 남성 10대의 10명 중 8명은 자신의 아이를 가진 여성과 결혼하지 않는다.
- 성관계를 갖는 10대 여성들 중 90%는 1년 내에 임신할 가능성이 있다(Kost, Kathryn, & Stanley Henshaw, 2014).

10대들이 임신을 하면 우선 학업을 계속하는 데 어려움을 겪고, 주위나 가정에서 부정적인 시선을 받는다. 또한 10대들이 출산을 하면 아이를 잘 기를 수 있는 환경이 조성되어 있지 않고, 심리적으로 부모 역할을 할 준비가 되어 있지 않아서 결국은 아이가 아이를 기르는 현상이 된다. 따라서 아이들의 정서발달과 행동에 문제점을 야기한다.

우리나라에서도 10대들의 임신이 늘어나는 추세여서 미혼모에 대한 대책이 아주 시급한 상황이다. 미혼모에 대한 사회적인 지원이 부족하고 시선이 부정적이며 남성들이 자신의 아이에 대한 책임을 회피하는 등의 해결해야 할 문제가 너무나 많다. 미국의 경우에는 10대가 임신하면 임신을 시킨 남자의 부모도 같이 책임을 지도록 되어 있다. 10대들의 성관계를 늦추는 방안도 필요하고, 이미 성관계를 가지는 10대들에게는 피임에 대한 구체적인 성교육이 필요하다.

10. 10대의 임신을 줄이기 위한 대책

우리나라에서도 중 · 고등학교 시기에 성교육을 실시하지만 성교육의 내용이 부실하고 너무 형식적이라고 비판을 많이 한다. 늘어나고 있는 10대 임신을 방지하기 위해서는 다음과 같은 방법을 시도할 필요가 있다.

1) 실질적이고 구체적인 성교육

요즘은 초등학교 아동들도 성교가 무엇을 의미하는지 거의 알고 있다. 중 · 고등학교 남학생들은 거의 포르노그래피를 시청해서 성교가 무엇이라는 것을 이미 알고 있는데, 이들에게 형식적인 교육을 하면 성교육의 효과가 별로 없다. 성교육에는 임신과 피임방법, 임신이 산모에게 끼치는 영향, 성 전파성 질환, 에이즈 등의 구체적인 교육이 이루어져야 한다. 구체적인 성교육을 받은 청소년들일수록 그렇지 않은 청소년들에 비해서 임신할 가능성이 낮았다. 10대들에게 알맞은 실질적인 성교육이 필요하다.

2) 10대 남성에 대한 성교육 강화

남성들은 대체로 피임은 여성에게 책임이 있고 자신의 책임이라고는 생각하지 않는다. 임신을 피하기 위한 시도는 남녀가 같이 협조해야 한다는 것을 강조해야 하고, 남성이 피임방법을 적극적으로 시도할 것을 강조해야 한다. 임신은 여성 혼자서 하는 것이 아니기에 임신을 시킨 남자의 부모들도 경제적 · 사회적인 책임을 지도록 하는 분위기가 조성되어야 한다.

3) 정상적인 가정의 강화

임신에 취약한 10대 여성은 역기능적 가정환경에서 성장해서 가출, 성폭력, 신체폭력, 애정 결핍을 경험한 경우가 많다. 청소년과 부모가 건강한 관계를 회복하고, 부모가 자녀에게 적절한 애정을 표현하면, 청소년이 임신할 수 있는 환경을 근본적으로 개선하는 효과가 있다.

4) 미디어의 적극적인 홍보

우리나라의 미디어는 아직도 청소년 임신의 사회적인 문제에 대해서 개입하거나 별로 관심을 보이지 않고 있다. 미디어가 청소년들에게 많은 영향력을 발휘하고 있는 현실을 고려하면 미디어에서 10대들의 임신과 그 부작용에 관해서 적극적으로 홍보하여 임신 예방에 노력해야 한다.

토론

1. 자신의 청소년기를 회상해 봅시다. 성적인 문제로 고민한 적이 있습니까? 있다면 어떤 것이었습니까?

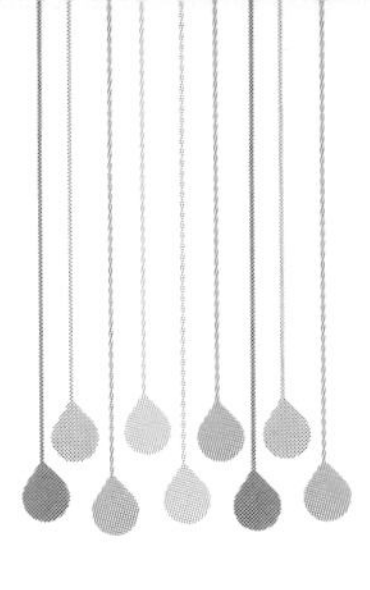

제18장

성인기의 성

인간은 남녀가 만나 단순히 성적인 욕구 충족뿐만 아니라 정서적인 애착 관계를 유지하며 삶을 공유하고 있다. 성인들은 독신, 동거, 결혼, 이혼 등의 여러 가지 형태로 함께 살아가고 있다.

1. 독신

1) 독신으로 사는 이유

독신자들이 급증하고 있다. 미국의 경우 1970년대에 1천9십만 명이었던 독신자들이 2002년도에는 2천8백8십만 명으로 추정되고 있다(U.S. Bureau of the Census, 2003). 왜 독신이 늘어 가고 있는 것일까? 이 분야에 대한 연구가 필요하겠지만, 아마도 다음과 같은 이유들이 있지 않을까 추정한다.

- 결혼을 늦추려는 사회의 전반적인 분위기와 그에 따른 경향

- 사회 진출을 위한 전문교육 증가로 교육기간이 연장되면서 결혼할 수 있는 기회를 놓치거나 미룬 경우
- 결혼이라는 제도적인 굴레를 벗어나서 자신의 삶을 살려는 사람들의 증가
- 이혼율의 증가로 결혼에 대한 실망감 증대
- 여성들이 결혼이나 가정보다 직업을 선호하는 경향
- 여성들의 남편에 대한 경제적인 의존도 감소
- 여성은 결혼하면 손해를 본다는 생각과 현실
- 결혼보다는 동거 형태의 증가
- 부모의 결혼이 불행한 경우에 자신은 부모의 불행한 결혼을 반복하지 않으려는 시도로 결혼에 대한 부정적인 태도 유지
- 결혼을 안 해도 다양한 경로를 통해서 자신의 성적인 욕구를 만족시킴

결혼을 했다가 이혼한 후에 혼자서 살기로 결정한 여성들의 증가도 독신자들을 증가시키는 요인이 되고 있다. 또한 과거에는 이혼녀든 과부든 혼자 살면 부정적인 이미지가 있었는데, 최근에는 그러한 사회적인 낙인이 상대적으로 줄어든 것도 독신의 삶을 증가시키는 요인들이 되고 있다.

특히, 우리나라의 남녀가 독신으로 사는 경우는 결혼할 상대자를 못 구하거나 결혼의 적령기를 놓쳐서 혼자 사는 경우도 많다.

2) 독신 삶의 장단점

독신자들의 주장을 보면 자유롭고 독립적인 삶을 만끽하는 것을 우선 장점으로 꼽는다. 누구에게도 간섭받지 않고 자신의 삶에 자신이 원하는 대로 시간과 경제적인 자원을 사용할 수 있다. 그러나 독신 삶의 문제점은 외롭다는 것이다. 특히, 젊은 때는 친구들과 어울리기도 하고 활동적이기 때문에 사회적 활동에 많이 참여하지만, 나이가 들고 아프거나 힘들 때 가까이서 도와주고 위로해 줄 사람들이 없어서 고통을 당한다.

3) 독신자들의 성생활

독신자들의 성생활 양식은 금욕생활, 자위행위, 한 파트너와 장기적인 성관계 유지,

다양한 파트너와 성적인 관계 유지, 파트너와 정서적인 친밀감 유지 등 다양하다. 결혼해서 사는 부부들과 독신으로 사는 사람들의 성관계 관련 연구에 의하면, 결혼해서 사는 부부들이 독신보다는 더 많은 성생활을 하며 성적으로도 만족한 생활을 한다고 한다(Clements, 1994). 특히, 수녀나 신부들은 종교적인 이유로 자신의 의지와는 관계없이 금욕을 해야 하는 경우가 있다. 독신으로 살면서 자신의 성적인 본능을 통제하는 능력이나 조절이 잘 안 되는 경우는 신부라 할지라도 미성년자를 상대로 한 성적인 추행이나 성폭력 문제를 일으킨다. 독신을 선택하는 경우에 성적인 건강도 고려해서 선택하는 것이 현명하다.

2. 동거

미국의 인구 조사국에서 정의한 동거란 이성 관계에 있는 사람들이 결혼한 상태가 아닌 관계에서 같은 공간에서 함께 사는 상태를 말한다. 물론 게이나 레즈비언에까지 동거의 개념을 확장할 수 있지만, 대체로 동거는 남녀가 법적인 결혼을 하지 않은 상태에서 같이 생활을 하는 것을 의미한다.

1) 동거의 현황

우리나라에도 대학가를 중심으로 동거 형태가 많이 증가하고 있는 추세지만 어느 정도가 동거를 하는지 통계치가 나와 있지 않다. 미국의 경우는 동거 형태의 삶이 급격히 증가하고 있는 추세이다. 예를 들면, 1980년에 1백6십만 커플이 동거하고, 1990년대는 3백2십만, 2000년대 초반에는 5백5십만 커플이 결혼하지 않은 채 동거하는 형태로 살아왔다고 한다(Marquis, 2003). 동거는 20대 초반의 젊은이들 사이에서 가장 유행하고 있는데, 이 연령대의 25%가 동거를 하고 있다고 보고되어 있다(Waite & Joyner, 2001). 동거하는 남성은 고등학교 또는 그 이하의 학력 수준이 여성과 동거하기를 선호한다고 한다. 동거는 대체로 단기간이고, 33% 정도는 동거 계약 기간이 2년이며, 약 10%만이 5년 이상 동거 계약 기간을 정한다고 한다(Willetts, 2006).

스웨덴에서는 약 30%의 커플들이 법적인 결혼을 하지 않고 가정생활을 하고 있는데, 이들은 법적인 결혼은 안 했어도 부부들이 누릴 수 있는 보험이나 의료 혜택을 받을 수 있다(Mezin, 2006). 요즘은 노인 세대에서도 동거가 늘어나는 추세인데 법적으로 노인 세대에 재혼을 했을 경우에 세금이 올라가고, 사회적으로 받는 혜택이 줄어들 것을 염려하며, 한 배우자의 사망 시 재산 분배 등의 복잡한 문제들을 피하고 싶어 하는 동기가 강한 것으로 추정된다.

우리나라에서 동거는 대학가를 중심으로 많이 일어나는데, 동거하면 주거비를 공동으로 절약하고 성적인 스트레스를 같이 해소할 수 있으며 마음이 맞지 않으면 쉽게 헤어질 수 있어서 젊은 층들이 선호한다.

2) 동거의 장점

동거하는 사람들에게 왜 동거를 하느냐고 물어보면 결혼이라는 올가미 없이 자유롭게 만나서 서로에게 부담 없이 삶을 즐기고 싶어서라고 대답한다. 결혼이 아닌 동거를 하면 상대방에게 지나친 기대를 할 필요가 없고, 상대방에게 경제적 · 심리적인 압력을 느낄 필요도 없다(Wineberg, 1994). 또한 동거하다가 서로 맞지 않아서 헤어지면, 이혼이라는 오명도 쓸 필요가 없다. 결혼 전 동거를 찬성하는 사람들은 결혼할 상대를 좀 더 잘 알기 위해서는 같이 살아 봐야 성격을 잘 파악할 수 있고, 또한 성적으로 서로 만족할 수 있는가를 파악할 수 있다고 주장한다. 결혼 후에 자신의 배우자에게서 결점을 발견했다면 헤어지기가 쉽지 않지만, 동거는 쉽게 헤어질 수 있다는 장점이 있다.

3) 동거의 단점

동거의 단점은 동거를 하면 혼전에 성적인 관계를 갖는 것을 암묵적으로 허용하게 되기 때문에 여러 가지 문제가 발생할 수 있다. 즉, 피임에 실패할 경우 원치 않는 아이를 낳거나 또는 낙태로 이어질 수 있다. 또한 동거하는 동안에 상대방에게 충실하고 외도를 하지 않는 것을 기대하지만, 실제로 동거하는 커플들을 보면 외도를 많이 한다. 이러한 현상의 원인으로는, 동거는 아무래도 결혼보다는 상대방에 대해 헌신하는 정도가 약해서 그렇다고 추정해 볼 수 있다(Treas & Giesen, 2000).

동거의 또 다른 단점은 아직도 성적으로 남성 위주의 보수적인 성향이 강한 우리나라의 경우, 여자가 동거했다고 하면 결혼에 결격 사유가 될 수도 있어 여성에게는 아직 불리하게 작용한다. 그리고 동거는 서로에 대한 책임감이 적기 때문에 생활비 지출, 가사의 분담 등 여러 가지 면에서 역할이 분명하지 않을 수 있고, 갈등이 있을 때 쉽게 헤어질 수 있다는 단점들이 있다.

4) 동거가 끼치는 사회적 영향

동거하는 커플은 약 2년 안에 50% 정도가 동거를 그만두고, 5년 정도까지 동거하거나 결혼하는 커플은 약 10%라고 한다. 한 연구에서는 동거 기간이 길면 길수록 커플 관계가 더 불안정하고 불행하다고 보고했다(Brown, 2003).

동거의 긍정적인 점은 서로가 동거하면서 서로의 욕구를 확인하고 서로의 성격을 잘 파악할 수 있는 좋은 계기가 되긴 하지만, 문제는 갈등이 있을 경우에 결혼 관계보다는 쉽게 그만둘 수 있기에 이런 행동이 습관화되면 커플 사이에 장기적인 관계를 갖는 데 어려움을 줄 수 있다. 실제로 동거한 부부들을 상대로 한 연구 결과들은 동거한 경험이 있는 부부들이 결혼 중에 어려움을 경험하며, 이혼의 위험이 더 높다고 경고한다(Cobb et al., 2003). 결혼 전 동거를 경험한 부부들은 50% 이상이 이혼을 경험했다. 예외는 여성이 다른 남자와 성관계를 경험하지 않고 동거남과 결혼한 경우이며, 이때는 이혼 위험이 적었다(Teachman, 2003).

5) 동거는 왜 이혼의 위험이 높은 것인가

동거에 관한 연구들에 의하면, 동거 자체가 이혼의 원인이 되기보다는 동거하는 사람들의 성격적 특성이 이혼에 영향을 줄 것이라고 주장한다. 즉, 동거하는 사람들은 독립적인 삶을 선호하고(Hussain, 2002), 결혼하는 사람들보다 더 자유방임적이고 비전통적인 성향이 강한 사람들이다. 이들은 대체로 비종교적이고 성적 및 윤리적인 면에서 더 개방적인 사람들이다. 그러니까 동거를 원하는 사람 자체가 결혼이나 한 인간에게 일생을 헌신하겠다는 가치관이 적은 사람들이기 때문에, 결국은 이혼을 더 많이 하게 된다는 것이다.

동거에 대한 여러 가지 측면을 고려할 때 동거 자체가 결혼의 만족도나 이혼을 증가시킨다고 결론내리기보다는, 동거를 하는 사람들이 어떤 성격의 소유자이고 어떤 삶을 살아가고 싶은가에 대한 개인의 가치관이 결혼의 만족도나 이혼과 상관이 있지 않을까 생각한다. 동거가 유행하니까 나도 해 보자는 식보다는, 안전한 결혼을 위해서 결혼의 만족도에 영향을 주는 부부 사이의 대화 방법이나 갈등 해결 기술 습득에 더 관심을 가져야 한다. 그리고 현재 우리나라의 문화적 상황에서 동거는 여성에게 불리하게 작용할 가능성이 많다는 것을 명심해야 할 것이다.

3. 결혼과 성생활

결혼생활의 만족과 성생활의 만족은 상호 연관성이 높다. 결혼생활의 만족이 높으면 성생활의 만족도 높고, 성생활의 만족이 높으면 결혼생활의 만족도 올라간다. 이혼한 부부들은 약 70%가 성적인 면에서 불만족한 생활을 했다고 고백했다. 이렇듯 결혼생활에서 성생활의 만족은 아주 중요하다.

대부분 결혼 초기에는 신혼부부들이 일주일에 두세 번 성관계를 갖는다. 일주일에 3회 이상의 성관계를 갖는 부부들 중 90% 이상이 자신의 결혼생활에 아주 만족한다고 밝혔다. 그러나 한 달에 2~3회 정도로 성관계가 적은 부부들은 결혼생활이 불만족스럽다고 보고했다. 신혼부부들을 상대로 성생활과 부부만족도에 관한 연구를 보면, 우리가 기대하는 대로 결혼 초기에는 부부 성생활이 왕성하고 즐겁지만 시간이 지나면서 부부 사이에 행하는 행사처럼 변해 간다는 것이다(Blumstein & Schwartz, 1990). 즉, 결혼 초기에 서로 상대방에 가졌던 성적인 환상이나 신선함에서 오는 성적인 만족도가 시간이 지나면서 떨어지는 것이다. 결혼 전에, 특히 남성들은 결혼하면 매일 부부가 성관계를 가질 수 있을 것처럼 기대하지만, 결혼을 막상 시작하면 부부 사이에 갈등도 생기고 여러 가지 문제가 발생하기에 성관계 횟수가 많이 줄어든다.

1) 부부들의 성적 만족의 특징

(1) 여성의 성적인 만족도가 남성에 비해서 낮은 경향

부부들을 상대로 성적인 만족도를 조사한 연구들은 대체로 여성들이 남성에 비해서 성적인 만족도가 낮다고 보고한다. 그 이유는 성관계 시에 여성이 남성보다 오르가슴을 경험하는 횟수가 적고, 여성들은 자녀 양육이나 요리 등의 여러 일에 신경을 쓰다 보니 성생활을 위해서 투자할 에너지가 적기 때문이다. 여성은 신체적으로 피곤하면 성적인 욕구가 줄어드는데, 남성은 피곤해도 스트레스를 풀기 위해서 성관계를 요구하는 경향이 있다. 또한 여성은 성적인 만족도 중요하지만 부부 관계에 더 신경을 쓰기에 때로는 성적으로 불만족스러워도 남편과의 부부 관계가 원만하면 참고 견딜 수 있다. 이에 반해서 남성은 자신의 아내와 성적인 관계가 불만스러우면 다른 여자에게 눈을 돌리거나 바람피울 가능성이 많다.

(2) 부부들의 성적인 욕구 저하 현상

필자가 상담하면서 부부들의 성생활 횟수에 관해서 질문을 하면 놀랍게도 부부 관계를 월례행사로 또는 심한 경우에는 연중행사로 갖는 부부들이 있었다. 물론 이러한 자료는 결혼에 문제가 있는 부부들이기 때문에 일반화하기는 어렵지만, 정상적인 부부들을 대상으로 한 연구들도 우리가 기대했던 만큼 부부간 성관계가 활발하지 않았다. 부부들이 원하는 기대만큼 성관계를 갖지 못하는 이유는 성적 욕구 저하 때문이다. 부부의 성적 욕구 저하 요인은 개인의 우울증, 불안증 등 여러 요인들이 있고, 부부 사이에 받은 상처 등의 관계적인 요인들이 있다. 부부들의 성적인 욕구 저하가 심할 경우에는 비정상적인 것이기 때문에 부부 성치료를 받아야 한다.

(3) 상대방에 대한 실망감 증가로 성만족 감소

결혼을 시작하는 신혼부부들은 주위 사람들의 축복을 받으면서 이제 어렵게 결혼에 성공했으니 장밋빛이 가득한 길을 간다고 상상하면서 출발한다. 그러나 막상 결혼이라는 뚜껑을 열어 보면 상대방에 대한 실망과 아쉬움, 상처와 심지어는 분노감을 느끼면서 성생활도 급격히 저하되는 경우를 많이 본다. 결혼한 부부들은 가정에서의 성역할, 시댁과 처가, 경제문제, 자녀 양육문제 등에 직면하면서 성생활도 부정적으로 영향을 받게 된다. 특히, 여성들은 남편과 감정이 상하면 성생활을 거부하는 경향이 강하다. 남편은 여성을 정서적인 면에서 잘 보호하고 관심을 보여 주어야 만족한 성생활을 할 수 있다는 것을 명심해야 한다.

(4) 직장 스트레스의 부정적 영향

남성들의 성적인 욕구를 저하시키는 가장 큰 요인은 직장에서의 고된 일을 집까지 가지고 와서 해야 하는 격무이다. 또한 직장에서 해고되지 않을까 하는 염려와 동료들과 경쟁해서 승진해야 한다는 강박감도 큰 요인이다. 직장에서 따돌림을 당하지 않기 위해 원하지 않는 술자리에 끼거나 대접하면서 밤낮으로 뛰어다니다 보면 직장에서의 승진이나 월급은 어느 정도 보장이 되겠지만 아내와 자녀들과 보내는 시간이 적게 되고, 집에 오면 피곤하여 주말에는 밀린 잠을 보충하며 시간을 보내게 된다. 이렇게 되면 자연히 성생활은 뒷전으로 밀려날 수밖에 없다. 부부가 일에 지치고 스트레스를 받으면 서로 대화를 통해서 직장과 가정 일을 조정해서 일과 삶의 균형을 이룰 수 있도록 해야 한다.

2) 부부들의 성적인 만족을 위한 대책

(1) 부부들이 성생활에 과감한 투자를 해야 한다

부부만족도 지표를 간단히 나타낼 수 있는 것은 부부들의 만족한 성생활이다. 부부가 만족한 성생활을 하려면 부부 사이에 원만한 관계를 유지해야 하고, 서로 상대방의 욕구와 관심을 충족시켜 주려고 노력해야 하며, 정서적인 유대나 친밀감이 있어야 한다. 이렇게 부부들이 노력한 결실로 만족한 성생활을 누릴 수 있다. 부부가 결혼했으니 성생활이 만족하게 될 것이라는 기대는 현실과는 거리가 멀다. 부부가 서로를 위해서 투자한 만큼 만족한 성생활의 열매를 딸 수 있는 것이다.

(2) 성생활의 중요성에 대해서 인식해야 한다

어떤 부부는 식사를 하루만 하지 않아도 못 살지만 성관계는 없어도 산다는 생각을 하면서 부부생활을 등한시하는 경우가 많다. 그러나 성적인 욕구는 인간의 본능이고 성적 욕구의 충족이 삶의 질을 향상시킬 수 있는 중요한 부분이라는 인식을 부부가 공동으로 가져야 한다. 인간이 자신의 성적 욕구를 가장 안전하고 즐겁게 충족할 수 있는 제도가 결혼이라는 것을 깨닫고, 부부 관계를 소중하게 여기며, 서로가 서로의 성적인 욕구를 충족시켜 줄 수 있도록 노력해야 한다.

(3) 성기능장애를 인지하고, 장애가 있으면 빨리 치료를 받아야 한다

아직도 우리나라 부부들은 부부의 성생활에서 불만스럽거나 문제가 있을 경우에 대화를 해서 문제를 해결하거나 전문가의 도움을 받으려고 하지 않는다. 우리는 컴퓨터에 문제가 있으면 그 분야 전문가의 도움을 받는 데는 주저하지 않으나, 부부 사이에 문제가 있을 때 도움을 받는 것은 수치스럽게 생각하는 경향이 있다. 이 책의 다른 부분에서 부부의 성기능장애에 대해서 다루었지만 부부 사이에 성기능장애 문제가 있으면 즉시 전문가의 도움을 받아야 한다.

4. 외도

결혼상담자를 상대로 조사한 바에 의하면, 부부의 외도는 상담하기가 세 번째로 어렵고, 부부가 직면하는 문제 중에서 두 번째로 위험한 문제라고 한다(Whisman, Dixon, & Johnson, 1997). 부부상담의 약 30%는 외도로 인한 부부의 위기 상황 때문에 상담을 받고자 한다. 약 30%는 부부가 상담을 받는 도중에 외도의 문제를 실토한다고 한다. 즉, 부부상담의 중요한 부분 중의 하나는 외도 문제인 것이다.

미국에서 부부를 상대로 한 조사에 의하면, 부부들 중에서 남성의 25%, 여성의 15%가 외도를 경험했다고 한다(Laumann, Gagnon, Michael, & Michales, 1994). 다른 연구에 의하면, 여성의 25%, 남성의 50%가 외도를 경험했다는 보고도 있다(Glass & Wright). 대체적으로 여성들의 외도가 증가하는 추세인데, 이는 결혼 전에 혼전성교 경험과 직장에서 일하는 과정 등을 통해서 남성과 만날 수 있는 기회가 많기에 외도가 더 많이 이루어진다고 볼 수 있다. 우리나라도 이제는 외도가 부부생활을 위협할 정도로 매우 심각해지고 있다.

대체적으로 외도는 여성들이 직업전선으로 뛰어들면서 급격히 증가하는 양상을 보이고 있다. 우리나라도 직업여성들이 늘어나면서 직장에서 동료들 간의 외도가 늘어나고 있는 추세이고, 또한 인터넷상의 채팅이나 이동통신 등 무선전화로 남녀가 서로 쉽게 만나다 보니 외도가 늘어나게 된 것이 현실이다.

사용자마다 다르겠지만 외도에 대한 정의는 결혼 관계에서 배우자 외의 다른 사람과 비밀리에 성적 · 정서적 · 로맨틱한 관계를 유지하는 것을 말한다.

외도를 분류하는 것이 쉽지는 않다. 외도를 갈등 회피의 수단으로 볼 수도 있고, 또한 상대 배우자에 대한 분노의 표현으로 볼 수도 있다. 그러나 외도는, ① 키스, 성적인 접촉 등을 포함해서 성적인 만족을 추구하는 형태, ② 신체적인 접촉은 최소화하면서 정서적인 만족을 추구하는 형태, ③ 정서적인 만족과 성적인 만족을 같이 추구하는 형태로 분류해 볼 수 있다(Glass & Wright, 1985).

외도란 정서적으로 친밀감을 느끼면서 비밀리에 관계가 진행되고, 성적인 관계가 개입된다는 면에서 남녀 사이의 우정과 다르다. 요즘은 인터넷 외도가 성행하고 있는

데, 인터넷 외도란 두 사람이 자신의 배우자보다 상대방에 대해 정서적인 친밀감을 더 느끼고, 모든 대화 내용은 비밀로 유지하며, 성적인 대화도 서슴지 않고, 심한 경우에는 성적으로 자극하는 대화를 인터넷을 통해서 자주 하다가 실제 성관계로 이어지기도 한다.

외도는 대체로 남성이 여성에 비해서 더 많이 한다. 외도하는 사람들은 왜 외도를 하는 것인가? 결혼생활의 불만 때문일까 아니면 모험을 즐기려는 것일까? 외도에 관한 연구들에 의하면, 대체로 외도를 하는 여성들은 결혼생활의 불만 때문에 외도를 한다고 한다. 그러나 일반인들을 상대로 조사한 바에 의하면, 56%의 외도 남성과 34%의 외도 여성들은 자신의 결혼생활이 행복하다고 보고했다(Glass & Wright, 1985). 그러니까 결혼생활의 불만이 외도로 꼭 이어지지는 않는다.

1) 외도와 성차

여성의 외도는 대체로 결혼생활의 불만과 상관이 많다. 남편으로부터 애정의 결핍을 느끼고 정서적인 친밀감을 못 느낄 때 다른 남성이나 옛날 애인들에게 관심을 가지면서 외도를 시작하기도 한다. 여성들이 외도를 하는 경우에는 상대방을 사랑하고 정서적으로 친밀감을 느끼기 때문이었다고 강조하고, 성적인 불만이나 목적은 최소한의 영향을 주었다고 주장한다(Glass & Wright, 1992). 그러나 남성의 외도는 개인의 성에 대한 가치관이나 태도에 영향을 받는다. 남성은 대체로 외도를 호기심이나 잠시 지나가는 바람이라고 생각한다. 그러기에 남성들은 외도를 하고 나서 심각한 죄책감을 가지지 않는 경향이 있다.

2) 외도와 이혼

배우자가 외도한 사실이 발각되거나 스스로 고백했을 경우에 상대편의 배우자는 심각한 상처를 받는다. 대체로 외도가 밝혀지면, 이혼으로 끝난다(Lawson, 1988). 그러나 남편에게 지나치게 의존적인 여성은 남편의 외도를 부정하거나 묵인하면서 그냥 살기도 한다. 외도하는 당사자가 아주 교묘하게 배우자를 속일 경우에는 외도가 상대방의 배우자에게 밝혀지지 않고 결혼이 지속되기도 한다(Glass & Wright, 1992). 아내가 외도한 것을 알면 남편은 성적인 관계를 맺은 것에 대해서 몹시 흥분하여 화내고 시기심을 가지는 반면에, 아내는 남편이 자신 외의 다른 여성에게 마음을 주고 정을 주었다고 강한 질투심을 느끼고 분노한다(Buss, 1994). 필자의 상담 경험에 의하면, 남성이 외도를 하면 아내와 다투다가도 화해를 하고 가정을 회복하는 경우가 많지만, 아내가 외도를 하면 이혼으로 끝나는 경우를 많이 목격했다. 아내 외도 사건 중 아주 심한 경우는 남편이 아내의 외도 사실을 알고 극도로 화를 내고 신체 폭행으로 이어져 아내를 4급 장애자로 만든 경우도 있었다. 이러한 현상은 아직도 가부장적인 문화가 남아 있는 형태라고 보인다.

3) 외도의 동기와 종류

남성들의 외도는 핸드폰, 인터넷 메일 등을 통해서 이루어지는 경우가 많기에 전화세가 갑자기 많이 나오기도 한다. 남성들은 외도를 하면서도 정서적인 친밀감 등이 별로 관여하지 않았다고 변명하는 경우가 많다. 한 조사에 의하면, 약 44%의 남성들은 외도를 하고도 심각하게 감정적으로 정을 준 상태가 아니었다고 보고했다(Glass in press). 반면, 여성들은 남성에 비해서 외도의 대상을 사랑하기에 성관계도 가졌다고 보고한다(Glass & Wright, 1985).

외도의 동기에 관한 여러 이론들이 있는데, 자신들의 결혼에 문제가 없어도 이성에 대한 호기심에서 외도를 할 수도 있다고 주장했다(Straus, 2006). 외도에 대한 다른 이유들은 부부 사이에 정서적인 불만, 성적인 불만, 대화의 부재, 결혼은 했지만 이성에게 어필하고 싶은 자유를 느끼고 싶은 마음, 장기간의 별거 등으로 타인에게서 정서적인 만족을 추구하고 싶은 마음 등 다양하다.

(1) 남성의 외도 유형과 원인

① 하룻밤 풋사랑

남성들이 다른 지역에 출장을 간다든가, 또는 사업 등으로 접대를 받으면서 성매매 여성과 하룻밤 지내는 경우다. 소위 말해서 일회성 바람을 피우고 그 상대방과 관계를 더 이상 갖지 않는 경우다. 전통적으로 이런 식의 바람은 사회적으로 허용되기도 했고, 남자가 오죽 못났으면 바람 한 번도 못 피울까 하면서 남성들 사이에서는 자랑거리로 간주되기도 했다. 그러나 이제는 이런 풍속이 바뀌어서, 특히 젊은 부부 사이에서는 일회성 바람이라도 참아 주지 않는다.

② 정서적 외도

다른 여성과 성관계까지 가지는 않았지만, 다른 여성에게서 아내보다 정서적인 친밀감과 사랑을 더 느끼는 외도이다. 상대방과 계속해서 전화나 이메일 등으로 연락을 취하고 아내 몰래 만난다. 이 경우에 남편은 성관계를 갖지 않았기에 아내 외의 다른 여자와 정신적인 사랑은 허용될 수 있는 것이라고 자신의 행동을 정당화할 수도 있다. 그러나 만일 입장을 바꿔 아내가 남편 외의 다른 남자에게 사랑을 느끼고 정서적인 외도를 한다면 남편은 아내에게 화를 내고 용납할 수 없을 것이다. 정서적인 외도는 남성에게는 성적인 외도로 발전하는 진입로와 같은 역할을 한다.

③ 성관계 중심의 외도

필자가 상담한 남성들 중에는 외도를 하면서 한 여성과 성관계를 중심으로 장기적으로 만났다고 고백한 경우가 있었다. 직장 일로 받은 스트레스를 풀기 위해서 여성과 가볍게 사귀다 보니까 서로 만나서 식사하고 섹스를 즐겼다고 했다. 자신의 아내와도 정상적인 부부생활을 했고 아내도 자신의 남편이 오랫동안 외도를 했다는 사실을 몰랐는데, 핸드폰 전화가 단서가 되어서 추궁 끝에 남편의 자백을 받아 냈다. 남성은 상대와 정서적으로 많은 친밀감을 느끼지 않으면서도 성관계 중심의 외도를 하고, 자신의 가정을 지키면서 다른 여성과의 성관계를 즐기는 외도를 선호하기도 한다. 그러나 여성의 입장에서는 자신 외의 다른 여성과 오랜 기간 성관계를 맺었다는 사실에 아주 강한 분노감과 배신감을 느낀다. 남성의 입장에서 스트레스를 푸는 성적 목적으로 외도를 했다고 해도 그 책임을 면하기 어렵다. 그리고 외도 상대인 여성은 남성이 자신을 성적인 대상으로만 여기고 만난 사실에 대해서 아주 심한 분노감을 느낄 수 있다. 여성은 단지 성적인 목적만 가지고 외도를 하지 않고, 적어도 그 대상에게서 사랑을 받고 자신이 소중한 존재라는 것을 확인하고 싶어서 외도를 하는 본능이 있다.

④ 미인계에 의한 외도

남성이 대체로 술에 취한 상태나 등산로 등의 우연한 상황에서 여성의 유혹으로 성관계를 맺고 돈을 지불하는 것으로 시작해서, 나중에는 소위 말하는 꽃뱀에게 걸린 결과가 되어서 여성에게 협박을 당하면서 외도 관계를 유지하는 경우다. 남성은 여성의 성적인 유혹에 취약하지만, 이런 남성도 유혹하는 여성에게 넘어간 점은 책임을 져야 한다. 그리고 이 경우에는 아내와 같이 공동 대응을 해야만 가정을 지킬 수 있다. 아내 몰

래 돈거래를 하고 상대방에게 이용당하면 경제적인 면에서도 막대한 손실을 보게 된다.

⑤ 정서와 성관계가 동반된 외도

남편이 아내 외의 다른 여자에게서 사랑을 느끼고 성적인 관계를 맺은 상태이다. 남성이 새로운 여자에게 사랑과 정서적인 친밀감을 느끼는 외도의 경우, 남편은 아내에게서 마음이 떠나는 중에 있거나 떠났다고 보는 것이 정확하다. 이 경우에는 남편의 외도가 표면화될 수 있고, 남편은 아내에게 '당신과는 정이 없어 살 수 없다.' 고 선언하면서 이혼을 요구한다. 아내의 입장에서는 너무나 어처구니없이 당하는 일이라서 분하고 배신감을 느껴서 남편의 외도 상대자에게 찾아가서 "내 남편을 빼앗아 가려는 나쁜 X야!" 라고 하면서 욕을 하고 협박을 하기도 하고, 신체적으로 싸우기도 한다. 간통죄가 더 이상 처벌 대상이 아니기에 외도 대상자를 법적으로 구속할 수는 없지만, 대신 민사 소송의 손해 배상으로 협박하기도 한다. 그러나 이미 남편의 마음이 떠난 상태이기에 아내에게 돌아오기는 힘들다. 자녀를 위해서 서로가 적절한 보상을 해 주고 헤어지는 편이 낫다.

⑥ 성중독적인 외도

이 경우는 남편이 여러 여자들을 대상으로 성관계를 중심으로 하는 외도를 말한다. 흔히 이런 사람들을 '바람둥이' '여성을 무척 밝히는 남자' 등으로 부르는데, 이들은 성적인 중독자로 분류한다. 즉, 성매매 여성을 포함해서 술집에서 우연히 만난 여성들과 기회만 있으면 성관계를 하는 사람들이다. 필자가 상담한 어떤 미국인 남성은 약 120명 정도의 여성과 성관계를 가졌다고 고백하였다. 이런 남성들은 남들이 보기에는 여성을 잘 다루는 사람이라고 볼 수도 있겠지만, 사실 어린 시절에 어머니로부터 따뜻한 사랑을 받지 못하고 정서적으로 아주 메마른 환경에서 자란 경우가 많다. 이런 남성은 자신의 아내를 포함해서 어느 여성과도 정서적으로 깊고 안정된 관계를 맺지 못하는 장애가 있는 사람들이다. 바람기 많은 남성으로 간주하지 말고 심리 상담을 통해서 자신의 문제를 치료해야 한다. 대체로 이런 남편들과 사는 여성들은 남편의 반복되는 외도를 처음에는 저지하고 화를 내면서 살다가, 이내 포기하고서 자녀나 경제적인 이유 때문에 결혼생활을 유지하는 경우가 많다. 아내는 남편에게 치료를 받든지 이혼을 당하든지 선택하라는 강한 메시지를 줄 필요가 있다.

⑦ 이중생활의 외도

아내 외의 다른 여성과 몰래 살림을 차릴 수도 있고, 실제로 자녀를 두고 이중 생활하는 외도이다. 흔히 소설이나 TV 연속극의 주제가 되기도 한다. 남편은 오랫동안 이중 플레이를 하면서 아내를 감쪽같이 속인다. 대체로 이러한 이중생활을 하는 남성은 돈이 많은 사장이거나 경제적으로 부유한 남성들이다. 그리고 외도 상대 여성은 젊고 미모가 뛰어난 여성들이다. 그 여성의 입장에서는 남자가 원하는 것을 잘 사 주거나 경제적 풍요함을 누릴 수 있기에 자신의 처지를 참고 살다가, 남성에게 아내와 이혼하고 이중생활을 청산하고 살라고 압박을 하기도 한다. 그러한 과정에서 남성과 외도 상대자 사이에 감정싸움이 벌어지고, 남성이 여성과의 관계를 청산하려고 하면 여성은 이 사실을 언론이나 세상에 공개해서 스캔들로 세상에 알려지는 경우가 많다. 본 부인은 남편의 사회적인 지위와 자신의 체면 때문에 남편의 외도를 참아 주고 살다가 남편이 돌아오기를 바라지만, 애정 없는 결혼생활을 유지하기가 어려워 남편에게서 거액의 위자료를 받고 이혼하여 새로운 삶을 추구하는 경우가 많다.

(2) 여성의 외도 유형과 원인

① 정서적인 외도

여성은 대체로 남편에게서 애정을 못 느끼거나 정서적으로 외로움을 느끼기에 다른 남성에게 관심을 갖는 경우가 많다. 자신이 믿는 친한 남성에게 자신의 결혼과 남편에 관한 어려움을 털어놓을 때, 남성이 이 여성을 정서적으로 지지하고 위로해 주면 남성과 자연히 가까워지면서 그 남성에게 정으로 빠져드는 관계가 된다. 물론 이러한 애정의 관계가 계속되면 자연스럽게 성적인 외도로 발전하는 경우가 많다. 정서적인 외도를 하는 아내의 남편들이 보이는 특징을 보면, 대체로 일을 열심히 하고 가정의 경제적인 면에서는 충실할 수 있지만, 아내의 감정을 알아주거나 아내에게 애정을 표현하는 등의 친밀감을 유지하는 데는 무감각하다. 즉, 남편으로서 경제적인 역할을 하면 다했다고 생각한다. 그러나 아내의 입장에서는 남편이 자신과 가족을 사랑한다면, 가족과 시간을 같이 보내 주고, 커피 한 잔을 놓고 삶의 여유를 가지고 이야기도 하고, 부부 사이에 로맨틱한 관계를 유지해 주는 것을 원한다. 남편과의 애정 결핍을 느끼면 외도가 탈출구가 아니므로 서로가 대화를 통해서 해결해야 하고, 이것이 어려우면 부부상담을 받는 것이 현명하다.

② 성적인 외도

여성도 남성과 같이 성적인 목적의 외도를 한다. 소위 말하는 '묻지마 관광' 등에서 만난 남성 파트너와 하루의 성적인 만남을 즐긴다. 이들은 자신의 신분을 최소한 노출시키지 않으면서 성행위를 즐길 수 있는 상황을 만들어 성을 즐기는 여성들이다. 대체로 이런 여성은 중년의 여성들이 많은데, 남편이 직장이나 일에 충실하다 보니까 성적으로 불만을 느끼거나 또는 남편이 성기능장애 문제를 가지고 있어서 성적으로 불만을 느끼는 여성들이다. 이런 여성들은 가정은 지키면서 남성 편력을 하면서 성을 즐기는 여성들이다. 그러나 이런 여성을 노리는 제비족들이 있는데, 이들에게 걸리면 성관계를 남편에게 알리겠다는 협박에 못 이겨 거액을 잃고 난 후에 남편에게 들통이 나서 가정 파탄에 이르는 경우가 많다. 여성들은 중년 이후에 남성호르몬의 분비가 상대적으로 높아져서 성적으로 적극적으로 변화하는 것이 추세인데, 남편과의 관계 개선을 통해서 또는 성적인 에너지를 사회적으로 용납하는 방법 등으로 표현해야 한다.

③ 정서와 성적인 외도

여성이 외도하는 남성과 정서적으로 연결되면서 성적인 외도를 하는 아주 심각한 상태라고 보아야 한다. 즉, 이런 여성들은 자신의 결혼생활에 있어 애정적인 면에서 외로움을 많이 느끼며 남편과 불만족한 결혼을 해서 살다가, 새로운 남성을 만나서 제2의 삶을 꿈꾸는 관계로 발전한다. 대체로 남성도 이런 여성과 동조하여 새로운 사랑을 하면서 서로가 가정을 떠나서 새로운 가정을 만들어 가기도 한다. 여성들에게 정서적 외도와 성관계가 동시에 이루어지면 남편과의 이혼으로 끝나는 경우가 허다하다. 남편이 아내의 외도를 알면 초기에는 노발대발하겠지만, 이미 남편에 대해서 몸과 마음이 떠난 아내를 돌이켜서 결혼생활을 하기란 쉽지 않다. 필자가 부부상담을 한 경험에 의하면, 남편이 아내를 사랑해서 돌아오기만 하면 모든 것을 용서하고 같이 살자고 아내에게 애걸해도 아내와 새로운 남성과의 관계가 완벽히 청산되지 않는 상황에서 결혼생활을 유지하기는 어렵다.

④ 성매매 형태의 외도

요즘에는 인터넷을 통해서 남성과 만나서 성관계를 맺고 돈을 받는 주부들이 늘고 있다고 한다. 즉, 외도도 하고 돈도 벌어서 자녀들의 학원비 등 경제적으로 도움을 받겠다는 발상이다. 대체로 이런 아내들의 남편들은 사업에 실패했거나 경제적으로 무능하다. 그러나 이러한 성매매 행위는 윤리적인 면에서 문제가 있고, 나중에 이 사실이 남편에게 발각되면 결혼생활에 파탄을 불러온다. 아내의 입장에서 가정의 경제를 돌보려면 정당한 방법으로 돈을 벌어야 한다. 그리고 남편을 격려해서 경제적인 역할을 하도록 해야 한다. 대체로 이런 주부들을 노리는 제비족들이 있는가 하면, 외도 남성과 눈이 맞아서 남편과 이혼을 하는 경우도 있다.

4) 외도와 성중독

외도를 하는 사람 중에는 성에 중독된 사람들이 있다. 이런 사람들은 외도가 발각이 되어 배우자에게 대가를 지불하고 다시는 외도를 안 하겠다고 약속을 하지만, 또 외도에 관여한다. 외도와 성중독이 연관성이 있다는 연구도 있다(Glass, 2000). 대체로 외도에 중독된 사람들은 남성들이 많은데, 이들은 자신의 삶의 무료함을 달래고 고독에서 벗어나기 위해서 외도에서 못 벗어나는 사람들이다. 이들은 사창가나 술집을 전전하면서 자신의 정서적인 만족을 추구하기도 한다.

5) 외도에 대한 대책

믿었던 배우자가 외도한 사실이 발각되면 피해 배우자는 아주 심한 충격과 배신감, 삶에 대한 회의감 등의 심각한 정신적인 쇼크를 경험한다. 배우자의 외도가 밝혀지면 대체로 다음과 같은 형태의 해결 방법이 있다.

(1) 현 결혼생활의 유지

한쪽의 배우자가 외도한 것이 발각되었지만 부부가 같이 동거하면서 외도의 문제를 해결하려고 시도하는 경우다. 대체로 남성이 외도를 하면 여성이 한 번 참아 주는 해결책을 많이 추구한다. 그러나 여성이 외도하면 남성은 동거하면서 문제를 해결할 수 있는 기회를 주지 않는다. 가정 폭력이 발생할 수도 있고 아내가 남편을 피해서 다른 곳에 가 있을 수 있다.

(2) 별거하면서 부부 화합을 시도

부부가 서로 별거하지만 서로가 시간을 갖고 부부 문제를 해결하려고 시도하는 방

법이다. 이 방법의 장점은 일단 부부가 서로 떨어져 있으면서 서로에 대한 감정이 진정된 후에 부부의 외도 문제를 자녀나 사회적인 관계를 고려해서 어떻게 처리하는가에 관해서 이성적인 판단을 내릴 수 있다. 대체로 부부상담을 통해서 서로의 문제를 해결하고 화합해서 부부 관계를 새롭게 형성하려고 하는 부부들에게 이 방법을 권장한다.

(3) 별거

외도 문제로 인해서 부부들이 별거를 하고 부부의 관계를 정리하려고 하는 경우이다. 물론 별거하다 보면 자신들의 생각이 바뀔 수도 있겠지만, 배우자가 외도 상대자와의 사이에서 정서적인 친밀감 형성과 성관계가 동시에 이루어진 경우에는 서로 별거하면서 이혼 수순을 밟아 간다.

(4) 미확정 상태 유지

외도나 기타 갈등으로 인해서 부부 관계를 청산하려고 하는 태도에 있어서 부부 또는 한쪽의 의사가 불분명한 경우를 말한다. 필자의 경험에 의하면, 대체로 외도 후에는 많은 부부들이 이 분류에 속하는 경우가 많다. 즉, 앞으로 부부 관계를 청산하려고 하나 자녀들의 장래, 본가나 친부모들의 관계를 고려해서 이혼을 망설이는 경우가 많다. 이 경우에는 외부의 도움을 받거나 부부상담을 받아서 가장 최선의 방법을 선택해야 한다.

(5) 이혼으로 해결

상대방의 외도 사실을 알고 서로가 이혼을 결정하기로 합의하는 경우다. 이 경우에는 서로가 원만하게 해결을 해서 자녀들에게 부부 이혼이 미치는 영향을 최소화해야 한다.

외도 피해 당사자의 경우에는 심한 분노감, 배신감, 우울감, 슬픔 등의 여러 감정에 사로잡히면서 위기를 경험한다. 외도를 하다가 적발된 배우자는 초기에는 외도를 부인하는 경향이 있는데, 나중에는 자신의 외도 사실을 최소화하거나 어느 정도만 인정을 하면서 상대방에 대한 미안한 마음을 가지고 있다. 그리고 외도한 사람은 상대방에게 사과를 하려고 시도하지만, 피해 배우자는 그러한 사과를 초기에 받아들이고 수용하기보다는 자신이 느끼는 배신감 때문에 상대방의 감정을 받아들이지 못한다. 외도 부부들은 초기에 아주 많은 노력이 필요하다.

5. 부부 성교환

부부가 서로의 동의하에 상대방의 부부와 성관계를 맺는 것을 부부교환(swinging)이라고 부른다. 이전에는 아내교환(swapping)이라고 불렀는데, 이 말에는 남편이 아내의 주인이면서 주인이 자신의 소유를 교환한다는 남성 위주의 의미가 담겨 있어 부부들이 서로 동의하에 성을 교환한다는 성격과는 달라, 지금 미국에서는 사용하지 않는다. 그러나 우리나라는 아직도 'swapping'이라는 말을 공공연하게 사용하고 있다.

미국에서 1970년대와 1980년에는 약 5%의 부부들이 부부 성교환에 참여한 경험이 있다고 한다(Duckworth & Levitt, 1985). 부부의 성교환에 참여하는 사람들의 특징은 대체로 부유한 교외 지역에 살면서 성적으로 개방적인 태도를 가지고 지식층이면서 상류에 속하는 부부들이다. 이들은 서로가 모여서 성을 오락 삼아 즐기는 태도로 집단 섹스에 참여하고, 배우자에게 용인되었기 때문에 바람을 피운다는 생각을 하지 않는다. 이들은 오랜 부부생활을 해 오면서 관습적인 성생활을 깨고 새롭게 즐겨 보려는 돌파구를 찾는다고 한다. 그러나 문제는 성이란 오락처럼 즐길 수 있는 성격이 아니기 때문에 부부교환에 참여하고 난 후유증도 적지 않다. 특히, 우리나라 부부들도 부부교환 동아리를 조직해서 부부 집단 섹스를 즐기는 것이 사회문제화되고 있는 실정이다. 우리나라는 전통적인 성에 대한 보수성과 이중적인 성의식이 아직도 남아 있기에 여성들이 피해를 많이 볼 수 있고, 파트너를 바꾸어서 성적인 무료함을 돌파하려는 생각은 건강한 부부 성생활에 장기적인 도움이 되지 않는다. 왜냐하면 남의 아내나 남편과 성관계를 가지면 자연스럽게 성적인 기교나 성행동을 비교하게 되고, 남의 배우자와 성관계를 할 때는 새로움이나 호기심 등을 충족시킬 수 있지만 자신의 배우자와 성관계를 다시 시작하면 이전보다 더 지루하고 악화될 수 있어 결국은 부부 관계에 부정적인 영향을 줄 수 있다.

6. 개방 결혼

개방 결혼(Open Marriage)에 대한 정의는 부부가 자신의 배우자 외의 다른 사람과 성적·정서적인 친밀감을 가져도 좋다고 서로 동의하고, 소위 말하는 부부 외의 다른 여러 사람들과 공공연한 외도 관계를 유지하는 것을 말한다. 부부 성교환은 배우자가 아닌 다른 사람과 성관계를 즐기는 데 초점을 두지만, 개방 결혼은 자신의 배우자 외의 다른 사람들과 성생활도 즐기고 동시에 정서적인 친밀감을 형성하는 것을 서로가 동의하는 것이다. 물론 이런 현상이 이론적으로는 가능할 수 있겠지만, 실제적으로는 인간이란 상대방을 사랑하면 그 사람을 정서적으로도 소유하고 특별한 관계를 맺고 싶어 하는 것이 본능이기에 개방 결혼은 실제로 성립되기가 어렵다. 특히, 사회적으로도 도덕적 · 윤리적인 문제로 이런 개방 결혼을 허용하지 않고 있다.

7. 이혼

이혼율을 계산할 때 가장 많이 사용하는 방법은 해당 연도 혼인에 대한 이혼율로, 결혼 신고 건수 대 이혼 신청 건수를 계산하는 경우가 가장 흔하고, 조이혼율은 인구 1,000명당 이혼한 사람의 비율로 정하는 방식이어서 좀 더 정확하다. 미국의 성인들은 약 98%가 일생 동안에 한 번은 결혼을 하지만, 이들 중에 43%는 15년 내에 이혼으로 끝난다고 한다(Kalb, 2006). 즉 결혼하는 부부 두 커플 중 한 커플은 이혼으로 끝나는 실정이다. 미국에서는 이혼이 1980년과 1990년에 계속적인 증가를 보였는데, 이제는 현 상태를 유지 내지는 감소 추세로 돌아서고 있다. 이에 비해 우리나라의 이혼은 계속 증가세를 보여서 2002년도에는 이혼율이 47%까지 증가해서 미국의 이혼율과 별로 차이가 없는 현상을 보이고 있다.

가정 법률 상담소의 이혼에 관한 연구(2010)에 의하면, 한국인의 이혼 건수는 2000년 107,902건에서 2003년에 급증해서 150,993건이었는데, 2010년 91,861건으로 줄어들었다. 특히, 2003년에 조이혼율은 3.54명이고 혼인에 대한 이혼율이 53.39%이었는데, 2010년에는 조이혼율이 2.31명, 혼인에 대한 이혼율은 35.71로 나타났다. 이러한 현상은 우리나라 법정에서 이혼 숙려 기간 제도를 도입해서 이혼에 대한 최종 결정을 하기 전에 결혼 상담을 권장하는 제도의 영향도 있는 것으로 추정된다.

그러나 이혼율 증가는 전 세계적인 현상인데, 이혼율 증가의 원인으로는 이혼녀에 대한 사회적인 낙인이나 부정적인 태도의 완화, 여성의 사회 진출로 인한 경제적인 독립과 자립성 향상, 이혼 절차의 간소화, 결혼생활에서 가족의 전통 유지보다는 결혼생활의 만족에 역점을 두는 가치관의 변화, 결혼을 숙명적으로 받아들여야 할 백년가약이라고 생각하기보다는 서로 간의 합의적 계약이어서 한쪽에서 원치 않으면 가족을 해체해서 새롭게 시작할 수 있다는 분위기의 확산 등을 생각해 볼 수 있다. 특히, 부부가 성적인 생활에서 만족을 못 누릴 경우에는 일생 동안 불만족한 성생활을 하기보다 새로운 파트너와 만족한 성생활을 추구하려는 성에 대한 태도 변화도 이혼을 부추기는 사회적인 변화이다.

또한 10대에 결혼하거나 너무 일찍 결혼해서 심리적인 성숙이 되어 있지 않고 경제적으로도 어려움이 있을 때 이혼을 요구하는 경향이 많고, 부부의 학력이 낮을수록 이혼하는 부부들이 많다. 그러나 여성의 경우에는 박사 학위나 고학력의 소지자일수록 이혼하는 경향이 높다. 아직도 우리나라에서는 배우자의 외도, 배우자의 신체적 · 정신적인 학대, 부부 사이의 성격 차이, 고부 갈등의 악화, 남편의 무능과 술 문제 등이 여성이 이혼을 요구하는 원인이 되고 있다.

이혼한 부부들은 이혼이 자녀들에게 미치는 부정적인 영향 때문에 죄책감을 느끼고, 이혼 후에 정서적 · 성적인 외로움, 여성의 경우 경제적으로 어려워지는 현상 때문에 재혼을 한다. 그러나 재혼하는 부부들 중에는 상대방의 자녀 양육문제, 서로의 적응문제 등의 어려움 때문에 오히려 재혼한 가정의 이혼율이 약 75%에 도달하면서 더 많은 어려움을 경험한다.

부부 사이에 갈등이 있고 문제가 있을 경우에 사람을 바꾸어서 문제를 해결하려고 시도하는 것은 문제의 근본적인 원인을 상대방에게만 전가하려는 태도이다. 자신의 문제를 돌아보고 성찰해서, 자신의 문제를 해결하여 상대방과의 부부 관계를 개선하려고 노력해야 한다.

8. 황혼 이혼

최근 30여 년 이상을 산 부부들 사이에서 황혼 이혼이 급증하고 있다. 통계에 의하면, 우리나라에서는 한 해에 31만 명이 결혼하고 11만 명이 이혼한다. 이 중 20년 이상 결혼생활을 유지한 부부의 이혼(황혼 이혼) 건수가 3만 3천 건에 달해, 이혼자의 30%가 황혼 이혼에 해당한다고 볼 수 있다. 연령대로는 50대 후반에 이혼을 신청하는 경우를 말하는데, 여성 입장에서 이혼 사유를 보면 다음과 같다.

- 자녀들이 모두 결혼을 하여 부모의 이혼이 자녀의 결혼에 영향을 덜 준다.
- 가부장적이고 권위적인 남편, 가정 폭력 또는 외도하는 남편과 더 이상 살고 싶지 않다.
- 남편의 노후 연금이나 재산을 분배받아 경제적으로도 안정적인 삶을 살 수 있다.
- 애정 없는 결혼보다는 자유롭게 자신만의 삶을 누리고 싶다.

등이 황혼 이혼을 신청하는 주된 이유이다. 남성 입장에서도 애정 없는 결혼을 청산하고 싶은 마음이 강하지만, 여성들에게 이혼을 당하는 경우가 더 많다. 최근 황혼 이혼의 극복 방안으로 졸혼(卒婚)에 대한 관심이 있는데, '졸혼'이라는 말은 일본의 작가 스기야마 유미꼬가 지난 2004년 펴낸 『졸혼을 권함』이라는 책에서 처음 사용한 말로서, 부부가 서로 이혼하지 않고 독립적으로 자유롭게 살아가는 생활방식이다. 별거와 비슷하지만 각자의 사생활을 존중하면서도 남아 있는 감정적인 유대감을 유지한다는 서로의 약속이다.

황혼 이혼에 대한 자녀들의 입장은 양가적이다. 부모님이 행복해지기를 바라는 마음에서 부모의 이혼을 수용하지도 하지만, 현실적으로 누가 부모를 모실 것인가, 부모의 재산 분배를 어떻게 할 것인가 등 민감한 사항들이 있기에 자녀들은 선뜻 동의하지는 못한다.

황혼 이혼에 대한 가장 좋은 해결책은 그동안 쌓아 온 한이나 감정을 혼자서 해결하려 하지 않고 부부상담가를 찾아가 부부의 문제를 해결하려고 노력해서 행복한 결혼을 회복하는 것이다. 필자의 경험에 의하면, 부부들이 상담을 통해 부부 관계를 개선하려고 노력하면 90% 이상이 좋은 결과를 얻었다. 현재 우리나라는 여성 단체, 가정상담소 등을 통해서 무료 상담이나 무료 부부 캠프 집단 상담을 받을 수 있다.

토론

1. 만약 애인과 동거를 한다면 동거의 좋은 점과 나쁜 점은 어떤 것이 있겠습니까? 함께 이야기해 봅시다.

제19장

노년기의 성

우리나라에서는 전통적으로 60세가 되면 환갑잔치를 베풀어 주고 노인 대접을 해주었다. 그리고 노인들을 이제 섹스를 초월한 사람으로 간주하고, 60대 이후에 성관계에 대해서 관심을 가지면 '주책 떠는 늙은이'처럼 취급했다. 물론 현재는 60세를 노인으로 간주하지는 않지만, 아직도 성적인 면에서는 이제 성생활이 끝난 사람들이라고 여기는 분위기가 변하지 않은 것 같다. '노인들은 성에 관심이 없을 것이다.'라는 기대는 다른 나라에서도 마찬가지다(Kellett, 2000).

노인들의 성적인 관심은 과연 60세 이상이 되면 끝나는 것일까? 60세 이상의 노인들을 상대로 성적인 관심에 대해 연구한 결과, 61%의 응답자는 자신들의 성적인 생활은 40대와 비슷하거나 신체적으로도 더 만족한다고 응답했다(Cutler, 1999).

이러한 결과로 미루어 보면 노인의 성생활을 논의할 때 흑백논리로 접근하는 것은 맞지 않다. 노인도 자신의 신체적 · 심리적 상태에 따라서 얼마든지 적응하면서 만족한 성생활을 누릴 수 있다.

1. 노인의 성에 관한 태도

1) 노인의 성에 대한 부정적 시각

우리나라 사회에서 노인들이 성을 즐기거나 관심을 가지면, '저 노인은 섹스를 밝히는 노인이야!' 라고 하면서 부정적인 시각으로 바라본다. 특히, 성은 젊은이들이나 관심이 있는 것이며 노인들은 성에 대해서 초월해야 성숙한 상태에 도달했다고 생각하는 경향이 많다. 이러한 사회적인 분위기 때문에 노인 당사자들도 성생활을 일찍 포기하거나 체념하는 사람들이 많다. 노인들의 성적인 욕구와 성생활에 대해서 부정하려는 태도는 우리나라에만 한정된 현상이 아니고 외국에도 이러한 경향이 있다(Mathias-Riegel, 1999). 그러나 노인들은 한층 더 성숙한 깊은 인간관계를 포함한 전인적인 성생활을 할 수 있는 단계에 있다는 것을 알아야 할 것이다.

2) 성에 대한 이중적인 경향

우리나라 노인들 사이에서는 남성이 성욕구가 강하면 핀잔을 받지만, 성적인 기능을 제대로 발휘하지 못해도 '빛 좋은 개살구' 라는 식으로 실속이 없는 남성에 대해서 압박감을 준다. 대체로 남성은 노인이 되어도 성기능이 정상이어야 자존심을 가질 수 있다. 또한 남성은 이성에게 여전히 매력을 느끼고 관심을 갖고 싶어 하는 경향이 있다. 그러나 여성은 성적인 기능에는 별로 관심이 없고, 여성으로서 이성 남성의 관심을 받지 못하면 상처를 받을 수 있다. 즉, 남성은 노인이 되어도 성적인 기능과 이성에게 매력을 가질 수 있는가가 자신의 자존심을 세우는 중요한 요인이 되는 데 반해, 여성은 남성에게 아직도 자신이 관심의 대상이 될 수 있는가가 긍정적인 자존심에 영향을 준다는 것이다. 겉으로 보기에 여성은 나이가 들면 남성을 싫어하고 멀리할 것 같지만 이성에게서 관심을 받고 싶은 마음은 변함이 없다(Stimon et al., 1981). 노인 여성의 성에 부정적인 편견을 갖게 한 면에서는 미디어의 역할도 크다. 즉, 노인 여성은 아직도 자녀나 다른 사람들을 보살펴 주는 존재, 아니면 소위 늙은 여우같이 묘사를 하기도 한다. 여성 배우들은 40세 이상이 되면 겨우 9%만 영화 활동을 하는 것에 비해서 남성 배우는 동일한 연령에도 불구하고 30%가 활발한 연예 활동을 한다(Jeffery, 2006). 노인 여성에 대한 사회적인 성적 편견에서 벗어나는 것이 중요하다.

3) 여성의 주름은 기피 대상이고 남성의 주름은 권위의 표현

여성이 나이가 들면서 주름이 늘고 피부가 탄력을 잃게 되면 부정적인 인상을 준다. 그러기에 나이가 들어도 주름살을 없애기 위해서 여성들은 돈을 들여 수술을 받기도 한다. 그러나 남성은 노화 과정의 상징인 주름이나 흰머리를 오히려 경험과 경륜의 대상으로 긍정적으로 보려는 경향이 강하다. 남성 백발노인은 권위가 있어 보이지만, 여성 백발노인은 초라하게 보인다. 나이가 든 여성의 신체적인 변화는 대체로 부정적으로 바라보지만, 남성의 신체적 변화는 연륜으로 바라보려는 성차별적인 경향이 있다.

4) 연하 여인과의 결혼은 축복이지만, 연하 남성과의 결혼은 비난의 대상

우리 사회는 60세의 남성이 30세의 여성과 결혼을 해서 새살림을 꾸민다면 그 노인에 대해서 부러운 시선으로 보지만, 반대의 경우로 60세의 여성이 30세의 남성과 결혼한다면 비난의 대상이 되어 버린다. 즉, 남성과 여성에 대해서 여전히 이중적인 잣대로 바라보는 경향이 있다. 그러나 이러한 추세는 점차 사라져서 우리나라에서도 연하의 남성과 데이트하거나 결혼하는 건수도 점차 늘고 있는 추세이다. 외국의 경우 40세 이상의 여성 중에는 약 34%가 연하의 남성과 데이트를 한다고 보고했다(Crooks, 2005). 이렇듯 여성이 연하의 남성과 교제하는 것을 점차 자연스럽게 받아들이고 있는 풍조이다. 실제로 성기능적인 면에서 보면 남성은 나이가 들면서 성기능이 저하되고 여성은 성에 대해서 적극적으로 변하기에, 성적인 면에서 본다면 여성이 남성보다 나이가 많아야 어느 정도 조화를 이룰 수 있다.

2. 노인의 성생활

노인들이 성생활을 원하고 성생활 때문에 문제를 제기하면 부정적으로 바라보는 경향이 있는데, 실제로 노인들의 성생활에 관한 연구가 많지 않기에 노인들의 침실에서 어떤 현상이 일어나는지는 잘 알 수 없다. 필자가 상담한 경험에 의하면, 우리나라의

70대 부부들 중에도 아내는 성생활을 원하는데 남편이 자주 성관계를 갖지 않아서 불만인 경우를 경험했다. 또한 노부부의 경우에 아내와 부부싸움을 하는 남편은 자위를 통해서 자신의 성적인 욕구를 해결하기도 했다. 우리나라 노인들은 성에 대한 보수적인 태도가 강하기에 노인들을 상대로 성생활에 대한 실태조사를 하기란 매우 어렵다. 외국에서 조사한 노인들의 성생활에 관한 연구를 보면, 노인이 되어도 성생활은 그들의 생활에 아주 중요한 부분이고 젊었을 때보다 다양한 방법으로 성생활을 즐기는 것으로 조사되었다. 또 성생활도 노화 과정의 자연스러운 부분으로 받아들이면서 자신의 삶에서 중요한 부분이라고 생각한다고 한다(Johnson & Scelfo, 2003).

1) 노인의 성생활 빈도

노인의 성생활 빈도는 아무래도 젊은 시절에 비해서 줄어드는 것이 사실이다(〈표 19-1〉 참조). 대체로 나이가 늘면 성호르몬의 분비가 줄어들고 신체적인 건강이 악화되기에 점차 성교 횟수가 감소한다. 그러나 노인의 연령에 따라서 다르겠지만 한 달에 1회 이상 성교를 하거나 자위행위를 즐긴다고 한다.

미국에서는 50대에도 성 전파성 질환이나 에이즈 환자가 증가하는 추세를 보고, 50대에도 왕성한 성생활을 한다고 추정하기도 한다. 우리나라는 남성 노인들이 정력에 아주 많은 관심을 가지고 정력이 좋다고 하면 많은 돈을 투자하고 있고, 노인들의 성추행이 늘어나고 있는 추세인 것을 보면 노인들의 성적인 욕구가 아직도 건재하다고 추정해 볼 수 있겠다. 실제로 우리나라에서 환갑잔치를 거의 하지 않는 풍조를 보면 자신들이 노인이라고 불리는 것을 꺼리는 것으로 보인다. 또한 이에 걸맞은 성생활에 대한 기대를 가지고 있을 것이라고 추정할 수 있다.

| 표 19-1 | **노인들의 성관계 정도**

	남성(%)	여성(%)
60대에 성관계하는 사람들	71%	51%
70대에 성관계하는 사람들	57%	30%
80대에 성관계하는 사람들	25%	20%

출처: Dunn & Culter (2000).

2) 노인 성생활의 질적 향상을 위한 방법

인간 성생활의 만족도는 성적인 횟수나 빈도 등 양적인 요소 외에도 성생활의 다양성, 성생활을 즐기는 정도, 성생활을 통한 서로 간의 친밀감 공유 등 아주 많은 질적인 요소로도 나타낼 수 있다. 노인들의 성생활을 질적으로 유지하기 위해서는 다음과 같은 요인들이 중요하다.

(1) 정기적인 성생활이 필요하다

젊은 사람들이건 나이 든 노인이건 간에 정기적으로 성생활을 하는 사람들은 장기적으로 성생활을 즐길 수 있다. 정기적인 성적 표현을 하면 우리 신체가 그에 따라서 적응할 수 있기에 성기능이 유지될 수 있다(Masters & Johnson, 1966). 자신의 성기능을 실험하기 위해서 바람을 피우거나 젊은 여성과 과도한 성생활을 하기보다는 자신의 배우자와 정기적인 성생활을 하는 것이 성적인 장수를 누리는 비결이다. 노인이기에 성생활을 포기한다든지, 성에 대해서 부정적인 생각을 가져서는 안 된다. 인간은 죽을 때까지 어떤 형태로든 성을 즐길 수 있도록 창조되었다.

(2) 다양한 성생활이 필요하다

노인들을 상대로 조사한 바에 의하면, 나이 든 노인들의 62%가 자위행위를 자신의 성생활 일부로 수용하는 태도를 보였다(Brecher, 1984). 자위행위 역시 나이가 들수록 여성보다는 남성에게서 더 감소하는 경향을 보이는데, 이는 여성은 혼자되었거나 남자가 가능하지 않을 때 자위를 통해서 안전하게 성적인 욕구를 충족할 수 있기 때문이다. 대체적으로 노인들은 자위행위를 부끄럽게 생각하거나 심지어는 죄악시하는 경향이 있는데, 자위행위는 남에게 피해를 주지 않으면서 자신의 성적인 욕구를 충족할 수 있는 건전한 방법이다. 자위행위에 대해서 부정적인 시각을 수정해야 한다.

(3) 신체 건강 유지가 중요하다

노인들이 만족한 성생활을 유지하려면 신체 건강 유지가 필요하다. 보약이나 약물보다는 걷기, 조깅, 수영, 골프 등 노인들의 신체에 맞는 운동을 통해서 건강을 유지하는 것이 더 중요하다. 부부 사이에 성생활을 오랫동안 즐기는 것은 결혼의 만족도뿐만 아니라, 개인적인 삶의 만족도를 높이는 중요한 척도가 된다는 것을 알아야 한다.

(4) 빈도보다는 질적인 성생활을 강조할 것

인간의 성은 본래 단순히 오르가슴을 달성하는 것보다는 성을 통해서 서로가 몸과 마음을 개방해서 친밀감을 느끼고 유지하는 데 목표가 있다. 부부들이 결혼 초기에는 오르가슴을 더 강조하기에 친밀감이나 성행동의 과정에 소홀히 하는 경우가 많다. 그러나 나이가 들면 이제는 질적인 면에서 성행동을 개선하고 강화해야 한다. 어떤 노년 부부들은 질에 중심을 두는 성생활을 하다 보니 자신들의 성생활이 더 향상되었다고 보고하기도 한다. 노년기에 질적인 성생활을 향상하기 위해서는 다음 사항을 유의할 필요가 있다.

① 성기관의 접촉보다 서로 신체적인 접촉을 증가할 것

노년에 질적인 성생활을 향상시킨 부부들은 서로 키스하기, 껴안기, 상대방의 신체를 마사지 해 주기, 신체를 부드럽게 만져 주기 등의 신체적인 접촉을 많이 한다. 이런 시간을 갖기 위해서 부부들은 충분한 시간을 가지고 외부의 방해를 최소화할 수 있는 분위기가 필요하다.

② 성생활 분위기를 개선할 것

젊은 시절에는 아이들에게 발각될까 봐 부부들이 속전속결로 성관계를 하는 경우가 많다. 그러나 노년에는 부부 둘이서 마음대로 여유를 가지고 즐길 수 있는 공간과 시간이 있기 때문에 이제는 분위기를 바꾸어서 성관계를 하는 것도 재미가 될 수 있다. 즉, 촛불을 켜 놓기, 좋아하는 음악 듣기, 포도주 마시기, 아로마 향기 피우기 등 여러 방법으로 성생활 분위기를 바꾸어서 여유 있게 즐길 수 있다. 부부가 서로 창조적인 아이디어를 동원해서 멋있는 성생활을 할 수 있다.

③ 다양한 성교 방법에 개방적일 것

대체로 우리나라 부부들은 남성 상위 체위를 가장 많이 하는 편이다. 그러나 노년에 들면 이제 체위를 여성 위주로 바꾸거나 성기에 의한 성교보다 다양한 자극을 주고받도록 할 수도 있다. 예를 들면, 서로가 서로를 자위해 주기, 혀로 상대방의 성기 자극하기, 성기구 사용하기, 젤리 사용하기, 전기 진동기 사용하기 등으로 멋있는 성관계를 즐길 수 있다. 특히, 남성의 발기가 어려운 경우에 성기 삽입에 의한 성교보다 위에서 소개한 방법을 사용하면 얼마든지 오르가슴을 달성할 수 있다.

④ 성적인 환상 사용하기

성적인 환상을 사용하면 부부들은 노년기에도 멋있는 성생활을 할 수 있다. 예를 들면, 서로가 종이에 젊은 시절 부부가 성관계를 하면서 멋있었던 장면의 목록을 써서 교환하고, 그중 서로가 자극이 되는 장면을 선택할 수 있다. 처음 성교를 했던 장면을 연상하면서 성관계를 갖기로 했다면, 그 장면을 더듬어 서로가 처음 만났다고 연상하며 그 장면을 반복하면서 성감에 몰입한다. 그러면 자극이 될 수 있고 멋있는 성생활을 할 수 있다. 또는 그림을 보면서, 숲속에서, 또는 차 안에서, 공원에서 등 서로가 자극이 되는 장면에서 성관계를 갖는 것을 상상하며 멋있는 성을 즐길 수 있다.

⑤ 상대방이 원하는 성적인 포즈를 선물로 주기

노년기에 성적인 친밀감을 즐길 수 있는 또 다른 방법은 상대방을 위한 특별 기획이다. 즉, 서로가 상대방에게 원하는 성적인 포즈나 장면을 알려 준 후에 서로 원하는 장면을 연출해 주는 것이다. 만일 남편이 아내가 스트립쇼를 해 주기 원한다면 아내는 남편을 위해서 음악도 틀어 놓고, 끼를 동원해서 남편을 위한 스트립쇼를 멋있게 할 수 있다. 남편과 같이 샤워하기, 남편이 아내를 성적으로 유혹하기 등 여러 가지 방법들이 있을 수 있다.

노년기에 접어들면 이제 성생활과 결별한다는 생각을 버려야 한다. 우리의 신체는 어떤 생각을 가지고 운전하는가에 따라서 반응하게 되어 있다. 즐거운 마음과 건강한 신체와 창조적이고 개방적인 성적 태도를 가진다면 얼마든지 멋있는 노년기의 성생활을 유지할 수 있다.

3. 홀로된 노인의 성생활

남녀의 평균 수명을 보면 남성이 대체로 여성보다 짧기에 여성이 노년에 홀로될 확률이 많다. 남성이 노년에 홀로되면 대체로 자신보다 나이가 젊은 여성과 새로운 살림을 차리거나 데이트를 하는 경향이 있다. 그러나 홀로된 여성은 대체로 동년배로 데이트를 할 수 있는 남성이 적다. 때문에 연하의 남성과 데이트를 해야 하겠지만, 여성 노인이 젊은 남성과 교제하는 것에 대한 부정적인 시각이 많아서 혼자 지내는 여성들이 많다. 또한 여성들이 남성과의 관계에서 만족하지 못한 경우에는 남성과 교제하는 것에 대한 부정적인 시각이 있어 남성과의 교제를 적극적으로 회피하기도 한다.

80~102세의 건강한 노인들 200명을 상대로 성적인 욕구에 대한 조사를 한 결과, 약 88%의 남성과 72%의 여성이 과거나 현재의 성생활에 대한 환상을 갖고 있는 것으로 나타났다(Mulligan & Palguta, 1991). 즉, 홀로된 노인이라고 해서 성생활에 대해 전적으로 단절하고 사는 것이 아니라는 것이다. 사실 인간으로서 성적인 욕구는 자연스러운 현상이기에 홀로된 노인들이 성적인 욕구를 느낀다고 하여 전혀 부끄러워할 필요가 없다. 홀로된 노인들은 성적인 욕구를 느낄 경우에 적절한 파트너가 없으면 자위를 통해서 성적인 욕구를 해소할 수 있다. 대체로 노인들은 나이가 들수록 자위행위에 대해서 더 수용적인 태도를 보인다고 한다.

4. 노년기 성역할의 변화

남녀는 30대가 되면 각각 남성과 여성의 호르몬의 분비가 줄어들어 상대적으로 남성과 여성의 남녀 성호르몬 분비 차이가 점점 줄어들기 시작한다. 노년기에 들어서면 이러한 경향이 더 두드러지기에 이러한 호르몬의 변화는 남녀의 성역할에도 변화를 준다. 즉, 남성호르몬의 분비가 줄어들어 상대적으로 여성호르몬 분비가 많은 남성은 여성처럼 성격이 좀 더 온순해지고, 감정을 언어로 표현하고, 부부 관계에서도 성적인 오르가슴보다는 친밀감을 추구하는 면으로 변화를 가져온다. 여성은 나이가 들면 남성호르몬이 상대적으로 많이 분비되기에 성격이 더 적극적으로 변하고 성적인 욕구도 강하게 표현하고 좀 더 개방적이 된다. 특히, 여성들은 노년기에 자신의 의견을 더 적극적으로 주장하기에 남성의 입장에서 보면 젊은 시절의 아내 모습을 연상하면서 거센 여성이 되었다고 한탄할 수 있다. 그러나 이런 현상은 노년기의 특징이기에 남성들이 수용해야 한다. 특히, 젊은 시절 남편에게 억눌려 살았던 아내들은 심한 경우 노년기에 남편을 구박하기까지 하면서 자신의 한을 풀어내기도 한다. 남편들이 노년기에 아내에게 존경을 받으려면 젊은 시절에 아내를 존중하고 아껴 주어야 한다. 노부부들이 노년기에 이러한 자신의 신체적·심리적 변화를 예상하고 상대방의 관점을 더 잘 이해할 수 있는 면에서 융통성 있게 행동하면 부부가 더 친밀해지고 만족한 성생활도 즐길 수 있다. 특히, 노년기에는 부부 사이에 정서적인 친밀감을 발전시키도록 서로가 노력해야 된다.

5. 노년기 동성애자들의 관계

성적 지향성에 관계없이 인간은 나이가 들면, 성적인 관계나 행동에서 변화를 경험한다. 연구들에 의하면, 게이와 레즈비언 노부부들은 이성적인 부부들에 비해서 노년 준비를 더 잘하고 적응도 더 잘한다고 한다. 왜냐하면 이들은 사회적으로 자신의 존재를 숨기거나 낙인을 회피하면서 살아왔기에 오히려 동성애 부부 사이에 유대감이 강하고, 또한 이들이 속한 동성애 사회에서 서로의 지지가 강하기 때문이다(Crooks & Baur, 2011). 성인 게이들은 파트너를 덜 바꾸고, 75%는 현재의 파트너에게 만족하는 편이며, 이들은 자신들이 속한 사회에서 같이 어울리면서 비교적 잘 적응하고 있다고 한다(Berger, 1996). 성인 레즈비언을 상대로 한 연구에서도 여성들은 평균 수명이 남성에 비해 더 길기 때문에 이성과 사는 노인 여성에 비해서 과부가 될 확률이 더 적다고 한다. 여성 동성애자들은 남성에 비해 여성의 신체적인 매력을 상대적으로 덜 중요시하기에 이들의 관계는 더 안정되고 오래 지속되며, 한 사람이 사별해도 파트너를 찾는 데 비교적 어려움이 적다고 한다(Berger, 1996).

토론

1. 영화 〈죽어도 좋아〉를 보고 감상을 나누어 봅시다.

다양한 성행동, 기법과 성기능장애

제20장

다양한 성생활과 기법

프로이트가 인간의 본능은 성적인 추동과 만족이라고 주장했듯이, 인간은 성적인 쾌감과 만족을 추구하기 위해서 많은 시간과 에너지를 투자하고 있다. 인간은 단순히 종족을 보전하기 위해서 성관계를 맺는 것이 아니고 상대방과의 친밀감과 사랑을 나누기 위해서 성생활을 영위한다. 그러나 성적인 만족을 느끼는 방식은 기존의 남녀 사이에서 이루어진다는 통념을 떠나서 다양한 방법이 존재한다.

1. 금욕생활

신체적으로 성숙한 성인이 다른 성행동을 하지 않는 것을 금욕생활(Celibacy)이라고 한다. 그러나 금욕생활은 두 가지 형태가 있는데 한 가지 방법은 자위행위 등을 포함해서 전혀 성생활을 하지 않는 철저한 금욕생활이고, 또 하나는 타인과의 성생활은 하지 않지만 혼자서 자위행위 등으로 자신의 성적인 욕구를 충족하는 부분적 금욕생활이다.

대체로 종교적인 집단에서는 신부나 수녀가 되는 과정에서 금욕생활을 할 것을 선서하고, 성적인 에너지나 관심을 남을 위해서 봉사하고 사랑하는 데 사용하도록 한다(Abbott, 2000). 역사적으로 보면 금욕생활을 선언하고 성적인 행동이나 아이 생산에서 해방되어서 자기 개발이나 사회봉사 등으로 자신의 삶을 산 여성들이 있다. 그 대표적인 예가 테레사 수녀이다.

우리나라에서는 전통적으로 여성이 결혼 전에는 금욕생활을 할 것을 기대하고 혼전에 성관계 경험이 있으면 흠집 있는 여성이라 하여 거부당하기도 하였다. 그러나 이제는 성적으로 많이 개방되어서 금욕생활이 결혼을 위한 방법이라기보다는, 성 전파성 질환이나 치명적인 에이즈가 유행하는 상황에서 감염으로부터 보호하기 위해 결혼 전까지 금욕생활을 하는 분위기로 바뀌었다.

금욕생활은 개인적인 차원을 떠나서 치료 목적으로도 사용되는데, 예를 들면 마약이나 알코올중독자들은 대체로 중독이 되어 있는 동안 성적으로 문란한 행동을 하기에 치료 기간에는 금욕생활할 것을 권유하기도 한다.

개인에 따라서는 금욕생활을 하면 자신이 하고 싶은 일에 전념할 수 있고 남녀 관계에 신경을 쓸 필요가 없어 금욕생활을 즐기는 사람들이 있지만, 금욕생활을 하면 신체적인 접촉에서 느끼는 애정이나 친밀감을 경험할 수 없어서 만족하지 못하는 사람들도 있다. 금욕생활은 한시적으로 부부가 별거할 경우나, 결혼 전 등 여러 경우에 사용될 수 있는 좋은 방법이다.

2. 몽정과 성적인 환상

1) 몽정

몽정은 'wet dream'이라고 해서 수면 중에 성교나 이성의 신체에 관한 꿈을 꾸면서 성적으로 흥분해서 사정하는 경우를 말한다. 특히, 성적으로 호르몬 생산이 왕성한 사춘기의 청소년들에게서 흔히 일어나는 자연스러운 현상이다. 대체로 사춘기에 몽정을 하면 창피하게 느끼거나 비정상적으로 생각해서 몽정 사실을 감추려고 하는 청소년들이 있는데, 몽정을 정상적이고 건강한 사람들의 성반응으로 받아들여야 한다. 몽정은 남성만 하는 것이 아니고 여성도 경험할 수 있다. 즉, 여성도 성적인 꿈을 꾸면서 오르가슴을 느낄 수 있는데, 여성의 경우에는 신체적으로 구체적인 흔적이 남지 않기에 확인하기는 쉽지 않다.

2) 성적인 환상

성적인 환상이란 꿈, 공상, 자위행위, 또는 성교 도중에 파트너와 성행위하는 것을 상상하는 것으로 흔히 일어나는 현상이다. 성적인 환상에 관한 연구에 의하면, 약 95%의 남녀가 성적인 환상을 경험했다고 보고했다(Leitenberg & Henning, 1995). 성적인 환상 내용은 성에 관한 신체적인 접촉, 성기관, 성교 장면 등 다양하다. 성적인 환상은 대체로 사회적 또는 상대방으로부터 금지되어 있는 내용이 많다. 즉, 옛날 애인을 상상할 수도 있고 집단으로 성관계를 하는 장면을 연상할 수도 있다.

(1) 남녀의 성적인 환상의 차이

성적인 환상의 내용에 관한 남녀 차이에 관한 연구에 의하면, 다음과 같은 차이를 보인다(Leitenberg & Henning, 1995).

- 남성의 환상은 좀 더 적극적이고 여성의 신체에 집중이 되어 있으며 자신이 원하는 성적인 면에 집중이 되어 있으나, 여성의 환상은 좀 더 수동적이고 자신의 신체에 집중이 되어 있다.
- 남성은 성행위, 나체, 신체적인 만족에 관심이 있고, 여성은 정서적인 관계와 로맨틱한 면에 관심이 있다.
- 남성은 여성보다 여러 대상과 집단 성행위하는 것에 관심이 더 많다.
- 남성은 좀 더 지배적이고 통제하는 상황을 상상하고, 여성은 복종적인 환상을 상상한다.

(2) 성적인 환상이 도움이 될까, 해로울까

대체로 사람들은 성적인 환상을 하기에 이는 정상적이라고 할 수 있는데, 그 내용이 아주 엽기적이면 문제가 될 수도 있다. 성적 환상은 성적인 욕구 저하를 느끼는 부부의 치료에 많이 사용된다. 성적인 환상은 성관계 도중에 대체로 성적인 흥분을 강하게 하고 오르가슴을 느끼도록 도와준다.

그러나 성적인 환상은 자신에게는 도움이 되지만 이 내용을 상대방에게 공개하면 문제가 될 수 있다. 즉, 대학생들을 대상으로 한 성적인 환상에 관한 연구에 의하면 자신이 성적인 환상을 하는 것은 성관계에 도움이 되니까 문제될 것이 없지만, 상대방이 자신 외에 다른 사람과 성관계하는 것을 상상하면 자신에게 충실하지 않은 것이라고 부정적인 반응을 보였다. 또 배우자 외의 대상과 성관계를 하는 성적인 상상에 대한 내용을 공개하면 그 대상에 대해서 질투심을 야기하는 등의 부정적인 반응을 보였다(Yarab & Allgeier, 1998). 우리나라 부부나 애인 관계의 사람들은 성적인 대상에 있어서 좀 더 보수적이기에 자신의 성적인 파트너가 환상 속에서 다른 사람과 성관계한다는 것을 공개하면 더 부정적인 반응을 보일 것이다.

그러나 성적인 환상을 행동으로 옮기는 경우는 많지 않다. 특히, 여성은 성관계 도중에 옛날 애인을 연상할 수 있지만 거의 행동으로는 옮기지 않는다. 배우자 외의 다른 대상을 항상 상상하는 것은 문제가 될 수 있지만 가끔 성적인 분위기를 바꾸기 위해서 하는 상상은 부부들의 성생활에 활력소가 될 수 있다.

3. 자위행위

1) 자위행위에 대한 역사적인 배경

자위행위는 글자 그대로 스스로를 위로하는 성행위를 뜻한다. 영문으로 마스터베이션은 원래 라틴어 동사 마스터베어에서 유래했는데, 이는 '손으로 더럽히거나 오염시킨다.'는 뜻이었기에 최근까지도 수음이라고 번역되었다. 그래서 자위행위는 인간의 다양한 성행동들 중에서 가장 빈번히 나타나는 행위이지만 상대방과 이야기하기 가장 힘든 분야이다. 대부분의 사람들은 이러한 행위에 대하여 아무런 잘못이 없다고 믿을지라도 불안이나 죄의식, 수치감, 또는 두려움 등의 반응을 보인다. 그러한 부정적 견해는 바로 수천 년간 지속되어 온 유태교 및 기독교적 사고방식에 기인한다. 즉, 성행위는 자손을 생산하기 위한 목적에서 행해져야 한다고 주장하였고 자위행위는 이러한 목적을 달성할 수 없기에 저주하였다(Wiesner-Hanks, 2000). 특히, 18세기 중반에는 유럽의 의사인 사무엘 티숏(Samuel Tissot)이 정자는 피에서 생성되는데 정자를 상실하면 건강을 해친다고 주장했다. 이러한 견해가 오랫동안 유럽과 북미 대륙을 지배하게 되었다. 1918년에 발간된 사전에는 자위행위를 하면 약해지고, 손발에 이상이 오며, 실명

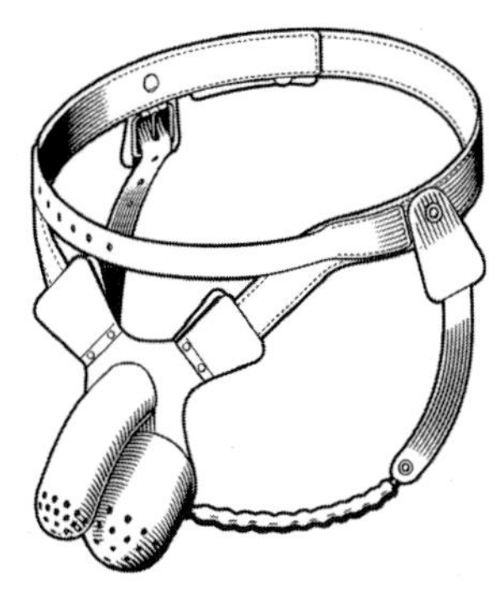

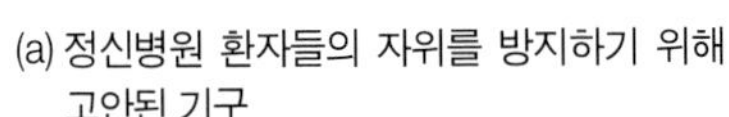
(a) 정신병원 환자들의 자위를 방지하기 위해 고안된 기구

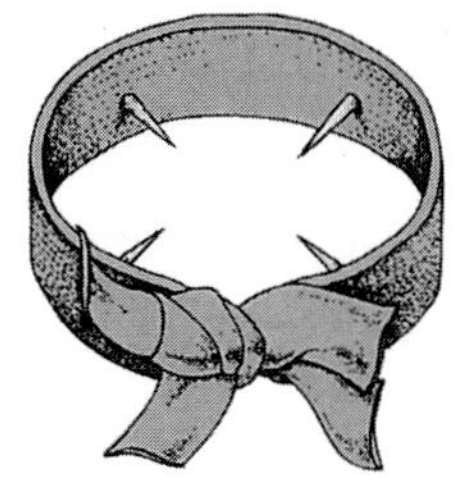

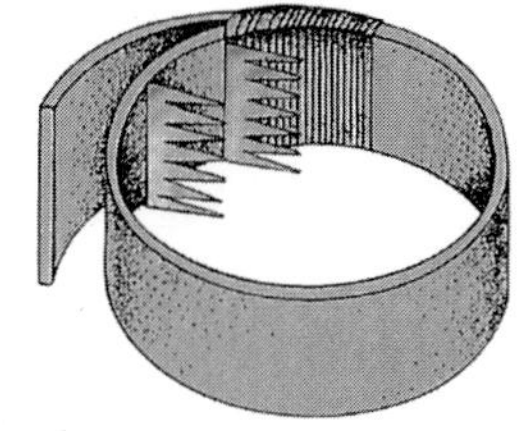

(b) 자위를 억제하기 위해 고안된 도구들

| 그림 20-1 | **자위행위를 방지하기 위한 장치**

할 수도 있고, 불면증 등에 걸릴 수 있다고 기술하고 있다. 자위행위를 방지하기 위해서 밤에 잘 때 남성의 손을 묶기도 했고 도구를 만들어 착용하도록 했다([그림 20-1] 참조).

그러나 자위행위가 정신 및 신체 질환의 주요한 원인이라고 여기던 견해는 20세기 초반에 들어와 자위행위의 증거를 객관적으로 검증한 최초의 인물인 '엘리스'에 의해서 반박되었다. 그는 1905년 '건강하게 태어난 아이가 단순히 자위행위를 한다고 하여 어떤 신체적인 해를 경험한다.'는 결론은 믿을 만한 증거가 없다고 주장했다. 엘리스는 자위행위가 잘못 인식되었다고 지적하며, 자위행위와 같은 자기자극 행위는 인간뿐만 아니라 다른 동물들에게서도 나타나는 보편적이며 일반적인 현상이라고 언급했다.

프로이트와 대부분의 정신분석가들은 자위행위가 건강을 해치지 않고 정상적인 발달 과정에서 보이는 행위라고 보았다. 그러나 성인기에 들어와서도 자위행위를 너무 과도하게 하면 성적인 발달이 아동기에 고착되어 미숙하고 타인들과 정상적인 성관계를 유지할 수 없으며, 여성들의 자위행위란 주로 음핵만을 자극하는 반응이기 때문에 질 내에서 쾌감을 얻을 수 있는 강도를 줄인다고 언급하였다.

1940~1950년대에 실시한 킨제이 보고서에서는 남성의 92%와 여성의 62%가 자위행위를 한다고 조사되었다. 그러한 사실은 세상을 떠들썩하게 만들었으며, 전문인들이나 종교계의 지도자들은 자신들의 견해를 변화시켜야 했다. 킨제이의 보고 결과에 따라 수 세기 동안 도덕적 비행 혹은 신체적 위험 행위로 보였던 자위행위에 대한 평가가 관대해지기 시작하였다. 이제 오히려 자위행위를 성적 긴장감의 방출에 필요하다고 여

기게 되었다. 그러나 아직도 자위행위에 대한 죄의식이나 불안감의 문제가 남아 있는데, 킨제이는 이러한 부정적 사고나 반응을 수천 년 동안 자위행위를 비정상으로 여겼던 사회화 과정의 유산으로 보았다. 이제는 자위행위를 인생의 어느 단계, 어느 연령, 어느 누구든지 표현이 가능한 행동으로 여긴다. 곧 인생에서 가장 최초로 발달하는 정상적이고 건강한 성적 표현의 형태라는 것이다.

가톨릭에서는 서거한 교황 요한 바오로 2세가 1993년 자위행위를 부정한 것이라고 부정적인 견해를 밝혀서 가톨릭 신자들 중에서는 종교적인 신념 때문에 자위행위를 금하기도 했다.

2) 자위행위의 목적

자위행위를 하는 가장 큰 목적은 성적인 긴장감을 방출하기 위한 것이다(Michael et al., 1994). 특히, 우리나라에서 결혼 전의 청소년들이나 대학생들은 자신의 성적인 긴장을 해소하고 즐거움을 느끼기 위해서 자위를 한다. 특히, 남성은 대학생 시절에 성적인 긴장을 많이 느끼고, 이성보다는 혼자서 자신의 성적인 욕구를 충족하기 위해서 자위를 한다. 결혼한 부부들도 별거하는 경우나 여행으로 잠시 떨어져 있는 경우에 자위로 성적인 긴장을 풀 수 있다. 필자가 부부들을 상담한 경험에 의하면, 부부들이 사이가 안 좋은 경우에는 서로 성관계를 갖지 않는 경우가 있는데, 이때 남성들은 자위를 통해서 성적인 긴장을 해소한다는 것을 들을 수 있었다.

성인들에게 자위행위는 질병, 임신, 성욕 저하로 성적 파트너와 성교가 불가능하거나 성적 파트너가 없을 때 성적 긴장으로부터 위안을 주는 기능을 한다. 또 생리통을 경험하는 여성들에게도 자위행위를 통한 쾌감은 매우 효과적이다. 이렇게 자위행위는 성적 만족을 얻거나 성적 표현을 하는 데 있어서 매우 안전하지만, 죄의식이나 불안을 초래한다면 개인에게 유해할 수 있다.

성기능장애를 치료하기 위해서 자위행위를 남성이나 여성에게 치료적으로 이용하기도 하고, 부부가 같이 자위행위를 할 수 있도록 하기도 한다. 성교육을 하면서 성에 대한 부정적인 견해를 가진 사람들에게는 자신의 신체에 대해서 편안한 마음을 느끼도록 하기 위해서 자위행위를 가르치기도 한다. 정상적인 부부들도 색다른 성적인 만족을 누리기 위해서 서로를 자위해 줄 수도 있다.

3) 자위행위의 남녀 차이

여러 조사에 의하면, 일반 집단이나 대학생 집단, 청소년 집단에서 모두 남성이 여성보다 자위행위를 보고하는 비율이 더 높았다. 또 자위행위를 실시하는 사람 중에서도 남성이 여성보다 자주 실시하는 것으로 나타나고 있다. 한 연구에서는 10대 후반에서 20대 초반의 대학생들에게 자위행위를 하기 시작한 최초의 시기, 빈도 등을 묻고 현재의 성경험에 관한 질문을 하였다. 13세 이전에 자위행위를 경험한 비율은 남성 30.3%와 여성 22.8%로 남녀의 차이가 그렇게 심하지는 않았다. 그러나 15세까지의 경험한 비율은 남성 67.3%와 여성 29.8%로 그 차이가 심했다. 또 자위행위의 빈도 역시 남성에게서 훨씬 높게 나타났다. 그러나 사춘기 이전에 자위행위를 경험한 것은 청소년기 후기 또는 성인기 초기에 경험한 성교에서의 만족이나 문제점 등과 전혀 상관이 없었다. 곧 어린 시기의 자위행위 실시 여부는 성년기의 성적 적응과 무관하였다.

대학생들을 상대로 '당신은 얼마나 자주 자위행위를 하십니까?'라는 질문을 했을 경우에 〈표 20-1〉과 같은 결과를 얻었다(Elliott & Brantley, 1997).

| 표 20-1 | 대학생들을 상대로 한 자위행위에 대한 질문: '당신은 얼마나 자주 자위행위를 하십니까?'

주당 회수	남성(%)	여성(%)
주당 2회 이상	50	16
주당 2회 이하	38	44
전혀 하지 않음	12	40

4) 자위행위와 연령

자위행위는 어린아이 시절부터 시작된다. 청소년들은 자신의 친구를 통해서나 몽정 등의 경험을 통해 자위를 배우고 실험적으로 하기도 한다. 자위행위의 빈도는 연령의 증가와 함께 감소하지만, 80대 노인들에게서도 나타나는 자연스러운 행위이다. 남아들의 초기 형태는 대부분 성기를 손으로 자극하는 것에 불과하지만 점진적으로 자위행위 시 환상의 역할이 증가한다. 그들의 환상은 처음에는 가학적이나 나중에는 이성애적인 환상이 증가하고, 청년기에 이르면 신체적 기술과 성교의 경험이 통합된 환상들로 발달한다. 킨제이는 대부분의 남성들이 자위행위를 시작한 지 1~2분 이내에 정점에 도달하며, 어떤 사람들은 10~20초 이내에 도달한다고 밝혔다. 또 남성들의 자위행위는

10대 후반에 가장 높은 빈도를 보이며, 30대에 이르면 급격히 줄어든다. 반면, 여성의 경우는 20대에서 50대까지 계속 그 평균이 지속된다(Rathus et al., 2005).

여성의 자위행위는 허벅다리를 긴장시키고 항문의 괄약근에 힘을 주어 꽉 쥐는 형태가 가장 일반적이다. 여아들은 피학적인 환상을 갖다가 나이가 증가함에 따라 이성애적인 경험을 상상하는 쪽으로 진행된다. 킨제이는 대부분의 여성들이 자위행위를 하는 동안 음핵을 주로 자극한다고 밝혔다. 경우에 따라서 여러 치료 전문가들은 성생활을 향상시키는 데 주로 자위행위를 권유한다.

5) 병적인 자위행위

(1) 자위행위에 대한 지나친 죄의식

일부 청소년이나 남성들은 자위행위를 하면서 죄의식을 느껴 심한 경우에는 정신과적인 병의 발병 요인이 되는 경우도 있다. 대체로 이런 사람들은 종교 집단에서 자위행위는 죄를 짓는 것이라고 강조하는 것에 죄의식을 크게 느끼기 때문이다. 그러나 자위행위는 인간의 성장 과정에서 자연스럽게 일어나는 성적인 반응이기에 죄의식을 가질 필요가 없으며, 자위행위를 즐겁게 하고 벗어나는 지혜가 필요하다.

(2) 지나치게 횟수가 많은 경우

어떤 청소년들은 하루에도 여러 번 자위행위를 하는 것을 볼 수 있다. 이렇게 자위행위를 하면 자연히 혼자 고립된 생활을 하기에 인간관계에서 문제가 될 수 있다. 대체로 자위행위에 몰입하는 남성은 어린 시절에 부모로부터 따뜻한 사랑과 애정을 받지 못한 경우가 많은데, 이러한 애정이나 감정을 스스로 자위하며 만족을 추구해서 병적인 자위행위를 하는 경우가 많다. 자신이 자위행위에 너무 집착하는 사람이라면 상담이나 심리치료를 통해서 자신의 미해결된 문제를 해결하도록 노력해야 한다.

(3) 노출증적인 자위행위

또 다른 병적인 자위행위는 공공장소에서 자위행위를 하는 것이다. 필자의 상담 경험에 의하면, 대체로 여학교 골목길에서 여성을 향해서 자위하기, 도서관에서 여성 옆에서 바지를 내리고 자위하기, 건물에서 자위하기 등의 다양한 노출증적인 자위행위를 하는 경우도 있었다. 이런 병적인 자위행위를 하는 사람들은 다음과 같은 다양한 이유를 가진다.

- 자위행위를 하면 여성이 자신의 성기를 보면서 자신에게 매력을 느낄 수 있을 것 같다고 생각함
- 성적인 욕구를 공공장소에서 해소하려는 모험을 하기도 함
- 자신의 자위행위를 보고 놀라는 여성들의 반응을 즐김
- 자신의 스트레스를 공공장소에서 풀려고 하기도 함
- 다른 사람들의 행동을 모방하는 동기 등

그러나 어떤 이유를 막론하고 공공장소에서 하는 자위행위는 병적이기에 심리치료나 상담을 통해서 문제를 시정하도록 노력해야 한다.

(4) 강간 대상을 연상하면서 자위하는 경우

자위를 하는 남성 중에는 변태나 성폭력자처럼 성폭력 대상을 머릿속에서 연상하면서 자위를 하는 경우도 있다. 이런 사람은 자신의 상상 속에서 어린아이나 특정 여성, 또는 길 가는 여성을 강간하는 장면을 연상하면서 자위를 하는데, 이를 행동으로 옮길 경우에는 범죄가 된다. 이런 사람은 성범죄를 저지를 가능성이 있기에 위험하며, 심리치료를 받아서 자신의 성적인 행동을 치료받도록 노력해야 한다.

6) 자위행위 기법

다음에는 자위행위에 대한 기법을 소개할 것인데, 이러한 내용의 설명이 개인적인 가치관이나 생활방식에 위배되어 불편함을 느끼는 사람들은 다음 내용을 생략하기 바란다.

(1) 자위행위 전에 준비 사항

① 신체적인 긴장을 풀기

심호흡을 하면서 신체적인 긴장을 푸는 것이 중요한데, 숨을 들이마실 때는 코로 숨을 쉬면서 배가 나오게 하고 내쉴 때는 입으로 숨을 내보내면서 배가 등에 붙을 정도로 내쉰다. 이러한 심호흡을 5~10회 정도 반복하면서 신체적인 긴장을 풀려고 노력한다.

② 마음의 긴장을 풀기

자위행위를 하기 위해 가장 먼저 생각할 것은 자위행위가 옳은가 나쁜가의 생각에서 벗어나서 자신이 자신의 신체를 손으로 자극하는 데서 오는 감각과 느낌에 초점을 두면서 즐거움을 즐기려는 태도이다. 자신의 신체에 대한 주인의식을 가지고 자신의 신체를 즐긴다는 생각을 하는 것이 좋다.

(2) 자위행위 절차

① 충분한 시간을 내기

자위행위를 남이 볼까 봐 두려워하면서 빠른 시간 내에 해치우는 식으로 하면 오히려 조루증을 유발할 수도 있다. 적어도 30분 내지는 1시간을 할애해서 충분히 여유를 가지고 즐길 수 있도록 한다.

② 잠시 마음을 가라앉히고 집중하기

그날의 긴장이나 다른 생각에서 벗어나서 차분하게 마음을 진정하면서 자신의 신체감각에 초점을 맞추는 단계가 필수적이다.

③ 샤워나 통 목욕하기

긴장을 풀고 즐길 수 있는 방법으로 샤워를 하거나 통 목욕을 하며 신체를 비눗물 등으로 가볍게 마사지하면서 자신의 신체감각을 탐색한다. 손끝으로 성기 부분을 약간 자극하고 만지면서 즐거운 감각을 느낀다. 여성은 자신의 가슴을 젖꼭지에서 먼 부위부터 시작해서 서서히 꼭지를 자극하면 좋다. 마사지하는 방법도 부드럽게 만지다가 약간 압력을 주어서 하면서 신체적인 감각을 즐긴다.

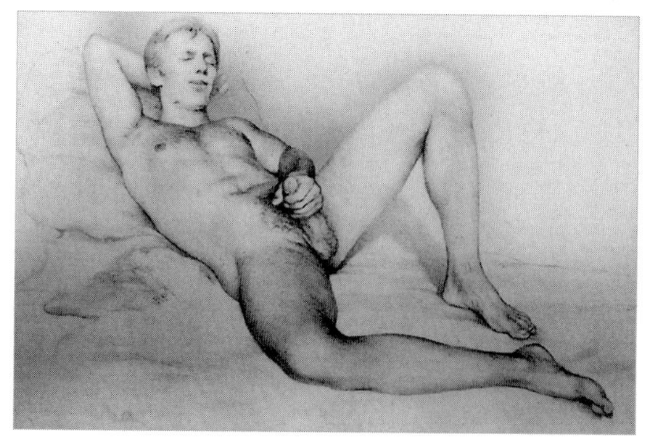

| 그림 20-2 | **남성의 자위**

④ 성적 환상 이용하기

자신의 신체를 마사지하면서 성적인 환상을 할 수도 있다. 즉, 애인과 같이 샤워를 한다는 환상 속에서 자신의 손을 애인의 손이라고 연상하기도 하는 등 자신의 성감을 높일 수 있는 성적인 환상을 하면 도움이 된다.

⑤ 자신이 선호하는 편안한 장소에서 계속하기

샤워를 하면서 자신의 몸을 탐색하고 신체적인 감각을 즐기면서 성적으로 어느 정도 흥분이 되면 이제 안전하고 포근한 자신만의 공간으로 자리를 옮겨서 계속해서 자위행동을 한다.

⑥ 로션이나 오일을 이용하기

자위하면서 성감을 올리는 방법은 로션이나 베이비오일 등을 사용해서 성기관을 서서히 자극하면 마치 이성의 성기관으로 자신의 성기를 자극하는 듯한 느낌을 줄 수 있다. 성기관을 부드럽게 또는 강하게 압력의 변화를 주면서 자극하면 좋다.

⑦ 남성의 흔한 자위 방법

남성은 자신의 귀두부를 위아래로 자극하면서 소위 피스톤 운동을 가장 많이 한다.

자신의 고환을 만지며 계속해서 자극하고 성감에 자신의 감정을 실어 주면 자연히 오르가슴을 느낀다.

⑧ 여성의 흔한 자위 방법

여성은 남성에 비해서 다양한 자위행위 방법을 즐기는 편이다. 자신의 손으로 대음순과 소음순을 치구와 음핵을 향해서 위와 아래로 서서히 자극한다. 또는 다리의 윗부분을 맞대어 압력을 주어 비비기도 하고 베개나 침대 끝 부분에 성기를 대고 자극하기도 한다.

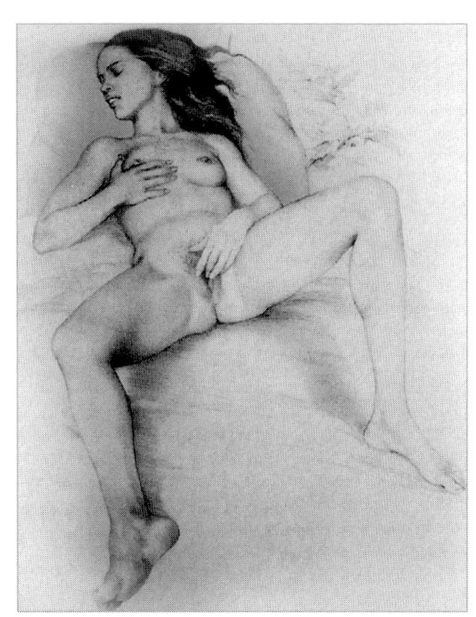

| 그림 20-3 | 여성의 자위

(3) 자위행위와 도구 사용

성적인 자극을 돕기 위한 여러 자위도구들이 아주 많이 개발되어 있다. 하지만 남성이나 여성이나 이런 도구들을 많이 사용하지 않는 편이다. 특히, 여성은 1.5% 정도만 도구를 사용했다(Hite, 1976). 그러나 진동기(vibrator)는 사용하기도 쉽고 성적인 자극을 높일 수 있어서 비교적 많이 사용된다.

모든 인간의 행동과 같이 자위행위는 건강하게 즐길 수도 있고 병적인 행동으로 전락할 수도 있다. 자신의 신체에

| 그림 20-4 | **자위도구**

대한 주인의식을 가지고 성감에 초점을 두면서 하면 건강한 성생활을 할 수 있다. 신체적으로도 자위행위를 적당히 하는 사람은 나중에 전립선암에 걸릴 위험이 낮아진다는 연구 결과도 있다. 호주 멜버른에 있는 빅토리아 암연구소의 그레이엄 자일스 박사는 영국의 과학전문지 『뉴 사이언티스트』 최신호 인터넷판에 발표한 연구보고서에서 이같이 주장했다. 자일스 박사는 1천79명의 전립선암 환자와 정상인 1천2백59명을 대상으로 실시한 조사 분석 결과 이 같은 사실이 밝혀졌으며, 특히 20대 때 매주 5회 이상 사정한 사람은 전립선암에 걸릴 위험이 그렇지 않은 사람에 비해 약 3분의 1이 낮은 것으로 나타났다고 밝혔다. 이는 자주 사정을 하는 것이 발암물질이 전립선에 축적되지 못하게 막아 주는 역할을 하기 때문으로 생각된다고 자일스 박사는 설명했다(연합뉴스, 2003).

4. 이성과의 성행동

성치료자들은 성(성교)이란 단순히 남녀가 오르가슴을 제조하는 과정이 아니고 서로가 성적인 쾌감을 느끼고 즐기는 과정이라는 것을 강조한다(Ellison, 2000). 이런 관점에서 보면 성적 행동이란 상투적이며 틀에 박힌 것이 아니고, 성행동의 방법이나 과정도 창조적으로 상상을 뛰어넘을 수 있다.

1) 웬디 말츠의 성행동 위계

웬디 말츠(Wendy Maltz)는 성피해자를 치료하는 전문가인데, 남녀의 성에 관해서 긍정적 · 부정적 측면에서 여러 가지 위계가 있을 수 있다고 주장했다(Maltz, 2001).

(1) 긍정적 성관계

① 1단계 수준: 긍정적인 성역할에 따른 만족에 중점(Positive Role Fulfillment)

이 수준은 사회나 종교적인 단체에서 제시한 형태로서 전통적인 성역할을 강조하는 성관계이다. 즉, 대체로 남성이 먼저 성관계를 요구하고 여성은 수동적으로 대응한다. 그러나 상대방의 의사를 존중하는 것이 특징이다. 성관계를 서로의 안정된 관계로서 중시한다.

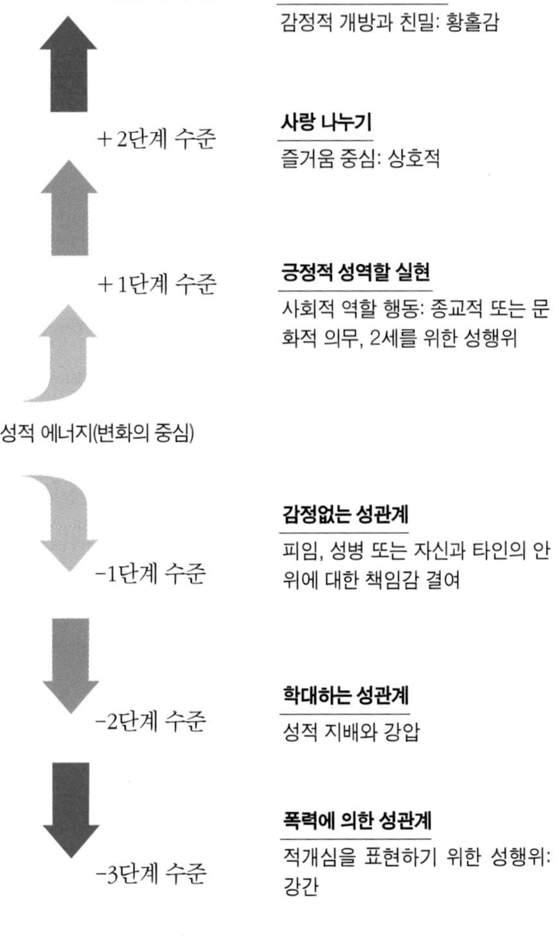

| 그림 20-5 | 말츠의 성행동 위계

② 2단계 수준: 사랑 나누기(Making Love)

성역할이라는 생각에서 벗어나서 서로가 창조적으로 성적인 즐거움을 누리는 상태이다. 파트너는 서로가 성적인 표현을 통해서 자유롭게 자신을 표현하고 서로 간에 친밀감을 나누기 위해서 대화도 나눈다.

③ 3단계 수준: 순수한 성적인 친밀감(Authentic Sexual Intimacy)

긍정적인 성적 나눔의 최고 단계이고 이 단계에서는 서로가 단순히 성적으로만 만족하지 않고, 정서적 · 감정적으로 연결된 기분을 느끼고 서로가 서로에게 정직하고 진솔한 마음을 느끼며, 상대방의 몸과 마음을 존경하면서 성적인 즐거움을 누리는 단계이다.

말츠의 모델에서 긍정적인 성관계의 위계는, 통속적이고 평범한 성관계보다 서로가 감정적으로 연결되고 진실한 마음으로 자신을 개방하면서 상대방과 하나가 되는 성관계가 더 값진 것이라고 주장한다. 우리가 흔히 기대하는 대로 성관계를 통해서 오르가슴을 느끼면 성적으로 만족한다는 통상적인 개념을 뛰어 넘는 성적인 관계를 제시했다.

(2) 부정적 성관계

① 감정 없는 성관계(Impersonal Interaction)

아무리 부부 사이라고 해도 부정적인 성관계를 맺으면서 살 수 있는데, 이 성관계의 특징은 서로의 신체에 대한 존경심이나 책임감이 없이 성관계를 하는 것을 말한다. 대체로 이 단계에 있는 사람들은 술이나 마약 등에 취한 상태에서 무책임한 성관계를 갖는다. 그러기에 원하지 않는 임신, 성 전파성 질환, 심하면 에이즈에 노출될 수 있다. 성관계가 끝나고 나면 서로가 불편한 감정을 가지거나 후회하는 감정을 가질 수 있다.

② 학대하는 성관계(Abusive Interaction)

심리적인 협박이나 위협, 압력을 행사해서 상대방과 강제로 성관계를 갖는 것을 말한다. 예를 들면, 데이트를 하다가 폭력은 없지만 강요에 의해서 억지로 성관계를 갖는 경우다. 강제로 성관계를 요구하는 사람은 때로는 사랑하기에 성관계를 맺자고 합리화할 수 있지만, 상대방은 심리적 · 신체적으로 준비가 안 되었거나 성관계를 원하지 않는 상황이다. 성관계를 강요당한 사람은 자존심이 상하고 감정적인 상처를 입게 된다.

③ 폭력에 의한 성관계(Violent Interaction)

성적인 에너지가 상대방에 대한 적개심을 표현하는 데 사용되는 경우이다. 강간이 대표적인 예인데, 여성에 대한 분노 강간 또는 자신의 성적인 만족을 누리기 위해 폭력을 사용해서 자신의 욕구를 채우는 폭력적인 성관계이다.

부정적인 성관계의 특징은 서로가 인격적 · 감정적인 교류가 없이 상대방의 신체를 통해서 자신의 성적인 만족을 누리려는 것이다. 이러한 성관계는 상대방의 몸을 빌려서 혼자 자위하는 행위와 같다.

2) 성관계의 스타일

성관계를 맺는 태도는 사람마다 다를 수 있다. 즉, 스트레스를 풀기 위해서 또는 현실에서 잠시 도피하기 위해서 또는 서로 사랑을 전달하고 확인하기 위해서 등의 다양한 동기들이 있을 수 있다. 도날드 모셔(Donald Mosher, 1980)는 개인의 성적 스타일을 다음과 같이 세 형태로 분류했다.

(1) 성적인 황홀감 추구(Sexual trance)

성관계를 맺는 경우에 성적인 황홀감과 성적인 감정에 몰입하는 경우를 말한다. 대체로 이런 성적인 만족을 추구하는 사람들은 성관계를 맺는 경우에 자신의 내적인 신체감각과 흥분된 감정에 초점을 두고 성감에 몰입한다. 긴장을 푸는 분위기에서 성적인 자극을 서서히 반복적으로 주고받는다. 성관계를 가질 때 촛불, 아로마 향 등을 이용해서 신비한 분위기를 가지도록 노력한다. 성관계 도중에 말하는 것은 성감의 주의를 분산하기에 서로 말없이 자신의 성감에 집중하면서 서로에게 자극을 주고, 서서히 무아지경에 가까울 정도의 성적인 극치감을 느낀다.

(2) 파트너 중심 성관계(partner-engagement)

성관계를 하면서 서로의 얼굴을 마주 보고 상호적인 자극과 감정에 초점을 두는 형태의 성관계를 말한다. 상대방의 눈길을 마주 보고, 키스하고, 서로 껴안고 가능한 한 많은 신체적인 접촉을 시도한다. 성을 통해서 상대방과 정서적으로 하나가 되고, 상대방을 체험하고, 상대방을 알아 가는 면을 강조한다. 이러한 성관계는 흔히들 연인 사이에 로맨틱한 분위기를 강조하고, 성을 통한 상대방에 대한 사랑의 표현과 확인에 초점을 둔다.

(3) 역할 연기 성관계(role-play sexual style)

이런 스타일을 원하는 사람들은 자신들의 안방이나 은밀한 곳보다는 부엌, 거실 등의 새로운 분위기에서 성을 즐기는 스타일이다. 성관계 시에도 성적인 도구나 새로운 의상, 또는 성적인 환상을 만족하기 위해서 여러 가지의 다양한 도구와 기발한 아이디어를 창조적으로 이용한다. 통상적인 성관계보다는 다양성을 자유롭게 추구하는 것이 특징이다.

성관계에 대해서 의미를 부여하고 만족을 추구하는 스타일이 다양하다는 것을 숙지할 필요가 있다. 성을 통한 무아지경에 이르러 자신의 내적인 감정을 즐기는 것은 성의 새로운 경지를 개발하는 도전으로 받아들여질 수 있다.

3) 성관계 횟수

신혼부부들이나 중년 부부들은 '부부 사이에 몇 번이나 성관계를 갖는 것이 정상일까.'라는 의문점을 많이 가지고 있다. 여기에 대한 정답은 부부가 서로 원해서 만족하는 만큼이다. 즉, 부부가 거의 매일 성관계를 가지지 않더라도 서로 만족하면 문제될 것이 없다. 문제는 한쪽은 많이 원하는데 다른 쪽은 그만큼 원하지 않는 경우이다.

부부 사이의 평균 성관계 횟수에 관한 연구도 대상에 따라서 다르기에 정확히 말할 수 없지만, 대체적으로 20대 부부들은 주당 3~4회 정도, 30대 부부들은 주당 2~3회 정도, 40대는 주당 1~2회 정도, 50대는 2주에 2~3회, 60대는 한 달에 1~2회 정도 즐긴다. 그러나 개인적인 차이가 있기에 어떤 공식을 가지고 정상적인 성생활의 횟수를 규정할 수 없다. 또한 성관계를 성교에 의한 성관계를 떠나 키스나 애무 등을 포함하여 좀 더 포괄적으로 적용하면 부부 사이에 성관계 횟수는 더 많이 늘어날 수 있다.

성관계를 자주 하면서 즐기는 사람들은 대졸 학력의 부부, TV를 많이 보는 부부, 새로 결혼한 부부, 좀 더 개방적인 성향을 가진 부부들로서 이들은 다른 사람들에 비해서 성관계를 많이 즐긴다는 연구 결과들이 있다. 한편 대학원 졸업자들은 성관계 횟수가 다른 사람들에 비해 적다고 한다.

4) 성적인 기교

(1) 키스

남녀 교제를 해 본 사람들은 첫 키스에 대한 기억이 있을 것이다. 첫 키스는 세월이 흘러도 가슴이 설레고 신비할 정도의 감정을 느낄 수 있다. 키스하는 방법과 스타일에 따라서 가벼운 키스, 강렬한 키스, 성적인 홍분을 자극하는 키스 등 다양하다. 입과 혀에는 민감하고 즐거움을 느끼게 하는 신경조직이 분포되어 있다. 인도의 성에 관한 경전인 카마수트라에는 17가지의 키스 기교법이 기술되어 있다고 한다(Ards, 2000).

키스를 할 때 입을 다물고 하는 키스는 부드럽고 좋은 감촉을 느끼게 하지만, 입을 열고 상대방의 입에 혀를 넣고 서로 깊게 자극하는 프렌치 키스는 좀 더 강렬하고 성적인 자극을 자아낸다. 키스는 서로의 혀를 빨기, 강렬하게 상대방의 혀를 흡입하기, 부드럽게 깨물기 등의 방법들이 있다. 키스는 혼자서 홍분해서 하면 상대방에게 혐오감을 줄 수도 있다. 멋있는 키스를 하기 위해서는 상대방과 감정의 교감이 있어야 하고, 특히 여성에게는 무드와 분위기가 있어야 한다. 여성들은 부드러우면서 때로는 강렬한 키스를 원한다.

(2) 신체 자극

인간에게 신체적인 자극을 통한 스킨십은 아주 중요하다. 아동이 부모로부터 적절한 스킨십을 받지 못하면 정서적인 결핍이나 장애를 일으킬 수 있다. 특히, 남녀가 사랑을 나눌 때 서로 주고받는 스킨십은 정서적인 친밀감을 증진시키기 위해서 아주 중요하다.

① 신체 자극은 몸 전체가 대상

성적인 스킨십이나 애무의 대상은 상대방의 성적인 기관만이 아니고 몸 전체이다. 우리의 신체는 만지고 자극하면 기분 좋은 감정을 느낄 수 있다. 특히, 여성의 경우에 몸 전체가 성기관이라고 생각하고 자극을 하면 좋다.

② 남성과 여성의 자극 방법

대체로 남성은 성기를 직접적으로 자극하기를 원하지만, 여성의 경우에는 성기관이나 가슴 부위에서 먼 곳부터 시작해서 성기관으로 서서히 자극해 주기를 원한다. 대체로 남성은 여성의 성기관을 직접적으로 자극해서 빠르게 성적으로 흥분시키려고 하는데, 오히려 역효과가 날 수 있다.

● 여성이 원하는 성기관 자극 방법

여성이 원하는 성기관에 대한 자극은 개인차가 있기에 일반화하기는 어렵지만, 대체로 여성들은 부드럽게 대음순과 소음순 부위를 자극해 주기를 바란다. 음핵을 처음부터 직접적으로 자극하면 불편해한다. 손가락을 질에 넣어서 자극하는 것은 원하는 여성에게는 성적인 흥분을 시키지만, 남성의 청결하지 못한 손으로 자극하거나 질의 자극을 원하지 않는 여성에게는 오히려 혐오감을 가져올 수 있다.

여성의 항문에 남성의 성기를 삽입해서 자극하는 것은 이를 즐기는 여성을 성적으로 흥분시키지만 그렇지 않은 여성에게는 혐오스럽고 불쾌한 감정을 느끼게 한다. 여성의 성기관은 아주 섬세하고 민감하다. 만일 여성의 대음순, 소음순 주위가 분비액으로 미끈하지 않은 상태에서 자극하면 오히려 아플 수도 있기에 젤리 등을 바르고 자극할 수도 있다.

● 남성이 원하는 성기관 자극 방법

남성도 여성과 같이 원하는 성적인 자극 방법이 개인에 따라서 다르다. 그러나 남성은 귀두부 부위를 포함해서 전체의 성기를 부드럽게 자극해 주기를 원한다. 그러나 성적인 흥분이 높아 가면 약간 빠르면서 강한 자극을 좋아한다. 단순한 반복적인 자극보다는 변형이 있으면서 강약을 조절한 자극을 원한다. 남성 역시 여성이 손에 젤리 등을 바르고 자극하면 성적으로 더 흥분한다.

(3) 가슴 자극

가슴의 자극은 남성보다는 여성의 가슴을 자극하는 경우가 많고, 여성은 성교 전에 또는 성교 상태에서 자신의 가슴을 남성이 자극해 주기를 원한다. 킨제이는 어떤 여성은 가슴의 자극만으로도 오르가슴을 느꼈다고 보고했다. 여성의 가슴은 손으로 부드럽게 만져 주거나 입으로 가슴 전체를 자극할 수도 있고, 혀끝으로 젖꼭지와 그 주위를 자극할 수도 있다. 어떤 여성들은 남성이 이빨로 살짝 젖꼭지를 물어 줄 때 성적으로 흥분하는 경우도 있고, 젖꼭지를 강약의 리듬을 변경해 가면서 자극해 줄 때 성적으로 흥분하기도 한다. 여성의 젖꼭지는 성적으로 민감하기도 하지만 입으로 물거나 세게 빨면 아프다. 그러기에 항상 여성의 반응을 살펴서 빨기의 강도를 결정해야 한다.

(4) 입으로 성기 자극

입으로 상대방의 성기를 자극하는 것을 구강성교 또는 오럴섹스(Oral Sex)라고 한다. 입으로 상대방의 성기를 자극하는 방법은, 특히 서구인들이 많이 즐기는 방법이다. 한국 여성들이 백인이나 흑인들과 결혼했을 경우, 구강성교에 익숙하지 않아서 초기에는 부부 사이에 갈등을 겪기도 한다. 구강성교의 방법은 한 파트너가 다른 파트너에게 해 주는 방법([그림 20-6] 참조)이 있고 동시에 서로 상대방을 자극해 주는 방법([그림 20-7] 참조) 등이 있다. 동시에 상대방의 성기를 자극해 주는 방법은 신체의 위치를 비슷하게 나타내는 숫자의 모양을 고려해서 69 포지션이라고 부르기도 한다. 69 포지션은 위에서 서로 하기, 옆으로 하기 등의 여러 변형이 있다.

① 여성 성기 자극(Cunnilingus)

여성들은 입술로 성기를 자극하면 입술의 따스함, 부드러움, 습기 등을 즐기면서 성적으로 흥분한다. 입으로 외음부를 포함해서 대음순, 소음순, 음핵 주위와 음핵을 부드

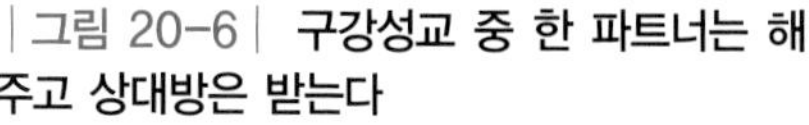

| 그림 20-6 | **구강성교 중 한 파트너는 해주고 상대방은 받는다**

| 그림 20-7 | **69 포지션에서 서로 성기를 자극함**

럽게 자극하면 된다. 어떤 여성은 손으로는 질을 자극하면서 동시에 입으로 음핵을 자극하면 성적으로 흥분하기도 한다. 그러나 우리나라의 여성들은 자신의 성기를 상대방에게 완전히 노출하는 것을 꺼리거나 성기를 자극하면 지나치게 자극되고, 또는 위생상의 요인으로 구강섹스를 거부하기도 한다. 만일에 여성이 구강섹스를 거부하면 상대방의 의사를 존중해 주고 상대방이 수용할 때까지 기회를 주고 기다려야 한다.

② 남성 성기 자극(Fellatio)

입으로 남성 성기의 귀두부를 포함해서 성기 전체를 부드럽게 자극하는 것이다. 입으로 피스톤 운동을 하면서 부드럽게 또는 약간 강하게 빨아 주면 남성은 성적으로 흥분하며 즐긴다. 남성의 성기를 빠는 동시에 손으로 고환이나 항문 주위를 부드럽게 만져 주면서 자극하면 남성의 즐거움을 더하게 만든다. 남성의 성기를 자극할 때 목구멍이 막히는 현상을 피하기 위해서 혀의 아래쪽으로 자극하면 된다.

남성과 구강성교하는 도중에 남성이 오르가슴을 느끼면서 상대방의 입에 사정하는 것에 관해서 부부들이 서로 의견이 다를 수 있다. 의학적으로 상대방의 정액을 삼키는 것은 문제가 될 수 없지만, 여성들의 태도에 따라서 어떤 여성들은 아주 싫어할 수도 있기 때문에 여성들의 의견을 존중해 주어야 한다. 남성의 정자에 대한 맛을 묘사하는 것은 사람들에 따라서 매우 다르다.

역사적으로 오럴섹스를 하면 임신을 할 수 없고 자연스러운 성관계가 아니라고 해

| 표 20-2 | 정자의 맛은 어떠할까?

쓴맛	커피, 술, 마리화나(요도나 전립선에 염증이 있을 경우)
날카로운 맛	고기, 기름진 음식, 초콜릿, 아스파라거스, 시금치, 브로콜리
중간 정도의 맛	쓴맛이 없고 날카로운 맛 중에서 한두 가지의 맛
순한 맛	채소, 과일(파인애플, 사과 등), 페퍼민트
단맛	자연 발효된 음료수(당뇨병 환자나 경계선 당뇨병 환자인 경우)

출처: Hamilton(2002).

서 종교 단체에서는 금하기도 했다. 미국에서도 1950년 이전에 탄생한 여성은 오럴섹스를 한 경험이 거의 없었지만, 1990년대의 여대생들은 약 50% 정도가 경험이 있다고 밝혔다. 요즘에는 피임의 한 방법으로 오럴섹스를 즐기기도 한다(Ellison, 2000).

(5) 항문 자극

항문을 손으로 자극하거나 항문에 성교를 하는 방식은 게이들이 많이 해 온 성교 방식이었다. 그러나 요즘은 젊은 부부들 중에 항문 성교를 즐기는 경우가 점차 늘고 있다. 항문 성교 방식은 항문의 주위를 손으로 자극하고 집어넣거나, 자신의 성기나 성기구를 항문에 넣기도 하는 것이다.

항문 성교는 에이즈나 다른 병균에 감염되기 가장 쉽기에 위험한 방법이다. 또한 항문의 조직이 민감하여 상처를 입을 수도 있어서 항문 성교는 콘돔을 필히 사용하는 등의 특별한 주의가 필요하다.

(6) 남녀 성교 자세

남녀 성교 자세는 각각의 자세에 따라서 그 나름대로의 성적인 흥분과 즐거움을 준다. 성적인 자세에 대한 일정한 공식이 있는 것은 아니고, 부부가 서로 동의하고 즐거움을 느끼면 된다. 그러나 어떤 남편은 성에 관한 비디오를 보았거나 인터넷 포르노그래피 사이트에서 발견한 성교 자세를 아내에게 강요하는 경우도 있다. 이렇게 되면 여성은 불편한 느낌이지만 남편을 위해 참기도 하는데, 속으로는 분노를 느낄 수도 있다. 성교란 서로가 편안한 자세에서 서로를 즐기는 의미 있는 행동이기 때문에 자신이 선호하는 자세라 하더라도 상대방이 혐오감을 느낀다면 강요해서는 안 된다. 성교의 자세는 건강 상태, 몸무게, 임신 상태, 파트너의 선호를 고려해서 적절한 것을 선택해야 한다. 성교 자세는 기본적으로 다음의 네 가지가 있지만 이것을 이용해 변형하면 누워서, 서서, 장소를 바꾸어서 하는 등 수십 가지의 성교 자세를 만들어 낼 수 있다.

① 남성 상위 자세

남성 상위 자세는 남성의 지배적인 면을 반영하는 전통적인 자세이기도 하다([그림 20-8] 참조). 또한 이 자세는 남성이 성적으로 여성을 리드해야 하고 여성을 만족시켜 주어야 한다는 의무적인 면을 잘 반영한다고 해서 'Missionary position'이라고 부르기도 한다. 이 자세는 여성은 누워 있고 남성이 여성의 위에서 성관계를 시도하는 것이다. 남성이 자신의 무게를 팔이나 무릎에 의지한다. 이 자세는 여성이 남성의 성기를 자신의 질에 인도하기 편하다. 이 자세의 장점은 서로가 얼굴을 볼 수 있고, 남성은 자신의 손이나 입으로 여성의 가슴을 자유롭게 자극할 수 있다. 여성의 입장에서 보면 남성이 자신을 감싸 주어서 남성의 사랑과 보호를 받는다는 안정감을 줄 수 있다. 또한 여성은 누워 있는 자세를 유지하기에 남성의 리드에 따라서 보조를 맞춰 가면서 서로가 성적으로 만족할 수 있다.

그러나 남성은 자신의 몸무게를 스스로 지탱하면서 여성을 자극하다 보면 쉽게 피곤해질 수 있고, 여성에게 몸무게를 의지할 경우 여성은 압박감을 느낄 수 있고, 성적으로 여성이 적극적으로 참여하고 싶은 경우에는 움직일 수 있는 공간이 적어 답답함을 느낄 수 있다. 하지만 대체로 우리나라의 부부들은 이러한 남성 상위 자세를 가장 많이 선호하는 편이다.

| 그림 20-8 | **남성 상위 자세**

② 여성 상위 자세

이 자세는 그림([그림 20-9] 참조)에서 보는 바와 같이 여성이 말을 타듯이 남성의 위에서 자신이 성기의 삽입 각도, 성교의 속도, 강약을 조절하면서 주도적으로 이끌어 가는 자세이다. 이 자세는 여성에게는 심리적 · 신체적인 면에서 성관계를 주도할 수 있는 이점이 있다. 여성이 원하는 방식으로 남성의 고환이나 성기를 자극하면서 리드할 수 있다. 남성의 입장에서 보면 여성의 가슴을 보면서 성적으로 흥분할 수 있고 또한 여성의 엉덩이를 만지고 자극할 수 있어서 남성도 성적으로 흥분할 수 있다. 또한 남성이 피곤할 경우에 편한 자세로 성관계를 할 수 있어서 남성이 심리적 · 신체적으로 고단한 경우에 사용할 수 있는 좋은 방법이다. 특히, 여성은 자신의 오르가슴 속도와 강도를 조절할 수 있어서 좋아한다. 그러나 우리나라의 전통적인 남성은 여성 상위 체위에 거부감을 보일 수 있고, 수줍어하거나 성에 적극적인 태도를 보이지 않는 여성은 여성 상위 자세를 불편하게 느낄 수 있다. 이 자세는 남성의 성기를 질에서 자극하는 정도가 남성 상위 자세보다는 상대적으로 적기 때문에 조루증 치료를 할 경우에는 여성 상위 자세를 이용해서 치료를 시도하기도 한다.

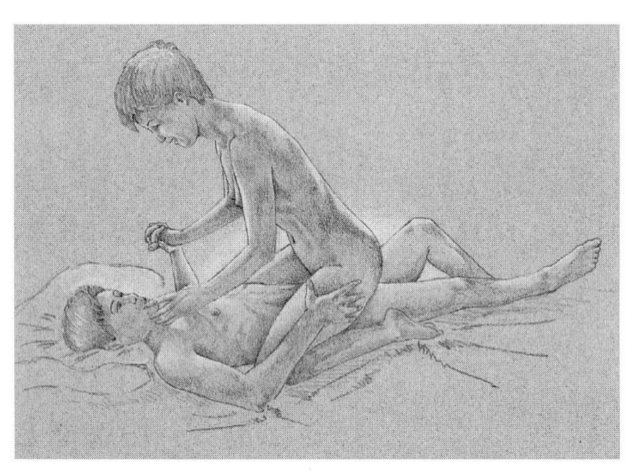

| 그림 20-9 | **여성 상위 자세**

③ 측면 자세

측면 자세는 그림([그림 20-10] 참조)에서 보는 것과 같이 남녀가 옆으로 누워서 성관계를 하는 것이다. 이 자세는 서로가 눈을 맞추면서 손을 비교적 자유롭게 움직일 수 있어서 상대방을 자유롭게 자극할 수 있다. 그리고 서로가 몸무게의 부담을 덜어 주기 때문에, 특히 남성은 오랜 시간 성관계를 끌어도 덜 피곤하다. 이 자세의 단점은 서로가 누워서 삽입 상태를 유지해야 하기에 서로의 각도가 좀 틀어지거나 많이 움직이면 남성의 성기가 쉽게 질에서 빠질 염려가 있다는 것이다. 성관계가 편안한 상태에서 진행되기에 성에 적극적으로 가담하지 않는 파트너는 쉽게 잠이 들 염려가 있고, 여성의 입장에서는 음핵의 자극이 적어서 성감을 덜 느낄 수도 있다. 그러나 측면 자세는 여성이 임신한 경우에 활용할 수 있는 좋은 자세이다.

| 그림 20-10 | **측면 자세**

④ 후면 자세

이 자세에서 여성은 무릎을 꿇고 스스로 자신의 몸무게를 지탱하고 남성은 여성의 뒤에서 질에 삽입([그림 20-11] 참조)한다. 이 자세는 남성과 여성에게 성적으로 많은 자극을 준다. 특히, 여성이 무릎을 꿇고 있는 상태에서 삽입하면 성기가 서로 마찰하는 강도를 높여 준다. 또한 남성은 여성의 엉덩이를 눈으로 보고 자극을 받을 수 있고, 자신의 신체와 접촉하면서 신체적인 접촉에서 오는 성적인 만족감을 높일 수도 있다. 손으로 여성의 유방을 자유롭게 자극할 수 있어서 여성에게도 만족감을 준다. 그러나 이 자세는 여성의 음핵을 자극하기 어려워 손으로 음핵을 자극하는 것도 필요하다. 이 자세는 마치 동물이 교미하는 것을 연상해서 'doggy style'이라고 부르기도 한다. 어떤 부부들은 이런 점 때문에 기피하기도 한다. 또한 이 자세의 단점은 서로가 얼굴을 볼 수 없어서 친밀감을 느끼는 데는 적절하지 않다. 이 자세는 남성이 여성에게 몸무게를 지탱하는 부담을 주지 않기 때문에 임신 중에 사용할 수 있는 아주 편리한 방법이다.

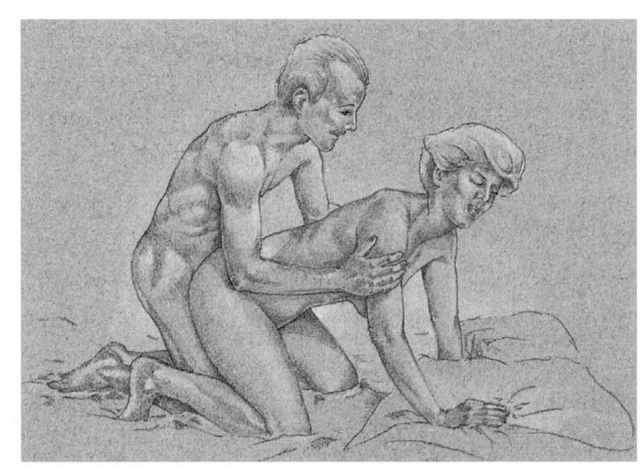

| 그림 20-11 | **후면 자세**

⑤ Tantric way 성교 방법

Tantric 방법에 의한 성교는 약 5,000년 전에 인도에서 실행된 성교 방법인데 성교의 목적이 오르가슴에 도달하는 데 있는 것이 아니고 남녀가 성교를 통해서 영적인 몰입

| 그림 20-12 | Tantric way 성교-무한의 사이클

이나 깨달음에 도달하는 것에 초점을 두는 성교 방법이다([그림 20-12] 참조). 이 방법에서는 남성은 자신의 사정 시기를 통제하면서 자신의 성적인 에너지를 자신과 여성의 몸에 전달한다. 대체로 서서히 성교를 시작하고 초기에는 적은 신체접촉을 시도하지만 점점 접촉을 증가시킨다. 서로가 호흡으로 화합을 이루고 리듬을 맞춘다. 집중하면서 자신의 기를 성기에서 느끼며 성기가 발기되는 것을 느낀다. 항상 천천히 여유를 가지고 서로가 충분히 즐기면서 영적인 각성 상태에 도달하려고 한다.

⑥ 카마수트라(Kama Sutra) 섹스 기법

카마수트라 섹스 기법은 A.D. 약 5세기 전에 인도에서 바츠야야나(Valtsyayana)에 의해서 쓰였다. 'kama'는 사랑을 의미하며 카마수트라는 그 당시 한가한 상류층을 위한 '사랑의 지침서'이었다. 이 책에서는 성을 자녀 생산에 제한했던 당시 기독교와는 달리 성은 즐겁고 즐길 수 있는 것이라는 것을 강조했다.

이 책은 남녀 성기가 서로 궁합이 맞을 것을 강조했다. 예를 들어, 남자의 성기가 토끼의 작은 성기와 같고 여성의 성기가 암 코끼리의 성기와 같으면 서로 오르가슴을 즐길 수 없다고 강조하고 남성 성기를 확대하는 기법도 소개했다. 전희 방법, 키스, 신체 자극, 손톱으로 자극하기, 입으로 깨물어 자극하기, 성교 자세, 오럴섹스 등을 아주 자세히 시술했고, 오늘날의 성치료들도 그 내용을 직접적으로 이용할 만큼 이 책의 성지식은 정확하다.

그러나 그 당시 인도의 이러한 개방적인 섹스에 대한 태도는 힌두교, 이슬람교가 인도에 들어오면서 성을 억압하는 면으로 발전되어 나갔다. 그래서 현대 인도인들의 섹스 생활은 남녀 사이에 대화도 적고 성생활이 건조하다고 한다. 카마수트라는 현대의 시각으로 보면 남성 위주의 성을 강조한 것으로 비판받는다. 여성의 친밀감이나 과정을 중시하는 면이 덜 강조되었기 때문이다.

성관계 자세는 한 가지를 지속적으로 사용하는 것은 아니다. 남성 상위 자세를 하다

| 표 20-3 | 당신이 선호하는 성교 자세는 어떤 것입니까? (대상: 대학생)

	남성(%)	여성(%)
남성 상위	25%	48%
여성 상위	45%	33%
후면 자세	25%	15%

가 여성 상위로도 할 수 있고, 후면 자세를 하다가 남성 상위로 다시 돌아올 수도 있다. 즉, 성관계 자세는 부부들의 상상력이나 노력에 따라서 다양하게 즐길 수 있다. 우리나라의 여성들은 전통적으로 남성 상위 자세만 고집하고 다른 자세를 시도할 경우에 불편하게 생각하기에 남성들의 불만을 사는 경우도 있다. 부부들은 서로가 성교 자세 등에 대해 솔직한 의견을 교환해서 창조적인 성관계를 만들어 가야 한다.

(7) 성적인 자극 도구 사용하기

성적인 도구에는 기본적으로 진동자극기(Vibrators)와 인조 성기(Dildos), 남성과 여성 모양의 실물 크기의 인형 등이 있다.

① 진동기

진동기는 남녀 모두 사용할 수 있는데, 성기에 진동기를 대면 강렬한 성적인 자극을 받는다. 이 진동기는 여성의 불감증을 치료하는 과정에서 스스로를 자극해서 오르가슴을 경험하는 데 도움을 주기 위해 사용하기도 한다. 여성이 자신을 자극하기 위해서는 진동기의 강약을 조절해서 자신의 수준에 맞는 강도를 결정한 후에 가슴을 부드럽게 마사지하고 여성의 성기, 즉 음부, 대음순 부위를 부드럽게 자극하면 된다. 음핵을 직접 자극하면 강도가 너무 강해서 오히려 성적인 자극을 떨어뜨릴 염려도 있다. 진동기를 남성이 여성에게 해 주어도 남녀 모두 성적으로 자극을 받는다.

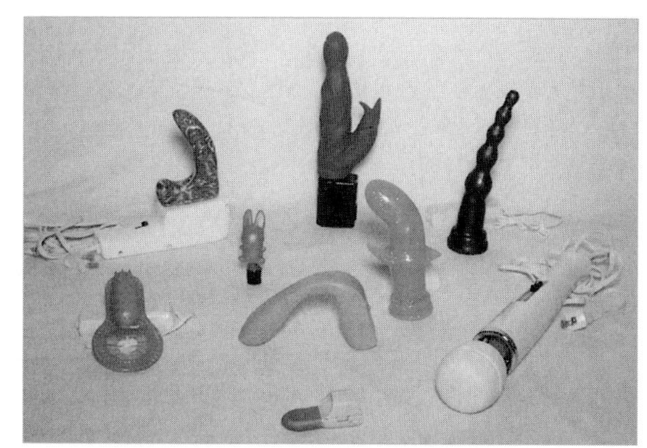

| 그림 20-13 | 다양한 진동기들

남성의 진동기를 사용할 때는 고환 주위를 부드럽게 자극한다. 자극의 강도가 너무 강하면 팬티를 입은 상태에서 자극할 수 있다. 우

❖ 남녀 성교 상태의 성기 모습은 어떤 상태일까?

사람들은 남녀가 성관계를 즐기면서도 남성의 성기가 여성의 성기에 삽입되어 있는 모습이 어떤 상태일 것인가에 관해서 궁금해한다. 역사적으로 보면 르네상스 시대의 레오나르도 다빈치는 화가이면서 발명가로서도 유명한데, 그는 약 300명의 인체를 해부한 경험이 있다고 한다. 그래서 그 유명한 명작 모나리자의 모습을 인간처럼 생생하게 그릴 수 있었다고 한다. 레오나르도 다빈치는 인간이 성교를 하고 있는 모습을 그렸는데, 그는 여성의 자궁에서 가슴까지 연결되어 있는 관의 입구에 남성의 성기가 직선적으로 삽입되는 장면을 상상해서 그렸다([그림 20-14] 참조). 그러나 이런 여성의 내적인 성기관은 현대 의학에서는 틀린 그림이다.

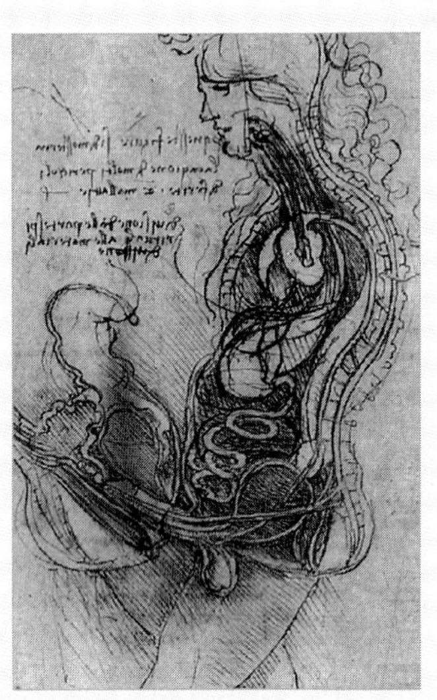

| 그림 20-14 | **남성과 여성의 성교**

성교를 한 상태의 모습을 실제로 촬영해 보려는 시도는 계속되었는데, 슐츠 등(Schultz et al., 1999)은 MRI를 이용해서 남녀가 성교하고 있는 상태의 이미지를 촬영하려고 시도했다. 그러나 통이 좁아 남녀가 같이 들어가는 데 어려움이 있었고, 남성이 오랫동안 긴장된 상태에서 발기를 유지하기가 어려워서 짧은 시간에 좋은 이미지를 얻는 데 실패했다. 이러한 시도가 있은 후 5년 뒤에 남자가 비아그라를 복용한 후 넓은 통 안에서 MRI로 남성 상위 체위의 사진을 찍을 수 있었다.

이 사진에서 보면 남성의 성기는 직선으로 여성의 질에 삽입되는 것이 아니고 여성의 자궁경부 쪽으로 구부러져 있어서 여성의 질을 자극하는 것을 볼 수 있다. 남성의 귀두부는 여성의 'G-Spot'를 자극할 수 있는 방향으로 삽입이 되어 있다.

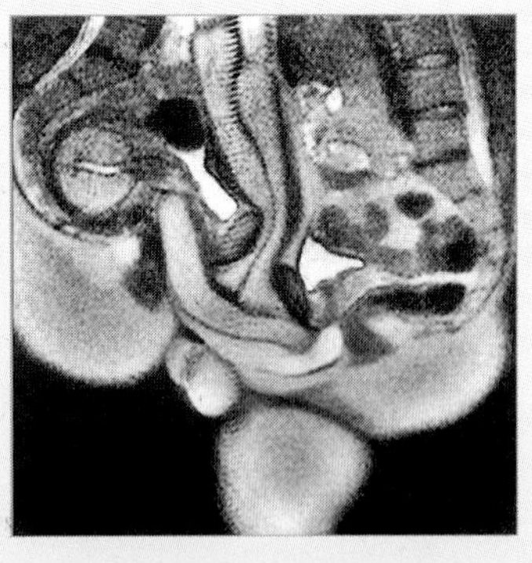

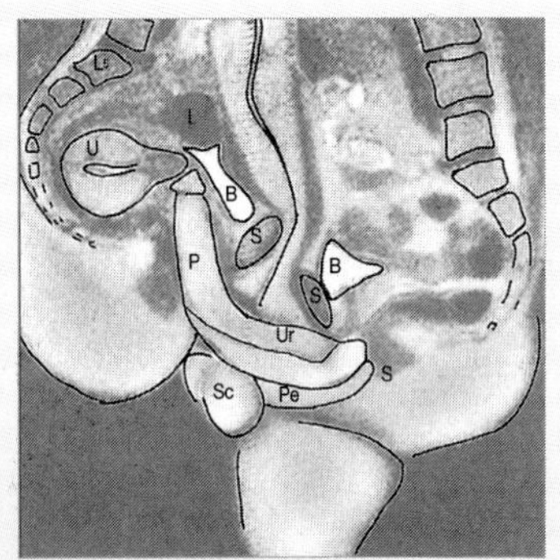

| 그림 20-15 | **성교 시 MRI 영상(좌)과 부위 설정(우):**

Sc = 음낭, P = 남근, S = 결합선, Ur = 요도, B = 방광
Pe = 회음부, I = 장, U = 자궁, L5 = 요추 5

리나라의 여성은 진동기가 신체에 해를 끼치지 않을까 염려하거나, 자연스러운 것이 아니기에 사용을 거부하기도 한다. 남성은 여성의 의견을 존중해 주어야 한다.

② 인조 성기

인조 성기는 주로 다양한 남성 성기 모양으로 많이 제작되었다. 인조 성기에 진동 작용을 할 수 있게 해서 자극을 극대화한다. 인조 성기는 여성의 질에 삽입해서 자위하거나 또는 파트너가 발기가 잘 안 될 때, 피곤할 때, 또는 호기심으로 사용할 수 있다. 그러나 아무리 인조 성기가 부드럽게 제작되었다고 해도 남성의 실제 성기보다는 딱딱하기에 사용할 때 젤리 등을 같이 사용하여 조심스럽게 사용해야 한다. 남성 인조 성기 역시 우리나라 여성은 거부감을 느껴서 싫어하는 경우가 많다. 남성은 이를 존중해 주어야 한다. 여성 인조 성기는 남성이 자위행위를 할 수 있도록 제작되어 있다. 사용 후에는 깨끗이 씻어서 위생에 조심을 해야 하고, 불량품은 남성 성기에 상처를 줄 수 있기 때문에 선택에 조심해야 한다.

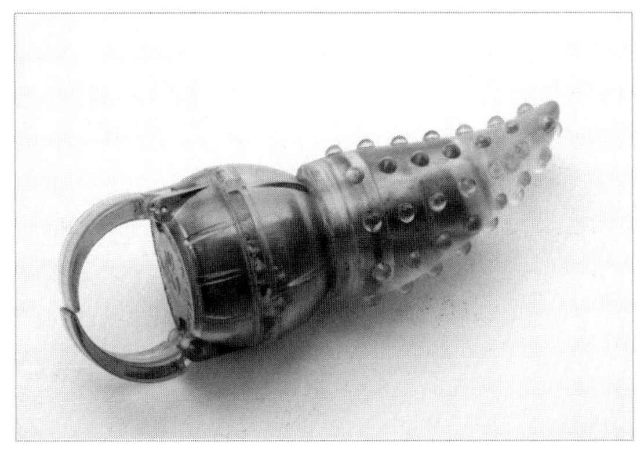

| 그림 20-16 | **섹스토이**

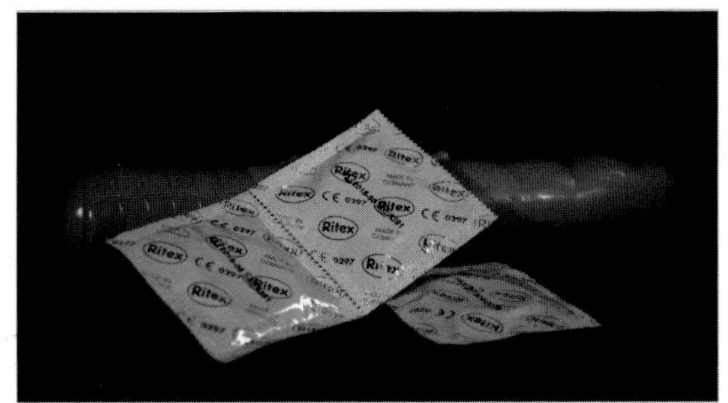

| 그림 20-17 | **인조 성기**

③ 신체 인형

성인 사이즈의 남녀 인체를 풍선 또는 부드러운 고무와 실리콘 제품으로 제작해서 인형과 성교하는 제품이다. 실리콘 제품은 정교한 대신에 가격이 오백만 원에서 천만 원 가까이 한다. 이 제품에는 인형이 남성의 성감을 높이기 위해서 신음소리까지 내도록 제작된 것도 있다. 우리나라에서는 대체로 불법으로 수입되어 유통되고 있는 실정이고, 경찰에서는 이러한 인형을 이용해서 남성에게 성매매를 해도 불법으로 처벌하고 있다.

부부가 서로 성적으로 자극을 하고 주고받는 것은 특별한 기교나 성적인 보조물이 필요한 것이 아니다. 부부의 몸과 마음 전체가 성적인 도구이고 대상이다. 성기는 신체의 중앙 끝 부분에 달려 있는 것이 아니고, 심장에 달려 있으며, 인간의 최종적인 성감대는 남녀의 성기가 아니고 두뇌에 있다는 것을 알아야 한다. 성은 사랑의 표현이지 성관계를 하기 위해서 사랑한다고 속여서는 안 된다.

토론

1. 본인이 생각하는 비정상적인 성행위(예: 체위, 기구 사용)는 어떤 것이 있으며 그렇게 생각하는 이유는 무엇입니까?

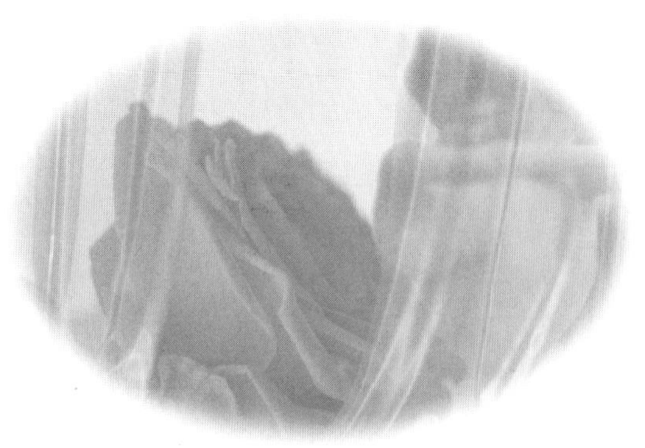

제21장

성기능장애

"우리는 데이트를 하는 중에 성관계를 가졌는데 너무나 좋았고 만족했어요. 그런데 결혼하고 신혼생활을 하면서 점점 성적 만족감이 떨어지기 시작했고, 아이를 낳고는 더 악화되기 시작했어요. 이제 성관계는 연중행사가 되었고, 어떤 조치를 해야 하는 시점에 와 있는 것 같아요."

자신의 성생활 만족도 평가 설문서

다음 문항을 읽고 자신의 배우자 또는 파트너와의 성관계에서 어느 정도 만족하는가에 관한 정도를 다섯 가지 수준으로 표현해 봅시다.

1: 거의 전혀 그렇지 않다.
2: 약간 그렇다.
3: 그저 그렇다
4: 대부분 그렇다.
5: 항상 그렇다.

(　) 1. 내 파트너는 나와 성생활을 즐기고 있다고 생각한다.
(　) 2. 내 성생활은 아주 즐겁다.
(　) 3. 섹스는 나와 내 파트너에게 서로 즐거운 것이다.
(　) 4. 내 파트너는 내게 성적인 것 외에는 기대할 것이 없다고 생각한다.
(　) 5. 나는 섹스가 더럽고 구역질 나는 것이라고 생각한다.
(　) 6. 나의 섹스는 아주 단조롭다.
(　) 7. 우리는 섹스를 할 때 너무 서두르고 급하게 끝낸다.
(　) 8. 내 섹스 생활은 질적인 면이 결여되어 있다.
(　) 9. 내 파트너는 성적으로 아주 매력적이다.
(　) 10. 내 파트너가 좋아하고 자주 사용하는 성적인 테크닉을 즐긴다.
(　) 11. 내 파트너는 내게 섹스를 너무 많이 요구한다고 느낀다.
(　) 12. 나는 섹스를 아주 멋있는 것이라고 생각한다.
(　) 13. 내 파트너는 섹스에 너무 집착하는 것 같다.
(　) 14. 나는 내 파트너와 성적인 접촉을 회피하려고 시도한다.
(　) 15. 우리가 섹스를 할 때 내 파트너는 지나치게 험하고 함부로 다룬다.
(　) 16. 내 파트너는 성적으로 멋있는 사람이다.
(　) 17. 나는 우리 관계에서 섹스는 매우 정상적이라고 생각한다.
(　) 18. 내 파트너는 내가 섹스를 원할 때 달가워하지 않는다.
(　) 19. 나는 우리의 섹스가 서로의 관계에 도움이 된다고 생각한다.
(　) 20. 내 파트너는 나와의 성적인 접촉을 회피하는 것 같다.
(　) 21. 나는 내 파트너가 성적으로 자극하면 쉽게 흥분한다.
(　) 22. 내 파트너는 내가 하는 성적인 자극을 즐긴다.
(　) 23. 내 파트너는 나의 성적인 욕구나 욕망에 아주 민감한 편이다.
(　) 24. 내 파트너는 나를 성적으로 만족시켜 주지 못하고 있다.
(　) 25. 나는 내 성생활이 아주 재미없다고 생각한다.

• 채점 방법은 역 채점 문항: 1, 2, 3, 9, 10, 12, 16, 17, 19, 21, 22, 23. 즉, 이 문항은 1점은 5점, 2점은 4점, 3점은 3점, 4점은 2점, 5점은 1점으로 계산한다.

점수의 합이 높으면 높을수록 파트너와의 성적인 불만이 높다. 대체로 30점 이상의 점수는 부부나 파트너 사이에 성적으로 불만족한 상태를 나타낸다(Hudson, 1992).

1. 성기능장애의 원인과 성적인 어려움

부부나 또는 같이 동거하는 남녀들에게 성적인 문제가 있는 것은 알려진 일이다. 그러나 사람들은 자신의 개인적인 성생활이 외부에 알려지면 체면을 잃을까 봐 숨기는 경우가 많다. 미국인을 대상으로 성적인 문제에 관한 조사를 한 것을 보면 〈표 21-1〉과 같다.

| 표 21-1 | **성적으로 활동적인 성인의 비율** (대상: 미국인)

	남성(%)	여성(%)
성적으로 활발한 60대	71	51
성적으로 활발한 70대	57	30
성적으로 활발한 80대	25	20

우리는 일반적으로 '당신은 성적인 문제가 있어!'라고 말을 하지만 성적인 문제에 있어서 그것의 정의, 정도, 종류 등에 대한 연구자들이나 치료자들의 의견이 다르므로 성문제를 정의하기란 쉽지 않다. 성문제에는 신체적 · 개인적 · 가족적 · 문화적인 요인들이 영향을 미친다. 신체적 · 심리적 · 사회적인 요인들 사이에는 상호작용이 일어나고 있다(Gregoire, 2000).

1) 신체적인 요인

(1) 만성적인 질병

질병 중에서 신경세포, 호르몬, 혈액 순환, 신체적인 고통, 감각기관에 영향을 주는 요인들은 성적인 행동에 부정적인 영향을 준다. 다음과 같은 신체적인 질병은 성기능에 부정적인 영향을 준다.

① 관절염

관절염에 걸리면, 특히 손마디나 무릎 등이 저리고 신체적인 고통을 느낀다. 또 쉽게 피곤하고, 대체로 마디가 있는 부분에 통증을 느낀다. 관절염에 걸리면 성적인 욕구가 많이 줄어들고 성관계가 힘들다고 생각하기가 쉬운데, 항상 그런 것은 아니다. 관절염에 심리적인 스트레스 등의 심적인 상태가 영향을 줄 수도 있기에 만족한 성관계를 가지는 것이 오히려 통증을 완화시킬 수도 있다.

② 암

암을 치료하는 항암 물질이나 치료 결과로 인해서 호르몬, 혈관 계통, 신경세포에 손상을 주며 성기능에 장애를 준다. 암으로 인한 고통과 통증, 방사선 치료로 인한 탈모증, 피로감, 구토증 등도 성적인 감정을 퇴색하게 하는 원인이 된다.

③ 심장병

심장병에 걸리면 성관계 도중에 혈압이 오르고, 이런 결과로 더 문제가 생길까 봐 성생활을 자제하는 경향이 많다. 물론 성관계 도중에 피의 흐름이 빨라지기에 혈압이 올라가는 것은 사실이지만, 모든 심장병이 성적인 행동을 중단하게 만들지는 않는다.

그러나 동맥경화증을 합병증으로 가진 경우 혈액의 흐름이 낮아지기에 발기에 문제가 된다. 이 경우에는 의사의 도움이 필요하다.

④ 뇌성마비

뇌성마비는 언어, 얼굴 표정, 신체의 밸런스, 신체 운동을 통제하는 근육에 문제가 있는 병이다. 뇌성마비가 있는 사람이라도 성적인 감각, 성적인 흥분 등의 기능은 대체적으로 정상이다. 단지 뇌성마비를 가진 사람들은 그들의 신체적인 조건을 고려해서 체위에 조심하여 적용하는 것이 필요하다.

⑤ 뇌졸중

뇌졸중은 발기에 심각한 문제를 가져온다. 그리고 뇌졸중으로 인해서 언어 기능에 손상을 당하면 성적인 대화 등에서 많은 어려움을 가져온다. 성생활에 미치는 영향은 뇌졸중으로 인한 신체 기능의 손상 부위와 문제의 심각도에 따라서 다르다. 따라서 이런 문제를 가진 사람들은 자신의 조건에 맞게 적응해야 하고 심리적 · 신체적인 보살핌이 필요하다.

⑥ 당뇨병

당뇨병은 혈액의 순환기 계통에 문제를 가져와서 남성의 발기에 문제를 일으킨다. 남성에게서 발기장애의 가장 큰 원인은 당뇨병 후유증이다. 당뇨병이 있는 남성은 의사의 조언을 구하고, 이미 활성화가 되어 있는 비아그라 등의 도움을 받으면 부분적으로나마 도움을 받을 수 있다.

⑦ 다발성 경화증

다발성 경화증은 뇌와 척추신경에 점진적인 장애를 가져오는 신경성 병이다. 이 병의 후유증은 인지적 · 감각적 · 동작적인 기능이 점차적으로 감소되어 가는 것이다. 다발성 경화증이 성적인 기능에 미치는 영향은 신체의 손상 부위에 따라서 다르다. 다발성 경화증을 가진 사람들 중 약 91%의 남성과 72%의 여성이 성적인 장애를 경험했다고 보고했다(Crooks et al., 2005).

⑧ 감각기관의 손상

인간의 시각, 청각, 언어 기능의 손상이 성적인 감정에 직접적으로 부정적인 영향을 주지는 않는다. 감각기관에 문제가 있는 사람들은 적극적인 성교육과 심리적인 지지, 자존감의 회복 등이 많은 도움을 줄 수 있다.

⑨ 척추신경의 손상

교통사고, 낙상, 수영장에서 사고, 폭력 등에 의한 척추 손상 환자들이 많이 늘어나고 있는 추세이다. 척추 사고의 결과, 손발 또는 사지의 감각을 잃는 등의 경우가 있다. 대체로 허리 아래의 감각을 상실한 경우에는 발기불능이 일어나서 성관계가 불가능한 경우가 많다. 개인 상처의 종류, 심각도의 차이에 따라서 성기능을 평가해서 적극적인 도움을 받는 것이 중요하다.

⑩ 정신과적인 문제

우울증, 조울증 등의 정신과적인 문제는 성적인 문제를 야기한다. 우울증의 증상 중 하나가 성적 욕구 저하이다. 조증의 상태에서는 과도한 섹스를 하기에 문제가 되기도 한다. 정신과적인 문제로 성기능장애가 온 경우에는 정신과 의사의 도움을 받아서 약의 종류, 양 등을 조절해야 한다.

정신과 환자들이나 지적인 저능아들의 성적인 반응과 성적인 욕구는 정상인과 같다. 문제는 이들의 사회 기술 부족과 적응 문제로 인해서 다른 사람들이 강간하거나 성적으로 이용할 수도 있다. 또한 이들은 부적절하게 성적인 표현을 할 수도 있다. 정신과적인 환자들에게 적극적인 성교육이 필요하고, 남에게 피해를 안 주는 방법으로 성적인 욕구를 채울 수 있는 방법도 가르쳐 주어야 한다.

(2) 신체적인 장애를 대처하는 방법

① 신체적인 장애를 수용하기

신체적인 장애를 극복하기 위한 첫 번째 단계는 신체적인 장애를 수용하고 현실을 수용하는 것이다. 자신의 신체를 다른 사람과 또는 자신의 전성기에 비교하면 안 된다. 현실을 받아들이는 것이 가장 중요하다.

② 약물에 의한 통증 관리하기

신체적인 통증은 의사의 도움을 받아서 약물로 통제하거나 관리하면 효과가 있다. 그러나 약물 사용 등은 한계가 있다. 성관계를 할 당시에만 통증을 관리하는 약물의 도움을 받는 것도 좋다.

③ 신체적인 조건을 고려한 체위 조정하기

신체적 장애가 있으면 그 상황에 맞게 성관계 시 체위를 조정하면 된다. 물론 그런 과정에서 신경이 쓰이기는 하겠지만, 일단 성관계가 이루어지면 성적인 만족과 느낌은 정상적인 사람과 절대로 다를 것이 없다.

④ 개방적인 대화 관계를 유지하기

남녀 간의 성은 단순히 성적인 오르가슴에만 있는 것은 아니다. 정서적인 만족과 친밀감이 중요한 부분을 차지하기에 서로 간에 애정을 주고받는 개방적인 대화가 필요하다.

2) 개인적인 요인

같은 문화권에서 살아도 성에 대한 가치관에서 개인차가 있고 개인적인 요인들이 성행동에 영향을 주기 마련이다.

(1) 성에 대한 지식과 성에 대한 가치관

개인의 성에 대한 가치관 및 태도가 성행동에 영향을 준다. 대체로 교육 수준이 높은 부부들은 교육과 경제적인 수준이 낮은 부부에 비해서 성에 대해 더 개방적이고 다양한 성적 체위도 즐기며 변화 있는 성생활을 즐긴다. 성에 대한 부정적인 태도와 부정적인 성기능은 직접적으로 연관되어 있다. 성적 욕구, 성기능에 장애를 가진 부부들은 자신의 생각이나 사고 속에 성에 관한 부정적인 가치관이 작용한다는 것을 인식하지 못하는 경우가 많다. 그러나 실제로는 자신의 가치관이 성기능에 영향을 준다는 사실을 인식해야 할 것이다.

(2) 자존심과 자신감

자신의 신체적인 이미지는 성적인 감정과 성감에 많은 영향을 준다. 자신의 신체에 대해서 긍정적이며 자신감을 느끼는 사람은 성관계 도중에 성에 몰입하면서 성을 즐길 수 있다. 즉, 자신의 신체에 대한 자신감과 자기 자신에 대한 자존심이 높은 사람이 더 많은 성적 만족을 느끼고 성적인 문제가 적다(Hally & Pollack, 1993). 미국의 중서부지방 여성을 상대로 한 조사에 의하면, 35%의 여성이 성관계 시에 자신의 신체 이미지 때문에 신경이 쓰인다고 보고했다. 그리고 자신의 신체를 노출시키는 체위보다는 덜 노출시키는 남성 상위 체위를 선호했다(Wiederman, 2000).

한편, 우리나라의 많은 여성들은 날씬한 몸매에 대한 압박감 때문에 자신의 신체에 불만족스러워하고 다이어트 때문에도 많은 스트레스를 받고 있다. 여성의 날씬한 몸매 가꾸기는 주로 TV 등의 미디어가 주도하고 있다. 20년 전에 미인은 그 당시 평균 여성의 몸무게보다 8% 정도 적게 나갔는데, 이제는 약 23%나 적게 나가야 미인이라고 한다(Daniluk, 1998).

자신의 몸매를 가꾸는 현상은 이제는 남성에게도 전이되어서 남성도 여성에게 매력적으로 보이기 위해 근육 강화 운동을 시도한다. 그러나 아직까지 남성의 신체 이미지가 성기능에 어떤 영향을 주는가에 관해서는 연구가 되어 있지 않다.

(3) 정서적인 어려움

우울증, 불안증 등의 정서적인 어려움을 느끼는 사람들은 성적인 관심도 떨어지고 성기능도 약화된다. 특히, 상대방에게 자신을 공개하기를 두려워하면서 친밀감을 못 느끼는 사람들은 성적인 만족을 누리는 데 어려움을 겪는다(Schnarch, 2000). 자신의 삶에서 불행을 느끼는 사람도 성적인 만족과 성기능이 감소한다. 이렇게 볼 때 만족한 성생활은 행복한 삶의 한 지표가 되는 셈이다.

(4) 성폭력과 성학대

안정되고 건강한 성생활을 하기 위해서는 남녀 간에 평등하고, 서로를 존경하며 신뢰하고, 안전한 분위기를 유지하면서 동의하는 관계가 필요한데, 성적인 폭행을 당한 사람들은 이러한 관계를 유지하기 어렵다. 어린 시절에 성폭력을 당하면 성에 관련된 자신의 이미지, 자존심 등에 심한 상처를 입게 된다. 미국의 경우에 약 12%의 남성과 17%의 여성은 사춘기 이전에 성적인 학대를 당한 경험이 있다고 한다(Marvin & Miller, 2000). 남녀를 불문하고 성폭행을 당한 사람은 부부의 성생활과 만족한 부부 관계를 유지하는 데 어려움을 겪는다(Courtois, 2000). 여성들이 자신이 강간당한 사실을 숨기고 치료를 받지 않은 경우에는 성생활을 하면서 성에 관련된 부정적인 생각이 다시 표면에 떠올라 오르가슴 장애를 일으킬 수도 있다. 성피해를 당한 여성들은 우울증, 불안, 강박증, 낮은 자존감 등의 후유증을 겪고 있어서 대인 관계나 부부 성생활에 어려움을 겪는다(채규만, 2003). 어떤 형태든지 성피해를 당한 사람들은 심리치료를 받아서 자신의 문제를 해결하는 것이 중요하다.

3) 부부 관계 문제

만족한 성생활을 위해서는 커플의 관계가 원만해야 한다. 어떤 부부들은 갈등 때문에 싸우고 서로 열정적인 성관계를 하면서 풀어지는 부부가 있고, 어떤 부부들은 각방을 쓰면서 1~2주 또는 몇 달간 말을 안 하는 부부들도 있다.

(1) 미해결된 문제

부부가 같이 생활을 하게 되면 서로가 많은 면에서 갈등을 겪게 된다. 부부의 불만족스러운 성적인 문제는 부부 갈등을 반영하는 경우가 많다(Alperstein, 2001). 부부 사이에 상호 불신, 상대방에 대한 혐오감, 애정 결핍, 대화의 결핍 등이 있으면 성적인 만족이 떨어진다. 어떤 부부들의 경우는 한쪽에서 상대방에게 정서적 · 경제적으로 너무 의존심이 많으면 또한 부부 갈등으로 연결되어 성생활에 지장을 받는 경우도 있다. 또한 부부의 관계에서 약자의 위치에 있으면 성적인 관심이나 행동으로 상대방을 통제하려고 하는 경우도 있다. 부부의 성생활은 부부만족도의 중요한 지표이다. 따라서 부부 관계의 갈등을 잘 해결하도록 노력해야 한다.

(2) 비효과적인 부부 대화

부부 사이의 대화 문제는 여러 가지 갈등의 원인이 된다. 특히, 부부 사이의 대화에 문제가 있는 부부들은 성과 관련해서 성관계를 갖는 시간, 장소, 횟수, 자극하는 부위 등에 관해서 서로가 효과적인 대화를 못 한다. 남성은 성관계를 가질 때 직접적으로 여성의 음핵을 자극하려고 하는데, 여성은 대체로 성기관보다는 스킨십을 먼저 원하는 경우가 많다. 이러한 면에서 부부 사이에 솔직한 대화가 필요하다.

(3) 임신에 대한 걱정

요즘 우리나라는 소위 딩크족이라고 해서 결혼 전부터 아이를 갖지 않기로 하고 결혼하는 신혼부부들이 늘어나고 있는 추세이다. 이런 부부뿐만이 아니고 일반적인 부부도 적절한 피임 수단을 갖지 않는 상태에서 성관계를 하면, 특히 여성은 만족스럽게 성을 즐기기 어렵다(Sanders et al., 2003).

(4) 성 전파성 질환에 대한 염려

부부가 서로 바람을 안 피우는 경우는 별로 문제가 없겠지만, 남편이 성매매를 해서 성 전파성 질환을 아내에게 옮긴 경우나, 또는 남녀 관계가 복잡한 파트너와 성관계를 하면 성 전파성 질환에 감염될 수도 있다는 염려 때문에 성관계를 안전하게 가질 수 없다. 부부 관계에서 성 전파성 질환을 상대방에게 옮기지 않는 예의를 갖추어야 한다.

(5) 동성애적인 성향

아직 우리나라에서는 동성애를 사회적으로 인정하는 분위기가 아니고 동성애자들도 커밍아웃을 하지 않는 분위기이지만, 동성애자의 결혼까지 인정하는 미국에서는 부부 중 한쪽이 동성애적인 성향이 있으면서 이성 부부 관계를 맺고 있을 경우에 이런 부부들은 만족스러운 성생활을 하기 어렵다고 한다(Althof, 2000). 성개방의 바람이 불고 있는 우리나라도 조만간에 동성애의 문제가 사회적 · 가족적 이슈가 될 날이 있을 것이다.

(6) 부부의 외도

부부의 외도는 부부의 성관계에 치명적인 악영향을 준다. 피해를 입은 배우자는 상대방에 대한 불신과 배신감 때문에 성관계를 거부할 수 있고, 외도자는 자신의 배우자에 대한 성적인 흥미를 잃거나 마음이 딴 사람에게 가 있기에 성적인 만족도가 떨어진다.

4) 문화적인 요인

(1) 어린 시절 성에 대한 부정적인 교육

우리는 인생에 대한 가치관, 성에 대한 태도 형성에 있어서 부모에게서 많은 영향을 받고 있다. 대체로 보면 보수적인 종교는 성을 죄악시하고 부정적으로 다루고 있다. 같은 종교 단체라고 해도 보수적인 성향을 가진 종파는 성에 관심이 적고 부정적이며 감추는 태도를 보이고, 성에 대해서 불안감과 죄책감을 더 많이 느꼈다(Slowinski, 2001).

부모로부터 성에 대해서 부정적인 메시지를 많이 받은 사람은 성에 대해서 위축되고 애정표현 등에도 부정적이다.

(2) 성에 대한 이중적인 가치관

어느 문화권이든지 대체로 남성은 성을 즐기고 성관계를 원하면 언제든지 가질 수 있는 것으로 여기지만, 여성의 성적인 표현과 참여는 수동적이고 남성을 위하는 관점에서만 허용되어 왔다. 물론 이제는 여성의 성도 많이 개방되어서 여성의 성적인 표현이나 참여가 긍정적인 측면을 보이고 있다. 그러나 아직 우리나라에서는 남성의 혼전 성행위, 결혼 후 성관계는 긍정적으로 간주하지만 여성에게는 남성과 다른 이중적인 규범을 적용하고 있는 실정이다.

(3) 성기 중심의 섹스

아직도 우리나라에서는 성관계하면 성기 삽입에 의한 섹스를 의미한다. 우리 사회에서 많은 돈이 남성의 성기확대수술과 약물치료, 비아그라 구입 등 남성 위주의 성기능 향상에 사용되고 있는 실정이다. 그러나 여성의 입장에서 보면 성관계 시의 분위기, 부드럽게 여성의 몸을 다루기, 성을 통한 애정의 표현 등이 더 중요하다. 남편들에게 아내와의 스킨십에 대해 물어보면 성기 중심의 섹스에만 집착을 했기에 스킨십에는 관심 없다는 대답을 많이 한다. 성은 성기관을 가진 상대방과 심리적 · 신체적 · 인격적

인 관계를 맺는 것이다.

(4) 성에 대한 수행 불안의 증가

이제는 여성도 남성과 같이 오르가슴을 느낄 수 있어야 한다는 성에 대한 지식이 급속히 퍼지면서, 새로 파생되는 문제점은 남녀 모두 성생활을 잘해야 한다는 의무와 압박감을 가지고 있다는 것이다. 특히, 자신의 아내나 파트너에게 오르가슴을 느끼게 하지 못하면 남자의 구실을 못한다는 강박관념 때문에 성관계가 자연스럽고 즐거운 것이 되지 못하고 오히려 불안한 심정으로 성관계에 임하는 남성들이 많다. 이런 태도는 성기능장애로 연결될 가능성이 높다. 성은 자연스럽게 즐기는 것이고, 이러한 태도로 임하면 멋있는 성관계를 즐길 수 있다.

5) 약물이 성적인 기능에 끼치는 영향

시중에 나와 있는 약 200여 가지의 약은 성기능에 역기능적인 작용을 한다(Finger et al., 2000). 약물이 성적인 면에서 부정적인 영향을 끼치는 경우에는 약물의 양을 의사와 상의해서 조정해야 한다.

(1) 정신과 약물

우울증은 남성보다는 여성에게 두 배 정도 많이 발생하는데, 항우울제를 사용한 70%의 사람들은 성적인 욕구가 감소되었다고 보고했다(Nurnberg et al., 2003). 항우울제는 성적인 흥분을 지연시키고 오르가슴 장애 및 발기장애를 야기한다.

(2) 고혈압 약

고혈압 약도 성적인 욕구, 흥분에 부정적인 영향을 끼친다.

(3) 기타 약물

항암 약, 메타돈은 성적인 욕구 감소, 오르가슴 지연, 사정 지연을 야기한다. 어떤 종류의 위장약은 성적인 욕구에 부정적인 영향을 줄 수 있으니 의사의 도움을 받아야 한다.

(4) 테스토스테론

테스토스테론은 다른 약물과는 반대로 여성과 남성의 성적인 관심과 욕구를 증가시킨다. 테스토스테론이 결핍될 때는 보충해 주는 방법이 있다.

6) 성관계의 단계에서 파생되는 성기능장애 문제

모든 부부들은 크고 작은 형태의 부부 성문제를 경험한다. 부부가 성관계를 할 경우에 여성은 대체로 50%의 경우만 오르가슴을 느낀다. 오르가슴을 느끼는가를 기준으로 할 경우에 많은 부부들은 성적인 불만족을 느낀다고 할 수 있다.

(1) 성적인 욕구 단계의 문제점

① 성적 욕구 저하

성적 욕구 저하는 남녀 모두에게 아주 보편적인 성적 어려움이다(Sytsman & Taylor, 2001).

부부 성문제에 관한 연구 결과는 다음과 같다(Laumann et al., 1999).

| 표 21-2 | 성적인 문제에 관한 답변 내용

		성적 욕구 저하		오르가슴 불능		발기장애 (남성) %	성교 중 통증 (여성) %	조기 사정 (남성) %
		여성(%)	남성(%)	여성 (%)	남성 (%)			
나이	18~29	32	14	26	7	7	21	30
	30~39	32	13	28	7	9	15	32
	40~49	30	15	22	9	11	13	28
	50~59	27	17	23	9	18	8	31
교육	초, 중학교	42	19	34	11	13	18	38
	고등학교	33	12	29	7	9	17	35
	대학교	24	14	18	7	10	10	27

※성적인 문제는 젊은 여성과 장년층에서 더 많이 겪고 있음.

성적인 욕구 저하에 관한 문제는 대체로 여성이 많았으나, 최근의 연구에 의하면 남녀가 거의 비슷하게 성적인 욕구 저하 문제를 겪고 있다(Pridal & LoPiccolo, 2000). 성적인 욕구 저하는 부부들이 성치료를 받게 되는 가장 큰 이유가 되고 있다. 성적인 욕구 저하를 경험하고 있는 부부들은 욕구는 적지만 자극을 받으면 성관계를 할 수 있는 부부가 있고, 자극을 받으면 오히려 불안하고 긴장을 느끼는 부부들도 있다. 다른 경우는 자신의 배우자에게는 성적인 욕구 저하를 느끼지만, 내연 관계의 연인에게는 정상적인 욕구를 느끼는 사람도 있다.

성적인 욕구 저하를 느끼는 부부나 개인들의 특징은 다음과 같다.

- 성적인 욕구 저하를 느끼는 사람들은 성적인 환상이나 자위행동을 하지 않는다.
- 부부 사이에 갈등이 많고 애정의 결핍을 느낀다.
- 욕구 저하는 대체로 남성보다는 여성에게 더 많다.
- 부부 성생활을 의무적으로 한다.
- 대체로 부부 사이에 로맨틱하고 열정적인 사랑을 유지하지 못하고 있다.

② 성적인 행동의 횟수에 대한 불만

부부들은 자신이 원하는 만큼의 부부 관계 횟수, 장소, 또는 시간 등에서 서로가 갈등을 겪는 경우도 있다. 이러한 문제는 대화를 통해서 풀도록 노력해야 한다.

③ 성적인 혐오장애

성관계를 두려워하거나 회피하려고 하는 경우를 성적인 혐오장애라고 한다. 성적인 혐오장애는 성관계에 대해서 불편한 감정, 혐오, 역겨운 감정, 극도로 비합리적인 두려움 등의 다양한 내용을 포함한다. 성관계를 갖는 것을 상상만 해도 두려움이나 공포를 느끼는 사람들도 있다.

(2) 성적인 흥분 단계에서의 문제점

사람들은 항상 성적으로 흥분되거나 흥분될 수 있는 상태에 있는 것은 아니다. 신체적으로 피로하거나, 긴장되어 있거나, 다른 일에 정신이 몰두해 있으면 성적으로 흥분하기 어렵다. 여성이 흥분 단계에서 문제가 있으면 질에서 분비액이 나오는 데 문제가 있고, 남성은 발기장애를 경험한다.

① 여성의 흥분장애

여성의 경우에 흥분장애의 신체적인 증상은 질벽의 분비물이 적거나 안 나오고, 성기 부분이 부풀어 오르는 현상이 일어나지 않는다. 폐경기 전이나 후에, 에스트로겐 호르몬의 분비가 적은 경우에도 이러한 현상이 일어날 수 있다. 또한 심리적으로는 배우자에 대한 분노나 두려움이 있는 경우 또는 비효과적인 성적 자극에 의해서도 흥분장애를 가져올 수 있다.

② 남성의 발기장애

남성 발기장애를 'impotence'라고 하는데 이 말은 라틴 말 '권력이 없음(without power)'에서 유래했다. 즉, 남성은 발기를 하지 못하면 배우자에게 아무런 힘이 없다는 의미이다. 남성은 발기에 문제가 있으면 자존심에 많은 타격을 받는다(Althof, 2000).

발기장애는 남성이 여성의 성기에 삽입을 할 정도로 강한 발기상태를 유지하지 못하는 경우에 진단한다. 발기장애는 처음에는 괜찮다가 어떤 순간에 생길 수도 있고, 처음부터 기질적인 문제로 발기가 되지 않는 평생형이 있다.

발기장애는 나이가 들어가면서 상대적으로 많이 증가하고 있다. 발기장애는 당뇨병, 심장병, 고혈압 등의 신체적인 문제를 가진 사람들에게서 발생할 수 있다(Bacon et al., 2003). 그러나 대부분의 발기장애는 신체적인 요인과 심리적인 요인의 상호작용으로 발생한다(Levine, 2003).

(3) 오르가슴 단계에서의 문제점

① 여성의 불감증

여성들이 오르가슴을 경험하지 못해서 성적인 흥분과 그 과정에서 느끼는 즐거움을 경험하지 못할 수 있다. 오르가슴을 경험하지 못하면 성적인 만족감이 떨어지고 때로는 좌절감을 느낀다. 여성의 경우 평생형은 일생 동안에 한 번도 오르가슴을 경험하지 못하고, 상황형은 성적인 행위의 상황에 따라서 오르가슴을 경험하지 못하는 경우이다. 미국 여성들의 경우 5~10%의 여성은 자위나 배우자의 도움으로도 오르가슴을 한 번도 경험하지 못했다고 한다(Spector & Carsey, 1990).

② 남성의 오르가슴 장애

남성의 오르가슴 장애는 성관계 시에 사정을 하지 못하는 것을 말한다. 남성의 약 8% 정도가 이러한 장애를 경험하고 있다(Lauman et al., 1994). 사정에 어려움을 보이는 남성은 본인 스스로 자위를 하거나 상대방이 자위를 해 주면 사정할 수 있다. 사정의 장애를 보이는 남성은 성교 도중에 여성을 오르가슴에 도달하게 해야 한다는 부담감, 혹은 임신을 시켜야 한다는 부담감, 또는 자신의 정자에 문제가 있어서 사정할 경우에 자신의 문제가 드러날 것에 대한 두려움 등 때문에 순간적으로 성적인 흥분 상태를 유지하지 못해서 사정하지 못하는 경우도 있다. 또한 필자의 임상 경험에 의하면, 남성이 자신의 외도 때문에 배우자에 대한 죄책감이나 애정 없는 결혼생활을 유지하는 경우에 사정하는 데 어려움을 보이고 있었다.

"제가 남편과 성관계를 처음 가질 때 남편은 발기하는 데는 문제가 없었지만 사정을 하지 않았습니다. 처음에는 성관계를 오래 즐길 수 있기에 괜찮다고 생각했지만, 이런 상황이 계속되다 보니 성관계를 해도 피곤하고 남편이 사정하게 하려고 온갖 노력을 했지만 남편은 사정을 할 수 없었습니다. 남편이 사정할 수 없어서 괴로워하는 모습을 보면 안타깝기도 하고, 이러다가 임신을 하지 못하면 어쩌나 하는 두려움이 많았습니다."

–필자의 상담기록 중에서–

③ 가장된 오르가슴(Faking Orgasms)

가장된 오르가슴은 오르가슴을 느끼지 않았으면서도 오르가슴을 느낀 것처럼 반응을 보이는 것을 말한다. 여성들의 경우에 약 75%가 50회 이상 가짜로 오르가슴을 느낀 것처럼 행동한 경험이 있고, 약 10%는 셀 수 없을 정도로 많이 시도했다고 보고하기도 했다(Ellison, 2000). 가짜 오르가슴은 다른 성기능장애와는 달리 본인이 의식적으로 시도하는 행동이다. 여성들이 가짜 오르가슴을 느끼는 것처럼 시도하는 이유는 남성을 기쁘게 해 주고 실망하지 않게 하기 위해서, 또는 성적으로 서로 대화가 부족한 상태에서 성관계가 이루어지거나 부부의 관계를 유지하기 위해서 오르가슴을 가장하기도 한다. 가장된 오르가슴은 남성도 하는 경우가 있다. 가장된 오르가슴은 서로가 대화를 통해서 긴장을 풀고 서로가 즐길 수 있는 방법으로 성관계에 임하면 해결될 수 있다.

토론

1. 자신의 성생활에 대해 만족하고 있습니까? 그렇게 생각하는 이유는 무엇입니까?
2. 결혼생활 중에 성기능장애가 있으면 어떻게 대처하시겠습니까?

제22장

성기능장애 치료와 성기능 향상

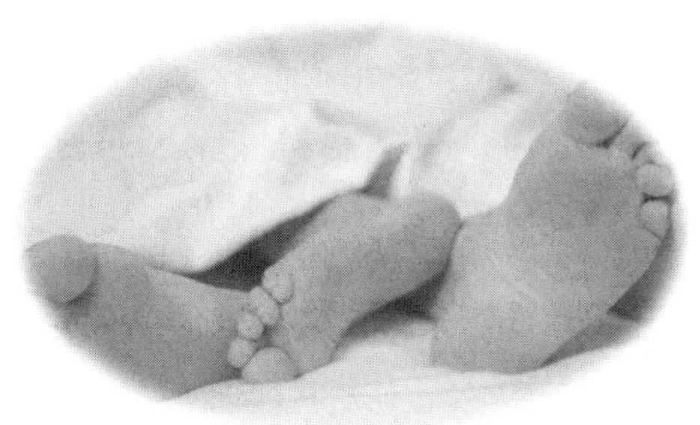

성기능장애는 앞 장에서 살펴보았듯이 종류도 다양하고 원인도 다차원적이다. 성기능장애 치료와 성기능 향상을 위한 구체적인 방법을 기술해 보겠다.

1. 성적인 욕구 자각과 성에 대한 주인의식

우리가 성생활을 만족스럽게 영유하려면 우선 성에 대한 주인의식을 가져야 한다. 즉, 성은 인간으로서 누릴 수 있는 기본적인 권리라는 생각과 나의 성기관, 성감각의 주인은 나라는 인식이다. 이러한 자세가 없다면 성은 상대방을 위한 서비스이고, 상대방이 원하면 자신은 거부할 수 없다는 생각에 빠지며, 성에 대한 무력감을 느끼기 쉬워진다. 여성들은 성에 관한한 방어적이고 숨기려고 하는데, 이제는 성에 대한 주인의식을 가지고 자신이 싫으면 거부할 수도 있다는 자신감을 가져야 할 것이다.

성에 대한 주인의식을 가지기 위해서는 우선 자신의 신체와 성기관에 대해서 자연스럽고 편안한 감정을 가져야 한다. 이런 작업을 하기 위해 거울을 가지고 자신의 성기관을 자세히 관찰하고, 또한 편안하고 안전한 분위기에서 자위하면서 자신의 각 신체기관을 자극해 보고 어느 부위가 성적인 자극에 민감한가를 스스로 체험하고 성감을 느끼는 것이다. 또한 벗은 상태에서 큰 거울 앞에 서서 자신의 신체를 보고, 있는 모습 대로 받아들이고 수용하는 작업을 하는 것도 도움이 된다. 특히, 여성은 TV모델과 같지 않으면 자신의 신체를 부끄럽게 생각하도록 사회적인 압력을 받지만 실제로는 성적인 만족과 성기관의 크기와는 상관이 없다.

2. 배우자와의 대화

성적인 만족과 행복은 자연스럽게 얻어질 수 있는 것이 아니고 학습과 교육에 의해서 얻어질 수 있는 것이다(Scharch, 1993). 특히, 우리나라의 부부들은 성에 관한 대화를 거의 하지 않는다. 남성은 자신의 성적인 만족에 초점을 두고, 여성은 수동적으로 응해주는 성생활을 하는 것이 태반이다. 또한 성에 관한 솔직한 대화를 하면 마치 상대방에게 무안을 주는 것처럼 생각하기에 더욱더 성에 관한 솔직한 대화를 하지 못한다.

그러나 다음과 같은 미완성된 문장을 완성하면서 부부가 서로 대화를 하면 도움이 된다.

1. 내가 성관계에서 가장 좋아하는 것은 ______________________ 이다.
2. 나를 성적으로 흥분하고 자극하게 만드는 것은 ______________________ 이다.
3. 내가 가장 만족스러운 오르가슴을 느낄 때는 ______________________ 이다.
4. 당신에게 오르가슴을 느끼게 하는 나의 행동 중 당신이 가장 좋아하는 것은 ______________________ 이다.
5. 내가 성적인 무드를 느끼도록 당신이 도와줄 수 있는 것은 ______________________ 이다.
6. 우리 사이에서 성적으로 가장 싫어하는 것은 ______________________ 이다.
7. 내가 당신에게서 성적으로 좋아하는 부분은 ______________________ 이다.
8. 당신과 같이하고 싶은 성 체위는 ______________________ 이다.
9. 당신과 같이하는 성적인 환상은 ______________________ 이다.
10. 당신이 성적으로 접근할 때 나는 ______________________ 이다.
11. 성관계 시에 당신이 필히 배려했으면 하는 몸단장(예: 세수, 목욕, 면도, 양치, 향수 사용 등)은 ______________________ 이다.
12. 성관계 시에 당신이 착용했으면 하는 속옷들은 ______________________ 이다.

13. 최근 내가 가장 즐긴 성적인 분위기는 ____________________이다.
14. 내가 원하는 성관계 횟수는 ____________________이다.
15. 내가 원하는 성관계 장소는 ____________________이다.
16. 내가 원하는 성적인 분위기는 ____________________이다.
17. 내가 원하는 성적인 자극 부위는 ____________________이다.
18. 성관계 시에 듣고 싶은 말은 ____________________이다.
19. 성관계 시에 나를 자극하는 것은 당신의 ____________________이다.

위에서 빠진 부분에 관해서 서로 의견을 나누어 보시오.

____

____

____

위와 같은 리스트를 서로 작성해서 솔직하게 대화를 하는 것이 만족스러운 부부생활에 중요하다.

3. 감각 초점 훈련

성기관이라고 하면 성기만 생각하기 쉬운데 따지고 보면 우리 몸 전체가 상황에 따라 성감을 느낄 수 있다. 성에 미숙한 부부들은 성관계 시에 성기에만 초점을 두고 자극하려고 한다. 그러나 부부들은 서로 대화하고 스킨십을 하면서 서로 간에 친밀감을 느끼는 성관계를 원한다. 감각 초점 훈련(Sensate Focus)은 마스터스와 존슨이 성기능장애 부부들을 치료하기 위해서 고안한 기법으로 부부들이 서로를 만지고 신체 마사지를 해 주면서 긴장을 풀고 서로의 친밀감을 증가시키는 기법이다.

이 기법은, 특히 남성이 성관계 시에 여성을 만족시켜 주어야겠다는 부담감 때문에 긴장과 불안을 느껴서 성적으로 수행장애를 느끼는 경우 아주 유용한 훈련이다. 그러나 감각 초점 훈련은 정상적인 부부들도 서로에게 원하는 스킨십을 해 주면서 가까워질 수 있는 방법도 된다.

조루증 내담자를 위한 교육 자료

1. 남성들의 약 30%가 조루증 때문에 문제가 있다. 그러나 남성들은 자신만이 이러한 문제가 있다고 숨기려고 한다. 많은 남성들이 자신의 사정을 통제하는 면에서 문제가 있다.
2. 조루증을 촉발시키는 것은 '내가 충분히 오래 끌고 있는가?'에 대한 질문을 시작하면서 성적인 행위를 즐기기보다는 자신의 성적인 수행에 대해서 평가하고 관찰하게 되면 문제가 된다.
3. 남성들은 자신의 문제가 너무 쉽게 흥분되고 사정을 빨리 하는 것이라고 생각하는데, 실제적인 문제는 흥분된 상태를 유지하면서 즐기지 못하는 것이다. 흥분된 상태를 유지하는 것과 흥분하는 것과의 균형을 유지하는 것이 중요하다.
4. 여성들은 남성이 조루증을 보이면 남성은 이기적이고 자신만 즐긴다고 비난하고 화를 내는 경향이 있다. 그러나 실제로 조루증의 남성들은 조루증으로 인해 실패한 것에 수치감과 죄책감을 느끼고 있다. 그리고 사정할 때의 감각 역시 강하지 못해서 성적으로 흥분감을 충분히 느끼지 못하고 있다.
5. 여성과 자신의 염려나 수치심에 대해서 솔직한 대화를 하면 긴장과 스트레스가 감소된다.
6. 자신의 문제를 감추고 부정하려고 하면 오히려 긴장이 높아지고 스트레스가 쌓이기에 성적인 수행이 떨어진다.
7. 배우자가 성적으로 어떤 흥미와 관심을 가지고 있는지를 파악하는 것이 중요하다. 남성들은 여성과 격렬한 성관계를 가져야 남성의 구실을 한다고 믿고 있는데, 여성은 과정에서의 즐거움을 느끼려고 한다.
8. 실습과 정상적인 성관계를 시도하는 것이 중요하다. 남성이 오랜만에 성관계를 가지려고 시도하면 오히려 조루증을 더 많이 보이는 경향이 있다.

성적인 만족을 연장하고 조루증을 치료하는 방법

제1단계

혼자서 자위행위를 실시하고 흥분하면 귀두부를 손가락으로 눌러 주어서 성적인 흥분을 가라앉힌다. 오른손으로 자극하고 왼손으로는 시계를 본다. 약 1분 정도 눌러 주고 다시 흥분한다. 이렇게 약 3~4회 정도 반복하고 흥분이 되면 사정을 한다. 그러나 이 단계에서의 훈련은 성적으로 흥분되는 것을 즐기면서 어느 정도 정점에 도달했을 때에 흥분을 가라앉히고 즐기는 것이다.

제2단계

자신의 성적인 흥분에 대한 감정을 알아차리는 것이 중요하다. 즉, 10이면 사정 직전에 있는 상태이다. 이러한 기준으로 보면 자신의 성적인 기분을 약 7~8 정도로 유지하면서 성감을 즐기는 훈련을 실시한다. 이번에는 자위를 하면서 흥분감이 올라가면 천천히 자극하여 성감을 떨어뜨리고 약 6~7 정도가 되게 한다. 이 상태에서 다시 흥분하면서 더 떨어지면 다시 자극을 주어 성감을 올린다.

약 15분간 이 상태를 유지하는 훈련을 한다. 일주일에 약 세 번 정도 훈련을 실시한다.

제3단계

위의 단계를 반복하지만, 이제는 괄약근을 이용해서 성감을 떨어뜨리는 훈련(Kagel 훈련)을 실시한다. 즉, 성적으로 흥분했을 때 Kagel 훈련을 하면 성감이 줄어든다. 이러한 연습을 반복한다. 일주일에 세 번 정도 실시한다.

제4단계

이 단계에서는 젤리 등의 제품을 사용하여 여성의 질과 비슷한 조건에서 위와 같은 훈련을 계속한다. 이러한 훈련의 과정에 여성이 같이 도와주면 더 좋지만 혼자 하고 싶으면 혼자 해도 무방하다.

제5단계

이 경우에는 여성과 같이 해야 한다. 즉, 여성의 질에 남성의 성기를 넣고 그대로 있으면서 감각을 느끼려고 시도한다. 즉, 성기로 여성의 질 내부의 질벽과 질의 따뜻함과 부드러움, 그리고 질의 주름 등을 느끼려고 노력한다. 여성의 질 속에서 성적인 흥분 상태를 약 7~8 정도 유지하면서 즐기도록 한다.

여성의 질에 성기를 삽입하려고 시도하면 약간 불안할 수 있다. 그러나 지금까지 실습한 경우처럼 성기의 감각에 초점을 두면서 즐기도록 한다.

여성 상위 체위를 유지한다. 이 경우에 여성이 자신의 질 입구에 성기가 삽입되도록 가이드 한다. 여성은 남성의 성기를 부드럽게 잡고 삽입한 후에 질 안에 보관하고 있다는 느낌을 가진다. 남성은 여성의 질 내부에서의 감각에 초점을 두려고 노력하지만, 혹시나 사정할 것 같은 느낌이 들면 여성의 질에서 성기를 뺀다.

성감이 줄어들면 다시 시도한다. 전 과정을 통해서 이전에 연습했던 자신의 감각에 다시 초점을 두어야 한다. 자신이 통제할 수 있다고 느껴지면 천천히 여성의 질에서 움직인다. 자신의 성감이 약 7.5 정도가 되게 하고 그러한 성감을 유지하도록 노력한다. 이러한 행동을 반복해서 가능한 한 시간을 끌도록 한다. 그러나 사정을 하면 즐겁게 사정을 한다. 그러고 나서 여성에게 어떻게 해 주길 원하는가 물어본다. 여성이 원하면 자위를 대신 해 주거나 오럴섹스를 해 줄 수도 있다.

이러한 것을 반복해서 자신이 오르가슴을 통제할 수 있을 정도까지 반복한다.

이러한 과정 중에서 일찍 사정하는 경우가 있겠지만 너무 염려하지 말고, 자신이 지금까지 어떻게 이러한 문제를 극복해 왔는가에 관해서 생각하고 자신이 또다시 불안해하고 있음을 알아차린다. 그리고 다시 처음의 기법을 반복한다.

4. 파트너와 함께 자위하기

파트너와 함께 서로를 자극해서 상대방이 오르가슴을 느끼는 경험을 할 수 있도록 하는 행동도 부부의 성생활에 도움이 된다. 즉, 상대방을 자극할 때 어느 부위를 어떻게 자극해야 하는지를 서로가 실제로 행동에 옮기면서 상대방에 알릴 수 있는 기회가 되기에 많은 도움이 된다. 하지만 성생활에 관한 많은 서적이나 내용에 관한 것을 무조건 자신의 파트너에게 적용하면 오히려 도움이 안 될 경우도 있다.

5. 여성의 건강한 성생활을 위한 제안 사항

1) 오르가슴을 체험하기

여성들이 성적인 건강을 유지하기 위해서는 성에 대해서 자신의 욕구를 수용하는 개방적인 태도를 갖는 것도 중요하지만, 오르가슴을 직접 경험하는 것도 중요하다. 오르가슴을 직접 경험하기 위한 가장 안전한 방법은 스스로 자위행동을 하는 것이다. 성치료에서는 자위행동을 스스로 기쁨을 느끼는 행동(self-pleasuring technique)이라고 부르는데, 여성이 자신의 성감대를 알아내고 성적인 만족이 무엇인가를 직접 체험하는 기법으로 많이 사용한다. 경우에 따라서는 진동기를 사용해서 오르가슴을 느끼는 체험을 할 수 있다.

2) 파트너와 함께 오르가슴 경험하기

여성 자신이 혼자서 오르가슴을 느낄 수 있으면 자신의 배우자나 파트너와 자신의 경험을 나누어 가질 수 있어 서로에게 도움이 된다. 특히, 성생활의 초기에 상대방이 어느 부위를 어떤 강도로 어떻게 자극을 해 줄 것인가의 정보를 교환하면 만족스러운 성생활을 영유하는 데 도움이 된다.

또한 감각 초점 훈련에서 제시된 내용을 서로가 같이 실습하면서 서로가 서로에게 편안해하면서 서로 원하는 성관계를 갖는 것이 중요하다.

3) 질 경련증을 치료하기

여성이 질 경련증이 있으면 성관계가 불가능하다. 먼저 산부인과 의사에게 가서 검사를 받는 것이 중요하고, 신체적인 원인이 없으면 심리치료를 받는 것이 중요하다. 우선 혼자서 시도할 수 있는 방법은 목욕을 하면서 긴장을 풀고 자신의 성기를 가볍게 만

❖ 여성의 오르가슴을 증가시키기 위한 기법(Ellison, 2000)

2,371명의 여성들을 상대로 '나는 성관계 도중에 상대방으로부터 내가 원하는 자극을 받는 것 외에 오르가슴을 증가시키기 위해서 ______________ 을 했다.' 의 질문에 대한 설문 조사를 했다. 그 결과,

내가 원하는 자극을 받기 위해서 자세를 바꾸었다 ………… 90%
내 자신의 신체적인 자극에 관심을 두었다 ………… 83%
괄약근의 수축 운동을 했다 ………… 75%
내 파트너와 호흡을 같이 맞추면서 몸을 움직였다 ………… 75%
내 파트너에게 내가 원하는 것을 하도록 요구했다 ………… 74%
내 자신이 성적인 무드에 젖도록 노력했다 ………… 71%
내 파트너의 성적인 감정에 관심을 가졌다 ………… 68%
내가 내 파트너를 얼마나 많이 사랑하는가 하고 느꼈다 ………… 65%

지면서 성적인 감각을 느껴 보는 것이다. 이러한 행동을 반복적으로 해도 질의 경련이 일어나지 않으면 이제는 자신의 한 손가락을 질에 삽입해서 편안한 기분을 느끼면서 삽입이 되는가를 확인한다. 그 다음 단계는 세 손가락까지 삽입하려고 시도해 본다. 이런 작업이 성공적이면 이제는 배우자가 자신의 성기를 손가락으로 천천히 탐색하는 훈련을 실시해 보고 이런 작업이 성공적이면 손가락을 하나씩 넣어 본다. 그런 후에 천천히 성관계를 시도할 수 있다. 그러나 필자의 경험에 의하면, 질 경련증은 부부들이 스스로 해결하기 어려우므로 성치료 전문가의 도움을 받는 것이 좋다.

6. 남성의 건강한 성생활을 위한 제안 사항

남성의 성문제는 대체로 발기부전과 조기 사정이다. 남성의 건강한 성생활은 남성이 즐기면서도 여성이 오르가슴을 느낄 때까지 사정을 늦출 수 있는 기법을 터득하는 것이다.

1) 사정을 연장하는 기법

(1) 긴장을 풀고 성관계를 즐기기

사정을 빨리 하는 사람들은 대체로 성관계 도중에 긴장을 하거나, 파트너가 오르가슴을 못 느끼면 어쩌나 하는 염려를 많이 한다. 이렇게 되면 오히려 사정을 빨리 하고, 심하면 조루가 된다. 가장 만족한 성관계는 자신이 성을 즐기면서 성에 몰입하는 심정으로 하면 된다. 자신이 성관계를 잘하나 못하나 하는 태도로 자신을 평가하면서 성관계를 하면 만족한 성을 누릴 수 없다.

(2) 사정을 여러 번 하기

남성은 대체로 사정을 하고 나서 다시 성관계를 하면 성적인 민감도가 떨어져서 다음 번 사정은 늦어지는 경향이 있다. 남성이 20대인 경우, 사정하고 나서 약 15~20분 정도면 다시 발기해서 성관계를 가질 수 있다.

(3) 체위를 선택하기

남성에게 가장 자극이 많이 되는 체위는 남성 상위이다. 여성의 상위 체위는 남성이 긴장을 풀고 오히려 여성이 자극을 많이 받을 수 있는 체위여서 남성이 사정을 늦출 수 있다.

(4) 서로 대화하기

남성이나 여성이나 성적인 사정을 늦추기 위해서는 자신의 성적인 흥분의 강도를 파악해서 사정할 것 같은 기분이 들기 전에 파트너에게 알려 주어서 성적인 동작을 잠시 멈추거나 천천히 하도록 요구하는 것이다. 성적인 흥분이 어느 정도 내려가면 다시 성행위를 시작하면 된다.

(5) 대안을 사용하기

만일 남편이 조루증이 심하면 물론 성치료를 받아야 하지만, 여성을 위해서는 남편이 자위를 해 줄 수 있고 다른 전기 기구 등을 사용할 수 있다.

2) 멈춤-시작(Stop-Start) 기법

이 방법은 조루증을 치료하는 데 유용한 기법이다. 예를 들면, 커플이 서로 상대방을 성기 또는 입으로 자극하면서 성적인 흥분 정도가 10이면 사정한다고 할 경우에 성적인 흥분 정도가 7 정도 되면 상대방에게 알려서 즉시 자극을 중단하고 심호흡하면서 성적인 흥분이 3~4 정도 떨어지면 다시 성관계를 계속하는 것이다. 남성이 이 방법을 여러 번 반복해서 실습하면 사정을 지연해서 여성을 만족시키는 데 도움이 된다.

토론

1. 건강한 성생활을 위해서 어떤 노력을 할 수 있겠습니까? 함께 나누어 봅시다.

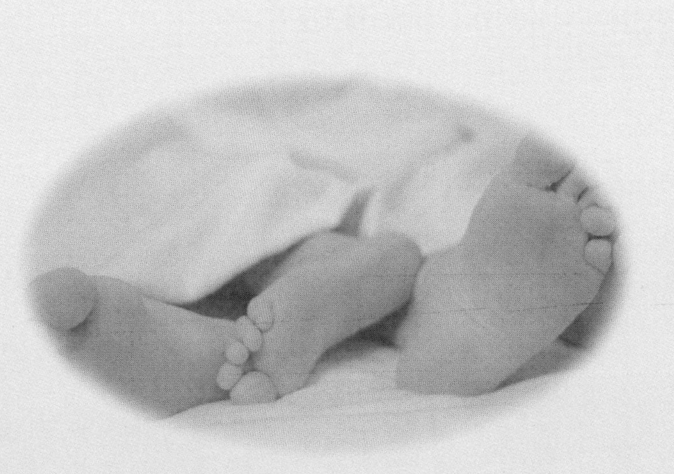

성과 사회문화적인 제반 문제

AIDS

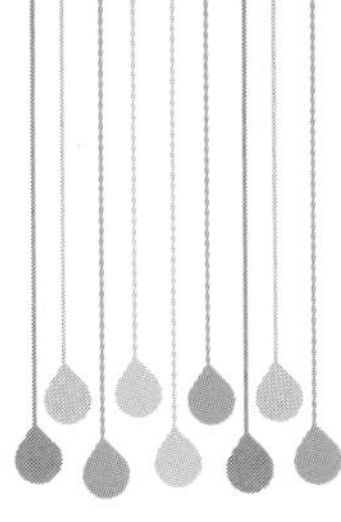

제23장

성적인 오리엔테이션

우리는 성에 대한 취향이 동성애(Homosexuality), 양성애(bisexuality), 이성애(Heterosexuality)인가에 따라 개인의 성적인 오리엔테이션이 다르다고 말한다. 동성애는 동성에게 성적인 매력을 느끼는 경우이고, 양성애는 동성과 이성에 대해서, 이성애는 이성에 대해서만 성적인 매력을 느끼는 경우를 말한다. 킨제이는 성적인 취향을 연속적인 선상으로 보았다. 즉, 한쪽 극단은 이성 관계에서만 성적인 관심을 가지고 다른 쪽 극단은 동성에게만 성적인 관심을 가지고 있지만, 그 중간에는 동성과 양성에 똑같은 관심을 가지는 중간 단계가 있을 수 있다고 분류했다.

그러나 킨제이는 자신의 분류에 대해 과학적으로 뒷받침할 자료를 제시하지 못했다. 그리고 사람들의 성적인 취향은 변할 수도 있는데 이러한 면을 반영해 주지 못했다.

이에 반해서 스톰스(Storms, 1980)는 인간은 남성 대 여성의 성적인 자극에서 만족을 추구하는 사람들과 동성과의 성적인 자극에서 성적인 만족을 누릴 수 있는 두 가지의 경향이 있기에 이를 양 축으로 구분해서 네 가지의 성적인 취향이 있다고 주장했다.

이러한 분류에 의하면, 이성과 동성에 동시에 관심을 보이는 극단은 양성애, 이성에만 관심을 보이는 이성애, 동성에 주로 관심을 보이는 동성애, 동성과 이성에 관심을 보이지 않는 비성적인 태도 등의 네 가지가 있을 수 있다고 주장했다. 성적인 취향에

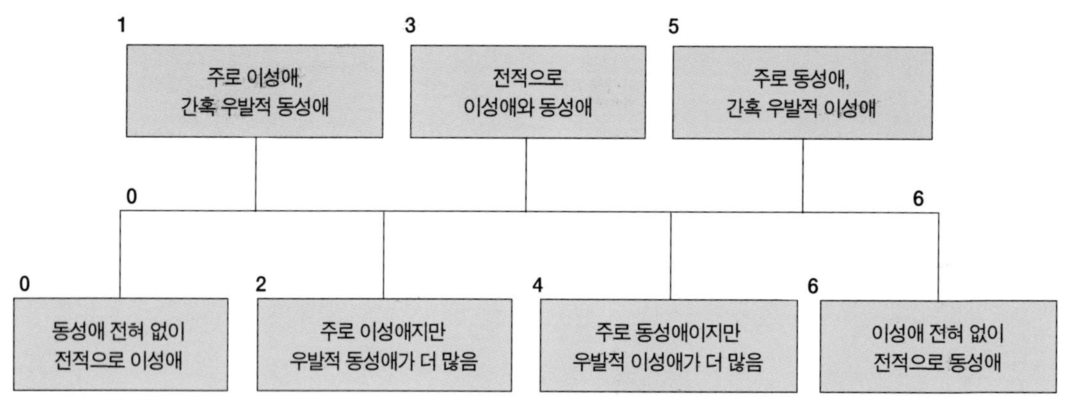

| 그림 23-1 | **킨제이의 연속적 성정체감**

출처: Adapted from kinsey et al.(1948), p. 638.

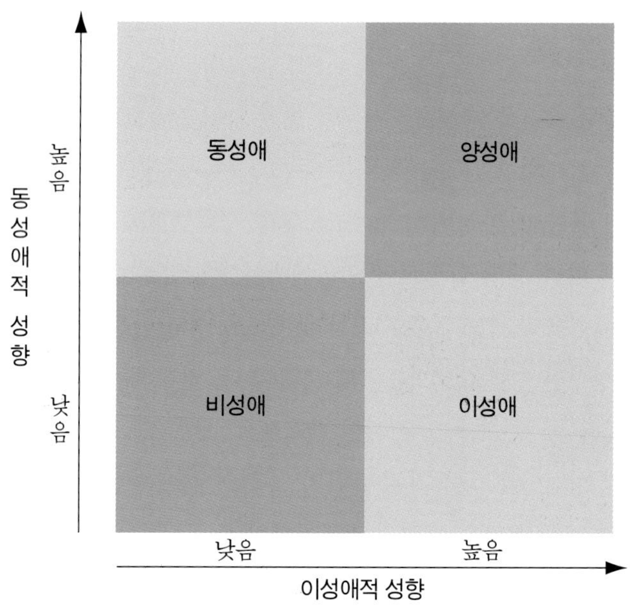

| 그림 23-2 | **동성애와 이성애 구분 차원**

관한 연구들에 따르면 남성은 킨제이가 분류한 것과 같이 양 극단적인 분류가 더 적합하다. 즉, 남성은 여성에게 성적인 관심이 많고 여성에 의해서 성적인 자극을 주고받기 원하는 반면에, 여성은 남성에게 성적인 자극을 받지만 동성에게서도 성적인 자극을 받고 즐기는 여성들이 남성보다 많다.

1. 양성애

양성애란 남성과 여성에게 동시에 성적인 매력을 느끼고 성관계를 맺는 것을 말한다. 이런 사람들을 'AC/DC(alternating current and direct current)'라고 부르기도 한다. 양성애자들은 세 가지 유형으로 분류된다. 즉, 'bi-gay'는 양성이지만 남성에게 더 관심이 더 많은 경우이고, 'bi-straight'는 이성에게 좀 더 매력을 느끼는 경우이고, 'bi-bi'는 동성과 이성에 거의 동등하게 매력을 느끼는 사람들을 말한다. 연구 조사 방법에 따라서 다르겠지만, 한 연구에서 조사 대상의 약 1%(0.8%의 남성, 0.9%의 여성)가 양성적인 성적 정체성을 응답했다(Laumann et al., 1994). 그러나 이들 중의 약 4%는 양성에게 성적인 매력을 느낀다고 보고했다.

양성애자의 원인에 관해서는 여러 가지 설명이 있는데, 실제로는 게이인데 자신의 아내를 떠나는 것에 대한 두려움이나 게이라고 선언하는 것이 두려워서 양성애자로 머물러 있다고 주장하기도 한다. 예를 들면, 필자가 상담한 한 경우는 여성과 결혼하여 청소년 자녀까지 둔 남편이 어느 날 자신이 동성애자임을 밝히며 아내에게 이혼을 요구해서 아내와 자녀가 너무나 충격을 받아 상담을 받으러 왔다. 초기에는 양성적인 태도를 보였다가 자신의 성적인 정체성을 동성애자라고 밝힌 경우가 여기에 해당하겠다. 양성애자에 대한 다른 주장은, 양성애자는 성적으로 모험적이어서 양성과의 성적인 경험을 추구하는 사람들이라고 규정하기도 한다. 그러나 다른 사람들은 진정한 양성애의 성적 취향을 가진 사람들이 존재한다고 주장한다. 양성애자는 가정에서 결혼생활을 충실하게 유지하지만 또한 동성과의 성관계를 추구한다.

2. 동성애

1) 동성애의 정의

동성애라는 말은 원래 그리스어인 'homo', 즉 '동일하다.' '같다.'라는 말에서 유래했다. 동성애에 대한 심리학적인 정의는 동성에게서만 성적인 매력을 느끼고 성적인 관계를 갖는 사람들을 말한다. 동성에 관해서 친근감을 느끼고 정서적으로 의존성을 느낀다고 동성애라고 정의하지 않는다. 흔히들 중·고등학교 시절에 동성의 친구들 간에 정서적으로 친근함을 느끼고, 자신이 좋아하는 동성 친구가 다른 동성 친구를 좋아하지는 않을까 하면서 질투심이나 배신감을 느끼는 관계는 동성애의 범주에 들어가지 않는다. 이 점에 대해서, 특히 여대생들이나 여성들이 혼동한다.

남성 동성애자들을 게이(gay)라 부르고, 여성의 동성애자들을 레즈비언(lesbian)이라고 부른다. 미국에서 동성애 연구의 선구자는 킨제이였는데, 그의 보고서에 의하면 남자는 40세까지 19%가 동성애를 경험하였고, 여성은 2~3%가 경험하였다. 그러나 최근의 미국의 동성애에 관한 과학적인 연구에 의하면, 2% 정도만 동성애를 경험했다고 보고했다(Billy et al., 1993).

2) 동성애의 역사적인 관점

고대 그리스에서 성인 남성은 동성의 청소년들과 성관계를 자주 가졌다. 그리스인들이 청소년들과 섹스를 하는 방식은 항문 성교가 아니고 청소년들의 다리 사이에 성기를 넣고 마찰하면서 사정을 했다고 한다. 로마 시대에도 동성애가 허용되었고 유행했다. 그러나 신약 성서 로마서의 저자인 바울은 동성애자는 하나님의 자연스러운 법칙을 어기는 죄로 규정했고 기독교의 동성애자에 대한 부정적인 태도를 강화시켜 주었다.

포드와 비치(Ford & Beach, 1951)는 76개의 원시사회의 문화를 비교 검토한 후에 약 49개(64%)의 사회에서 남성과 남성의 성행위가 사회적으로 수용되었다는 것을 발견했다. 또 다른 비유럽의 70여 개 문화권의 동성애에 관한 연구에서 41%의 사회에서는 남성과 남성의 동성애가 있었고, 59%에서는 동성애가 거의 없었다(Green, 1974). 어떤 부족들은 성인 남성과 청소년 남성과의 성행위가 용납되기도 했고, 남성과의 성행위는 종교적인 의식으로 허용되기도 했다.

3) 동성애의 원인

(1) 생물학적 · 유전적인 원인

동성애자의 생물학적이고 유전적인 원인을 연구하기 위해서 일란성 쌍생아, 이란성 쌍생아, 입양아들의 동성애적인 성향을 연구하였다(Kallman, 1952; Bailey et al., 1991;

Hamer et al., 1993; Pool, 1993). 당시 오스트리아에서 1,538쌍의 쌍둥이를 상대로 광범위한 연구가 이루어졌는데 연구 대상은 312쌍의 일란성 남성 쌍둥이, 182쌍의 이란성 남성 쌍둥이, 668쌍의 일란성 여성 쌍둥이와 376쌍의 이란성 여성 쌍둥이가 이 연구에 포함되었다. 이들의 연구 결과에 의하면, 유전인자가 100% 일치하는 일란성 쌍둥이인 경우 한 쌍둥이가 동성애자이면 다른 쌍둥이도 동성애자일 확률이 남성은 20%, 여성은 24%였고, 유전인자를 50%만 공유하는 이란성 쌍둥이인 경우는 한 쌍둥이가 동성애자인 경우 다른 쌍둥이가 동성애자인 경우는 남성은 0%, 여성은 10.5%였다(Baily et al., 2000). 이 결과는 유전인자가 같은 경우에는 동성애자가 될 가능성이 높다고 하겠고, 동성애의 원인 중에 유전인자의 영향이 있다고 할 수 있다. 남성 동성애자 40쌍을 연구하였는데, 이 중의 33쌍이 긴 X염색체에서 동일한 DNA의 형태를 공유하고 있는 것으로 밝혀졌다(Pool, 1993). 이 밖에 게이를 상대로 한 연구에서는 일반인에 비해서 시상하부의 크기가 더 크다든가(Swaab &Hoffman, 1991), 태아의 발육 단계에서 성호르몬이 너무 결핍되거나 또는 과다할 때 레즈비언이 된다는(Money & Schwartz, 1977) 등의 연구가 있다. 결론적으로 이들의 주장은 동성애의 성향이 생물학적으로 유전적인 원인에 의해서 결정되었다고 하는 점이다. 그러나 이러한 연구들을 살펴보면 일란성 쌍생아들 중에서 한 쌍둥이가 동성애자로 판명되었을 때 다른 쌍둥이의 약 87%는 동성애자가 되지 않았고, 이러한 연구들을 다시 반복하면 동일한 결과가 나오지 않는다는 약점이 있다. 또한 유전적으로 비정상적이거나 이상이 있는 사람들이 동성애자가 될 가능성이 있다는 것을 인정하면 동성애자들은 생물학적으로 자신들이 정상이 아니라고 여겨지기 때문에 동성애자들은 유전적인 입장을 싫어하기도 한다.

출생 순위가 동성애와 연관이 있다는 연구들도 제시되었는데, 많은 게이들은 형들이 많지만 누나들이 많지는 않았다(Ridley, 2003). 그러나 이런 현상은 게이에게는 발생했지만, 레즈비언에게서는 발견되지 않았다.

남성 손가락의 전형적인 모습은 가운데 손가락이 검지보다 크고, 전형적인 여성 손가락은 가운데 손가락과 검지의 크기가 비슷한 편이다. 레즈비언들의 경우에는 전형적인 남성 손가락 모습이 특징이고, 게이들은 전형적인 여성 손가락 스타일이라는 연구 결과도 있다(Hall & Schaeff, 2008). 그러나 생물학적인 요인과 성적인 오리엔테이션과의 관계에 관한 결정적인 연구 결과는 아직 존재하지 않는다. 성적인 오리엔테이션은 생물학적 · 심리적 · 사회적인 영향이 상호작용해서 생긴다는 것이 좀 더 근거 있는 연구 결과이다.

(2) 심리적인 원인

인간의 본능은 성적인 쾌락의 충족에 있다고 주장한 프로이트는 아동들이 성발달을 거치는 과정에서 남아가 자신의 어머니와 지나친 애착 관계를 느끼고 아버지와 거리감을 느끼면, 남아는 아버지가 자신의 성기를 잘라 버릴 것이라는 거세 불안을 느끼고, 사춘기 이후에는 어머니와 분리를 못 하고 어머니와 동일시되면서 어머니가 관심을 가질 수 있는 남성에게 성적인 매력을 느껴서 동성애를 느끼게 된다고 주장했다. 즉, 남근기에 자신의 동성인 부모와의 관계에서 생기는 갈등을 제대로 해결하지 못하면 정상적인 성의 발달이 이루어지지 않아서 동성애자가 된다고 주장했다. 여아의 경우에는 자신에게 성기가 없다는 사실에 대해서 어머니에게 분노를 느끼고, 어머니와의 경쟁심 때문에 아버지를 소유할 수 없다는 생각에 방어적으로 아버지를 거부하고 거리를 두며, 자신과 남성 사이에 애정 추구를 포기하고 동성에 관심을 갖게 된다고 주장했다. 이러한 주장의 신빙성이 과학적으로 밝혀진 것은 아니지만, 프로이트는 동성애를 비정상적인 성발달로 규정했다.

비버(Bieber, 1962)가 106명의 동성애자와 100명의 이성애자들의 가정을 비교 연구한 결과, 동성애자들의 가정은 과보호적이고 어머니는 지배적이며 아버지가 수동적이었다. 또한 게이들은 아버지와의 관계가 좋지 않았고(Bene, 1965), 레즈비언들의 부모는 거부적이었다(Wolff, 1971). 그러나 이러한 연구의 결과들이 항상 일정하지는 않았고, 정상적인 가정에서 자란 자녀들이 동성애자가 되는 경우도 많았다(Masters et al., 1995). 동성애자들을 비정상적인 가정에서 자란 사람들이라고 일방적으로 결론지어서 매도하는 것은 근거가 불충분하다.

(3) 행동적인 원인

행동주의적인 입장은 동성애도 학습에 의해서 습득이 되고 동성애적인 행동이 강화를 받아서 동성애가 된다는 입장이다(Masters et al., 1995). 우리가 보면 남자들 중에서 약간 수줍어하고 수동적이면 여성 같다고 놀리거나, 여성 중에서 남자같이 활동적이면 '왈가닥'이라고 하면서 특별한 관심을 주기도 한다. 이러한 관심과 동성애적인 행동들이 강화되어서 동성애가 발달된다는 입장이다. 연구에 의하면, 자위행위를 즐기는 남자가 우연하게 동성애자와 성관계를 경험한 후에 성적인 만족감을 느끼면 동성애자가 된다는 보고도 있다(Van Wyk, 1984). 이러한 주장은 동성애의 학습적인 면을 강조해 주지만, 정상적인 가정에서 자란 아동이 부모에게서 강화를 받지 않았어도 동성애자가

되는 경우를 설명하지는 못한다.

(4) 사회적인 요인

동성애에 대한 사회학적인 입장은 이성애, 동성애, 양성애는 사회문화적으로 정의되고 규정된다고 본다. 즉, 성에 대해서 접근하는 방식이 동성애 또는 이성애로 구분하게 된다는 것이다. 예를 들면, 청소년이 약간 여성스럽게 행동을 하면 동성애자로 동료나 또래에게 낙인이 찍혀서 또래 집단과 어울리지 못하고, 동성애자 집단과 접촉해서 그 안에서 자신의 성적인 정체성을 사회적으로 강화받아 게이 또는 레즈비언이 된다는 입장이다.

(5) 생물학, 심리학, 사회적 입장의 상호작용이론

동성애를 'bio-psycho-social' 관점에서 설명하려는 입장은, 인간은 태아 상태에서 호르몬에 노출되는 특징과 유전적인 요인과 함께 개인의 심리적인 요인 및 사회적인 경험적인 요인이 통합적인 상호작용을 통해서 동성애자가 된다는 입장이다. 사회심리학자 다릴 벰(Daryl Bem, 1996)에 의하면, 전통적인 경쟁적 행동, 스포츠 등의 남성적인 행동을 보이는 남성은 비슷한 행동을 하는 남성을 선호할 것이고, 여성 역시 동료들과 놀이 또는 대화를 즐기는 등의 전통적인 여성 역할을 하는 여성들은 비슷한 행동을 여성을 선호할 것이라고 제안했다. 벰은 동성애자들은 성장 과정에서 동성과의 에로틱한 행동을 하면서 성적인 경험을 했기에 성장 후 동성애자가 되었다고 주장한다. 즉, 동성애는 생물학적인 경향과 사회적인 영향이 상호작용해서 동성애자에게 영향을 주었다고 주장한다(Carroll, 2010).

4) 동성애에 대한 여러 입장

(1) 동성애에 대한 미국의 정신과 및 심리학회의 입장

초기에는 동성애를 사회 병적인 성격장애로 분류를 시켰다. 그러나 1973년 미국의 정신과 의학회 이사회에서 동성애라는 말을 없애고 '성적인 적응장애'로 바꾸기로 가결했다. 그 후에 1970년에서 1973년 사이에 미국의 인권 운동자들의 반대와 시위로, 공청회의 결과를 표결에 붙여서 동성애를 정신과적인 성격장애의 명단에서 삭제를 했다. 현재는 이러한 태도를 미국의 심리학회에서도 받아들여, 동성애에 대한 공식적인 입장은 동

성애를 인간의 성에 대한 성향이 다른 정상적인 것이라고 인정하고 있는 입장이다.

미국 심리학회의 동성애자들을 위한 심리치료의 가이드라인에 의하면, 동성애자의 성적인 오리엔테이션을 변화시키려는 상담이나 어떤 심리치료도 공식적으로 금지하고 있다. 설령 내담자가 자신의 동성애적인 성향을 변화시켜 달라고 하는 경우에도 상담을 시도하지 말 것을 권하고 있고, 이를 위반하면 면허를 박탈당하는 사유가 된다.

(2) 동성애에 대한 기독교적인 입장

역사적으로 보면 유대교나 기독교에서는 동성애를 죄악시하고 엄격하게 다루어 왔다. 특히, 구약 레위기 18장 22절과 20장 13절에 보면 '여자와 한자리에 들듯이 남자와 한자리에 든 남자가 있으면, 그 두 사람은 망측한 짓을 하였으므로 반드시 사형을 당해야 한다. 그들은 피를 흘리고 죽어야 마땅하다.'고 동성애를 저주하였다. 또한 소돔과 고모라도 동성애가 심해서 하나님이 인간을 멸하시기로 작정하신 이유가 되고 있다. 또한 신약에서 바울도 동성애를 죄악으로 규정했고, 아퀴나스도 『최상의 신학(Summa Theologica)』에서 동성애를 악으로 규정하고 동성애자를 수간(獸姦)하는 사람과 비교하였다(윤가현, 1997). 기독교는 전통적으로 동성애를 죄악시했지만, 오히려 기독교의 서구 문화권에서는 동성애를 인정하고 이들의 권리를 보호하는 쪽으로 나가고 있는 것은 아이러니컬한 점이다. 그러나 우리나라의 기독교적인 입장은 동성애를 죄악시하고 중 · 고등학교 등의 교육 현장에서 동성애를 포함한 성적인 소수자들의 인권을 보호하기보다는 이들의 정체성을 부정하고 정죄하는 경향이 강하다. 한국의 기독교가 성적인 소수자에 대한 선입관을 버리고 이들의 입장에서 고민을 들어주며, 이들의 눈높이에서 접근하는 자세가 필요하다.

(3) 동성애자들에 대한 임상적 상담 경험

동성애자들을 상담한 경험에 의하면, 우리가 생각하듯이 성에 대한 취향이나 성향은 선택적이 아니고 타고난 것이라는 생각이 강했다. 즉, 동성애자들은 이성에 대해서는 성적인 관심도 없고 흥미도 없지만, 동성에게는 관심이 있고 성적인 매력을 느끼고 있다는 점이었다. 이들이 가장 고민하고 있는 것은 자신들의 부모님이 자신이 동성애자라는 것을 알았을 때 거부하거나 실망할 것에 대한 두려움이 가장 컸고, 또한 주위에서 자신이 동성애자라는 것을 알았을 경우에 거부당하고 기피당할 것에 대한 두려움이 많았다. 이들을 도와주는 일반적인 심리 상담에서는 이들이 소위 말해서 자신이 동성애자임을 떳떳이 밝히고 누가 무엇이라고 해도 당당하게 살아가도록 도와준다(coming out). 그리고 그들이 사회적인 지지 모임에 가담하도록 안내해 주기도 한다. 그러나 이들을 상담하면서 느낀 점은 동성애에 대한 사회적인 편견이나 핍박 때문에 그들이 많은 고통을 겪고 있다는 것이다. 그렇기 때문에 항상 음지의 삶을 살고 있었고, 심리적으로 고립감을 느끼고 있었다. 특히, 우리나라에서는 동성애자 자신이 커밍아웃(coming out)을 하는 것에 대해서 엄두를 못 내고 있다. 그러나 요즘은 사회에서 좀 더 관용적인 분위기가 형성되면서 조심스럽게 자신의 동성애자로서의 정체성을 밝히려는 사람들이 있다.

특히, 우리나라는 가족의 전통을 중요시하기에 한국 가정에서 4대 독자 또는 장남이 동성애자로 커밍아웃을 하는 경우에는 전통적이거나 보수적인 부모와 심각한 갈등을 겪고 있는 것이 현실이다. 현장에서 이들을 상담할 때, 동성애 자녀나 이들의 부모가 느끼는 심리적인 고통과 아픔을 많이 느낄 수 있었다.

5) 동성애 공포증: 호모포비아(Homophobia)

동성애 공포증은 동성애자들에 대한 두려움을 갖는 것을 의미하는데, 이성애자들 사이에 동성애 공포증이 더 심하지만 동성애자들도 동성애자를 두려워하는 경향이 있다. 동성애 공포증을 표현하는 방식은 다음과 같다.

- 동성애자들을 이상하고 머리가 돈 사람(queer), 매춘부(faggot), 남자역 동성애자(dyke)라고 부르고,
- 동성애자들에게 집을 세놓지 않거나, 채용을 거부하고, 사회적인 기회를 박탈하고,
- 언어폭력을 사용하고,
- 신체적인 폭력을 사용하는 것을 포함한다.

동성애자들에게 공포증을 느끼거나 부정적인 태도를 보이는 사람들은 대체로 전통적인 가치관을 가지고 있거나 보수적인 종교 성향이 있는 사람들이다. 또한 정치적으로 보수적인 성향이 있는 젊은이들이 동성애자들에게 부정적인 태도를 더 많이 보인다. 우리나라의 상황에서는 동성애자들이 아직 사회문제화되지 않기에 동성애 공포증을 공개적으로 보이지는 않고 있지만, 동성애자들이 사회의 표면으로 모습을 더 많이

드러낼 때, 동성애 공포증의 현상을 보일 수 있을 것이다. 이런 현상을 예방하기 위해서는 동성애에 대한 바른 이해가 필요하다.

6) 동성애자의 생활방식

(1) 게이와 레즈비언의 생활방식의 차이

동성애자를 상대로 한 연구에 의하면, 게이가 레즈비언보다는 여러 사람과 우연한 성관계를 즐기는 것으로 나타났다. 일생 동안 50명 이상과 성관계를 맺은 경우는 게이가 84%인데 비해서 레즈비언은 7% 정도라고 보고했다(Peplau & Cochran, 1990). 같은 연구에서 75%의 게이, 6%의 레즈비언이 처음 만난 낯선 파트너와 성관계를 가졌다고 응답했다. 게이들은 자신의 파트너와 결혼한 상태와 같은 책임 있는 관계를 유지하면서도 레즈비언에 비해서 관계 외의 다른 사람과 성관계를 더 많이 가졌다. 즉, 게이들은 성관계의 대상이 레즈비언에 비해서 많은데, 이들은 게이들이 많이 모이는 술집 등에서 만날 기회가 많기에 성관계를 여러 사람과 갖게 된다고 할 수 있다.

943명의 게이 부부와 1,510쌍의 일반 부부들의 외도에 관한 연구에서도 연구할 당시 1년간 게이 부부들은 약 79%가 외도를 한 반면에 일반 부부들은 11%만이 외도를 했다고 보고했다(Blumstein & Schwartz, 1990). 10년 이상 동거한 게이 부부들은 94%가 외도를 한 경험이 있다고 보고했다. 이런 결과를 볼 때 게이들의 생활양식은 일반 부부들이 강조하듯 한 파트너와의 성적인 관계를 강조하지 않는 것 같다.

(2) 게이의 생활방식

게이의 10% 정도는 일반 부부가 결혼한 것과 같이 한 파트너와의 관계를 유지한다(close couple). 이런 부부들은 대체로 정서적으로 안정되어 있고 다른 게이들에 비해서 적응 문제가 적은 편이다. 그러나 같이 살기는 하지만 파트너가 다른 사람들과 성관계하는 것을 자유롭게 설정하고 사는 커플(open couple)은 일정한 파트너와 관계를 맺고 사는 커플에 비교해서 적응의 문제가 더 많다. 어떤 게이는 혼자 살면서 필요한 경우에 다른 파트너와 성적인 관계를 즐기는(functional) 게이가 있고, 심리적으로 불안하고 불행하며 친밀한 관계 형성에 어려움을 보이는(dysfunctional) 게이도 있다. 게이의 생활방식도 일반 부부의 관계와 같이 복잡하다. 파트너 사이에 적응하는 사람들도 있지만, 부적응하고 심지어는 폭력적인 관계를 유지하는 게이들도 있다.

(3) 동성애자들과 에이즈

우리가 아는 대로 동성애자들 사이에 에이즈가 많이 번져 나간 사실 때문에 동성애자들은 다수의 파트너와 관계를 맺기보다는 소수나 특정한 파트너와 성적인 관계를 맺으려고 하는 경향이 늘고 있는 추세이다. 그동안 게이들은 성관계 시에 성 전파성 질환이나 에이즈에 무방비하게 노출되었으나, 이제는 콘돔 등의 사용을 통해서 에이즈의 예방에 노력하고 있다.

7) 게이나 레즈비언이 자신의 성적 오리엔테이션에 관해서 도움 받는 방법

미국 정신과학회나 심리학회에서는 동성애를 정상이라고 인정하지만, 우리나라의 상황에서 자녀가 동성애자라고 밝힌다면 부모들은 동성애 성향을 치료해서 이성애로 바꾸어 자녀가 정상적인 결혼생활을 하고 자녀를 갖게 되기를 바라는 경향이 강하다. 과연 동성애 성향을 바꾸는 심리적인 치료가 가능할 것인가에 관한 의문을 가질 수 있다. 문제는 많은 동성애자들은 자신의 성적인 취향은 타고났든 후천적이든 생활양식의 일부분으로 받아들이고 성적인 오리엔테이션을 바꾸려고 하지 않는다. 우선 이들은 치료를 받으러 오지 않기 때문에 치료가 불가능하다. 그러나 자신의 성적인 오리엔테이션 때문에 힘들어하면서 자신의 성향을 바꾸려는 사람들은 치료할 수 있다. 예를 들면, 마스터와 존슨(1979)은 동성애자들이 이성과의 신체적인 접촉과 성적인 자극을 받게 해서 이성과의 성적인 흥분을 느낌으로써 이성애로 바꾸는 치료를 실시했다. 그 결과 게이는 약 80%가, 레즈비언은 약 77%가 성적 취향을 전환했다고 보고했다. 치료 5년 후에 추적 조사를 해 보니 그들 중 약 70%는 이성과의 관계를 유지하는 것으로 나타났다. 그러나 이들이 연구한 내담자들의 특색은 다음과 같았다.

- 대부분이 양성애자들이었고, 이 중에서 20%만이 게이와 레즈비언 커플들로 각각 구성되었다.
- 절반 이상이 결혼한 상태였다.
- 이들은 모두 성적인 오리엔테이션을 바꾸려는 동기가 있었다.

자신의 성적인 오리엔테이션을 바꾸려는 동성애자들은 다음과 같은 도움을 받을 수 있다. 동성애자들은 다른 일반 사람들과 자신의 종교적 입장이나 가치관이 다르다고 해서 스스로 자신을 비판하거나 저주하거나 회피해야 할 대상으로 볼 것이 아니라, 자신도 한 인간이기에 사랑받고 인정받아야 할 대상이라고 스스로 생각해야 한다.

(1) 다른 동성애자들과의 사회적인 관계 형성

동성애자들은 혼자서 고립된 삶을 살면서 자신의 동성애적인 성향에 대해서 원망하거나 비하하는 태도로 살아가서는 안 된다. 자신과 문제가 비슷한 사람들의 모임이나 동아리 같은 곳에 참여해서 비슷한 상황에 있는 다른 사람들과 같이 개방적인 태도로 이야기를 나누는 것이 아주 중요하다. 동성애자들의 사회적인 망에 가입하거나 구성해서 동성애에 관한 새로운 정보, 한국적인 상황에서 동성애자들의 현실적인 어려움 등에 관해서 경험을 서로 주고받는 것이 아주 중요하다.

(2) 동성애인지에 대한 확인 작업

필자가 동성애자를 상담한 경험에 의하면, 동성애적인 경험이나 성향을 가지고 있는 내담자들은 자신의 동성애적인 성향 때문에 수많은 죄책감에 사로 잡혀 있는 경우가 많다. 그러나 이들의 이야기를 자세히 듣고 분석해 보면 사실은 전형적인 동성애자이기보다는 동성에 대한 애착 관계에 있는 사람들도 많이 있었다. 따라서 동성애자들은 자신들이 정말로 타고난 선천적인 동성애자인지, 후천적인 요인들에 의해서 동성애의 느낌을 가졌는지 등에 관한 상황을 정확히 파악해서 자신의 동성애적인 정체성에 관해서 다시 확인하는 작업이 필요하다. 이러한 작업을 거쳤는데도 동성애적인 성향을 바꿀 수 없는 상황이라면 이제는 어떻게 이러한 경향을 수용하면서 사회에 적응할 것인지를 탐색하는 것이 중요하다.

(3) 상처 치유와 동성애적인 태도 작업

동성애자들을 많이 상담한 그린 박사(Dr. Green)에 의하면, 유전적인 요인에 의한 동성애자는 없고 부모와 자라나는 환경에서 가정 폭력이나 성폭력을 당한 경험의 결과 이성을 혐오해서 동성에게 집착한다고 주장했다. 동성애자들은 만일에 성폭력 등과 같은 어려움이 있었다면 전문적인 상담을 통해서 외상적인 경험의 후유증의 치료 작업을 해야 한다. 자신들의 어린 시절에 관한 성적인 경험을 탐색하고, 억압했던 감정을 표현하고, 자신들이 이성이나 자신에게 가졌던 왜곡된 사고를 교정해야 한다. 동성애자들은 다음과 같은 사건이 자신의 삶에 일어나지 않았는지 시간을 내서 조용히 검토해 보아야 한다.

- 어린 시절 부모에게서 받은 신체적 학대 여부
- 어린 시절 성폭력 경험이나 성에 관련된 문제 여부
- 부모의 거절과 소외감, 부모와의 관계 문제, 부모의 결혼 문제가 자신의 동성애에 미친 영향
- 또래 관계에서의 성문제
- 성에 대한 어린 시절과 현재의 정체성의 문제
- 처음 성경험과 성에 대한 가치관 태도
- 성인 시절의 성폭력 여부
- 동성애에 대한 종교적인 입장과 본인의 태도

이러한 작업을 했는데도 자신이 계속해서 동성애자로 남기로 작정했다면 동성애자들은 이제는 자신의 동성애적인 성향을 혼자서 간직하고 살 것인지, 아니면 커밍아웃을 해서 자신의 동성애적인 성향을 공표하고 살 것인지를 결정해야 한다. 문제는 커밍아웃의 장점과 단점이 있기에 이러한 결정에는 신중한 태도를 보이는 것이 좋다.

(4) 커밍아웃의 결정

동성애자들의 최대 문제는 자신의 동성애적인 성향을 대중 앞에서 밝힐 것인지, 아니면 감추고 살 것인가를 결정하는 문제이다. 미국의 사회에서는 비교적 동성애에 관대하지만 커밍아웃의 결정에는 어려움을 겪고 있다.

- 커밍아웃의 장점
  - 자신의 수용과 성적인 성향에 대해서 떳떳한 태도
  - 남들의 시선보다는 자신의 주관적인 삶과 자신감 있는 삶의 실현
  - 다른 동성애자들과의 유대 관계 확대와 사회적인 도움망 구성

- 커밍아웃의 단점
  - 부모 형제들의 부정적인 반응, 특히 남성은 가문의 전통을 이어갈 수 없다는 것에 대한 충격

• 사회적으로 기피 대상이거나 불이익을 경험할 수 있음

한마디로 동성애자는 다른 사람의 눈치를 볼 것인가, 떳떳한 삶을 살 것인가의 여러 장단점을 고려해서 자신의 인생에 대한 중대 결정을 내려야 한다.

(5) 인간관계 훈련

동성애자 중에는 자신의 성적인 정체성에 너무 집착하면서 성인으로서 동성과 이성을 적절하게 대처하는 기술이 떨어지는 사람들도 있다. 특히, 우리나라와 같이 동성애자에게 부정적인 태도를 보이는 사회에서는 사회적인 상황에서 적절하게 처신하기가 쉽지 않다. 따라서 동성애자는 어떻게 원만한 인간관계를 유지할 것인가에 관해서 적절한 도움을 받아야 한다.

- 이성 교제의 필요성과 교제법
- 남녀 간의 차이와 남녀의 이해
- 대화 기술과 갈등 해결 기술

(6) 자신을 수용하고 사랑 베풀기

동성애자도 일반인이 겪는 것과 같은 공통적인 문제가 있다. 동성애자는 자신이 동성애자라는 것에 너무 집착하지 말고 인간으로서 겪을 수 있는 문제를 정상적으로 다루면서 동성애자라는 피해 의식 등에서 벗어나야 한다. 동성애자는 가족이나 주위의 다른 사람들이 자신을 인정해 주기를 바라지 말고, 스스로 자신을 수용하고 스스로가 자신을 사랑하는 태도가 필요하다. 동성애자가 자신의 성적인 성향을 유지하면서 사회의 일원으로서 남에게 피해를 주지 않고 건전한 시민으로서 살아간다면, 주위에서 아무도 그 사람에 대해서 간섭하고 성적인 성향을 바꾸라고 할 수 없다. 이 세상에는 서로 다른 종교가 있지만 공존하고 있듯이 동성애, 이성애 등의 다양한 성적인 성향을 유지하면서 자신과 주위에 피해를 주지 않는 범위와 한계 내에서 자신의 성적인 자유를 누리는 것이 중요하다.

이성애자들은 동성애자들 중에 태어나면서부터 동성애적인 성향을 가진 사람이 분명히 있다는 사실을 인정하고, 이러한 동성애자들은 아무리 노력을 해도 이성애적인 감정을 못 느낀다는 것을 이해해야 한다. 이러한 사람들에게 필요한 것은 저주와 멸시

의 눈길이 아니고, 사랑과 보살핌의 눈길이다. 이러한 사람들의 마음에 사랑의 씨를 심어 주면 언젠가는 싹이 날 수 있다. 상대방이 우리의 사랑을 어떻게 처리하든지 간에 우리의 할 일은 다해야 한다.

결론적으로, 동성애자도 소중한 인간이고 저주나 기피의 대상이 아니다. 이들의 입장에서 이해하고 고민을 들어주면서 적극적으로 다가가야 한다. 이렇게 될 때 자신의 성정체성에 관해서 편안한 마음으로 탐색해서 자신의 삶을 행복하게 살 수 있다.

주변 인물이나 친구에게 커밍아웃하는 도움말

1. 지지 그룹의 네트워크를 형성할 것: 지지 그룹의 경험이 커밍아웃을 하는 데 도움이 된다.
2. 커밍아웃을 편안히 할 수 있는 첫 번째 친구를 신중히 선정할 것: 어렵게 커밍아웃을 했는데 비난이나, 또는 비밀을 유지해 주지 않으면 낭패를 보는 경우가 있다. 당신이 믿을 수 있고 당신을 수용해 줄 수 있는 친구가 필요하다.
3. 사전에 심리적인 준비를 하는 것이 중요: 친구에게나 주위 사람들에게 이야기를 할 때, 편하고 자연스럽게 자신의 의사를 표현할 수 있는 사전 연습을 스스로 해 보는 연습이 중요하다. 그리고 친구들로부터 받게 되리라 예상되는 질문에도 어떤 식으로 답변할 수 있을지 사전에 연습하면 도움이 된다. 그 질문은 대체로, '게이인 것을 인식한 것이 언제인지?, 왜 게이가 되었는지?, 앞으로 어떤 삶을 살 것인지?, 부모들이 이 사실을 알면 어떻게 반응하실 것인지?' 등이 있다.
4. 사전에 어떤 식으로 커밍아웃할 것인지 준비: 언제 어떤 장소에서 자신이 커밍아웃을 선언할 것인지 구체적으로 준비하라. 그리고 가능하다면 그 사실을 밝힐 때 자신을 지지하고 수용할 수 있는 게이 친구와 함께 있는 자리에서 행하도록 하라.
5. 친구나 주위 반응에 차분하게 대할 것: 당신은 성정체성에 대해서 오랫동안 준비하고 진행해 왔지만 주위의 친구들은 그렇지 않다. 당신의 커밍아웃에 대해 비록 겉으로는 태연한 척하지만, 놀라고 당황하며 쇼킹할 수 있다. 친구들로부터의 즉각적인 지지를 바라지 말고 침착한 태도를 유지하는 것이 중요하다.
6. 당신의 분노 감정을 조절할 것: 당신의 커밍아웃에 대해서 친구들은 실망하거나 당신의 성정체성을 바꾸려고 시도할 수 있다. 또는 종교적으로 질타할 수도 있고 심지어는 당신과 단교를 할 수도 있다. 이 경우에 혹시 분노하거나 친구들과 다투게 되면 당신이 커밍아웃을 하는 의미와는 정반대의 반응을 얻을 수 있고 당신도 상처를 받을 수 있다. 당신의 커밍아웃에 대한 상대방의 부정적인 반응은 당신이 통제할 수 없지만, 그에 대한 당신의 반응은 당신이 통제할 수 있다.

토론

1. 만약 친한 동성 친구가 커밍아웃을 하면서 동성애자임을 밝혔다면 어떻게 반응하겠습니까? 그 이유는 무엇입니까?
2. 우리나라에서 동성애자로 생활하는 것에 대한 어려움을 논해 봅시다.

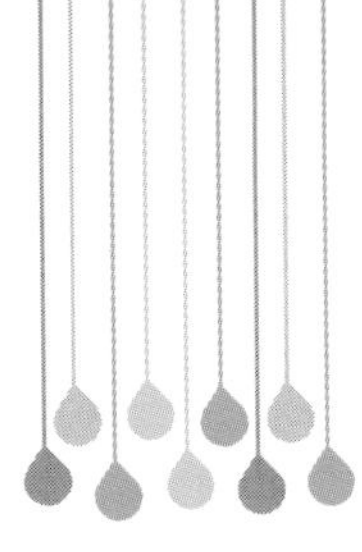

제24장

성 전파성 질환과 에이즈

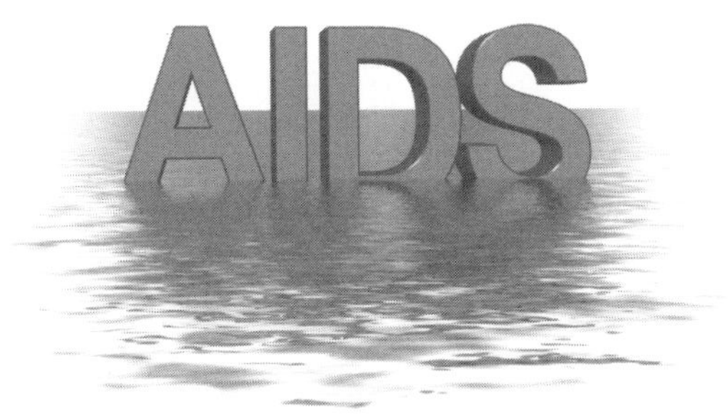

1. 성 전파성 질환의 정의

성 전파성 질환이란 STD(sexually transmitted diseases), VD(venereal diseases), 화류병, 사교병이라고 불리며, 성교나 성적인 접촉에 의해서 감염되는 모든 전염성 질환을 의미한다. 과거에는 성교에 의해 감염되는 전염성 질환들을 모두 '성 전파성 질환(VD)'이라고 불렀는데, 이 명칭에서 사용되는 비니리얼(venereal)이란 단어는 사랑의 여신인 비너스를 추구한다는, 즉 성교를 한다는 뜻이다(Bullough & Bullough, 1995). 예전에는 성교로 인하여 감염된 임질이나 매독 그리고 몇 가지 다른 질병에 한하여 성 전파성 질환이라고 불러 왔다. 그러나 근래에 와서는 성교뿐만 아니라 성적 상호작용에 의해 전염된 모든 질병을 지칭하는 STD라는 용어가 더 포괄적으로 사용되고 있다. 우리 조상들은 성적 상호작용의 결과로 초래된 질병을 보다 완곡하게 표현하여 '화류병(花柳病)' 또는 '사교병(社交病)'이라 불렀던 것이다.

오늘날 성 전파성 질환 발생빈도는, 특히 1960년대 후반부터 꾸준히 상승하고 있으며, 미국의 경우 15세에서 55세 사이의 사람들 가운데 1/4이 일생 동안 한 번은 성 전파성 질환에 걸릴 것이라고 추산하였다(뉴스위크, 1985. 2. 4). 뉴스 미디어에서는 에이즈를 강조하고 있지만, 사실은 성 전파성 질환이 젊은이들 사이에서 더 문제가 되고 있다. 예를 들면, 다음과 같다.

- 미국에서는 성 전파성 질환이 대부분 15~25세 사이의 젊은이들 사이에서 발생한다(Calvert, 2003).
- 약 3백만 명 정도의 청소년(미국 청소년들의 4분의 1)들이 매년 성 전파성 질환에 감염된다(Feroli & Burstein, 2003).
- 청소년들이나 대학생들이 성인보다 성 전파성 질환에 감염될 가능성이 더 높다.
- 15~19세의 여성들은 클라미디아 성 전파성 질환과 임질에 가장 많이 걸린다(Calvert, 2003).
- 성기에 나는 혹(Genital Warts)은 15~28세 젊은이들이 아주 잘 걸리는 성 전파성 질환이다(Calvert, 2003).
- 에이즈는 20대에 이미 감염된 사람들과 30대 사이에서 가장 많이 발생한다(Murphy et al., 2003). 에이즈에 대한 새로운 감염 역시 25세 이하의 젊은이들 사이에서 많이 발생한다.

2. 박테리아 계통의 성 전파성 질환

많은 성 전파성 질환이 박테리아 계통의 질병인데 클라미디아, 임질 등이 여기에 속한다.

1) 클라미디아(Chlamydia)

(1) 유병률

젊은이들 사이에서 가장 흔히 발생하고 있는 성 전파성 질환이다. 미국에서는 1987~1999년 사이에 이 성 전파성 질환이 무려 400%나 증가했다고 한다(Bachman et al., 2004). 이 병은, 특히 피임을 하면서 콘돔을 사용하지 않고 성관계를 하는 여성들이나 질 세척을 많이 하는 여성들에게 발생하기 쉽다. 질 세척을 자주 하면 질 내부의 생화학적인 조건을 변경시켜 주기에 클라미디아 균에 감염되기 쉽다.

(2) 증상

여성은 크게 두 가지 증상을 보일 수 있다. 1차적인 증상은 여성의 요도와 직장, 경부에 감염을 일으키는 증상이다. 소변 시 따가움을 느끼고, 성기 근처에 가려움과 질에서 비정상적인 분비물을 방출하게 만든다. 다른 2차적인 증상은 클라미디아에 감염되어서 자궁의 윗부분까지 확대된 경우로 골반염증(pelvic inflammatory disease)을 일으킨다. 이 경우에는 자궁의 내부 감염, 나팔관 감염을 일으켜서 불임의 원인이 되기도 한다. 여성이 클라미디아에 감염되었을 때 즉각적인 치료를 받지 않으면 2차적인 증상을 보일 확률이 20~40% 정도가 된다. 여성이 2차적인 증상을 보이면 위에서 열거한 것 외에도 만성적인 골반통증, 발열, 구토증, 두통을 일으킨다. 남성의 경우는 요도에 감염을 일으켜 고환 부위가 따가울 정도로 아프고, 고환이 처지고 무거운 듯한 느낌도 수반한다.

클라미디아의 치명적인 문제점은 감염되어도 여성의 90%, 남성의 60%는 초기에 증상을 보이지 않기에 자신이 감염되었는지를 인식하지 못해서 초기 치료를 못 하고 증상이 심한 경우까지 발전하게 된다는 점이다. 산모가 클라미디아에 감염이 되어서 태아까지 전염되면, 태아는 폐렴을 앓고 조산의 원인이 된다.

(3) 감염 경로

감염은 클라미디아에 감염된 파트너와 질을 통한 성교나 항문에 의한 성교를 한 경우에 감염된다.

(4) 예방과 치료

심각하지 않은 클라미디아는 'doxycycline'을 일주일간 복용하고 'azithromycin' 주사를 맞으면 된다. 클라미디아에 감염된 여성과 남성은 당분간 정기적으로 검사를 받아 재발하지 않도록 해야 한다. 이 성 전파성 질환을 예방하기 위해서는 필히 콘돔을 사용하고 아무하고나 성관계를 가져서는 안 된다.

2) 임질(Gonorrhea)

(1) 유병률

임질은 성 전파성 질환 중에서 가장 오래된 성 전파성 질환이다. 미국의 경우 최근에는 발병률이 줄어들었지만, 연간 60만 명에서 1백만 명가량의 새로운 임질 케이스가 보고되고 있다. 이에 반해 중국은 성에 대한 개방적인 태도가 확산되면서 임질에 대한 발병이 급증하고 있는 추세이다. 우리나라의 경우도 임질이 많이 발생하였지만 최근에는 좀 줄어드는 추세이다.

(2) 증상

① 남성

임질의 초기 증상은 성기에서 냄새가 고약한 분비물이 나오고, 소변 시에는 타는 듯한 따가운 통증을 느끼며, 성기에서 고름이 나온다. 남성의 초기 증상은 임질균에 감염된 후 1~5일 사이에 나타난다. 그러나 1주 후에 증상이 나타날 수도 있다. 이런 초기 증상은 치료 없이도 사라질 수 있는데, 그렇다고 해서 균이 몸에서 사라진 것은 아니기 때문에 이 상태에서 성관계를 하면 파트너를 감염시킬 수 있다.

치료 없이 2~3주 지속되면 임질균은 전립선과 방광, 콩팥, 고환까지 퍼진다. 감염된 남성은 열이 나고 소변에 불편을 느낀다. 임질균이 치료가 된다고 해도 상처 자국을 남기기 때문에 정자의 배출을 방해해서 남성 불임의 원인이 되기도 한다.

② 여성

50~80%의 여성은 임질에 감염되어도 초기에 알아차리지 못한다. 여성의 초기 증상은 외부에서 관찰할 수 있는 것이 없고 경부가 부어오른다. 분비물도 많이 나오지 않기에 여성들은 임질에 걸려도 쉽게 알아차리지 못한다. 여성은 성교 후에 자신의 성기관에 불편함을 느끼면 철저한 검사를 받아야 한다. 임질에 감염된 여성이 치료를 받지 않으면 균이 자궁 위쪽으로 번지면서 골반염증을 일으켜서 불임과 관절염, 심장병을 유발할 수도 있다. 여성이 흔히 보이는 증상으로는 소변 시 따가움을 느끼고, 멘스의 불규칙, 아랫배의 통증, 성교 시 통증, 질에서 노란-녹색의 분비물, 성기에 염증 같은 증상을 보인다.

임질에 감염되면 남녀 약 20%는 혈액에 임질균이 퍼져서 식욕 부진, 피부의 손상, 관절염 등을 일으킨다. 태아가 분만 시에 감염되면 실명되기도 한다.

(3) 감염 경로

감염은 성기, 항문, 오럴섹스 등으로 감염된다. 특히, 임질에 감염된 성기관을 입으로 접촉해도 감염된다. 여성이 임질에 감염되어 있으면 멘스나 질의 분비물에 의해서

도 균이 감염되기 때문에 특별한 주의가 필요하다.

(4) 치료

1976년 전에는 페니실린으로 임질을 치료했으나, 이후에 페니실린에 저항하는 새로운 균이 출현했기에 이제는 페니실린과 다른 항생제들, 즉 'ceftriaxone, cefixime, ciprofloxcin' 등으로 치료한다. 특히, 부부 중 한 사람이 감염되면 같이 치료를 받아야 안전하다. 예방을 하기 위해서는 임질에 감염된 사람과의 성행위를 절대로 피해야 하고, 성교 시에는 콘돔을 필히 사용해야 한다.

3) 매독(Syphilis)

(1) 유병률

유병률은 1990년대까지는 감소하는 경향을 보였으나 최근에는 오히려 증가하는 현상을 보인다. 특히, 미국에서 매독은 게이들이 많이 거주하는 샌프란시스코, 뉴욕, 마이애미 등의 도시에서 50% 정도 증가했다(Center for Disease Control, 2002). 그 이유는 남성과 남성 사이에서 성관계가 증가하는 추세 때문이라고 추론하기도 한다. 매독균이 성장하기 위해서는 따뜻하고 습기가 있는 환경이 필요하다.

(2) 증상

매독의 증상은 여러 단계를 거치면서 발전해 나간다. 첫 증상은 매독균과 접촉 후 2~3주 사이에 나타난다. 즉, 여성의 경우에 가장 흔한 증상은 질과 경부에 염증이 생기는 것이다. 또는 외음부에 고통이 없는 염증도 생긴다. 남성의 경우는 성기에 고통이 없는 염증이 생긴다. 또한 궤양을 보이기도 한다. 매독의 증상은 95%가 성기 주위에 나타나지만, 염증이 입, 항문, 가슴에도 생길 수 있다. 만일에 구강성교를 하다가 매독에 감염이 되면 혀나 입술에도 염증 증상이 나타난다. 질 내부나 경부 주위에서 발생하는 증상은 초기에 발견되지 않기에 치료의 어려움을 겪는다. 또한 이 시기에는 자신이 매독균에 감염된 사실을 모르기에 배우자에게 감염시키는 경우가 많다.

2차 시기는 약 한 달 정도 걸리는데, 상처가 손, 발, 몸 등에 나타난다. 상처가 겉보기에는 아주 험한 것 같지만 아프지 않기에 어떤 사람들은 대수롭지 않게 여기고 치료를 받지 않을 수도 있지만, 대부분은 이 시기에 의사를 찾는다. 2차 시기의 다른 증상은 피곤하고, 탈모가 생기고, 목젖이 붓고, 몸에서 열이 나고 몸무게가 줄고 관절에 통증을 느끼는 것이다.

잠복기에서 외부로 증상이 나타나기까지 몇 년이 걸릴 수도 있다. 잠복기라고 해도 병균은 계속해서 번식하고, 이 시기에 배우자에게 병균을 옮기지는 못하지만 여성의 경우에는 태아에게 매독균을 감염시킬 수 있다.

매독균에 감염이 되었지만 효과적인 치료를 받지 않은 환자들의 약 30%는 마지막

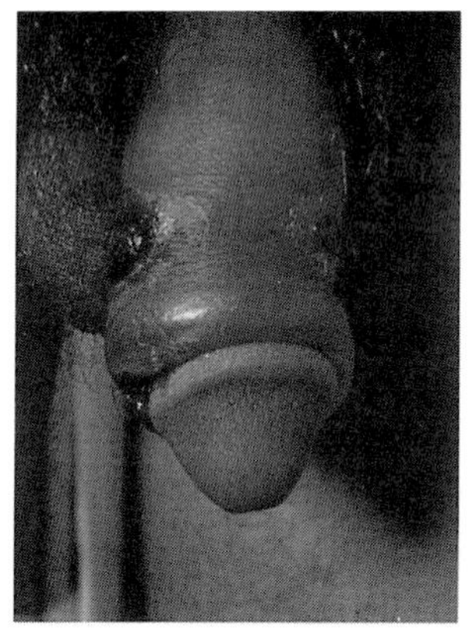

(a) 음경

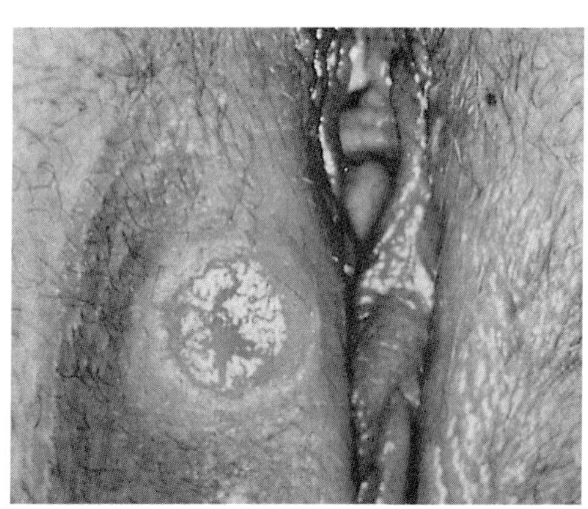

(b) 음순

| 그림 24-1 | 매독의 1차 시기

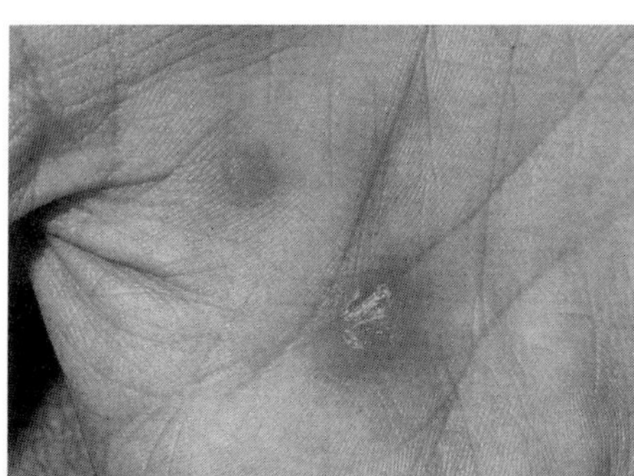

(a) 손바닥의 발진

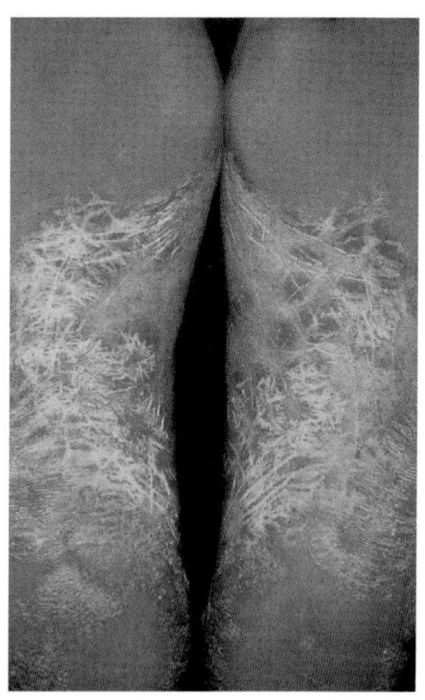

(b) 발바닥의 발진

| 그림 24-2 | 매독의 2차 시기

단계까지 증상이 진행된다. 이 시기의 증상은 아주 심하고 심지어는 사망할 수 있다. 매독의 마지막 증상은 5~25년 사이에 발생한다. 증상으로는 심장마비, 실명, 혈관의 파열, 피부종양, 간의 손상, 정신병을 일으킬 수 있다.

(3) 감염 경로

매독균을 가지고 있는 파트너와 질 성교, 항문 성교, 구강성교, 키스 등으로 감염된다.

(4) 치료

치료는 감염된 지 1년 미만의 초기, 중기, 또는 잠복기에 있는 환자들은 항생제인 '페니실린 G'로 치료가 가능하다. 그러나 1년 이상 감염된 사람들은 3주 이상 페니실린 G의 치료를 받아야 한다. 매독균에 감염된 환자의 배우자도 필히 검사를 받고 상황에 따라서는 같이 치료를 받아야 한다.

4) 박테리아 계통의 다른 성 전파성 질환

(1) 연성하감(Chancroid)

동남아에서 유행하는 이 성 전파성 질환은 성기 근처에 여드름처럼 물집이 생긴다. 특히, 항문과 고환 사이에 증상이 많이 나타난다. 이 증상은 감염된 지 7일 안에 나타나고 물집은 곧 터져서 상처가 나고 종기로 발전한다. 여성이 감염되면 아프지 않기에 증상을 알아차리기가 힘들다. 그러나 여성은 고름 같은 분비물이 나오고 염증이 생긴다. 항생제로 치료가 가능하다. 이 성 전파성 질환은 성관계나 상처 난 부위와의 접촉으로 전염된다.

(2) 적리(Shigellosis)

적리라는 병은 심한 설사와 열과 복통을 일으킨다. 이 병은 음식이나 감염된 사람의 대변을 통해서 전염이 되는데 감염된 사람의 항문을 입으로 접촉했을 경우에 전염된다.

(3) 요도의 감염(Urinary Infection)

요도의 감염은 박테리아에 의한 것이다. 염증은 방광, 자궁, 또는 신장에까지 미칠 수 있다. 치료를 받지 않으면 신장에 문제가 생길 수 있다.

① 증상

- 소변 중에 따가움
- 방광이 비었는데도 소변을 누고 싶은 충동
- 밤중에 소변을 자주 눔
- 소변에 대한 통제력 상실
- 소변에 피가 섞여 나옴
- 열이 남

② 감염 경로

질이나 항문 성교, 어떠한 성적인 접촉에 의해서 일어나고 치료는 항생제로 가능하다.

3. 질의 감염

1) 박테리아 화류병(Bacterial Vaginosis)

이 성 전파성 질환은 박테리아 감염에 의해서 생기며, 여성은 감염이 되어도 잘 알아차리지 못한다. 증상은 질에서 냄새가 고약한 엷은 분비물이 나온다. 이 병은 치료하지 않으면 여성의 불임을 가져올 수 있는 산부인과 병을 야기한다. 'Metronidazole'라는 약으로 효과적으로 치료될 수 있지만 재발할 가능성이 높다.

2) 칸디다증(Candidiasis)

칸디다증은 이스트 같은 곰팡이 균에 의해서 발생된다. 증상으로는 염증으로 부위가 붓고, 여성의 성기 근처가 가렵고 따가움을 느낀다. 질에서는 진하고 흰 분비물이 나온다.

이 성 전파성 질환은 질의 내부에 곰팡이 균이 서식하기 좋은 환경이 만들어질 때 생긴다. 즉, 항생제의 남용, 피임약, IUD, 당뇨병 등이 질의 화학물질 균형을 깨뜨릴 수 있다. 또한 나일론 팬티나 너무 꽉 조이는 팬티를 착용하면 질에 공기 순환이 잘 안 되어서 질 감염을 일으킬 수 있다. 항생제로 치료할 수 있다.

4. 바이러스 성 전파성 질환

1) 단순포진(Herpes simplex)

이 성 전파성 질환은 미국에서는 1970년대와 80년대에 유행하다가 감소했으나 매년 20~50만 명의 새로운 환자가 발생한다고 한다. 단순포진의 성 전파성 질환에 감염되면 일생 동안 지속된다. 증상은 수포들이 집합하여 질이나 성기, 경부, 입, 항문, 엉덩이의 피부 표면에서 나타나는 염증성 질환이다. 염증이 심할 경우 가려움과 소변 도중에 따가움을 느끼고 열이 나며 머리가 아프다. 증상은 감염 후 20일 정도 후에 나타난다. 이 증상은 스트레스나 피곤함 등으로 인해서 몸의 면역 체계가 약해지면서 반복적으로 나타난다.

이 성 전파성 질환은 감염된 사람과 구강성교, 질에 의한 성교에 의해서 감염된다. 많은 사람들이 자신이 감염되었으면서도 다른 사람을 감염시킬 때까지 감염된 사실을 모른다. 여성이 단순포진에 감염되면 유산할 가능성이 높다. 임신한 여성은 출산 시에 태아를 감염시켜서 죽게 할 수도 있다.

단순포진은 박테리아 계통의 성 전파성 질환처럼 항생제로 치료가 잘 안 된다. 바이러스에 강한 'Zovirax' 등의 약을 포진이 있는 상처 부위에 직접 바른다.

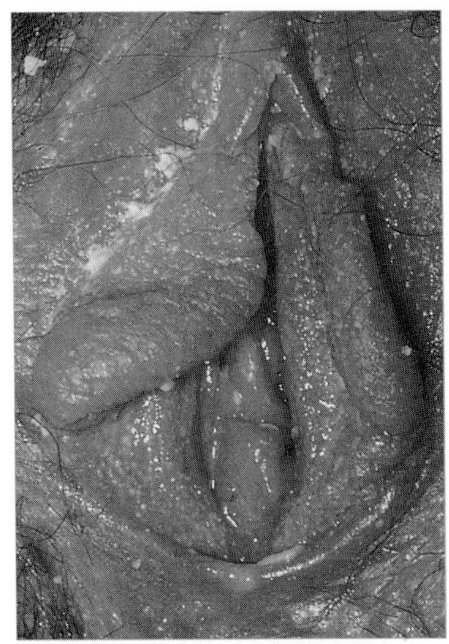

| 그림 24-3 | **칸디다증**

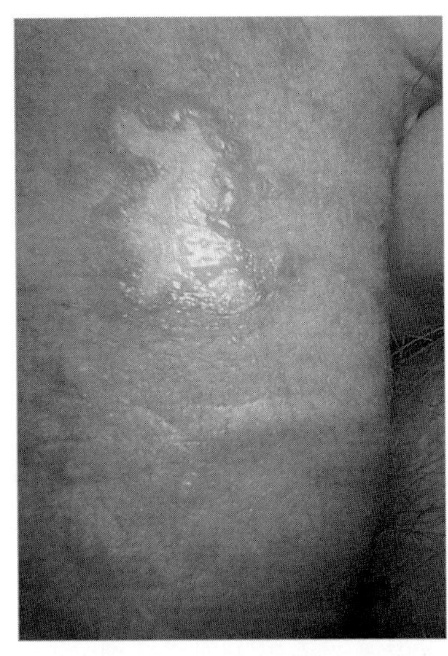

| 그림 24-4 | **남성 성기의 단순포진**

5. 후천성 면역 결핍증: 에이즈(AIDS)

1) 에이즈(Acquired Immune Deficency Syndrome)란

에이즈는 'HIV(human immunodeficiency virus)'에 의해서 감염되면 나타난다. 즉, HIV라는 바이러스는 인간의 병에 대한 면역 체계를 공격해서 인간의 몸이 병균에 저항하는 저항력을 무력화시킨다. 에이즈는 1930년경에 원숭이에게서 발생한 것이 인간에게 옮겨진 것으로 추정한다(Bailes et al., 2003). 지금까지 약 50만 명의 미국인들이 에이즈로 사망했다. 에이즈는 25~44세 되는 사람들의 사망 원인의 5위를 차지하고 있다. 1979년도에 캘리포니아와 뉴욕에서 살고 있던 젊은이가 갑자기 죽으면서 문제가 표면화되기 시작했다. 1981년도 이후로 이러한 사람의 병명이 밝혀지면서 에이즈의 정체가 밝혀지고, 의학계에서는 '후천성 면역 결핍증'이라고 불렀다(Acquired Immune Deficincy Syndrome). 우리 몸의 면역을 담당하는 백혈구는 T임파구인데 에이즈는 T임파구만을 골라서 파괴함으로써 결과적으로 우리의 몸이 저항력을 잃게 만든다.

2) 에이즈의 발생 현황

미국에서 에이즈의 발생 현황과 사망률을 2009년 기준으로 보면, 다음과 같다.

- 1981년 이후 57만 명이 에이즈로 사망했다.
- 미국에는 약 100만 명의 에이즈 감염자가 살고 있고, 이 숫자는 매년 증가하고 있다. 감염자의 4분의 1 정도는 자신이 감염되었다는 사실을 모른 채 살고 있다(Crooks & Baur, 2011).
- 미국에서는 매년 4만 명의 새로운 에이즈 환자가 증가하는 것으로 추정한다.
- 전 세계적으로는 매년 2.5백만 명의 새로운 감염자가 발생하고 있고, 3천4백만 명의 감염자가 있다고 추산한다(Dugger, 2008).
- 아프리카 사하라 지역의 에이즈 발생률은 안정세에 이르거나 줄어들고 있는 현상이다(Steinbrook, 2008).
- 2008년 기준 전 세계에서 에이즈로 인해서 2천5백만 명이 사망했다(Dugger, 2008).

에이즈는 많은 경우에 청소년 시기에 일단 감염되었다가 잠복기를 거쳐 발병한다. 청소년기에 에이즈에 노출되는 원인들을 다음과 같이 추정한다(Borowsky et al., 2009).

- 청소년들은 다수의 사람들과 성관계를 하는 경험이 있기에 감염에 노출될 가능성이 많다.
- 청소년들은 성관계 시에 콘돔을 사용하지 않는 경향이 높다.
- 청소년들은 성 전파성 질병에 노출될 확률이 높은데, 성병과 에이즈와의 상관이 높다.
- 청소년들 사이에서 마약, 마리화나 사용을 하는 사람들은 에이즈에 노출될 수 있는 위험한 행동을 할 수 있다.
- 15%의 청소년은 미래에 대해서 비관적인 생각을 하고 있고, 젊은 시절에 죽고 싶다고도 한다.

에이즈는 동성애자들의 그룹에서 발생하였기에 'Gay병'이라고도 불렀다. 그러나 지금은 이성의 성관계자들에게서도 나타난다. 특히, 우리나라에서도 요즘은 동성애자뿐만 아니고 일반인에게도 에이즈가 확산되는 추세이다.

3) 에이즈의 진행 경로

HIV에 감염되면 초기에는 감기에 걸린 증상처럼 피곤하고, 열이 나고, 두통을 느끼며, 근육에 통증, 식욕상실, 구토증, 목젖이 부어오름, 사람에 따라서는 피부에 염증이 생기기도 한다. 이러한 증상들은 1~2주 내에 가라앉는다. 그래서 사람들은 독감에 걸렸다고 생각하고 HIV 감염은 잊어버린다. 그러나 HIV에 감염되면 잠복 기간이 길기 때문에 몇 년이 지난 후에 에이즈의 증상이 나타난다. 즉, 그동안 우리 몸에서는 HIV균과 몸의 면역 체계 사이에 싸움이 일어난다는 것이다. 우리 몸의 면역 체계가 HIV에 의해서 파괴되면 소위 말하는 에이즈 증상이 표면화된다. 이 시기에는 림프가 붓고, 피곤하고, 열이 나며, 밤에 식은땀이 나고, 설사, 체중 감소 등이 발생하는데, 다른 운동이나 의학적인 원인으로 설명할 수 없다. AIDS는 다른 증세와 합병증을 보여 치명적으로 되어 가는데, 폐렴, 뇌의 감염, 단순포진 궤양 같은 질병 등과 연관성을 보인다. 에이즈 환자의 약 10% 정도는 몸무게가 약 10% 정도 줄어들고, 다른 병에 감염되며 암에 걸리기도 한다. 1개월 이상의 기침, 온몸이 가려운 피부병, 계속되는 수포진, 임파선성 종창, 피부에 자주 나타나는 자주색 결정, 폐렴 등의 증상이 나타난다. 에이즈가 더 진행되면 환자는 체중이 줄어들고 피곤함을 더 많이 느낀다. 에이즈 환자는 치료를 받지 않으면 몇 년 내에 사망한다.

4) 에이즈의 감염

HIV는 체액인 피, 정액, 질의 분비액, 모유 등에 의해서 감염된다. 가장 흔한 감염 경로는 HIV에 감염된 사람과 성관계를 맺는 것이다. 또는 HIV에 감염된 사람의 피를 수혈하거나, 주사 바늘을 같이 사용, 감염된 사람의 피가 상처 난 부분에 묻거나, 감염된 사람의 내장 이식, 항문 성교 등으로 감염된다. 에이즈에 걸린 사람과 키스를 하는 것은 문제가 될 수 없다고 하는데, 만일 잇몸에 상처가 있으면 상처 난 부위를 통해서 감염될 수 있다. 에이즈는 남성이 여성에게 감염시킬 확률이 여성이 남성에게 감염시킬 확률보다 더 많다.

다음과 같은 경우에 HIV에 감염될 가능성이 높다.

- 여러 대상과 성관계를 많이 가진 경우 감염 가능성이 높다.
- 항문 성교는 항문에 상처를 줄 수 있어서 감염된 사람과의 항문 성교는 거의 확실하게 감염된다.
- 정액에 HIV가 많이 포함되는 시기는 처음 감염된 때와 에이즈가 완전히 발발한 때이다. 따라서 이 시기에 성관계를 하면 감염이 더 빠르다.
- 다른 성 전파성 질환이 있으면 더 쉽게 감염된다.
- 약 1%의 사람은 유전적으로 HIV에 선천적인 면역을 가지고 태어난다고도 한다. 따라서 유전적인 요인과 HIV 감염과도 연관성이 있다.

다음과 같은 경우는 HIV에 감염될 가능성이 적거나 없다.

- 남을 위해서 헌혈하는 경우. 그러나 감염된 사람의 피를 채혈하고 그 주사기를 또 사용하면 다른 사람에게 감염이 될 수 있다. 하지만 규정상 다른 사람의 피를 채혈한 주사 바늘을 두 번 이상 사용할 수 없게 되어 있다.

- 감염된 사람과의 악수, 껴안기, 우연히 몸이 부딪힘, 수영장, 문손잡이, 공중전화, 공중 화장실을 통해서는 감염이 되지 않는다. 또한 환자가 사용하였다 하더라도 그 사람의 피가 묻어 있지 않는 수건, 옷 그릇 등을 통해서는 감염되지 않는다.
- 모기나 다른 곤충을 통해서 감염되지 않는다.
- 에이즈 환자와 같이 있는 공간에서 공기, 음식, 기침 등을 통해서 감염되지 않는다.
- 에이즈 환자와 같이 작업하고 같은 공간에 있다고 해서 감염되지 않는다.

5) 에이즈의 진단

에이즈나 HIV 감염을 진단하는 도구들이 많이 개발되었다. 'ELISA(enzyme-linked immunosorbent assay)'라는 도구는 혈액이나 침, 소변 등을 사용해서 진단할 수 있는데 시간이 걸리는 것이 흠이나, 'OraQuick' 같은 기구는 20분 만에 결과를 알 수 있다. 그러나 이러한 도구들은 신체 내에 HIV 저항력이 있는가만 감별해 주기 때문에 문제가 있다면 병원이나 보건소를 통해서 정확한 진단을 받아야 한다. 보건소나 병원에서는 HIV/AIDS 환자들의 익명성을 보장하면서 도와주고 있다.

6) HIV/AIDS의 치료

아직까지도 HIV/AIDS에 대한 치료약이나 항생제, 백신은 개발되지 못했다. 어떤 에이즈 백신은 동물에게는 효과적이지만 인간에는 효과적이지 않다. 에이즈를 치료하는데 효과적인 약은 'Zidovudine(AZT)'인데 이 약은 에이즈 바이러스가 번식하고 확산되는 것을 억제해 주는 역할을 한다. 그러나 완벽한 치료약은 아니다. 또 'AZT'는 감염된 산모가 아이를 분만하는 과정에서 아이가 HIV에 감염되는 것을 방지해 준다. AZT를 사용한 산모는 아이의 8%만이 감염된 반면에, 이 약을 사용하지 않은 경우는 25%의 아이가 감염되었다(Meyer, 1998).

6. 성 전파성 질환에 감염되는 사람들의 특징

1) 성 전파성 질환 감염의 위험성을 무시하는 사람

특히, 젊은이들 중에는 술김에 성매매를 하면서 '나는 성 전파성 질환에 걸릴 수 없어.' 하는 사람들이 있다. 또한 성 전파성 질환쯤이야 항생제로 치료하면 된다고 하면서 가볍게 여기는 사람들일수록 성 전파성 질환에 감염될 수 있다. 성 전파성 질환은 객기를 가지고 통제할 수 있는 것이 아니다.

2) 콘돔의 사용에 부정적인 사람

어떤 남성은 창피하고 성감을 느끼지 못한다고 하여 콘돔 사용에 부정적인 태도를 보이며 무방비한 상태에서 성관계를 하는 경우가 많다. 그러나 콘돔을 사용해도 성 전파성 질환에서 100% 안전한 것이 아니기에, 특히 안전한 대상이 아니라면 필히 콘돔을 사용해야 한다.

7. 성 전파성 질환에 감염되었을 경우의 조치 사항

1) 즉시 병원을 방문해 의사에게 문의한다

성관계 후에 몸이나 성기 근처에 상처가 나고, 가려움증이 있거나 상처나 고름 등의 문제가 있으면 즉각적으로 의사를 찾아야 한다. 특히, 여성은 질의 분비액이 흐리거나 평소보다 색깔이 다르고 냄새가 나면 즉시 산부인과 의사를 찾아서 원인을 알고 처방을 받아야 한다.

2) 치료를 적극적으로 받아야 한다

우리나라 환자들은 의사의 처방대로 약을 복용하지 않거나 지시에 따르지 않는 경향이 있다. 의사의 지시와 처방을 끝까지 따르고 의사가 안전하다고 할 때까지 치료를 계속해서 받아야 한다.

3) 배우자에게 숨기지 말고 상의해라

남편이 외도를 해서 성 전파성 질환에 감염되었는데, 외도를 숨기기 위해서 아내에게 감추거나 혼자서만 치료를 받거나 하여 아내의 성 전파성 질환 증세가 악화되어 발견되는 경우가 많다. 배우자에게 성 전파성 질환을 옮기면 언젠가는 성 전파성 질환의 증상이 표면화되게 되어 있다. 따라서 초기에 고백하고 같이 치료를 받아야 한다. 배우자가 비록 감염되지 않았다고 해도 예방 차원에서 부부가 같이 치료를 받아야 한다.

4) 담당의사가 안전하다고 할 때까지 성관계를 갖지 말라

특히, 남편은 자신의 성적인 욕구를 절제하고 아내와 자신의 신체 건강을 위해서 노력해야 한다.

8. 성 전파성 질환과 에이즈의 예방

성행위를 하면서도 자신만은 성 전파성 질환에 걸리지 않을 것이라고 생각하는 사람들이 많지만, 성 전파성 질환은 성 전파성 질환을 유발시키는 균을 가지고 있는 사람과의 성교나 입맞춤 등에 의해서 남녀노소 누구나 걸릴 수 있는 병이다. 그러므로 성 전파성 질환에 대해 정확히 알고 성 전파성 질환으로부터 자신을 보호할 줄 알아야 한다. 성 전파성 질환에 걸리지 않도록 차단하는 것이 가장 중요하며, 일단 감염되었을 경우 조기 치료를 받고 상대방에게 전염시키지 않도록 해야 한다. 성 전파성 질환 예방을 위해 다음과 같은 사항들에 대해 주의해야 한다.

- 콘돔을 반드시 사용해야 한다. 콘돔을 사용해도 성 전파성 질환을 100% 예방할 수는 없지만, 그래도 콘돔을 사용하면 사용하지 않은 것에 비해서 훨씬 안전하다.
- 구강성교를 하는 경우에도 콘돔을 사용하거나 입과 성기 사이에 직접적인 접촉을

피할 수 있도록 하는 것이 안전하다.

- 단 한번이라도 잘 알지 못하는 상대와 불건전한 성관계를 가졌다면 성 전파성 질환에 감염될 수 있으므로 일단 성 전파성 질환 검사를 받아야 한다.
- 성 전파성 질환의 증세를 알아야 한다. 그래야만 병을 예방하고 적절한 치료를 받을 수 있다. 또한 다른 사람으로부터 옮거나 다른 사람에게 옮겨 주는 것도 막을 수 있다.
- 성 전파성 질환은 완전히 치료된 후에도 면역이 생기지 않는 병이므로, 치료 후 같은 성 전파성 질환에 또다시 걸리지 않도록 주의하여야 한다. 수시로 검사받는 것이 중요하다.
- 여러 사람과 성적 접촉을 하지 말아야 하며, 특히 알지 못하는 사람, 여러 사람과 성관계를 하고 있는 사람, 사회에서 금지하고 있는 약물을 사용하고 있는 사람과의 성관계는 절대로 피해야 한다.
- 항상 성관계 전과 후에 성기를 세척해야 한다. 성기에는 많은 균이 있을 수 있기 때문에 필히 성기를 깨끗이 씻어야 한다. 부부가 같이 씻어 주어도 좋다.
- 자신에게 이상이 있으면 배우자와 상의하고 배우자와 같이 검사를 받고 치료를 받아야 한다. 숨기면서 혼자서 치료받고 나았을지라도 배우자가 감염된 상태면 또다시 성 전파성 질환에 걸릴 수 있다.
- 위험한 성관계는 피해야 한다. 친구들과 어울려서 성매매를 하거나 유흥업소 등에서의 성관계는 절대로 하지 않는 것이 좋다.
- 성기 접촉이 아닌 성관계를 가져라. 즉, 서로 안아주고, 마사지를 해 주고, 서로가 상대방의 성기를 손으로 자극해 주고, 몸을 서로 만져 주는 등의 관계를 통해서 성적인 만족을 누릴 수 있다. 혼자인 경우는 자위행위를 통해서 성적인 대리 만족을 느낄 수도 있다.

토론

1. 성 전파성 질환 예방을 위해서 당신은 어떤 방법을 사용할 수 있겠습니까?
2. 한국에이즈퇴치연맹 홈페이지(http://www.kaids.or.kr), 대한에이즈예방협회 홈페이지(http://www.aids.or.kr)를 방문하여 보고, 그에 대해 이야기해 봅시다.

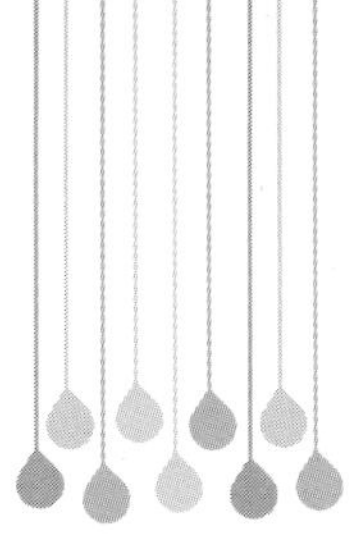

제25장

이상적인 성행동

1. 정상적인 성행동과 이상적인 성행동의 구별

성행동 중 정상적인 성행동과 비정상적인 성행동을 구별하는 것은 쉬운 일이 아니다. 정상과 비정상은 우리가 살고 있는 문화와 시대의 가치관에 따라서 변화하고 또 동시대에 살고 있다고 하더라도 성에 대한 개인 차이가 있고 취향이 다르기 때문에 이상(abnormal)적인 성행동과 정상적인 성행동과의 구별은 쉬운 것이 아니다. 예를 들면, 여성이 가슴을 내놓고 다니는 행동은 서구와 대부분의 동양 문화권에서는 혐오스러운 행동이 되겠지만, 아프리카나 인디언들의 사회에서는 자연스러운 행동으로 간주한다. 성에 대한 보수적인 태도가 강한 사람들은 요즘의 신세대 여성들이 배꼽을 내놓고 다니는 행위를 보고 세상의 말세라고 볼 수도 있겠지만, 젊은 층은 자신의 개성을 나타내는 표현으로 간주한다. 정상과 이상은 흑백으로 구별되는 것이 아니고, 다음과 같은 내용에서 연속선상에 있다고 보아야 한다.

1) 사회적으로 규범에 벗어난 정도

우리는 우리가 살고 있는 규범들에 벗어난 행동을 하면 이상적인 행동으로 간주한다. 규범에서 어느 정도 심하게 벗어났느냐가 정상과 이상적인 행동을 구분해 준다. 예를 들면, 우리나라에서는 전통적으로 할아버지나 할머니가 손자의 성기를 만지면서 '이 고추 잘 생겼구나.' '고추 좀 따 먹자.' '이 고추 맛있다.'라고 하면서 아들에 대한 선호 사상을 표현해 주었다. 그러나 미국으로 이민을 간 우리나라 할아버지들이 자신의 집에 놀러 온 미국인 아동의 바지를 내리고 '어디 고추 좀 보자.'라고 했다가 성추행 죄로 고소되어서 필자가 피의자를 위해서 법정증언을 하기도 했고, 교민 사회에서 이러한 행동을 하지 말 것을 홍보한 적이 있다. 이와 같이 사회적인 통속적 규범에서 벗어나면 우리는 이상적인 성행동이라고 한다.

2) 빈도와 지속적인 행동의 정도

어느 사람이 순간적인 실수로 또는 호기심에서 단 한 번 여성의 신체를 만졌다고 해서 그 사람을 성도착자로 진단을 내리지는 않는다. 이상적인 성행동을 지속적으로 한다든가 그 행동의 빈도가 높을 경우에 우리들은 이상적인 성도착 행위라고 규정한다.

3) 심리적인 의존성

이상적인 성도착 행위를 보이는 사람들은 그러한 성행위에 대해서 심리적인 호기심을 가지고 있을 뿐 아니라, 이상적인 행위를 하면서 성적인 흥분을 느낀다. 자신이 한 행동이 나쁘다는 것을 알지만 그러한 행동을 반복적으로 하며 심리적으로 그러한 변태적인 행동에 의존되어 있다. 필자가 상담한 내담자 중에 길거리에서 노출하다가 적발되어 상담을 받게 된 경우가 있었는데, 자신이 노출증의 문제가 있다는 것을 인식하고 또한 자신의 그러한 행동 때문에 여성들이 혐오스러워 하고 피해를 입는다는 것을 알면서도 계속적으로 노출증을 보였다. 노출증이라는 변태 성행동에 중독이 되었다고 보아야 한다.

4) 사회적 기능 면에 지장을 주는 정도

이상적으로 변태적인 성행위를 판단하는 중요한 단서 중의 하나는 그러한 행동으로 인해서 자신의 삶과 사회생활에서 받는 문제점이다. 예를 들어, 자위행위를 지나치게 하면 그러한 행동을 하려고 친구를 멀리하고 집안에서도 고립되어서 살 수도 있다. 따라서 그러한 행동으로 인해서 본인의 사회생활에 위축을 받게 된다. 또한 본인은 성도착 행위가 본인의 사생활에 아무런 지장을 주지 않는다고 주장할지 모르지만, 자신의 변태 행동으로 인해서 타인이 피해를 보거나 심리적인 충격을 받는다면 그러한 변태적인 행동을 보인 당사자에게 책임이 있고 문제가 있다고 진단을 받게 된다. 만일 이 경우에 자신의 행동이 남에게 나쁜 영향을 끼치고 있다는 의식을 못 한다면 그런 사람은 심각한 문제를 가지고 있다고 보아야 한다.

2. 성도착적인 성행위자들에 대한 심리학적 이론

성도착자들의 일탈 행동들의 원인이 무엇일까에 관한 의문을 제시할 수 있는데, 성행동을 포함한 인간의 행동은 여러 요인들이 영향을 미치기 때문에 성도착의 행동 역시 다음과 같은 여러 원인들이 관여할 수 있을 것이라고 생각된다.

1) 생물학적인 요인

인간의 성욕은 테스토스테론이라는 호르몬에 의해서 영향을 받기에 성노출자들의 호르몬 수준이 일반인보다 높을 것이라는 가정을 세울 수 있다. 한 연구에 의하면, 남성 노출증자는 정상인에 비해서 테스토스테론 수준이 약간 높다고 보고됐다(Lang et al., 1989). 또 다른 연구에 따르면 대체로 많은 성도착증자들이 정상인들에 비해서 성적인 욕구가 강하고(Kalfka, 2003), 오르가슴을 느끼고 다시 성적으로 흥분하는 주기가 짧다고 한다(Haake et al., 2003).

특히, 성적 피학자(masochism)들에 관한 연구에 따르면 이들은 쾌감이나 통증을 느끼는 부위가 동시에 작동된다고 한다. 즉, 몸은 통증을 받는데 두뇌에서는 쾌감을 느낀다고 한다(Beccera et al., 2001). 성도착을 보이는 사람들의 호르몬 수준이나 쾌락 중추,

EEG 등에 관한 연구를 통해서 생물학적인 원인을 밝히려 시도는 하고 있지만, 아직까지는 생물학적인 원인들을 확실하게 밝혀내지 못하고 있다. 인간의 행동은 환경에 영향을 받고 학습되기 때문이다.

2) 정신분석적인 입장

정신분석적인 입장에서 성도착은 남아들이 남근기에 경험하는 거세 공포증을 미해결한 결과로 생기는 증상이라고 주장한다. 즉, 남아는 약 4세 때에 이성인 어머니를 성적으로 좋아하지만, 아버지가 자신의 성기를 거세할까 두려워서 이러한 성적인 욕구를 억제하고 오히려 아버지와 동일시해서 남성의 역할을 배우는 것으로 위기를 해결해야 한다. 이러한 남근기에 고착되어 거세 공포증을 방어하려는 시도가 도착적인 성행동이라고 주장한다. 예를 들면, 이성복장 착용자들은 여성이 남근이 없는 것을 보고 자신도 여성과 같이 거세당할 수 있다는 공포를 느낀다. 이러한 공포를 극복하기 위해서 자신의 성기를 여성의 옷 뒤에 숨기고 여성도 남근이 있다고 믿음으로써 거세당할 공포를 극복하려는 시도로 여장을 한다는 것이다.

또한 정신분석학에서는 성기 노출자들이 자신의 성기를 공공장소에서 여성에게 보이는 것은 '내 성기는 안전하다!'는 확인을 하려는 무의식적인 시도라고 해석한다. 이들은, 특히 여성들이 자신의 성기를 보고 놀라는 모습을 보면서 자신의 거세 불안에서 오는 스트레스를 해소한다. 여성의 팬티나 브래지어를 가지고 자위행위를 하는 남성은 여성과 안전한 거리를 두고서 여성의 성기 접촉에서 오는 두려움을 극복하고 성적인 만족을 느끼려는 시도라고 해석한다.

성도착증자들에 대한 정신분석적 해석은 그럴듯하지만 과학적인 근거나 확실한 증거는 없다. 이론적으로는 흥미롭지만 이를 증명할 수 있는 방법 면에서 한계가 있다.

3) 학습이론적인 입장

학습이론적인 입장은 성도착적 행동 역시 학습을 통해서 배웠다는 주장이다. 예를 들면, 남아가 자신이 자위를 하는데 우연히도 엄마의 브래지어, 팬티 등의 속옷을 보면서 오르가슴을 느꼈고, 차후에 자신이 자위를 하면서 그 장면이 계속 반복해서 떠오르게 되면 물품음란증으로 발전할 수 있다는 것이다. 이 경우에 자위를 할 때 사용하는 여성의 옷이 다양해지면, 즉 여러 가지의 여성 속옷을 모으거나 사용하면 전형적인 물품음란증자가 된다고 주장한다(Breslow, 1989).

여성에게 성기를 노출하는 남성은 자신이 우연히 소변을 보는 동안에 여성이 지나가는 장면을 경험했다. 순간적으로 창피하기도 했지만, 흥분도 되고 짜릿한 기분이 들어서 이 장면을 상상하면서 실행하다 보니까 성기 노출자가 되었다고 주장한다(McGuire et al., 1965).

성도착증에 대한 학습이론적인 입장은 이상한 성행동과 성적인 쾌감이 반복적으로 일어나면 연상 작용을 통해서 새로운 도착적인 행동이 일어난다는 것이다. 또한 부모나 친구 등의 일탈적인 행동을 관찰해서 성도착증을 학습한다고 주장한다. 학습이론은 많은 경우에 설득력이 있지만, 한 사례에서 관찰한 성도착증적인 행동을 다른 사람들에게 일반화하기는 쉽지 않다.

4) 사회학적인 입장

사회학적인 입장은 사회적인 분위기나 가치관이 성도착증 행동에 기여한다는 주장이다. 이 이론은, 특히 성적인 가학자들과 피학자들의 행동을 효과적으로 설명하고 있다. 특히, 사회적으로 남성이 지배적이고 적극적인 행동을 하는 반면에 여성은 순종적이고 수동적인 역할을 하는 사회적인 구조에서 성적인 행동 역시 남성이 지배성을 극단적으로 발휘하는 것이 가학적인 행동이고, 이것을 수동적으로 받아들이면서 여성으로 만족을 느끼는 것이 피학적인 성행동이라는 것이다. 그러나 이런 사회학적인 입장에서 성에 대한 가치관이 성도착증에 기여한다는 개연성은 쉽게 받아들일 수 있지만, 이를 과학적으로 증명하는 데는 어려움이 있다.

5) 외상 경험의 입장

외상 경험의 입장은 아동이 발달하는 과정에서 경험한 외상이 성도착증적인 행동을 유발한다는 것이다. 예를 들면, 아동이 성폭력을 당하면 자신도 남을 가해하거나 성적인 일탈 행동을 보인다는 것이다. 이 이론은 성피해자들이 성도착증상을 보이기도 한다는 면에서 어느 정도 설득력이 있지만, 대부분의 성피해자들은 성도착증상을 보이기보다는 성피해 후유증으로 인해서 심리적인 고통을 더 많이 당한다.

6) 성도착증에 대한 통합적인 입장

성도착증은 어느 한 이론으로 설명하기보다는 위에서 밝힌 여러 이론들을 통합적으로 적용하면 좀 더 잘 설명할 수 있다. 즉, 성도착증자의 특징에 따라서 미완성된 무의식적인 욕구, 발달 과정에서 학습하거나 모방하는 행동, 사회적인 성에 대한 가치관과 태도 등에서 영향을 받아 변태적인 성행동을 시도할 수 있다.

3. 노출증

1) 증상

기대하지 않는 낯선 사람들에게 반복적으로 자신의 성적인 기관을 노출하면서 성적인 흥분이나 만족을 누리고자 하는 사람을 노출증자라고 말한다. 노출증자의 대부분은 거의 남자이지만 극소수의 여성도 있다(Stoller, 1977). 많은 노출증자들은 이성 관계에서는 무능력하며, 통제할 수 없는 충동 때문에 노출증적인 행동으로 이어진다고 한다.

노출증(Exhibitionism)은 보통 18세 전에 증세를 보이며, 가장 많이 나타나는 나이는 20대이고, 아주 흔치 않은 경우만이 40대 이후에 이러한 증세를 보인다고 한다. 이들은 청소년기부터 노출하고 싶은 충동을 느꼈다고 한다(Freund et al., 1988). 대부분의 노출증자들은 수줍어하고 수동적이며 성적으로 억제된 사람들이다. 많은 경우에는 가정 내의 갈등이나 권위자들과의 충돌이 노출증을 촉발시키는 원인이 된다고 한다(Tollison & Adams, 1979). 어떤 연구에 의하면, 노출증을 보인 전형적인 사람은 결혼을 했고 지능이 보통 이상이며 만족한 직장생활을 하고 있고 정서적인 문제가 없는 사람이라고 한다(Smukler & Schiebel, 1975). 노출증자들은 40대 후에는 노출증의 빈도가 감소된다.

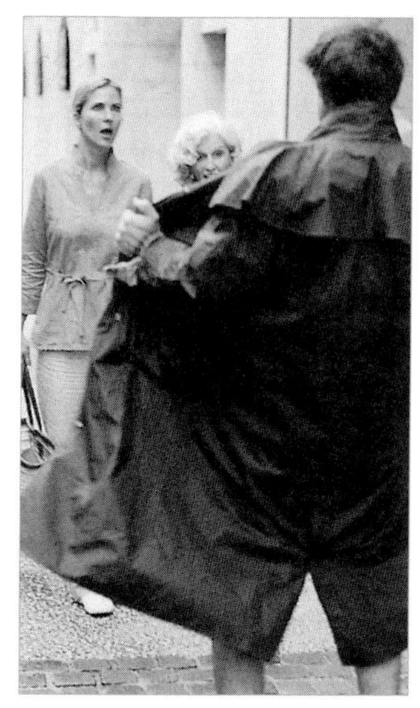

| 그림 25-1 | **노출증**

노출증자들은 노출을 하면서 자위행위를 하거나 발기를 하지만 이러한 행위를 통해서 사정을 하지는 않는다. 이들의 주요 목표는 피해자들에게 충격을 주고 공포심을 불러일으키는 것이다. 이러한 사람들은 자신이 남성임을 이러한 방법으로 과시하려는 경우도 있

다. 필자가 치료한 노출증 환자의 경우도 노출을 함으로써 피해자로부터 성적인 매력을 얻어 보고자 하는 경우였다.

우리나라의 여학교 주변에는 이러한 노출증자들이 많이 있지만 경찰에 붙잡히지 않고 있다. 그러나 외국의 경우는 이러한 노출증자들이 경찰에 붙잡혀서 처벌을 받는다. 노출증자들은 앞에서 밝혔듯이 거리의 모퉁이나 여학교의 주변에서 반복적으로 노출을 시도한다. 대체로 노출증자들은 강간을 하지는 않는다고 한다(Tollison & Admas, 1979).

어떤 노출증자들은 피해자가 놀라지 않으면 실망한 나머지 여자의 뺨을 때린 경우도 있었고 그러한 여자들을 골목길로 몰고 가서 성기를 빨도록 한 사건도 있었다.

노출증 환자들이 어린이에게 노출하면 어린이 성폭행으로 경찰에 잡혀가기 쉽다. 그런데 어떤 노출증 환자들은 경찰에 잡힌다는 상황이 되어야 더 스릴을 느끼면서 성적으로 흥분하기도 한다.

2) 원인

노출증자들은 자존심이 낮고, 자신감이 없으며, 불안한 사람들이다. 그래서 자신이 이성에게 접근했을 때 거절당할까 두려워하는 사람들이다. 그들은 자신의 신체를 일부 보여 줌으로써 거절당하는 느낌을 최소화하려고 한다. 다른 노출증자들은 여성들의 주의와 관심을 끌기 위해서 노출하는 경우도 있다. 또는 여성에 대한 적개심이 원인이 되어서 노출의 행동으로 여성을 놀라게 하여 여성에 대한 자신의 분노나 적개심을 표출하는 수단으로 노출증을 보인다.

노출증과 강간범과는 밀접한 관련이 있는데, 진 아벨(Gene Abel, 1981)에 의하면 강간범의 49%는 이전에 노출한 경험을 가지고 있었다.

3) 대책

이러한 노출증자는 경범죄 처리만으로는 해결이 되지 않는다. 이들은 필히 심리 상담을 받아서 노출증의 원인이 되는 자신에 대한 불안감, 여성에 대한 적개심, 이성 관계의 고립감 등을 치료받아야 한다. 노출증 환자들은 자신의 성기를 노출하면 상대방이 즐거워할 것이라는 잘못된 환상을 고칠 필요가 있다. 노출증은 절대로 성에 대한 관심의 표현이 아니라 도착증이라는 것을 알고 이에 대한 치료를 받도록 해야 한다.

여성이 노출증 환자를 골목길에서 마주치면 당황하고 두렵기도 하며 창피하다. 또 여성의 입장에서는 자신이 어떻게 보였기에 상대방이 성적으로 접근하는가 하면서 자신의 옷차림이나 자신의 그 당시 행동에 대해서 죄책감을 느끼기도 한다. 그러나 노출증 환자는 상대방이 여자라는 사실 때문에 노출을 하는 것이지 특정한 사람에게 하는 것이 아니다. 그러므로 자신을 탓하지 않는 태도가 중요하다. 만일 노출증 환자가 자신에게 노출하면, 가장 무난한 방법은 관심을 보이지 않고 그냥 지나치는 것이다. 놀라거나 소리치면 노출증 환자는 좋아하면서 그러한 행동을 계속한다. 만일 상대방의 자존심을 상하게 하는 욕을 하면 오히려 공격을 당할 수도 있다.

4. 음란성 전화, 괴롭히는 전화

1) 증상

여성에게 전화를 걸어 자신의 성에 관한 이야기를 하든가 또는 전화하는 동안 자위행위를 하는 청소년이나 성인들이 있는데, 이런 행위는 일종의 다른 형태의 노출증이다. 이러한 사람들은 대체로 남자가 많고, 자신감이 없고 자기감이 불안하며 부적절한 감정을 가지고 있는 사람들이다(Matek, 1988).

> 어느 날 밤에 전화를 받았는데 전화를 받자마자 성에 관한 온갖 추잡스러운 이야기를 했습니다. 하도 기가 막혀서 전화를 끊으려는 순간 상대방이 "전화를 끊지 마! 내가 당신의 주소와 집도 알고 있어."라고 소리를 쳤어요. 전화를 끊었지만 계속해서 전화를 걸어 어떤 때는 그 사람이 자위행위를 하면서 내가 그 소리를 듣도록 강요하기도 했습니다. 경찰에게 알렸지만 경찰은 아직도 잡지 못하고 있습니다. 밤마다 미칠 것 같아요.
>
> –상담기록 중에서–

이런 사람들은 전화번호부에서 무작위로 번호를 알아낸다. 그리고 나서 전화를 걸었을 때 상대방의 반응을 예의 주시한다. 만일 수화자가 별 신통한 반응을 보이지 않고 무시하면 전화를 안 걸 확률이 높다. 전형적인 음란성 전화를 하는 사람은 이성 관계를 형성하지 못하고 여성과 친밀한 관계를 형성하지 못하는 사람들이다. 이성에 대한 거절의 두려움 때문에 전화라는 안전망을 가지고 여성에게 접근한다. 전화를 받은 여성이 놀라는 반응을 보이면 자신이 통제할 수 있다는 힘을 느끼게 되어 그런 사람들을 골라서 더 전화한다.

2) 원인

위에서 밝혔듯이 자신에 대해서 자신감이 없거나 불안하고, 이성에게 거절당할까 봐 두려워서 자신을 노출시키지 않으면서 전화로 자신을 조금만 보여 주려는 행동이다. 이들은 여성에 대한 적개심이 있고, 소위 말하는 비겁한 방식으로 자신의 부정적인 감정을 표현하는 사람들이다.

3) 대책

전화를 받았을 때 놀라는 반응을 보이지 말고 무시하는 반응을 보이는 것이 좋다. 놀라면 계속 전화를 한다는 것을 알아야 한다. 다른 방법은 자신이 마치 청각장애인인 것처럼 행세하면서 오히려 상대방의 약을 올리는 것이다. 예를 들면, “잘 안 들리는데, 다시 한 번 말하지?” “그래도 안 들려?” “너, 소리를 그것밖에 낼 수 없어?” “너 밥 좀 먹고 힘내라.” 등의 동문서답으로 오히려 상대방의 약을 올리는 방법이다.

그래도 계속하면 전화를 공개하지 않는 번호로 바꾸는 방법도 있다. 전화국의 협조를 얻어서 전화 추적을 통해서 상대방을 알아내서 벌을 주는 방법도 가능하다. 이러한 짓을 하는 사람도 심리적인 문제가 있음을 알고 심리 상담을 받도록 해야 한다.

5. 관음증

1) 증상

‘관음증(Voyeurism)’이란 상대방의 허락 없이 낯선 사람의 나체나 성행위들을 보면서 성적인 쾌락을 즐기는 것을 말한다. 관음증자는 그 대상과 성관계를 원하지는 않는다.

우리 사회에서는 포르노그래피, 섹스영화, 음란물, 플레이보이 잡지 등을 통해서 낯선 사람들의 나체를 보는 것이 현실이기 때문에 관음증을 한마디로 정의하기란 쉽지 않다. 그러나 보편적으로 나타나는 관음증자들의 특징은 상대방의 나체나 성행위를 보는 행위 자체가 위험을 수반하는 상황이고, 그 위험한 상황에서 성적인 흥분을 느낀다는 것이다. 그러니까 누드를 허용하는 해변가에서 남의 신체를 보는 사람을 관음증자라고 하지는 않는다(Tollison & Adams, 1979).

관음증자가 선호하는 장면은 창문을 통해서 남의 집 여자가 옷 벗는 것, 부부가 성행위하는 것을 보거나, 여자 화장실에 몰래 들어가서 여성이 옷 벗는 것을 훔쳐보고, 목욕탕에서 여성이 목욕하는 장면을 보거나, 탈의실에 몰래카메라를 설치하여 상대방을 몰래 훔쳐보는 것 등이다. 요즘은 몰래카메라를 이용해서 전철역 계단, 육교, 에스컬레이터 등에서 여성의 속옷을 촬영해서 동영상에 올리기도 하고 즐기는 등 그 수법이 다양하고 지능화되어 있다.

전형적인 관음증자는 자신이 성적으로 부적절하다는 생각을 가지고 있고 이성과 관계를 맺는 데 어려움을 보인다. 관음증자는 상대방의 거절에 대한 두려움 없이 성적인 즐거움을 누리려는 것이다. 그러나 모든 관음증자가 성적으로 부적절해서 관음을 즐기는 것은 아니다. 관음증자도 성행동을 통해서 성적으로 흥분하고 즐기며, 자위를 할 수도 있다.

2) 원인

왜 그렇게 남에게 혐오스러운 행동을 하면서 자신은 성적으로 흥분을 느끼는 것일까? 관음증자를 대상으로 한 연구에 의하면, 이들은 이성을 사귈 수 있는 사회적인 기술이 덜 발달되어 있고, 자신에 대해서 부적절한 태도를 취하고, 열등감이 많은 사람들이었다(Dwyer, 1988).

관음증자는 상대방의 나체나 성행위를 멀리서 바라보면서 즐기는 식으로 남과 자신과의 인간관계에서 거리를 두는 사람이다. 그러나 어떤 관음증자는 자신의 성적인 충동을 참지 못해서 공격적으로 돌변하는 경우도 있다. 관음증자의 다른 특징은 관음을 하는 동안에 자신이 상대방보다 더 강력하다는 느낌을 가지려고 하기도 한다. 관음증자는 대체로 청소년들이 가장 많다.

3) 대책

우리나라의 경우는 관음증에 중독적인 사람보다는 청소년기에 호기심으로 관음증을 시도하는 경우가 많다. 그러나 일회성이 아니고 여러 번 일어난 관음증은 심리적인 치료를 받아야 한다. 특히, 관음증자는 자신이 상대방에게 신체적인 해를 끼친 것도 아니고 단지 몰래 훔쳐본 것이기에 상대방에게 해를 끼쳤다는 생각을 못 하는 경우도 있다. 그러나 관음이 피해자에게는 자신만이 간직하고 싶은 사생활의 침해라는 것을 분명히 알려 주고 교육을 시켜야 한다. 그리고 현재 우리나라의 성폭력방지법에 의하면, 여성의 가슴을 응시해서 여성에게 기분 나쁜 인상을 주면 이것도 성희롱에 해당한다는 것을 알아야 한다. 관음증 환자는 자신의 성적인 욕구를 관음이 아닌 정상적인 이성 관계를 통해서 충족할 수 있도록 상담을 통해서 배워야 한다.

6. 가학적 · 피학적인 변태성욕

1) 증상

'가학적인 변태성욕(Sexual Sadism)'이란 성적 대상자에게 반복적인 고통을 일으키는 상처나 피해를 주면서 성적 흥분을 느끼는 경우를 말한다. 이 명칭은 상대에게 학대를 하면서 성적인 흥분을 느끼는 소설을 주로 많이 쓴 프랑스의 저자 마르키 드 사드(Marquis de Sade, 1740~1814)의 이름에서 유래했다.

사디즘의 형태는 가볍게는 장난삼아서 동의하는 상대에게 약간의 공격적인 행동을 보이는 것으로부터 고문, 강간 또는 쾌락 살인까지 포함할 수 있다. 어떤 경우는 동의하지 않는 상대에게 쾌락의 감정을 느끼도록 강요하기도 한다. 또한 동의하는 상대에게 고통을 가해 놓고 상대가 고통을 느끼면 성적으로 흥분하는 경우도 있다.

'피학적인 변태성욕(Sexual Masochism)'이란 이성으로부터 고통이나 창피함을 당하면 성적인 흥분을 느끼는 경우를 말한다. 이 명칭은 고통당하는 기쁨에 관해서 자세히 기술한 오스트리아의 저자 레오폴드 리터 본 자허마조흐(Leopold Ritter Von Sacher-Masoch, 1836~1895)에서 유래했다.

피학적인 성도착 증세도 경미한 형태에서 심한 형태까지 다양하게 있다. 경미한 경우는 성적인 흥분을 느끼기 위해서 손발을 묶이는 것이다. 또는 신뢰할 수 있는 상대한테 한두어 대 맞기도 하고 강제로 성관계를 당하기도 한다. 심한 경우는 채찍으로 얻어 맞는 방법, 절반 정도로 목을 졸리는 방법, 신체에 상처를 내는 방법 등이 있다. 피학적인 성도착자는 적절한 성 대상자를 고르기가 쉽지 않다. 정상적인 남자가 여자에게 이러한 학대 행위를 보이려고 하지 않기 때문이다. 그래서 이러한 적절한 대상을 찾지 못했을 경우는 자신이 자신의 신체에 가해하는 행위를 하기도 한다.

일반인들이 얼마나 가학적 · 피학적인 성행위를 즐기는지 자세히 밝혀져 있지는 않지만, 약 5~10%의 정상적인 부부들도 가끔 이러한 성행위에서 성적인 만족을 느꼈다고 한다(Kinsey et al., 1953; Hunt, 1974).

2) 원인

가학 · 피학적인 성도착자들은 일반적으로 통용되는 규칙을 깨는 데서 오는 기쁨을 만끽하려고 한다. 이러한 면에서 본다면 정상적인 부부도 적절한 범위에서 성의 규칙을 깨면서 안전한 분위기에서 가학 · 피학적인 성행위를 할 수도 있다.

피학적인 성행위를 즐기는 사람들 가운데는 회사의 중역, 정치인, 판사 또는 은행가 같은 남자들도 보이는데, 이들은 성행동을 자신들의 사회적인 통제나 지배 심리에서 벗어나기 위한 탈출구로써 이용하지 않을까 하는 추측도 있다. 반면에 가학적인 성행위자는 남을 가학함으로써 자신의 자존감을 고양시키려고 시도한다고 보는 견해도 있다.

성을 전문으로 하는 사업자들은 오히려 이러한 집단을 위해서 수갑, 쇠사슬, 입 가리개 등의 물품을 팔기도 한다. 어떤 경우에는 환상 속에서 가학적 또는 피학적인 성행위를 상상해 보기도 하지만, 이러한 환상을 현실에 옮기는 사람들은 드물다.

가학적인 성행위를 하는 사람을 상대로 한 연구들에 의하면, 그들은 가학적인 행위를 하면서 성적인 흥분을 일으키기 위해서 그러한 행동을 한다. 어떤 동물들도 성관계를 갖기 전에 몸에 상처를 내는 행위를 하는데, 이것은 성적인 흥분을 증가시키고 혈압을 올려 주며 호흡을 증가시켜 줌으로써 수태를 돕는 행위와 비슷하다고 하는 주장도 있다(Gebhard et al., 1965).

낮에는 직장에서 높은 위치에 있는 사장이 밤에는 역할을 바꾸어서 상대에게 굴종하는 데서 쾌감을 느끼려고 할 수도 있겠고, 수동적이고 힘이 약한 사람이 남을 통제하고 싶은 의도로 가학 · 피학적인 성행위에 종사한다고도 한다.

가학 · 피학적인 사람들을 상대로 한 임상연구에 의하면, 이러한 사람들은 어린 시절에 자위행위를 하다가 처벌을 받은 경험으로 인해서 성과 고통의 연관을 보인다는 보고도 있다(Gebhard et al., 1965).

3) 대책

성행위를 하면서 평소에 습관적으로 하는 것을 벗어나서 약간의 변형을 추구하려고 상대의 신체에 상처나 피해를 주지 않는 범위에서 상징적으로 하는 행위는 임상적으로 문제 삼지 않는다. 다만, 상대방의 신체에 상처를 줄 뿐만 아니라 상대방이 원하지도 않는데 강요하는 상황에서 이루어지는 행위는 비정상으로 보고 그것에 대한 조치를 해야 한다. 이것은 배우자에 의한 성학대 또는 신체 학대로 이어질 수 있다. 피해 여성은 더 이상의 신체 폭행을 당하지 않겠다는 강한 의지가 필요하다. 가학적인 배우자에게 자신의 의지와 입장을 분명히 해야 한다. 부부 사이의 성관계는 아무리 좋고 새로운 방법이라고 해도 상대방이 혐오감을 느낀다면 정상적인 성행동이 아니다. 부부들은 서로가 만족한 방법에 의해서 성적인 만족을 누리도록 해야 한다. 필자의 상담 경험에 의하면, 남편이 아내를 벗겨 놓은 상태에서 칼로 신체에 상처를 내며 성적으로 흥분을 느끼며 성행위를 한 경우도 있었다. 이 경우는 변태적인 성행위로서 치료를 받아서 해결했다.

7. 주물숭배색욕이상증

1) 증상

'주물숭배색욕이상증(Fetishism)'은 무생물이나 인간의 신체의 일부분에 대해서 성적인 흥분을 느끼는 경우를 말한다. 일반적으로 남성은 여성의 팬티나 브래지어 등에서 성적인 흥분을 느낀다. 또한 여성의 미끈한 다리나 날씬한 허리, 엉덩이를 보면 성적으로 흥분하기 때문에 정상과 이상을 구별하기가 쉽지는 않다. 그러나 주물숭배자들은 이러한 물건들이 주위에 없으면 성적으로 전혀 흥분을 하지 못한다. 남성에게 이러한 증상이 많으며 물건의 대상은 가장 흔한 것이 여성의 팬티, 브래지어, 란제리, 슬립, 스타킹, 신발, 장갑 등이다. 이들은 도둑질을 하거나 사서 모은다. 어떤 경우는 여성의 의류에 관한 그림을 통해서도 성적인 흥분을 느낄 수 있지만 대부분은 실물이 필요하다. 이러한 사람들은 이성의 물건이 있어야만 성적인 오르가슴을 느낄 수 있다.

이 분야에서 정상과 이상의 차이는 만일 성적인 대상이, 즉 여자가 어떠한 형태의 옷이나 특정한 색깔의 팬티를 입어야만 하는 경우 정상적인 기호라고 볼 수 있지만, 대상인 사람이 없이 물건만 있으면 성적인 도착증이라고 한다.

2) 원인

주물에 관한 성적인 도착증자는 어린 시절에 성적인 흥분과 자신이 좋아했던 사람의 특정한 물건과 연상 경험이 있었다고 추정한다(Freund & Blanchard, 1993). 이들이 처음에 여성의 속옷을 보거나 만지면서 자위행위를 하다 보면 여성의 속옷만 봐도 성적으로 흥분할 수 있다. 실제로 실험실에서 남성에게 페티시즘을 실험적으로 조작했는데, 실험실에서 포르노그래피를 보여 주면서 여성의 부츠를 계속해서 보여 주었더니 나중에는 여성의 부츠만 보아도 성적으로 흥분했다고 한다(O'Donohue & Plaud, 1994). 이러한 사람이 여성의 부츠뿐만 아니라 여성의 다른 속옷으로 일반화되면 페티시즘의 습관이 형성되는 것이다.

이 분야에 관한 다른 설명은 어린 시절에 자신과 가까운 사람들의 속옷이나 팬티에서 정서적인 부드러움과 안정을 느끼는데, 특히 엄마나 큰 누나에게서 이러한 정을 느낀다고 한다(Freund & Blanchard, 1993). 이러한 과정이 진행되어서 물건에서 정을 느끼고 그것을 항상 가까이 하려고 하며 그 물건은 페티시즘의 환자에게는 강력한 힘이 되고, 결과적으로 인간관계에서보다 물건에서 정서적인 만족과 성적인 만족을 추구하게 된다고 한다.

또한 이들의 성장 과정을 보면 대체로 자신들의 어머니와 안정 애착의 경험이 거의 없고 정서적으로 외로운 경험이 많기에 자신의 감정을 알아차리고 인간관계를 통해서 정서적인 만족을 충족할 능력이 거의 없다. 그러기에 대상화된 물건에 집착하면서 그 문건을 상대로 자위하면서 정서적인 만족을 추구하는 것이다.

3) 대책

대체로 이런 사람들은 성적으로 공격적인 행동을 하지는 않는다. 그러나 주물 도착증자들은 냄새나는 여성의 팬티를 선호하기도 하여 상습적으로 도둑질을 해서 사회적으로 물의를 일으키고 법의 처벌을 받기도 한다. 흔하지는 않지만 어떤 사람은 여자들의 머리카락을 잘라서 간직하기도 하고, 아주 심한 경우에는 살인해서 상대방의 신체 부분을 보관해 놓고 자위행위를 하기도 한다. 페티시즘 문제가 있는 사람들은 이성과의 인간관계가 잘 되지 않는 사람들이기 때문에 결혼 등의 정상적인 생활을 하기가 어렵다. 따라서 이러한 사람들은 법적인 처벌만 가지고는 문제해결이 안 되고 심리적인 치료를 받아서 문제를 해결하도록 해야 한다.

8. 이성복장도착증

1) 증상

“남편이 처음에 내 속옷을 입어 보자고 해서 처음에 농담으로 알고 도와주었지요. 내 팬티와 브래지어를 남편이 착용하고서 좋은 기분을 느끼는 것을 보았어요. 그런데 그 후에 농담이 아니고 정말로 내 옷을 입기 시작하고, 내 속옷을 입지 않고는 성적으로 흥분을 할 수 없어서 성관계할 때마다 남편은 내 속옷 입기를 원했어요……. 지금 생각하면 정말 지겨워요…….”

–상담기록 중에서–

‘이성복장도착증(Transvestism)’이란 남성으로서 여성의 복장을 착용하면서 성적으로 흥분을 느끼는 것을 말한다. 이러한 남성들은 결혼을 했거나 신체적으로 건장하다. 그러나 그들은 가발이나 화장 등을 통해서 아주 교묘하게 여장을 해서 여성처럼 행세하기에 어지간한 사람들도 속기 마련이다. 이성복장도착증자는 성전환증자들과 구별해야 하는데, 즉 성전환증자들은 여성의 복장을 통해서 성적으로 흥분하지는 않는다. 그러나 어떤 이성복장도착증자는 여성으로 성전환을 하는 사람도 있다(Stoller, 1977).

이성복장 착용은 남성이 여성의 복장을 함으로써 사람들을 즐겁게 하는 연기를 하거나 가끔 이성의 복장을 하는 동성애자들과 구별이 된다. 이들은 이성의 복장을 통해서 성적으로 흥분하거나 이성의 복장으로 자신의 긴장을 풀려고 하는 심리적인 의존성을 보이지는 않는다.

이성의 복장을 착용하는 것은 어린아이 시절이나 초기 청소년기부터 시작한다. 이들은 어린 시절에 남아가 여아의 복장을 했다고 하여 어른들에게 벌을 받은 경험을 가지고 있다고 한다(Stoller, 1977). 어른이 되면 이성복장을 하는 사람들은 대부분 집안에서 이성의 복장을 하면서 비밀리에 즐긴다고 하며, 대부분의 경우 부인도 이 사실을 알지만 오히려 도와주는 경우도 있다고 한다. 이성복장도착증자는 남성이 대부분이지만, 여성이 남장을 하고 남자의 행세를 하는 경우도 있다. 남자들이 즐겨 하는 여성의 복장은 브래지어, 팬티, 란제리, 치마 등이다.

어떤 경우는 감쪽같이 여장을 하고 여자 행세를 하면서 남성을 위한 마스터베이션(성기를 빨아 주기) 등의 성행위를 하는 경우도 있다.

2) 원인

다른 성적인 도착증자와 같이 이성복장도착증자도 어린 시절에 이성복장을 착용한 것에 대해서 강화를 받았을 것이라고 추정한다. 또한 이런 사람들은 어린 시절에 남자가 여장을 한 경험이 있다고 보고하고 있다(Bullough et al., 1993).

때로는 남성이 여성적이어서 여성이 되어 보고 싶은 욕망을 표현한다고 하기도 한다. 이성복장 착용은 인간의 양면을 나타내 주는 것이라고도 한다. 즉, 낮에는 강한 남성의 이미지를 유지하면서도 가정에서는 자신의 부드러움과 여성적인 이미지를 표현해 보고 싶은 욕망을 나타낸 것이라고 한다. 본인의 상담 경험에 의하면, 부모가 이혼을 했는데 어머니하고 떨어져 사는 아들이 어머니의 사랑이 그리워서 새엄마의 팬티와 브래지어를 몰래 착용하다가 들켜서 상담을 받으러 온 경우가 있었다.

3) 대책

문제의 심각성에 따라서 대책이 달라지겠지만 대체로 청소년이나 성인이 호기심에서 이성복장을 착용한 경우는 문제를 삼지 않는다. 하지만 상습적이고 가족들이나 남에게 혐오감을 주는 경우에는 전문가에게 찾아가서 원인을 알아보고 대책을 논의해야 한다. 전문가에게 오기 전에 가정에서 할 수 있는 대책은 자신의 이성복장 착용으로 인해서 남에게 끼치는 혐오감을 가족 식구들이 같이 이야기하고 자신의 감정을 표현하는 것이 좋다.

9. 성전환증

우리나라에서는 어떤 연예인이 성전환을 한 후에 '여자보다 더 예쁜 여자'라고 상업 선전에 이용하면서 사회적인 관심을 갖게 되었다. 그동안 성전환수술을 한 사람들은 자신의 신분을 감추고 살아 왔지만, 이제 점차 성전환자에 대한 수용성이 증가하면서 이러한 사람들이 자신의 신분을 밝히려는 시도가 늘고 있다.

'성전환증(Transsexualism)'이란 일반적으로 유전에 의해서 결정된 성을 나중에 변환시키는 경우를 말한다. 성전환증의 용어는 1949년 콜드웰(Cauldwell)이 처음 언급하였으나 1953년에 성전환의 공식적인 보고가 있다. 성전환하는 심리를 보면 다음과 같다.

- 개인의 해부학적인 성에 대한 부적절감
- 자신의 성기를 제거하고 이성의 구성원으로 살고 싶은 욕망

남성으로서 여성으로 성전환하고 싶은 경우는 위의 요인 외에 모자간에 공생기간이 너무 길거나 밀착되어 여성과 자신을 동일시한다는 것이다. 이 경우 아버지는 수동적이기 때문에 남성의 성역할을 제대로 보여 주지 못한다. 여성이 남성이 되고 싶어 하는 경우를 보면 어릴 때부터 남성으로 행동해 왔고 여성의 아름다움을 표현하지 못한 사람들이 성전환에 관심이 있다. 여아를 출생할 당시 부모들이 남아를 선호해서 무의식적으로 남성이 되어 부모의 바람을 만족시켜 주었으면 하는 욕망도 있다. 진정한 성전환증자들은 5~7세부터 자신의 생물학적인 신체에 불만을 느끼고, 이성의 특징을 선호하면서 이성과 어울린 경험이 있다고 한다.

외모에서 느끼는 좌절감, 상처, 욕구 좌절, 사회적인 편견 때문에 성전환을 받으려는 여성들도 있다. 또한 동성애적인 욕구를 사회에서 질책할 것에 두려움을 느끼고 성전환을 시도하는 사람들도 있다(Leitenberg & Slavin, 1983).

성전환수술로 유명한 곳은 Johns Hopkins 의과대학에 부설된 '성정체성 치료소(Gender Identity Clinic)'이다. 여기에서 약 2,500명이 성전환을 받았던 것으로 추산된다(Gagnon, 1977). 성전환을 요하는 사람들은 심리 상담을 통해서 성전환에 대한 자신의 가치관과 원인을 살펴보고 신중하게 결정해야 한다. 개인이 당하는 심리적인 문제는 성전환을 했다고 해서 없어지는 것이 아니기 때문이다.

우리나라에서도 성전환수술이 많이 시도되고 있다. 남성에서 여성으로 성전환하는 수술이 여성에서 남성으로 성전환하는 수술보다 더 흔하고, 수술비는 남성이 여성으로 전환하는 수술이 여성에서 남성으로 성전환하는 경우보다 거의 두 배 비싸다. 이들은 성전환수술을 하는 것으로 끝나는 것이 아니고, 남성 · 여성 호르몬의 주입을 통해서 이성의 특징을 유지해야만 한다. 때문에 나이가 들면 호르몬의 부작용도 있을 수 있다. 또한 이들이 신체적인 구조를 바꾸어서 자신이 원하는 남성이나 여성으로 변했다고 하지만, 실제로 생물학적인 성은 변하지 않았기에 신체 변화 수술에 대한 심리적인 적응이 필요하다.

10. 소아성애도착증

1) 증상

선택의 여지가 있는 상황에서 성인을 배제하고 사춘기 이하의 아동과 성관계나 성적인 접촉을 즐기는 경우를 '아동 선호증' 또는 '소아성애도착증(Pedophilia)'이라고 부른다. 본래 'pedophilia'는 '아동 사랑'을 의미한다. 대부분의 소아성애도착증자들은 성인 남자이지만 간혹 여성도 있다. 대체로 피해자들 중 3분의 2는 어린 여성들이다. 소아성애도착증이나 아동 성희롱자들에게서 피해를 입은 사람들은 10.3%만이 낯모르는 사람들이고 대부분의 경우는 아는 사람 사이에서 일어났다(Mohr et al., 1964). 15%의 경우는 아동의 친척으로서 근친의 성희롱을 보여 주고 있다. 대부분의 소아성애도착증자들은 이성 관계를 즐기는 결혼한 가장이다. 이러한 사람들은 알코올중독이나 결혼관계의 어려움을 겪고 있는 사람들이라고 한다(Kolodny, Masters, & Johnson, 1979).

소아성애도착증을 보이는 사람들이 경찰에 체포되어 상투적으로 하는 이야기는 술에 취했기 때문에 우발적으로 저질렀다고 자신의 행동을 변명하려고 드는 것이다.

소아성애도착증을 보이는 사람들은 대체로 세 종류의 그룹으로 분류가 된다. 50대 후반인 사람, 30대 중반인 사람, 청소년기에 있는 사람이다. 이러한 사람들 중에서 한 번 정도만 우발적으로 아동을 성적으로 접촉한 사람을 소아성애도착증자라고 하지는 않는다. 이러한 사람들은 삶의 성적인 면에서 느끼는 좌절감, 외로움, 개인적인 갈등을 순간적으로 풀어내는 것일 수 있다.

2) 원인

소아성애도착증을 연구한 사람들에 의하면, 다음과 같은 세 종류의 소아성애도착증 자들이 있다고 한다(Cohen, Seghorn, & Calmas, 1969).

(1) 미숙한 소아성애도착증자

이들은 자신의 또래 집단과의 정상적인 대인 관계 기술이 발달되지 못했기 때문에 자신의 성적 욕구의 충족을 위해 미성년자에게 접근하는 자들이다. 미성년자들은 자신이 쉽게 통제할 수 있고 조정할 수 있기 때문에 접근의 대상으로 삼는다. 이 경우 피해자들은 대체로 잘 아는 아동들이고, 아동들의 신임 관계를 악용하는 경우가 많다.

(2) 퇴행적인 소아성애도착증자(Regressive pedophilia)

개인적인 문제없이 정상적인 부부나 이성의 관계를 가지고 있지만, 어떠한 시기에 심한 개인적인 문제의 발단으로 인하여 성적인 면에서 부적절하게 된다. 이러한 스트레스 때문에 알코올중독자가 된 후에 충동적으로 아동에게 접근하여 성적인 만족을 추구하는 경우이다.

(3) 공격적인 소아성애도착증자(Aggresive pedophilia)

이러한 사람들은 반사회적 성격의 사람들로서 여성에 대해서 강한 적대감을 느끼는 사람들이다. 이러한 사람들은 여성을 공격하거나 강간함으로써 성적인 만족을 느끼는 사람들이다.

어린아이들을 상대로 한 성관계는 성기를 희롱하는 것으로부터 시작해서 자신의 성기를 빨도록 하는 행위 또는 어린아이와 성교를 하는 행위까지 다양하다.

3) 대책

청소년들이 아동을 상대로 보이는 소아성애도착증은 성폭행으로 다루어져야 한다. 아동을 상대로 한 어떠한 공격적 · 혐오적인 성행동은 호기심의 발로라는 차원에서 다루어져야 할 성질의 것이 아니다. 왜냐하면 그러한 단순한 행동이라도 아동은 성적 피해를 입기 때문이다. 가해 청소년이나 성인은 자신의 행동에 대한 법적인 처벌과 함께 심리치료를 받아야 자신의 변태적인 성행동에서 벗어날 수 있다. 필자의 경험에 의하면, 소아성애도착증자들이 자신의 문제를 시인하려는 경향과 치료에 대한 동기가 적기에 이들에 대한 심리치료가 아주 힘들다. 한편, 피해 아동은 성문제 치료 전문가에게서 치료를 받아야 한다.

11. 동물수음

동물과의 성적인 접촉을 갖는 경우를 '수간(bestiality)'이라고 부른다. 특히, 동물과 반복적인 성행위나 환상에 잠겨 있는 것이 동물 수간자들의 특징이다. 킨제이의 보고에 의하면, 연구한 남성의 8%, 여성의 3.6%가 동물과의 성접촉을 가졌다고 한다. 여성의 경우 집안에서 키우는 애완동물을 대상으로 삼고 남성의 경우는 양, 어린 젖소, 당나귀들을 대상으로 한다. 남자들은 동물의 성기관에 삽입을 시도하지만, 여성의 경우는 동물로 하여금 성기를 빨도록 하거나 동물의 성기를 마스터베이션해 주기도 한다. 어떤 여성들은 남성과 성관계를 맺듯이 개와 정기적으로 자신의 몸 위에서 하는 경우도 있었다.

동물수음(Zoophlia)을 하는 사람들은 호기심에서 또는 새로운 것을 시도해 보려는 목적으로 시작한 경우와, 성적인 상대자를 구할 수 없을 때 동물을 상대로 시도한 경우가 있다(Tollison & Adams, 1979).

12. 색광

보통 사람보다 지나칠 정도로 성적인 욕구가 많아서 여러 사람들하고 성관계를 가져도 계속해서 성관계를 갖고 싶어 하는 사람들을 '색광(Hypersexuality)'이라고 한다.

여자의 경우는 'nymphomania'라고 부르고 남자의 경우는 'satryiasis' 또는 'Don Juanism'이라고 부른다. 우리나라에서는 연산군이 이러한 색광이라고 불릴 수 있는데 연산군은 궁녀를 포함해서 기생들, 이복 여동생(휘숙 공주), 백모(월산대군의 부인)까지도 능욕하였다고 역사학자들은 밝히고 있다.

색광을 정의하기는 쉽지 않지만, 대체로 색광들의 특징은 다음과 같다.

- 성적인 욕구가 너무 강해서 일상적인 삶의 영역에서도 지장을 받고 있다.
- 성적인 관계는 기계적이어서 성관계에서의 친밀한 점은 찾아볼 수 없다.
- 빈번한 오르가슴에도 불구하고 성적인 욕구와 행동이 중단되지 않는다.

여성에게 있어서 남성에 대한 성적인 욕구가 강할 때 위협이 된다. 그렇기에 이러한 여성이 비정상적임을 강조하기 위해서 '님포마니아'라는 이름을 붙였다.

13. 성중독

1) 성중독의 정의와 종류

성중독은 성에 관련된 행위, 성행동, 포르노, 성매매 등의 통제가 되지 않고 강박적으로 하는 행동을 통틀어 지칭하는 말이다. 문제가 되는 성중독은 다음과 같다.

(1) 부부 섹스 중독

거의 매일 아내와 성관계를 원하는 것이 특징이다. 대체로 이러한 남성들은 아내를 사랑하고 아내를 기쁘게 하기 위해서 성관계를 시도한다고 하는데, 실제로는 마치 어린아이가 엄마의 젖을 물어야 포근함을 느끼면서 잠에 드는 것과 같이 성관계를 통해서 아내와 애착 관계를 재경험하고 싶은 것이 특징이다. 이러한 남성들의 아내들은 밤이 두려워지고, 아주 불편함을 느낀다.

(2) 포르노 중독

거의 매일같이 포르노를 시청하고, 포르노를 보면서 자위행위를 한다. 포르노 중에는 어린아이들을 상대로 하는 포르노나 강간을 하는 경우가 있는데, 이러한 경우는 성범죄로 이어질 수 있어 아주 위험할 수 있다.

(3) 일회성 성매매 또는 많은 대상과 성관계를 시도함

소위 말하는 '성매매'를 많이 시도한다. 여기에 해당하는 사람들은 성매매를 하다가 법적으로 처벌을 받았거나, 받을 위험이 있음에도 불구하고 성매매를 시도한다. 한국의 성접대 문화로 오해를 받을 소지가 있지만, 이 성중독자들은 성매매를 스스로 통제하지 못한다. 이들이 즐기는 성매매 형태는 오럴섹스, 항문섹스, 성기에 의한 섹스 등 다양하다.

(4) 성폭력, 변태적 성행위를 시도함

공공장소에서의 자위행위, 관음증, 몰카 중독, 성적인 노출 등의 일탈 행위를 강박적으로 시도하며, 어린아이나 여성들을 상대로 한 성폭력 행동도 시도한다. 이들은 성폭력 행위 때문에 체포되어 징역을 살았어도 석방 후 얼마 안 되어 다시 성폭력을 시도하거나, 전자 발찌를 찬 상태에서도 성폭력을 시도한다.

2) 성중독자들의 특징

이들은 성적인 행동에 대해서 통제력을 상실하는 것이 특징이다. 이들은 대체적으로 성장 과정에서 부모에게 안정 애착을 형성하지 못했거나, 방치 또는 유기된 경험을 가지고 있다. 대부분 정서적으로 불안하며, 이성과 안정적이고 지속적인 인간관계를 가지지 못한다. 성중독자들은 다른 영역에서도 자신을 통제하기 어렵다. 예를 들면, 음주 문제를 절제하지 못해 술에 만취하면 성매매나 성적인 관계를 맺을 대상을 찾기도 한다. 처음에는 성적인 일탈 행동들이 호기심에서 출발할 수도 있지만, 차츰 강도나 정도가 심해져서 자신과 상대방에게 피해를 준다. 대체로 이들은 성관계를 시도하기 전까지는 상대방을 사랑하고 상대방을 존경하는 듯한 인상을 줄 수 있지만, 성관계가 끝나면 성적인 대상과 지속적인 관계를 유지하지 못하고 철회하는 증상을 보인다. 이러한 과정에서 스트레스나 외로움을 느끼고 또 다시 성적인 파트너를 추구하는 현상을 반복한다.

3) 대책

성행동을 통제하지 못하는 사람들은 대체로 어린 시절에 부모와 안정 애착을 경험하지 못했거나, 성인이 되어도 이성이나 상대방과 자신을 개방하면서 친밀감을 유지하는 데 어려운 사람들이다. 임상 장면에서 아내를 위해 매일 밤 성관계를 한다고 주장하는 남편을 상담해 보면, 실제로는 아내에게 심리적으로 의존되어 있고 아내에게서 마치 어린아이가 엄마의 젖을 물어야 긴장이 완화되고 포근함을 느끼면서 잠을 들 수 있

성중독 체크리스트

1. 당신은 새로운 성적인 파트너를 만나기 위한 계획을 아침에 일어나자마자 또는 밤에 잠자기 전까지 생각합니까?
2. 당신은 성적으로 흥분과 자극을 느끼기 위해서 직장과 가정에서 인터넷을 사용합니까?
3. 당신은 포르노, 야동, 누드 등을 남모르게 모으고 있습니까?
4. 당신은 애인이 있어도, 성적인 대상이 가능하면 언제나 외도를 시도합니까?
5. 당신은 포르노, 야동, 성적인 비디오 시청이나 음란전화에 많은 돈을 소비하고 있습니까?
6. 당신은 성적인 대상을 물색하기 위해서 시간을 많이 보냅니까?
7. 당신은 존재감을 높이기 위해서 성을 이용합니까?
8. 당신은 성관계를 할 때 지배적이고 통제하기를 좋아합니까?
9. 당신의 성적인 파트너가, 기억하는 것보다 더 많을 수 있을 것이라고 생각합니까?
10. 당신은 시간이 나면 성적인 상상, 계획, 자위 또는 다른 성에 관련된 행동으로 시간을 보냅니까?
11. 당신은 다른 사람에게 적발되면 창피할 수 있는 성매매 장소, 전화방, 성적인 서비스 장소에 자주 가는 편입니까?
12. 당신은 친지나 친밀한 사람에게 당신의 성행동에 관해서 거짓말하거나 감추는 편입니까?
13. 다른 사람들에게 당신의 성적인 사생활이 노출될까 봐 거리를 둡니까?
14. 당신은 조금 취약하고 나약한 사람들을 성적인 대상으로 물색합니까?
15. 당신은 섹스를 하고 나면 자주 실망합니까?
16. 당신은 성매매, 야동 시청, 지나친 자위행위를 한 것이 적발되어서 다시는 안 하겠다고 맹세한 후에도 그러한 행위를 반복합니까?
17. 당신은 자신의 삶이 성적인 충동이나 욕구에 의해서 통제된다는 느낌을 가집니까?
18. 당신은 아무리 노력을 해도 지울 수 없는 성적인 상상이나 사고들이 있습니까?
19. 당신은 외롭고 고독하다고 느낍니까?
20. 당신은 당신의 성적인 행동 때문에 대인 관계나 직장의 상실, 배우자와의 갈등이나 이혼을 경험한 사실이 있습니까?

◎ 채점하기

당신이 예라고 답한 숫자를 세시오.

체크한 것이 없고, 당신이 솔직하게 답변했다고 생각하면 당신은 성중독의 문제는 없습니다.

• 1~2개를 체크한 경우: 당신은 성적인 통제 문제를 가질 수 있고, 이 상태가 지속되면 성중독의 문제를 보일 수 있기에 당신을 잘 관찰할 필요가 있습니다.

- 3~5개를 체크한 경우: 당신은 자신의 삶에 성적인 문제로 인해서 심각한 문제가 있기에 즉각적으로 도움을 받아야 합니다.
- 6~10개를 체크한 경우: 당신은 성적인 통제 문제로 심각한 문제를 가지고 있습니다. 당신은 성적인 환상이나 성중독 문제가 당신의 삶을 지배하기에 위험한 상황에 처해 있습니다. 즉각적인 도움이 필요합니다.
- 11~15개를 체크한 경우: 당신 자신도 성적인 통제가 되지 않는다는 것을 이미 알고 있습니다. 성적인 문제로 인해서 상실을 경험하고 있기에 즉각적인 도움이 필요합니다.
- 16개 이상을 체크한 경우: 당신의 성행위는 아주 위험한 상황에 있습니다. 당신은 법적으로, 가정적으로 심각한 문제를 가지고 있습니다. 즉각적으로 성중독 치료 전문가의 도움을 받아야 합니다.

는 아이와 같이 아내와의 성관계를 통해서 이와 같은 정서적인 결핍을 충족하려고 시도하려고 함을 알 수 있었다. 강박적인 성행동을 하는 사람들은 필히 심리 상담을 통해서 자신의 미완성된 어린 시절의 문제를 해결하도록 해야 한다.

14. 기타 이상 성행동

- 청각성 색욕이상증(audiosetishism): 성에 관한 신음 비슷한 소리를 듣고서 흥분하는 현상
- 후각 및 촉각성 색욕이상증: 비단, 고무 등의 부드러운 제품, 땀내 나는 양말, 냄새나는 여성의 팬티, 향수 냄새 등에 흥분하는 것. 동물의 페로몬 현상과도 같다.
- 소변색욕이상증: 상대방의 소변을 만지거나 소변 누는 것을 보려는 행위, 창녀들이 손님에게 소변을 누는 행위들을 들 수 있다.
- 대변색욕이상증: 대변에 관한 집착
- 신체절단애호증(apotemnophilia): 이러한 사람들은 자신을 수술을 통해서 절단해 놓고 성적인 매력을 느끼는 사람들이다. 이러한 사람들은 정형외과 의사들을 잘 설득해서 불필요한 절단을 함으로써 성적인 흥분을 느낀다고 한다(Money, Jobaris, & Furth, 1977).

- 대변색욕이상증(coprophilia)과 소변색욕이상증(undinism): 대변이나 오줌에 접촉하면서 성적인 흥분을 느끼는 사람들이다.
- 관장애호증(klismaphilia): 관장기를 사용할 때만 성적인 흥분을 느끼는 사람들이다.
- 접촉도착증(frotteurism): 마찰성욕도착증이라고도 한다. 사람들이 만원인 혼잡한 지하철이나 버스 안에서 옷을 입고 있는 상대방에게 성기를 비비거나 접촉하는 데서 성적인 흥분을 느끼는 사람들이다. 우리나라같이 붐비는 대중교통 수단, 지하철 등에서 흔히 볼 수 있다. 필자가 이런 사람들과 상담한 경험에 의하면, 이들은 자신들이 여성의 엉덩이 등의 신체에 대고 성기를 비빌 경우에 여성이 저항하지 않거나 가만히 있으면 여성들이 자신과의 신체적인 접촉을 즐긴다는 환상을 가지고 있다. 그리고 여성이 싫어하는 눈치를 보이면 빨리 피하거나 그만둔다고 한다. 이들에 대한 대처 방법은 확실한 근거를 잡아서 정확하게 항의를 해야 한다. 섣불리 항의하면 오히려 가해자들이 욕을 하는 등 역습하며 위협을 할 수 있다.
- 시체애호증(necrophilia): 시체와 성관계를 하는 데서 성적인 흥분을 느끼는 사람들이다(Tollison & Adams, 1979).

15. 금욕생활

성행동 현상 중의 하나로 성행동을 절제하면서 성관계를 전혀 갖지 않는 금욕생활이 있을 수 있다. 이러한 금욕자의 경우는 같이 동거할 파트너가 없다든지 건강이 나쁘기 때문일 수도 있다. 그러나 어떤 종교에서는 금욕을 제사장이나 성직자가 되는 조건으로 내세우기도 한다.

금욕을 주장하는 사람들은 인간이 성의 욕구에서 해방될 때 진정한 인생의 기쁨을 만끽할 수 있다고 주장한다. 어떤 사람들은 삶의 젊음을 재창조하고 창조성을 개발하기 위해서 금욕생활을 선호하는 경우가 있다. 금욕생활을 실천한다고 해서 신체에 끼치는 특별한 영향은 없다. 왜냐하면 우리의 신체는 성적 긴장 상태가 위험 수준에 오르면 젊은 시절에는 밤에 몽정을 통해서 사정을 하고, 나이가 들어서는 자위행위로 몸의 긴장을 조절할 수 있기 때문이다.

16. 성도착증자들에 대한 치료

변태성욕자, 성도착증자들에 대한 치료는 쉽지 않다. 이들은 자신들이 문제가 있다고 생각하지 않기 때문에 치료를 거부한다. 또한 이들은 변태성행위를 즐기는 입장이기에 이런 행동을 변화시키려는 동기가 적다. 또한 변태성욕자들은 자신들이 하는 성행동으로 인해서 상대방도 즐기고 재미를 봤다고 믿기 때문에 치료의 필요성을 느끼지 못한다. 그러나 이런 사람들이 경찰에 체포되거나 법에 저촉되는 일을 해서 검거되면 강제로 치료를 받게 할 수 있다.

이런 성도착증자들을 치료하는 기법에는 여러 가지 방법이 있지만, 이들의 성행위에 대한 잘못된 신념을 수정하고 변태적인 행동 수정에 초점을 두는 인지행동치료기법이 가장 효과적이다.

성적인 욕구를 의학적으로 저하시키는 'Depo-Provera'라는 주사를 이들에게 주기도 한다. 심한 경우에는 거세를 하기도 하고 안티 안드로겐(Anti-androgen) 호르몬으로 이들의 성욕을 통제하려고 시도하지만, 이 호르몬 주사는 성욕을 완전히 없애지는 못한다.

특히, 아동들을 선호하는 소아기호증자들은 아동성폭력자로 규정하여 사회적으로 강한 처벌을 하는 추세이다. 또한 이들은 재범의 우려가 많기에 미국에서는 이들이 출소하면 주거지를 제한하거나 지역주민에게 알려서 성폭력의 재발을 방지하려고 시도한다. 우리나라에서도 아동을 상대로 하는 성폭력 가해자는 특별관리가 필요하다.

토론

1. 사회적으로 유명 인사들이 성기를 노출하는 사건들이 있었습니다. 이에 대한 당신의 의견을 나누어 봅시다.
2. 최근 어린이 성범죄가 많이 발생하고 있습니다. 아동 성폭행범들에 대한 사회적인 제재 방법들에 관해서 의견을 나누어 봅시다.

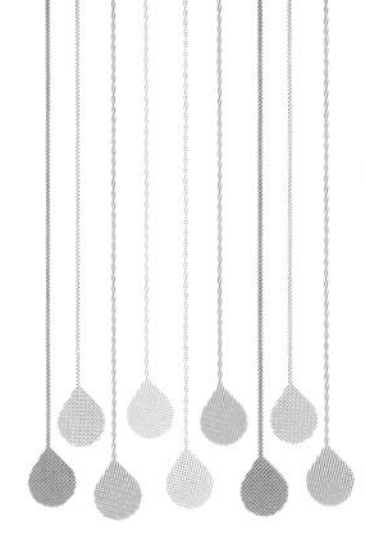

제26장

성폭력

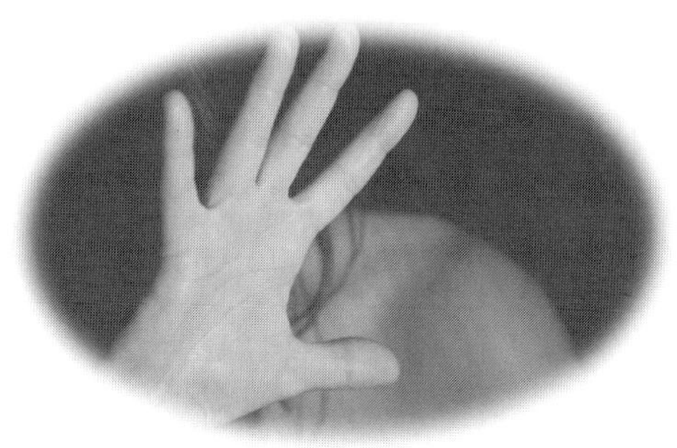

1. 성폭력의 정의

성폭력이 무엇인지 그 개념을 명확하게 규정하는 것은 간단한 일이 아니다. 각 개인의 성별에 따라서 '성'에 대한 태도가 다를 수 있고, '성폭력'에 대한 인식과 문화적인 가치관에 따라서 성폭력에 대한 정의가 달라질 수 있다. 그 밖에도 개인의 가치관에 따라 어디서부터 어디까지가 성폭력이고, 어떠한 행위들은 친근감이나 애정의 표현이 되는지에 대한 판단을 다르게 내릴 수 있다. 그럼에도 불구하고 성폭력에 대한 개념 설정은 증상이나 대처방안을 강구하기 위한 문제해결의 첫 단계라고 할 수 있다.

성폭력이란 성을 매개로 하여 타인의 의사와는 상관없이 타인에게 극심한 신체적 상해를 주려는 시도라고 말할 수 있다. 전통적인 법적 의미의 성폭력은 강간, 강제추행, 성적 희롱 등 성을 매개로 이루어지는 무형, 유형의 강제력의 행사이다. 여성학적 관점의 성폭력은 이뿐 아니라, 피해자에게 가해지는 모든 신체적 · 언어적 · 정신적 폭력과 더불어 성폭력에 대한 막연한 불안감이나 공포, 그리고 그것으로 인한 행동 제약까지도 간접적인 성폭력으로 포함하는 포괄적 개념이다. 한편, 리즈 켈리(Liz Kelly, 1988)는 성폭력을 여성이 그 당시에 겪은 성적 행동과 후에 입은 정신적인 피해까지 모두 포함하는 폭넓은 개념으로 정의하고, '성폭력은 여성에게 상처를 입히든가 또는 여성의 지위를 떨어뜨리는 결과를 가져오며 또는 여성의 인간관계에 대한 통제 능력을 상실케 하는 것'이라고 정의 내리기도 하였다.

2. 성폭력에 관한 이론적 접근

1) 전통주의적 시각

전통적인 남 · 여성관에서 볼 때, 성폭력은 그리 흔하게 일어나는 사건이 아닐 뿐만 아니라 심각한 사회문제라고 볼 수도 없다고 주장한다. 왜냐하면 남성은 모든 여성을 성폭력의 대상으로 삼는 것이 아니라 좋아할 만한 여성들만을 대상으로 성폭력을 행사하기 때문이라고 한다. 보편적으로 여성은 정숙한 아내와 성매매, 서비스업에 종사하는 정숙치 못한 여성의 두 부류로 나누어지는데, 순결을 보호받지 못하는 여성들을 상대로 한 성폭력은 특별히 비난받을 일이 아니며 더욱이 사회문제로 인식할 필요가 없다고 보는 것이다(이영자, 1989). 이러한 시각은 남성 중심의 가부장적인 시각으로, 성은 남성의 전유물이고 여성은 남성을 성적으로 기쁘게 해 주는 역할을 해야 한다고 보기 때문에 현대에서는 남녀 차별주의적 발상이라고 비난의 대상이 되고 있다.

2) 정신병리적 시각

성폭력은 예외에 속하는 남성들, 즉 심리적으로나 정신병리학적으로 문제가 있는 남성들에 의해서 저질러진다는 결론을 내린다. 성폭력을 하는 사람들은, 특히 반사회적인 성격의 소유자들로서 여성을 성폭행하고도 피해자가 어떤 고통을 당할 것인가에 관해서 관심을 가지지 않는다. 정신병리적인 관점에서 본 성폭력은 가해자가 어린 시절에 성폭력을 경험했거나 자신의 어머니에게 거절당한 분노 감정을 여성에게 표현하는 경우가 있다고 주장한다. 그러나 성폭력을 정서적 · 정신적 문제로만 규정하게 되면 이러한 문제를 가진 남성은 상대적으로 소수이기 때문에 성폭력이 그 빈도나 심각성에서 문제 삼을 만한 것은 아니라고 문제의 심각성을 축소할 위험이 있다. 실제로 성폭력과 성희롱을 당한 여성들은 거의 70%에 해당하기에 이러한 주장은 설득력을 잃고 있다.

3) 학습된 행동의 시각

성폭력, 성희롱은 가해자가 자라나면서 그러한 행동을 목격하거나 포르노그래피, 인터넷 등에서 성폭력에 대한 아이디어를 얻어서 실제로 행동에 옮기는 것으로 본다. 가해자의 사회적인 환경, 또래의 영향이 성폭력 행동에 많은 영향을 미친다. 실제로 보면 많은 성폭력자들은 동료에게서 성폭력에 대한 방법 등을 직접, 간접으로 배워서 실행에 옮기는 경우가 많다. 이러한 입장에서 보면 가해자들은 여러 다양한 치료 프로그램을 통해서 성폭력 행동을 수정할 수 있다.

4) 여성주의적 관점

여성주의적인 관점에서 보면 성폭력은 가부장적인 태도를 가진 남성이 자신의 권력이나 지위를 이용해서 여성에게 강제적인 권력을 행사하는 폭력 과정이라고 본다. 즉, 강간이란 남성의 성기로 여성의 신체를 폭행해서 남성 자신의 성적인 욕구를 채우려는 과정이라는 것이다. 또한 성폭력 가해 남성들은 남녀의 성적 욕구를 충족하는 과정에서 양성평등과 관계를 중요시하는 여성들의 입장을 무시한 채 자신의 신체적 · 사회적인 지위를 이용해서 강제적으로 성적인 욕구를 충족하려고 시도하는 것이라고 본다. 더불어 성폭력은 개인적인 문제라기보다는 사회적 가치와 제도적 문제로, 성폭력을 근절하기 위해서는 성피해 여성들뿐만 아니고 가해 남성들의 의식도 함께 변화해야 하고, 여성을 성적인 욕구나 수단으로 보려는 사회적인 가치관의 변화도 동시에 병행되어야 한다고 주장한다. 성폭력 피해 여성들에게도 폭력 상황에서 수동적인 피해자이기보다는 살아남은 생존자라고 부르면서 성에 관한 여성 피해적 의식에서 벗어나도록 교육도 하고 불평등한 사회적인 제도를 수정하는 면까지 노력한다. 성폭력 피해자들에게 오랜 기간 동안 남성 위주로 습관화가 된 잘못된 성의식을 수정하는 의식화 교육도 실시하고, 여성 자신이 신체와 성의 주인의식을 가지고 살아야 한다는 것도 강조한다. 현재로서는 성폭력 현장에서 가장 많이 이용되는 입장이다.

3. 성폭력의 유형

1) 강간

강간의 형태를 살펴보면 다음과 같다.

(1) 미성년자 강간

성인 남성이 법적으로 미성년자인 여자아이와 성관계를 갖는 경우를 미성년자 강간이라고 한다. 나라마다 미성년자에 대한 기준이 다르지만, 우리나라의 경우에는 13세 미만의 개인을 형법상 미성년자라고 규정한다. 일반적으로 미성년자인 여성이 성인과의 성교에 동의했을지라도 그녀는 법적으로 자기의 행위에 대한 개념을 정확히 파악할 정도의 지식이 없으므로 이는 강간으로 규정되며, 우리나라의 경우도 마찬가지로 그렇게 규정한다(형법 제305조).

(2) 면식자 강간과 낯선자 강간

가해자와 피해자의 면식 관계에 의해 구분되는 것으로서 희생자와 피해자가 서로 알고 있는 사이에서 발생하는 강간을 면식자 강간이라 하고, 그렇지 않은 것을 낯선자 강간이라 한다.

(3) 부부 강간

전통적인 결혼체제의 관점에서는 성교 행위를 결혼 계약의 일부로 보기 때문에 부인은 남편으로부터 강간을 당했다고 법적으로 고소할 수 없다. 이러한 상황에서 부인은 항상 지배적인 남편의 욕망이나 욕구에 거역하지 않고 따라야만 한다. 결혼이란 친교적인 대인 관계를 의미하므로 부부간의 강제 성교를 강간이라고 여기는 사람은 많지 않다. 그러나 여성운동가들의 권리운동의 영향으로 결혼생활에서의 강제적인 성교가 문제시되었다. 이와 같은 부부간의 강제 성교 문제는 문화적인 배경과 매우 밀접한 관련성을 갖는다.

2) 성적 학대

성적 학대란 불평등한 지위 관계의 맥락 속에서 상위자가 하위자에게 원하지 않는 성적인 요구를 내포하는 행위라고 정의할 수 있다. 이 경우, 만약 성적인 요구에 응하지 않으면 여러 형태의 불이익을 준다. 이 분야의 연구도 다른 분야들처럼 최근에 활발하게 진행되고 있다. 이러한 학대의 행위에는 성에 관련된 이야기나 농담, 희롱, 눈짓에서부터 강간의 시도 및 강간까지 해당한다. 성적인 학대는 거의 힘의 불균형에서 시작된다.

3) 근친 강간

근친 강간이란 결혼을 허락하지 않는 근친 간에 발생하는 성행동이라고 정의한다. 이러한 정의에는 보통 두 가지 요소를 기준으로 하고 있는데, '상대자가 누구인가?'와 '어떤 성적인 행위가 발생했는가?'의 요소이다. 우리나라에서는 친부, 의부, 사촌 등의 친척들에 의한 근친 강간이 주를 이룬다.

4) 대학 내 성폭력

대학이라는 캠퍼스 공간에서 발생하는 각종의 성폭력을 말하는데, 이는 교수와 제자 사이, 선후배 관계, 교직원과 학생 등의 다양한 상황에서 일어나는 것을 말한다.

(1) 교수-학생 사이의 성폭력

교수가 학생들에게 신체접촉, 데이트 강요, 성적인 모욕을 주는 농담을 하는 행위를 모두 포함한다. 특히, 교수가 자신의 신분을 이용해서 학생들에게 학점, 취직, 논문지도와 통과, 진로 등을 미끼로 해서 자신의 성적인 요구를 제자들이나 학생이 들어주지 않으면 불이익을 준다고 압박하는 모든 행위로 성적인 폭력에 해당한다.

(2) 선후배 또는 동기 사이의 성폭력

학과, 동아리 모임, 학내 활동 중에 선후배 동료 사이에서 원하지 않는 성적인 접촉이나 성관계가 여기에 해당한다. 즉, 남녀 사이의 강제적인 성관계, 여성에게 술을 따르도록 강요하는 행위, 여성의 신체를 만지거나 신체를 이용한 수치스러운 농담, 성적인 압박감 등이 모두 여기에 해당된다. 실제로 대학 내에서 많이 발생하지만 선후배라는 관계를 고려해서 학내의 문제로 삼기 어려운 상황이다. 그러나 어느 누구라도 본인이 원치 않는 성적인 요구나 접촉을 거부할 권리가 있다.

(3) 교직원과 학생 사이의 성폭력

학교의 교직원이 학생들에게 직간접적으로 성적인 요구를 하고, 거부할 경우에 학생들에게 여러 가지 학사행정에서 불이익을 주는 경우에 해당한다. 또한 교직원이 직접적으로 성폭행을 하는 경우도 있다. 이러한 경우는 즉각 성폭력 센터나 지도교수에게 신고를 해서 적절한 도움을 받아야 한다.

5) 직장 내 성폭력

직장 내의 성폭력은 직장의 상사나 동료들이 자신들의 사회적인 지위나 위치를 이용하여 부하 직원에게 접근해서 원치 않는 성적인 접촉, 성행위, 성적 농담 등으로 상대방에게 심리적 수치심, 신체적인 모멸감을 야기하는 행동을 말한다. 이 경우에 여성들은 대체로 자신에게 불이익이 올까 두려워 참고 숨기면서 장기간 고통을 당하는 경우가 많다. 직장 내의 성폭력은 초기에 바로 신고를 해서 적절한 도움을 받도록 해야 한다.

6) 사이버 성폭력

사이버 성폭력이란 사이버 공간에 본인이 원치 않는 성적인 음담패설, 성적인 언어, 외모나 취향에 관해 성적인 모욕과 수치심을 야기하는 각종의 행동을 하는 것을 말한다. 이러한 현상은 오프라인으로 이어져서 성폭력으로 이어질 수 있기에 조심해야 할 사항이다. 가해자에게 즉각적으로 불쾌한 감정을 표현하거나 통신을 차단할 수 있는 방법을 모색해야 한다.

4. 성폭력의 실태

1) 미국의 성폭력 발생 현황

성폭력이란 가볍게는 성추행을 포함해서 심한 경우는 강간을 포함하는데, 실태를 보면 서구의 경우 여성 전체 인구의 7~36%, 남성은 3~29% 정도가 성피해를 입은 것으로 보고되었다(Finkelhor, 1984b). 일반적으로 남성과 여성의 성피해 비율은 여성이 남성보다 9배 정도 많다고 알려져 왔지만, 몇몇 연구들에서는 성피해 경험이 소녀에게서 소년보다 약간 높은 정도인 5:3의 비율이었고(Baker & Duncan, 1985; Keckley Market Research, 1983), 많은 다른 연구들에서는 2~4:1 정도의 비율을 나타냈다(Bagley & Ramsey, 1986; Burnam, 1985; Finkelhor, 1984b; Kercher & Mcshane, 1984). 핀켈러(Finkelhor, 1988), 러셀(Russell, 1986), 와이어트(Wyatt, 1985)의 연구들에서는 여성은 세 명 중에 한 명, 남성은 여섯 명에 한 명 정도로 성피해가 보고되었다.

미국 법무부 통계에 의하면, 28%의 여성이 성폭력 경험이 있다고 보고되었다(U.S. Department of Justice, 2001). 그러나 FBI(2008)의 보고에 의하면, 2007년도에는 90,427명의 여성들이 강간을 당했다고 한다. 실제로 보고하지 않은 것을 감안하면 실제로 강간당한 숫자는 323,000명에서 760,000명으로 추산하기도 한다. 미국의 사회가 여성에게 성폭력 면에서 안전하지 않은 나라라는 것은 확실하다.

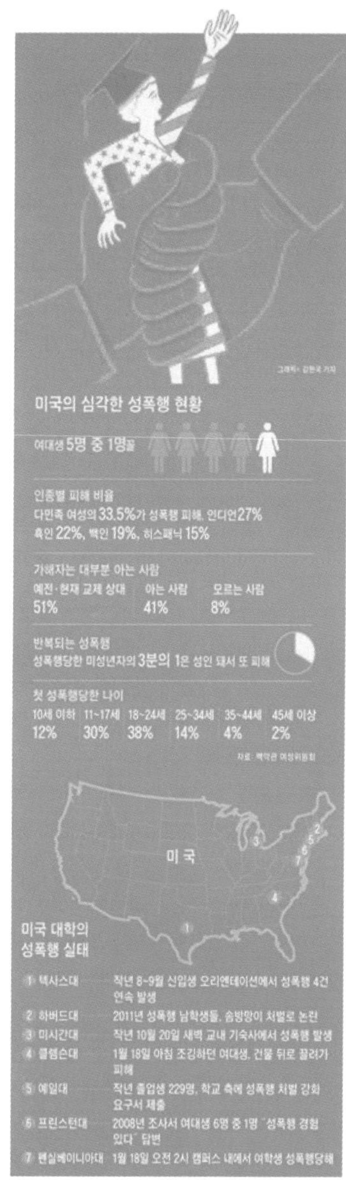

| 그림 26-1 | 2014년 기준 미국의 심각한 성폭행 현황

2) 미국 대학교 성폭력 발생 현황

미국 대학교의 성폭력도 심각한 상태이다. 미국 대학 내 성폭행 사건은 주로 '프랫소사이어티(fraternity + society)'라고 불리는 사교클럽 파티에서 많이 발생한다. 미국 출신 대학생들은 인맥을 쌓기 위해 밤샘 사교 파티를 많이 여는데, 술과 대마초는 물론 마약을 복용하는 경우로 이어져 환각 상태나 만취한 상태에서 성폭행이 발생하며, 가해자와 피해자 모두 사건을 기억 못 하기도 한다. 대학 내 성폭력 사건은 하버드 · 예일 등 아이비리그 명문대라고 해서 예외가 아니다. 예일대 졸업생 229명은 2013년 8월 학교 성폭력에 대한 대학 당국의 미온적 대처를 비판하는 공개서한을 보냈다. 예일대는 2012년부터 반기에 한 번 학내 성폭력 실태 보고서를 발간하는데, 2013년 8월 발간한 성폭력 보고서 내용이 문제가 된 것이다. 예일대는 2013년 상반기에 신고된 성폭행 사건의 가해자 6명 중 1명만 6개월 정학에 처하고 5명은 서면 경고 후 계속 학교에 다니도록 했다. 하버드대에서는 2011년 26명의 학생이 성폭행 피해를 신고했지만, 대부분 유기 정학에 그치고 퇴학 처분을 받은 가해자는 없었다고 하버드대 신문인 하버드크림슨은 전했다(조선일보, 2014. 1. 24.).

3) 우리나라 성폭력 발생 현황

최근 들어 우리나라에서도 성희롱 및 성폭력에 대한 빈번한 발생과 높은 사회적인 관심으로 인해 성폭력의 실태 및 그 후유증에 대한 연구들이 활발히 진행되어 왔다.

우리나라 성폭력 실태와 후유증을 알아보면, 일반인을 대상으로 한 성피해 실태는 1990년에 실시한 연구에서 2,290명의 응답 여성 중에 가벼운 성피해는 76.4%, 심한 성피해 23.7%, 성희롱 피해 48.6%, 성기 노출 피해 74.5%, 강간 시도 피해 14.1%, 강간 피해 7.7%, 어린이 성피해 6.5%로 각각 보고했으며(한국형사정책연구원, 1990), 1996년에 재조사한 연구 결과를 보면 1,500명의 응답 여성 중 강간 또는 강간 시도 피해가 1.4%, 심한 성피해가 37.2%로 보고되었다(한국형사정책연구소, 1996). 1999년의 연구에서는 전체의 37.9%, 남자의 26.2%, 여자의 47.0%가 성피해를 경험하여 남자보다는 여자의 성피해가 심각함을 보여 준다(임신영, 1999). 2000년도 연구에서는 피해 유형으로 보면 가벼운 추행 30.5%, 강간 시도 14.4%, 강간 피해 11.4%로 추행이 가장 높은 비율을 차지하며, 피해 연령에서는 아동기 12.6%, 청소년기 38.4%, 성인기 48.6%로 성인기에 성피해를 당한 경우가 많았다(정혜정, 2000). 또 다른 2000년도 연구에서는 남자의 경우 피해 경험 없음 72.8%, 가벼운 피해 6.2%, 심한 피해 4.6%, 강간 시도 또는 강간 16.4%, 그리고 여자의 경우 피해 경험 없음 13.3%, 가벼운 피해 53.6%(음란전화 7.5%, 지하철 신체접촉 18.3%, 성기 노출 19.9%, 강제포옹 및 키스 7.8%), 심한 피해 18.8%, 강간 시도 또는 강간

14.3%였고, 피해 연령으로 보면 남자의 경우 16세 이하가 6.8%, 17~19세 4.2%, 20세 이상이 8.2%, 여자의 경우 16세 이하 29.5%, 17~19세 19.9%, 20세 이상이 33.4%로 남녀 모두 성인기인 20세 이상에 성피해를 당한 경우가 많았다(김정규, 김중술, 2000).

성폭력은 증가 추세에 있는데, 2006년도 기준 강간 발생건수는 8,759건으로 2002년 6,119건에 비해 매년 9%의 증가 추세를 보이고 있다(이수정, 2008). 2007년 통계청 발표에 의하면, 대학생이나 성인들 10명 중 9명은 1회성으로 피해가 한정되는 것에 비해 아동과 청소년들은 반복적으로 성피해를 당해서 적게는 1개월에서 길게는 2년 이상이 되는 경우도 있다(이수정, 2008). 이러한 결과는 우리나라의 성피해가 아주 심각하고 이에 대한 대책이 시급함을 보여 주고 있다.

4) 남성 성폭력 피해 현황

흔히 성폭력은 여성을 주 대상으로 발생하는 것으로 생각하는데, 최근에는 남성을 상대로 한 성범죄 사건도 급증하는 추세이다. 남성을 상대로 하는 성폭력은 군대, 직장, 교도소, 기숙사처럼 동성 간 단체 생활이 이루어지는 곳에서 주로 발생하는 것으로 나타났다. 대검찰청이 매년 발간하는 '범죄분석'에 따르면 남성이 피해자인 성폭행 건수는 2010년 702건에서 2014년 1,375건으로 5년 동안 195%(673건)나 늘었다(대검찰청, 2015).

성폭력 피해 지원센터인 해바라기센터가 공개한 자료에 의하면, 2013년부터 2015년 상반기까지 전체 성폭력 피해자 수의 95% 이상은 여성이고 피해 남성은 5%로 드러났

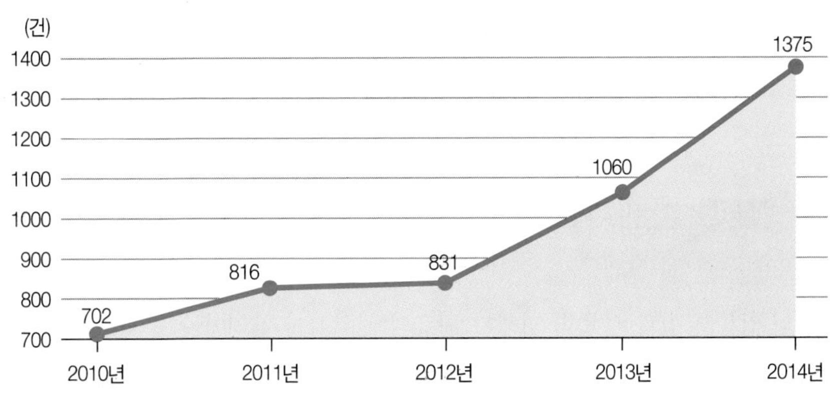

| 그림 26-2 | **남성 대상 성폭행 피해 건수**

출처: 대검찰청 범죄분석(2010~2014년).

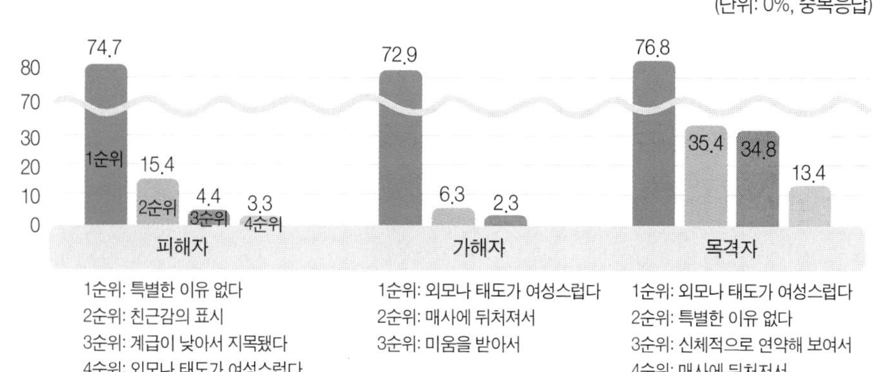

| 그림 26-3 | **군대 내 남성 성폭력 피해원인 대상별 인식**

출처: 2015 국가인권위원회.

다. 필자의 임상 경험에 의하면, 가해자가 여성인 경우에 남성의 성피해 후유증은 더 심각하지만 남성도 같이 즐겼다는 선입관 때문에 신고를 꺼리고 성피해 후유증을 경험하는 경우가 많았다. 성피해는 남녀에 상관없이 피해의 후유증이 심각하다는 것을 알아야 한다.

국가인권위원회가 군대 내 남성 성폭력 실태조사를 실시한 결과, 피해자는 특별한 이유 없이 당했다(74.7%)고 생각한 반면, 가해자(72.9%)와 목격자(76.8%)는 여성스러운 외모와 태도 때문이라고 답했다. 이런 잘못된 인식 때문에 남성 피해자들이 2차 피해에 더 많이 노출되고 있다는 지적도 나온다. 필자의 상담 경험에 의하면, 군대 내에서는 계급이 높은 상관이 하급자를 상대로 성폭력하는 경우가 제일 많았다. 이제 성폭력은 개인의 성적인 자율권에 관한 문제이고, 발생은 남녀, 장소와 상황을 불문하고 발생할 수 있다는 경각심을 가지고 대처해야 한다.

5. 성폭력 피해자들의 특징

필자의 임상 경험과 성폭력 피해자 치료의 권위자인 엘리아나 길(Eliana Gil, 1988)에 의하면, 성폭력의 희생자들은 다음과 같은 영역에서 어려움을 보인다.

1) 정서적 영역

(1) 불안 강박감

성적인 피해를 당한 여성은 한동안 남자를 혐오스러워하고 성적인 피해 장면을 연상케 하는 사건이나 장면에 대해서 민감한 반응을 보이면서 사소한 일에도 심하게 놀라고 과잉 반응을 하는 것을 볼 수 있다. 또한 이들은 피해의 기억을 회피하기 위해서 방어기제로 강박적인 관념이나 행동에 빠지기도 한다. 예를 들면, 자신의 아이를 죽이고 싶다는 생각에 사로잡히기도 하고, 자신의 신체가 더럽다고 느껴지면 하루에도 수십 번 이상 목욕을 하기도 한다.

(2) 무력감, 우울증

우리나라의 성폭력 피해자들은 성폭력의 결과로 자신의 순결이 상실되었다고 믿고, 이제는 자신의 몸이 더럽혀졌고 무가치한 존재라고 느껴서 더 이상 살 희망이 없다고 생각하는 경우가 많다. 또한 친부모에 의해서 어린 시절에 성폭행을 당한 경우는 자연스럽게 자랐어야 할 어린 시절을 잃었다는 상실감을 경험한다. 성폭력의 결과로 자신은 남과 다르다는 느낌에 자신이 결함이 있다고 생각하면서, 심한 우울감과 이것을 돌이킬 수 없는 사건으로 생각하기에 여기에서 오는 무력감이 심하다.

또한 성폭력을 힘없이 강제로 당했다는 데서 오는 무력감 역시 심하게 느낀다. 특히, 서구의 여성들은 순결을 잃었다는 데서 오는 수치감보다는 자신의 의사에 반해서 강제적으로 자신의 인권을 짓밟혔다는 데서 오는 무력감과 분노감 및 절망감이 심하다.

(3) 수치심과 죄책감

우리나라 여성은 성폭력으로 자신의 몸이 더럽혀졌다고 믿기에 이를 수치로 여기고 강간을 당한 경우에도 경찰에 신고를 하지 않는다. 심지어는 가족에게도 알리지 않는 경우가 많으며, 가족이 알아도 쉬쉬하면서 숨기고 심지어는 피해당한 여성을 가문의 수치라고 해서 나무라거나 쫓아내는 경우도 있었다. 피해 여성은 성폭행이 자신의 부주의나 옷차림 때문에 생겼다고 해서 스스로 죄책감이나 자책감을 느끼고 있었다.

성폭력 피해자가 다른 면에서 느끼는 죄책감은 성폭행이 오랜 기간에 걸쳐서 일어난 경우 또는 성관계 시에 자신이 성적으로 느낀 성적인 흥분이나 감정 때문에 자신도 능동적으로 성폭력에 가담했다는 데서 오는 죄책감이 또한 심하다.

(4) 분노감, 배신감, 적개심, 복수심

성적 피해 여성이 누구나 느끼는 강한 감정 중의 하나는 가해자에 대한 이글이글 타오르는 적개심, 분노감, 복수심이다. 피해자 중에는 가해자를 직접 찾아내서 복수를 하는 경우도 있었고, 분노감을 가슴속으로 품고 살다가 오히려 심인성 질환을 앓고 있는 경우도 있었다. 특히, 아동기에 성이 무엇인지 잘 모르는 상태에서 성적인 피해를 친부모나 친척에게 당한 근친 강간의 경우는 나중에 자신이 가장 신뢰했던 가까운 사람한테서 성적으로 이용당했다는 생각에 허탈해지고 배신감과 강한 분노감을 느낀다. 본인이 상담한 한 경우는 어린 여아가 성인에게 강간을 당한 후 가해자 성인을 잡아서 경찰에게 인도하겠다고 동네의 어귀에 서서 사람들을 살핀 경우도 있었다. 피해자들이 느끼는 분노감은 곧장 우울감으로 이어지는데, 이는 분노감에서 오는 강한 공격적인 감정이 내적으로 방향을 돌려서 자신을 공격하기 때문이다. 자신에 대한 우울감이 깊어져 공격성이 심해지면 자살을 시도할 수도 있다.

(5) 낮은 자아존중감

성적인 피해자들의 치명적인 피해 중의 하나는 자신에 대한 낮은 자아존중감이다. 이들은 자신은 이미 더럽혀졌고 아무에게도 떳떳하지 못하다는 생각과, 이제는 한 남자의 사랑을 받을 만큼 떳떳하지 못하다는 생각에 자신을 무가치하다고 여겨서 낮은 자존감을 가지게 된다. 자신에 대해서 자포자기하는 생각을 가지고 때로는 사창가에 자발적으로 들어가는 경우도 있다. 인간은 누구나 나름대로의 자존심을 가지고 살아가고 자존심이 상처 입을 때 불행함을 느낀다. 성폭력 피해자들은 자신이 무력으로 또는 강제로 당했다는 데서 오는 굴욕감 때문에 자존심이 땅에 떨어져, 성피해를 치료하지 않으면 일생을 불행하게 산다.

2) 사고 영역

(1) 해리(Disassociation)

피해자들은 피해의 상황과 심한 정도에 따라 사고 영역에도 문제가 생긴다. 피해자가 생명의 위협을 느끼는 상황에서 강간을 당한 경우는 자신이 성폭행을 당하는 상황이 자신의 현실이 아니고 마치 남의 일을 관찰하는 듯한 느낌을 갖는 경우가 있다. 이 증상이 심해지면 다중인격 소유자가 되는 경우도 있다. 필자의 상담 경험에 의하면, 어떤 여성 피해자는 자신의 내부에 10가지 이상의 다른 성격이 존재한다고 보고하였고, 자신이 다른 인격의 소유자가 되면 표정과 행동도 변하는 것을 목격하였다.

해리의 증상을 보이는 피해자들은 눈빛이 변하면서, 순간 현실을 떠나는 듯한 느낌이 들면서 자신이 말한 것을 기억하지 못하는 경우도 있다.

(2) 왜곡된 사고

피해자들은 성폭력을 당한 후에 성폭력 사건에 관해서 많은 인지적인 왜곡을 해서 자신의 피해를 더 크게 하는 경우가 많다. 대체로 성폭력 피해자들이 사건 발생과 그 영향에 대해서 갖는 왜곡된 사고 내용들은 다음과 같다.

- 성적인 피해를 당한 것은 자신의 책임이었다.
- 가해자가 나를 사랑했기에 성관계를 가졌지 나를 성폭행한 것이 아니다.
- 모든 남성은 도둑놈들이다.
- 나는 순결을 잃었으니 살 만한 가치가 없다.
- 이 세상에는 아무도 나를 도와주는 사람이 없다.

이와 같이 자신과 세상과 주위에 대해서 왜곡된 사고를 하고 있다. 이들은 심한 경우 정신과적으로 발전해서, 때로는 실제로는 물체가 없는데도 있는 것처럼 보이는 환각과 아이의 울음소리 등의 환청을 들을 수도 있다. 필자는 피해 여성이 정신이상이 되어서 지나가는 남자를 붙들고 성관계를 요청하기도 하고 무분별한 성관계로 빠지는 경우도 목격했다. 성피해를 당한 사람들의 왜곡된 사고를 수정하는 것이 매우 중요하다.

3) 대인 관계

(1) 대인 관계의 기피

성적인 피해자들은 자신의 수치심과 낮은 자존감 등 자신에 대한 부정적인 태도 때문에 대인 관계를 포함한 이성 관계를 기피하고 고립된 상태로 지내는 경우도 많다. 피해 여성의 경우 남자가 자신에게 접근해 오면 성적인 목적으로 접근하지 않나 지나치게 의심하고 기피한다. 같은 사무실에서 남자들과 같이 일을 하지만 항상 거리를 두고 있다. 성피해의 문제를 치료하지 않은 경우는 결혼의 적령기를 넘기는 경우도 많다.

(2) 친밀감 형성의 어려움

성피해자들은 친밀한 관계에서 이용을 당하고 배신을 당했기 때문에 이성과 친밀한 관계를 맺는 데 어려움을 보인다. 친밀한 관계를 맺으려면 자신을 개방할 수 있어야 하는데 자신의 과거를 개방하면 상대방이 자신을 멀리하고 거절할 것이라는 데서 오는 두려움이 크다. 또한 과거에 친밀한 관계를 가졌을 때 상대방에게 이용당한 경험 때문에 항상 사람들과 거리를 두고 상대방에게 마음을 주지 않는다.

4) 신체 및 행동적인 반응

(1) 자해

성폭력을 당한 피해자들의 약 30%는 자해 등의 신체 반응을 보인다고 한다. 필자의 상담 경험에 의하면, 자신의 신체에 여러 번의 상처를 낸 여성이 있었는데 그 이유는 상처를 내서 아픔을 느낄 때 자신이 살아 있음을 느낄 수 있기 때문이라고 진술하였다. 특히, 어린 시절에 성폭행을 당한 피해자들은 자신이 성폭행을 당할 시에 고통은 느꼈지만 동시에 가해자에게서 긍정적인 사랑과 관심을 느꼈었다고 보고했다. 이러한 긍정적인 경험을 되살리기 위해서 자신을 자해하기도 한다.

(2) 섭식장애

성피해자들이 자주 보이는 행동 중의 하나는 음식을 거부하거나 음식을 먹고 나서 살찔까 봐 토해 내는 섭식장애증이다. 음식을 거부하는 것은 성폭력에 대한 죄책감, 자기 비난 등 자신을 스스로 처벌하려는 무의식적인 욕구와도 상관이 있다. 필자가 섭식장애를 가진 미모의 20대 중반 여성을 상담한 적이 있었는데, 이 여성은 강간을 당한 후에 자신이 비만해지면 성적인 매력이 없어져서 남자가 자신을 강간하지 않을 것이라는 믿음에서 몸무게를 늘렸다고 진술하였다.

5) 기타 성폭력 피해의 후유증

(1) 성적인 문제

대체로 성폭행 피해에 대해서 치료를 받지 않으면 여성의 경우 부부간 성행위의 기피, 불감증, 고통스러운 성행위 등을 호소하는 경우가 많고, 남성의 경우 조루증 또는 발기불능을 호소하는 경우도 있다. 성피해자가 성행위를 하면 그동안 잠재적인 성에 관련된 기억이 재생이 되어서 성행위 도중에 불안해질 수 있고, 구토증을 보일 수도 있다.

아동의 경우 자신이 친근감이 느껴진다고 생각하면 그런 사람에게 성적으로 유혹적인 행동을 보이는 수가 있다. 또는 다른 사람들의 성기를 만지거나 또는 피해자로서 성적으로 가해적인 행동을 할 수도 있다. 또한 성폭행을 당하고 순결을 잃었다고 자포자기하며 성매매에 종사하는 여성들이 많다.

(2) 알코올중독 및 약물 남용

성폭력 피해자들은 자신의 고통스러운 감정을 달래거나 성폭력으로 인한 불안, 우울증을 해소하기 위해서 술을 마시다가 알코올중독에 빠지거나 약물을 남용하는 경우가 많다. 미국의 경우 여성 마약중독자 중의 약 44%가 성폭력을 경험했다고 한다(Jehu, 1985).

6. 성폭력 피해자의 위기관리

1) 지지적인 관계 형성

위기에 처한 성폭력 피해자를 돕기 위해서는 지지적인 관계를 형성하는 것이 필요하다. 지지적인 관계를 형성하기 위해서는 피해자가 어려운 상황에서 도움을 받으러 온 것에 대한 수치심, 망설임, 불안감, 죄책감 등의 감정을 알아주고 정당화해 주는 자세가 필요하다. 피해자의 입장에서 느끼는 감정을 이해해 주고 그것에 대한 느낌을 표현하도록 해 준다.

2) 피해자가 위험한 상태인지의 확인 및 대책 강구

성피해자를 돕는 초기에 가장 중요한 점은 피해자의 안정에 관심을 가지고 안전하게 보호해 주거나 안전한 상태에 있는지 확인하는 것이다. 다음의 사항을 고려해 본다.

- 현재 위험한 상태는 아닌지?
- 가족과 연락하기를 원하는지? 가족의 보호를 받을 수 있는지?
- 친구 등 도움을 받을 수 있는 자원이 무엇인지?
- 현 상황에서 지속적으로 성폭력을 당할 가능성은 없는지?

3) 증거의 수집과 의료적인 도움

강간 피해자는 샤워를 하거나 몸을 씻어서 자신의 몸에 남아 있는 증거를 없애지 말고, 필히 성폭력을 이해하고 도와줄 수 있는 산부인과 의사나 의료진의 도움을 받아야 한다. 만일 도움 받는 절차를 잘 모르는 경우에는 성폭력 상담소에 문의하면 그러한 센터와 연계된 의료진들의 도움을 적절하게 받을 수 있다. 의료진의 도움은 다음과 같은 이유에서 필요하다.

- 강간에 대한 증거 수집과 진단을 확실히 해 놓고 법적인 대응을 하기 위해
- 상처에 대한 즉각적인 치료와 보호를 위해
- 성 전파성 질환, 에이즈 감염의 예방, 임신의 가능성에 대한 대책을 위해
- 성폭력의 상처에 대한 심리적인 안정을 얻기 위해

4) 법적인 도움

우리나라의 여성은 성폭력을 당한 사람에 대한 사회적인 나쁜 이미지 때문에 피해를 당하고도 법적으로 대응하는 것을 꺼려 온 것이 사실이다. 그러나 이제 성폭력에 대한 인식의 변화로 가해자를 처벌하는 쪽으로 선회하고 있다. 하지만 법적인 대응의 방법을 잘 몰라서 초기에 증거를 인멸해서 법적인 대응에 어려움을 겪는 경우가 허다하다. 평소에 성폭력을 잘 아는 변호사를 자문위원으로 선정하여 도움을 받도록 해야 한다.

5) 가족의 연결과 가족의 도움 받기

보수적인 가정에서 자란 여성들은 자신의 성폭력 사실이 가족에게 알려지면 부모들이 상처를 받거나 성폭력에 대한 책임을 추궁당할까 봐 자신들의 부모들에게 알리지

못하는 경우도 많다. 부모들이 자녀들의 성폭력 사실을 알면 상처를 받는 것은 사실이지만, 이 부분은 부모이기에 겪어야 할 부모의 몫이다. 자신의 가장 가까운 가족에게 알려서 도움을 받아야 한다. 아버지가 보수적인 경우에는 상담자의 도움을 받아서 상담자 앞에서 자신의 성폭력을 털어놓을 수도 있다.

7. 성폭력 치유를 위한 제안 사항

1) 성폭력에 대한 침묵을 깨기

성폭력 피해자들은 자신의 성피해 사실을 혼자만 간직하기 때문에 더 많은 고통을 받고 있다. 성폭력의 후유증에서 벗어나는 첫 출발은 자신의 성폭력에 대해 침묵을 깨고, 자신의 비밀을 지켜 줄 수 있는 친구나 성피해를 치료한 경험 많은 상담자에게 자신의 성피해 사실을 털어놓는 것이다. 성폭력의 후유증에서 벗어나지 못하면 또다시 성폭력의 피해자가 되는 경우도 있다. 성폭력에 대한 침묵을 깰 수 있는 용기를 가지면, 절반 정도의 치유는 이루어진 셈이다.

2) 왜곡된 순결관에서 벗어나기

성피해자들을 가장 많이 괴롭히는 것은 우리나라의 전통적인 순결관이다. 즉, 여성이 성폭력을 당하면 그 여성은 순결을 잃었기 때문에 여성으로서의 가치가 없고 남성에게서 버림을 받기 때문에, 성폭력 사실을 혼자서만 영원히 감추고 살아야 한다고 생각하고 있다. 성폭력으로 순결을 잃는다는 것은 남성 위주의 생각이고 가해자를 기쁘게 해 주는 생각이다. 성폭력은 남성의 성기에 의한 폭력 사건이지 성폭력에 순결이라는 용어를 사용할 수 있는 것은 아니다. 한 여성이 소중하게 간직하고 사랑하는 사람에게 주고 싶은 순결한 마음은 성폭력에 의해서 빼앗길 수 있는 성질의 것이 아니다. 절대로 스스로를 비하하고 자포자기해서는 안 된다.

3) 낮은 자존감 대신에 강한 인격으로 다시 태어나기

위에서 밝혔듯이 성피해자들은 부정적인 자존심을 가지고 있다. 이들이 자존심을 회복하기 위해서는, 성폭력의 결과 파생된 수치심과 죄책감은 가해자가 느끼고 고통을 받아야 하는 것이지 피해자가 느낄 필요가 없다는 것을 알아야 한다. 또한 자신은 피해당한 과거의 모습이 아니라 현재와 미래에 관련된 삶을 살고, 성폭력 당하기 전에 자신이 이루어 보려고 한 자신의 꿈을 펼쳐 나가도록 노력해야 한다. 또한 자신의 단점이나 부정적인 면보다는 자신의 장점에 더 관심을 가지고 발전시키도록 노력해야 한다.

4) 무력감 대신에 통제감을 가지기

피해자의 기본적인 문제 중 하나는 피해로 인해 인생이 가치가 없고 힘에 무기력하다는 무력감이었다. 이들 피해자들은 소위 '어른아이'가 자신 속에서 살고 있다고 한다. 그래서 가해자와 비슷한 사람을 보거나 남성을 보면 외롭고, 움츠러들고, 가해자에게 어찌할 수 없다는 사고에서 벗어나지 못하고 있다. 그러나 이제는 자신이 가해자에 대항해서 자신을 보호할 수 있는 성인이기에 자신 내부의 어린아이가 자신을 더 이상 통제하지 않고 성인 자아가 자신의 삶을 지배하도록 노력해야 한다.

5) 자신의 삶을 살 수 있다는 희망을 가지기

피해자들은 자신들이 성피해에서 영원히 벗어나지 못할 것이라는 두려움과 미래에 대한 불확실성 속에서 살고 있다. 특히, 피해자가 어린아이일 경우 보호자들은 성피해가 일생에 영향을 끼칠 것이라는 생각에 불안해하고 우울증에 빠진다. 그러나 필자의 경험과 연구 결과에 의하면, 적절한 치료와 상담을 받으면 성피해에서 벗어나 회복하여 정상적인 삶을 영위할 수 있다. 상담 등을 통해서 자신의 삶을 살 수 있다는 희망을 가져야 한다.

6) 외상 후유증에서 벗어나기

피해자들이 피해에서 오는 강한 부정적인 감정을 나름대로 극복하는 경우도 있다.

그리고 정상적인 삶을 유지하고 있다. 이런 경우는 긍정적인 외상 해결이라고 한다. 그러나 부정적인 경우는 피해 장면이 자신이 모르는 사이에 떠오르고 악몽을 꾸면서 시달리는 것이다. 이러한 경우를 부정적인 외상 경험이라고 하는데, 치료를 통해서 자신의 두려운 감정을 다시 회상하고 안전한 분위기에서 표현하는 가운데 이 외상 작업을 치유해야 한다.

7) 가해자에게 편지 쓰기

억울하게 쌓인 한의 감정은 억누른다고 해서 없어지거나 해결되는 것이 아니다. 일생을 통해서 성피해에 관련된 억압된 감정을 표현하고 재해석하는 과정이 필요하다. 가해자에게 평소에 하고 싶은 욕이나 감정이 있으면 있는 그대로 가감 없이 표현해서 편지를 쓰고, 가해자에게 발송할 필요 없이 화장실 등을 통해서 내버린 후, 가해자를 기억 속에서 지워 버리는 것이 중요하다. 흔히들 주위에서는 성피해자들에게 억울한 감정을 잊어버리라고 하고, 심지어는 가해자를 용서해 주라고 충고한다. 그러나 이러한 충고는 피해자에게 제2의 피해를 초래할 수도 있다. 왜냐하면 이들은 머리로는 해답을 알 수도 있지만 가슴으로 안 되기에 힘들어하는 것이기 때문이다. 가해자에 대한 용서는 억눌린 감정이나 한의 감정을 표현한 후에 치유 과정에서 자연스럽게 일어난다. 치료의 과정을 통해서 피해의 감정을 잘 표현할 수 있도록 도움을 받는 것이 중요하다.

8) 가해자에게서 심리적 · 영적으로 해방된 삶을 살기

성피해자들 중에는 가해자들에게 대한 분노와 복수심을 가지고 평생을 살아가는 사람들이 있다. 하루에도 몇 번씩 피해 장면을 연상하면서 가해자에 대한 분노를 느끼며 괴로움을 겪고 있는데, 정작 가해자는 자신의 가해 사실을 까마득하게 잊거나 생각하지 않고 자신의 삶을 잘 살아가는 경우가 많다. 이와 같은 현상은 피해자의 입장에서 보면 화를 더 치밀어 오르게 하는 상황일 수 있다. 가해자에 대한 진정한 복수는 가해자를 삶의 밖으로 밀어내고 가해자와는 관계가 없는 자신만의 삶을 행복하게 사는 것이다. 이렇게 되기 위해서는 가해자를(용서를 통해서든) 자신의 삶에서 내보내는 작업이 필요하다. 혼자서 이 작업을 하기 어려우면 필히 상담을 받아야 한다.

9) 새롭게 성장하기 위한 사회 기술 훈련을 습득하기

근친 강간의 피해자들은 대부분 정상적인 가정에서 자라나지 못했기 때문에 인간관계 기술이 부족하고 부모로서의 아동을 양육하는 기술이 빈약하여 또다시 자신의 자녀를 성적으로 폭행하거나 또는 신체적 · 정서적인 폭행을 저지르는 수가 있다. 성피해자들은 좋은 부모 되기 훈련, 분노조절 훈련, 대화 훈련, 갈등 해결 훈련 등이 필요하다. 성피해를 극복할 뿐만 아니라 심리적 · 영적인 성장을 위해서 더 노력해야 한다.

토론

1. 자신이 생각하는 성폭력의 범위는 어디까지입니까? 그렇게 생각하는 이유는 무엇입니까?

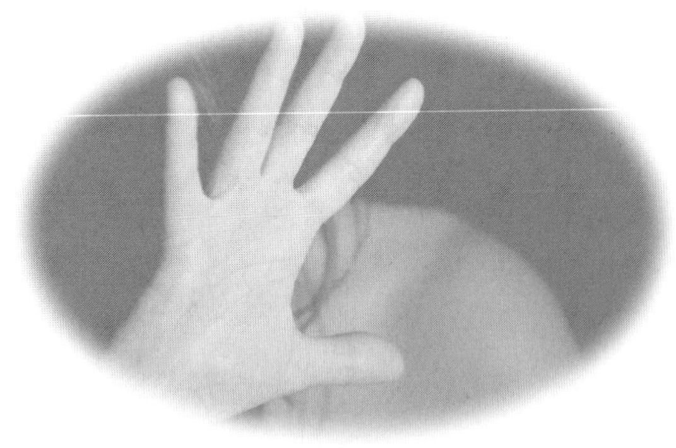

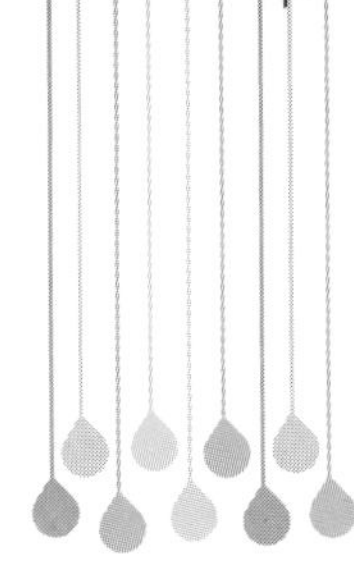

제27장

포르노그래피와 성매매

1. 포르노그래피

1) 포르노그래피의 정의와 역사적인 배경

포르노그래피의 Porn의 단어는 'prostitution'을 의미하며, 포르노그래피에 대한 정의는 독자나 시청자를 성적으로 흥분시키기 위해서 성행위나 성기를 구체적으로 묘사하거나 보여 주는 것을 말한다. 역사적으로 보면 인도에서는 A.D. 400년경에 카마수트라는 섹스 매뉴얼을 만들어서 성에 관한 철학과 기술을 구체적으로 묘사했다. 특히, 일본은 나무 조각이나 그림을 통해서 성행위를 구체적으로 묘사하는 일들이 1600년대부터 행해졌다.

서구에는 기독교의 영향으로 포르노그래피의 확산을 엄격하게 금하였지만, 포르노그래피는 음성적으로 통용되었다. 특히, 1800년대 인쇄술이 발달하고 일반화되면서 값싼 포르노그래피물 등이 유통되었다. 미국에서는 1953년 휴 해프너(Hugh Hefner)가 처음 플레이보이 잡지를 발간해서 5만 부를 팔았고, 일약 백만장자가 되었다. 1970년대 〈Deep Throat〉이라는 포르노그래피 영화가 처음 제작되어 비디오 및 영화관에서

6백만 달러의 돈을 벌었다. 그 이후로는 11,000개의 포르노그래피 영화가 제작되었다. 1985년에는 포르노그래피 영화와 비디오 매출액이 7천9백만 달러였는데, 2001년에는 7억 5천9백만 달러로 850%의 증가를 보였다(Kloer, 2003).

포르노그래피 산업은 VCR, CD, Internet의 등장으로 폭발적인 증가를 보여서 1998년에는 인터넷에 sex와 관련된 사이트가 약 70,000개였는데, 2003년도에는 2억 3천4백만 개의 사이트가 성에 관련된 것으로 밝혀졌다(Cooper, 2003).

18세 이하의 청소년이나 아동을 배우로 등장해서 제작하고 유통시키는 것은 불법이다. 미국에서 이러한 불법 행위가 적발되면 5년의 강제적인 감옥 형량을 받는다. 그러나 인터넷을 통한 아동 포르노의 매출량은 연간 20billion 달러(20조 원)의 규모라고 추정하고 있다(Brockman, 2006).

섹스에 관련된 사이트는 단순히 남성만 아니라 여성, 게이, 레즈비언 등 다양한 대상을 상대로 영업을 하고 있다.

온라인 포르노그래피는 접근성이 좋고 익명성이 있기에 이용자가 급증하는 원인이 되기도 한다. 온라인 포르노그래피를 이용하는 사람은, ① 호기심과 잠시 즐기기 위해서 사용하는 사람, ② 반복적으로 사용하면서 횟수가 증가하는 위험군, ③ 강박적으로 사용하는 중독군으로 구분할 수 있다. 연구들에 의하면, 약 83%는 레크리에이션 목적으로 온라인 포르노그래피를 이용하지만, 11%는 위험군, 6%는 강박적인 사용자로 밝혀졌다(Cooper et al., 1999).

포르노 노출에 대해서 성차가 있는데, 대체로 남성은 여성보다 더 일찍 포르노에 노출되고, 자위를 하면서 포르노를 시청하는 것으로 나타났다(Hald, 2006).

나의 포르노 중독 여부 평가하기

1. 나는 최근에 포르노를 안 보려는 충동 조절의 실패를 경험하고 있다.
2. 나는 내가 원하는 것보다 더 많이, 더 많은 시간 동안 포르노를 시청하고 있다.
3. 나는 포르노에 관련된 행동을 중지, 감소, 통제하려는 노력이 실패하고 있다.
4. 포르노를 구입하거나 시청하기 위해서 많은 돈을 소비하고 있다.
5. 나는 포르노를 시청한 후 성적인 환상, 성적인 사고 또는 성적인 행동을 준비하는 생각에 항상 빠져 있다.
6. 나는 포르노 시청 때문에 직업, 직장, 학업, 가정 또는 사회적인 행동에 지장을 받고 있다.

7. 나는 포르노 시청의 부정적인 결과에도 불구하고 지속적으로 포르노를 시청하고 있다.
8. 나는 원하는 성적인 흥분을 위해서 이전보다 더 강한 포르노를 더 자주 시청하고 있다.
9. 나는 포르노를 시청하기 위해서 사회적인 생활, 직장 활동, 여가 활동의 시간을 더 줄이고 있다.
10. 나는 포르노를 볼 수 없으면 우울, 안절부절못함, 성마름, 현기증, 신체의 고통, 두통, 불면증, 불안을 느끼고 감정 기복을 경험하고 있다.

※ 채점 방법: 10문항에 7개 이상 '예'라고 대답한 경우 심각한 정도의 중독, 3개에서 7개 이상이면 중 정도, 1~2개 정도이면 경고 수준의 경미한 단계

2) 포르노그래피의 특징

외국의 포르노그래피는 성에 관한 구체적인 내용을 묘사한다. 포르노그래피는 대체적으로 6~7장면에서 성기와 오럴섹스 장면을 보여 준다. 그리고 남성은 질외 사정을 해서 정액이 나오는 장면을 보여 준다. 포르노그래피에서 여성은 적극적으로 섹스 행위에 가담하는 것으로 묘사된다. 포르노그래피의 소재들은 가학적 및 피학적인 성행위, 동물과의 성행위, 동물을 자극해서 발기하게 만드는 장면, 물품음란에 관련된 내용, 여성의 체모를 면도하는 장면 등이 나오고, 성행위를 하는 장소도 공공화장실, 야외, 가게 등 다양하다. 우리나라의 포르노그래피는 성행위 장면과 여성의 가슴을 구체적으로 노출하지만, 남녀의 성기는 노출하지 못하게 되어 있다.

포르노그래피는 성관계를 장시간, 즉 1시간 이상 연속적으로 하는 장면을 보여 준다. 그리고 여성은 남성의 리드에 따라서 고통을 느낄 정도로 힘들지만 즐거워하는 장면을 보여 준다. 괴성을 지르기도 하고 성적인 쾌감을 과장해서 표현한다. 그러나 실제로 포르노그래피를 촬영할 때는 카메라를 여러 곳에 설치하고 여러 장면을 촬영하거나, 여러 시간 촬영해서 편집한 것이다. 이런 과정에 주의하지 않고 보면 성관계는 오래 하지 않으면 안 된다는 강박관념을 가지게 될 수 있다. 여성이 성적으로 흥분해서 괴성을 지르는 장면도 연기에 불과하다.

3) 포르노그래피의 주제

(1) 성기 중심

서구 포르노그래피의 특징은 남녀의 성기를 강조한다. 남성의 성기가 보통 사람의 성기보다 크다. 우리나라 남성들이 이런 포르노그래피를 보면 자신의 성기가 왜소하다고 느끼고, 여성은 남편의 성기가 작다고 실망할 수 있다. 그러나 성기의 크기는 성의 만족과 절대적인 상관이 없다. 여성의 질은 남성의 성기를 융통성 있게 받아들일 수 있게 되어 있다. 그리고 지나치게 큰 남성의 성기는 압박이나 통증을 주어서 오히려 여성의 성감을 떨어뜨릴 수 있다. 남성이 이런 포르노그래피를 보고 자신의 성기가 왜소하다는 느낌이 들면 성기확대수술을 하여 부작용을 경험할 수도 있다.

(2) 섹스는 순간의 즐거운 게임

섹스는 남녀가 순간적으로 만나서 마음만 맞거나 적당한 거래가 이루어지면 즐길 수 있다는 소재가 태반이다. 그러기에 우연히 술집이나 바에서, 인터넷 채팅 등으로 만나서 서로 즐기고 헤어지고 또 이런 성관계를 계속해서 반복하는 내용들이다. 이런 포르노그래피를 보다 보면 성의 인격적인 면이 사라지고 남녀가 만나서 서로 섹스게임을 하고 헤어지는 성의 기능적인 면만을 강조하게 된다. 성의 윤리나 책임의식 같은 것은 없게 된다.

(3) 주인공의 불평등한 구조

대체로 남성이 지배적인 역할을 많이 하고, 여성은 남성의 섹스를 서비스하는 역할로 전락한다. 즉, 평등하고 서로 상호적인 관계라는 성개념이 파괴되는 것이다. 남성의 지배적인 사고를 강화하고, 여성을 성적으로 통제하려는 욕구를 강화해 준다.

(4) 폭력적인 장면

강간하는 장면을 많이 다룬다. 초기에는 여성이 반항하지만, 성적인 즐거움을 느끼면서 오히려 여성이 적극적으로 성에 참여하고 성행동을 하는 장면이 묘사된다. 이런 장면을 보면 여성은 섹스를 좋아하지만 내숭을 떨기에, 강제로 섹스를 하면 결국은 성관계를 즐기게 된다는 잘못된 인상을 심어 줄 수 있다. 여성은 강제로 당하는 상황에서 성적인 쾌감을 느끼는 것이 아니고, 이런 상황에서는 성폭력 피해를 경험하게 된다.

(5) 변태적인 장면

여성의 성기에 강제로 물건을 집어넣고 즐기는 장면이나, 딸이 아버지의 성기를 빨아 주는 장면 등으로 변태적인 것을 주제로 삼는다. 이런 장면들은 모방 성범죄를 일으켜서 여성을 상대로 범죄가 증가할 위험성이 아주 크다.

4) 포르노그래피가 일반인들에게 미치는 영향

(1) 남성이 받는 성적인 스트레스

남성은 포르노그래피를 보면서 여성의 풍만한 가슴이나 성기를 보고 흥분하며 즐긴다. 그러나 남성의 성기가 자신의 것에 비해서 아주 크거나 성교 시간을 1시간 이상 끌면서도 사정을 하지 않는 것을 보면, 자신의 아내나 파트너에게 포르노그래피 장면처럼 해 주어야 남성의 구실을 한다는 스트레스를 받는다. 남성은 언제 어디서나 여성이 있으면 섹스를 할 준비가 되어 있고, 성적으로 여성을 사로잡아야 한다는 비현실적인 기대를 갖게 할 수 있다. 필자가 상담한 부부들 중에는 부부가 포르노그래피를 같이 보다가 포르노그래피에 나오는 배우들과 서로의 신체를 비교하다가 싸운 경우도 있었다. 포르노그래피의 여배우는 유방확대수술을 하고, 남성도 건장한 남성이나 성기확대수술을 한 남성을 배우로 사용하기에 일반인과는 아주 다른 사람들이라는 것을 잊어서는 안 된다.

(2) 여성이 받는 성적인 스트레스

포르노그래피에 등장하는 여성은 대체로 유방확대수술을 해서 가슴이 크고 체형은 마른 형으로서, 남성의 성적인 자극을 최대화할 수 있는 타입의 여성이다. 포르노그래피를 보며 여성은 자신과 여배우의 신체를 비교하면서 스트레스를 받는다. 남성 역시 자신의 아내와 여배우의 신체 부위를 비교하면서 아내에게 신체를 가꾸도록 하는 압박감을 줄 수 있다.

포르노그래피에 등장하는 여성은 남성이 섹스를 원할 때 즉각적으로 흥분하여 남성을 위해서 다양한 포즈를 하면서 남성 위주의 성적 행위에 대한 연기를 한다. 이런 장면을 본 여성은 자신의 성행위에 대해서 비판적이고 그렇게 해 주지 못하는 자신을 비하할 수도 있다. 그러나 이러한 포르노그래피의 상황은 작가가 남성의 성적인 욕구를 자극하기 위해서 써 놓은 각본대로 연기하는 것에 불과하다. 현실은 그렇지 않고, 여성은 사전에 정서적인 무드와 교감이 있으며 안전하고 편안한 상황에서 성적으로 흥분하고 즐길 수 있다.

(3) 여성은 남성의 섹스 욕구 충족의 수단

대부분 포르노그래피에서의 여성은 섹스를 하려는 의욕이 없지만 남성이 자극하면 응해 주고 일단 흥분하면 아주 적극적이 된다는 내용으로, 여성을 단순히 섹스 대상으로 취급한다. 그러나 여성은 남성의 자극을 받으면 자동적으로 성적인 흥분을 느끼는 것이 아니고, 상대방에 대한 친밀감과 정서적인 교류가 있는 경우에 성적인 만족을 느낀다. 포르노그래피에서 전달하는 내용은 남성 위주로 왜곡된 성에 대한 태도를 반영한다. 즉, 남성의 입장에서는 자신이 좋아하는 여성과 관계하고 싶을 때 여성을 성적으로 자극하면 결국에는 그 여성을 정복할 수 있다는 왜곡된 생각을 강화해 주어서, 강간을 합리화할 수 있다.

(4) 성에 대한 상품화와 비도덕화

포르노그래피의 특징은 성이 당사자 사이의 인격적인 관계없이도 섹스를 할 수 있고 성매매를 할 수 있다는 성에 대한 가치관을 간접적으로 제공해 준다. 표면적으로는 섹스 장면을 보여 주겠지만, 포르노그래피의 주제나 가치관은 성을 상품화하고 인류가 전통적으로 성에 부여한 가치관을 무너뜨리는 결과를 가지고 온다.

(5) 성폭력과 성범죄의 증가

미국의 연쇄살인범 중에 테드 번디(Ted Bundy)라는 악명 높은 살인자가 있었다. 그는 여성들을 골라서 강간하고 살인하는 끔직한 범죄를 저질렀다. 결국에는 검거되어 플로리다 법원에서 사형에 처해졌는데, 그는 죽기 전에 자신의 죄를 회개하고 기독교에 귀의했다. 그가 죽기 전에 고백한 내용에 의하면, 어린 시절에 부모가 방치한 포르노그래피를 처음 보면서 성적인 호기심이 생겼고, 이혼한 가정환경에서 받은 상처를 포르노그래피에서 배운 아이디어를 실행하면서 여성에게 무차별적인 복수심으로 표현했다고 했다. 포르노그래피는 성폭력을 가르쳐 주는 교과서이다. 여기에서 배운 아이디어를 여성에게 동의 없이 실행하면 성폭력이 된다. 우리나라에서도 중고생들이 인터넷 포르노그래피 사이트를 보고 성적인 충동을 어린 여학생들에게 표현해서 성폭력이 증가하는 양상을 보이고 있다.

(6) 성에 대한 왜곡된 지식 제공

필자가 상담한 케이스 중에 결혼 전에 포르노그래피를 본 젊은 신부가 있었는데, 신혼여행 첫 날 밤에 자신의 남편이 포르노그래피에서 본 자세로 성교를 하지 않아서 궁금한 나머지 남편에게 포르노그래피에서 본 성교 자세를 요구하여 부부가 큰 싸움을 한 경우가 있었다. 포르노그래피에서는 시청자들을 자극하기 위해서 여성의 성기가 잘 노출될 수 있도록 하는 오럴섹스, 항문 성교 등을 많이 보여 준다. 또 장소도 차 안, 식탁, 숲속 등 남들에게 들킬 수 있는 가능성이 있는 상황에서 섹스하는 장면들이 나오는데, 이런 포르노그래피를 보고서 아내가 원하지 않는 성적인 자세나 상황을 요구하는 남편들이 종종 있는데, 이러한 요구는 여성에게는 혐오감을 일으킨다. 일반인들은 포르노그래피에서 보여 주는 방식으로 섹스를 하지 않으며, 상대방이 동의하지 않는 성적인 자세나 행위는 자칫하면 강제 성교 내지는 부부 강간으로 이어질 수 있다는 것을 알아야 한다. 부부들이 만족한 성관계를 갖기 위해서는 서로가 동의하는 분위기에서 편한 자세로 긴장이 완화된 상태에서 서로 즐기는 성관계를 가져야 한다.

(7) 부부 성관계에 대한 만족의 저하

중년기에 있는 부부들은 서로에게 어느 정도 성적인 매력이 떨어지면 성관계에 대한 새로운 아이디어나 성적인 감정을 되살려 자신의 성적인 욕구를 일으키기 위해 부부가 포르노그래피를 같이 보는 경우들이 종종 있다. 그러나 포르노그래피와 부부의 성만족에 대한 연구를 보면 오히려 자신의 파트너에 대해서 기교나 신체에 대한 만족도가 떨어진다는 연구가 있다(Zillman & Bruant, 1988). 이와 같은 결과는 위에서 지적한 대로 성에 대한 포르노그래피의 왜곡된 메시지 때문이다. 부부가 자신의 성관계의 향상을 원하면 포르노그래피보다는 성치료 전문가가 제작한 성교육용 비디오가 더 효과적이다.

5) 포르노그래피와 외설의 기준

포르노그래피를 취급하다 보면 영화나 예술이나 문학적인 작품에 나타난 성에 관한 표현이 예술성을 상실한 포르노그래피인지에 대한 논란의 문제가 대두한다. 특히, 예술을 가장한 포르노그래피는 성인뿐만 아니라 아동에게 유해하며, 우리의 안방에까지 부정적인 영향을 미친다. 미국에서도 외설물이 아동에게 미치는 영향을 최소화하기 위해서 정치적 · 사회적으로 부모들의 포르노그래피, 외설물 억제가 적극적이다. 1957년 이래 미국의 대법원에서는 다음과 같은 기준으로 외설인가 예술인가를 판단한다.

- 작품의 주된 주제가 성에 대해서 강박적으로 집착하는 내용
- 작품이 현대에 성행하는 사회의 가치관을 저해하는 내용
- 작품이 문학적 · 예술적 · 정치적 또는 과학적인 면에서 참된 가치가 없는 내용

즉, 성에만 몰입하면서, 당시의 사회적인 가치관을 흔들어 놓으며, 학술적인 가치가 없는 것은 외설이라고 판단한다. 그러나 이러한 것을 예술 작품이나 영화 등에 적용하는 것은 쉽지 않다. 성적인 표현이 강한 예술 작품이라도 종교적인 집단과 사회적인 분위기에 따라서 작품의 전시를 금지하기도 한다. 성을 묘사함에 있어 성에만 집착하고 성에 따른 관계를 무시하게 될 때, 외설이 되고 성을 왜곡한다고 주장하고 싶다.

2. 성매매

우리 사회에서는 성매매를 오랫동안 '매춘'으로 불러 왔다. 그래서 매춘하는 여성을 비하하고 심지어는 인간 취급을 하지 않기도 했다. 그러나 매춘을 하는 여성들에 대한 사회적인 관심이 높아 가고 이들을 도와주고 재활시키는 입장에서 매춘에 접근하다 보니, 매춘에 종사하는 많은 여성들이 성폭력 피해자들이며 생존을 위해서 이 분야에 관여하고 포주에게 진 빚에 시달리며 노예처럼 생활한다는 사실이 표면화되었다. 이에 매춘하는 여성을 성매매자라고 부르고, 이들에게서 성을 사는 남자들을 성매수자라고 부르기 시작했다. 성매매자는 돈을 대가로 성적인 행위를 제공하는 여성과 남성을 말한다.

1) 성매매에 대한 역사적인 현황

성매매는 인류가 존재한 이래로 어떤 형태로든 존재해 왔기 때문에 매춘부는 가장 오래된 직업이라고까지 말한다. 그리스에서도 성매매가 사회적으로 묵인되었고, 화산으로 하루 아침에 멸망한 폼페이의 유적에 가 보면 성매매를 공개적으로 한 장소가 지

금도 남아 있다. 매춘은 종교적인 의식의 한 부분이 되면서 성매매 여성과 남성이 신성한 성전에서 공공적으로 성행위를 했다. 그러나 영국에서는 성에 대해서 엄격한 빅토리아 여왕이 등장하면서 성매매에 대해서 제한적인 조치를 취했다. 하지만 결혼한 여성이나 남의 딸보다는 성매매 여성과 성관계를 하는 것이 죄를 덜 짓는 것이라고 성매매를 합리화한 기록이 있다(Taylor, 1970).

요즘은 인터넷의 발달로 인해서 성매매가 청소년과 성인 남성, 가정주부들과 남성들 사이에 음성적으로 활발하게 이루어지고 있는 실정이다.

2) 우리나라의 성매매 현황

2003년 한국의 형사정책 연구원이 조사한 바에 의하면, 우리나라에서 성매매에 종사하는 여성은 약 33만 명으로 추정된다. 이 숫자는 20~30대 여성의 4.1%에 해당하고 같은 연령의 취업인구 8%에 해당한다. 성매매 알선 업소는 전국에 약 8만여 개로 전체 숙박업소의 15%에 해당한다. 소위 말하는 밀집 사창가는 전국 69개 지역에 2,938개의 업소가 있고, 여기에 9,092명의 여성이 고용되어 있으며, 연간 매출액은 1조 8,300억 원으로 조사되었다(오혜란, 2004). 1988년 YMCA는 성매매자를 100만~120만 명으로 추정했고, 1995년 여성 민우회도 120만 명으로 추정했다(변화순, 황정임, 1998). 검찰도 매춘 여성을 150만 명으로 추정하고 있는데, 이는 15~34세 여성의 약 20%에 해당하는 숫자이다(박영창, 2003). 이렇게 볼 때 우리나라는 부끄럽게도 성매매 여성이 인구에 비해서 아주 많은 나라라고 볼 수 있다.

성매매 여성 100명을 상대로 면접 조사한 내용에 의하면, 응답자의 73%가 13~19세 사이에 성매매 사업에 유입되었다고 한다. 즉, 여성들이 어리고 취약한 나이에 성매매에 종사하게 된다는 것이다. 이 중에 많은 여성들은 성적인 폭행을 당해서 성매매에 종사하기도 한다. 성매매에 종사하게 된 동기는 사기광고(30%), 인신매매(23%), 직업소개소(17%), 납치(8%), 심지어는 남자 친구에게 강요되어 성매매에 종사했다고 한다(김현선, 2003). 성매매에 종사하는 많은 여성들은 포주가 부과한 빚에 의해서 통제되고 있어, 현대판 인신매매와 인간 착취가 공공연하게 이루어지고 있는 곳이 성매매 장소이다.

최근 여성가족부에서 실시한 성매매 현황에 관한 조사(여성가족부, 2016)에 의하면, 성인 성매매 여성 174명 대상을 상대로 설문 조사한 결과는 다음과 같다.

- 최초 성매매 경험 연령은 20대(47.7%)가 가장 많으나, 5명 중 1명은 10대(21.8%)에 유입된 것으로 나타났다.
- 성매매 종사자들은 1일 평균 8~12시간(110명, 63.2%) 동안 일을 했다.
- 현재 123명(70%)은 건강 상태가 좋지 않으며, 부채에 시달리고 있는 여성은 110명(63.2%)으로 성매매를 해서 돈을 번다는 것은 현실과 거리가 멀었다.
- 심층면접에 응한 성매매 피해자 10명은 대부분 경제적 어려움으로 인해 성매매를 시작했다.
- 대부분이 우울증 등 정신건강 문제를 겪고 있고, 각종 주사약, 다이어트 약 등을 강제로 복용한 경험이 있다고 밝혔다(빈곤-2명, 생계 책임-2명, 가정환경 비관-4명, 대학등록금 문제-1명, 기타-1명).

일반 성인의 성매매 경험과 인식을 조사하기 위해서 일반 남성 1,050명을 대상으로 온라인 설문 조사를 실시한 결과는 다음과 같았다.

- 응답자 2명 중 1명(532명, 50.7%)이 평생 동안 한 번 이상 성구매를 한 경험이 있었다.
- 1인당 평균 성구매 횟수는 8.46회로 나타났다.
- 최초 성구매 동기는 호기심, 군 입대, 술자리 후 순이었다.
- 남성 1,050명, 여성 1,084명을 대상으로 한 성매매에 대한 인식 조사에서 「성매매처벌법」에 대한 인지 여부는 남성이 86.7%로 여성 81.3%보다 5.4%p 높게 나타났다.
- '성매매 처벌'에 대한 인지 여부는 남성 86.5%, 여성 85.8%로 남녀가 비슷한 인지율을 보이고 있었다.

이렇게 볼 때 아직도 우리나라 남성들의 성매매에 대한 문제의 심각성 인식 부족을 알 수 있다. 성매매는 인신매매인 것이다.

3) 미국의 성매매 현황

1948년 킨제이의 보고에 의하면, 성매수를 하는 남성은 결혼하지 않은 백인 중산층 남성이고 연령대는 30~60세 사이라고 했다. 백인 남성들 중 거의 3분의 1은 적어도 한

번은 성매매를 했고, 남성의 15～20%는 정기적으로 성매매를 했다고 한다(Kinsey et, al., 1948). 이러한 결과는 근래의 연구 결과와 비슷하다. 성매매를 주로 하는 남성은 중산층이고 독신(결혼을 했지만 자신의 결혼에 불만인 남성)이라고 한다(Monto & McRee, 2005).

미국에서의 성매매는 Nevada 주 말고는 불법이지만, 실제로 성매매는 미국 전역에서 이루어지고 있는 실정이다. 한편에서는 성매매를 합법화하자는 움직임도 있지만, 성매매는 근본적으로 인신매매이고 인권에 반하는 행동이기 때문에 합법화가 이루어지지 않고 있다. 미국의 성매매 산업은 이들이 내지 않고 있는 세금까지 계산하면 약 20billion 달러(20조 원) 규모로 추산한다(Caroll, 2010). 미국 정부에서 성매매를 집중적으로 단속하기 때문에 성매매는 많은 경우에 음성적으로 이루어지고 있다.

성매매는 성 전파성 질병이나 AIDS가 감염되는 경로이기 때문에 이 분야에 종사하는 성매매자나 성매수자들은 조심해야 한다. 이러한 병들은 대체로 남성 성매매자들의 경우 항문 성교를 통해서, 여성들은 성기를 통한 성관계에서 전파되는 경우가 많다.

전 세계적인 아동과 여성의 성매매와 착취

매년 약 1백만 명의 아동들이 성매매 사업에 종사하도록 강요받고 있다(Willis & Levy, 2003). 미국에서 CIA가 추정하기로는 약 50,000명의 여성과 아동들이 성적인 노예 생활을 하고 있다(Leuchtag, 2003). 전 세계적으로는 가난, 기근, 정치적인 불안정, 에이즈의 확산 등이 여성과 아동들의 건강과 안녕에 심각한 영향을 주고 있다.

국제적인 성매수자 알선 거래를 하는 조직은 아시아, 남미, 동구권의 가난한 나라의 여성들을 높은 임금으로 유인해서 전 세계적인 조직망에 인신매매를 하고 있다. 특히, 미성년자들이 섹스관광의 대상이 되면서 미성년자들이 성매매단에 많이 유인되어 팔리고 있는 실정이다.

캄보디아 여아들도 포주들에게 성매매를 강요당하는 경우가 많은데, 이들은 감금당하고, 도망가려다 잡히면 구타당하고, 하룻밤에 10명 이상의 고객과 성관계할 것을 강요받기도 한다.

섹스관광으로 많이 알려진 나라는 베트남, 캄보디아, 필리핀, 태국, 남미의 몇몇 나라들이고, 이들의 주요 고객은 일본인, 독일인, 스칸디나비아인, 미국인들이었다(Budhos, 1997). 그러나 우리나라 남성이 동남아로 섹스관광을 가는 것은 이제 널리 알려진 사실이다.

이집트에서는 일부의 부유한 아랍인들이 가난한 집에 결혼 지참금을 주고 여성을 사서 휴일이나 사업 목적의 성적인 파티용으로 사용하고는 여인을 길거리에 버린다. 이런 여성들 중에는 임신한 상태의 여성도 있고, 갈 곳이 없는 여성도 아주 많다고 한다(Michael, 1999).

이러한 국제적인 성매매 사업은 우리나라의 성매매 사업과 비슷한 실정이다. 우리나라의 성매매 여성들은 감금당한 후 빚 때문에 포주들에 의해서 성노예로 전락하고 있는 것이다. 인간의 권리와 인권을 근본적으로 파괴하고 있는 성매매는 근절되어야 한다. 하지만 문제는, 성매수를 원하는 남성들이 줄어들어야 가능하다는 것이다.

4) 성매수 남성의 동기

성매매의 동기는 복합적이기에 한 가지 요인으로만 설명하기는 어렵다. 다음과 같은 여러 요인들이 복합적으로 작용한다.

(1) 성접대 문화의 산물

우리나라에서는 사업상 거래 관계에 있는 상대에 대한 접대, 친구나 특별한 손님에 대한 접대 등의 접대 문화가 성행하면서, 성매매 여성과 하룻밤을 지내도록 접대하는 사람이 화대를 지불해 주는 관행이 오랫동안 지속되어 왔다. 이런 방식으로 외박하는 것은 아내의 입장에서는 사업상 불가피한 것으로 간주하여 눈감아 주곤 했다. 그러나 요즘은 이런 접대 방식이 음성적으로 진행될 수는 있어도 표면적으로는 퇴폐 문화라고 해서 금지하고 있는 실정이다.

(2) 성적인 스트레스 풀기

독신 남성들이나 여행 중인 남성, 아내가 임신 중인 남성, 사업차 등 여러 가지 이유로 스트레스를 받고 있는 남성들이 성매매를 하는 것을 말한다. 이들은 하룻밤 여성과 같이 부담 없이 지내며 스트레스를 풀기 위해 성매매를 한다.

(3) 입대 전의 의식

우리나라의 일부 남성들 사이에서는 입대하기 전에 딱지를 떼고 군대에 가야 한다는 음성적인 의식을 마련해서, 입대하는 친구가 있으면 술집에 가서 술을 마신 후에 친구들의 주선으로 성매매를 알선하여 마치 무슨 의식처럼 하룻밤을 치르는 습관이 내려오고 있다.

(4) 책임감 없는 성관계 즐기기

일부 남성들이 성매매를 하는 이유는 여성과 친밀감이나 책임감을 느끼지 않으면서 성적인 욕구와 호기심을 충족할 수 있기 때문이다(Califia, 2002). 이들은 성을 돈으로 거래하고 샀기에 성관계를 맺는 여성에게 경제적 · 사회적으로 부담을 느끼지 않는다.

(5) 다양한 성기술 시험

남성들이 포르노그래피나 다른 형태를 통해서 새로운 성적 자세나 기교 등을 알았을 경우에 자신의 아내나 여자 친구에게 이 방법을 사용하려면 변태적인 방법이라고 거부당하는 경우가 많다. 그러나 성매매를 하면 이러한 성적인 기교를 여성에게 요구할 수 있기에 성매매를 하기도 한다. 또는 성매매 여성으로부터 성적인 기교를 배우려고 매매를 하기도 한다.

(6) 아내에 대한 적개심

일부 남성들은 아내와 싸운 후 성적인 거부를 당하거나 서로 별거하는 경우에 아내에 대한 적개심을 성매수로 복수하려고 한다.

(7) 부부 권태기 돌파구

일부 남성들 중에는 부부 사이에 권태기를 느낄 때 바람피우는 것은 위험 부담이 있기 때문에 피하고, 대신 성매수로 자신의 성적인 욕구를 충족하고 자신의 성기능을 확인해 보려고 시도하는 사람들도 있다.

5) 성매매 여성의 매매 동기

초기의 성매매는 종교와 관련되어 있었다. 예를 들면, 기원전 바빌로니아의 함무라비 법전에는 모든 여성들이 성직자에게 몸을 바친다는 의미로 기록이 되어 있다. 이러한 종교 의식은 신을 대신하는 성직자에게 여성이 몸을 바쳐 신들을 기쁘게 해서 풍작과 다산을 기원하는 의미로 시작되었다. 신전에 봉사하는 여성들은 성매매를 수치스럽게 생각하지 않았고, 수입은 모두 신에게 봉헌되었다.

그러나 역사적으로 보면 이러한 성매매의 동기는 사라졌고, 여성은 성매매를 생활의 수단으로 이용하고 전문적으로 성을 파는 직업으로 발전했다. 남성들은 자신의 성적인 욕구를 만족시키는 수단으로 성매수를 해 오고 있다.

특히, 우리나라에서는 여성들이 성폭력을 당한 경우 순결을 상실해서 남성들과 정상적인 결혼생활을 할 수 없을 것이라는 성피해 후유증을 경험하여 성매매에 종사하는 경우가 주류를 이루었다. 또한 구직광고에 속아서 성매매에 종사하기도 하고, 공장에서 심한 노동으로 돈을 벌기보다는 쉽게 돈을 벌기 위한 동기도 있었다. 필자가 성매매 여성들을 상대로 상담한 경험에 의하면, 성매매에 종사하다 보니까 성에 중독이 되어서 성매매에서 빠져나오지 못하는 여성들도 있었다. 그러나 대부분의 성매매자들은 일반인들이 생각하는 것처럼 성을 즐기거나 좋아해서 이런 생활을 계속하지는 않는다. 많은 성매매 여성들은 실제로는 포주의 착취 때문에 돈을 벌기보다는 경제적인 빚에 매여 있고, 남성 성매수자들에게 신체적 · 심리적인 학대를 경험하면서 남성에 대한 두려움, 증오심, 복수심 등의 성매매 후유증 속에서 생활하고 있다. 이제 우리나라는 성매매에 관한 법이 제정되면서 포주에게 부당하게 진 빚은 빚으로 인정하지 않기 때문에 성매매 여성들이 이러한 법을 활용하면 성매매의 사슬에서 벗어날 수 있다.

6) 성매매자들의 특징

(1) 청소년 성매매자

청소년 성매매는 어른들이 어린 청소년에게 금전적인 지원이나 기타 편의를 제공하는 대가로 청소년을 성행위의 대상으로 삼는 행위이다. 청소년 성매매는 '원조교제'로 불렸는데, 지난 1990년대 중반 일본 언론에 의해 이름 붙여진 원조교제를 국내 언론들이 일본인의 성적 타락을 비난하는 듯한 어조로 다루기 시작하면서 국내에 알려졌다. 그러나 원조교제는 이미 일본만의 것은 아니다. 1990년대 말 국내에는 원조교제가 영화와 드라마 등의 소재로까지 다뤄지며 커다란 충격을 낳았다. 원조교제의 원산지인 일본에서는 중년 남성이 소녀와 일정 기간 인간적인 관계를 갖는 것이 일반적이지만, 우리나라에서는 청년 남성이 신분을 숨기고 청소년을 대상으로, 마치 영계와 성관계를 하면 회춘한다는 호기심에서 많이 성행하였다. 2001년 4월 24일부터 서울지방경찰청에서는 '원조교제'를 대신할 용어를 공모해 총 562개의 용어 가운데 '청소년 성매매'를 대체 용어로 선정하였고, 청소년 성매매가 성인뿐 아니라 성을 파는 청소년의 행위까지 포괄한다고 정의하였다. 「청소년의 성보호에 관한 법률」에도 '청소년을 알선한 자 또는 청소년을 실질적으로 보호 감독하는 자 등에게 금품 기타 재산상 이익이나 직무 편의 제공 등 대가를 제공하거나 이를 약속하고 청소년과 성교 행위 또는 유사 행위를 하는 행위'를 '청소년의 성을 사는 행위'로 규정하고 있다.

청소년 성매매는 전 세계적으로 급증하고 있는 실정이다. 이들은 대체로 가출한 후에 생존의 수단으로 성매매업에 종사한다(Smalley, 2003). 청소년 성매매자들은 역기능 가정에서 성장했고, 이들 중의 약 95% 정도는 성적 학대 경험을 가지고 있으며, 가족에게 버림받기도 했다(Rio, 1991). 그러나 요즘은 중산층이나 상류층 출신의 청소년, 소녀들이 늘고 있는 추세이다. 이들의 학교 성적은 대체로 저조하며 학교생활에 적응하지 못하고 있다. 성매매 청소년 중 여자 80%와 남자 60%가 자살을 진지하게 생각했거나 자살을 시도했다고 한다(Carnes, 1991). 성매매 청소년들은 용돈이 궁해서 또는 명품을 사거나 휴대폰 등의 사치품을 살 돈을 마련하기 위해서 성매매에 종사하기도 한다. 우리나라의 청소년 성매매는 주로 인터넷을 통해서 이루어진다. 이들은 성인에게 자신의 나이를 속이고 성관계를 갖는 경우가 많다. 그러나 성인의 입장에서 좀 더 자세히 보면 청소년이라는 것을 판단할 수 있다. 하지만 청소년에 대한 성적 호기심 때문에 이들과 성매매를 하는 성인들이 많다.

최근에는 청소년들 사이에서도 성매매가 증가하고 있는데, 여성가족부에서 청소년 성매매 실태조사를 한 결과는 다음과 같다(여성가족부, 2016).

- 조건만남 경험 청소년 10명 중 7명(74.8%)이 채팅앱*(37.4%)과 랜덤채팅앱**(23.4%), 채팅사이트(14%)를 통해 상대를 만난 것으로 나타났다.

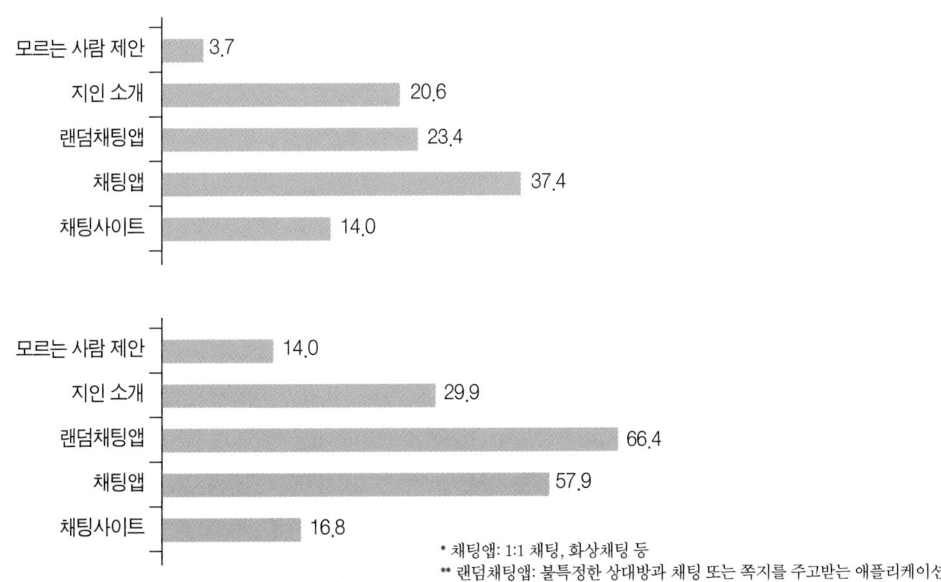

| 그림 27-1 | 조건만남의 주요 경로

- 성매매 · 가출 등 위기를 경험한 19세 미만 청소년 응답자 173명 중 '조건만남 경험이 있다.'라고 응답한 비율은 61.8%(107명)였다. 이 가운데 70.7%는 가출 후에, 51.4%는 과거 학교를 다니면서 처음 조건만남을 경험한 것으로 나타났다.
- 조건만남을 하게 된 이유는 '갈 곳/잘 곳이 없어서(29%)'가 가장 많았고, 조건만남 대가로 대부분 '돈(87.9%)'을 받은 것으로 나타났다.
- 조건만남 중 65.4%가 '신체적 · 정신적 피해'를 경험했으며, 피해 내용(복수응답)은 '약속한 돈보다 적게 주는 경우(72.9%)' '콘돔 사용 거부(62.9%)' '임신/성병(48.6%)' 순이었다.
- 피해를 당해도 절반(48.6%)은 주변 등에 도움을 요청하지 않았는데, 그 이유는 '사람들이 알게 될까 봐' '내가 처벌받을까 두려워서'였다.
- 청소년들은 조건만남 근절을 위해 '조건만남 상대 남성에 대한 강력한 처벌(49.1%)' '불법 랜덤채팅앱에 대한 수사 및 처벌 강화(12.7%)'가 필요하다고 응답했다.

청소년들의 성매매를 차단하기 위해서는 청소년들을 상대로 실제적인 성교육을 진행하고 가정의 회복을 통한 안전 기반을 형성해야 한다. 또한 청소년 대상으로 성매매를 유인하는 랜덤채팅앱 등에 대한 모니터링을 활성화하고, 그에 따른 신고 포상금제를 적극 홍보하는 등 경찰청과 협업해 단속을 강화하며 수요자인 남성에 대한 성인지 중심의 교육이 필요하다.

(2) 성인 여성 성매매자

성인 여성들의 성매매자들은 네 가지 유형으로 분류된다.

① 길거리 호객꾼(Streetwalker)

성매매의 가장 밑바닥에 있는 여성들로서 포주들의 감시를 받으면서 길거리에서 손님들을 호객해서 성매매를 하는 여성들이다. 이들은 대체로 가난한 집 출신으로 가출했거나 집이 없는 사람들이다. 이들은 남성과 오럴섹스하면서 돈을 받기도 한다(Ridgeway, 1996). 이러한 여성들은 납치범의 대상이 되어 살인당하기도 하고 생명의 위협을 받기도 한다.

| 그림 27-2 | 길거리 호객꾼

| 그림 27-3 | 집창촌

② 집창촌(brothel)

성매매를 하는 여성들이 집단으로 모여 살면서 지정한 실내에서 성매매를 하는 경우다. 가게의 유리창 진열장에 성매매 여성들이 마치 상품처럼 자신을 전시해서 손님을 끌어들이거나, 주택가의 가정집에서 성매매를 하기도 한다. 이러한 방식의 성매매는 불법이지만 쉽게 적발되기 어렵다. 미국에서는 마담이라고 부르는 포주가 성매매 여성들을 관리하고 있다. 우리나라는 집창촌에서 포주가 인신매매 형식으로 여성들을 끌어모아서 영업을 하고, 거의 감금 내지는 엄격한 감시하에서 성적인 노예 수준의 성매매를 하고 있다.

③ 마사지 팔러(Massage Parlors)

마사지는 엄격히 전문적인 서비스이지만 마사지라는 간판을 걸고 변태적인 성매매를 한다. 마사지를 하는 코스 중에 손님이 원하면 짧은 시간 내에 남성의 성기를 빨기, 성기에 의한 섹스를 한다.

④ 콜걸(Call girls)

성매매 종사자들 중에서 가장 높은 계층에 해당하는 여성들이 콜걸이다. 이들은 손님들을 위해서 사업차 여행을 같이 가기도 하고, 손님 접대를 하기도 한다. 외부로 드러나지 않고 은밀한 조직으로 관리 운영된다. 이들은 정규적인 손님을 두고 성적인 서비스를 제공하기도 한다. 콜걸 중에는 1년에 50만 달러 이상 버는 여성도 있다고 한다(Ridgeway, 1996). 이들은 정치인들이나 사업가들과 염문을 뿌리기도 해서 사회적인 화제가 되기도 한다.

(3) 남성 성매매자

남성 성매매자들을 남창이라 부르는데, 이들은 포주에게 매여서 집단으로 성매매를 하기보다는 독립적으로 성매매를 하는 것이 특징이다. 남성 성매매자들은 대체로 역기능적인 가정에서 자란 사람들이 많고, 이들도 여성들에게 에스코트 서비스를 한다는 명목하에 성매매를 한다. 남성들 중에서 돈이나 선물을 받고 여성에게 섹스를 제공하는 사람들을 'gigolos'라고 부른다. 이들은 중년 여성들의 사교적인 파티의 대상이 되면서 성적인 서비스를 제공한다. 우리나라에서는 제비족 중 여성들에게 사교춤의 파트너로 접근하여 불륜적인 섹스까지 제공하고 돈을 갈취하는 남성도 있다. 또는 경호적인 업무를 담당하면서 여성에게 성적인 서비스까지 은밀하게 제공하는 남성들도 있다.

토론

1. 성매매를 법으로 허용하는 것과 반대하는 찬반 입장을 정하고, 이를 함께 이야기해 봅시다.

참고문헌

가정법률 상담소(2010). 한국의 이혼율 연구 자료집.

김정규(1998). 성피해의 심리적 후유증. 한국심리학회지: 임상, 17(1), 331-345.

김정규, 김중술(2000). 아동기 성피해의 심리적후유증-성인기 정신건강에 미치는 영향을 중심으로. 한국심리학회지: 임상, 19(4), 747-769.

김현선(2003). 전국 성매매 여성 실태조사. 성매매에 관한 심포지엄 자료집.

동아일보(2014. 8. 27.).

동아일보(2016. 11. 8.).

박영창(2003). 한국의 성매매 실태와 향후 개선과제. 서울: 국회여성위원회.

변화순, 황정임(1999). 산업형 매매춘에 관한 연구. 서울: 한국여성개발원.

여성가족부(2016). 2016년 성매매 실태조사.

오혜란(2004). 성매매 방지법 제정과정에 미친 변인에 관한 연구: 거버넌스 관점과 여성 단체의 역할을 중심으로. 여성연구.

이선희 외(2000). 미혼남녀의 성행태 및 성의식관련 요인분석. 보건교육 · 건강증진학회지, 제17권, 2호.

이수정(2008). 성폭력 범죄자 유형별 심리특성 및 재범억제 대책. 법무부, 형사정책 세미나, 2008년 5월 14일 자료집.

임신영(1999). 성피해가 정신건강에 미치는 영향-남녀 성차를 중심으로. 성신여자대학교 대학원 석사학위논문.

서창원(2004). 목회와 신학 10월 11월 12월호에 연재됨.

세계통신자 협회(2016).

세계일보(2016. 9. 21.).

정혜정(2000). 성피해의 실태와 피해자들의 정신건강에 관한 연구-일반집단과 정신과 환자집단을 중심으로. 성신여자대학교 대학원 석사학위논문.

조선일보(2014. 1. 24). 인용출처: http://news.chosun.com/site/data/html_dir/2014/ 01/24/2014012400154.html

조선일보(2017. 3. 22.).

채규만(2004). 성피해 심리치료. 서울: 학지사.

한국형사정책연구원(1990). 성폭력의 실태와 대책에 관한 연구. 서울: 한국형사정책연구원.

한국형사정책연구원(1996). 성폭력의 실태와 대책에 관현 연구 II. 서울: 한국형사정책연구원.

허정화(2000). 남성 성피해자의 정신건강에 관한 연구. 성신여자대학교 대학원 석사학위논문.

홍대식(2002). 연애와 결혼. 서울: 청암미디어.

연합뉴스(2003. 7.17.).

Abbott, E. (2000). *A History of celibacy.* New York: Scriber.

Abel, G. (1981). *The Evaluation and Treatment of Sexual Offerderss and Their Victims.* Paper presented at St. Vinscent Hospital and Medical Center, Prtland, Oregon, October, 15.

Adamson, A. (2003). Scents to Raise Your Blood Pressure, retrieved from www.philly.com site.

Ainsworth, M. (1979). Infant-mother attachment. *American Psychologist, 34,* 932-937.

Alexander, N. (2003). No Pill, but other male birth control kilely in not too distant future. *Contemporary Sexuality, January, 8.*

Alperstein, L. (2001). For Two: *Some Basic Perspectives and Skills for Couples Therapy.* Paper Presented at the 33rd Annual Conference of the American Association of Sex Educators. Counselors, and therapists. San Francisco, May 2-6.

Althof, S. (2000). Erectile dysfunction: psychotherapy with men and couples. In S. Leiblum & R. Rosen (Eds.), *Principles and Practice of Sex Therapy.* New York: Guilford Press.

Altman, L. K. (1993). (February 21). New caution, and some reassurance on vasectomy. *The New York Times,* p.A13.

American Cancer Society. (2003). *How is breast Cancer Staged?* Retrieved from website:

American Cancer Society. (2009, May 13). Detailing guide: Cervical cancer-How is cervical cancer diagnosed? Retrieved from website:

Amato, P., & Previti, D.(2003). People's reasons for devorcing: Gender, social class, the life course, and adjustment, *Journal of Family Issues,* 24, 602-626.

Anderssen, N., Amlie, C., & Ytteroy, E. A. (2002). Outcomes for children with lesbian or gay parents: A review of studies from 1978 to 2000. *Scandinavian Journal of Psychology, 43*(4), 335-351.

Ards, A. (2000). *Dating and mating.* Ms. June-July, 10.

Armas, G. C. (2000). Census: Unmarried couples increase. Associated Press.

Bachman, T., Rauramo, I., & Huhtala, S. (2004). Pregnancy during the use of levonorgestrel intrauterine system. *American Journal of Obstetrics and gynecology, 190,* 50-54.

Bacon, C., Mittleman, M., Kawachi, L., Giovannucci, E., Gasser, D., & Rimm, E. (2003). Sexual function in men older than 50 years of age: Results from the health professionals follow-up study. *Annals of Internal Medicine, 139,* 361-366.

Bagley, C., & Ramsey, R. (1986). Sexual abuse in Childhood: Psychosocial outcomes and implications for social work practices. *Social Work and Human Sexuality, 4,* 33-47.

Baker, A. W., & Duncan, S. P. (1985). Child sexual abuse: A study of Prevalence in Great Britain. *Child Abuse and Neglect, 9,* 457-467.

Bailey, J., Dunne, M., & Martin, N. (2000). Genetic and environmental influences on sexual orientation adn its correlates in an Australian twin sample. *Journal of Personality and*

Social Psychology, 31, 124-129.

Bailey, J., M., Willerman, L., & Parks, C. (1991). A Test of the Maternal Stress Theory of Human Male Homosexuality. *Archives of Sexual Behavior, 20*, 277-293.

Baron, R., Markman., & Bollinger, M. (2006). Exploring social psychology: Effects of attractiveness on perceptions of entrepreneurs, their ideas for new products, and their financial success. *Journal of Applied Social Psychology*, 36, 467-492

Beccera, L., Breiter, H. C., Wise, R., Gonzalez, R. G., & Borsook, D. (2001). *Reward circuitry activation by noxious thermal stimuli. Newtron, 32*(5), 927-946.

Bellizzi, K., & Blank, T. (2006). Predicting posttraumatic growth in breast cancer survisors. *Health Psychology, 25, 47-56.*

Bem, S. (1974). The measurement of psy-chological androgyny. *Journal of Consulting and Clinical Psychology, 42*, 155-162.

Bene, E. (1965). On the Genesis of Male Homsexuality; An Attempt at Clarifying the Role of the Parents. *British Journal of Psychiatry, 111*, 803-813.

Berger, R. (1996). *Gay and Gray: The Older Homosexual Man*, New York: Haworth Press

Berger, L. (2002). (December 10). After long hiatus, new contraceptives emerge. *The New York Times, p.* WKS3.

Bieber, L. et al. (1962). *Homosexuality: A Psychoanalytic Study*. New York: Basic Books.

Billy, J. O. G. et al. (1993). The sexual beha-vior of men in the Unites States. *Family Planning Perspectives, 25*, 52-60.

Blanchard, R. (1995) Clinical Observations and systematic studies of autogynephilia. *Journal of Sex and Marital Therapy, 17*, 235-251.

Blumstein, P., & Schwartz, P. (1990). Intimate relationships and the creation of sexuality. In D. P. McWhirter, S. A., Sanderss, & J. M. Reinisch (Eds). *Homosexuality/heterosexuality*: Concepts of sexual orientation (pp. 307-320). New York: Oxford University Press.

Bornstein, R. (1989). Exposure and effect: Overview and meta-anaylsis of research, 1968-1987. *Psychological Bulletin, 106*, 265-289.

Borowsky, I., Ireland, M., & Rensnick, M. (2009). Health status and behavioral outcomes for youth who participate a high school likehood of early death. *Pediatrics*, 124, e81-e8818.

Brecher, E. (1984). *Love, Sex, and Aging*. Boston: Little, Brown.

Breslow, N. (1989). Sources of confusion in the study and treatment of sadomasochism. *Journal of Social Behavior and Personality, 4*, 263-274.

Brockman, J. (2006). Child sex as internet fare, through eyes of a victim. *New York Times*, April 5 A20.

Brossman, S. (2008). Penile Cancer. Retrieved by October 31, 2008 from http//www.emedicine.com/med/topic3046.htm.

Brown, S. (2003). Relationship quality dynamics of cohabiting unions. *Journal of Family Issues, 24*, 583-601.

Bullough, V. L. (1976). *Sexual Variance in Society and History*. New York: Wiley

Bullough, V., Bullough, E. (1993). *Cross Dressing, Sex and Gender*. Philadelphia: University of Pennsylvania Press.

Burnam, A. (1985). Personal communication to D. Finkelhor, Concerning the Los Angles Epidemiological Catchment Area Study.

Buss, D. (1999). *Evolutionary Psychology: The New Science of the Mind.* Boston: Allyn and Bacon.

Byer & Shainberg (1994). *Dimensions of Human Sexuality*(4th ed.) Madison, Wisconsin: Brown & Benchmark.

Byrne, D. (1997). An overview(and underview) and research and theory within the attraction paradigm. *Journal of Personality and Social Psychology, 14,* 417-431.

Byrne, D., & Murnen, S. (1988). Maintaining loving relationships In R. Sternberg & Barnes (Eds.) *The Psychology of Loving.* New Haven, CT: Yale University Press.

Calvert, H. (2003). Sexually transmitted diseases other than human immu-nodeficiency virus infection in older adults. *Clinical Infectious Diseases, 36,* 609-614.

Carlson, E., Giwercman, A., Keiding, N., & Skakkeback, N. E. (1992). Evidence for decreasing quality of semen during past 50 years. *BMJ, 305,* 609-613.

Carroll, J. (2010). Sexuality Now: embracing diversity. University of Hartford.

Carroll, R. (1999). Outcomes of treatment for gender dysphoria. *Journal of Sex Education and Therapy, 24,* 128-136.

Center for Disease Control (2002). Primary and secondary syphilis among men and women who have sex with men: New York City. 2001. *Morbidity and Morality Weekly Report, 51,* 853-856.

Center for Disease Control (2003). Advancing HIV prevention: New strategies for a changing epidemic-United States, 2003. *Morbidity and Morality Weekly Report, 52,* 329-332.

Christin-Maitre, S., Bouchard, P., & Spitz, L. M. (2000). Drug Therapy: Medical termination of pregnancy. *The New England Journal of Medicine online, 342*(13).

Clark, J., Smith, E., & Davidson, J. (1984). Enhancement of sexual motivation in male rats by yohimbine. *Science, 225,* 847-849.

Clements, M. (1994). Sex in America Today. *Parade, August 7,* 4-6.

Cobb, N., Larson, J., & Watson, W. (2003). Development of the attitudes about romance and mate selection scale. *Family relations, 52,* 222-231.

Cohen, M. L., Seghorn, T., & Calmas, W. (1969). Sociometric Study of the Sex Offender. *Journal of Abnormal Psychology, 74,* 249-255.

Colapinto, J. (2000). *As nature made him: the boy who was raised as a girl.* New York: HarperCollins

Coleman, S. (1977). A Developmental Stage Hypothesis for Nonmarital Dyadic Relationships. *Journal of Marriage and Family Counseling, 3,* 71-76.

Contemporary Sexuality, (2000). Birth Control to board room: A new study. *Contemporary Sexuality, 34,* 6.

Cooper, A. (2002). *Sex and Internet Philadelphia:* Brunner Routledge.

Cooper, C. (2000). Abortion: Take back the right. *Ms., June-July,* 17-21.

Cooper, A., Delmonico, D., & Burger, R. (1999). Cybersex users, and cmpulsives: New findings and implications. *Sexual Addiction and Compulsivity, 7,* 5,-29.

Courtois, C. (1988). *Healing the Incest Wound: Adult Survivors in Therapy.* New York: Norton & Co.

Courtois, C. (2000). The sexual after-effect of incest/child sexual abuse. *SIECUS Report, 29,*

11–16.

Cox, B., Sneyd, M. J., Delahunt, B., & Skegg, D. D. G. (2002). Vasectomy and risk of prostate cancer. *Journal of the american Medical Association, 287,* 3110–3115.

Crooks R., & Baur, K. (2005). *Our Sexuality.* Thomson Wadsworth.

Crooks R., & Baur, K. (2011). *Our Sexuality.* Wadsworth.

Cunningham, G., & Newton, W. (2003). Early radical prostatectomy improves disease-specific but not overall survival. *Journal of the American Medical Association, 261,* 2525–2531.

Cutler, W. (1999). Human sex-attractant pheromones: discovery, research, development and application in the therapy. *Psychiatric Annals, 29,* 54–59.

Dabbs, J. (2000). *Heroes, Rogues, and Lovers: Testosterone and Behavior.* New York: McGraw-Hill

Daniluk, J. (1998). *Women's Sexuality Across the Life Span: Challenging Myths, Creating Meanings.* New York: Guilford Press.

Darling, C., Davidson, J., & Conway-Welch, C. (1990). Female ejaculation: Perceived origins, the Grafenberg spot/area, and sexual responsiveness. *Archives of Sex Behavior, 19,* 29–47.

Delaney, J., Lupton, M., & Toth, E. (1977). *The Curse: A Cultural History of Menstruation.* New York: Dutton.

Desert News Entertainment(2017): U.S. marriage rate. retrieved from http://www.deseretnews. com/

Dessens, A., Cohen-Kettenis., P., M et al. (1999). Prenatal exposure to auticonvulsants and psychosexual development. *Archives of Sexual Behanior, 28,* 31–44.

Dindia, K., & Allen, M. (1992). Sex differences in self-disclosure: A meta-analysis. *Psychological Bulletin, 112,* 106–124.

Drigotas, S. M., Rusbult, C. E., & Verette, J. (1999). Level of commitment, mutuality of commitment, and couple-well being. *Personal Relationships, 6*(3), 389–409.

Duckworth, J., & Levitt, E. (1985). Personality analysis of a swinger's club. Lifestyle: *A Journal of Changing Patterns, 8,* 35–45.

Duggan, Lisa; Hunter, Nan D. (1995). Sex wars: sexual dissent and political culture. *New York: Routledge. pp. 1?14.*

Dugger, C. (2008). South African AIDS polies cost lives. *Oregonian,* November, 27, A20

Duggirala, M. K., et al., (2003). A Human papillomavirus type 16 vaccine. *New England Journal of Medicine, 348,* 1402–1405.

Dunn, M., & Culter, N. (2000). Sexual issues in older adults. *AIDS patient care and STDs, 14,* 67–69.

Dush, C., & Amato, P. R. (2005). Consequences of relationship status and quality for subjective well-being. *Journal of Social and Personal Relationships, 22, 607.*

Dwyer, M. (1988). Exhibitionism/voyeurism. *Journal of Social Work and Human Sexuality, 7,* 101–112.

Eccles, J., Barber, E., & Jozefowicz, D. (1999). Linking gender to educational, occupational, and recreational choices: Applying the Eccles et al. model of achievement-related choices. In W. Swann & J. Langlois (Eds.), *Sexism and Stereotypes in Modern Society: the Gender Science of Janet Taylor Spence.* Washington, D. C.: American Psychological Association.

Ecker, N. (1993). culture and sexual scripts out Africa. *SIECUS Report, 22,* 16.

Eggers, D. (2000, May 7). Intimacies. *The New York*

Times Magazine, pp. 76-77.

Elliott, L., & Brantley, C. (1997). *Sex on Campus*. New York: Random House.

Ellison, C. (2000). Women's Sexualities. Oakland, CA: New Harbinger Publication.

Eskeland, B., Thom, E., & Svendsen, K. (1997). Sexual desire in men: Effects of oral ingestion of a product derived from fertilized eggs. *Journal of International Medical Research, 25*, 62-70.

Fereral Bureau of Investigation (2008). Offense Analysis, U.S. 2003-2007, *Uniform Crime Report*, Washington DC: Department of Justice Feb. 26, 2008.

Fehring, R., & Schmidt, A. (2001). Trends in contraceptive use among Catholics in the United States: 1988-1995. *Linacre Quarterly May*, 170-185.

Feroli, K., & Burstein, G. (2003). Adolescent sexually, transmitted diseases. *American Journal of Maternal/Child Nursing, 28*, 113-118.

Finger, W., Quillen, J., & Slagle, M. (2000). They Can't Be Viagra: Medications Causing Sexual disorders. *Journal of Family Practice, 44*, 33-43.

Finkelhor, D., & Browne, A. (1985). the traumatic impact of child sexual abuse. *American Journal of Orthopsychiatry, 55*(4), 530-541.

Finkelhor, D. (1984b). Boys as Victims: review of the evidence. In D. Finkelhor (Ed), *Child sexual abuse: New theoryand research*. New York: Free Press.

Finkenauer, C., & Hazam, H. (2000). Disclosure and secrecy in marriage: Do both contribute to marital satisfaction? *Journal of Social & Personal Relationships, 17*(20), 245-263.

Fisher, W. A., & Byrne, D. (1978). Sex differences in Response to Erotica? Love vs Lust. *Journal of Personality and Social Psychology, 36*, 117-125.

Ford, C., & Beach, F. (1951). *Patterns of Sexual Behavior*. New York: Harper & Row.

Forgas, J. P., Levinger, G., & Moylan, S. J. (1994). Feeling good and feeling close: Affective influences on the perception of intimate relationships. *Personal Relationships, 1*(2), 165-184.

Freund, K., & Blanchard, R. (1993). Erotic target location errors in male gender dysphorics, pardophiles, and fetishists. *British Journal of Psychiatry, 162*, 558-563.

Freund, K., Watson, K., & Holmgren, (1988). The valuse of self-reports in the study of voyeurism and exhibitionism. *Annals of Sex research, 1*, 243-262.

Fromm, E. (1965). *The Ability to Love*. New York: Farrar, Straus & Giroux.

Gagnon, J. H. (1977). *Human Sexualities*. Glenview, IL: Scott, Foresman.

Gaynor, M. (2003). Isonflavones and the prevention and treatment for prostate disease: Is there a role? *Cleveland Clinic Journal of Medicine, 70*, 203-214.

Gebhard, P., Gagnon, J., & Pomery, W., & Christenson, C. (1965). *Sex Offenders: An Analysis of Types*. New York Harper Press.

Gelfand, M. M. (2000). Sexuality among older women. *Journal of Women's Health and Gender Based Medicine, 9*, S15-20.

Gibbons, A. (1991). The Brain as a "sexual organ." *Science, 253*, 957-959.

Gil, E. (1988). *Treatment of Adult Survivors of Childhood Abuse*. Walnut Creek Calf: Launch Press.

Gnagy, S., Ming, E. E., Devesa, S. S., Hartge, P., &

Whittmore, A. S. (2000). Declining ovarian cancer rates in u.s. women in relation to parity and oral contracetive use. *Epidemiology, 11*(2), 102-105.

Goldberg, C., & Elder, J. (1998). January 16, Public still backs abortion, but wants limits, poll says. *New York Times*, pp. A1, A16.

Goldberg, D. C. et al. (1983). The Grafenberg Spot and Female Ejaculation: A Review of Initial Hypothesis. *Journal of Sex and Marital Therapy, 9*, 27-37.

Gottman, J. (1999). *The Marriage Clinic: A Scientifically Based Marital Therapy.* W. W. Norton & Company: New York.

Grafenberg, F. (1950). The role urethra in female orgasm. *International Journal of Sexology, 3*, 145-148.

Green, R. (1974). *Sexual Identity Conflict in Children and Adults.* New York: Basic Books.

Greenberg, B., & Busselle, R. (1996). Soap operas and sex activity: A decade later. *Journal of Communication, 46* (4), 153-161.

Gregoire, A. (2000). Assessing and managing make sexual problems. *Western Journal of Medicine, 172*, 49-50.

Groth, A. N., & Burgess, A. W. (1977). Rape: Power, Anger, Sexuality. *American Journal of Psychiatry, 134*, 1239-1243.

Haake, P. et al., (2003). Acute neuroendocrine response to sexual stimulation in sexual offenders. *Canadian Journal of Psychiatry, 48*(4), 265-271.

Haffner, D. (1993). Toward a new paradigm of adolescent sexual health. *SIECUS Report, 26*(1), 3-8.

Hald, G. M. (2006). Gender differences in pornograpgy consumption among yung hetero sexual Danish adults. *Archives of sexual behavior*, 35(5), 577-585.

Hall, P., & Schaeff, C. (2008). Sexual Orientation and fluctuating asymmetry in men and women. *Hartford Courant*, p, D1.

Hally, C., & Pollack, R. (1993). The effects of self-esteem, variety of sexual experiences, and erotophilia on sexual satisfaction in sexually active heterosexuals. *Journal of Sex Education and Therapy, 19*(30), 183-192.

Hamer, D. H. et al. (1993). A Linkage Between DNA markers on the X Chromosome and make Sexual Orientation. *Science, 261*, 321-327.

Hamilton, T. (2002). *Skin Flutes and Velvet.* New York: St. Martin's Press.

Hamilton, B. E., Martin, J. A., Osterman, M. J. K., & Curtin, S. C. (2014). Births: Preliminary data for 2013. *National Vital Statistics Report*, 63, 2.

Hare, L., Bernard, P., Sanchez, F., et al. (2009). Androgen receptor repeat legnth polymorphism associated with male-to-female transexualism. *Biological Psychiatry, 65*, 93-96.

Harris, C. R. (2003). A review of sex differences in sexual jealousy, including self-report data, psychophysiological responses, interpersonal violence, and morbid jealousy. *Personality & Social Psychology Review*, 7(2), 102-128.

Hatcher, R. A. (2001). *Contraceptive technologies.* London: British medical Association.

Healy, B. (2003). Whose breasts anyway? *U.S. News & World Report August, 11*, 50.

Heinlein, R. (1961). *Stranger in a strange Land.* New York: Rutnam.

Hendley, J. (1993). The significance of social context: The case of adolescent childbearing on the African Community. *Journal of Black*

Psychology, 19, 461-477.

Hendricks, S., & Hendricks, C. (1995). Gender differences and similarities in sex and love. *Personal Relationships, 2,* 5-65.

Henshow, S., & Finer, L. (2003). The accessibility of abortion services in the United States, 2001. *Perspectives on Sexual and Reproductive Health, 35,* 16-24.

Herman, J. (1990). *Treatment Approaches for Adults Sexually Abused in Childhood.* Sexual Abuse, National Institute of Mental Health, Division of Biochemistry and Applied Science, Antisocial and Violent Behavior Branch. Washinton, D.C.

Herman, J., & Schatzow, E. (1987). Recovery and Verification of Memories of childhood Sexual Trauma. *Psycho-analytic Psychology, 4,* 1-14.

Hill, C. T., Rubin, Z., & Peplau, L. A. (1976). Breakups Before Marriage: The End of 103 Affairs. *Journal of Social Issues, 32,* 147-168.

Hingson, R., Heeren, T., Winter, M., & Wechsler, H. (2003). Early age of first drunkenness as a factor in college student's unplanned and unprotected sex attributable to drinking. *Pediatrics, 111,* 34-41.

Hite, S. (1976). *The Hite Report: A Nationwide Survey of Female Sexuality.* New York: Dell Books.

Hoffman, R. (2003). An argument against routine prostate cancer screening. *Archives of Internal Medicine, 163,* 663-664.

Hudson, W. (1992). *The WALMYR Assessment Scales Scoring Manual.* Talahassee, FL: WALMYR Publishing.

Hunt, M. (1974). *Sexual Behavior in the 1970s.* Chicago: Playboy Press.

Hunter, M. (1995). *Adult survivors of sexual abuse.* CA, sage.

Hussain, A. (2002, June 26). It's official, Men really are afraid of commitment. Reuters.

Jankowiak, W. R., & Fisher, E. F. (1992). A cross cultural perspective on romantic love. *Ethnology, 31,* 149-155.

Jeffery, C. (2006). Why women can't win for trying. *Mother Jones, January-February, 22-23.*

Johnson, D., & Scelfo, J. (2003). Sex. Love, and Nursing Homes. *Newsweek, December, 15,* 54-55.

Jones, H., & Crocklin, S. (2000). On assisted reproduction, religion, and civil law. *Fertility and Sterility, 73,* 447-452.

Kalb, C. (2006). *Marriage: Act II. Newsweek* Feb. 20, 62-63

Kalfka, M. P. (2003). Sex offending and sexual appetite: The clinical and theoretical relevance of hypersexual desire. *International Journal of Offender Therapy & Comparative Criminology, 47*(40), 439-451.

Kallman, F. J. (1952). Comparative Twin Study on the Genetic Aspects of male Homosexuality. *Journal of Nervous and Mental Disease, 115,* 283-298.

Keckley Market Research (1983). Sexual abuse in Nashville: a report on incidence and longterm effects. Nashville, TN: Keckley Market Research.

Kellett, J. (2000). Older adult sexuality. In L. Szuchman & F. Muscarella(Eds), *Psychological Perspectives on Human Sexuality.* New York: Wiley.

Kennedy, R. (2003). Interracial intimacies: Sex, marriage, identity, and adoption. New York: Knopf.

Kercher, G., & McShane, M. (1984). The prevalence of child sexual abuse: Victimization in an adult sample of Texas residents. *Child Abuse and Neglect, 8*, 495-502.

Kinsey, A., Pomeroy, W. B., & Martin, C. E. (1948). *Sexual Behavior in the Human Male*. Philadelphia: Saunders.

Kinsey, A. C. (1953). *Sexual Behavior in the Human Female*. Philadelphia: Saunders.

Kirchmeyer, C. (1996). Gender roles in decision-making in demographically diverse groups: A case for reviving androgyny. *Sex Roles, 34*, 649-663.

Knox, D., Schacht, C., & Zusman, M. E. (1999). Love relationships among college students. *College Student Journal, 33*(1), 149-151.

Kolodny, R., Masters, W., & Johnson, V. (1979). *Textbook of Sexual Medicine*. Boston: Little, Brown

Komisaruk, B., Beyer-Flores, C., & Whipple, B. 2006. *The science of Orgasm*. Baltimore: Johns Hopkins University Press.

Kost, Kathryn, & Stanley Henshaw(2008). "U.S. Teenage Pregnancies, Births and Abortions: National Trends by Age, Race and Ethnicity." New York: Guttmacher Institute. [Online]. Accessed February 11, 2014.

Koukounas, E., & McCabe, M. (1997). Sexual and emotional variables influencing sexual response to erotica. *Behavior research and Therapy, 35*, 221-231.

Kreinen, T. (2002). Governments need to provide sexual health services to their citizens. *SIECUS Report, 30*, 5-6.

Kristof, N. D. (2002, December 6). Love and Race. *The New York Times on line*.

Kurdek, L. (1995). Lesbian and gay couples. In A. D' Augelli & C. Patterson (Eds.), *Lesbian, Gay, and Bisexual Identities over the Lifespan*. New York: Oxford University Press.

Laan, E., & Everaerd, W. (1996). Determination of female sexual arousal: Psychophysiological theory and data. *Annual Review of Sex Research, 6*, 32-76.

Ladas, A. K., Whipple, B., & Perry, J. D. (1982). *The G-Spot and Other Recent Discoveries About Human Sexuality*. New York: Holt, Rinehart & Winston.

Lambe, E. (1999). Dyslexia, gender, and barin imaging. *Neuropsychologia, 37*, 521-536.

Lammers, C., Ireland, M., Resnick, M., & Blum, R. (2000). Influences on adolescents' decisions to postpone onset of sexual intercourse: A survival analysis of virginity among youths ages 13 to 18 years. *Journal of Adolescent Health, 26*, 42-48.

Laumann, E., Gagnon, J., Michael, R., & Michaels, S. (1994). *The Social Organization of Sexuality*. Sexual Practices in the States, Chicago: University of Chicago Press.

Laumann, E., Paik, A., & Rosen, R. (1999). Sexual dysfunction in the United States. *Journal of American Medical Association, 281*, 537-544.

Lee, A. J. (1974). The style of Loving. *Psychology Today, 8*, 43-51.

Leitenberg, H., & Henning, K. (1995). Sexual fantacy. *Psychological Bulletin, 117*(3), 469-496.

Leitenberg & Slavin, (1983). Comparison of attitudes toward transsexuality and homoseuality. *ASB, 2*, 337-346.

LeVay, S., & Valente, S. (2003). *Human Sexuality*. Sinauer Associates.

Levin, R. (2002). The physiology of sexual arousal in the human female: A recreational and procreational synthesis. *Archives of Sexual Behavior, 31*, 405-411.

Levine, S. (2003). Erectile dysfunction: Why drug therapy isn't always enough. *Cleveland Clinic Journal of Endocrinology, 52*, 253-260.

Levinger, G. (1980). Toward the analysis of close relationships. *Journal of Experimental Social Psychology, 16*, 510-544.

Lief, H., & Hubschman, L. (1993). Orgasm in the postperative transsexual. *Archives of Sexual Behavior, 22*, 145-155.

Lopez, B. A., & TambyRaja, R. L. (2000). Preterm labour. *Baillieres Best Practice and Research in Clinical and Obstetrics and Gynecology, 14*, 133-153.

LoPiccolo, J., & Heiman, (1978). *Handbook of Sex Therapy*. New York Press.

Mackay, J. (2000). *The Penguin atlas of human sexual behavior*. New York: Penguin

Macklin, E. (1989). Nontraditional Family Forms: In Sussman, M. B. and Steinmetz, S. K. (Eds.), *Handbook of Marriage and the Family*, pp. 320-354. New York: Plenum Press.

Mahoney, S. (2003). Seeking Love: The so-plus duting game has naver been hotter. *AARP, November-December*, 57-66.

Major, B., Cozzarelli, C., Cooper, M., Zubek, J., Richard, C., et al. (2000). Psychological responses of women after first-trimester abortion. *Archives of General Psychiatry, 57*, 777-784.

Malamuch, N., & Check, J. (1981). The effects of mass media exposure on acceptance of violence against women: A field experiment. *Journal of Research in Personality, 15*, 436-446.

Maltz, W. (2001). *Sexual Healing Journey: A Guide for Survivors of Sexual Abuse*. New York: Guill.

Marquis, C. (2003, March 16). Living sin. *New York Times*, p. WK2.

Martain, J., Hamilton, B., Sutton., P. Venura, S., Manaker, F., Kirmeyer, S., et al. (2009). Final Data for 2006. *Natural Vital Data Statistics Report, 57*, 1-120.

Martinson, F. M. (1976). Eroticism in Infancy and Childhood. *Journal of Sex research, 12*, 252-262.

Marvin, C., & Miller, D. (2000). Lesbian couples entering the 21st century. In P. Papp (Eds.), *Couples on the Fault Line*. New York: guilford Press.

Masters, W., & Johnson, V. (1966). *Human Sexual Response*. Boston: Little, Brown.

Masters, W., & Johnson, V. (1970). *Human Sexual Inadequacy*. Boston: Little, Brown.

Masters, W. H., Johnson, V., & Kolodny, R. C. (1995). *Human Sexuality*. HarperCollins College Publishers.

Matek, O. (1988). Obscene phone callers. *Journal of Social Work and Human Sexuality, 7*, 113-130.

Mathias-Riegel, B. (1999). Intimacy 101: A refresher course in the language of love. *Modern Maturity, September-October*, 46.

McBride, C., Paikiff, R., & Holmbeck, G. (2003). Individual and familial influences on the onset of sexual intercourse among urban African American adolescents. *Journal of Consulting and Clinical Psychology, 71*, 159-167.

McCormick, N. (1996). Our feminist future: Women affirming sexuality research in the late twentieth century. *Journal of Sex Research, 33*, 99-102.

McGuire, R. I., Carlisle, J. M., & Young, B. G. (1965). Sexual deviation as conditional behavior: A hypothesis. *Behavior Research and Therapy,*

2, 180-190.

McLaren, A. (1990). *A History of Contraception: From antiquity to the Present Day*. Cambridge, MA: Basil Blackwell.

Meston, C., & Worcel, M. (2002). The effects of yohimbine plus L-arginine glutamate on sexual arousal in postmenopausal women with sexual arousal disorder. *Archives of Sexual Behavior, 31*, 323-332.

Mezin, Z. (2006). France's birth rate booms but marriage loses favor. *Oregonian, January*, 29, A17.

Michael et al., Gagnon, J. H., Laumann, E. O., & Kolata, G. (1994). *Sex in America: A definitive survey*. Boston: Little, Brown.

Miracle, T. S., Miracle, A. W., & Baumeister, R. F. (2003). *Human Sexuality: Meeting your basic needs*. Prentice Hall.

Mohr, J. W., Turner, R. E., & Jerry, M. B. (1964). *Pedophilia and Exhibitionism*. Toronto: University of Toronto Press.

Money, J., Jobaris, R., & Furth, C. (1977). Apotemnophilia: Two Cases of Self-Demand Amputation as a Paraphilia. *Journal of Sex Research, 13*, 115-125.

Money, J., & Schwartz, M. (1977). Dating, romantic and Nonromamtic friendships and Sexuality in 17 Early Treated Adrenogenital Females, Aged 16-25. In Lee, P. A., et al. (Eds.), *Congenital Adrenal Hyperplasia*. Baltimore: University Par, Press.

Monto, M. A., & McRee, N. (2005). A comparison of the male customers of female street prostitutes with national samples of men. *International Journal of Offender Therapy and Comparative Criminology, 49*(5), 505-529.

Mulligan, T., & Palguta, R., Jr. (1991). Sexual interest, activity, and satisfaction among male nursing home residents. *Archives of Sexual Behavior, 20*, 199-204.

Murphy, P. (2003). New methods of hormonal contraception. *Nurse Practitioner, 28*, 11-21.

Murphy, D., Sarr, M., Durako, S., Mosciki, A., Wilson, C., & Muena., L., (2003). Barriers to HARRT adherence among human immunodeficiency virus-infected adolescents. *Archives of Pediatric and Adolescent Medicine, 157*, 249-255.

Murstein, B. L. (1976). *Sex and Marriage through the Ages*. New York: Springer.

Meyer, T. (1998, February 18). *AZT short treatment works*. The Associated Press online.

Nelson, H. D, Humphrey, L. L., Nygren, P., Teutsch, S. M., & Allen, J. D. (2002). Postmenopausal hormone replacement therapy: Scientific Review. *Journal of the American Medical Association, 288*, 872-881.

Norris, H. (1998). *Serial Killers: The Growing Menace*. New York Doubleday.

Nurnberg, H., Hensley, P., Gelenberg, A., Lauriello, F., & Paine, T. (2003). Treatment of antidepressant-associated sexual dusfunction with Sidenafil: A randomized controlled trial. *Journal of the American Medical Association, 289*, 56-64.

Palmer, J., Rao. R., Admas-Campbell, L., & Rosenber., L. (1999). Correlates of hysterectomy among African-American Women. *American Journal of Epidemiology, 150, 1309-1315*.

Parry, J. (2006). Controversial new vaccine to trevent cervical cancer. *Bulletin of the World Health Organization, 84*, 86-88.

Peplau, L. A., & Cochran, S. D. (1990). A relationship perspective on homo-sexuality. On D. P.

McWhirter, S. A. Sanders, & J. M. Reinisch (Eds.), *Homosexuality/heterosexuality: Concepts of Sexual Orientation*, pp. 321-349.

Phillips, E. (2003, April 8). Support for gay marriage. *Boston Globe*.

Polinsky, M. (1995). Functional status of long-term breast cancer survivors: Demonstrating chronicity. *Health and Social Work, 19*(3), 165-173.

Pool, R. (1993). Evidence for Homosexuality Gene. *Science, 261*, 291-292.

Potter, J., & Ship, A. (2001). Survivors of breast cancer. *New England Journal of Medicine, 344*, 309-314.

Pridal, C., & LoPiccolo, J. (2000). Multielement treatment of desire disorders: Integration of cognitive, behavioral, and systemic therapy. In S. Leiblum & R. Rosen (Eds.), *Principles and Practice of Sex Therapy*. New York: guilford Press.

O' Donohue, W., & Plaud, J. (1994). The conditioning of human sexual arousal. *Archives of Sexual Behavior, 23*, 321-344.

Rabin, R. (2007). Men and biological clock. *Oregonian, March 7*, C.1

Rathus, S. A., Nevid, J. S., & Fichner-Rathus, L. (2004). *Human Sexuality in the World of Diversity Pearson*.

Redmond, G., Godwin. A. J., Olson, W., & Lippman, J. S. (1999). Use of Placebo controls in an oral contraceptive trial: Methodological issues and adverse event incidence. *Contraception, 60*, 81-85.

Reinisch, J. M. (1990). *The Kinsey Institute new report in sex: What you must know to be sexually literate*. New York: St. Martin's Press

Reuters, (2003). Penis Extensioins Top the List in Britain. Retrieved Feb. 18th, 2003. from *http://www.reuters.com/newarticle.jhtml*

Ridley, M. (2003). What makes you who you are: which is stronger, nature or nutture? *Time Magazine, 161*(22). Retrieved July 4, 2003.

Rosenzweig, J., & Daily, D. (1989). Dyadic adjustment/Sexual satisfaction in women and men as a function of psychological sex role self-perception. *Journal of Sex and Marital therapy, 15*, 42-56.

Rubin, Z. (1973). Liking and Loving. New York: Holt, Rinehart, & Winston.

Russel, D. (1986). *The secret trauma: Incest in the Lives of girls and woman*. New York: Basic Books.

Sadava, S. W., & Maatejcic, C. (1987). Generalized and specific loniness in early marriage. *Canadian Journal of Behavioral Science, 19*, 56-66.

Sagan, C., & Dryan, A. (1990). April 22). The question of abortion: A search for answers. *Parade Magazine*, pp. 4-8.

Sanders, S., Graham, C., & Janssen, E. (2003). Factors Affecting Sexual Arousal in Women. Retrieved March 8 2003 from *http//www.kinseyinstitute.org/research/focus_group.html*.

Scharch, D. (1993). Inside the sexual crucible. *Newyorker, March-April*, 40-48.

Schnarch, D. (2000). Desire problems: A systimic perspective. In S. Leiblum & R. Rosen (Eds.), *Principles and Practice of Sex Therapy*. New York: Guilford Press.

Schultz, W. W., van Andel, P., Sabelis, L., & Mooyaart, E. (1999). Magnetic resonance imaging of male and female genitals during coitus and female sexual arousal. *BMJ, 319*, 1596-1600.

Shackelford, T. K., Buss, D. M., & Bennett, K. (2002). Forgiveness or breakup: Sex differences in responding to a partner' s infidelity. *Cognition & Emotion, 16*(2), 299-307.

Shaver, P., Hazan, C., & Bradshaw, D. (1988). Love as attachment: The Intagration of three behavioral systems. In R. Strenberg & M. Barens(Eds.) *The psychology of Love*. New Haven. CT: Yale University Press.

Slowinski, J. (2001). Therapeutic dilemmas: Solving sexual difficulties in the context of religion. *Journal of Sex Education and Therapy, 26*, 272-280.

Smukler, A. J., & Schiebel, D. (1975). Personality Characteristics of Exhibitionists. *Disease of the Nervous system, 36*, 600-603.

Spector, I., & Carsey, M. (1990). Incidence and prevalence of the sexual dysfunctions: A Critical review of the empirical literature. *Archives of Sexual Behavior, 19*, 389-408.

Stein, R.(2008). Prostate screening downplayed. *Oregonian*, August, 6, D1, D6.

Steinbrook, R. (2008). The AIDS epidemic-A progress report from Mexico City. *New England Journal of Medicine, 359*, 885-887.

Steinhauer, J. (1995, July 6). No marriage, no apologies. *New York Times*, pp. C1, C7.

Stern, K., & McClintock, M. K. (1998). Regulation of ovulation by human pheromones. *Nature, 392*, 177-179.

Sternberg, R. (1986). A triangular theory of love. *Psychological Review, 93*, 119-135.

Sternberg, R., & Barnes, M. L. (1988). *The Psychology of Love*. New Heaven, CT: Yale University Press.

Stimon, A., Wase, J., & Stimon, J. (1981). Sexuality and self-esteem among the aged. *Research in Aging, 3*, 228-239.

Stoller, R. (1977). Sexual deviations. In F. Beach (Ed.), *Human Sexuality in Four Perspectives*. Baltimore: John Hopkins University Press.

Storms, M. (1980). Theories of sexual orientation. *Journal of Personality and Social Psychology, 38*, 783-792.

Straus, J .(2006). *Unhooked Generation: The Truth About Why We' re Still Single*. New York: Hyperion.

Sultan, F. E., & Chambles, D. L. (1982). Pubococcygeal Function and Orgasm in a Normal Population. In Graber, G. (Ed). *Circumvaginal Musculature and Sexual Function*, 74-87. New York: Karger.

Swaab, D. F., & Hoffman, M. A. (1991). An enlarged Suprachiasmic Nucleus in Homosexual men. *Brain research, 537*, 141-148.

Swami, V., & Furnham, A. (2008). *Psychology of Physical Attraction*. New York: Routledge.

Sytsman, M., & Taylor, D. (2001). *A Model for Addressing Low Sexual Desire in Married Couples*. Paper presented at the 33rd Annual conference of the American Association of Sex Educators, Counselors, and Therapists, San Francisco, May 2-6.

Tannahill, R. (1980). *Sex in History*. New York: Stein & Day.

Teachman, J. (2003). Premarital sex, premarital cohabitation, and the risk of subsequent marital dissolution among women. *Journal of Marriage and the Family, 65*, 444-455.

Tollison, C., & Adams, H. (1979). *Sexual Disorders: Treatment, Theory, Research*. New York: Gardner.

Treas, C., & Giesen, D. (2000). Sexual Infidelity among married and cohabitating Americans.

Journal of Marriage and the Family, 62, 48-60.

U.S. Bureau of the Census (2003). *Statistical Abstract of the United States: 2003*. Washington, DC: Government Printing Office.

U.S Census Bureau. (2007, September, 19). *The most people make only one trip down the aisle, but first marriage shorter, census bureau reports*,

U.S. Department of Justice (2001). *Criminal Victimization in the United States*:1999 Statistical Table, Washington DC: US Government.

Van Wyk, P. (1984). Psycho-social develop-ment of heterosexual bisexual, and homosexual behavior. *Archives of Sexual Behavior, 13*, 505-544.

Waite, L., & Joyner, K. (2001). Emotional satisfaction and physical pleasure in sexual unions:Time horizon, sexual behavior, and sexual exclusivity, *Journal of Marriage and Family, 63*, 247-264.

Wallen, K. (1996). Nature needs nurture: The interaction of hormonal and social influences on the development of behavioral sex differences in rhesus monkeys. *Hormones and Behavior, 30*, 364-378.

Walster, E., & Walster, G. W. (1978). *A New Look at Love*. Reading, MA: Addison-Wesley.

Warner, D. L., & Hatcher, R. A. (1998). Male condoms. In R. A. Hatcher et al. (1998), *Contraceptive technology*, 17th rev. ed. (pp. 325-356). New York: Ardent Media.

Wells, B. L. (1986). Predictors of Female Nocturnal Orgasm. *Journal of Sex Research, 22*, 421-437.

Whipple, B. & Komisaruk, B. (2006). Where in the brain is a women's sexual response? *Psychiatric Annals, 29*, 34-37.

White, G. L., Fishbein, S., & Rustein, J. (1981). Passionate Love and the Misattribution of Arousal. *Journal of Personality and Social Psychology, 41*, 56-62.

Wiederman, M. (1999). Volunteer bias in sexuality research using college student participants. *Journal of Sex Research, 36*, 59-66.

Wiederman, M. (2000). Women's body image self-consciousness during physical intimacy with a partner. *Journal of Sex Research, 37*, 60-68.

Wieselquist, J., Rubult, C. E., Foster, C. A., & Agnew, A. R. (1999). Commitment, por-relationships. *Journal of Personality & Social Psychology, 77*(5), 942-966.

Wiesner-Hanks, M. (2000). *Christianity and Sexuality in the Early Modern World*. London: Routlege.

Wilcox, D., & Hager, R. (1980). Toward Realistic Expectation for Orgasmic Response in Women. *Journal of Sex Research, 16*, 162-179.

Wilcox, A., Weinberg, C., & Baird, D. (1995). Timing of sexual intercourse in relation to ovulation. Effects on the probability of conception, survival of the pregnancy, and sex fo the baby. *New England Journal of Medicine, 333*, 1521-1571.

Willetts, M. (2006). Union quaility comparisons between long-term heterosexual cohabitation and legal marriage, *Journal of Family Issues, 27*, 110-127.

Wineberg, H. (1994). Marital reconciliation in the United States: Which couples are successful? *Journal of Marriage and the Family, 56*, 80-88.

Wolff, C. (1971). Love between Women. New York: Harper & Row.

Woman' sDay(2017). http://www.womansday.com/relationships/sex-tips/a5144/10-surprising-facts-about-orgasms-111985/

Worthman, C. B., et al. (1976). Self-disclosure: An attributional perspective. *Journal of Personality and Social Psychology*, *33*, 184-191.

Wyatt, G. E. (1985). The sexual abuse of Afroamerican and white american woman in childhood. *Child Abuse & Neglect*, *9*, 507-519.

Yarab, P., & Allgeier, E. (1998). Don't even think about it: the role of sexual fantasies as perceived unfaithfulness in heterosexual dating relationship. *Journal of Sex Education and Therapy*, *23*, 246-254.

Zaviacic, M., & Whipple, B. (1993). Update on the female prostate and the phenomenon of female ejaculation. *Journal of Sex Research*, *30*, 148-151.

찾아보기

나

다

라

마

바

사

아

자

차

카

타

파

하

저자 소개

채규만(蔡奎滿)

• 학력

서울대학교 문리대 종교학과 졸업

서울대학교 심리학과 석사(박사과정 1년 수료)

Illinois Institute of Technology 임상심리학 박사

• 경력

미국 Henry Ford 병원 임상심리 인턴십 수료

미국 Henry Ford 병원 부설 Human Sexuality Clinic 성치료 과정 수료

미국 Illinois 주 Bromenn 병원 ADHD 센터장 역임

성신여대 부설 심리건강연구소 청소년 가족센터장

성신여대 심리학과 명예교수

한국 여성센터 이사장 역임

한국 임상심리학회, 대한 성학회 및 인지행동학회 회장 역임

• 주요 저서 및 역서

성피해 심리치료(학지사, 2000)

심리학, 신학, 영성이 하나된 기독교 상담(두란노, 2001)

용서치유: 용서는 선택이다(학지사, 2004)

부부대화 및 핵심대화 외 다수

• 자격증

미국 임상심리 전문가

한국 임상심리 전문가

한국 인지행동 치료 전문가

한국 중독 상담 전문가

한국 상담 및 심리치료 전문가

한국 기독 상담 심리치료 전문가

• 전문 영역

아동 및 청소년 심리치료(ADHD, LD)

부부치료 및 부부 성치료

성피해자 치료 전문가 및 성기능장애 치료

성폭력 및 가정 폭력 가해자 치료

성행동 심리학 (2판)

2006년 4월 15일 1판 1쇄 발행
2017년 4월 20일 1판 8쇄 발행
2018년 1월 15일 2판 1쇄 발행
2022년 1월 20일 2판 3쇄 발행

지은이 • 채 규 만
펴낸이 • 김 진 환
펴낸곳 • (주) 학지사
04031 서울특별시 마포구 양화로 15길 20 마인드월드빌딩 5층
대표전화 • 02) 330-5114 팩스 • 02) 324-2345
등록번호 • 제313-2006-000265호
홈페이지 • http://www.hakjisa.co.kr
페이스북 • https://www.facebook.com/hakjisabook

ISBN 978-89-997-1409-2 93180

정가 22,000원

저자와의 협약으로 인지는 생략합니다.
파본은 구입처에서 교환하여 드립니다.

이 도서의 국립중앙도서관 출판시도서목록(CIP)은 서지정보유통지원시스템 홈페이지(http://seoji.nl.go.kr)와 국가자료공동목록시스템(http://www.nl.go.kr/kolisnet)에서 이용하실 수 있습니다.
(CIP제어번호: CIP2017027310)